Landesgeschichten

Landesgeschichten

Der deutsche Südwesten von 1790 bis heute

Das Buch zur Dauerausstellung im
Haus der Geschichte Baden-Württemberg

Impressum

Herausgeber
Haus der Geschichte Baden-Württemberg,
Stuttgart

Redaktion
Joachim Baur, Christina Klausmann,
Albrecht Krause, Paula Lutum-Lenger

Gestaltung
Atelier Brückner,
Labor für Architekturen und Szenografie
Sonja Abel, Ingo Juergens,
Andrea Mende, Anita Wertiprach

Gestaltung und Satz
diffus - Büro für Mediengestaltung GmbH
Karolin Kornelsen, Holger Pfeifle, Julia Schuler

Litho
Reprotechnik Herzog GmbH, Stuttgart

Druck
RöslerDruck GmbH, Schorndorf

ISBN 3-933726-16-6

Inhalt

Thomas Schnabel
Vorwort 8

Paula Lutum-Lenger
Die Gegenwärtigkeit der Geschichte Eine Ausstellung zur südwestdeutschen Landesgeschichte seit 1790 10

Uwe R. Brückner
Das Haus der Geschichte – Vom Haus ohne festen Wohnsitz zur Institution in bester Lage 22

Stefan Feucht
Baden-Württemberg-ABC 28

Albrecht Krause
Karte „1790“ 42

Christina Klausmann
Territoriale Revolution 1790–1815 44

Rainer Schimpf
Vormärz 1815–1848 58

Rainer Schimpf
Die Revolution und ihre Folgen 1848–1866 80

Christina Klausmann
Einbindung in den Nationalstaat 1866–1914 98

Bernd Holtwick
Weltkriege und Zwischenkriegszeit 1914–1945 130

Sabrina Müller
Aufbau des Südweststaates 1945–1972 198

Peter Schaller
Parlamentarische Demokratie im Medienzeitalter 1972–2002 246

Elke Steinwand, Peter Schaller
Museum der Gegenwart 2002 ff. 278

Rainer Schimpf
Kunststück Schwarzwald Natur und Umwelt 296

Thomas Schnabel
Wirtschafts-Wunder Wirtschaft 338

Christina Klausmann
Städtelandschaft Urbanität und Kultur 376

Bernd Holtwick
gemeinsam glauben ... Religionen und Konfessionen 398

Rainer Schimpf
Ein-Wandererland Aus- und Zuwanderung 438

Sabrina Müller
Privat-Ansichten Frauen und Männer 468

Immo Wagner-Douglas
Denk-Räume Wissenschaft und Forschung 496

Stefan Feucht
Grenz-Fall Frankreich Nachbarn und Grenzen 528

Stefanie Lucci
Anja Luithle: Der Lauf der Geschichte 558

Joachim Baur
Depot in den Köpfen Die Baden-Württemberg-Lounge 562

Literatur 566
Leihgeber 574
Dank 576
Mitarbeiter 578
Grundrisse 580
Abbildungen 584

Chronologie und Themenpark	44–57 **Territoriale Revolution 1790–1815**	58–79 **Vormärz 1815–1848**	80–97 **Die Revolution und ihre Folgen 1848–1866**	98–129 **Einbindung in de Nationalstaat 1866–1914**
				428–429 Durchblick
			446–447 Durchblick	
	544–545 Durchblick			

130–197
Weltkriege und Zwischenkriegszeit 1914–1945

198–245
Aufbau des Südweststaates 1945–1972

246–277
Parlamentarische Demokratie im Medienzeitalter 1972–2002

278–295
Museum der Gegenwart 2002 ff.

296–337
Natur und Umwelt

354–355
Durchblick

338–375
Wirtschaft

376–397
Urbanität und Kultur

398–437
Religionen und Konfessionen

438–467
Aus- und Zuwanderung

468–495
Frauen und Männer

496–527
Wissenschaft und Forschung

528–555
Nachbarn und Grenzen

Thomas Schnabel

Vorwort

Am 1. Oktober 1987 nahm ein kleiner Arbeitsstab die Arbeit am Haus der Geschichte Baden-Württemberg auf. Mehr als 15 Jahre danach, am 13. Dezember 2002, öffnete die Dauerausstellung des Hauses der Geschichte Baden-Württemberg an prominenter Stelle in Stuttgarts Innenstadt ihre Pforten. Auf mehr als 2000 qm Ausstellungsfläche wird in außergewöhnlicher Architektur die Landesgeschichte der letzten 200 Jahre dargestellt; ein Zeitraum, der wie kein anderer der südwestdeutschen Geschichte das Leben der Menschen verändert hat.
Am Ende des 18. Jahrhunderts kamen, angeregt durch die Aufklärung und die Ereignisse aus Frankreich, erstmals demokratisch-republikanische Ideen nach Südwestdeutschland.
Die napoleonischen Kriege brachten das sang- und klanglose Ende des Heiligen Römischen Reiches deutscher Nation und damit eine radikale Veränderung der südwestdeutschen Landkarte. Von Hunderten von Territorien blieben nur noch das Großherzogtum Baden, das Königreich Württemberg und die zwei hohenzollerischen Fürstentümer, die sich aber schon nach wenigen Jahrzehnten Preußen anschlossen, übrig.
Die demokratischen Ideen fanden, gefördert durch die Nähe zu Frankreich und der Schweiz, im Südwesten besonders großen Anklang. Auch das teilweise Scheitern der Revolution von 1848/49 und die nationale Einigung mit Blut und Eisen bedeutete hier, im Unterschied zu Preußen, nicht das Ende der demokratischen Hoffnungen. Mit den Veränderungen in Verkehr und Handel sowie der beginnenden Industrialisierung, begann ab Ende des 19. Jahrhunderts der wirtschaftliche Aufschwung, der den Südwesten aus einem der Hauptauswanderungsländer des 19. Jahrhunderts zu dem Bundesland mit den größten Wanderungsgewinnen der letzten 50 Jahre machte.
Die Katastrophen der ersten Hälfte des 20. Jahrhunderts schufen schließlich die Voraussetzungen für die Bildung des heutigen Bundeslandes Baden-Württemberg, der nach wie vor einzigen geglückten Neugliederung der Bundesrepublik. Heute liegt der Südwesten

nicht nur am Rande des wiedervereinigten Deutschlands, sondern, inzwischen mindestens genauso wichtig, in der Mitte Europas und ist, wie kaum ein anderes Bundesland in die weltwirtschaftlichen Zusammenhänge verwoben. Nun sind die Entwicklungen und Eigenheiten des Südwestens vielen Einheimischen und ‚Neubürgern' nicht oder nur wenig bekannt. Auf der anderen Seite versteht man vieles von Land und Leuten ohne diese Vorkenntnisse nicht. Denn die Gegenwart ist eine Folge der Vergangenheit und gerade in einer sich immer mehr globalisierenden Welt ist das Wissen um die eigenen Wurzeln, die Wurzeln des Raumes in dem man lebt, notwendig, um einen festen Stand in den sich schnell verändernden Lebensbedingungen zu behalten.

Das Haus der Geschichte Baden-Württemberg vermittelt mit seiner Dauerausstellung viele verschiedene Zugänge zu dieser Vergangenheit und deren Verbindung mit unserer Gegenwart, chronologisch, thematisch, aber auch heiter-ironisch, medial und mit künstlerischen Mitteln. Damit sollen Interesse geweckt, Diskussionen gefördert und vertiefte Auseinandersetzungen angestoßen werden. Wir wollen zum Dialog über die Vergangenheit anregen und damit zum Verständnis der Gegenwart beitragen. Vor allem jedoch soll die Beschäftigung mit unserer Geschichte, mit den Erfahrungen der Menschen in Südwestdeutschland Spaß machen, begeistern, hin und wieder auch Betroffenheit auslösen.

Der Gang durch die Ausstellung soll aber auch helfen, aktuelle Ereignisse in einen größeren Zusammenhang einzuordnen, Tagesaufgeregtheiten als solche zu erkennen und einen Blick für historische Dimensionen zu bekommen.

Mit dieser Ausstellung wird erstmals in Baden-Württemberg ein historischer Gang durch die letzten 200 Jahre südwestdeutscher Landesgeschichte gezeigt. Dieser Überblick wird auch in Zukunft durch dezentrale Aktivitäten des Hauses der Geschichte Baden-Württemberg im Land ergänzt, also an den Orten, an denen landesgeschichtlich bedeutsame Ereignisse tatsächlich stattgefunden haben. Zentraler Überblick und dezentrale Aktivitäten sind integrale Bestandteile unseres Konzeptes für eine lebendige Begegnung mit Landesgeschichte.

In den letzten 15 Jahren haben uns viele Menschen Mut gemacht und geholfen. Zahlreiche Kolleginnen und Kollegen arbeiteten mit außergewöhnlichem Engagement und Einsatz für das neue Projekt. Ich möchte deshalb nur zwei namentlich herausgreifen, die auf ganz unterschiedliche Art und Weise zum Gelingen des Hauses der Geschichte Baden-Württemberg ganz wesentlich beigetragen haben. Daß es sich dabei um einen Einheimischen und eine Zugezogene handelt, ist wohl mehr als ein Zufall.

Zum einen möchte ich an Otto Borst erinnern, der über ein Jahrzehnt mit nimmer ermüdendem Elan für ‚sein' Haus der Geschichte Baden-Württemberg gekämpft hat und nun leider seine Fertigstellung nicht mehr erleben durfte.

Zum anderen danke ich Paula Lutum-Lenger, die als Ausstellungsleiterin und Wissenschaftlerin, aber auch als Kollegin und Mensch ganz entscheidend zum Gelingen des Projektes und speziell der Dauerausstellung beigetragen hat.

Paula Lutum-Lenger

Die Gegenwärtigkeit der Geschichte
Eine Ausstellung zur südwestdeutschen Landesgeschichte seit 1790

„Am Anfang war Napoleon". So umstritten die berühmte These Thomas Nipperdeys für die deutsche Geschichte insgesamt sein mag, für die südwestdeutsche Landesgeschichte liegt ihre Berechtigung auf der Hand. Denn der politische Aufstieg Badens und Württembergs vollzog sich in Staatsgründungen von Napoleons Gnaden. Zwar ließe sich auch mit dem Zusammenschluß dieser Länder zum neuen Bundesland 1952 argumentieren, doch scheint es angesichts der bis heute sehr lebendigen (und meist als entgegengesetzt interpretierten) badischen und württembergischen Identitäten geraten, zeitlich weiter auszuholen. Was aber ist zu Beginn des 21. Jahrhunderts an den zurückliegenden 200 Jahren badischer und württembergischer Landesgeschichte interessant? Was sind die Fragen, die die Ausstellung an diesen Abschnitt der Landesgeschichte richtet?

Die Gegenwartsgebundenheit und Perspektivität ihrer Fragestellung teilt die historische Ausstellung mit anderen Formen der Geschichtsbetrachtung. Diesen „Blick von heute" offenzulegen, gehört zu den wichtigsten Zielen der Ausstellung. Auch deshalb spielen systematische, explizit von gegenwärtigen Interessen hergeleitete Themen in ihr eine große Rolle. Letztlich aber fiel die Entscheidung gegen einen rein systematisch-thematischen Zugang. Denn es hat sich in den letzten Jahren immer wieder gezeigt, daß sich die Besucher von Ausstellungen besser zurechtfinden, wenn ihnen ein Zugang zum jeweiligen Thema über die Chronologie angeboten wird. Das heißt nun aber nicht, daß der chronologische Teil keiner Frageperspektive verpflichtet wäre. Sie ist dort lediglich weniger offenkundig: Wie entwickelten sich während der letzten 200 Jahre in Baden, Württemberg und Hohenzollern die Chancen der Bevölkerung, an den verschiedensten Lebensbereichen teilzuhaben? Die, wie an der Diskussion um Ausländerwahlrecht und Immigration ablesbar, auch heute aktuelle Frage nach Partizipationsrechten hat einen klaren politischen Kern, den man mit dem Begriff der Demokratisierung umschreiben könnte, aber sie erschöpft sich nicht darin. Konkreter formuliert: Genauso wichtig wie die schrittweise Ausweitung des Wahlrechts können Prozesse wie die Emanzipation der jüdischen Bevölkerung oder die Öffnung der Universitäten für das weibliche Geschlecht sein. Partizipation ist also multidimensional, wobei die Entwicklung verschiedener Dimensionen durchaus gegenläufig ausfallen kann. Partizipation ist aber nicht allein multidimensional, der Begriff impliziert auch keineswegs eine linear verlaufende Fortschrittsgeschichte. Dafür sind die zahlreichen Maßnahmen, mit denen das NS-Regime die Teilhabe der jüdischen Bevölkerung zunächst einschränkte und schließlich gänzlich aufhob, nur das grausamste Beispiel. Noch deutlicher zutage tritt die unvermeidliche Perspektivität der Herangehensweise dann in einem zweiten Ausstellungsteil, dem „Themenpark". Hier werden unmittelbare Gegenwartsfragen zum Anlaß historischer Vertiefung genommen; der Hauptimpuls kommt also aus der gegenwärtigen, sich verändernden gesellschaftlichen Realität. „Was sagt uns das heute?", lautet bei jedem Thema die explizite Frage. Der Themenpark greift Fragestellungen auf, die entweder mit langfristig verlaufenden Strukturprozessen wie Industrialisierung und Urbanisierung verbunden sind oder Themen betreffen, die die letzten 200 Jahre baden-württembergischer Geschichte anderweitig geprägt haben. Es sind Themen wie „Migration", „Religion", „Natur und Umwelt", „Wissenschaft" sowie „Frauen und Männer". Die in ihrer jeweiligen Landesspezifik diskutierten Themen sind deshalb grundsätzlich erweiter- und veränderbar. Der Themenpark will die Besucher für historische Fragestellungen sensibilisieren, indem er gegenwärtige Fragen und Probleme in ihrer historischen Bedingtheit zeigt. Gerade dadurch strebt die Ausstellung an, den Besuchern erfahrbar zu machen, daß ihre Orientierungsfähigkeit in Gegenwart und Zukunft vom Verständnis des „geschichtlichen So – und nicht – anders Gewordenseins" (Weber 1988, S. 171) in hohem Maße abhängt. Dabei gilt es, das stete Zusammenspiel von Strukturen und Figuren deutlich werden zu lassen, d. h. die Prägekraft vorgegebener Rahmenbedingungen ebenso anzuerkennen wie die Handlungsspielräume und Gestaltungsmöglichkeiten eines jeden Individuums.

Mit der Offenlegung der Perspektivität und Standortgebundenheit jeder Geschichtsbetrachtung sollen zugleich die Besucher zu einem reflektierten und kritischen Umgang mit der Ausstellung eingeladen werden. Das heißt auch: Am Ende des Besuches sollen weniger abschließende und vermeintlich endgültige Antworten stehen als vielfältige Anregungen und neue Fragen. „Denn die Forschung, die von der Gegenwart aus und aus gewissen in ihr vorhandenen Elementen, die sie als historisches Material benutzt, Vorstellungen von Vorgängen und Zuständen der Vergangenheiten zu gewinnen weiß, ist beides

zugleich: Bereicherung und Vertiefung der Gegenwart durch Aufklärung ihrer Vergangenheiten und Aufklärung über die Vergangenheiten durch Erschließung und Entfaltung dessen, was davon oft latent genug noch in der Gegenwart vorhanden ist." (Droysen 1977, S. 445)

Welche Mittel stellt das Medium Ausstellung zur Erreichung der angesprochenen Ziele bereit? Das Ausstellungsspezifische ist in erster Linie das Erzählen von Geschichte anhand ausgewählter authentischer Objekte. Diese Objekte erzählen zunächst einmal ihre eigenen Geschichten, wie z. B. die durchschossene Glocke des Dußlinger Gemeindedieners, der beim Ausschellen von Durchhalteparolen im April 1945 von den Maschinengewehrgarben eines Tieffliegers tödlich getroffen wurde. Wenngleich in der Ausstellung nur solche Exponate Verwendung finden, deren Geschichte dergestalt überliefert ist, sind diese authentischen Objekte doch aus ihrem ursprünglichen Sinn- und Zeitzusammenhang herausgelöst. Diese De-Kontextualisierung macht ihre Re-Kontextualisierung unumgänglich, zumal nur durch sie aus den Geschichten Geschichte wird. Die Re-Kontextualisierung ist indessen, wie spätestens seit Droysen bekannt ist, eine Konstruktionsleistung. Denn „nur scheinbar sprechen hier die ‚Tatsachen' selbst, allein, ausschließlich ‚objektiv'. Sie wären stumm ohne den Erzähler, der sie sprechen läßt" (Droysen 1977, S. 446). Das Sprechen-Lassen übernimmt die Inszenierung, die einen singulären Gegenstand in ein Zeichen für etwas Allgemeines verwandeln kann und etwa aus der Glocke des Dußlinger Gemeindedieners zugleich einen Verweis auf die Wirren der letzten Phase des Zweiten Weltkrieges und die totale Niederlage des Deutschen Reiches macht.
Wie jedem anderen Erzähler muß dem Ausstellungsmacher bewußt sein, daß jede Ausstellung eine Verarbeitung der Vergangenheit ist, daß jede Zusammenstellung und Auswahl von historischen Objekten bereits interpretiert und wertet. Die vollständige und gesicherte Wahrheit ist auch museal nicht zu haben: Jede Ausstellung muß auswählen, akzentuieren, sie braucht Leitthemen und Schwerpunkte. Dieses konstruktive Element tritt beim Medium Ausstellung vielleicht deshalb besonders deutlich hervor, weil hier die Reduktion besonders ausgeprägt ist.
Die Re-Kontextualisierung findet in der Ausstellung auf vier Ebenen statt. Zunächst macht ein thematisch bestimmtes Raumbild mit bühnenbildnerischen Mitteln einen historischen Zusammenhang sinnlich erfahrbar. So vermitteln bei der Behandlung der Revolution von 1848/49 die Farben, Klänge und die in Schieflage befindliche Ausstellungsarchitektur den „Sturm, der in die Zeit gefahren ist". Ein solches zeitgenössisches Zitat stimmt zusätzlich in Thema und Zeit der einzelnen Ausstellungsräume ein. Somit sind die bereits angesprochenen Exponate schon in einen allgemeinen Zusammenhang gestellt. Innerhalb dieses Bildraumes sind die Objekte nach Maßgabe ihrer Deutung angeordnet und installiert. Ihnen sind als Entzifferungshilfe schließlich kurze Texte beigegeben, gemäß der Maxime Goethes „Was man weiß, sieht man erst".
Auswahlkriterium für die Exponate ist allein ihre Aussagekraft im Kontext des Themas, nicht ihr materieller Wert oder ihre ästhetische Qualität. Besondere Berücksichtigung haben dabei solche Objekte erfahren, die – wie die Glocke des Dußlinger Gemeindedieners – zu demonstrieren vermögen, welchen Niederschlag historische Prozesse im Alltagsleben der baden-württembergischen Bevölkerung gefunden haben. Den Besuchern wird so über die Wirkmächtigkeit der originalen Objekte die Möglichkeit zur Identifikation gegeben. Erhält die Auseinandersetzung mit der Landesgeschichte damit eine emotionale und affektive Dimension, so sind die auf einer vierten Ebene angebotenen Daten und Fakten eher an den kognitiven Fähigkeiten der Besucher ausgerichtet.
Die größte Wirkung werden die genannten Zielvorstellungen haben, wenn es gelingt, möglichst breite Teile der Bevölkerung zu erreichen. Das Haus der Geschichte Baden-Württemberg will ein Museum für alle sein. Denn: Den Besucher gibt es nicht! Die Sichtweisen der Besucher sind unterschiedlich, nach Geschlecht und Herkunft, nach Alter und Erfahrung, nach Neugier, Einbildungskraft und Erlebnisbereitschaft. Es gibt Besucher ohne jede Vorkenntnisse und Besucher, die schon viel über die Landesgeschichte wissen; auch diese müssen noch etwas Neues entdecken können. Der Heterogenität von Kenntnisständen, Interessenlagen und persönlichen Zugangsweisen versucht die Ausstellung durch

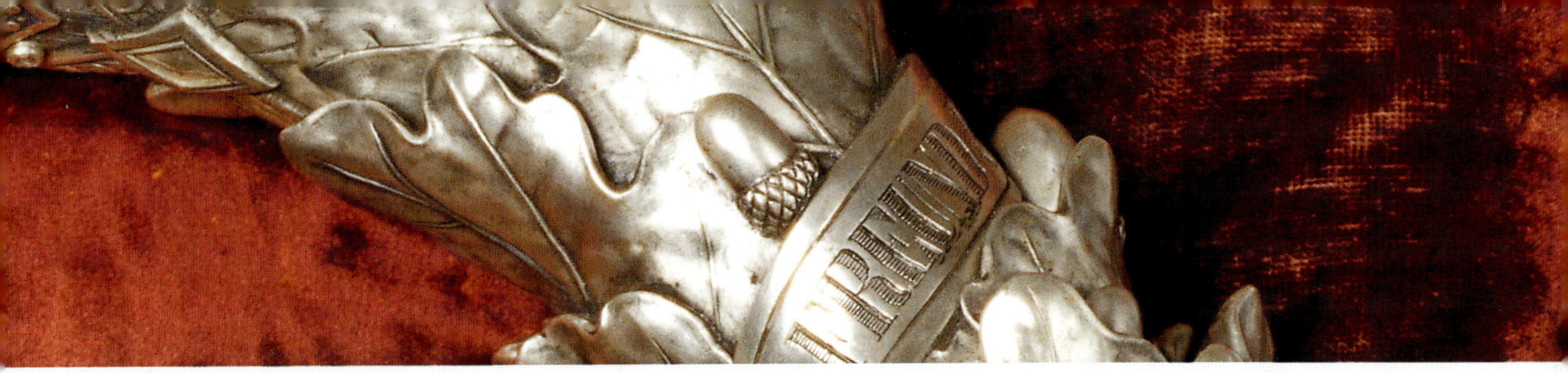

vier verschiedene Vermittlungsebenen – vom Bildraum über das Raumzitat und das authentische Objekt bis hin zu per Computer verfügbar gemachten Datenbanken – Rechnung zu tragen.
Die Besucher, die zum Beispiel die Ausstellungseinheit zur Revolution 1848/49 betreten, können dies mit ganz unterschiedlichem Vorwissen, unterschiedlichen Fragen und Interessen tun. So dürfte selbst ein Besucher, dem die deutsche Geschichte und Sprache fremd ist, dem Raumbild einen sinnlichen Eindruck von den Turbulenzen der Revolutionszeit abgewinnen. Dagegen wird sich ein Besucher, der sich bereits intensiv mit der 48er Revolution in Baden und Württemberg beschäftigt hat, vielleicht ganz auf einzelne Objekte konzentrieren. So sollten etwa die Aufzeichnungen des oberschwäbischen Bauern Moriz Kolb zur Aufhebung der Feudallasten auch dem gut informierten Betrachter neue Perspektiven eröffnen. Andere werden möglicherweise stärker von einem Objekt berührt, das wie der „Leichenstein der badischen Republik" die ganze persönliche Enttäuschung eines zeitgenössischen Revolutionsbefürworters ausdrückt. Orts- und personengeschichtliche Interessen werden von einer Datenbank bedient, die es jedem erlaubt, das Revolutionsgeschehen in seinem Heimatort oder die Tätigkeit bestimmter Revolutionäre abzufragen.
Wenngleich der Ausstellung also eine klare Frageperspektive zugrundeliegt, versucht sie nicht, diese dem Besucher zu oktroyieren, sondern berücksichtigt, daß sich jeder Besucher die Angebote einer Ausstellung individuell aneignet. Diese Aneignung führt Eindrücke verschiedenster Sinne zusammen, wobei dem Affektiv-Emotionalen mehr Bedeutung zukommt als dem Kognitiven.
Auch deshalb reduziert die Ausstellung den Besucher nicht auf die Rolle des passiven Rezipienten, sondern versucht, ihn aktiv einzubeziehen. Dies muß nicht immer medial geschehen. So entpuppen sich in der Ausstellungseinheit „Natur und Umwelt" eine Reihe von aufgesägten Schwarzwaldtannen erst bei näherer Betrachtung als „Bretterstapel" und Vitrine zugleich. Der Besucher selbst muß aktiv die im Baukörper vorhandenen Infotafeln herausziehen. Nur so kann er auch einen Ausschnitt aus dem Film „Schwarzwaldmädel" in Gang setzen, in dem der Ginster als schwarzwaldtypische Pflanze besungen wird, eine Pflanze, die wie eine weitere Infotafel verrät, heute im Schwarzwald nicht mehr anzutreffen ist.

Dem Ziel der Einbeziehung des Besuchers dient aber nicht allein die Gestaltung der bislang vornehmlich thematisierten Ausstellungsteile, sondern auch die Dramaturgie der Gesamtausstellung. Die Dauerausstellung des Hauses der Geschichte Baden-Württemberg hat weit mehr zu bieten als den chronologischen Bereich und den systematisch angelegten Themenpark. So holt ein Baden-Württemberg-ABC den Besucher auf dem Vorplatz des Hauses ab und begleitet ihn ins Foyer. Abgeholt werden die Besucher aber auch bei ihren eigenen Vorstellungen und Vorurteilen. Denn das ABC konfrontiert sie mit Hilfe von 26 Vitrinen mit (vermeintlich) landesspezifischen Charakteristika und Symbolen: vom Äffle und Pferdle über die Kehrwoche und das Musterländle bis zum Zeppelin.
Erst auf diesen eher spielerischen und stark assoziativen Einstieg folgt der Gang durch 200 Jahre Landesgeschichte. An dessen Ende steht als dritter Ausstellungsbereich das „Museum der Gegenwart", das dem Besucher die Frage stellt, was aus unserem heutigen Alltag aufbewahrenswert ist und vielleicht noch nach Jahren und Jahrzehnten Auskunft über unsere heutige Gegenwart geben kann. Räumlich erstreckt sich das „Museum der Gegenwart" als einziger Ausstellungsabschnitt im Haus der Geschichte Baden-Württemberg über zwei Stockwerke. Es führt vom chronologisch organisierten Teil des Museums im ersten Stockwerk hin zum Themenpark in die zweite Etage – Abschluß und Auftakt zugleich. Der Besucher kommt am Ende der Chronologie im „Museum der Gegenwart" an, bewegt sich in ihm in einer Phase des Übergangs entlang der Exponate über eine gläserne Treppe in das zweite Stockwerk, um dort in den Themenpark einzutauchen, dessen Konzeption ja ganz von der Gegenwart her bestimmt ist.
Kommt dem „Museum der Gegenwart" also eine Scharnierfunktion zwischen Chronologie und Themenpark zu, so ist dies doch nicht die einzige Verbindung zwischen diesen beiden zentralen Ausstellungsbereichen. Vielmehr erlauben im Themenpark Öffnungen im Boden den Blick

hinunter auf die chronologische Darstellung. Der Betrachter der Ausstellungseinheit Migration schaut so in die Revolution von 1848/49 zurück, deren Niederschlagung – wie in der Chronologie belegt wird – zahlreiche politische Aktivisten der Revolutionszeit zur Emigration zwang. Aus dem Religionsraum, um auch ein zweites Beispiel aufzugreifen, kann man in denjenigen Bereich der Chronologie blicken, der sich mit dem badischen Kulturkampf beschäftigt. Derartige Durchblicke zeigen Verbindungen zwischen vergangenen und gegenwartsnahen Problemlagen auf.

Ist dergestalt die Einsicht in die Geschichtlichkeit des Gegenwärtigen wie in die Gegenwärtigkeit des Geschichtlichen ein Hauptanliegen der Ausstellung insgesamt, so bietet der vierte Ausstellungsbereich hierzu einen ganz eigenen, nämlich künstlerischen Zugang. Auf der Dachterrasse zeigen Künstler aus Baden-Württemberg ihre Interpretation von Geschichte. Wechselnde Installationen behandeln Aspekte wie Zeit, Vergänglichkeit und Bedeutung von Geschichte. Den Anfang macht eine Arbeit mit kinetischen Objekten von Anja Luithle.

Welchen Stellenwert hierbei spezifisch baden-württembergische Themen einnehmen werden, ist aufgrund des regelmäßigen Ausstellungswechsels offen. Ganz im Zentrum steht das Land dagegen im fünften und letzten Ausstellungsbereich. Eingebunden in stimmungsvolle Bilder äußern sich prominente und weniger prominente Bewohner des Landes zur „Kultur-Landschaft Baden-Württemberg“. Eine multimediale Inszenierung in entspannender Atmosphäre gibt so zum Abschluß einen Eindruck von der regionalen, kulturellen und landschaftlichen Vielfalt des Landes.

Deutlicher noch als bei einem solchen Überblick über die einzelnen Ausstellungsbereiche kann die Wahl der inszenatorischen Mittel anhand einer eingehenderen Betrachtung einzelner Ausstellungsteile herausgearbeitet werden. So steht am Anfang des chronologischen Teils eine begehbare Karte des Landes, die ca. 250 Territorien aus der Zeit des Alten Reiches darstellt. Der Besucher, der sich auf eines der Territorien stellt, erfährt Name und Titel des jeweiligen Landesherren bzw. einiger „Landesfrauen“, und zwar in Form einer Projektion, die sich über die Museumswand bewegt und langsam verschwindet. Der Besucher kann verfolgen, wie zersplittert Südwestdeutschland damals war. Die Karte liegt am Fuße einer imposanten Treppe, die auf Portraits der vier nach der territorialen Neuordnung noch verbliebenen südwestdeutschen Herrscher zuläuft. Das Raumbild versinnbildlicht den Aufstieg der Fürsten von Hohenzollern-Sigmaringen und Hohenzollern-Hechingen, vor allem aber des badischen Markgrafen und des württembergischen Herzogs im Schatten einer zeitgenössischen Napoleonbüste. Ein großes Ölgemälde von Johann Arthur Nikutowski zeigt den Rückzug des badischen Korps der napoleonischen Armee über die Beresina, ein Kriegseinsatz mit dem die südwestdeutsche Bevölkerung für den Aufstieg ihrer Herrscher zahlte. Das Gemälde veranschaulicht in außerordentlich drastischer Weise die Verzweiflung der Sterbenden und das Chaos und Grauen der über-

stürzten Flucht der badischen und württembergischen Soldaten vor der nachrückenden russischen Armee. Karikaturen führen dem Besucher vor, wie sich nach der verlorenen Völkerschlacht beide Staaten aus der Gefolgschaft Napoleons lösten, um nun mit den Koalitionsmächten gegen diesen zu kämpfen. Auf dem Wiener Kongreß wurden die territorialen Neuordnungen im deutschen Südwesten bestätigt. Die dort 1815 verabschiedete Akte des neugeschaffenen Deutschen Bundes sah in allen Bundesstaaten eine landständische Verfassung vor. Im Gegensatz zu Preußen und Österreich setzten Baden und Württemberg diesen Beschluß um, nicht zuletzt um mit Hilfe der Verfassungen die Integration der neubadischen und neuwürttembergischen Gebiete zu erleichtern. Die Verfassungen stehen deshalb im Mittelpunkt des Raumbildes für den Vormärz. Sie werden in einem nachempfundenen Landtag präsentiert, dessen zentrale Position im Bildraum ausdrückt, daß die württembergischen und badischen Kammern die Brennpunkte der politischen Auseinandersetzung waren. Die Bürgerkrone für den württembergischen Abgeordneten Friedrich Römer und eine Reihe von Pokalen für andere Abgeordnete belegen die rege Anteilnahme der Bevölkerung an der Arbeit der Volksvertreter. Um das Oval der stilisierten Kammer gruppieren sich weitere Themen wie die Ermordung Kotzebues oder das Regierungsjubiläum des württembergischen Königs.
Staatliche Repression gehörte gleichfalls zum Alltag des Vormärz. Auch deshalb blieb die Inbesitznahme des öffentlichen Raumes durch

außerparlamentarische Politik bis zur Revolution von 1848/49 begrenzt. Mit den völlig neuen Handlungsspielräumen, die die Revolutionsjahre den vielen beteiligten sozialen Gruppen und politischen Gesinnungsgemeinschaften eröffneten, sowie mit der Bewältigung ihrer Folgen beschäftigt sich das dritte Raumbild der Chronologie. Sein Grundmotiv wird zum einen von der Schieflage bestimmt, in die das politische System damals geriet – die Symmetrie der Wände kommt ins Wanken – zum anderen von der Kommunikationsflut. Flugschriften, Flugblätter, Anschläge, Petitionen und Fahnen dominieren das Bild und belegen die Partizipation von Bevölkerungsgruppen, die wie die Frauen und die Bauern des Odenwalds, Hohenlohes und Oberschwabens bislang politisch so gut wie nicht in Erscheinung getreten waren. Die Revolution wurde im Sommer 1849 endgültig niedergeschlagen. Zahlreiche Revolutionsteilnehmer emigrierten, vor allem in die Vereinigten Staaten von Amerika. Dort gehörten viele von ihnen im Amerikanischen Bürgerkrieg zu den Kämpfern gegen die Sklaverei. Die Ausstellung zeigt eine amerikanische Regimentsfahne aus Missouri, hinter der eine ganze Reihe von namentlich bekannten Württembergern und Badenern marschierten.

Die führende Rolle, die das preußische Militär bei der Niederschlagung der Revolution gespielt hatte, war einer der Gründe, warum die 1871 zum Abschluß gekommene Nationalstaatsbildung im Südwesten Ängste vor einer „Verpreußung" schürte. Dagegen suchten Baden und Württemberg ihre eigenen, in den 1860er Jahren wieder stark hervorgetretenen liberalen Traditionen zu behaupten. Das Raumbild drückt diese Spannung aus, indem es aus einem Rahmen nationalistischer Symbole Themen wie den Kulturkampf, die Arbeiter- und Frauenbewegung herausbrechen läßt, anhand derer sich die einzelstaatlichen Handlungsspielräume im neugeschaffenen Nationalstaat ausloten lassen. Im Ersten Weltkrieg wurde die Pickelhaube, lange Symbol für den oft kritisierten Militärstaat Preußen, zur Kopfbedeckung aller deutscher Soldaten. Auch Badener und Württemberger

trugen sie mit einem textilen Überzug, der verhindern sollte, daß Lichtreflexionen den Standort ihrer Träger verrieten. Massenhaft ausgeübte und massenhaft erlittene Gewalt war aber nicht nur das Signum des Ersten Weltkrieges, sondern der gesamten Zeit von 1914 bis 1945, die aus diesem Grund zu einem Bereich zusammengefaßt ist. Im direkten Zusammenhang damit steht das den Bildraum bestimmende Motiv der formierten Menschenmasse. Es umfaßt sowohl die Massen- und Materialschlachten des Ersten Weltkrieges als auch die Massenaufmärsche der Weimarer Republik und des Dritten Reiches und schließlich die Massenmorde im Zweiten Weltkrieg. Die Inszenierung der abstrakten Massenhaftigkeit als Projektion auf metallischen Wänden wird gebrochen durch die Herauslösung des Einzelnen aus der Masse. Individuelle Geschichten und Erinnerungsstücke, aber auch Ausgeschlossene und Opfer, treten als Teil der Masse hervor.

Der darauffolgende Bildraum, der die Auseinandersetzung um den Südweststaat behandelt, beginnt gleichfalls mit einer abstrakten grauen Masse. Einzelne exemplarische Biographien eines ehemaligen KZ-Häftlings, einer Flüchtlingsfamilie, eines heimkehrenden Soldaten, einer Davongekommenen, eines Nationalsozialisten und eines Remigranten zeigen, wie jeder von ihnen mit einem ganz persönlichen „Rucksack" aus dem Krieg kommt, wie sie ganz unterschiedlich die Zerstörung und den Verlust ihrer Heimat erlebten und sich eine neue Existenz aufbauen mußten. Mit der Währungsreform gewinnt der bisher graue Raum Farbe: (Selbst-)Bilder aus dem neuen Land, der neue Landtag, Schul- und Universitätsbauten, Kernreaktoren zeigen den Aufbau des neuen Bundeslandes in den 1950er und 1960er Jahren.

Die Besucher hören die Stimme des Ministerpräsidenten Reinhold Maier, die entscheidenden Sätze, mit denen er die Gründung des neuen Bundeslandes am 25. April 1952 um 12 Uhr 30 vollzog. Die Auseinandersetzung um die Gründung, die Argumente der Befürworter und Gegner sind ebenfalls zu hören und zu sehen.

Den Abschluß der räumlich-politischen Neuord-

nung des Landes bildete die Verwaltungsreform Anfang der 1970er Jahre. Mit ihr setzt ein Bildraum ein, der die letzten dreißig Jahre in den Blick nimmt. Auf einem stilisierten Forum werden die Debatten dieser Zeit dargestellt. (Zeitungs-)Schlagzeilen bestimmen das Bild und führen in die gesellschaftlichen Auseinandersetzungen dieser dreißig Jahre ein: die Diskussionen um Hochschulreform, Gleichberechtigung der Geschlechter und ansteigende Arbeitslosigkeit, die Proteste gegen Umweltverschmutzung und die Stationierung von Mittelstreckenraketen, die Herausforderungen der Stabilität parlamentarischer Demokratie durch die RAF in den siebziger Jahren und den Rechtsextremismus in den Neunzigern. Der Besucher kann und muß dabei die Diskussionen mittels beweglicher Vitrinen selbst in Gang setzen. Originale Objekte und Filmbeiträge stellen die unterschiedlichen Positionen vor und verweisen auf die überdauernde Aktualität der Auseinandersetzungen.
Im „Museum der Gegenwart" am Ende der Chronologie öffnet sich die Ausstellung nicht nur zur Straße hin mit einem großen Fenster, sie lädt die Straße geradezu ins Haus ein, indem sie den Blick auf die Stadt in die Ausstellung integriert, in eine große Wand, die mit Hilfe von Webcams den Blick auch auf andere ausgesuchte Orte des Landes wie das Heidelberger Schloß oder den Hafen von Konstanz richtet. Der Parcours führt also den Besucher nicht nur durch die Vergangenheit, sondern wieder zum Ausgangspunkt zurück, in die Gegenwart, zu sich selbst. Das „Museum der Gegenwart" eröffnet dem Besucher auch die Möglichkeit, seine gegenwärtigen Anliegen einzubringen. Hier findet sich eine Unterschriftenbox der Fluglärmgegner aus Stühlingen an der Grenze zur Schweiz ebenso wie eine „Sandsteinskulptur für RESPEKT", ein Objekt, das im Rahmen einer Kunstaktion für gewaltfreie Schulen entstanden ist. Nach der Eröffnung werden die Besucher die Möglichkeit haben, durch von Ihnen mitgebrachte Gegenstände dieses Museum der Gegenwart mitzugestalten. Schon dadurch dürfte deutlich werden, daß unsere Geschichtsbetrachtung zukunftsoffen angelegt ist. Der Themenpark beginnt mit der Abteilung „Natur und Umwelt". Entwickelt werden die Fragen und Probleme am Beispiel des Schwarzwaldes, denn in ihm verbinden sich Württemberg und Baden. Bis heute prägt er sehr stark das Außenbild des Landes, noch immer ist er die größte zusammenhängende Erholungslandschaft. Gleichzeitig ist es eines der ökologisch am stärksten belasteten Gebiete in Baden-Württemberg. Neunzehn aufgesägte Schwarzwaldtannen von drei bis sechs Metern Höhe dienen als Vitrinen mit herausziehbaren Objekttafeln und Videoinstallationen. Historische Exponate führen die fünf Aspekte Erwerb, Erholung, Schönheit, Kitsch und Krise vor sowie die wechselseitige Abhängigkeit von Natur und Mensch.
Die Beziehung zwischen Umwelt und Wirtschaft war im Südwesten insgesamt weniger spannungsreich als in den schwerindustriell geprägten Gebieten des Ruhrgebietes oder des Saarlandes, denn aufgrund der Rohstoffarmut und der ungünstigen Verkehrslage hat sich in Baden-Württemberg eine Industrie entwickelt, die spezialisiert, mittelständisch und flexibel ist. Das Raumbild der Abteilung „Wirtschaft" wird bestimmt durch ein industrielles Hochregal. Produkte von 27 württembergischen und badischen Unternehmen aus den letzten 100 Jahren führen die enorme Vielfalt und Innovationskraft vor. Werbefilme und -plakate, Verkaufskataloge in vielen Sprachen zeigen die Eroberung neuer Märkte und den weltweiten Absatz baden-württembergischer Produkte. Hunderte von Patenten belegen den Erfindungsreichtum der heimischen Wirtschaft.
Wenngleich auch in Baden-Württemberg die Phase beschleunigter Verstädterung mit der Durchsetzung der Industriegesellschaft einherging, gab es keine industriebedingten (Groß-) Stadtgründungen. Das kann angesichts des Fehlens von Steinkohlevorkommen, die andernorts die Ansiedlung schwerindustrieller Unternehmen und die massenhafte Zuwanderung von Arbeitskräften nach sich zogen, auch nicht überraschen. Bis heute ist die Stadtstruktur in Baden-Württemberg gekennzeichnet durch ein dichtes Geflecht von vielen Klein- und Mittelstädten sowie wenigen Großstädten. Der Ausstellungsbereich „Städtelandschaft" führt mit einer Reihe von Guckkästen das Herauswachsen der württembergischen und badischen Städte aus den alten Begrenzungen vor. Historische und aktuelle Luftbildaufnahmen zeigen das Ineinandergreifen von urbanen Zentren wie Stuttgart in Richtung Esslingen und Plochingen oder die Ausdehnungen der Kinzigtalgemeinden Hausach, Haslach und Gengenbach. Ein weiterer

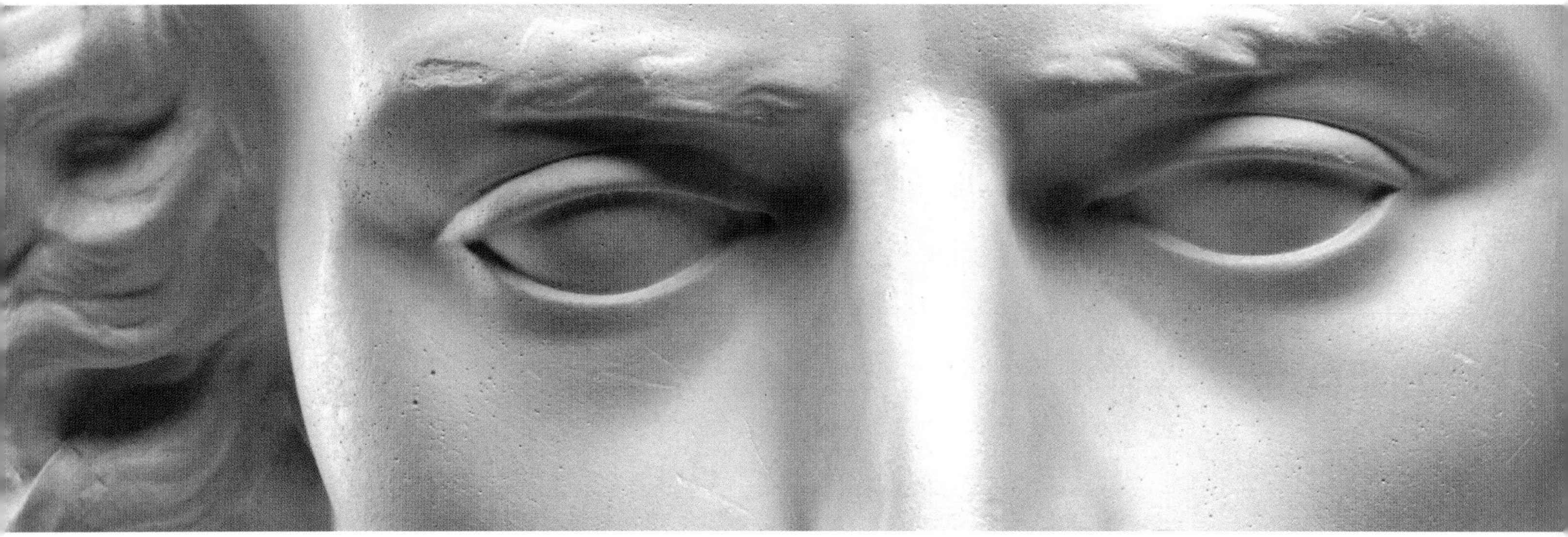

Guckkasten zeigt die zum städtischen Leben gehörenden öffentlichen Straßen und Plätze, die in vielfältiger Weise von den Menschen in Besitz genommen werden.
Arme Regionen in Baden, Württemberg und Hohenzollern waren Zentren der Auswanderung im 19. Jahrhundert. Im 20. Jahrhundert hat sich die Wanderungsbewegung umgekehrt. Vor allem seit dem Zweiten Weltkrieg ist der Südwesten eine der attraktivsten Zuwanderungsregionen in Deutschland geworden. Der Bildraum nimmt die Spannung zwischen der Massenhaftigkeit des Phänomens Migration und der Individualität jedes einzelnen Wanderungsvorgangs auf, indem er aus der endlosen Zahl badischer und württembergischer Aus- und Einwanderer 14 Einzelschicksale herausgreift. Eine entsprechende Anzahl sich öffnender Koffer gibt diesen durchaus typischen Migranten ein Gesicht und eine Stimme.
Die christlichen Kirchen klagen landesweit über anhaltenden Mitgliederschwund. Das bedeutet aber nicht, daß Religionsfragen heute keine Rolle spielen. Erinnert sei nur an die Klage einer muslimischen, baden-württembergischen Lehrerin gegen das Verbot, ihr Kopftuch auch im Unterricht tragen zu dürfen, oder an die vielfältigen Debatten um moderne Ersatzreligionen. Auch historisch betrachtet war Religion in Südwestdeutschland von zentraler Bedeutung. Das Raumbild zeigt innerhalb der drei „Burgen" Katholizismus, Protestantismus und Judentum für die Vergangenheit eine bemerkenswerte Parallelität in Gestalt einer Spaltung in ein liberales, aufklärungsfreundliches Lager und eines, das sich gegen die Aufklärung eher abgrenzte. Diese „Burgen" stützten sich nicht nur auf individuelle Glaubensüberzeugungen, sondern auch auf sozialstrukturelle Faktoren. Der Zweite Weltkrieg und die Entwicklungen der 1950er und 1960er Jahre sorgten – in je nach Religionsgemeinschaft sehr unterschiedlicher Weise – dafür, daß die „Burgen" massiv an Festigkeit verloren, ja so weit „abgetragen" wurden, daß man heute geradezu von der Situation eines religiösen Marktes sprechen darf. Dieser ist gekennzeichnet durch die formelle Gleichberechtigung aller Anbieter und eine weitgehende Wahlfreiheit der Nachfrager.
Der Bereich „Frauen und Männer" nimmt einen Perspektivwechsel vor. Nicht die gegenwärtigen gesellschaftspolitischen Diskussionen bestimmen den Raum, sondern die private Perspektive. 700 Fotos geben einen Eindruck vom Wandel der Beziehungen von Frauen und Männern und des Familienalltags vom 19. Jahrhundert bis heute. Da diese „Privat-Ansichten" in verschiedenen Ebenen montiert werden, lassen sich auch soziale Unterschiede zeigen. Ebenso werden Fotografien aus dem ländlichen und städtischen Raum vergleichend präsentiert.
Für das rohstoffarme Hochtechnologieland Baden-Württemberg hat Wissenschaft eine überragende Bedeutung. Eine Vielzahl von Universitäten, Pädagogischen Hochschulen, Fachhochschulen sowie überregionalen Forschungseinrichtungen machen Baden-Württemberg zu einem „Forschungsland". Der ganze Bildraum erinnert wegen des kühlen blauen Lichtes an ein Labor. Die Drosophila, für deren Erforschung die Tübinger Biologin Christiane Nüsslein-Volhard 1995 den Nobelpreis für Medizin erhielt, steht für den Bereich Naturwissenschaft. Wandvitrinen zeigen aktuelle Errungenschaften wie die Brennstoffzelle und Bioreaktoren. Eine Büste des promovierten Mediziners Friedrich Schiller, der als Historiker und Dichter berühmt wurde, steht für den Bereich der Geisteswissenschaften. Hier

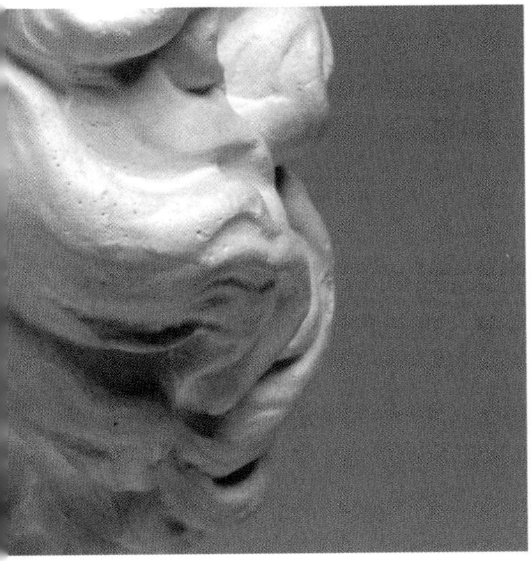

geht es um die großen geisteswissenschaftlichen Leistungen von Hegel und Schelling bis zu Martin Heidegger und Hans-Georg Gadamer. Am Ende des Themenparks blickt die Ausstellung über die Grenzen zum „Nachbarn Frankreich". Heute können wir völlig problemlos die Grenze nach Frankreich passieren. In den letzten Jahrzehnten wurde viel dafür getan, die alten Feindbilder abzubauen, das gegenseitige Kennenlernen zu fördern. Die Beziehungen zu Frankreich exemplifizieren den Wandel vom Gegeneinander zum Miteinander. Die Ausstellungseinheit „Nachbarn und Grenzen" zeigt drei aktuelle Kooperationsfelder: militärische Zusammenarbeit, Handel und Städtepartnerschaften, wichtige Schritte auf dem Weg zu einem gemeinsamen Europa.

Abschließend blickt die Ausstellung zurück über den ganzen Themenpark und wagt gleichzeitig einen Blick in die Zukunft über die Grenzen des Landes hinaus: Wie werden wir in einem vereinten Europa leben, wie werden wir Umwelt-, Wirtschafts- und Einwanderungsfragen gemeinsam mit unseren europäischen Nachbarn lösen? Was bleibt am Ende? Die Ausstellung und ihre Präsentation von Objekten bieten Einblicke in vergangene Zeiten – unerwartete und überraschende, aber auch ganz banale und lehrreiche. Sie alle sollen als Anregungen dienen: für Interesse, Neugier, Begeisterung, auch Ablehnung und Abscheu. Wenn die Besucher das Haus mit dem Gefühl verlassen, sie hätten interessante Objekte gesehen, vielleicht sogar ein Stück Vergangenheit erlebt, dann hat die Ausstellung bereits viel erreicht. Wenn die Besucher darüber hinaus erfahren haben, daß die Beschäftigung mit der Geschichte auch eine Beschäftigung mit der Gegenwart ist, eine Beschäftigung, die nicht nur Fragen beantwortet, sondern auch neue Fragen stellt, dann hat die Ausstellung ihren Zweck erfüllt.

Und die Ausstellungsmacher geben sich ohnehin nicht der Illusion hin, mit der Eröffnung der Ausstellung sei ihre Arbeit getan. Denn auch für diese Ausstellung gilt, was Max Weber über die historischen Disziplinen überhaupt geschrieben hat, nämlich daß ihnen „der ewig fortschreitende Fluß der Kultur stets neue Problemstellungen zuführt" (Weber 1988, S. 206). Diese neuen Problemstellungen wird das Haus der Geschichte Baden-Württemberg mit seinen Ausstellungen auch in Zukunft aufnehmen.

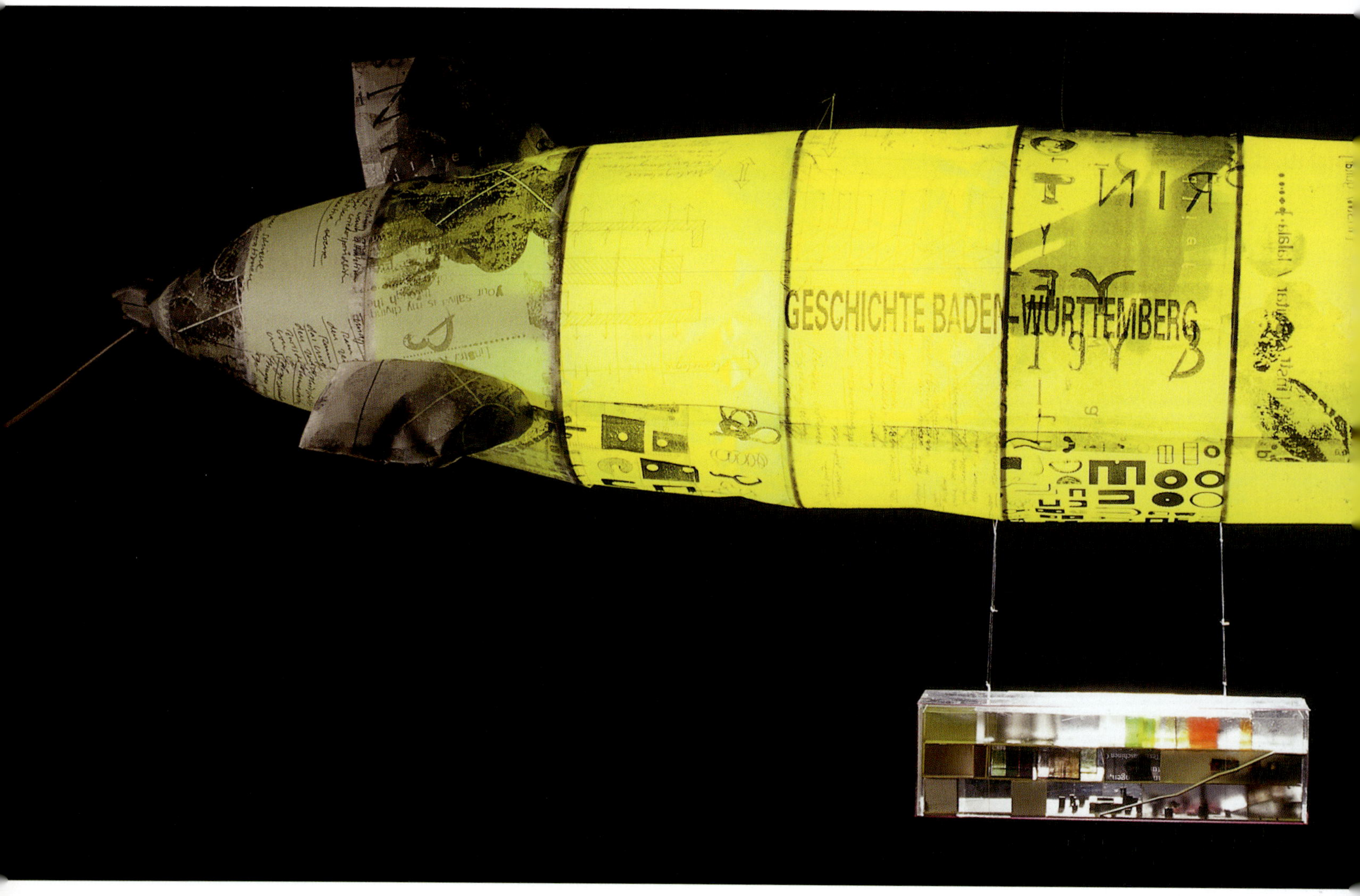

Uwe R. Brückner

Das Haus der Geschichte – Vom Haus ohne festen Wohnsitz zur Institution in bester Lage

Prolog

Zu den Gesetzmäßigkeiten einer Museumsausstellung gehört es, daß viele abstrakte, inhaltsschwere Themen im „Vorübergehen" erfaßbar, erlebbar und ansprechend umgesetzt werden sollen. Besonders bezeichnend für Museen mit kulturgeschichtlichen Sammlungen ist der heterogene Sammlungsbestand. Im Falle des Hauses der Geschichte Baden-Württemberg liegt einer der Schwerpunkte auch auf der umfassenden und beständig wachsenden Sammlung an Foto- und Filmmaterialien, die besonderer Formen der Präsentation bedürfen.
Dadurch können die vielen individuellen Geschichten und deren Protagonisten mit ihren Biographien, die lebenden Zeitzeugen, widersprüchlichen Aussagen und unterschiedlich interpretierbaren, historischen, im wissenschaftlichen Diskurs befindlichen Fakten Teil der Ausstellung werden und die Landesgeschichte lebhaft „verkörpern". Die Herausforderung besteht in der gestalterischen Gliederung der immensen Vielfalt von Materialien und Anforderungen im Spannungsfeld unterschiedlichster Auffassungen von Ausstellungsgestaltung und didaktischer Informationsvermittlung, die den Besuchern ein begeisterndes und erlebenswertes Bild bieten soll.

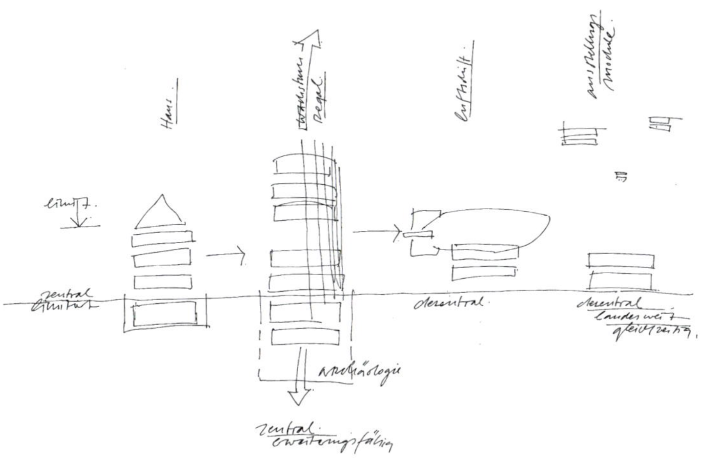

Wettbewerb

Vor dem Einzug in das neue Gebäude hatte das Haus der Geschichte Baden-Württemberg als Institution und Hüterin für die südwestdeutsche Geschichte seinen Sammlungs-, Aufbewahrungs- und (Weiter-)Vermittlungsauftrag jahrelang in dezentralen, temporären Ausstellungen ausgeübt. Es waren Ausstellungen die zum Bürger kamen, statt – wie traditionell üblich – Bürger ins Museum zu locken.
Es war also ein Haus der Geschichte ohne festen Wohnsitz mit dem Prinzip einer „Geschichte(n)-in Bewegung-Ausstellung". Darin lag etwas Flexibles, Uneinschätzbares und Risikobereites, das trotzdem territoriale Bodenhaftung zeigte. Das gefiel uns. Diesen Gedanken „der wandernden Ausstellung als feste Einrichtung" wollten wir weiterspinnen und hängten deshalb das ganze Museumsvolumen kurzerhand unter einen „Zeppelin", um damit übers Land zu fahren. Wir wollten die Besucher entlang einer bestimmten Route immer wieder zusteigen lassen und sie, während sie durch die Ausstellung wanderten, gleichzeitig den Blick von oben auf das Land werfen lassen.
„Zu utopisch", befanden die Mitarbeiter im Atelier. „Wir brauchen auf jeden Fall noch eine seriöse Lösung, die auch für die in Planung befindliche Architektur von Stirling/Wilford funktioniert."
Auch beim prämierten Wettbewerbsentwurf vom November 1999 wünschten wir uns die Fortsetzung der flexiblen Haltung wechselnder „delokaler" Ausstellungen am festen Ort und entwickelten eine Kombination von temporären und permanenten Ausstellungseinheiten zur Aufhebung der klassischen Trennung von Dauerausstellungsräumen und Wechselausstellungsflächen.
Der auf das Gebäude bezogene Ansatz sah vor, dauerhafte Ausstellungsunits als in sich inhaltlich und gestalterisch geschlossene Einheit zu schaffen und diese „Ereigniseinheiten" in einer chronologischen Abfolge zu arrangieren. Diese Units sollten „auf Schienen" sitzen, um so die permanenten Themenbereiche durch „rangieren" nach Bedarf näher an den Anfang oder das Ende der Ausstellung verschieben zu

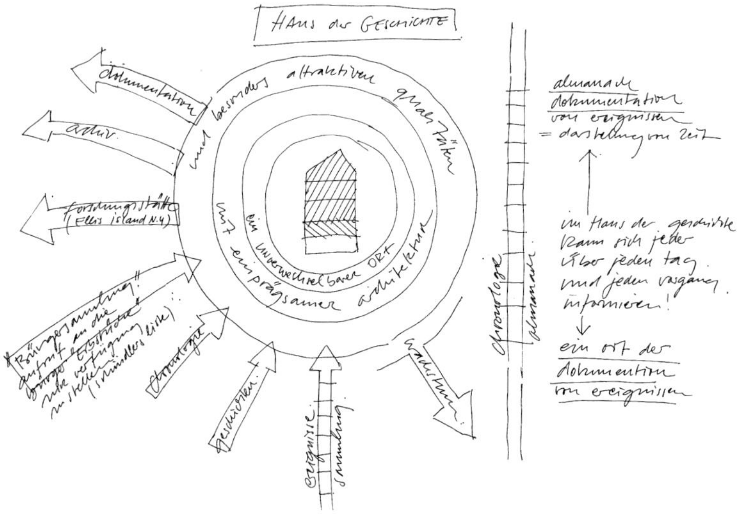

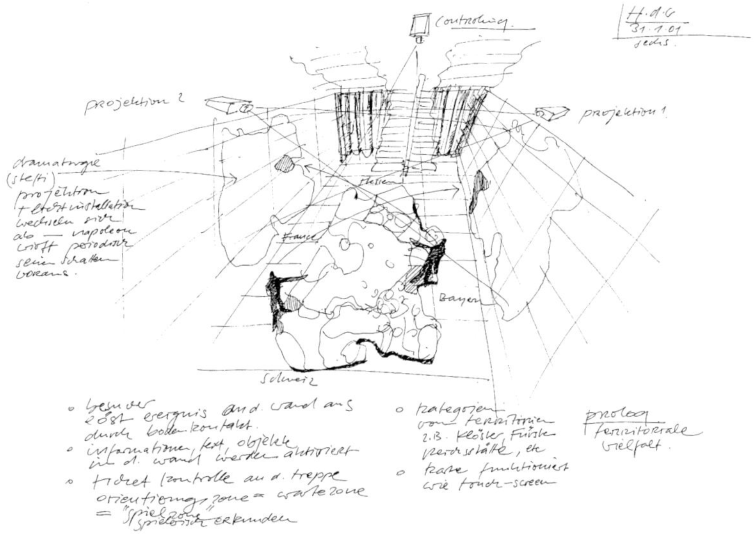

können. Dazwischen sollte mit temporären Themenausstellungen gearbeitet werden, die sich idealerweise an wichtige Themen angedockt hätten. Ein spannender Aspekt dieses Konzeptes der „Geschichte(n)-in Bewegung-Lösung" war der experimentelle Ansatz, die sich verändernden Ansichten der Gegenwart über die Vergangenheit in ein „mobiles" Ausstellungssystem zu übersetzen, in dem eine chronologische Dauerausstellung an historischen Fixpunkten, wie z. B. Beginn und Ende der Weltkriege, aktualisierbare Wechselausstellungen integriert hätte. Dieses Konzept verlangte eine durchgängige Raumabfolge mit kreuzungsfreiem Besucherfluß, zumindest perforierten Etagen für vertikale Sichtbeziehungen zur Verknüpfung zeitübergreifender Inhalte wie z. B. Religionen, Demokratie oder Migration. Diese Bedingungen konnten für die Dauerausstellung durch unterschiedliche Maßnahmen geschaffen werden, wie z.B. durch zwei zusätzliche Treppenhäuser und einige markante Durchbrüche zwischen den Geschossen.

Gestaltungskonzept

Dem inhaltlichen Konzept des Hauses der Geschichte gemäß erfolgte eine geschoßweise Gliederung der Ausstellung, in der der chronologische und thematische Teil je eine Ebene belegt, mit der Abfolge der Bereiche: „Baden-Württemberg-ABC" als Prolog, historische Chronologie, dann Themenpark und der „Lauf der Dinge" als künstlerischer Epilog sowie abschließend das „Depot in den Köpfen" in der „Baden-Württemberg-Lounge" als Ort regionaler und kultureller Reflexion.

Der durch die Geschosse verlaufende, inszenierte Parcours besteht aus einer Reihe von atmosphärischen Raumbildern, die durch ihre Gestaltung und dramaturgische Abfolge einen nachvollziehbaren Weg, eine Art begehbare Geschichte Baden-Württembergs zeigen sollen. Die thematischen Rauminszenierungen versuchen den Besucher unmittelbar für eine bestimmte Epoche oder ein aussagekräftiges Thema zu sensibilisieren, um darüber den Zugang zu den komplexen Hintergründen zu erleichtern. Dabei steht das authentische Objekt und seine auratische Qualität im Fokus. Es ist Protagonist und geschichtsträchtiges Medium zugleich.

Durch die Raumbilder sollen die Exponate ihre erzählerischen Qualitäten entwickeln und die Besucher aus der Ansicht des Ganzen zum Entschlüsseln der Details gelangen können. Dabei hilft ihnen ein umfassendes Angebot, das aus verschiedenen Vertiefungsebenen, wie Raumtexten, Thementexten, Objekttexten und einem computergestützten Informationssystem, besteht. Um einen durchgehenden, möglichst fesselnden Parcours zu bieten, sieht das Konzept der Dauerausstellung eine lineare Erschließung der drei architektonischen Ausstellungsebenen von unten (Ebene 4) nach oben (Ebene 6) vor. Hierzu waren zwei zusätzliche Treppen notwendig. Durch deren Einbau wird die Narration der Ausstellung nicht mehr unterbrochen und so besser als Kontinuum erlebbar. Gleichzeitig kann das Gebäude leichter als Ausstellungsvolumen wahrgenommen werden statt nur als Ausstellungsfläche. Deckendurchbrüche erlauben Voraus- und Rückblicke auf verknüpfte Themen und versprechen so dem Besucher entdeckungsreiche Einblicke in die Komplexität der historischen Ereignisse und ihrer Vor- oder Nachwirkungen. Um einen Dialog zwischen der Stirling/Wilfordschen Architektur und dem Ausstellungsparcours zu erreichen, gliedert sich die Nutzung der Räume in zwei Bereiche sich ergänzender Ausstellungsansätze. So liegen östlich der großen Treppe die Ausstellungsräume, die vorwiegend anhand von Objekten und deren inszenatorischer Präsentation historische Zusammenhänge zeigen, westlich der Treppe befinden sich der „Lauf der Dinge" und die „Baden-Württemberg-Lounge", die mit rein medialen und künstlerischen Mitteln Perspektiven auf die Ereignisse der Vergangenheit und Gegenwart entwickeln.

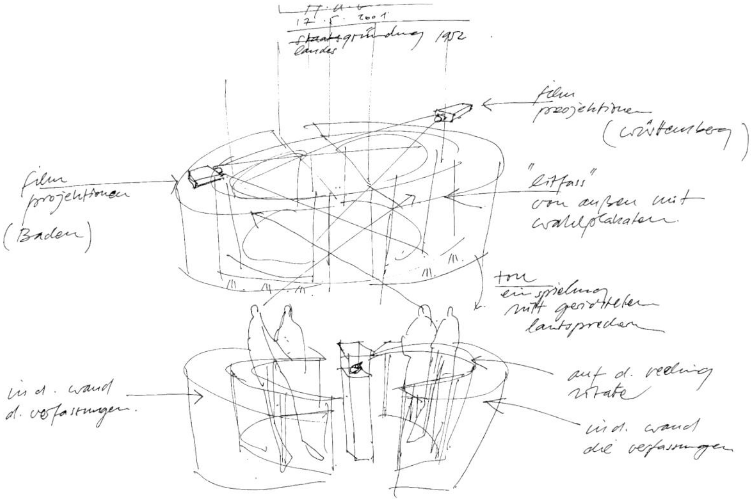

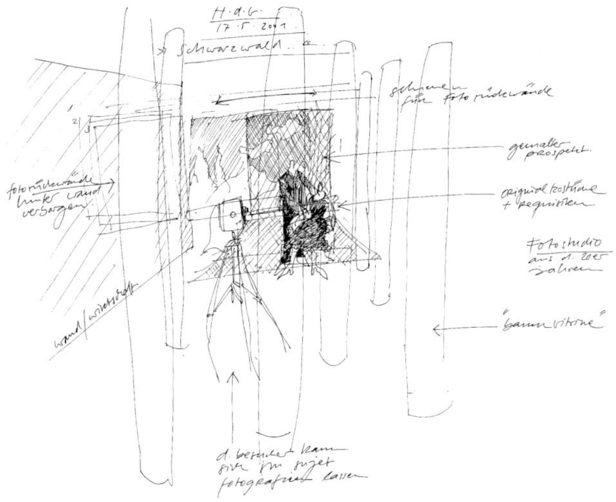

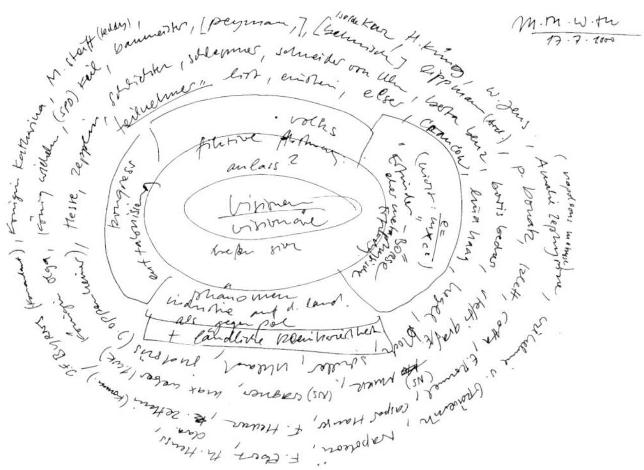

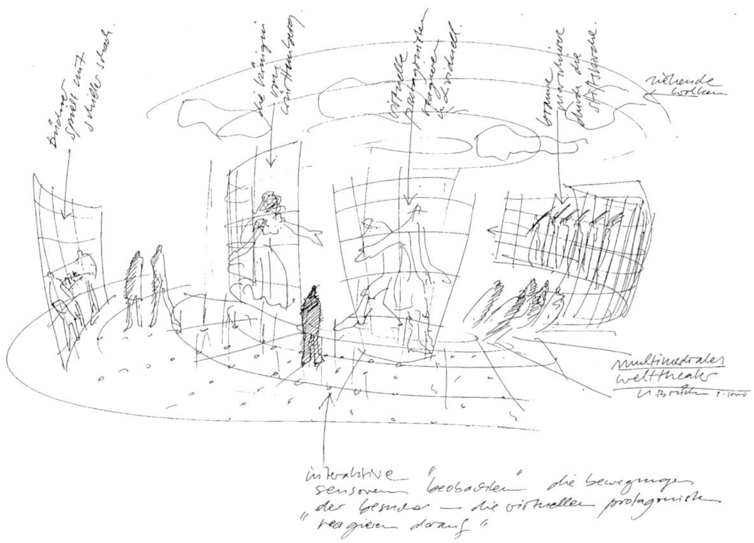

Epilog

Im sich immer wieder erneuernden Dialog mit dem Besucher steckt die Attraktivität jeder Ausstellung. Die in ihrer baulichen Struktur flexiblen Inszenierungseinheiten mit ihren interessanten Sujets sollen dazu beitragen, für die gesellschaftlichen, landschaftlichen und geschichtlichen Potentiale Südwestdeutschlands zu interessieren und für die reichhaltige Kultur dieser mitteleuropäischen Region zu begeistern.
Ziel der Inszenierungen ist es, themenadäquate Aufmerksamkeit zu erzeugen. Lesen um des Lesers Willen, Hören, wenn Geschichten Bilder im Kopf erzeugen sollen, und Bilder, wenn deren Wiedererkennung eigene Assoziationen auszulösen vermag.
Über die Aufgabe hinausgehend, historische Fakten und Objekte zu sammeln, zu bewahren und deren Inhalte zu vermitteln, hoffen wir, daß die Dauerausstellung des Hauses der Geschichte Baden-Württemberg als Erlebnis Anlaß zur Beschäftigung mit der eigenen regionalen Geschichte bieten kann und der bisherigen Vorgehensweise verbunden bleibt, dieses Kulturgut immer wieder neu und der Gegenwart angemessen zu präsentieren, um ein Ort der Begegnung zu bleiben. Wir wünschen uns vom Haus der Geschichte ein aktives, lebendiges, geschichtskritisches und erfolgreiches Engagement auch in der Fortführung dezentraler Ausstellungen und daß das neue „Haus mit festem Wohnsitz“ ein „Haus in Bewegung“ bleibt.

Prolog

Stefan Feucht

Baden-Württemberg-ABC

Von „Äffle und Pferdle" über „Musterländle" oder „Kehrwoche" bis „Zeppelin" entwirft das Baden-Württemberg-ABC auf spielerische und assoziative Weise ein ungewöhnliches Bild eines Landes. Es ist ein durchaus informatives Mosaik aus typisch baden-württembergischen Eigenschaften und Besonderheiten, die durch historisch bedeutsame oder aussagekräftige Gegenstände sinnfällig werden.
Indem es die Besucher mit bekannten und vertrauten Dingen und Begriffen konfrontiert, eröffnet das Baden-Württemberg-ABC einen Zugang zur Geschichte des Landes, der Vorstellungen, Gefühle und auch Vorurteile anspricht. Hier geht es nicht um historische Wertungen und Zusammenhänge, nicht um tiefgründige Fragestellungen, sondern um eine neugierige Suche hinter den Kulissen des Selbstverständlichen. Hinter allgemein bekannten Zuschreibungen stehen oft Geschichten, Fakten und Zahlen, die die Dinge in einem neuen Licht erscheinen lassen.
Die manchmal überraschenden und gelegentlich nachdenklich stimmenden Objekte und Bilder werden anhand von Stichwörtern in alphabetischer Reihenfolge vorgestellt. Jedem Buchstaben ist nur ein Gegenstand bzw. ein Stichwort zugeordnet. Diese Anordnung nach dem Alphabet führt zu einer rigorosen Auswahl, denn bei vielen Buchstaben gab es mehrere mögliche Kandidaten. Die „Kuckucksuhr" konkurrierte mit der „Kehrwoche" und die „Maultasche" mit dem „Musterländle".
Ausgewählt wurden nach Möglichkeit Begriffe, die für das Land als Ganzes stehen können. Dabei kann man zwischen Außensicht und Innensicht unterscheiden. Viele Begriffe wie etwa „Kehrwoche" oder „Spätzle" werden von außen als typisch für ganz Baden-Württemberg wahrgenommen, während sie im Land selbst eindeutig dem württembergischen Landesteil zugeordnet werden. Mit der getroffenen Auswahl wurde deshalb auch kein endgültiges Urteil über die Richtigkeit der Zuschreibungen oder der Reichweite ihrer Gültigkeit gemacht. Für einige wenige Buchstaben waren bislang keine sinnvollen Beispiele für Landestypisches zu finden. Hier sind alle eingeladen, das ABC zu ergänzen oder alternative Vorschläge zu machen.
Obwohl die gewählte Form des A bis Z auch an das klassische Alpha und Omega denken läßt, das im christlichen Verständnis für Anfang und Ende der Welt steht, erhebt das Baden-Württemberg-ABC keinen Anspruch auf Vollständigkeit. Seine Unvollständigkeit lädt jeden dazu ein, sein individuelles Bild vom Land dagegenzustellen.
Das Baden-Württemberg-ABC ist so der Anfang zu einer Enzyklopädie der typischen, sonderbaren und bemerkenswerten Dinge, die das Land charakterisieren und auszeichnen. Es ist ein Anfang, der die Besucher auf die Geschichte des Landes hinführt und der sie für die Themen der Dauerausstellung sensibilisiert.

A

Äffle und Pferdle

„‚Was isch gross?‘ fragt das Äffle.
‚Wois net.‘ antwortet das Pferdle.
‚Schtuargert.
Ond was isch no gresser?‘
‚Wois net.‘
‚D’Welt. Ond was isch iberhaupt am allergreschta?‘
Das Pferdle hat keinen Schimmer.
‚Lensa mit Schbätzle ond Soitawirschtla!!!!‘“

Das Äffle hat auf den Punkt gebracht, was viele Baden-Württemberger empfinden. Der Reiz der Landeshauptstadt, ja der ganzen Welt in ihrer unvorstellbaren Größe, muß verblassen, wenn die heimatliche Küche solch kulinarische Köstlichkeiten bereithält. Wie schön und faszinierend ist die Welt, aber das wahre Glück liegt doch recht wirklich zu Hause. Die von dem Zeichner Armin Lang Anfang der sechziger Jahre geschaffenen Zeichentrickfiguren Äffle und Pferdle treiben bis heute ihre Scherze im regionalen Vorabendprogramm der ARD. Sie sind so beliebt, daß sie selbst die Senderfusion von SDR und SWF zum SWR überlebt haben. Zuerst waren beide stumm und schwarzweiß, Ende der sechziger Jahre dann farbig, und seit 1974 „schwätzen“ die beiden mit der Stimme ihres Schöpfers schwäbisch. 1986 erhielten sie Verstärkung: das „kurpfälzisch babbelnde“ Schlabbinsche, gesprochen von Elsbeth Janda. Zur Abdeckung des nordbadisch-kurpfälzischen Sendegebiets des ehemaligen Süddeutschen Rundfunks und als weibliches Element ist sie die doppelte Erfüllung der Quote. Allerdings spielt Schlabbinchen bis heute nur die „dritte Geige“. Die Stars sind Äffle und Pferdle. Sie sind im Wortsinn eine Verkörperung jener Kombination von Bodenständigkeit und Weltoffenheit, der man sich im deutschen Südwesten gerne rühmt. Das Pferd, als Stuttgarter Wappentier, präsentiert uns Armin Lang als eher langsam und bedächtig, aber ausgesprochen liebenswert in seiner Gutmütigkeit, gewandt in den praktischen Dingen des Lebens. Das Pferdle steht für Tradition und Heimat. Ganz anders das Äffle, eigentlich das fremde Tier aus Afrika, das aber „schwäbisch schwätzt“. Es ist frech, einfallsreich und agil. Es ist das Fremde, das Neue, das uns aber nicht bedrohlich, sondern als Teil von uns erscheint. Beide Figuren zeigen: Tradition und Neues passen zueinander. Der Einheimische und der Fremde kommen miteinander aus: leben und leben lassen. Deshalb singen sie gemeinsam den Hafer- und Bananenblues. Pferdle: „Bananen braucht ein jeder Aff’“ – Äffle: „Jedes Pferd isch ohne Hafer schlaff ...“.

B

Brezel

Die Brezel ist weit verbreitet. In Bayern gibt es sie unter der Bezeichnung „Breezn“, in Amerika als „Pretzel“. Doch ist sie wohl nirgends so begehrt und hochgeschätzt wie im deutschen Südwesten. Hier wird die Brezel – mit oder ohne Butter – zu jeder Tageszeit gegessen. Kaum ein Kind, das nicht mit der Laugenbrezel als Zwischenmahlzeit aufwächst. Vielleicht mag man nicht so weit gehen und sie zum Zeichen für Glück, Geselligkeit, Heiterkeit und Zuneigung“ (Brezelgeschichte(n) 1993, S. 5) zu erklären, doch gehört die Brezel zu Baden-Württemberg wie der Bindestrich zwischen beiden Landesnamen. Aber ist die Brezel tatsächlich ein Landeskind? Der Sage nach wurde sie hier im Land erfunden: Im mittelalterlichen Schwabenland forderte ein gestrenger Landesherr von einem Bäckermeister, der sein Brot mit unerlaubten Substanzen gestreckt hatte, er solle einen Kuchen backen, durch den die Sonne dreimal scheint. Damit erhielt der geldgierige Bäcker eine letzte Chance, seiner Strafe zu entgehen. Der clevere schwäbische Bäcker fand die rettende Idee. Die Brezel war geboren. Ob diese Geschichte allerdings in Altenried oder Urach gespielt hat, daran scheiden

sich die Geister noch heute.
Aber natürlich ist die Brezel nicht nur ein schwäbisches, sondern auch ein badisches Gebäck. Ein Freiburger Bäcker (www.reiss-becks.de/1024.htm) trat kürzlich mit einer eigenen Version der Sage an die Öffentlichkeit. Er berichtete von einem Bäckerlehrling, der vergessen hatte, Salz ins Brot zu tun. Für diese Verfehlung, die einem grausamen Fürsten den Brotgenuß verdarb, sollte er den Löwen zum Fraß vorgeworfen werden. Die Erfindung der Brezel rettete ihn und seitdem, so die Geschichte, sei die Brezel – von zwei Löwen gehalten – das Wappen der Bäckerinnung. Trotz aller Versuche, die Brezel zu vereinnahmen, scheint sie jedoch leider nicht aus Südwestdeutschland zu stammen, sondern aus Italien.
Im Mittelalter wurden dort in den Klöstern Vorformen unserer heutigen Brezel als Fastenspeisen gebacken. Wegen ihrer gekreuzten Form hießen sie nach „braccium“, dem lateinischen Wort für Arm, „bracidelli“. Daraus entstanden die althochdeutschen Worte „brezitella“ und „brezzilla“ und später die neuhochdeutsche „Brezel“, die als Laugenbrezel besonders von den Schwaben als geistiges Eigentum reklamiert wird.

C

Choreographie

Mit einer ansprechenden künstlerischen Gestaltung der Bewegungen eines Ballettensembles lassen sich im deutschen Südwesten Wunder bewirken. Dies hat der aus Südafrika stammende Choreograph John Cranko bewiesen. Seine Choreographien begründeten den Weltruhm des Stuttgarter Balletts.

1961 wurde Cranko Ballettdirektor am Stuttgarter Staatstheater. Er brachte Tradition und Moderne zusammen, indem er die klassischen Handlungsballette wie „Romeo und Julia“, „Onegin“, „Carmen“ oder „Der Widerspenstigen Zähmung“ in neuer Form wiederbelebte. Seine Choreographien befreiten das Ballett von der traditionellen Zurschaustellung bestimmter virtuoser Formen und artistischer Tanzfiguren. Bei Cranko vereinigten Musik und Tanz die einzelnen Charaktere in einem nachvollziehbaren Handlungsverlauf.
Die Kunstform Ballett wurde so auch einem breiteren Publikum verständlich, von ihm geschätzt, geliebt und verehrt. Daß dies in einer Stadt geschehen konnte, deren Bewohner in der Vergangenheit dieser Form von Kunst weitgehend ablehnend gegenüber standen, war Grund genug, von einem „Ballettwunder“ in Stuttgart zu sprechen (Mathis 1997, S. 211). Auf familiäre Weise hatte Cranko in Stuttgart eine Kompanie geformt, von der nicht nur eine Erneuerung des deutschen Ballettbetriebs ausging, sondern in deren Umfeld auch viele Choreographie-Talente heranwuchsen. Die bekanntesten sind John Neumeier und William Forsythe (Koegler 1996, S. 346–347). Als Cranko 1973 im Alter von 45 Jahren starb, setzte die Primaballerina Marcia Haydée seine Arbeit fort. Heute leitet mit dem Kanadier Reid Anderson ein Schüler Crankos das Stuttgarter Ballett, das als Aushängeschild der baden-württembergischen Hochkultur gilt.

D

Daimler

Wie kaum ein anderes Industrieprodukt prägt das Auto das Image von Baden-Württemberg; mancher spricht vom „Auto-Land Baden-Württemberg“ und, unter Hinweis auf Carl Benz und Gottlieb Daimler, von der „Wiege des Automobilbaus“, die hier im Land stehe.
Dabei hat man – damals wie heute – die großen Prestigefirmen dieser Branche, Mercedes und Porsche, im Sinn. Das badisch-schwäbische Gemeinschaftsunternehmen der Firmen von Carl Benz aus Mannheim und Gottlieb Daimler aus Cannstatt schuf mit der Marke Mercedes ein weltweit begehrtes Statussymbol. Gleiches gilt auch für die Firma Porsche aus Stuttgart-Feuerbach. Mercedes und Porsche wurden auch zu Ikonen der Popkultur, durch die Bilder eines Andy Warhol und durch Janis Joplins Lied vom motorisierten Luxus aus dem Jahr 1970: „Oh Lord, won't you buy me a Mercedes-Benz. My friends all drive Porsches, ...“ („Lieber Gott, kauf mir einen Mercedes-Benz. Meine Freunde fahren alle Porsche,...“).
Die Mercedes-Fahrer nahm Wolle Kriwanek, der schwäbische Rocker aus Stuttgart-Stammheim, auf's Korn: „Ich fahr Daimler, d'Stroaß khehrt mir“. In Baden-Württemberg sind Autos eben – vielleicht noch mehr als anderswo – nicht nur Fortbewegungsmittel, sondern auch Ausdrucksform einer bestimmten Haltung. Dies gilt auch für die Sportwagen von Porsche, die auf sportliches Flair und Luxus setzen. Die Baureihe 911 ist bis heute legendär.
Aber das Auto ist in Baden-Württemberg nicht nur Imageträger und leidenschaftlich begehrtes Objekt, dahinter stehen nüchterne Zahlen. In

der baden-württembergischen Automobilindustrie, Hersteller und Zulieferer zusammengenommen, sind gegenwärtig etwa 220.000 Menschen beschäftigt. Damit hängt jeder sechste Arbeitsplatz vom Automobilbau ab. Mit knapp 100.000 Beschäftigten ist DaimlerChrysler der größte private Arbeitgeber im Land. Bei Porsche in Stuttgart-Zuffenhausen arbeiten rund 10.000 Menschen und bei Audi in Neckarsulm etwa 14.000. Der Anteil der Automobilbranche am Industrieumsatz in Baden-Württemberg beträgt etwa ein Viertel, beim Export sogar rund ein Drittel. Damit ist das Land mit seinen Menschen auch in großem Maße von seiner Leidenschaft abhängig.

E

Entaklemmer

Geiz macht aus Sparsamkeit eine Untugend. Baden-Württemberger stehen im Ruf, sparsam zu sein – die einen mehr, die anderen weniger. Wer's übertreibt, den nennt man im Schwäbischen einen „Entaklemmer", womit eine besondere Sorte von Geizhals gemeint ist.

Der schwäbische Dramatiker und Mundartdichter Thaddäus Troll erklärt in seinem 1976 geschriebenen Bühnenstück „Der Entaklemmer" die Herkunft des Begriffs. Es heißt dort: „Weil d'Enta ihre Oier net ordentlich en Neschter leget wia d'Henna, sondern akkurat do, wo se grad sent. Drom klemmet geizige Baura ihre Enta, bevor se se aus em Schtall, lasset, ens Fiedle. Ond wenn se merket, daß se a Oi traget, lasset se se net aus em Schtall, daß's Oi net verloregoht." (Troll 1991, S. 17).

In diesem Werk wird die den Schwaben zugeschriebene Eigenschaft der Sparsamkeit mit Ironie und Witz auf die Spitze getrieben. Trolls Adaption von Molières „Der Geizige" ist zum beliebtesten schwäbische Mundartstück geworden. In der derben, im bäuerlichen Milieu des 19. Jahrhunderts angesiedelten Handlung erkennen viele Schwaben die eigenen, ländlichen Wurzeln wieder. Die Überzeichnung des abstoßenden Geizes der Hauptfigur, des Fabrikanten Karl Knaup, erlaubt es dem Publikum, sich vom Geiz loszusagen: „So schlimm sind wir nicht!"

F

Fasnet

1952 wurde Baden-Württemberg gegründet: In der schwäbisch-alemannischen Fasnet schlossen sich Badener und Württemberger schon 28 Jahre früher zusammen. 1924 gründeten 18 Narrenzünfte aus Südbaden und Südwürttemberg den „Gauverband badisch-württembergischer Narrenzünfte". Das Ziel des später in „Vereinigung schwäbisch-alemannischer Narrenzünfte" umbenannten Verbandes war Pflege und Erhalt altüberlieferten Brauchtums. Eigentlich ging es um die Wiederbelebung verlorengegangenen Brauchtums – im bewußten Gegensatz zum rheinischen Karneval. Das Ergebnis ist die für Baden-Württemberg so typische schwäbisch-alemannische Volksfasnet. Sie ist ein Kind des 20. Jahrhunderts (Mezger 1999, S. 8–48).

Fasnet (Fasching, Fastnacht oder Fasenacht) ist der mittelalterliche Brauch, den Vorabend der Fastenzeit mit ausgelassenem Mummenschanz als „Verkehrte Welt" (Moser 1986) zu feiern. Am Ende des 18. Jahrhunderts genoß die Fasnet nur noch geringes Ansehen. Vielerorts erregte das wilde Treiben das Mißfallen der Behörden. 1809 wurde in Baden und Württemberg das närrische Treiben verboten. Zwischen 1820 und 1840 entdeckte dann das von der Romantik beeinflußte Bürgertum den Karneval für sich. Die Reste der Fasnet wurden nun auf Druck der Behörden und unter Führung des Bürgertums „veredelt". Maskenbälle und thematische Umzüge verdrängten zunehmend das derbe Treiben früherer Tage. So kam es, daß man in der zweiten Hälfte des 19. Jahrhunderts in ganz Deutschland nur noch von Karneval sprach.

Gegen Ende des 19. Jahrhunderts regte sich jedoch Protest gegen die Dominanz des gehobenen Bürgertums. Im Rheinland ging der Widerstand vorwiegend von der Arbeiterschaft aus. In Baden und Württemberg entdeckten die städtischen Handwerker und Kleinbürger die alten Fasnetbräuche wieder. Ab 1910 war man schließlich vollständig zur vorromantischen Fasnet zurückgekehrt. Zur Wahrung dieser wiederentdeckten Tradition versuchte man sich deutlich vom rheinischen Karneval abzugrenzen.

Nach dem Ersten Weltkrieg begann die Tradition der Narrentreffen. In dieser Zeit wurde die Fasnet alten germanischen Bräuchen der Winteraustreibung zugeordnet. Während des Dritten Reichs ging man sogar so weit, ihren christlichen Ursprung gänzlich zu leugnen. Sie sollte als germanisches Fest in den nationalsozialistischen Festkalender, zwischen dem Tag der Machtergreifung (30. Januar) und Hitlers Geburtstag

(20. April), integriert werden. Der Zweite Weltkrieg machte diesen Bemühungen einen Strich durch die Rechnung. Doch hält sich diese völkische Interpretation vom Ursprung der Fasnet vielerorts bis heute hartnäckig, obwohl volkskundliche Forschungen eindeutig einen christlichen Ursprung nachgewiesen haben. In den letzten Jahrzehnten ist das Interesse an der schwäbisch-alemannischen Fasnet – selbst in den protestantischen Gebieten – enorm gewachsen. Dies hängt auch mit der Entdeckung der Fasnet durch das Fernsehen zusammen. Unzählige neue Narrenzünfte haben sich gebildet, nicht immer zur Freude derjenigen Zünfte, die gerne auf ihre authentischen Wurzeln verweisen.

G

Gütle

Das „Gütle" oder „Stückle" ist das südwestdeutsche Gegenstück zur Schrebergartenbewegung. Allerdings sind hier keine „Laubenpieper" am Werk. Nein, der Gütlebesitzer wird am Wochenende wieder zu dem, was seine Vorfahren meist schon waren, zum Landwirt.
In vielen Teilen Badens und in Alt-Württemberg war die Realteilung üblich, also die Aufteilung von Grund und Boden unter den Erben, während in Oberschwaben, Teilen Hohenlohes und im südöstlichen Schwarzwald die geschlossene Vererbung der Höfe überwog (Borcherdt 1985, S. 41–45). In Altwürttemberg führte die starke Bevölkerungszunahme in der zweiten Hälfte des 18. Jahrhunderts zu einer extremen Zerstückelung der Anbauflächen. Besonders im Mittleren Neckarraum erreichte die Realteilung ihr größtes Ausmaß. Um wirtschaftlich überleben zu können, wurde für viele Menschen ein Nebenerwerb im Hausgewerbe, Handwerk oder Kleingewerbe notwendig. Die Möglichkeit eines zusätzlichen Einkommens förderte die Zersplitterung durch Realteilung noch zusätzlich. In Baden, vor allem in der fruchtbaren Rheinebene, vollzog sich eine ähnliche Entwicklung.
Daß jeder Erbe ein, und sei es noch so kleines, Stück Land bekam, stärkte allerdings die Bindung der Menschen an ihre Gemeinden. Noch heute besitzen viele Baden-Württemberger – besonders in den Realteilungsgebieten – solche „Gütle" oder „Stückle", auf denen sie nach Feierabend und am Wochenende Obst und Gemüse anbauen. Das Bodenständige der Südwestdeutschen mag in diesen ländlichen Wurzeln seine Ursache haben.

H

Häuslebauer

„Schaffe, schaffe Häusle baue..." – so beginnt das Lied von den Häuslebauern. Baden-Württemberg ein Land der Häuslebauer? Realität oder Klischee? In jedem Fall ist hier der Wunsch nach den eigenen vier Wänden besonders ausgeprägt. Im Jahr 2001 hatte jeder Baden-Württemberger durchschnittlich 1.674,27 Euro auf einem Bausparkonto angelegt: bundesweite Spitze. Der Bundesdurchschnitt liegt erheblich niedriger, bei 1.177,30 Euro.
Hier im Land steht auch die Wiege der modernen deutschen Bausparkassen. Am 16. Februar 1924 wurde in Stuttgart die erste Bausparkasse gegründet, die sich „Gemeinschaft der Freunde" nannte. Aus ihr ging die „Bausparkasse GdF Wüstenrot" hervor. Der Gründer war allerdings kein Einheimischer, sondern der aus Pommern stammende Wilhelm Kropp. Dieser hatte eine Idee aus England aufgegriffen, die dort schon Ende des 18. Jahrhunderts erprobt worden war: das genossenschaftliche Sparen in Fonds, das den Mitgliedern der Genossenschaften Darlehen zum Bau von Wohnhäusern verschaffte (Baumgärtner 1996, S. 10). Eine Person allein konnte ein Haus meist nicht finanzieren, doch wenn viele zusammenlegten, konnte einer sofort mit dem Bau beginnen, ein zweiter folgte bald usw. Das Los entschied, wer als erster mit dem Bau seines Hauses an der Reihe war. In der Zeit nach dem Ersten Weltkrieg wurden die Bausparkassen schnell zu einem Erfolgsmodell. Vor allem in Württemberg kamen mit ihrer Hilfe – und mit vielen Eigenleistungen – zahlreiche Häuslebauer an ihr ersehntes Ziel. Auch heute noch dominieren die Bausparkassen aus Baden-Württemberg, wie Schwä-

bisch Hall, Leonberger, Badenia, Wüstenrot, LBS-Baden und LBS-Württemberg, den Markt. Diese Kassen wickeln rund die Hälfte des gesamten Umsatzes der 34 deutschen Bausparkassen ab (Seeger 2000, S. 88). Was den Traum vom eigenen Heim angeht, scheint das Klischee vom Häuslebauer also zu stimmen. Aber sind die Baden-Württemberger auch das Land der Häuslebesitzer? Nein, „nur" 48 % der Landesbevölkerung wohnt in den eigenen vier Wänden. Das ist Platz vier der bundesdeutschen Hitliste. An der Spitze steht hier das Saarland mit 58 %. Wie ist diese Diskrepanz zu erklären? Mit einem durchschnittlichen Quadratmeterpreis von 280 DM für Bauland im Jahr 1999 wurde Baden-Württemberg nur noch von der Bundeshauptstadt Berlin übertroffen. Der Bundesdurchschnitt lag in diesem Zeitraum bei 172 DM. Bauen ist also im Land der Häuslebauer teuer.

I

Internet

Internet steht heute für Modernisierung und Fortschritt. Wer mit der Konkurrenz mithalten möchte, braucht „IT". In Baden-Württemberg ist das Internet zum Maßstab und Beleg der Modernisierungsfähigkeit des Landes geworden. Schließlich sind die Baden-Württemberger in ihrer Mehrheit Internet-Nutzer. Deutlich mehr Menschen als im Bundesdurchschnitt können hier im Land wie Boris Becker sagen: „Ich bin drin". Nach Angaben des Statistischen Landesamtes verfügten im Juli 2002 etwa 60 % aller Haushalte in Baden-Württemberg über einen Internet-Anschluß. Im Vergleich zu den 48 % des Jahres 1999 ist dies eine Steigerungsrate von 25 %. Fast alle Baden-Württemberger (95 %) sind über ihre Gemeinde im Internet vertreten. 85 % aller Gemeinden im Land haben eine eigene Homepage oder bieten den Bürgern ihre Dienste in Form eines „virtuellen Rathauses" an (Stein 2002, S. 202).

Allerdings zeigt sich, daß sowohl die Zahl des privaten Internetzugangs wie auch die Zahl der im World Wide Web vertretenen Gemeinden regional stark unterschiedlich ist. In den urbanen Regionen mit hoher Bevölkerungsdichte finden sich pro Tausend Einwohner mehr Anschlüsse und eine höhere Zahl an Gemeinden mit eigener Homepage. In weniger dicht besiedelten Gebieten, vor allem in einigen Gegenden im Nordosten Baden-Württembergs sowie in Oberschwaben, ist beides in geringerem Maße vorhanden.

Das seit Februar 2002 laufende Projekt einer flächendeckenden digitalen Verkabelung von Baden-Württemberg zielt jedoch auch darauf, in diesem Bereich das Stadt-Land-Gefälle zu verringern. Städtische und ländliche Regionen sollen in gleichem Maße von einer modernen Kommunikationsinfrastruktur profitieren. Im Bereich der neuen Medien sollen Tradition und Moderne, Regionales und Globales verbunden werden. Ein gelungenes Beispiel für diesen Ansatz ist die Bezeichnung des Internet-Suchkatalogs für Baden-Württemberg „Webbes", zusammengesetzt aus „web" und „ebbes", dem schwäbischen Wort für „etwas".

J

Jäger aus Kurpfalz

Baden-Württemberg zeichnet sich durch seine geographische und historische Vielfalt aus. Das regionale bzw. landsmannschaftliche Bewußtsein findet vor allem in Liedern seinen Ausdruck. Kein Fußballspiel des SC Freiburg oder des Karlsruher SC ohne das Badnerlied, den Schwaben gilt „Auf der schwäb'schen Eisenbahn" als geheime Hymne. Die baden-württembergischen Kurpfälzer aus der Gegend um Mannheim und Heidelberg haben für sich das bekannte Volkslied „Der Jäger aus Kurpfalz" als Symbol ihres regionalen Selbstbewußtseins entdeckt. Der Siegeszug des „Jägers aus Kurpfalz" begann 1975 mit dem bundesweit beachteten Auftritten des Musikers Fred Reibold auf der Bundesgartenschau in Mannheim. Auf dem Mannheimer Maimarkt ist der Reibold als Jäger seither ein regelmäßiger Gast. Auch das SWR4 Kurpfalzradio wirbt mit der Figur des „Jägers aus Kurpfalz", der gleich zwei historische Vorbilder hat: den in Kaiserslautern residierenden Pfalzgrafen Johann Casimir (1543–1592) – ein passionierter Jäger – und den Erbförster Friedrich Wilhelm Utsch (1732–1795) aus Rheinböllen im Hunsrück.

Sowohl Kaiserslautern wie auch Rheinböllen liegen nicht in Baden-Württemberg, sondern in Rheinland-Pfalz. Daß man sich heute daran nicht weiter stört, zeigt, daß der „Jäger aus Kurpfalz" in erster Linie für die Erinnerung an Vergangenes steht. Die historische Kurpfalz, die auch linksrheinische Gebiete umfaßte, hatte 1802/03 aufgehört, als politisches Gebilde zu existieren. Der „Jäger aus Kurpfalz" erinnert deshalb an bedeutende Kurfürsten und an

Zeiten kultureller Blüte, als etwa Voltaire am Mannheimer Hofe zu Gast war oder als Schillers Räuber am Nationaltheater uraufgeführt wurde (Probst 1997, S. 305f.).
Im Lichte dieser Vergangenheit waren die baden-württembergischen Kurpfälzer so selbstbewußt, sich 1951 mit großer Mehrheit für den Südweststaat zu entscheiden. In Heidelberg stimmten 70,4 % im Stadtkreis bzw. 59,1 % im Landkreis und in Mannheim 63,0 % im Stadtkreis bzw. 63,3 % im Landkreis für Baden-Württemberg.

K

Kehrwoche

Ein Volkshochschulkurs in „Kehrwoche“ – ein Aprilscherz? Ja, aber keiner hat es gemerkt. Als die VHS Calw für den 1. April 1998 einen solchen Kurs anbot, staunten die Verantwortlichen nicht schlecht. Auf das als Ulk gedachte Angebot meldeten sich fast 100 Interessenten, die sich über die theoretischen Grundlagen der Kehrwoche informieren und die richtigen Kehrtechniken erlernen wollten. Unter ihnen sogar eine 35 Personen starke Gruppe aus England.
Dies belegt, daß die Kehrwoche, obwohl eine typisch schwäbische Einrichtung, doch weit über das Land hinaus Aufmerksamkeit erregt und sogar zu erfolgreicher Tourismuswerbung eingesetzt werden kann. Sie gilt als die Verkörperung typisch schwäbischer Tugenden wie Fleiß, Ordnungsliebe und Sauberkeit.
Daß man mit dieser schwäbischen „Leidenschaft“ (Härtling 1974, S. 63) Scherze treibt, ist undenkbar. Gelegentlich wird darauf verwiesen, daß die Kehrwoche mittelalterlichen Verordnungen über das Kehren und Sauberhalten von Straßen entstammt. Derartige Verordnungen sind jedoch kein württembergisches Spezifikum. Vielmehr wird angenommen, daß die Kehrwoche eine Folge der im frühneuzeitlichen Pietismus antrainierten Handlungsmuster und Tugenden ist, die sich unter dem Einfluß der industriellen Wandlungen des 19. Jahrhunderts ein anderes Gepräge gaben. War es schon in Zeiten des pietistischen Kirchenkonvents die Aufgabe des Gottgefälligen, den ihm „anvertrauten“ Besitz zu pflegen und zu erhalten, so wurde dies in neuer Zeit auch den Mietern von Mehrfamilienhäusern und Mietskasernen zur Aufgabe gemacht (Unseld 1997, S. 85–88). Das Kehren vor und im Haus wird den Mietparteien eines Wohnhauses im wöchentlichen Wechsel verordnet. Zur Kennzeichnung der Kehrpflicht dient in der Regel ein Kehrwochenschild, das neben die Tür der „dienstpflichtigen“ Mietpartei gehängt wird.
In Schwabenland sorgen aber nicht nur die Mieter für Sauberkeit, sondern auch die Hausbesitzer. Schließlich wurde schon 1811 in der „erneuerten Straßen-Polizei-Ordnung für die Residenzstädte Stuttgart und Ludwigsburg“ bestimmt, daß niemand von der „Verbindlichkeit, vor seinem Haus kehren zu lassen“, ausgenommen sei. Jeder Hausbesitzer war verpflichtet, „so oft es gefordert ist, vor seinem Haus die Reinigung vorzunehmen“. Es folgte eine genaue Auflistung der Reinigungstage (Regierungsblatt 1811, S. 453).
Die Kehrwoche wird häufig als schwäbische „Putzmanie“ oder „Sauberkeitswahn“ bezeichnet. Die „Let's putz!“-Aktion der Stadt Stuttgart vor wenigen Jahren erschien als Ausdruck der schwäbischen Eigenschaft der Ordnungs- und Sauberkeitsliebe. Die Kehrwoche ist jedoch mehr als nur Sauberkeitswahn, sie ist ein Instrument der kollektiven Disziplinierung und der gegenseitigen Überwachung, das zugleich identitätsstiftend ist: Wer seinen Kehrwochenpflichten nachkommt, zeigt allen, daß er ein ordentlicher Mensch ist.

L

Liederkranz

Baden-Württemberg ist das sangesfreudigste aller Bundesländer. Der Badische und der Schwäbische Sängerbund zählen heute zusammen etwa 470.000 Mitglieder, darunter mehr als 150.000 aktive Sängerinnen und Sänger (Balle 1999, S. 263). Das ist ein knappes Viertel aller deutschen Chöre und etwa 26 % der 1,8 Millionen Mitglieder des Deutschen Sängerbundes. In fast jeder Gemeinde des Landes gibt es eine Chorvereinigung.
Dies hat Tradition. Zu Beginn des 19. Jahrhunderts entstand hier im Land eine Sängerbewegung, die sich die musikalische Volksbildung, die gesellschaftliche Integration verschiedener Schichten sowie die nationale Einigung Deutschlands zum Ziel gesetzt hatte.
Die in den 1820er Jahren in Württemberg gegründeten Gesangsvereine, die sich meist den Namen „Liederkranz" gaben, nahmen auch Handwerker, Arbeiter und Bauern auf und unterschieden sich dadurch erheblich von den norddeutschen „Liedertafeln", die exklusive Sängerrunden des gehobenen Bürgertums waren (Langewiesche 1993, S. 260 f.). In den frühen Liederkränzen sollte – zumindest beim Singen – der Traum einer klassenlosen Gesellschaft freier Bürger Wirklichkeit werden. Dieses Ziel propagierte der aus Esslingen stammende „deutsche Sängervater", der Historiker Karl Pfaff (Borst 1966). In Plochingen fand 1827 das erste schwäbische Sängerfest statt. 1849 gründeten 27 Vereine in Göppingen den schwäbischen Sängerbund. Die große Zeit der Sängerbewegung begann. Die Zahl der Vereine und ihrer Mitglieder wuchs sprunghaft. Bis 1865 traten 694 Vereine dem Bund bei (273 traten allerdings wieder aus oder lösten sich auf).
In Baden wurde 1844 die „Vereinigung badischer Gesangvereine" ins Leben gerufen. Aus ihr ging der 1862 in Karlsruhe gegründete Badische Sängerbund hervor, der zunächst 102 Gesangvereine umfaßte (Badischer Sängerbund 1992, S. 65). In der Zeit der Weimarer Republik hatten die Badener die Schwaben, was die Anzahl der Vereine und Mitglieder angeht, beinahe eingeholt. Den 1.104 Vereine und 56.000 Sängern des Schwäbischen Sängerbundes standen die 1.073 Vereine und etwa 53.000 Sänger des Badischen Sängerbundes gegenüber (Hauser-Hauswirth 1999, S. 126).
Die Sängerbewegung verstand sich als zentraler Bestandteil der deutschen Nationalbewegung. Trotz ihrer stets nationalen Gesinnung wurden die beiden Sängerbünde in Baden und Württemberg 1933 „gleichgeschaltet", d.h. politisch unliebsame Mitglieder wurden entfernt und das Vereinsleben den Vorgaben der Nationalsozialisten angepaßt. Nach dem Zweiten Weltkrieg entstanden die beiden Sängerbünde – nach einigen Anlaufschwierigkeiten – neu. Die Gesangvereine, die bis zum Ende des 19. Jahrhunderts reine Männerchöre gewesen waren und Frauen später nur widerwillig aufgenommen hatten, öffneten sich nun stärker für Frauen. 1999 waren im Schwäbischen Sängerbund 1.083 gemischte und nur noch 840 Männerchöre organisiert. Daneben gab es 221 Frauen- und 436 Kinder- und Jugendchöre.

M

Musterländle

Vorbild sein ist schön, aber neidisch beargwöhnen die Mitschüler den strebsamen Musterschüler. Auch unter den Bundesländern gibt es solche, die gerne Vorbild sein möchten, vor allem, wenn anderswo die politische Konkurrenz das Sagen hat. Baden-Württemberg nimmt für sich gerne in Anspruch, „das Musterländle" zu sein. Dabei blickt man immer auch ein bißchen neidisch nach Bayern, wo man einfach sagt, „mir san mir", und mit dem Motto „Laptop und Lederhose" die eigenen Leistungen selbstbewußt zu verkaufen weiß. Da nimmt sich der Anspruch Baden-Württembergs, vorbildlich zu sein, doch ein wenig hausbacken aus. Aber der Ausdruck „Musterländle" hat seine historischen Wurzeln, die den badischen und württembergischen Teil des Landes heute verbinden. Im 19. Jahrhundert galt das liberal regierte Baden als das Musterland des Liberalismus in Deutschland (Hein 1995, S. 19). Das gute ausgebaute Eisenbahnnetz, die gezielte Förderung des Bildungswesen, die Schaffung der Gewerbefreiheit und vor allem die frühe Einführung bürgerlicher Freiheiten brachten Baden diesen Titel ein. Aber schon damals wurde der Begriff auch auf ironische Weise verwendet. So sprach etwa der konservative Berliner Historiker Heinrich von Treitschke mit Blick auf den häufigen Wechsel der badischen Kabinette spöttisch vom „konstitutionellen Musterländle" (Andreas 1934, S. 38).
In den zwanziger und dreißiger Jahren des 20. Jahrhunderts lief Württemberg Baden den Rang ab. Während die württembergische Wirtschaft im Maschinenbau und der Feinmechanik

einen Wachstumsboom verzeichnete, verloren nach dem Ersten Weltkrieg viele badische Betriebe durch die Abtrennung des Elsaß' ihre traditionellen Absatzgebiete. Stolz hielten nun die Württemberger ihre Heimat für ein „Musterländle".In den Jahren des Wiederaufbaus nach dem Zweiten Weltkrieg, zwischen 1950 und 1960, entwickelte sich das 1952 gegründete Bundesland Baden-Württemberg zu einem der weltweit modernsten Industriestandorte. Baden und Württemberg wurden nun gemeinsam zum „Musterländle".

N

Neigschmeckte

Hinterlassen die Fremden in Baden-Württemberg ein „Geschmäckle"? Auf diese Idee könnte man kommen, wenn sich die Bezeichnungen für die „neu" zugezogenen Mitbürger ansieht: das badische „Neigschmechte", das schwäbische „Reigschmeckte" oder das kurpfälzische „Noiplackte". Meist sind damit Zugezogene aus Norddeutschland gemeint, die den Dialekt nicht beherrschen. Vielleicht sind hier noch die alten antipreußischen Ressentiments lebendig, die vielen Badenern und Württembergern im 19. Jahrhundert gemeinsam waren. Oder handelt es sich um eine Gegenreaktion auf den vermeintlich vom Hochdeutsch ausgehenden Anpassungsdruck? Man ist schließlich stolz auf sich selbst. Das darf der Neubürger ruhig wissen. Aber Baden-Württemberg ist ein Zuzugsland. Von den 10,6 Millionen Baden-Württembergern waren im Jahr 2000 knapp 1,284 Millionen Ausländer. Wieviel Menschen aus anderen Bundesländern hier im Land leben, läßt sich nicht genau ermitteln. Sicher ist jedoch, daß kein anderes Bundesland so einen starken Anstieg der Bevölkerungszahlen vorweisen kann. Seit 1950 erhöhte sich die Zahl der hier lebenden Menschen um mehr als 4 Millionen. Die Zuwachsrate lag damit doppelt so hoch wie der Durchschnitt der alten Bundesländer. Das ist nicht allein einer hohen Geburtenrate geschuldet, sondern vor allem durch Zuzug von außen zu erklären. Auch nach dem Fall der Mauer war ein sprunghafter Anstieg zu verzeichnen: Zwischen 1989 und 1993 kamen 700.000 Einwohner hinzu, viele davon aus der ehemaligen DDR (Statistisches Landesamt 1999, S. 34).

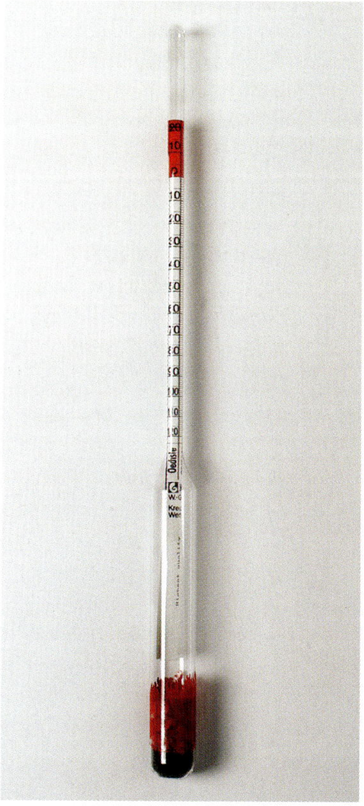

O

Öchsle

Schon seit der Zeit der Römer wird im deutschen Südwesten Wein angebaut, und die Qualität des Rebensafts wird in Öchslegrad gemessen. Mit dem Namen Öchsle verbindet sich sinnfällig das Bild Baden-Württembergs als Weinland mit der Vorstellung vom Land der „Tüftler" und der erfolgreichen Unternehmer. Die Öchslewaage mißt über das spezifische Gewicht des ungegorenen Weins den Zuckergehalt. Je mehr Zucker, desto größer das spezifische Gewicht. 100 Grad Öchsle versprechen Spitzenernten, bei 60 Grad fängt der Winzer an, Zucker zuzugeben. Der Namengeber der Mostwaage (oder Weinwaage) und der Maßeinheit ist der Erfinder Christian Ferdinand Oechsle (1774–1852). In Württemberg (Buhlbacher Glashütte bei Baiersbronn) geboren, verbrachte Oechsle den größten Teil seines Lebens im badischen Pforzheim, wo er auch die Weinwaage entwickelte (Wagner 1937, S. 282–284). Als „Edison aus der Goldstadt" wird er manchmal bezeichnet. Oechsle war allerdings nicht der Entdecker des Prinzips der Bestimmung des Zuckergehaltes. 1773 hatte sich schon der Stuttgarter Amtsarzt Johannes Joseph Reuss mit Messungen des spezifischen Gewichts von Most und Wein beschäftigt. Der berühmte Pfarrer und Erfinder Philipp Matthäus Hahn veröffentlichte ein Jahr später eine Abhandlung über dieses Thema. Öchsle entwickelte auf der Grundlage der Forschungen seiner Vorgänger eine Waage, die leicht handhabbar war und sich in der Praxis gut bewährte. Nachdem sie 1840 auf der Versammlung der deutschen Wein- und Obstproduzenten zur allgemeinen Einführung empfohlen wurde, setzte sie sich als Instrument zur Messung des Zuckergehaltes endgültig durch (Sommer 1992, S. 12–16).

P

Pfarrhaus

„Ein Pfarrhaus – ist das nicht ein lieber, so recht schwäbischer Laut? Pfarrer gibt es zwar überall, (...) und sie werden auch anderwärts nicht in Höhlen wohnen; aber ich meine doch, die rechten, echten Pfarrhäuser seien nirgends daheim als in Schwaben" (Wildermuth 1992, S. 7). Im 19. Jahrhundert erschien das Pfarrhaus dem protestantischen Bürgertum als der Platz, an dem Glaube, Bildung, Bürgerlichkeit, Familie und Nation zusammengeführt und gelebt wurden. Als Beleg dienten die vielen deutschen Berühmtheiten, die diesem „seelisch-geistigen Mittelpunkt der deutschen Kulturgeschichte" (Janz 2001, S. 221f) entstammten: neben Gryphius, Lessing, Lichtenberg, Jean Paul, Nietzsche oder Mommsen besonders viele Schwaben wie Schubart, Schelling, Schwab, Mörike oder auch die schwäbische Erfolgsautorin Ottilie Wildermuth, geboren in Rottenburg am Neckar, gestorben in Tübingen. Mit ihren Geschichten aus den „Schwäbischen Pfarrhäusern" schuf Ottilie Wildermuth in der Mitte des 19. Jahrhundert ein literarisches Idyll, in dem das Bild einer heilen Welt aus vorindustriellen Zeiten bewahrt wurde. Der Pfarrer erscheint mit kleinen menschlichen Schwächen, ist aber in Amt und Familienleben stets Vorbild für die Gemeinde. Die Pfarrfrau wird zur Mutter der Gemeinde.

Das Pfarrhaus steht unter ständiger Beobachtung und wird für seine Gastfreundschaft gerühmt.

Anderen Autoren galt das Pfarrhaus auch als Beginn bedeutender Laufbahnen in Wissenschaft, Literatur und Philosophie. Nach dem Ersten Weltkrieg schien gar die Herkunft der „schwäbischen Dichter und Denker" das Pfarrhaus als Ort der „Geniezüchtung" zu belegen (Kretschmer 1929, S. 64–66).

Die Schattenseiten des pietistischen schwäbischen Pfarrhauses schilderte Hermann Hesse, Missionarssohn aus Calw, in seinem Roman „Unterm Rad". In den sechziger und siebziger Jahren des 20. Jahrhunderts fand er viele Nachfolger. Jetzt spiegelte sich der Einfluß der Frauenbewegung und der Psychoanalyse im Bild, das man sich vom schwäbischen Pfarrhaus machte. Autoritäre Strukturen, Pfarrer als Verkörperung der Vaterrolle, die seelische Belastung der Pfarrerskinder durch ihre dauernde Vorbildrolle – all das trug dazu bei, daß man das Pfarrhaus-Milieu ungerechterweise für die Taten von Terroristen wie Gudrun Ensslin verantwortlich machte.

Heute dient das Pfarrhaus als geeignete Folie sowohl für Idylle als auch für Problemfälle: Das Fernsehen hat die Pfarrhäuser entdeckt, sei es in einer Serie wie „O' Gott, Herr Pfarrer" oder in dem Stuttgarter Tatort „Bienzle und der heimliche Zeuge".

Q

Quellen

„Durch Baden wird man erst gesund!" hieß einer der Slogans, als der Streit um die Gründung des Südweststaats 1951 seinen Höhepunkt erreichte. Was damals die Gegner der Gründung Baden-Württembergs ironisch auf die vermeintliche Gier der Schwaben nach den badischen Wasserreserven im Schwarzwald münzten, ist heute in Baden-Württemberg dank der vielen Quellen des Landes Realität. Mit 54 Heilbädern ist Baden-Württemberg das Bundesland mit der größten Zahl an Heilquellen in Deutschland (Statistisches Landesamt 1999, S. 139). In Stuttgart befindet sich das größte System von Mineral- und Heilquellen in Westeuropa. Von den 19 Mineralquellen der Stadt sind 11 als Heilquellen anerkannt.

International berühmt ist Baden-Baden, die mondäne Bäderstadt am Rande des Schwarzwalds, gegründet als römische Siedlung „Aquae", was nichts anderes bedeutet als Heilbad. Die Caracalla-Therme ist heute weltberühmt.

Doch nicht überall reicht die Badetradition so weit zurück wie in Baden-Baden. In Bad Mergentheim etwa wurden die Heilquellen erst 1826 entdeckt, und zwar durch einen Zufall. Ein Schäfer beobachtete, daß sich seine Schafe immer an einer bestimmten Stelle aufhielten, an der salziges Wasser aus dem Boden trat. Der Schäfer meldete dies und bereits 1829 waren ein Brunnen und ein Badehaus errichtet (Schlauch 1964, S. 232).

Jüngste Bäderstadt ist Bad Saulgau in Oberschwaben. Seit dem Jahr 2000 kann man in der dortigen Sonnenhof-Therme in 1,5 Millionen Liter Quellwasser baden, verteilt auf sechs verschiedene Becken. Traditionell richteten sich die Heilbäder auf Gäste ein, die von ihren Krankenkassen Kuraufenthalte verschrieben bekamen. Im Jahr 2000 brachte die Gesundheitsreform der Bundesregierung hier erhebliche Einschnitte. Heute versuchen die Bäder durch Angebote im Bereich „Wellness" neue Zielgruppen anzusprechen.

R

Residenz des Rechts

Wenn es in der deutschen Politik nicht mehr weitergeht, richten sich alle Blicke auf eine Stadt in Baden-Württemberg. Der „Gang nach Karlsruhe", zur „Residenz des Rechts", ist die ultima ratio der deutschen Politik. Seit dem 28. September 1951 entscheiden in Karlsruhe die Richterinnen und Richter des Bundesverfassungsgerichts in letzter Instanz über die Verfassungsmäßigkeit von Gesetzen und über Zuständigkeiten von Behörden und Organen. Sie wachen über die Einhaltung des Grundgesetzes. Gleich nach Gründung der Bundesrepublik hatte sich Karlsruhe neben einer Reihe anderer deutscher Städte erfolgreich als Sitz von Bundesinstitutionen beworben. Der Bundesgerichtshof kam 1950 nach Karlsruhe, und ein Jahr später folgte auch das höchste deutsche Richtergremium: das Bundesverfassungsgericht. Karlsruhe setzte sich damals erfolgreich gegen den Mitbewerber Berlin durch, allerdings nur vorläufig. Erst 1970 wurde per Bundesgesetz Karlsruhe als endgültiger Sitz festgelegt (Roellecke 2001, S. 553). Bis heute ist es dabei geblieben, obwohl es nach der Wiedervereinigung Bestrebungen gab, das Gericht nach Leipzig zu verlegen, wo schon in der Weimarer Republik das Reichsgericht seinen Sitz hatte. Ausschlaggebend für das Festhalten an Karlsruhe war schließlich dessen Nähe zu den europäischen Institutionen in Straßburg und Luxemburg sowie das Weiterbestehen einer positiven Tradition der deutschen Rechtsgeschichte, die mit dem Namen Karlsruhe eng verknüpft ist (Hauser-Hauswirth 2001b, S. 24).
Das Bundesverfassungsgericht ist das einzige der fünf deutschen Verfassungsorgane (Bundestag, Bundesrat, Bundespräsident und Bundesregierung), das seinen Sitz in Baden-Württemberg hat, und außerdem das einzige, das nicht in der Bundeshauptstadt residiert.
Gleich die erste Entscheidung des Gerichts betraf das in der Entstehung begriffene Land Baden-Württemberg. Das Gericht wies damals die Klage der Anhänger Altbadens gegen den Abstimmungsmodus der in Artikel 118 Grundgesetz vorgesehenen Länderneugliederung zurück. Der Weg zur Gründung des Landes Baden-Württemberg war frei – zumindest bis 1956, als das Gericht eine nochmalige Volksbefragung über den Verbleib Badens im neuen Bundesland zugestand. Die Abstimmung wurde erst 14 Jahre später, am 7. Juni 1970, durchgeführt und brachte eine eindeutige Zustimmung für den nun schon etablierten Südweststaat.

S

Spätzle

Beinahe jedes Volk hat ein typisches Gericht, das in der Wahrnehmung Außenstehender zum Aushängeschild wird: Hamburger für die Amerikaner, Gyros für die Griechen, Döner für die Türken, Weißwurst für die Bayern. Im Falle der Schwaben handelt es sich dabei wie bei den Spaghettis der Italiener um eine Nudelspeise: die Spätzle. Aber gelegentlich stehen die Spätzle nicht nur für die Schwaben, sondern gleich für ganz Baden-Württemberg. So sprach man zur Zeit der Großen Koalition unter dem schwäbischen Kanzler Kurt Georg Kiesinger zwischen 1966 und 1969 manchmal von der „Spätzledemokratie", weil neben Kiesinger auch Männer wie Eugen Gerstenmeier und Bruno Heck im Parlament wie auch in Rundfunk und Fernsehen schwäbisch sprachen. Auch die (hochdeutsch sprechenden) Minister Carlo Schmid und Alex Möller kamen aus Baden-Württemberg. Über die Herkunft der Spätzle gibt es verschiedene Theorien. Da es in der schwäbischen Küche sogenannte „Leberspatzen" gibt, glauben manche, der Name der kleineren Spätzle sei eine kulinarische Verkörperung der Sperlinge, die im süddeutschen „Spatzen“ genannten werden. Eine andere Erklärung leitet das Wort aus dem mittellateinischen „Spezzato“ ab, Geschnetzeltem aus Teig, das die Mönche gern aßen (Lerch 1978, S. 35–36). Wo auch immer der Name herkommen mag, Spätzle gelten auch heute noch in ganz Baden-Württemberg als Teil des schwäbischen oder badischen Selbstverständnisses. Und wer etwas auf sich hält, würde nie ein Fertigprodukt kaufen. Entweder wird der Spätzleteig (Mehl, Eier, Wasser und Salz) vor dem Kochen durch eine Presse gedrückt, welche die Bezeichnung „Spätzle-Schwob“ trägt, oder aber – und dies ist die hohe Schule der Spätzlezubereitung – der Teig wird vom Spätzlebrett von Hand mit einem sogenannten Spätzleschaber in kochendes Wasser „geschabt“. Manch einer möchte es aber bequemer haben, wie etwa der ehemalige Stuttgarter Regierungspräsident Manfred Bulling. Der ließ sich 1983 den von ihm erfundenen „Spätzlesmeister“ patentieren, eine Maschine, mit der selbst „Neigschmeckte“ scheinbar echte handgeschabte Spätzle herstellen können – die Löcher, durch die der Teig gedrückt wird, sind nämlich unterschiedlich groß, so daß die fertigen Spätzle fast so uneinheitlich aussehen wie handgeschabte.

T

Tüftler

Ein „Land der Tüftler“ – das ist eines der Bilder, das man sich von Baden-Württemberg macht. Lang ist die Liste mit Namen von Erfindern und Technikern aus dem deutschen Südwesten, die zu diesem Image beigetragen haben. Sie beginnt mit Wilhelm Schickardt (1592–1635), einem Pionier der modernen Rechentechnik, und dem „Vater der württembergischen Feinmechanik“ Philipp Matthäus Hahn (1739–1790). Es folgen der Erfinder des Laufrads, Karl Friedrich von Drais (1785–1851), und die Autopioniere Gottlieb Daimler (1834–1900), Karl Benz (1844–1929) und Felix Wankel (1902–1988). Sie dürfen in einer solchen Ahnengalerie ebensowenig fehlen wie der Miterfinder der Magnetzündung, Robert Bosch (1861–1942).
Das Image vom „Land der Tüftler“ wird nicht nur durch diese beachtliche Liste unterstrichen, sondern auch durch eine historische Erklärung für den Einfallsreichtum der Menschen im Land: Weil es im Land kaum Kohle und Erze gab, auf denen anderswo die Industrialisierung aufbauen konnte, habe man hier seinen Kopf anstrengen müssen. Der Rohstoff „Geist“, so heißt es, sei in besonderem Maße aktiviert worden (Huhndorf 1984, S. 9). Ein Mangel wurde zum Ausgangspunkt des Reichtums.
Heute wechselt sich Baden-Württemberg mit Bayern im Wettkampf der Bundesländer um die meisten Patentanmeldungen pro Kopf ab. Mit 113 Patenten pro 100.000 Einwohner werden jährlich fast doppelt so viele Patente in Baden-Württemberg angemeldet wie im Bundesdurchschnitt. Davon stammen jedoch nur rund 15 % von Privatpersonen. Die meisten Patente werden von den großen Firmen im Land angemeldet. Die hohe Zahl an Patenten ist auch das Ergebnis günstiger Rahmenbedingungen im Forschungsbereich.
Nicht alle Patente sind jedoch gleichbedeutend mit ökonomischem Erfolg, wie ihn der baden-württembergische Startüftler Artur Fischer auszuweisen hat. Fischer macht mit seinen über 1.000 Erfindungen nicht nur dem Großmeister der Erfinder, Thomas Alva Edison, Konkurrenz, sondern hat mit den von ihm erfundenen Dübeln aus einem Familienbetrieb einen weltweit agierenden Konzern gemacht. Manche baden-württembergische Patente bleiben jedoch nur, was sie von Anfang an waren: Kuriosa, wie etwa jene Brille mit Scheibenwischer, die Josef Hack aus Trochtelfingen auf der Schwäbischen Alb erfunden hat (Kat. Stuttgart 1995, S. 61).

U

Uhr der „Landesschau“

34 Jahre lang stand eine Barockuhr aus Ellwangen in der „Landesschau“ für das Land Baden-Württemberg. Mit der „Landesschau“ wurde am 2. Januar 1966 die erste Informationssendung für ganz Baden-Württemberg ausgestrahlt, als erstes Kooperationsprogramm zwischen SDR und SWF überhaupt. Federführend war die Stuttgarter Landesschauredaktion unter der Leitung von Arno F. Henseler. Für eine solche Sendung brauchte man ein integratives Symbol. Als Henseler im Büro des damaligen SDR-Verwaltungsdirektors die Barockuhr entdeckte, hatte er gefunden, was er suchte. Anfangs ging man davon aus, daß das Gehäuse der Uhr aus Baden stamme und das Uhrwerk aus Württemberg. Somit galt die Uhr zunächst als Sinnbild für die Zusammenarbeit zwischen Baden und Württemberg.
Einige Jahre später stellte sich jedoch heraus, daß Gehäuse und Werk aus ein und derselben Werkstatt stammten. Anton Doser, Uhrmachermeister aus Ellwangen, schuf sie im Jahr 1750. Über 200 Jahre später wurde sie nun zu einem Sinnbild für landestypische Leistungen, für Präzision, kunsthandwerkliches Geschick und ausgefeilte Technik.
So umgedeutet blieb die Uhr das Markenzeichen der „Landesschau“. Sie sorgte für den Wiedererkennungswert einer Sendung, die wesentlich zum Zusammenwachsen des Landes beigetragen hat. Erst im Jahr 2000, nach der Fusion von SDR und SWF zum SWR, wurde sie durch eine zeitgemäßere Digitaluhr abgelöst.

V

Viertele

Das Viertele ist typisch baden-württembergisch. Nirgends sonst genießt man Wein so gerne in Viertelliter-Gläsern. In den anderen deutschsprachigen Weingegenden trinkt man meist aus 0,2 Liter-Gläsern, wie etwa den „halben“ Schoppen des Rheingaus. In der Pfalz kennt man mit 0,5 Liter den „ganzen“ Schoppen. Der Schweizer Namensvetter hingegen enthält 0,375 Liter Wein.
Badener und Württemberger sind sich einig darüber, daß sie zu den „Viertelesschlotzern“ gehören. Unterschiede gibt es bei der Form der Gläser und dem Inhalt. Während das badische Viertele meist aus Römergläsern getrunken wird, hat der Schwabe eigens ein bauchiges Glas mit Henkel für sein Viertele. Andernorts wird dieses faßförmige Glas mit Naserümpfen betrachtet, weil es angeblich die Qualitäten des Weins nicht voll zur Entfaltung bringt.
Dies scheint die Schwaben jedoch nicht weiter zu stören. Sie trinken ihren Rotwein, meist den Trollinger, weiter aus dem Viertelesglas. Gelegentlich findet auch ein Schwarzriesling, ein Spätburgunder oder ein Trollinger mit Lemberger den Weg übers Viertelesglas zum schwäbischen Gaumen. Seltener werden die schwäbischen Weißweine, Riesling, Müller-Thurgau und Kerner, als Viertele getrunken. 40 % des deutschen Rotweins wird in Württemberg produziert.
Der badische Viertelesschlotzer trinkt nur in der Ortenau vorwiegend ein Viertele Roten, weil dort hauptsächlich Spätburgunder angebaut wird. Den Hauptanteil der badischen Weinproduktion stellt mit 64 % der Weißwein (Weinbau 2001, S. 413).
In den anderen badischen Weinbaugebieten, am Bodensee, am Kaiserstuhl, im Markgräflerland, am Tuniberg, im Breisgau, im Kraichgau, an der badischen Bergstraße oder in Tauberfranken werden vorwiegend Müller-Thurgau, Gutedel, Grauburgunder und Riesling angebaut. Rotweine, wie Spätburgunder, kommen hier seltener ins Viertelesglas. Doch mögen die Unterschiede zwischen badischer und württembergischer Weinkultur und zwischen den einzelnen Regionen noch so groß sein, im Viertele finden sie einen gemeinsamen Nenner.

W

Wibele

Aus Langenburg in Hohenlohe kommt das „kleinste Gebäck der Welt“, Wibele genannt. Die Wibele gelten als hohenlohische Spezialität, allerdings reklamieren mittlerweile auch die Schwaben die Wibele als eine ihrer traditionellen Speisen.

Historisch gesehen haben die Hohenloher die Nase eindeutig vorn. Sie können stolz auf den Konditormeister Wibel verweisen, der das Gebäck seit 1763 in der kleinen hohenlohischen Residenzstadt Langenburg herstellte. Eigentlich wollte er das hauptsächlich aus Eiweiß, Mehl, Puder- und Vanillezucker gefertigte Biskuitgebäck zunächst „Geduldzeitlich“ nennen, da die Herstellung so viel Zeit in Anspruch nahm. Doch der Fürst zu Hohenlohe-Langenburg, dessen Hoflieferant Wibel war, taufte das Gebäck einfach „Wibele“ (Schlauch 1956, S. 34). Dabei blieb es.
Immer wieder wurden die Wibele von anderen Konditoren kopiert, so daß Wibels Nachfahren ihre Rezeptur im Jahre 1911 sogar patentieren ließen. Wie es scheint jedoch zu spät, denn inzwischen waren die Wibele auch im Schwäbischen weit verbreitet und galten bereits auch als schwäbische Spezialität, wie erstaunlicherweise die Entstehung des modernen Adventskalenders belegt. Den ersten gedruckten Adventskalender stellte im Jahr 1908 die lithografische Anstalt Reichhold & Lang her. Zugrunde lag eine Idee des Mitinhabers, des schwäbischen Pfarrerssohns Gerhard Lang. Dessen Mutter hatte zur Adventszeit 24 Felder auf einen Karton gemalt und in jedes Feld ein Wibele genäht. Auch heute werden Wibele von zahlreichen schwäbische Konditoreien hergestellt und in Rezept- und Kochbüchern als schwäbische Spezialität geführt. Die Langenburger Nachfahren des Hofkonditors Wibel setzten sich dagegen zur Wehr. Ihre Wibele tragen die Bezeichnung „Echte Langenburger Wibele“.

Z

Zeppelin

Der Name Zeppelin ist heute zum Inbegriff für Luftschiffe geworden, wie etwa „Tempo“ für Papiertaschentücher oder „Fön“ für Haartrockner. Fälschlicherweise, denn eigentlich dürfen sich nur die starren, lenkbaren Luftschiffe, insbesondere jene fliegenden „Zigarren“ aus Friedrichshafen am Bodensee, mit dem Namen des Grafen Zeppelin schmücken, und nicht die modernen Werbezeppeline, die „nur“ aus einer Hülle bestehen und eigentlich „Blimp“ heißen.
Ferdinand Graf Zeppelin gilt als einer der größten deutschen Luftfahrtpioniere. Allein in 549 deutschen Orten wurden seit 1908 Straßen nach ihm benannt. Davon befinden sich mehr als die Hälfte in Baden-Württemberg, wo man den Grafen als „schwäbischen Erfinder“ feiert (Mienert 2000, S. 229).
1838 im badischen Konstanz geboren, machte der Graf im württembergischen Militärdienst Karriere und brachte es bis zum General. Nach seiner Pensionierung begann er in Friedrichshafen mit der Verwirklichung seines Traums: dem Bau eines lenkbaren Luftschiffs. Am 2. Juli 1900 erhob sich der erste Zeppelin (LZ 1) in die Luft. Die Zeppeline sorgten für weltweites Aufsehen. Im Ersten Weltkrieg wurden sie im Luftkrieg über England eingesetzt. Bis zum Absturz des 118. Zeppelins, der „Hindenburg“ (LZ 129), am 6. Mai 1937 in Lakehurst unternahmen die Zeppeline in der Zeit zwischen den Weltkriegen zahlreiche spektakuläre Reisen. Nach der Katastrophe wurde ihr Bau eingestellt. Flugzeuge übernahmen ihre Aufgaben.
Deshalb steht der Name Zeppelin auch für die Ambivalenz der modernen Technik. Die Faszination, die von einem solch riesigen schwebenden Objekt ausgeht, korrespondiert mit der bedrohlichen Möglichkeit der Katastrophe und dem Scheitern einer nur scheinbar beherrschbaren Technik. Im Namen, den sich die Rockgruppe „Led Zeppelin“ (Blei-Zeppelin) 1968 gegeben hat, kommt dieser Zwiespalt sinnfällig zum Ausdruck. Trotzdem fliegen die Zeppeline jetzt wieder. In Friedrichshafen wird der Zeppelin-NT (für neue Technik) gebaut: Auch wenn die neuen Zeppeline dem Flugzeug keinen ernsthafte Konkurrenz machen können, haben sie Erfolg.

Albrecht Krause

Karte „1790“

Die Silhouette des Landes Baden-Württemberg ist alt. Bereits 1820 bildeten die Außengrenzen von Württemberg und Baden eben den Umriß, den heute fast jeder erkennt. Im Jahr 1790 hatte der Kartenumriß noch kaum etwas mit den territorialen Gegebenheiten zu tun. Vorderösterreich lag rechts und links des Rheins, ebenso die Pfalz. Im Norden durchschneidet die heutige bayerisch-württembergische Grenze das Territorium des Bischofs von Würzburg, im Osten das der Reichsstadt Rothenburg.

Über 250 Herren und Herrinnen regierten auf dem Gebiet des heutigen Bundeslandes, weltliche Herren (auf der Karte blau gefärbt), geistliche Herren und Herrinnen (rot), Reichsstädte (gelb) und Reichsritter (grün). Sie alle hatten nur den Kaiser über sich, und dessen Macht über diese „reichsunmittelbaren“ Herren war sehr begrenzt; besonders die größeren Fürsten konnten weitgehend nach Belieben schalten und walten.

Unter dem altertümlichen Mantel des „Heiligen Römischen Reichs deutscher Nation“ entwickelte sich eine Vielzahl von blühenden Klein- und Mittelzentren. Die oberschwäbische Barocklandschaft ist ein Produkt der kulturellen Vielfalt dieses Alten Reichs. Männer aus kleinsten Verhältnissen konnten Reichsfürsten werden, wenn sie den Aufstieg in der kirchlichen Hierarchie schafften, und an einigen Orten regierte eine Äbtissin das Gebiet eines Frauenklosters. Die Kehrseite der kleinen und kleinsten Herrschaften war nicht nur die politische Unbeweglichkeit eines auf Konsens eingeschworenen hochkomplizierten Staatsgebildes, sondern auch eine zum Teil unerträgliche Enge und Borniertheit. Wenn Christoph Martin Wieland in seiner „Geschichte der Abderiten“ ein Kapitel mit den Worten beginnt: „Keine Luft ist so dick, kein Volk so dumm, kein Ort so unberühmt, daß nicht zuweilen ein großer Mann daraus hervorgehen sollte“, dann spiegeln sich hier auch seine Erfahrungen als Ratsschreiber der Reichsstadt Biberach in Oberschwaben.

Das Alte Reich verschwand innerhalb weniger Jahre von der Landkarte. Als Folge der verlorenen Kriege gegen das revolutionäre Frankreich und unter dem Druck der Politik Napoleons wurde es von deutschen Fürsten zerschlagen. In einem ersten großen Akt teilten sie 1802 die meisten Reichsstädte und geistlichen Territorien unter sich auf. Diese „Säkularisation“ vollzog sich, wie Dieter Langewiesche geschrieben hat, „vielfach in der Form von Raubzügen, mit denen der eine Staat dem anderen im Wettlauf um die fetteste Beute zuvorzukommen suchte“ (Langewiesche 1991, S. 29). Klöster und Kirchen wurden regelrecht geplündert, wertvolles Kulturgut vernichtet oder verschleudert.

Drei Jahre später war auch das Schicksal der kleineren weltlichen Territorien besiegelt: 1806 machte der Rheinbundvertrag die meisten Fürsten, die 1802 noch selbst die Schutzlosigkeit ihrer geistlichen Nachbarn skrupellos ausgenutzt hatten, zu Opfern mächtigerer Standesgenossen. Auch die Reichsritter verschwanden nun mit einem Federstrich. Übrig blieben auf dem Gebiet des heutigen Landes Baden-Württemberg neben den beiden hohenzollerischen Fürstentümern das Königreich Württemberg und das Großherzogtum Baden. Beide gehörten (zusammen mit Bayern) zu den großen Gewinnern der napoleonischen Ära, weil sie sich rechtzeitig Napoleon angeschlossen hatten, und weil sie ihn, als sich seine militärische Niederlage abzeichnete, auch rechtzeitig verlassen hatten.

Der Raubzug des Jahres 1802 und die Annexionen von 1806 veränderten die Landkarte Südwestdeutschlands radikal. Sie schufen die Voraussetzung für die Entwicklung von modernen Staaten. Aber das ändert nichts daran, daß die Zerschlagung des Alten Reichs ein umstürzender Akt war, weil er geltendes Recht einfach abschaffte und neues an seine Stelle setzte. Als die neuen Herren 1815 beim Wiener Kongreß die Wiederherstellung („Restauration“) von Recht und Gerechtigkeit proklamierten, dachten sie nicht im Traum daran, das wieder herauszugeben, was sie sich in den Jahren zuvor angeeignet hatten, obwohl im Jahr 1802 die Besitzrechte der Äbtissin des Stiftes Buchau nicht weniger rechtmäßig gewesen waren als die des Herzogs von Württemberg.

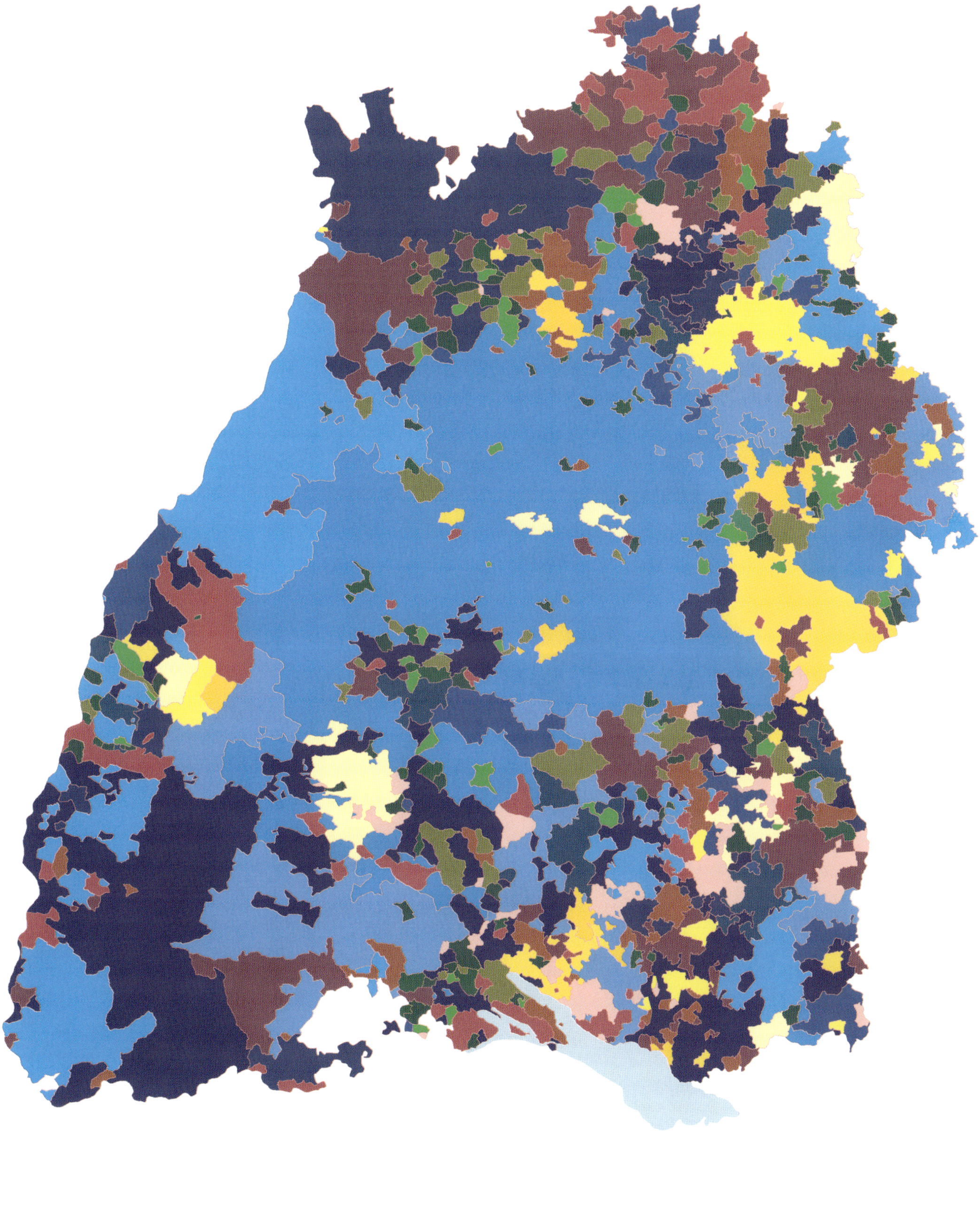

Territoriale Revolution
1790–1815

„Wir müssen nehmen, was wir nur können“

Sigismund von Reitzenstein, 1796

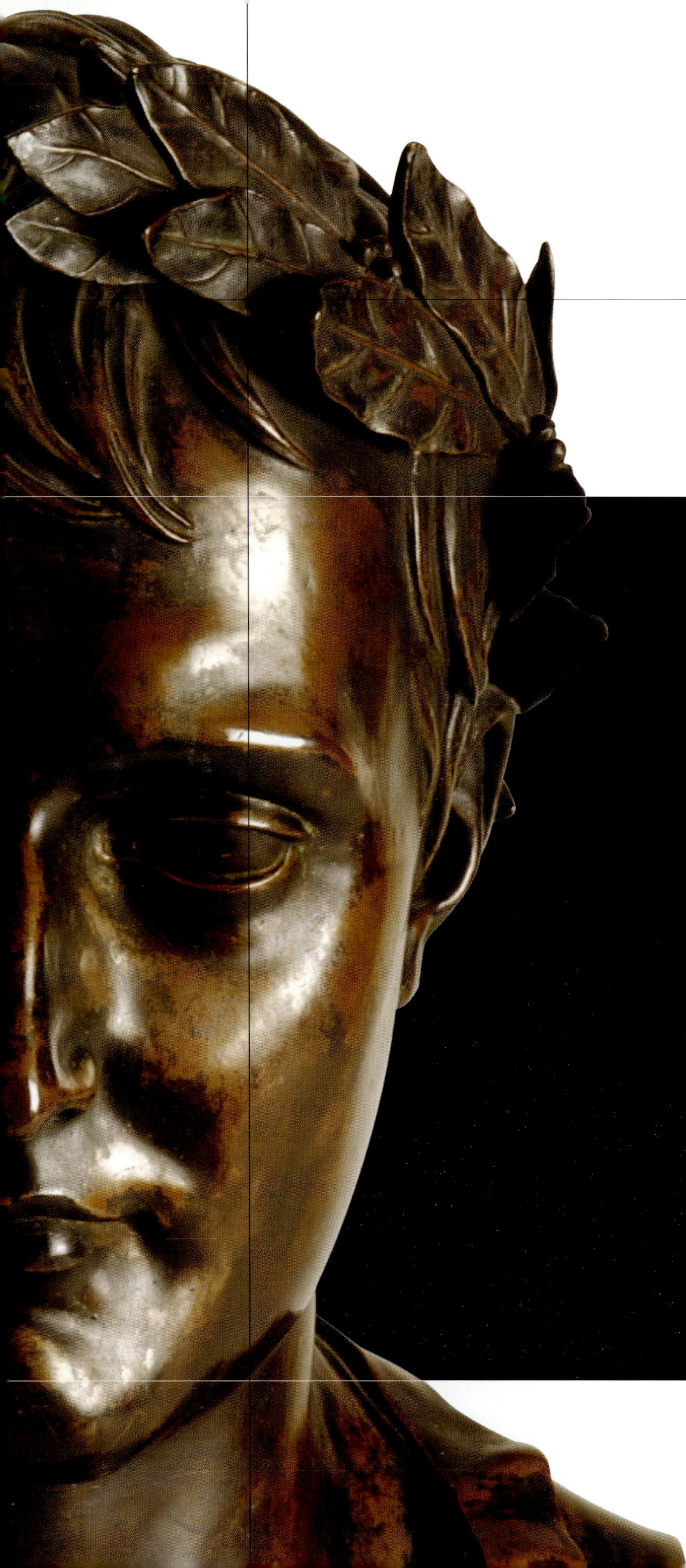

Christina Klausmann

Territoriale Revolution 1790–1815

Die kleinstaatliche Welt in Südwestdeutschland wurde durch die Revolutionskriege Frankreichs gegen Österreich und das gesamte Alte Reich (das Heilige Römische Reich Deutscher Nation) grundlegend umgestaltet. 1806 stürzte das Staatengebäude des Alten Reichs ein, nachdem zur territorial-politischen Neuordnung Stück für Stück herausgebrochen worden war. Zu den Gewinnern in diesem Prozeß gehörten Baden und Württemberg sowie die Fürstentümer Hohenzollern-Sigmaringen und Hohenzollern-Hechingen. Alle erlangten die vollen Souveränitätsrechte. Baden und Württemberg konnten ihr Staatsgebiet beträchtlich erweitern und ihre Herrscher gewannen zusätzlich an Macht durch die Standeserhöhung zum Großherzog bzw. zum König.

In dieser grundlegenden, ja revolutionären Umgestaltung von Herrschaftsgebieten trafen das politische Interesse Frankreichs, das Machtstreben Napoleons und die Hoffnung deutscher Fürsten auf Machtgewinn an der Seite des Mächtigeren sowie auf Standeserhöhung zusammen. Frankreich ging es darum, die sogenannte „natürliche Grenze“ am Rhein abzusichern. Aus diesem Grund erhob es Anspruch auf die linksrheinischen Herrschaftsgebiete wie beispielsweise auf das württembergische Mömpelgard. Die betroffenen Fürsten sollten mit rechtsrhei-

nischen Gebieten entschädigt werden. Außer der Grenzsicherung hatte Frankreich Interesse an einer überschaubaren Zahl von Mittelstaaten, die stark genug als Verbündete waren, aber zu schwach, um eine von Frankreich unabhängige Politik zu verfolgen (Fehrenbach 1986, S. 215).
Im Zentrum dieses Ringens um Machtzuwachs stand Napoleon. Baden und Württemberg scherten 1796 aus der Koalition gegen Frankreich aus und stimmten dem Verzicht auf die linksrheinischen Gebiete zu. „Wir müssen nehmen, was wir nur können" (zit. n. Schurmann 1994, S. 138 f.), meldete der badische Gesandte Sigismund von Reitzenstein von den Verhandlungen in Paris. Er sah, daß die kleine Markgrafschaft gegen Napoleon viel zu verlieren, als zuverlässiger Verbündeter an seiner Seite aber viel zu gewinnen hatte.
Reitzenstein konnte territoriale Entschädigungen aushandeln, die ein Vielfaches größer waren als die Verluste. Zunächst profitierte die kleine Markgrafschaft von dem Herrschaftsbesitz der Klöster und der Reichsstädte, die als selbständige politische Einheiten aufgehoben wurden.
Auch das größere Herzogtum Württemberg bekam seinen Anteil aus der Säkularisierung, der Unterstellung geistlicher Herrschaftsbereiche, und der Mediatisierung, der Unterstellung freier Reichsstände unter einen Territorialfürsten, und vergrößerte sein Herrschaftsgebiet durch die oberschwäbischen Klöster und Reichsstädte.
Dieser Prozeß wurde durch den Reichsdeputationshauptschluß 1803 bestätigt.
Als weiteren Gebietsgewinn konnte Baden die Kurpfalz mit der Universitätsstadt Heidelberg und der einstigen Residenz Mannheim verbuchen, und als Österreich schließlich seinen südwestdeutschen Herrschaftsbesitz im Frieden von Preßburg 1805 aufgeben mußte, erhielt Baden den Breisgau mit der Universitätsstadt Freiburg und die Ortenau.
Württemberg konnte 1806 die hohenlohischen Fürstentümer annektieren. Auch die Reichsritterschaften wurden den mächtigeren Staaten untergeordnet, ebenso größere Herrschaftsgebiete wie die des Fürsten von Fürstenberg oder des Fürsten von Thurn und Taxis.
Den territorialen Gewinnen folgte die Standeserhöhung der Herrscher Badens und Württembergs. Aus der Markgrafschaft wurde das Großherzogtum Baden, aus dem Herzogtum das Königreich Württemberg.
Die Fürstentümer Hohenzollern-Sigmaringen und Hohenzollern-Hechingen gewannen wenig hinzu, und sie mußten ihre Selbständigkeit gegen die Begehrlichkeiten der mächtigeren Nachbarn verteidigen. Preußen, in dem Napoleon einen Verbündeten gegen Österreich

sah, hielt seine schützende Hand über die kleinen Länder. Freundschaftliche Verbindungen und strategisches Verhandlungsgeschick der Fürstin von Hohenzollern-Sigmaringen halfen, ihre Eigenständigkeit zu erhalten (Kallenberg 1986, S. 129–135).

Die vier südwestdeutschen Staaten schlossen sich 1806 dem Rheinbund an, einem Allianzvertrag mit Napoleon, der sie verpflichtete, Truppen zu stellen. Die Gründung des Rheinbundes, der Austritt der beteiligten Staaten aus dem Alten Reich – dem Rheinbund gehörten insgesamt 16 deutsche Staaten an – und die daraufhin erfolgte Niederlegung der deutschen Kaiserkrone durch den österreichischen Monarchen besiegelte dessen Ende.

Auf die äußere Staatsgründung in Baden und in Württemberg folgte die innere, denn die aus unterschiedlichen politischen, rechtlichen und konfessionellen Traditionen kommenden Landesteile mußten in einem einheitlichen Staatsverband zusammengeführt werden. In Baden versuchte man zunächst, auf die regionalen Traditionen Rücksicht zu nehmen und die Eigenrechte von Städten, Adel oder Kirchen zu achten. Das führte zu chaotischen Verwaltungszuständen, die ein Organisationsedikt Reitzensteins 1809 beseitigte. Nun wurde ohne weitere Rücksicht auf regionale Gegebenheiten das Land in zehn Kreise eingeteilt, an deren Spitze ein Kreisdirektor stand. Die Verwaltung wurde zentralisiert, und die Einführung des modifizierten Code Napoléon führte zur rechtlichen Einheitlichkeit in den Landesteilen. Auch in Württemberg wurde die Verwaltung von oben nach unten durchorganisiert, die Oberämter mit einem Landvogt an der Spitze neu geordnet, aber statt eines neuen Rechts wurde das württembergische Landrecht auf die neuwürttembergischen Landesteile übertragen (Fehrenbach 1986, S. 218).

Der württembergische König nahm wenig Rücksicht auf die Befindlichkeit der unterlegenen Fürsten im neuen Staatsgebiet und bestellte sie zur öffentlichen Huldigung im Dezember 1807 nach Stuttgart. In Baden genügte die Unterzeichnung einer „Subjektionsurkunde", eine Huldigung als öffentlich inszenierten Akt der Unterwerfung unter den Großherzog gab es nicht (Sauer 1987, S. 174).

Läßt sich das Überleben der vier Staaten und insbesondere der Aufstieg Badens und Württembergs zu bedeutenderen Mittelstaaten als Gewinn im revolutionären, territorialen Umbruch verbuchen, so war dafür auch ein Preis zu entrichten. Ein Preis, der vor allem von den Untertanen zu begleichen war. Die Staaten waren

verpflichtet, Soldaten und Geld für die Kriegszüge Napoleons zu stellen. Soldaten aus Baden und Hohenzollern kämpften in der napoleonischen Armee in Spanien, und württembergische und badische Kontingente marschierten in dem katastrophal endenden Feldzug nach Rußland mit. Gerade mal 1.000 der etwas mehr als 15.000 württembergischen Soldaten zwischen 18 und 40 Jahren, die dem Mobilmachungsbefehl im Februar 1812 gefolgt waren, kehrten aus Rußland zurück. Baden stellte etwas mehr als 7.000 Soldaten, von denen nach den Erinnerungen ihres Heerführers Markgraf von Baden zwischen 100 und 200 zurückkehrten (Sauer 1987, S. 261–270). Von der Tragödie in Rußland blieben die Hohenzollern verschont, die keine Soldaten für diesen Feldzug stellen mußten.

Nach der Katastrophe in Rußland wendete sich das Blatt für Napoleon. Die einst von ihm besiegten Preußen und Österreicher mobilisierten zur Gegenwehr, und die russische Armee folgte der geschlagenen Grande Armée nach Westen. 1813 schickte Napoleon, notgedrungen unterstützt von den Rheinbundstaaten, wieder Truppen ins Feld gegen die Allianz der Preußen, Österreicher und Russen. Im Oktober 1813 kam es zur entscheidenden „Völkerschlacht" bei Leipzig, die mit der Niederlage des napoleonischen Heeres endete. Nun wechselten Baden, Württemberg und die beiden Fürstentümer Hohenzollern die Seite und schlossen sich der antinapoleonischen Allianz an. Im Frühjahr 1814 zogen badische, württembergische und hohenzollersche Truppen gegen den einstigen Verbündeten in den Kampf. Zusätzlich zur kämpfenden Truppe wurde in allen Staaten ein Landsturm nach preußischem Vorbild mobilisiert, der die Heimat bei einer Invasion französischer Truppen verteidigen sollte. Doch brauchte er nicht eingesetzt zu werden, denn bereits im März 1814 wurde das französische Heer vor Paris besiegt (Sauer 1987, S. 280–292).

Die Abkehr von Napoleon und der Wechsel zur antinapoleonischen Koalition waren die Voraussetzung dafür, daß Baden, Württemberg und die beiden hohenzollerschen Fürstentümer als Staaten in dem Umfang und in dem Rang erhalten blieben, die sie in Zeiten des territorialen Umbruchs erlangt hatten. Auf dem Wiener Kongreß 1815 wurden der Landgewinn und Rangzuwachs bestätigt und die Staaten als Mitglieder des neugeschaffenen Deutschen Bundes akzeptiert.

Napoleon I.,
Kaiser der Franzosen
Antoine-Denis Chaudet
(1763–1810) zugeschrieben
Bronze, um 1805
Haus der Geschichte
Baden-Württemberg

König Friedrich I.
von Württemberg
Unbekannt
Öl auf Leinwand, um 1806
Haus der Geschichte
Baden-Württemberg

Die Kriege Frankreichs gegen Österreich, Preußen und das Alte Reich seit 1792 führten zu einer Umwälzung der überkommenen territorialen Ordnung Südwestdeutschlands. Frankreich sah im Rhein eine natürliche Grenze und besetzte die zum Alten Reich gehörenden linksrheinischen Herrschaftsgebiete. Baden und Württemberg wurden für ihre Verluste um ein Vielfaches rechts des Rheins entschädigt. Im Zentrum des Ringens um mehr Macht stand Napoleon, seit 1804 Kaiser der Franzosen. Die Büste stilisiert ihn in der Pose eines römischen Cäsaren mit einem Lorbeerkranz als Zeichen für Sieg und Ruhm. Der Vergleich mit Cäsar lag den Zeitgenossen nahe. König Friedrich von Württemberg schrieb an seine Tochter 1809: „Wir sind mit Caesar, und alles wird gut." (Sauer 1987, S. 125) Hierin drückt sich gleichermaßen die Hoffnung auf Erfolg an der Seite des Mächtigeren aus wie die Abhängigkeit von ihm, in die man sich um der Machtvorteile willen begeben hat.
Die Büste ist nicht signiert, kann aber dem von Napoleon geschätzten Bildhauer Antoine-Denis Chaudet zugeschrieben werden. Der Werkvergleich legt nahe, daß der Kopf der Statue „Napoléon législateur" (1805) das Modell für die Büste war. Für die Produktion dieser Statue in verschiedenen Materialien besaß Chaudet ein kaiserliches Privileg (Hubert/Ledoux-Lebard 1999, S. 147–149).

Seit 1797 wurde Württemberg durch Herzog Friedrich (1764–1816) regiert. In den Verhandlungen über die Neuordnung der Herrschaftsgebiete in der napoleonischen Ära erlangte Württemberg seinen heutigen Umfang auf Kosten kleinerer Fürsten, Klöster und Reichsstädte. Der Machtgewinn schlug sich in einer Rangerhöhung des Fürsten nieder. Aus dem Herzogtum wurde Ende 1805 ein Königreich und aus Herzog Friedrich König Friedrich I. von Württemberg. Friedrich I. galt als despotischer Herrscher, der ohne Rücksicht auf die bisherige Ordnung von Recht und Verwaltung in den neuwürttembergischen Landesteilen ein einheitliches Staatswesen im Königreich schuf (Sauer 1986). Das Brustbild zeigt ihn in einem blauen, ordensgeschmückten Uniformrock als obersten Kriegsherrn. Sein königlicher Rang ist an der oben auf dem Rahmen angebrachten Königskrone zu erkennen. Diese Anordnung des Herrschaftszeichens außerhalb des Gemäldes läßt es möglich erscheinen, daß ein früher gemaltes Porträt nach 1806 durch einen neuen Rahmen auf den neuesten „Stand" gebracht wurde.

Großherzog Karl Friedrich von Baden
Unbekannt
Öl auf Leinwand, um 1807
Badisches Landesmuseum Karlsruhe

Die Entschädigung Badens für die von Frankreich beanspruchten linksrheinischen Gebiete war höher als die Verluste, und Baden erreichte seine heutige territoriale Gestalt. 1806 stieg Karl Friedrich von Baden (1728–1811) vom Markgrafen zum Großherzog auf. Er galt als aufgeklärter Monarch, der die kleine Markgrafschaft durch soziale und wirtschaftliche Reformen modernisiert hatte. An der Neuordnung des Großherzogtums nahm er nicht mehr aktiv teil. Sie oblag im wesentlichen dem leitenden Staatsbeamten Sigismund von Reitzenstein (Zier 1986, S. 177–187).
Das Brustbild eines unbekannten Malers zeigt den Großherzog ohne Herrschaftszeichen in einem blauen Rock mit reichbesticktem Kragen. Er trägt eine Perücke, wie sie Ende des 18. Jahrhunderts üblich war. Auf der linken Brust ist der Orden der französischen Ehrenlegion zu sehen und im Rockausschnitt über dem weißen Hemd die dazu gehörende rote Schärpe. Der Orden zeigt einen Adler auf rotem Grund und eine auf Napoleon bezogene Umschrift. Der Orden der Ehrenlegion wurde 1804 von Kaiser Napoleon gestiftet. Das ermöglicht die Datierung des Gemäldes nach der Erhebung Karl Friedrichs zum Großherzog. Vermutlich wurde das Porträt nach einer etwas älteren, vor 1800 entstandenen Vorlage gearbeitet.

Fürstin Amalie Zephyrine von Hohenzollern-Sigmaringen
Lithographie nach dem Gemälde von Auguste François Laby (1784-1860), um 1828
Fürstlich-Hohenzollersche Sammlungen Sigmaringen

Es war in nicht geringem Maße das Verdienst der Fürstin Amalie Zephyrine (1760–1841), daß Hohenzollern-Sigmaringen volle Souveränität bei der Auflösung des Alten Reichs gewinnen konnte. Sie nutzte ihre Beziehungen zum französischen Hof und besonders die Freundschaft mit Joséphine Bonaparte, um sich für den Erhalt des Fürstentums einzusetzen. Eine weitere Verbindung knüpfte sie durch Heiratspolitik und verehelichte ihren Sohn mit einer Nichte Joachim Murats, einem Schwager Napoleons.
Die Fürstin war eine eigenwillige Persönlichkeit. Von der Lebensweise des französischen Adels geprägt und der französischen Sprache mächtig, war sie nicht gewillt, sich nach der Eheschließung auf Dauer in das ereignislose Leben am kleinen Sigmaringer Fürstenhof zu schicken. Nach der Geburt des Erbprinzen floh sie in das vorrevolutionäre Paris und führte dort ein geselliges Adelsleben (Krause 1998, S. 125–164). Nichts an dem um 1828 entstandenen Porträt erinnert an diese Eigenwilligkeit. Die Lithographie nach einem Gemälde des französischen Malers Auguste François Laby zeigt sie in der biedermeierlichen Mode der Zeit in einem hochgeschlossen Kleid mit enger Halskrause und Keulenärmeln. Die adrett ondulierten Locken stecken „unter der Haube". Es ist das Porträt der über sechzig Jahre alten Fürstin, die sich in das enge Sigmaringer Leben gefügt zu haben scheint.

Fürst Friedrich Hermann Otto von Hohenzollern-Hechingen
C. Ermer
Kupferstich, um 1810
Fürstlich Hohenzollersches Haus- und Domänenarchiv Sigmaringen

Das kleine Fürstentum Hohenzollern-Hechingen konnte seine politische Eigenständigkeit retten, obgleich die Nachbarn Baden und Württemberg die hohenzollerschen Gebiete gerne einverleibt hätten. Napoleon war überzeugt, die Hohenzollern als Gegner Österreichs an seiner Seite zu haben. Auch die Unterstützung des preußischen Königshauses für die schwäbische Verwandtschaft trug zur Rettung des Landes bei. Allerdings konnte Hohenzollern-Hechingen sein Herrschaftsgebiet nicht vergrößern.
Der Kupferstich entstand nach einem Gemälde, das heute im Rathaus von Hechingen hängt.
Es präsentiert den ab November 1810 regierenden Friedrich Hermann Otto von Hohenzollern-Hechingen (1776–1838) in Offiziersuniform. Er hatte eine wissenschaftliche Bildung an der Stuttgarter Karlsschule und an mehreren Universitäten, u. a. in Tübingen, erhalten und stand eine Zeit in preußischem und bayerischem Militärdienst. Nach dem Anschluß an den Rheinbund 1806 nahm er an den Feldzügen Napoleons teil.

„Code Napoléon mit Zusätzen und Handelsgesetzen als Land-Recht für das Großherzogthum Baden“
Mackloths Hofbuchhandlung, Karlsruhe 1809
Haus der Geschichte Baden-Württemberg

Code Napoléon
mit Zusäzen und Handelsgesezen
als
Land-Recht
für das
Großherzogthum Baden.

Die Auflösung des Heiligen Römischen Reiches Deutscher Nation (Ausschnitt)
Eudaimon Grollmann nach einer Zeichnung von Schirach
Radierung, um 1806
Haus der Geschichte Baden-Württemberg

Im Reichsdeputationshauptschluß 1803 wurden die Mediatisierung der Reichsstädte und die Säkularisierung der geistlichen Herrschaften festgelegt. Weitere Umschichtungen in den Herrschaftsgebieten und die Gründung des Rheinbundes 1806, des Allianzvertrags der „überlebenden“ deutschen Fürsten mit Napoleon, führten zur Auflösung des Alten Reichs (des Heiligen Römischen Reichs deutscher Nation). Die Karikatur verspottet dieses historische Geschehen. Im Zentrum schlägt Napoleon als „Executor Testamenti“ Reichsfürsten zu Rittern und erklärt sie damit zu seinen Gefolgsleuten. Die Vertreter der Reichsstädte haben Geldsäcke geschultert in der Hoffnung, den Machtverlust durch Bestechung abwenden zu können. Die geistlichen Reichsfürsten flehen um Erbarmen, werden aber in die Schranken gewiesen. Beide Strategien nützen nichts. Sie gehören zu den Verlierern der territorialen Neuordnung und müssen ihre Herrschaft an Baden oder Württemberg abtreten. Das verdeutlichen die Schriftstücke auf dem Tisch mit der Aufschrift „Baden erhält“, „Württemberg erhält“.
Die Personifikation des Deutschen Reichs, Germania, thront mit dem Reichsszepter unter einem Baldachin und beobachtet die Szene. Reichsapfel und Reichsschwert liegen vor ihr. Hinter ihr gerät der „Reichsregistraturkasten“ ins Wanken. Die oberen Kästen mit der „Census Regelung“ und den „Privilege der Kurfürsten, Reichsritter, Reichsstädte“ fallen heraus. Auch das verdeutlicht den Niedergang des Alten Reichs.
Über die Künstler und Drucker dieser Karikatur ist nichts bekannt. Die Beschriftung in deutsch und französisch deutet auf eine Verbreitung in beiden Ländern hin.

Durch die territoriale Neuordnung galten in den einzelnen Landesteilen der größer gewordenen Staaten Baden und Württemberg unterschiedliche Rechtssysteme, die vereinheitlicht werden mußten. In Baden wurde das unter Napoleon für Frankreich geschaffene bürgerliche Privatrecht eingeführt, allerdings mit einigen Änderungen, die traditionelle Gegebenheiten von „Verfassung, Religion und Sitten“ (J. N. F. Brauer zit. n. Fehrenbach 1983, S. 105) berücksichtigten. Das Gesetzbuch basierte auf der Trennung von Justiz und Verwaltung und folgte dem Grundsatz der Gleichheit vor dem Gesetz wie der Freiheit der Person und des Eigentums. Die feudalen Rechte auf dem Land blieben jedoch bestehen. Die Abgabelast der Bauern konnte finanziell abgelöst werden, und nach dem Gesetz waren Grundherr und Bauer gleichberechtigte Vertragspartner. Da den Bauern zumeist das Geld für die Ablösung fehlte, änderte sich wenig. Der Bauernbefreiung wurde eine Grenze gesetzt, an der in der Revolution 1848 kräftig gerüttelt wurde.
Die Übersetzung und Bearbeitung des Code Napoléon für die badischen Verhältnisse oblag dem Juristen und Staatsbeamten Johann N. F. Brauer (1754–1813). Das badisches Landrecht genannte neue Gesetzbuch trat am 1. Januar 1810 in Kraft. Es galt mit einigen Veränderungen bis 1896. Die Einführung der Rechtsgleichheit im Privatrecht förderte die Debatte über die politische und verfassungsrechtliche Stellung des einzelnen, was sich in der badischen Verfassung und den Forderungen in der Revolution 1848 niederschlug.

„Charte des Schwaebischen Kreises nach der neuesten Eintheilung entworfen"
Verlag des Geographischen Instituts Weimar
Kolorierte Radierung, 1805
Haus der Geschichte Baden-Württemberg

Zu den Gewinnern der territorialen Neuordnung im Südwesten gehörten Baden, Württemberg und die beiden Hohenzollern. Die Karte zeigt die in der napoleonischen Ära erreichte territoriale Ausdehnung der Länder, die vom Wiener Kongreß 1815 bestätigt wurde. Reichsstädte und geistliche Herrschaften waren verschwunden. Die Kurpfalz bildete den nördlichen, das vorderösterreichische Land den südlichen Teil von Baden. Die hohenlohischen Fürstentümer, das Fürstentum Fürstenberg, Teile des Fürstentums Thurn und Taxis sowie die Reichsritterschaften waren an Baden und Württemberg gefallen. Die beiden hohenzollerschen Fürstentümer waren erhalten geblieben, aber nur Hohenzollern-Sigmaringen konnte einen geringen territorialen Landgewinn verbuchen.

Die Karte zeigt die territoriale Neuordnung nach dem Reichsdeputationshauptschluß 1803 und vor dem Frieden von Preßburg 1805, durch den die Gebietsverteilung nochmals geändert wurde. Das Reichsgebiet war in Reichskreise mit einem Kreisoberst an der Spitze gegliedert, zu deren Aufgaben die Wahrung des inneren Friedens („Landfriedens"), die Erhebung der Reichssteuer und die Aufstellung der Kontingente für das Reichsheer gehörten. Ein Teil der südwestdeutschen Herrschaftsgebiete war weiterhin im Schwäbischen Reichskreis zusammengefaßt. Die hohenlohischen Fürstentümer gehörten zum Fränkischen Kreis und sind daher hier nicht erfaßt. Reichsstädte und geistliche Herrschaften sind an Baden und Württemberg gefallen. Der Flickenteppich in Südwestdeutschland ist übersichtlicher geworden. Der Breisgau und die Ortenau aber sind noch als österreichische Herrschaftsgebiete ausgewiesen. Auch in Württemberg gibt es noch Gebiete unter österreichischer Herrschaft. Und es bestanden noch die fürstenbergischen, hohenzollerschen, thurn-und taxis'schen sowie reichsritterschaftlichen Herrschaftsgebiete. Außer den beiden Fürstentümern Hohenzollern verloren sie im weiteren Verlauf der territorialen Neuordnung ihre Eigenständigkeit.

„Charte von dem Königreiche Württemberg und dem Grosherzogtume Baden"
F. W. Streit, Geographisches Institut Weimar
Kolorierter Kupferstich, 1818
Haus der Geschichte Baden-Württemberg

Rückzug des badischen Korps der napoleonischen Armee über die Beresina
Johann Arthur Nikutowski
(1830–1888)
Öl auf Leinwand, 1859
Staatliche Kunsthalle Karlsruhe

In der Nacht des 28. November 1812 trat der Rest der badischen Brigade unter ihrem Befehlshaber, dem erst zwanzigjährigen Markgrafen Wilhelm von Baden (1792–1859), den Rückzug über die Beresina an, nachdem sie gegen die nachrückenden russischen Truppen gekämpft hatte. Während die Soldaten in geschlossenen Reihen über die Brücke ziehen, spielen sich am Ufer grauenhafte Szenen ab (Denkwürdigkeiten 1906, S. 172–188). Nikutowski zeigt keine Helden, sondern stellt die Zurückbleibenden, die Sterbenden in den Vordergrund. Einzelne Menschen, darunter auch Frauen und Kinder, die zum Versorgungstroß gehören, sind zu erkennen. Soldaten kämpfen sich den Weg frei. Viele werden über den Haufen gerannt, vom Treibeis mitgerissen und ertrinken im Fluß. Auf sie wird die Anteilnahme des Betrachters gerichtet. Obgleich der Anlaß dieser Darstellung der Tod des Markgrafen Wilhelm von Baden 1859 gewesen sein könnte, liefert der Maler keine in der Kunstgattung Schlachtenbild zu erwartende Verherrlichung eines jugendlichen Helden oder die pathetische Schilderung eines Kampfes in überschaubarer Schlachtordnung.

Der aus Königsberg stammende J. A. Nikutowski war für einige Jahre von der Düsseldorfer Kunstakademie an die Akademie nach Karlsruhe gewechselt. Das 1859 entstandene Werk wurde im gleichen Jahr von der Staatlichen Kunsthalle erworben. Das läßt sich als Hinweis darauf verstehen, daß die Erinnerung an die Katastrophe, in der das Bündnis mit Napoleon endete, nicht verleugnet und durch die national gepflegte Erinnerung an die Befreiungskriege gegen Napoleon verdeckt wurde (Kat. Karlsruhe 1990, S. 222–223).

„Die Waage“
Unbekannt
Kolorierte Radierung, um 1815
Haus der Geschichte
Baden-Württemberg

Nach der Völkerschlacht von Leipzig im Oktober 1813 lösten sich die Mitglieder des Rheinbunds aus der Gefolgschaft Napoleons. Baden, Württemberg, Hohenzollern-Hechingen und Hohenzollern-Sigmaringen schlossen sich Preußen, Russen und Österreichern an, die sich zum Kampf gegen Napoleon verbündet hatten. Die Veränderung der Machtverhältnisse in den Befreiungskriegen wird in der Karikatur durch das Bild veränderter Gewichte auf einer Waage verdeutlicht. Eine aus dem Himmel kommende Hand hält eine Waage, deren linke Waagschale sich gesenkt hat und auf festem Grund steht. Sie ist beschriftet mit dem patriotischen Motto „Für Gott und Vaterland“. In ihr stehen Soldaten, die als Preußen, Russen, Österreicher und Schweden gekennzeichnet sind. Die rechte Waagschale, „Für Napoleon“, ist hochgeschnellt. Die Soldaten des Rheinbundes springen ab und streben auf die andere Waagschale zu. Einer wird durch den Schwung nach oben geschleudert. Sein entsetzter Ausruf lautet „Nur nicht nach Norden“. Im Zuge der territorialen Gebietsneuordnung unter Napoleon gab es Überlegungen, südwestdeutsche Herrscher mit fremden Herrschaften in Norddeutschland zu entschädigen. Das wurde verworfen, aber vielleicht ist es als mögliche Rache an den ehemaligen Verbündeten Napoleons präsent. Die Karikatur ist Bestandteil einer als „Napoleana“ in Buchform zusammengestellten Sammlung von Karikaturen, die in Leipzig zwischen 1812 und 1821 erschienen waren. Die Namen der Karikaturisten sind nicht bekannt. Der englische Karikaturenspezialist A. M. Broadley hat sie 1913 vom Berliner Antiquar Martin Breslauer erworben und beschrieben.

Fahne des Landsturm-bataillons Tübingen
1814
Städtische Sammlungen Tübingen

Für den Kampf gegen Napoleon wurden nicht nur neue Truppen ausgehoben, sondern es wurde auch die gesamte männliche Bevölkerung zwischen 18 und 60 Jahren für den Landsturm dienstverpflichtet. Während die Truppen gegen Napoleon in Frankreich kämpften, sollte der Landsturm die Heimat bei einer Invasion der französischen Armee verteidigen. Man folgte bei der Einberufung dem preußischen Vorbild. Der Landsturm war wie das Militär organisiert und unterschied zwischen Mannschaft und Offizieren. Zu Offizieren wurden gemäß der Landsturmordnung Amtspersonen bestimmt. Diese Volksbewaffnung stieß bei der Regierung nicht auf Begeisterung, aber man fügte sich der Notwendigkeit, im Kampf gegen Napoleon alle Kräfte mobilisieren zu müssen. Ein Einsatz war jedoch nach dem Sieg über Frankreich Ende März 1814 nicht nötig, und am 17. Mai wurde der Landsturm in Württemberg aufgelöst. In dieser Zeit fanden sich die ersten Frauenvereine zusammen, die Geld oder Verbandsmaterial für die Verwundeten sammelten und ihre Sympathie durch das Sticken von Fahnen zeigten. In Tübingen bestickten die „Töchter dieser Stadt" eine Fahne aus gelber Seide mit dem Stadtwappen für den örtlichen Landsturm. Auf der Rückseite sind unter der Losung „Für König und Vaterland" die Krone und die Initialen FR (Fridericus Rex) eingearbeitet (Kat. Stuttgart 1987, S. 456, S. 689).

Die badische Leibgrenadiergarde in der Schlacht vor Paris 1814
Feodor Dietz (1813–1870)
Öl auf Leinwand, 1839
Staatliche Kunsthalle Karlsruhe

Nach der Völkerschlacht von Leipzig im Oktober 1813 schloß Baden am 20. November einen Allianzvertrag mit der antinapoleonischen Koalition. Am 1. Januar 1814 verließen ein Bataillon der großherzoglichen Leibgrenadiere und eine berittene Batterie Karlsruhe und schlossen sich der preußischen Armee an. Als Kopfbedeckung erhielten sie Tschakos nach preußischem Muster. Am 30. März 1814 kam es vor Paris zu den entscheidenden Schlachten mit großen Verlusten. Am 31. März marschierten die Verbündeten in Paris ein. Den Berichten zufolge zeichneten sich die badischen Soldaten durch einen kühnen Angriff aus (Sauer 1987, S. 289). Der Maler hält den Sturm auf die Festung Pantin, ein Dorf nordöstlich von Paris, fest. Er stellt das Geschehen aus der hinteren Linie dar und läßt die Verluste im Pulverrauch erahnen, zeigt sie aber nicht. Das Gemälde folgt dem Vorbild konventioneller Schlachtenmalerei. Es zeigt die badischen Soldaten von ihrer heroischen Seite und überliefert den erfolgreichen Beitrag zu den Befreiungskriegen, die zum Bestandteil nationaler Erinnerung wurden. Das Gemälde entstand im Auftrag des Großherzogs Leopold für dessen Privatsammlung. Dietz wurde 1840 zum Hofmaler ernannt. Er malte in den vierziger Jahren weitere Werke zur badischen Geschichte, darunter auch den Rückzug über die Beresina während des Rußlandfeldzuges.

Vormärz
1815–1848

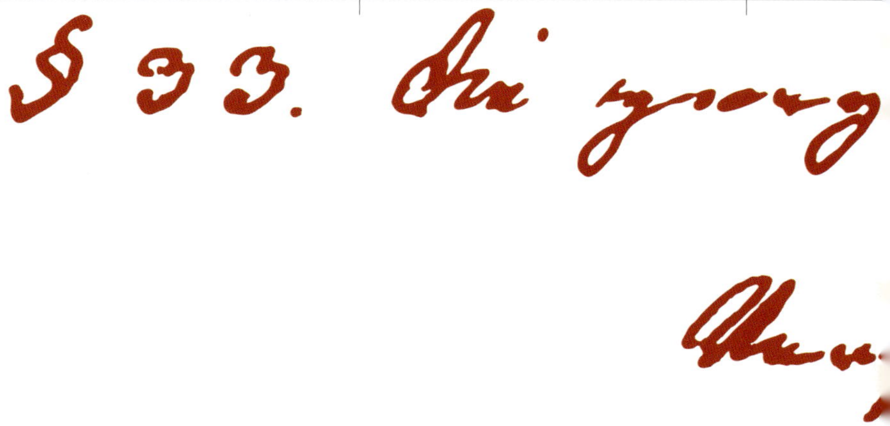

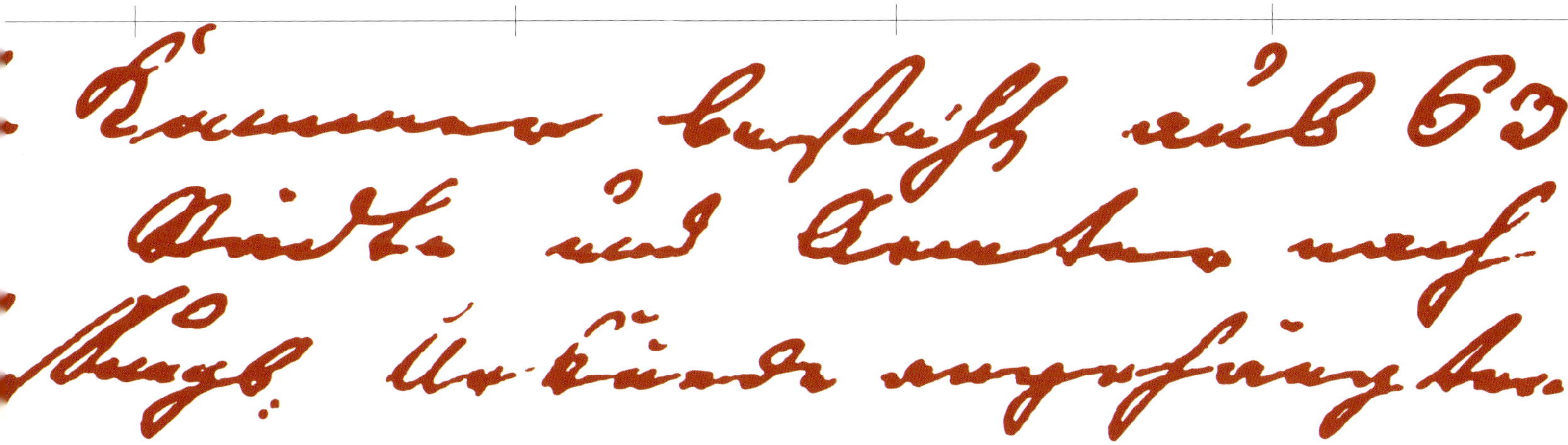

„Fortan aber sind wir Ein Volk“

Karl von Rotteck, 1818

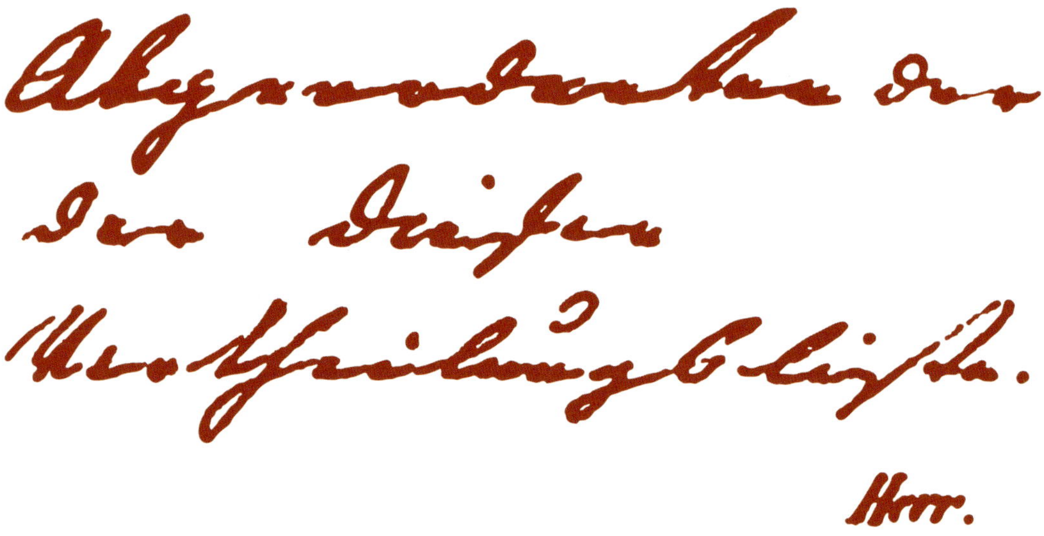

Rainer Schimpf

Vormärz 1815–1848

Unmittelbar nach ihrer Veröffentlichung prophezeite der Freiburger Staatsrechtler Karl von Rotteck Anfang September 1818 der neuen badischen Verfassung eine enorme Wirkung. „Wir waren Baden-Badener, Durlacher, Breisgauer, Pfälzer, Nellenburger, Fürstenberger, wir waren Freiburger, Konstanzer, Mannheimer: ein Volk von Baden waren wir nicht. Fortan aber sind wir Ein Volk, haben einen Gesammtwillen und ein anerkanntes Gesammtinteresse". Fast überschwenglich beschrieb er seinen Zuhörern in der Freiburger Museumsgesellschaft die von ihm erwarteten Konsequenzen: „Jetzt sind wir Alle – vom Odenwald bis zum Bodensee – fest aneinandergeschlossen, die Glieder eines lebendigen Leibes, von einem Gesammtwillen bewegt, von einem Geiste beseelt, Alle für Einen, und Einer für Alle." (Rotteck 1841, S. 412–413) Genau ein Jahr später hätte Rotteck seine Rede in einer württembergischen Stadt wiederholen können. Am 23. September 1819 erhielt auch das Königreich Württemberg eine Verfassung. Nur die beiden Fürstentümer Hohenzollern-Hechingen und Hohenzollern-Sigmaringen folgten zunächst nicht diesem Beispiel. Während Hohenzollern-Hechingen seit 1798 wenigstens über eine grundlegende Regelung seiner staatlichen Verhältnisse verfügte, blieb Hohenzollern-Sigmaringen bis 1833 ohne Verfassung. Erst dann konnten sich auch die Fürsten in Sigmaringen dem Druck der Verfassungsbewegung nicht länger entziehen. Die staatliche Ordnung war damit fast im ganzen Südwesten auf eine neue Grundlage gestellt worden. Die Monarchien hatten eine neue Legitimation erhalten, die Bevölkerung war in ihnen nun so stark beteiligt, wie kaum anderswo in Deutschland.

Was in Sigmaringen und Hechingen erst einmal nicht so vordringlich war, konnte in Karlsruhe und Stuttgart aus gutem Grund nicht länger aufgeschoben werden. Wie Rotteck treffend nicht nur für das Großherzogtum analysiert hatte, kämpften die beiden aus einer Vielzahl von neuen Territorien zusammengefügten Länder Württemberg und Baden um ihre innere Einheit. All die groß angelegten Verwaltungsreformen hatten nichts Entscheidendes daran ändern können, daß sich die Breisgauer, die Oberschwaben oder die ehemaligen Reichsstädter in ihren neuen Staaten nicht wirklich heimisch fühlten. Fremde Gebietsansprüche, die den Bestand des Großherzogtums direkt bedrohten, konnten damit nur schwer abgewehrt werden. Noch weniger ließ sich ohne Zusammenhalt der moderne, bürokratisch geordnete Staat aufbauen, den sich die Reformbeamten erträumten. Die alten lokalen und regionalen Bindungen behinderten neue, allein an den Erfordernissen der Zentralen orientierte Lösungen.

Hinzu kam die schwierige ökonomische Lage. Die jahrelangen Kriegsleistungen für und gegen Napoleon hatten die finanziellen Möglichkeiten der Staaten bereits bei weitem überfordert.

Die katastrophale Mißernte von 1816 und die anschließende Hungersnot drohten der erschöpften Bevölkerung die letzte Kraft zu rauben. Die für die Abwendung des Staatsbankrotts notwendigen Steuererhöhungen und neuen Kredite konnten auch von einem absoluten Herrscher nicht einfach von oben verordnet werden.

Den Schlüssel zur Lösung all dieser Probleme sollte die in den Verfassungen garantierte politische Teilhabe der Bevölkerung liefern. Zwar blieb auch weiterhin die Staatsgewalt allein in der Person des Monarchen vereint, aber deren Ausübung wurde künftig nicht nur durch Gesetze und unverletzliche Rechte der Staatsbürger gebunden, sondern durch die Mitwirkung der Bevölkerung auch direkt ergänzt. Das Zauberwort dafür lautete Repräsentation. Mit der erstmaligen Vertretung der einzelnen Bürger – und nicht mehr nur der Stände, wie es immerhin in Altwürttemberg jahrhundertelang praktiziert worden war – durch gewählte Abgeordnete in Kammern sollte endlich das geschaffen werden, was bisher so offenkundig gefehlt hatte: ein Volk.

So großzügig im Südwesten das Angebot der Repräsentation im Vergleich zu anderen deutschen Staaten auch ausfiel: Es richtete sich keineswegs an die gesamte Bevölkerung. Weil die Verfassungen nicht zuletzt einen ökonomischen Zweck erfüllen sollten, bevorzugte das Wahlrecht eindeutig das städtische Bürgertum. Das vorausgesetzte Verantwortungsbewußtsein und die erwartete persönliche Reife mußten durch eine mehr oder weniger unabhängige ökonomische Stellung nachgewiesen werden. Wer, wie die abhängig beschäftigten Dienstboten, Knechte oder Arbeiter sich nicht durch Bürgerrecht oder Steuerleistung qualifizieren konnte, blieb ausgeschlossen. Genauso wenig verwandten die Männer einen Gedanken darauf, ihr vermeintlich naturgewolltes Vorrecht auf die Politik aufzugeben und die Macht mit den Frauen zu teilen. Von einem Wahlrecht für Frauen war bei den Zeitgenossen keine Rede.

Eine weitere wesentliche Einschränkung setzte die Religion. Die Verfassungen definierten Baden, Württemberg und Hohenzollern-Sigmaringen als christliche Staaten, in denen allein den Angehörigen der katholischen Kirche und der beiden protestantischen Bekenntnisse der volle Genuß aller Staatsbürgerrechte zustanden. Juden war damit nicht nur der uneingeschränkte Zugang zu allen Staats- und Militärämtern verwehrt. In keinem der drei Staaten durften sie Mitglied der Kammern werden, und in Württemberg war selbst das aktive Wahlrecht an die christliche Konfession gebunden.

Auch die Kammern selbst waren alles andere als demokratische Parlamente. Sie hatten keinerlei Einfluß auf die Bildung der Regierung, die allein dem Monarchen vorbehalten blieb. Das Recht zur Gesetzesinitiative fehlte genauso, die Abgeordneten durften lediglich die Regierungen um Gesetze bitten. Dafür besaßen sie jedoch das Recht zur Anklage der Minister und vor allem das Budgetrecht. Wie sich auf den Landtagen bestätigen sollte, waren das Recht zur Steuerbewilligung und die Kontrolle der Haushalte die stärksten Waffen der Abgeordneten gegen die Übermacht der Regierung. Sie waren das unvermeidliche Zugeständnis gewesen, das für höhere Steuern und neue Kredite hatte gegeben werden müssen.

Die in den Verfassungspapieren bereits vorhandenen Lücken und Einschränkungen der Teilhabe verschärften sich noch in der Verfassungswirklichkeit. Verantwortlich dafür war in erster Linie der politische Druck des Deutschen Bundes. Der 1815 auf dem Wiener Kongreß gegründete Zusammenschluß der deutschen Staaten hatte zunächst die Einrichtung von Verfassungen durchaus gefördert. Das in Artikel 13 der Bundesakte gegebene Versprechen, daß in allen Bundesstaaten eine „landständische Verfassung" eingeführt werden sollte, hatte den badischen und württembergischen Verfassungsprozeß erleichtert. Doch die wachsende Sorge vor den gefährlichen Folgen einer zu großen Beteiligung der Bevölkerung für die Stabilität der

Monarchien führte bei den Großmächten Österreich und Preußen zur Kehrtwendung.
Den geeigneten Vorwand für das Eindämmen der Verfassungen lieferte ein Ereignis in Mannheim: Der von dem Studenten Carl Ludwig Sand an dem Schriftsteller August von Kotzebue verübte politische Mord am 23. März 1819 schien die Gefahr eines drohenden Umsturzes hinreichend bewiesen zu haben. Der Versuch, im letzten Augenblick die württembergische Verfassung noch zu verhindern, scheiterte zwar, dafür setzte der österreichische Außenminister Klemens Fürst Metternich aber am 20. September 1819 im Bundestag Maßnahmen durch, die auf den Kern der Verfassungen zielten.
Die Karlsbader Beschlüsse verpflichteten alle Bundesstaaten, Zeitungen und kleinere Druckschriften vor ihrer Veröffentlichung zu kontrollieren und alle mißliebigen Artikel zu zensieren.
Die in der badischen Verfassung versprochene und im Artikel 28 der württembergischen Verfassung gar zugesicherte Pressefreiheit war damit beseitigt. Ohne sie mußten die Verfassungen Stückwerk bleiben, da der Grundsatz der Repräsentation von der Möglichkeit einer politischen Öffentlichkeit lebte. Nur wenn der Informationsfluß und der Meinungsaustausch uneingeschränkt gewährleistet waren, konnte sich das von Rotteck beschworene Gesamtinteresse und ein Gesamtwille des Volkes überhaupt erst bilden und auch Geltung verschaffen.
Gleichwohl enthielten die Verfassungen genügend Handhabe, die versprochene Beteiligung zumindest zeitweise zu verwirklichen oder wenigstens in Angriff zu nehmen. Die kurzzeitige Schwächung des Deutschen Bundes nach der französischen Juli-Revolution 1830 konnten die Liberalen beispielsweise wirkungsvoll dafür nutzen, die Theorie zum Leben zu erwecken.
Reformgesetze wie die neue Gemeindeordnung, die Ablösung der Frohnden oder das – wenn auch nur wenige Monate bestehende – badische Pressegesetz ließen den praktischen Nutzen der Verfassung spürbar werden.
Die badischen Landtage von 1831 und 1833 sowie die beiden württembergischen Landtage von 1833 blieben aber auch deswegen in der Erinnerung vieler Zeitgenossen als besondere Erfahrung haften, weil sie trotz Zensur Politik erstmals zu einem öffentlichen Ereignis werden ließen. Die Auftritte der liberalen Wortführer Karl von Rotteck, Karl Theodor Welcker oder Adam von Itzstein in der Karlsruher sowie von Ludwig Uhland, Paul Pfizer, Albert Schott oder Friedrich Römer in der Stuttgarter Kammer sorgten weit über die Landesgrenzen hinaus für Aufsehen. Wie Helden feierte die Bevölkerung ihre Abgeordneten, in ganz Deutschland bekam der Südwesten den Ruf, eine Hochburg der Liberalen zu sein.
Die herausgeforderten Regierungen antworteten mit verschärfter Konfrontation. Neue, die Verfassungen weiter einschränkende Bundesbeschlüsse boten die Gelegenheit, Volksversammlungen, Petitionen und die ersten sich bildenden politische Vereine zu verbieten. Polizei und Spitzel wurden allgegenwärtig. Massive Eingriffe in die Wahlkämpfe drängten die Liberalen wieder in die Minderheit – jedoch nicht überall mit dauerhaften Erfolg. Der Karlsruher Regierung gelang es nicht, sich eine willfährige Mehrheit zu schaffen. Die im Gegensatz zu den Kammern in Stuttgart und Sigmaringen nur aus gewählten Volksvertretern zusammengesetzte Karlsruher Ständeversammlung gewann 1842 eine entscheidende Machtprobe gegen die Regierung Blittersdorff. Sie widersetzte sich erfolgreich dem Druck der Regierung, die nur den ihr genehmen Staatsdienern den benötigten Urlaub für die Abgeordnetenzeit bewilligen wollte, und bezog daraus neues Selbstvertrauen. Glaubhaft konnten sich die Liberalen jetzt als die wahren Hüter der Verfassung präsentieren. Bei den nächsten Wahlen bauten sie ihre starke Stellung noch aus.
Die Verfassung selbst erreichte durch den Streit eine nie zuvor erlebte Popularität. Gegen eine offensichtlich die verbürgten Rechte des Volkes mißachtende Regierung bekam sie den Charakter eines rettenden Bollwerks. Entsprechend begeistert wurde das anstehende 25jährige Jubiläum am 22. August 1843 gefeiert. Die Verfassung war zum Gegenstand einer fast grenzenlosen Verehrung geworden.
So weit reichte die Euphorie in Württemberg und Hohenzollern nicht. In Sigmaringen nutzte zwar der Abgeordnete Otto Würth die Kammer erfolgreich als politische Bühne, aber ohne Unterstützung aus der unterdrückten Presse fehlte ihm der nötige Rückhalt für einen Wandel. Und in Stuttgart stand nicht das 25jährige Verfassungsjubiläum, sondern das Regierungsjubiläum von Wilhelm I. im Jahr 1841 im Vordergrund. Der große Festumzug demonstrierte vor allem die Stärke des Königs. Im Gegensatz zum badischen Großherzog Leopold, der sich im Urlaubsstreit als politisch hilflos erwiesen hatte, bewies Wilhelm I., daß die Autorität eines Monarchen trotz einer Verfassung unangefochten bleiben konnte. Auch die Rückkehr der wichtigsten Liberalen in die Kammer brachte 1845 die Machtverhältnisse nicht ins Wanken. Oppositionsführer Friedrich Römer wurde erneut gefeiert, doch die Regierung Schlayer zeigte sich unbeeindruckt und

setzte ihre kompromißlose Linie fort. Gleichzeitig stiegen jedoch die Spannungen im Land. Vor dem Hintergrund einer im ganzen Südwesten wachsenden Masse an unterbeschäftigten Handwerkern löste eine neuerliche Hungerkrise im Frühjahr 1847 erhebliche soziale Unruhen aus. In Ulm, Tübingen und Stuttgart kam es zu schweren Krawallen, die von Beobachtern als ernstes Alarmzeichen gewertet wurden.
In Baden spitzte sich vor allem die politische Lage zu. Die aus Sicht der Konservativen allzu großzügige Verfassung hatte dafür gesorgt, daß gegen die Liberalen nicht mehr regiert werden konnte. Der Großherzog mußte mit der Ernennung des gemäßigten Liberalen Johann Baptist Bekk zum leitenden Minister den Mehrheitsverhältnissen Rechnung tragen. Für grundsätzliche Reformen war Bekk jedoch politisch zu schwach. Bald wuchs die Kritik aus den eigenen liberalen Reihen über die Untätigkeit.
Gleichzeitig rückten die Grenzen der Verfassung bei einem Teil der Liberalen schärfer ins Bewußtsein. Die Nichtanerkennung der deutschkatholischen Reformbewegung unter Hinweis auf die Verfassung stand in offensichtlichem Widerspruch zur ebenfalls garantierten Religions- und Gewissensfreiheit.
Im „Mannheimer Montags-Verein" des Journalisten Gustav Struve wurde im Frühling 1847 zudem die Frage nach der mangelnden Emanzipation der Juden und – mit einem aufsehenerregenden Vortrag der Philosophin Luise Dittmar – sogar die der Frauen aufgeworfen. Und auf die drängenden neuen sozialen Probleme bot die Verfassung schon gar keine Antworten.
Zusammen mit dem aufstrebenden Kammerabgeordneten Friedrich Hecker zog Struve im Sommer 1847 daraus die Konsequenzen und formulierte ein Programm, das sich nicht mehr nur mit der Forderung nach einer völligen Wiederherstellung der verletzten Verfassung begnügte. Die bisher eingeräumten Beteiligungsrechte sollten unter der Überschrift „Entwicklung unserer Verfassung" weitergeführt werden. Und der Forderungskatalog war weit gefaßt: nationale Volksvertretung, „volksthümliche Wehrverfassung" mit Bürgerwehren, progressive Einkommenssteuer, von der Gesellschaft finanzierte Bildung für alle, „Ausgleichung des Mißverhältnisses zwischen Arbeit und Capital", Geschworenengerichte, Umbau der Verwaltung und die Abschaffung aller Vorrechte. Um so auffallender fehlten Aussagen zu zwei anderen Themen: Die Entlastung der Bauern von den noch verbliebenen Feudallasten blieb ebensowenig erwähnt wie das Wahlrecht. Allenfalls zwischen den Zeilen war die Forderung nach einem demokratischen Wahlrecht zu erkennen. Obwohl es Struve und Hecker, als sie am 12. September 1847 ihre „Forderungen des Volkes" im Offenburger Gasthaus Salmen der Öffentlichkeit vorstellten, noch nicht offen aussprachen: Ihr Programm bedeutete mehr als eine bloße „Entwicklung" der alten Verfassung. Ein Blick auf das aus Bürgern, Bauern, Arbeitern, Dienstpersonal und Frauen gemischte Publikum ließ erahnen, daß Struve und Hecker nicht mehr nur an „ein Volk", sondern vor allem an „das Volk" dachten.

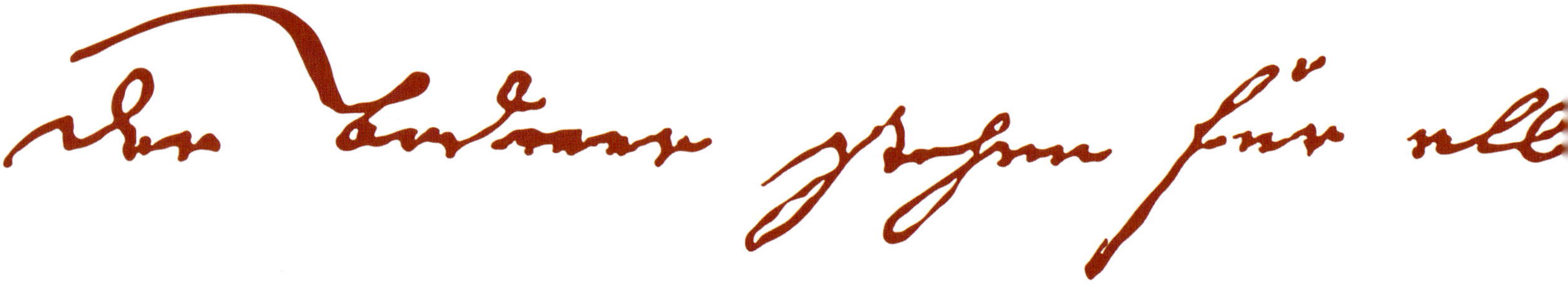

Mit der von ihm erlassenen Verfassung beendete Großherzog Karl die Gründungsphase des neuen Staates. Seine Beamten verfolgten mehrere Ziele mit ihr: Nach außen hin wollten sie die Abwehr von Gebietsansprüchen anderer Staaten erleichtern. Und im Innern erhofften sie sich eine Sicherung der bisherigen Reformen, eine stärkere Vereinheitlichung des Landes und nicht zuletzt eine verbesserte Kreditwürdigkeit des fast bankrotten Staates bei bürgerlichen Gläubigern.

Die wesentlich von dem jungen Finanzbeamten Karl Friedrich Nebenius entworfene Verfassung war nicht die erste moderne Repräsentativverfassung in Deutschland, aber sie war die liberalste. Das Recht auf Eigentum, persönliche Freiheit, Gleichheit der staatsbürgerlichen Rechte oder die Unabhängigkeit der Gerichte gehörten ebenso zu ihr wie eine vergleichsweise weitgehende politische Mitbestimmung der Bevölkerung. Für die an der Gesetzgebung maßgeblich beteiligte Zweite Kammer waren mehr als zwei Drittel der über 25jährigen Männer (rund 17% der Gesamtbevölkerung) mit gleichem Stimmrecht wahlberechtigt (Hörner 1987, S. 131). Im Unterschied zu allen anderen deutschen Verfassungen setzte sich die Zweite Kammer allein aus den gewählten Volksvertretern zusammen.

Von der Verfassung existiert keine ausgefertigte Urkunde. Der totkranke Großherzog Karl setzte am 22. August 1818 in Bad Griesbach nur noch sein Handzeichen unter einen Entwurf, die daraufhin angefertigte Reinschrift blieb jedoch ohne Unterschrift und Sigel. Gleichwohl trat die Verfassung mit ihrer Veröffentlichung im Regierungsblatt am 29. August 1818 in Kraft.

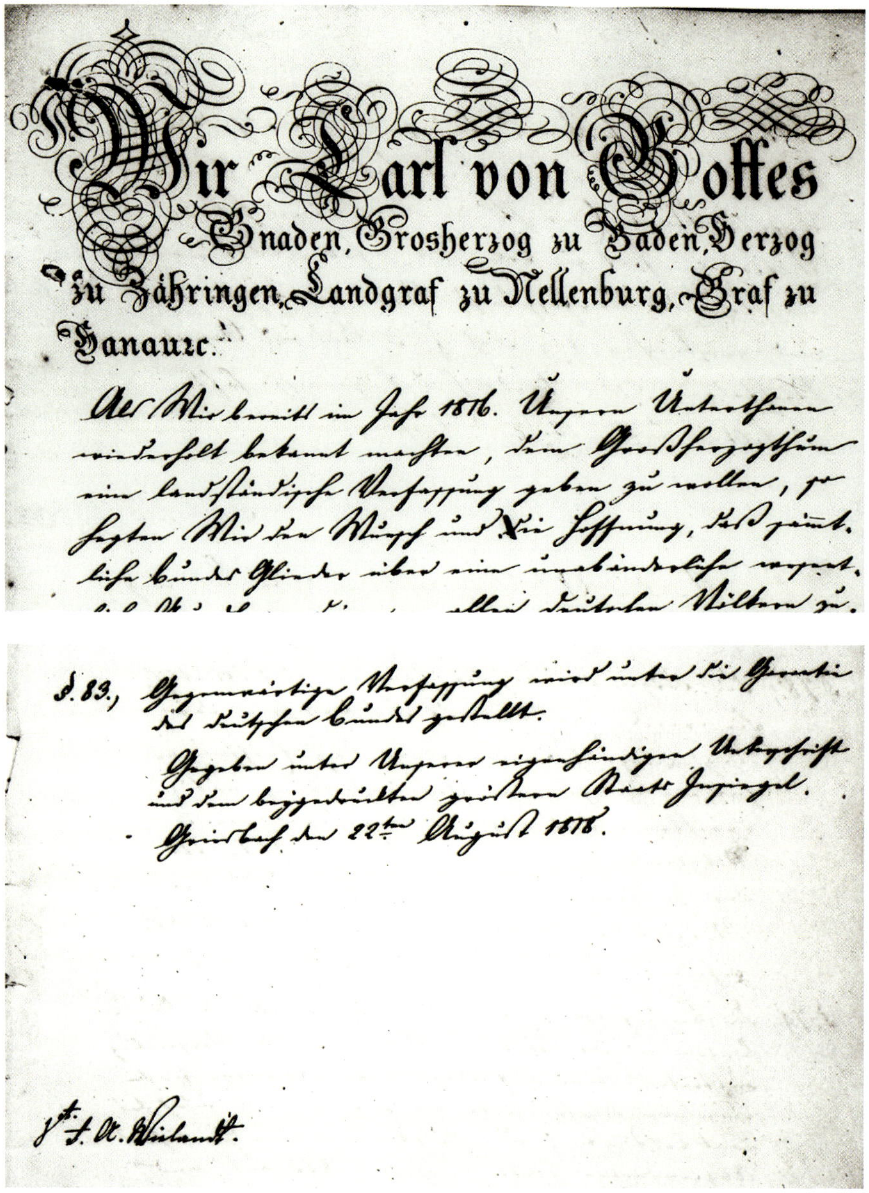
Wir Karl von Gottes Gnaden, Grosherzog zu Baden, Herzog zu Zähringen, Landgraf zu Nellenburg, Graf zu Hanau rc.

Entwurf der Verfassung für das Großherzogtum Baden
1818
Generallandesarchiv Karlsruhe

Verfassungsurkunde für das Königreich Württemberg
1819
Hauptstaatsarchiv Stuttgart

Erst nach einem jahrelangen Streit konnte 1819 die württembergische Verfassung verabschiedet werden. Ein erster Entwurf von König Friedrich I. war vier Jahre zuvor auf heftigen Widerstand gestoßen. Die altwürttembergischen Teile des Landes forderten die bedingungslose Rückkehr zum „guten alten Recht", dem Tübinger Vertrag, der fast drei Jahrhunderte als Verfassung gedient hatte, bis er 1805 einseitig von Friedrich aufgehoben worden war. Eine Einigung mit den gewählten Volksvertretern gelang erst dem neuen König Wilhelm I. Am 23. September 1819 wurde sie einmütig beschlossen.

Die neue württembergischen Verfassung bestätigte den König als alleinigen Inhaber der Staatsgewalt. Aber im Gegensatz zu den verfassungslosen Jahren unter Friedrich war deren Ausübung nicht mehr länger grenzenlos.

In der Gesetzgebung und vor allem bei den Finanzen benötigte der Monarch die Zustimmung der beiden neuen Kammern, in denen neben Adel, Kirche und Universitäten auch gewählte Abgeordnete saßen. Obwohl nur diejenigen männlichen Gemeindebürger das Wahlrecht besaßen, die direkte Steuern an den Staat entrichteten, lag die Beteiligung bei einem beachtlich hohen Anteil von 15% der Gesamtbevölkerung (Pütter 2001, S. 88–89). Jedoch bevorzugte das Wahlrecht ausdrücklich die Höchstbesteuerten: Sie alleine stellten zwei Drittel der Wahlmänner, die letztlich den Abgeordneten bestimmen durften.

Zwei Tage nach der endgültigen Einigung empfing der König eine Abordnung der Ständeversammlung im Ludwigsburger Schloß. Als Beweis für die Freiwilligkeit der Vereinbarung wurde der feierliche Austausch des Verfassungsvertrages vollzogen. Die Abgeordneten übergaben dem König ein Exemplar, das von allen Mitgliedern der Ständeversammlung unterschrieben worden war.

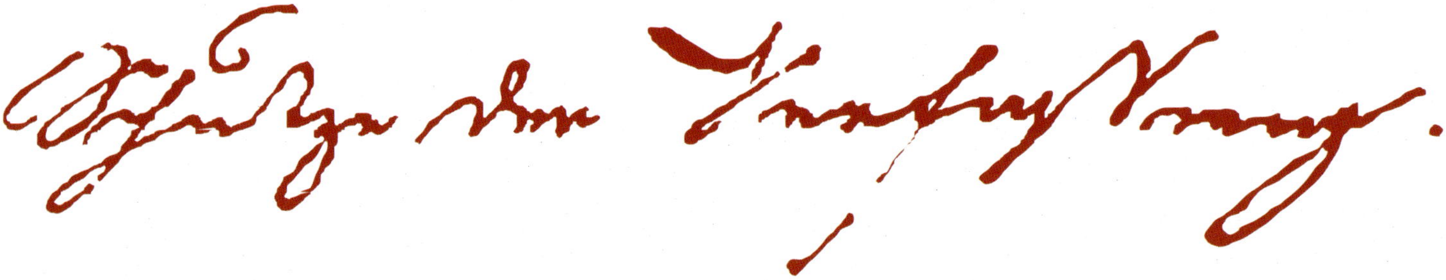

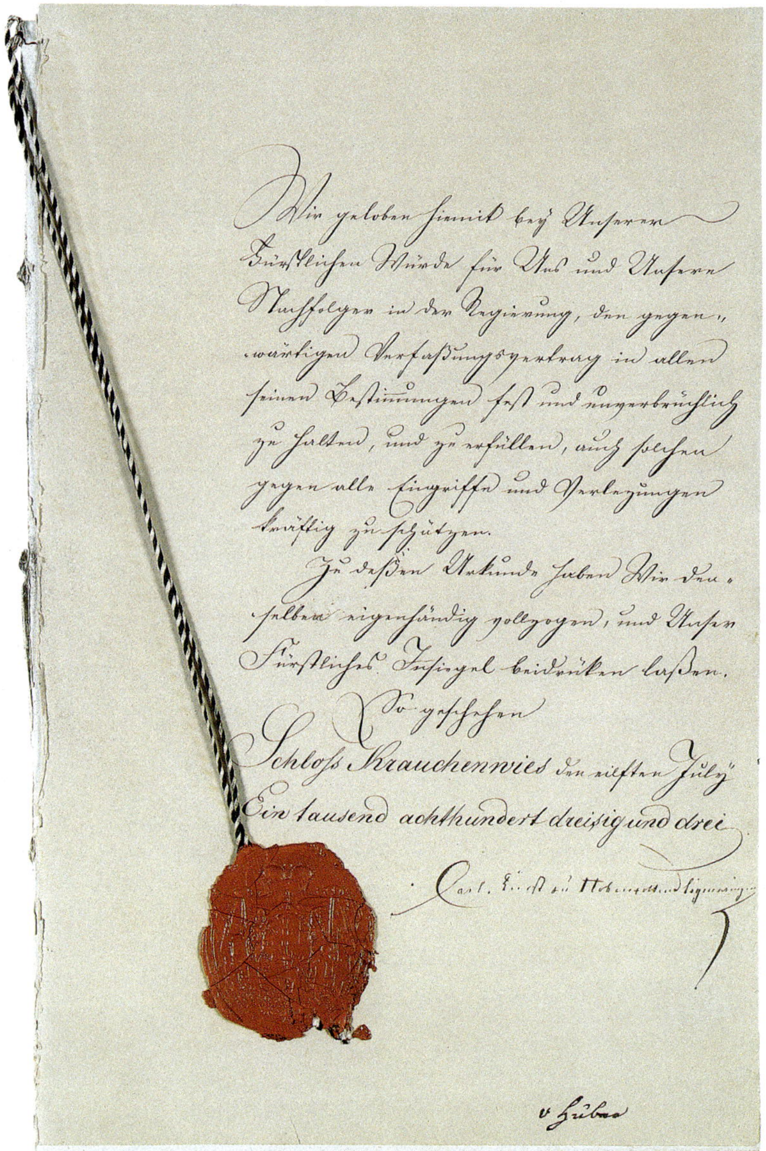

Wir geloben hiemit bey Unserer Fürstlichen Würde für Uns und Unsern Nachfolger in der Regierung, den gegenwärtigen Verfassungsvertrag in allen seinen Bestimmungen fest und unverbrüchlich zu halten, und zu erfüllen, auch selben gegen alle Eingriffe und Verletzungen kräftig zu schützen.

Zu dessen Urkunde haben Wir denselben eigenhändig vollzogen, und Unser Fürstliches Insiegel beidrücken lassen.

So geschehen
Schloss Krauchenwies den eilften July
Ein tausend achthundert dreisig und drei

Carl Fürst zu Hohenzollern Sigmaringen

v Huber

Verfassungsurkunde des Fürstentums Hohenzollern-Sigmaringen
1833
Staatsarchiv Sigmaringen

Erst 1833 gab sich auch das Fürstentum Hohenzollern-Sigmaringen eine Verfassung. Anders als im ebenfalls verfassungslosen Hohenzollern-Hechingen, wo eine grundsätzliche Regelung bestand, hatten die Fürsten in Sigmaringen bis dahin fast uneingeschränkt herrschen können. Seit 1820 waren zwar verschiedene Entwürfe erarbeitet worden, aber erst der Druck der französischen Juli-Revolution von 1830 brachte dem Verfassungsprozeß den endgültigen Durchbruch. Nach zweijährigen Beratungen einigte sich Fürst Karl mit einem eigens dafür gewählten Landtag (Kirchherr 1979, S. 5–17).
Ähnlich wie bei den großen Nachbarstaaten räumte auch in Hohenzollern-Sigmaringen die Verfassung der Bevölkerung Grundrechte und politische Rechte ein. In dem neuen Landtag hatten neben den beiden Standesherren und einem Geistlichen 14 gewählte Abgeordnete einen Sitz. Wählen durften zwar alle männlichen Ortsbürger, aber auch in Hohenzollern-Sigmaringen waren die Höchstbesteuerten deutlich bevorzugt. Allein sie bestimmten die Hälfte aller Wahlmänner, die letztlich die Abgeordneten wählten.
Am 11. Juli 1833 kam es im Sigmaringer Schloß zum feierlichen Austausch der Urkunden. Die Abgeordneten erhielten ein von Fürst Karl zuvor auf Schloß Krauchenwies unterschriebenes Exemplar. In einem Anhang versprach Karl, die Verfassung nicht nur genau zu erfüllen, sondern auch gegen alle Eingriffe zu verteidigen.

Hungertaler
Johann Thomas Stettner
1817
Klaus Haffner, Reutlingen

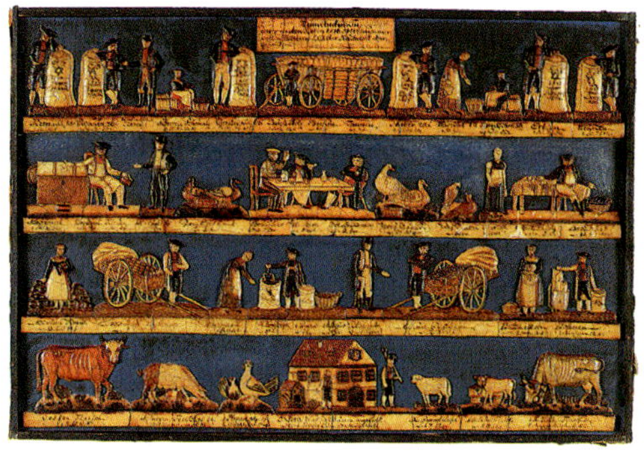

Tragantbild zur Teuerung von 1816/1817
Johann Kaufmann
1817
Heimatmuseum Langenau

Außergewöhnlich heftige und langanhaltende Regenfälle sowie viel zu niedrige Temperaturen zerstörten 1816 weitgehend die Ernte. Nachdem die Bevölkerung durch mehrere Mißernten in den Vorjahren und die großen Lasten der Kriegsjahre ohnehin bereits in elenden Verhältnissen lebte, brach im Winter 1816/17 in ganz Süddeutschland eine verheerende Hungersnot aus. Ohne nennenswerte Hilfe von außen brachte erst die gute Ernte im Sommer 1817 eine deutliche Besserung (Eiselen 1985, S. 9–16).
Die Naturkatastrophe wurde von vielen Menschen religiös gedeutet. Erinnerungsstücke wie die von dem Nürnberger Medailleur Johann Thomas Stettner in hoher Stückzahl vertriebenen Schraubtaler aus Silber oder Zinn verstärkten diese Interpretation. Mit religiösem Bezug wurde auf jeweils acht Papiertalern auf der einen Seite die Hungersnot und auf der anderen Seite ihre Überwindung in Wort und Bild erzählt. Die von dem Kupferstecher Georg Adam entworfenen Bilder ließen den Regen fast als biblische Sintflut erscheinen. Die rettende Ernte dagegen war „der segnende Hauch des erbarmenden Gottes". „Erkenne das ein Gott ist", lautete die Mahnung auf dem Verschluß der Medaille.
Die beiden Taler stammen aus dem Besitz des Buchdruckers Richard Benz, der um 1900 in Bad Urach lebte.

Der fast völlige Ausfall der Ernte verursachte eine enorme Teuerung des Getreides. Innerhalb weniger Monate stiegen die Preise zwischen 1816 und 1817 häufig um das Vier- bis Fünffache, manchenorts sogar noch deutlich höher. Wie stark sich der Anstieg der Getreidepreise auch auf die meisten anderen Nahrungsmittel auswirkte, dokumentierte der Aalener Feinbäcker Johann Kaufmann in einem Tafelbild. Zum Gedenken der „kummervollen theuren Zeit" stellte er einen Bilderbogen von Markt- und Wirtshausszenen zusammen. Die mit Hilfe des sonst für Backwaren verwendeten Dickungsmittels Tragant gehärteten Figuren spielen das alltägliche Kaufgespräch nach. Vom Kraut (100 Stück für 9 bis 11 Gulden) bis hin zum Bier (ein Maß für 16 Kreuzer) werden alle Fragen nach den Preisen beantwortet.
Die von Kaufmann aus Biberach, Jungingen, Langenau und anderen ostwürttembergischen Orten gesammelten Preise belegten das dramatische Ausmaß der Krise. Wenn bereits das Pfund Butter 36 Kreuzer oder der Simri Erbsen (22 Liter) über acht Gulden kostete, konnten sich die meisten Handwerker und Tagelöhner, die mit einem täglichen Verdienst von 15 bis 30 Kreuzern auskommen mußten, kaum noch das Lebensnotwendige leisten.
Kaufmann fertigte mehrere leicht voneinander abweichende Stücke an. Neben dem Bild aus Langenau sind auch noch zwei Exemplare in Aalen und Ellwangen bekannt.

Zwei Hungerbrötchen aus Ulm
1817
Ulmer Museum

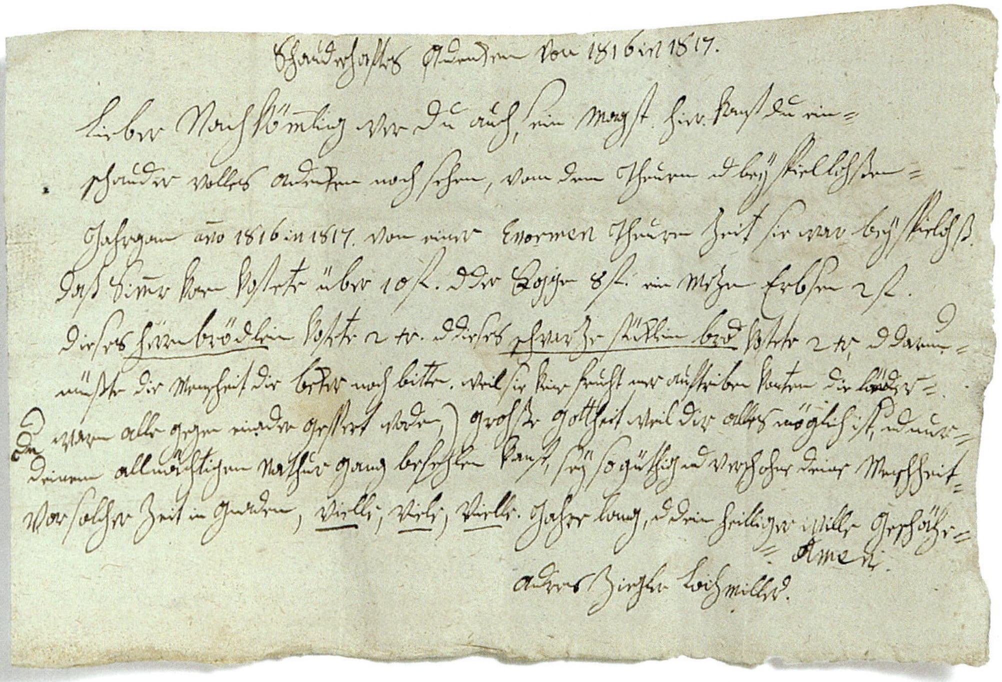

Zwei Hungerbrötchen aus Urach
1817
Familie Weisser, Glatten

Mit zwei armseligen Brötchen wollte der vermutlich aus Ulm stammende Andreas Ziegler der Nachwelt ein „schauderhaftes Andenken" an die Hungerkrise von 1816/17 überliefern. Das beigelegte Schreiben schilderte eindringlich das Elend:

„Lieber Nachkömmling wer du auch sein magst hier kanst du ein schauder volles Andenken noch sehen, von dem theuren und beyspiellohsen Jahrgan anno 1816 in 1817. von einer Enormen theuren Zeit sie war beyspiellohs daß Simmr Korn kostete über 10 fl (Gulden). Der Roggen 8 fl ein Metze Erbsen 2 fl. Dieses Herrnbrödlein kostete 2 kr (Kreuzer) und dieses schwarze Stücklein Brod kostete 2 kr, und darum müßte die Menschheit die Beker noch bitten. Weil sie keine Frucht mer auftreiben konnte die Bäker waren alle gegen einander gesperrt worden, grohse Gottheit weil dir alles möglich ist, und nur du deiner allmächtigen Natur ganz befehlen kanst, sey so gütlich und verschone deine Menschheit vor solcher Zeit in Gnaden, vielli, viele, vielle Jahre lang, und dein heilliger Wille geschöhe Amen."

Für Brötchen war nicht der Preis gestiegen, sondern das Gewicht immer geringer geworden. Die beiden Zwei-Kreuzer-Brötchen waren so ein anschaulicher Beweis des Mangels (Bayer 1966, S. 28–34).

Brot war das mit Abstand wichtigste Nahrungsmittel zu Beginn des 19. Jahrhunderts. Nicht zuletzt deswegen lag es nahe, vor allem Hungerbrote zur Erinnerung an die Krise von 1816/1817 aufzuheben.

Auch der Uracher Konditor Johann Adam Find bewahrte zwei kümmerliche Brötchen als denkwürdige Belege für den beispiellosen Hunger. Auf der Rückseite vermerkte er, daß im Juni 1817 der Scheffel Dinkel 42 Gulden kostete. Nach Finds Tod wurden die Brötchen sorgsam aufgehoben und von Generation zu Generation weitergegeben. Seine Witwe Julie vererbte sie ihrer Cousine Maria Fetzer nach Schwäbisch-Hall, von wo aus sie erst nach Tübingen und dann nach Glatten kamen.

Erinnerungsblätter an das Leben von Carl Ludwig Sand
Nürnberg 1820
Walter Sand, Bonn

Am 23. März 1819 erstach der in Jena Theologie studierende Burschenschaftler Carl Ludwig Sand den populären und erfolgreichen Schriftsteller August von Kotzebue in Mannheim. Sand hielt Kotzebue, der gute Kontakte zum russischen Zaren unterhalten und sich als offener Gegner der Burschenschaften bekannt hatte, für einen „Vaterlandsverräter". Seine Ermordung sollte das Nationalbewußtsein wecken und Zeichen zum Aufstand gegen den auf dem Wiener Kongreß 1815 gegründeten Deutschen Bund sein. Ein Selbstmordversuch Sands scheiterte, statt dessen wurde er am 20. Mai 1820 unter großer Anteilnahme der Bevölkerung enthauptet.
Während der österreichische Außenminister Metternich das Attentat sofort nutzte, um mit den Karlsbader Beschlüssen im August 1819 gegen die Burschenschaften und vor allem die Presse vorzugehen, verehrten besonders die Studenten Sand als Märtyrer. Mit zahlreichen Bildern und Liedern wurde seine Tat verherrlicht.
Auch die 1820 bei Campe und Eisen in Nürnberg erschienene Darstellung charakterisierte Sand als sympathischen Überzeugungstäter. Die von unterschiedlichen Künstlern angefertigten acht Blätter mit den wichtigsten Stationen der Tat boten keine authentische Wiedergabe des Geschehens, sondern schufen eine idealisierte Heldengeschichte. Mit Beschlagnahmungen versuchte die Polizei die Verbreitung zu verhindern. In dem vorliegenden Exemplar, das aus der Familie Sand stammt, fehlen die beiden Bilder, die Kotzebues Tod und das Todesurteil zeigen.

Haare von Carl Ludwig Sand
1820
Fichtelgebirgsmuseum
Wunsiedel

Holzsplitter vom Sarg
Carl Ludwig Sands
1820/1869
Walter Sand, Bonn

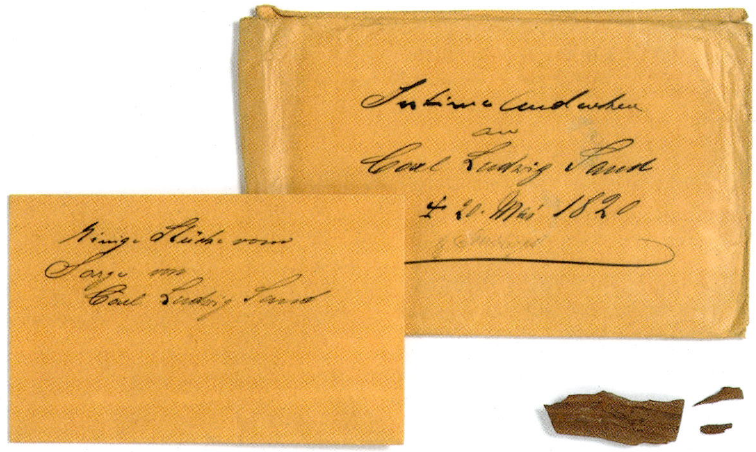

Bereits bei der Vorbereitung des Mordes an Kotzebue spielten die Haare von Carl Ludwig Sand eine wichtige Rolle. Unterwegs nach Mannheim ließ er sich von dem mit ihm gut befreundeten Karl Christian Sartorius die langen Haare kürzen, um nicht sofort als Burschenschaftler aufzufallen (Haupt 1934, S. 71).
Unmittelbar nach der Hinrichtung begann der Wettlauf um Erinnerungsstücke an Sand. Das Publikum stürmte die Bühne. Viele versuchten, Taschentücher in das Blut zu tauchen oder Teile des Schafotts zu erbeuten. Am Beliebtesten waren jedoch Locken des Hingerichteten. Angeblich machte Henker Wittmann sogar ein gutes Geschäft mit deren Verkauf (Röhrig 1993, S. 314). Von Sands Anhängern wurden sie wie kostbare Reliquien verehrt.
Die Haare stammen von einer Locke, die in Wunsiedel, dem Geburtsort von Sand, aufbewahrt wird.

Auf Antrag von Max Sand wurde am 16. November 1869 um 7 Uhr früh der Sarg seines Onkels Carl Ludwig Sand auf dem alten lutherischen Friedhof in Mannheim ausgegraben, damit er auf den städtischen Hauptfriedhof überführt werden konnte. Für die Kommission unter Leitung des Totengräbers Karcher gab es keine Zweifel an der Echtheit der vorgefundenen Leiche: „Die Todtenlade, ein schwerer eicherner Kasten, mit schweren Nägeln zugeschlagen, der tiefe Einschnitt des abgegleiteten Richtschwerts des Scharfrichters Wittmann, das beim zweiten Hieb in die linke Kniescheibe eindrang, waren noch deutlich zu erkennen“. (Abschrift einer Urkunde vom Friedhof Mannheim, 16. 11. 1869, Privatbesitz)
Vor seiner Überführung wurde der Leichnam in einen neuen eichernen Sarg umgebettet. Die Überreste des alten Sarges wurden zu begehrten Erinnerungsstücken. In einem Umschlag mit der Aufschrift „Intimes Andenken“ bewahrte auch Hermann Sand, ebenfalls ein Neffe von Carl Ludwig, mehrere Splitter auf.

„Verfassungs-Urkunde für das Großherzogthum Baden. Leseübung verschiedener Handschriften, für badische Schulen"
Karlsruhe 1831
Stadtarchiv Offenburg

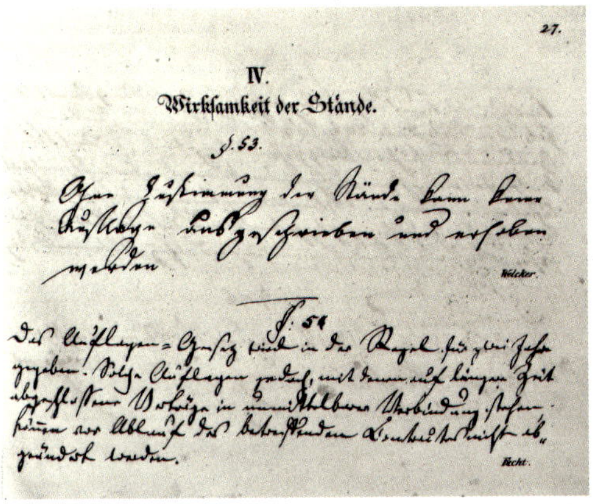
27.

IV.

Wirksamkeit der Stände.

§. 53.

§. 54

Der Landtag von 1831 wurde zum großen Triumph der badischen Zweiten Kammer. Ihre liberale Mehrheit beschloß mehrere wichtige Reformgesetze: den Beginn der Ablösung der Feudallasten (Verweis Beitrag Revolution), eine Gemeindeordnung mit einem fast demokratischen Wahlrecht und die Abschaffung der Vorzensur. Die Verfassung war die entscheidende Grundlage dieser Erfolge. Die gefeierten Abgeordneten nutzten deswegen ihre große Popularität, um den Verfassungstext noch stärker in der Bevölkerung zu verbreiten. Damit möglichst schon jedes Schulkind die Verfassung kannte, schrieben die 63 Mitglieder der Zweiten Kammer für ein Leseübungsheft alle 83 Artikel in ihrer Handschrift.

Die Hefte wurden nicht nur an die Schulen verteilt. Kurz nach seiner Rückkehr aus Karlsruhe widmete der Offenburger Abgeordnete Joseph Gläs dem ihm freundschaftlich verbundenen Kaufmann Alexander Reiff ein Exemplar.

Der Freiburger Professor Karl von Rotteck war der führende Vertreter der badischen Frühliberalen. Seine Veröffentlichungen hatten weit über Baden hinaus maßgeblichen Einfluß auf das verfassungspolitische Denken. Als bedingungsloser Verfechter der Verfassung kritisierte er schärfstens alle Versuche der Regierung, die garantierten Freiheitsrechte zu schwächen. Seinen heftigen Protest gegen die Einschränkung der Verfassung durch den Deutschen Bund beantwortete die Regierung 1832 mit einem mehrjährigen Publikationsverbot in der Presse und dem Entzug seines Lehrstuhls. Sein Bekenntnis zur Verfassung galt aber auch ausdrücklich deren Grenzen. Aus Angst vor der vermeintlich drohenden Herrschaft der Besitzlosen lehnte er jede Ausweitung des Wahlrechts auf die ärmeren Teile der Bevölkerung ab. Am deutlichsten widersprach Rotteck seinen eigenen Prinzipien in seinem Verhältnis zu den Juden. Nur wenn sie ihre angeblich staatsfremden religiösen Bräuche ablegen würden, wollte er ihnen die von der Verfassung verweigerte volle politische Gleichberechtigung zugestehen. Unter seinem Einfluß verwarf die Zweite Kammer 1831 und 1833 alle Anträge auf Emanzipation der Juden.

Die von dem Augsburger Johann Jakob Neuss 1832 entworfene Ehrenmedaille stellte Rottecks politisches Leitmotiv „Licht und Recht" in den Mittelpunkt. Die Medaille wurde in Gold, Silber oder Bronze geprägt (Leon 1841, S. 86).

Die Plakette erschien vermutlich erst nach dem Tode Rottecks.

Plakette mit einem Porträt von Karl von Rotteck
Um 1841
Augustinermuseum Freiburg

Silberne Ehrenmedaille für Karl von Rotteck
Johann Jakob Neuss
1832
Augustinermuseum Freiburg

„Auf Carl von Rotteck's Tod"
Johann Georg Wesselhoeft/
Gustav Blessner
Philadelphia 1841
Erika Hemmer, Freiburg

Karl von Rotteck war der mit Abstand populärste Politiker in Baden. Als Vorsitzender der Petitionskommission kümmerte er sich in der Kammer unmittelbar um die Sorgen und Nöte der Bevölkerung. Sein Name stand für die erfolgreichen Reformgesetze und ein unerschrockenes Auftreten gegenüber der Staatsgewalt. Auf dem Höhepunkt seines Ruhmes erhielt er zwischen 1831 und 1833 zwölf Ehrenpokale. Unzählige Gedichte feierten sein Wirken.
Auch bei den Auswanderern blieb Rotteck in bester Erinnerung. Nach seinem Tod am 26. November 1840 gab die deutsche Gemeinde in Philadelphia einen Trauermarsch bei dem in den USA später berühmten Komponisten Gustav Blessner in Auftrag. Den Text dichtete Johann Georg Wesselhoeft, Herausgeber der Zeitschrift „Die Alte und Neue Welt" und seit 1836 Sekretär der Deutschen Ansiedlungsgesellschaft in Philadelphia. Für seinen Bruder Robert, der wegen einer Mitgliedschaft in einer radikalen Burschenschaft in Jena für mehrere Jahre inhaftiert gewesen war, hatte sich Rotteck 1831 eingesetzt (von Treskow 1992, S. 287). Im Hochgefühl formulierte Wesselhoeft seine dankbare Verehrung: „So lang wir fühlen, denken / Bleib Er uns lieb und werth; / Ein Rotteck sei uns Führer, / Vernunft sei unser Schwert".
Das vorliegende Exemplar wurde der Familie Rotteck nach Freiburg gesandt.

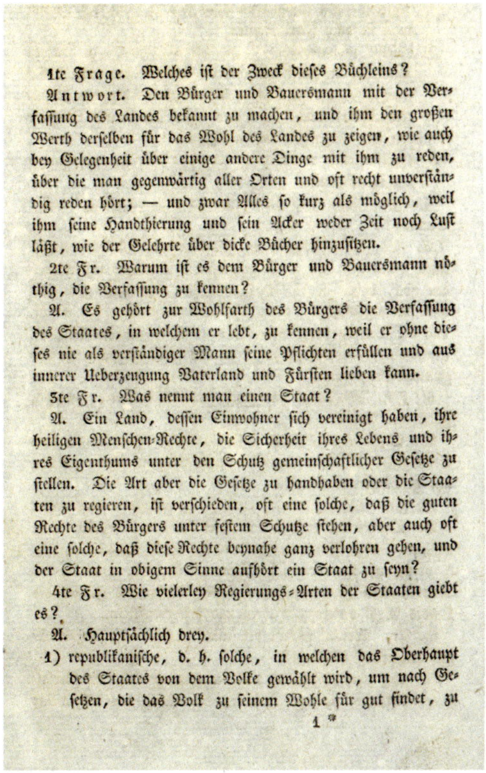

1te Frage. Welches ist der Zweck dieses Büchleins?

Antwort. Den Bürger und Bauersmann mit der Verfassung des Landes bekannt zu machen, und ihm den großen Werth derselben für das Wohl des Landes zu zeigen, wie auch bey Gelegenheit über einige andere Dinge mit ihm zu reden, über die man gegenwärtig aller Orten und oft recht unverständig reden hört; — und zwar Alles so kurz als möglich, weil ihm seine Handthierung und sein Acker weder Zeit noch Lust läßt, wie der Gelehrte über dicke Bücher hinzusitzen.

2te Fr. Warum ist es dem Bürger und Bauersmann nöthig, die Verfassung zu kennen?

A. Es gehört zur Wohlfarth des Bürgers die Verfassung des Staates, in welchem er lebt, zu kennen, weil er ohne dieses nie als verständiger Mann seine Pflichten erfüllen und aus innerer Ueberzeugung Vaterland und Fürsten lieben kann.

3te Fr. Was nemt man einen Staat?

A. Ein Land, dessen Einwohner sich vereinigt haben, ihre heiligen Menschen-Rechte, die Sicherheit ihres Lebens und ihres Eigenthums unter den Schutz gemeinschaftlicher Gesetze zu stellen. Die Art aber die Gesetze zu handhaben oder die Staaten zu regieren, ist verschieden, oft eine solche, daß die guten Rechte des Bürgers unter festem Schutze stehen, aber auch oft eine solche, daß diese Rechte beynahe ganz verlohren gehen, und der Staat in obigem Sinne aufhört ein Staat zu seyn?

4te Fr. Wie vielerley Regierungs-Arten der Staaten giebt es?

A. Hauptsächlich drey.

1) republikanische, d. h. solche, in welchen das Oberhaupt des Staates von dem Volke gewählt wird, um nach Gesetzen, die das Volk zu seinem Wohle für gut findet, zu

1 *

„Verfassungs-Catechismus für das württembergische Volk“
Esslingen 1831
Württembergische Landesbibliothek Stuttgart

Obwohl die Verfassung freie Wahlen versprochen hatte, beeinflußten in Württemberg die Beamten die Abstimmungen nach ihrem Belieben. Zusammen mit den örtlichen Honoratioren wurden die ‚richtigen‘ Kandidaten ausgesucht und danach mit Drohungen und Versprechen durchgesetzt. Erst 1831 gelang es den „Volksfreunden“, die Wahlen offen zu gestalten. In der Stuttgarter Zeitung „Hochwächter“ und in neuen Wahlvereinen konnten sie erstmals frei für ihre Kandidaten werben (Pütter 2001, S. 115–128).

Ein Mittel, der Verfassung und den anstehenden Wahlen mehr Aufmerksamkeit zu verschaffen, war eine von Johann Martin Seeger in Esslingen gedruckte und anonym herausgegebene Schrift, die in Form eines Katechismus vor allem den „Gewerbs- und Bauersmann“ über die Verfassung aufklären sollte. In 86 Fragen und Antworten wurde deren Geschichte und Bedeutung „so kurz als möglich“ dargestellt. Fast die Hälfte aller Fragen galt dem komplizierten indirekten Wahlrecht. Die Antworten gipfelten in dem Aufruf, nur solche Abgeordnete zu wählen, die „die Zeit verstehen, in der wir leben“ und auch über Württemberg hinaus denken würden.

Zu den namhaftesten Mitgliedern der württembergischen Zweiten Kammer zählte Albert Schott. Nachdem er sich bei den Verfassungsverhandlungen noch für das altwürttembergische Recht ausgesprochen hatte, wandelte er sich später zu einem entschiedenen Verteidiger der neuen Verfassung. Unter seiner Leitung protestierten am 30. April 1832 in Bad Boll 46 Abgeordnete mit einer aufsehenerregenden Erklärung gegen die Nichteinberufung des neugewählten Landtags durch König Wilhelm I. (Brandt 1987, S. 507–509). In den beiden Landtagen von 1833 verurteilte er in zwei umjubelten Reden die Zensur als klaren Verfassungsbruch.

Seine große Popularität verdankte Schott nicht zuletzt auch der Tätigkeit als Anwalt. Als Anerkennung für seinen erfolgreichen Einsatz in einem Rechtsstreit mit zwei Sigmaringer Bürgern um die Rechte an einem Wald schenkte ihm die badische Gemeinde Messkirch im Januar 1834 einen silbernen Ehrenpokal (Schwäbische Chronik, 30. 1. 1834).

Die auf dem Deckel zwischen den aufrecht stehenden Lorbeerkränzen dargestellte Waage sollte die Gerechtigkeit darstellen. Die für die Widmung gewählte Inschrift „Dem Freunde der Wahrheit und des Rechts“ bezog sich nicht nur auf die geleistete Hilfe, sondern auch auf die jüngsten Verdienste des liberalen Politikers in der Kammer.

Silberpokal aus Messkirch für Albert Schott
1833/34
Stadtarchiv Stuttgart

Silberpokal aus Geislingen für Friedrich Römer
1833
Familie Roemer, Esslingen

Silberpokal aus dem Bezirk Backnang für Friedrich Römer
1845
Familie Roemer, Esslingen

Bereits nach seiner ersten Wahl zum Abgeordneten sorgte Friedrich Römer 1833 in Stuttgart für Aufsehen. Seine Bemerkung, die Verfassung sei eine „Hundekomödie", wenn der Deutsche Bund diese in wichtigen Teilen außer Kraft setzen könne, mußte er sogar persönlich vor dem König rechtfertigen (Beilage der Allgemeinen Zeitung, 10.6.1864). Um seine Rückkehr in die im Frühjahr 1833 neugewählte Kammer zu verhindern, verweigerte die Regierung dem beamteten Kriegsrat den notwendigen Urlaub. Aber Römer entschied sich gegen die sichere Karriere im Staatsdienst und nahm als einfacher Anwalt das Abgeordnetenmandat an.
Seine Wähler aus dem Oberamt Geislingen bedankten sich bei Römer für diesen Mut mit einem Ehrenpokal. „Zum Zeichen der Anerkennung seiner volksthümlichen Bemühungen" überbrachte im Oktober 1833 eine Delegation das von dem Stuttgarter Silberschmied Georg Christian Friedrich Sick gefertigte Geschenk (Schwäbische Chronik, 23.10.1833).
Die Widmung sprach für die Bewunderung: „Dem gefeierten Kaempfer für bürgerliches Recht & Freiheit / Unserem wackeren Abgeordneten". In Anspielung auf seine Auseinandersetzung mit dem Staat zeigen die Szenen am Schaft den Kampf zwischen Herkules und der Hydra. Der Zusatz „Ein Gott ist´s der die Sonne lenket / Und unaufhaltsam ist ihr Lauf" sollte Römer Zuversicht für die noch kommenden Auseinandersetzungen geben.

Nach einer mehrjährigen Pause stellte sich Friedrich Römer 1844 in Geislingen wieder erfolgreich zur Wahl. Sein Wiedereintritt in die Kammer galt als Zeichen für das Ende der Resignation der Liberalen. Wortgewaltig führte er erneut die Angriffe der Opposition gegen die Eingriffe der Regierung in die von der Verfassung garantierten Rechte an.
Ohne nennenswerte Hilfe durch die unterdrückte Presse waren die liberalen Abgeordneten dringend auf den Rückhalt der Bevölkerung angewiesen. Der am 17. August 1845 von Murrhardter Bürgern im Namen des Bezirks Backnang im „Bürgermuseum" Stuttgart an Römer übergebene Pokal sollte diese Verbundenheit mit dem „muthvollen Vertheidiger der Volksrechte" unterstreichen. In einem von vielen Bürgern unterschriebenen Begleitschreiben wurde Römer für sein „rastloses, muthiges Streben nach Verwirklichung der uns durch die Verfassung zugesicherten Rechte" gedankt. Damit habe er „den Schlummernden wieder aufgerüttelt und den gesunkenen Glauben an die gute Sache neu befestigt."(Der Beobachter, 19.8.1845)

Auf dem Höhepunkt seiner Beliebtheit erhielt Friedrich Römer am 20. Februar 1847 seine wertvollste Auszeichnung: einen sieben Kilogramm schweren Eichenkranz aus Silber. Auf Anregung eines Komitees in Kirchheim war bereits zwei Jahre zuvor im ganzen Land ein größerer Betrag für Römer gesammelt worden. Wie das Geld verwandt werden sollte, war im September 1845 in Bad Cannstatt öffentlich diskutiert und beschlossen worden (Der Beobachter, 23.9.1845).

Der Kranz bediente sich bewußt königlicher Symbole, um den „Volksabgeordneten" Römer als „besten Bürger" (Karl Mayer) zu krönen. Die Römer zugeschriebenen Eigenschaften „gerecht", „beharrlich", „weise" und „stark" umrahmten die zentrale Initiale „R". Das um die Krone geschwungene Schriftband steigerte noch die Lobpreisung: „Dem Muthe der nicht zittert vor Gewalt / Der Gerechtigkeit die gleich wägt Freund und Feind / Der Tugend die nicht um Kronen buhlt / Der Treue die nicht wankt im Unglück".

Bei der Übergabe im Stuttgarter Bürgermuseum brachte der Esslinger Karl Mayer in seiner Festrede die mit dem Geschenk verbundene politische Botschaft der liberalen Opposition zum Ausdruck: „Hinter uns steht das Volk."(Der Beobachter, 23.2.1847) Auch der Geehrte betonte die große Bedeutung der wachsenden Unterstützung aus der Bevölkerung und widmete seinen Dank „Dem fortschreitenden Volk." (Der Beobachter, 24.2.1847)

Silberne Bürgerkrone für Friedrich Römer
1847
Familie Roemer, Esslingen

„Vaterländisches Gedenkbuch. Bildliche Darstellung des Festzugs der Württemberger“
Stuttgart 1843
Haus der Geschichte
Baden-Württemberg

Mit einem bis dahin einmaligen Festzug feierten die Württemberger am 28. September 1841 das 25jährige Regierungsjubiläum von König Wilhelm I. Mehr als 10.000 Teilnehmer zogen mit 23 Festwagen durch Stuttgart, bejubelt von fast 200.000 Besuchern. In zwölf Abteilungen präsentierte sich das ganze Land. Vertreter der wichtigsten politischen und gesellschaftlichen Institutionen, der Städte und der Vereine gehörten ebenso dazu wie Abordnungen der Landwirtschaft, der Gewerbe und des Handels.
Die Feier war weit mehr als eine bloße Huldigung gegenüber dem geachteten König. Der Festzug wurde zur großen Selbstdarstellung des Verfassungsstaates Württemberg und seiner Ordnung. Die Verfassungsurkunde von 1819 war neben der Monarchie das zweite Symbol, in dem Unter- und Oberland, Protestanten und Katholiken, arme und reiche Bürger zu einer Einheit zusammenfanden. Was nach innen eine Selbstvergewisserung war, sollte nach außen ein selbstbewußtes Zeichen der Stärke darstellen (Mann 1994, S. 39).

Zwei Jahre später erschien bei der Stuttgarter Hofkunsthandlung Autenrieth eine präzise und anschauliche Darstellung des Ereignisses. Die aufwendige Produktion der handkolorierten Lithographien verhinderte jedoch eine komplette Wiedergabe des Zuges. Die herausgegebenen neun Rollen zeigten auf einer Gesamtlänge von 25 Metern lediglich die ersten fünf Abteilungen und noch einen kleinen Teil der sechsten Abteilung. Da die Verfassungsurkunde erst in der zehnten Abteilung folgte, blieb sie unberücksichtigt. Dafür war aber die bereits in der vierten Abteilung mitgeführte Darstellung des 1818 erlassenen Ediktes zur Regelung der Gemeindeverwaltung enthalten. Ihr folgten die Vertreter der Stuttgarter Gemeindebehörden.

Kelch für Johannes Ronge
1845
Freireligiöse Landesgemeinde Pfalz

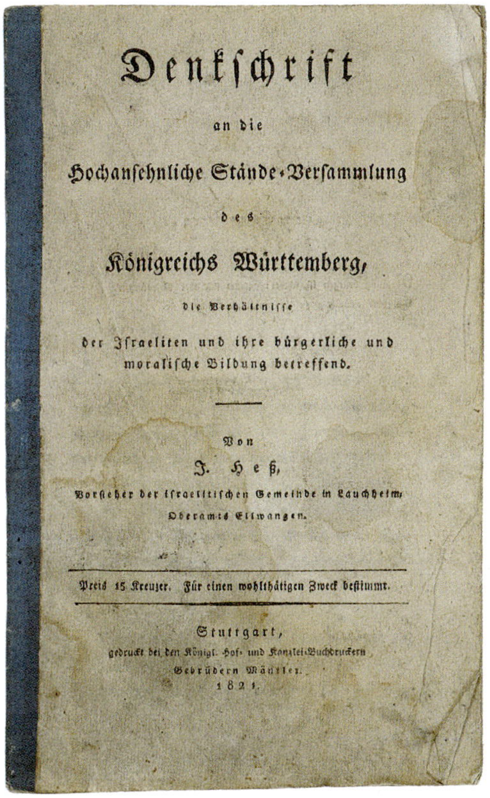
Denkschrift
an die
Hochansehnliche Stände-Versammlung
des
Königreichs Württemberg,
die Verhältnisse
der Israeliten und ihre bürgerliche und moralische Bildung betreffend.

Von
J. Heß,
Vorsteher der israelitischen Gemeinde in Lauchheim, Oberamts Ellwangen.

Preis 15 Kreuzer. Für einen wohlthätigen Zweck bestimmt.

Stuttgart,
gedruckt bei den Königl. Hof- und Kanzlei-Buchdruckern
Gebrüdern Mäntler.
1821.

Isaac Heß: „Denkschrift an die Hochansehnliche Stände-Versammlung des Königreichs Württemberg, die Verhältnisse der Israeliten und ihre bürgerliche und moralische Bildung betreffend"
Stuttgart 1821
Haus der Geschichte Baden-Württemberg

Für die knapp 10.000 württembergischen Juden hatte die Verfassung zunächst keine Verbesserung ihrer Lage gebracht. Sie blieben nicht nur von den politischen Rechten ausgeschlossen, sondern waren auch in ihrer Berufswahl und der Niederlassungsfreiheit stark eingeschränkt.
Besonders negativ wirkte sich die Ausgrenzung auf die Kinder und Jugendlichen aus, die weitgehend ohne schulische Bildung aufwuchsen. Der Vorstand der Lauchheimer Jüdischen Gemeinde, der Buchantiquar Isaac Heß, war einer der ersten, der aus der in der Verfassung versprochenen Religionsfreiheit Konsequenzen auch für die Juden ableitete. Im Januar 1821 bat er die Ständeversammlung, nicht länger eine bereits angekündigte Kommission zu verzögern, die Vorschläge „für die bürgerliche Besserung" der Juden erarbeiten sollte. Angesichts der starken Widerstände in der Bevölkerung verzichtete Heß von vornherein auf die Forderung nach völliger Emanzipation, sondern konzentrierte sich auf den Wunsch nach Abhilfe bei der desolaten Bildungslage: „Wir wollen leben, redlich leben, wir wollen unsere Jugend zu nützlichen Mitgliedern der staatsbürgerlichen Gesellschaft, und in dem ächten Sinn der mosaischen Religion erziehen."
Tatsächlich wurde 1823 die Schulpflicht auch für Juden eingeführt. Fünf Jahre später erhielten die bisherigen Schutzjuden wenigstens den Status württembergischer Untertanen. Sie blieben aber auch weiterhin vielfachen Einschränkungen unterworfen (Kaufmann 2000, S. 306).

Der Aufenthalt in Stuttgart war einer der Höhepunkte auf der Reise von Johannes Ronge durch Südwestdeutschland im Spätsommer 1845.
Der aus Schlesien stammende Prediger, der an der ersten Synodalversammlung der von ihm mitbegründeten Deutschkatholiken für West- und Süddeutschland teilnahm, wurde in der Stadt begeistert gefeiert. Ronges Bekenntnis zu Gottesdiensten in der Muttersprache, Beseitigung der Heiligenverehrung, zur Abschaffung des Zölibats und zu demokratisch verfaßten Gemeinden machten ihn für viele zu einem neuen Reformator. Allein zu seinem Abschied sammelten sich am Abend des 17. Septembers mehrere tausend Menschen vor seiner Unterkunft auf dem Dorotheenplatz, um ihm eine Nachtmusik darzubringen (Der Beobachter, 21.9.1845).
Von seinem Gastgeber Carl Mercy erhielt Ronge an diesem Tag ebenfalls ein Geschenk: Als Dank für die Taufe seines Sohnes Johannes überreichte ihm der Kaufmann einen Erinnerungskelch (Schwäbische Chronik, 18.9.1845). Der dadurch noch einmal bestätigte Übertritt zu den Deutschkatholiken bedeutete für den späteren Republikaner Mercy den Verlust seines Landtagswahlrechts, das die Verfassung allein den Mitgliedern der drei herkömmlichen christlichen Konfessionen vorbehalten hatte (Waibel 1992, S. 369–375).
Obwohl die Mitgliederzahlen der deutschkatholischen Gemeinden im Südwesten niedrig blieben, spielten die Deutschkatholiken eine erhebliche politische Rolle. Mehrere prominente Oppositionelle traten ihnen bei, weil sie sich eine neue Kirche erhofften, die nicht mehr im Bunde mit der Staatsgewalt, „sondern mit dem Vaterlande, mit dem Volk" stehen würde (Der Beobachter, 18.9.1845). Nicht zuletzt deshalb verweigerten die württembergische und die badische Regierung die Anerkennung.

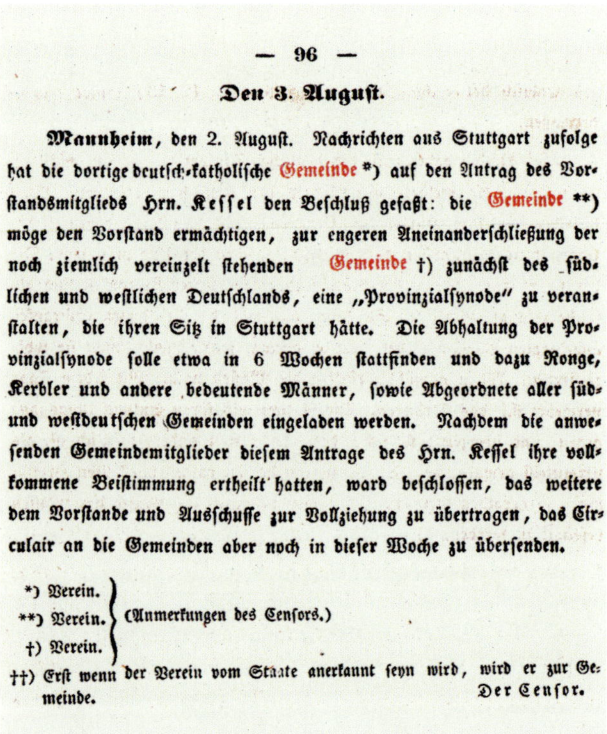

— 96 —

Den 3. August.

Mannheim, den 2. August. Nachrichten aus Stuttgart zufolge hat die dortige deutsch-katholische Gemeinde *) auf den Antrag des Vorstandsmitglieds Hrn. Kessel den Beschluß gefaßt: die Gemeinde **) möge den Vorstand ermächtigen, zur engeren Aneinanderschließung der noch ziemlich vereinzelt stehenden Gemeinde †) zunächst des süd- lichen und westlichen Deutschlands, eine „Provinzialsynode“ zu veranstalten, die ihren Sitz in Stuttgart hätte. Die Abhaltung der Provinzialsynode solle etwa in 6 Wochen stattfinden und dazu Ronge, Kerbler und andere bedeutende Männer, sowie Abgeordnete aller süd- und westdeutschen Gemeinden eingeladen werden. Nachdem die anwesenden Gemeindemitglieder diesem Antrage des Hrn. Kessel ihre vollkommene Beistimmung ertheilt hatten, ward beschlossen, das weitere dem Vorstande und Ausschusse zur Vollziehung zu übertragen, das Circulair an die Gemeinden aber noch in dieser Woche zu übersenden.

*) Verein.
**) Verein. } (Anmerkungen des Censors.)
†) Verein.
††) Erst wenn der Verein vom Staate anerkannt seyn wird, wird er zur Gemeinde.
Der Censor.

Gustav Struve: „Actenstücke der Censur des Großherzoglich Badischen Regierungs-Raths von Uria-Sarachaga“
Mannheim 1845
Württembergische Landesbibliothek, Stuttgart

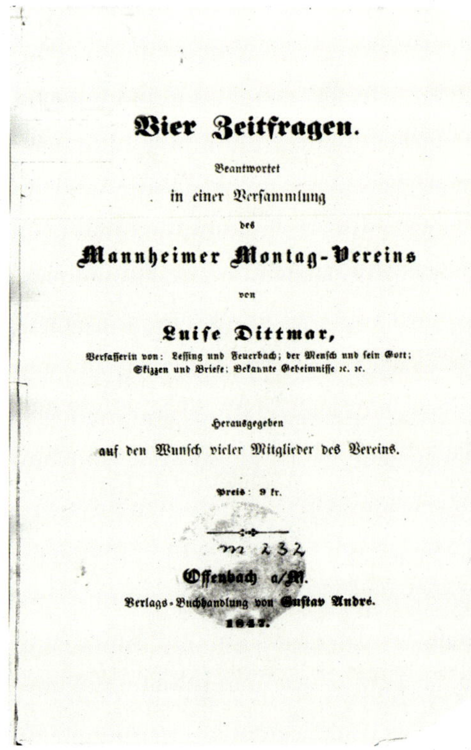

Vier Zeitfragen.

Beantwortet
in einer Versammlung
des
Mannheimer Montag-Vereins
von
Luise Dittmar,
Verfasserin von: Lessing und Feuerbach; der Mensch und sein Gott; Skizzen und Briefe; Bekannte Geheimnisse 2c. 2c.

Herausgegeben
auf den Wunsch vieler Mitglieder des Vereins.

Preis: 9 kr.

m 232

Offenbach a/M.
Verlags-Buchhandlung von Gustav André.
1847.

Mitte der 40er Jahre eskalierte in Mannheim die Auseinandersetzung um die Zensur. Auf die Schikanen des Zensors Uria-Sacharaga reagierte der Anwalt Gustav Struve, der seit dem 1. Juli 1845 Redakteur des entschieden oppositionellen „Mannheimer Journals“ war, mit offenem Widerstand. Allein in seinen ersten beiden Monaten als Redakteur führte Struve zehn Prozesse mit Uria-Sacharaga. Sein schärfstes Mittel gegen die Zensur fand Struve ausgerechnet in der Zensurverordnung. Zwar mußte jeder Zeitungsartikel am Drucktag bis 13 Uhr genehmigt werden, alle größeren Bücher durften jedoch ohne Vorzensur erscheinen. Ungehindert konnte Struve deswegen im September 1845 alle zensierten Artikel neben der Korrespondenz mit den Behörden in einem Sammelband veröffentlichen. Um die Eingriffe sofort sichtbar zu machen, ließ er die betroffenen Stellen rot drucken.
Die Markierung der gestrichenen Passagen dokumentierte die massive Unterdrückung durch die Zensur. Politisch unangenehme Berichte über politische Häftlinge, Wahlmanipulationen oder Auftritte von Oppositionellen fielen dem Zensor entweder komplett zum Opfer oder wurden weitgehend verstümmelt. Besonders häufig betroffen waren Meldungen über die Deutschkatholiken. Um deren politische Aufwertung zu verhindern, strich Uria-Sacharaga jede Verwendung des Begriffes „Gemeinde“.

Luise Dittmar: „Vier Zeitfragen. Beantwortet in einer Versammlung des Mannheimer Montag-Vereins“
Offenbach 1847
Stadtbibliothek Mainz

Zusammen mit dem freireligiösen Prediger Carl Scholl und seiner Frau Amalie gründete Gustav Struve im Februar 1847 den Mannheimer Montags-Verein. Neben dem Dialog zwischen Christen und Juden wollten die Mitglieder, die sich meist montags zu Vorträgen und Diskussionen trafen, vor allem die Gleichberechtigung der Frau fördern. Im Frühjahr 1847 gaben sie erstmals einer Frau die Möglichkeit, selbst zu dem Thema Stellung zu nehmen. Die Darmstädterin Luise Dittmar, die bis dahin ihre philosophischen Schriften nur anonym herausgegeben hatte, hielt einen so begeistert aufgenommenen Vortrag, daß dieser auch als Druckschrift veröffentlicht wurde (Klausmann 1989, S. 26–28) (Herzog 1996, S. 140–146).
Dittmar war sich der großen Bedeutung ihres Auftritts in der sonst ausschließlich von Männern beherrschten Öffentlichkeit nur zu bewußt: „Zum Erstenmal spricht eine Frau sich öffentlich über das aus, was sie unter Gewissensfreiheit versteht.“ Ihre Rede war nicht nur ein Protest gegen die Verfassungen, die den Frauen alle politischen Rechte vorenthalten hatten. Auch den Liberalen, die diese Bevormundung immer mit einer vermeintlich durch die Natur vorgebenen Ungleichheit begründet hatten, erteilte sie eine klare Absage: „Nicht eher wird die Menschheit einer harmonischen Fortentwicklung fähig werden (...), bis man allen Theilen der Gesellschaft das Recht gestattet, sich auszusprechen, bis man auf alle Forderungen hört, und alle gegen einander abwägt!“

„Bücher-Verzeichnis der Reutlinger Turngemeinde“
Reutlingen 1847
Staatsarchiv Ludwigsburg

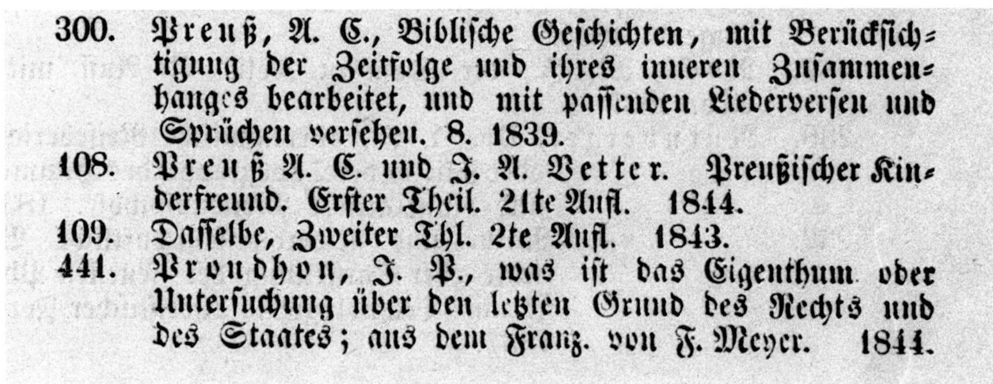
300. Preuß, A. E., Biblische Geschichten, mit Berücksichtigung der Zeitfolge und ihres inneren Zusammenhanges bearbeitet, und mit passenden Liederversen und Sprüchen versehen. 8. 1839.
108. Preuß A. E. und J. A. Vetter. Preußischer Kinderfreund. Erster Theil. 21te Aufl. 1844.
109. Dasselbe, Zweiter Thl. 2te Aufl. 1843.
441. Proudhon, J. P., was ist das Eigenthum oder Untersuchung über den letzten Grund des Rechts und des Staates; aus dem Franz. von F. Meyer. 1844.

Die Anfang 1847 in Reutlingen gegründete „Turngemeinde“ wollte sich neben ihren sportlichen Aktivitäten ausdrücklich auch der „geistigen Fortbildung“ widmen. Jeden Mittwochabend wurden deswegen Vorträge zu allgemeinen und nicht zuletzt politischen Themen gehalten. Zudem besaß der Verein eine mehrere hundert Bände umfassende Bibliothek. Nachdem die Turner im Mai einen Aufmarsch vor dem Haus eines der Spekulation verdächtigen Kaufmanns veranstaltet hatten, wurden die nach den Hungerunruhen in Tübingen, Stuttgart und Ulm aufgeschreckten Behörden mißtrauisch. In dem Bücherverzeichnis fanden sie Titel, die sie „für junge halbgebildete Leute nicht passend“ hielten (HStAS E 146/2 Bü 1846). Damit meinten sie vor allem das von Pierre Joseph Proudhon verfaßte und 1844 in Deutsch erschienene Werk „Was ist das Eigenthum?“, in dem die Rolle des Privateigentums sehr kritisch hinterfragt wurde.

Hinter den „jungen halbgebildeten Leute“ verbargen sich die politisch ausgeschlossenen Arbeiter und Handwerksgesellen. In den Turnvereinen fanden sie häufig eine Möglichkeit, sich zu organisieren. Das Bücherverzeichnis der Reutlinger Turngemeinde war ein Beleg dafür, daß sie sich dort auch mit sozialen Fragen beschäftigten. Sie selbst waren von der vor allem das Handwerk treffenden Wirtschaftskrise mit am stärksten in Mitleidenschaft gezogen worden.
Die Turngemeinde stand fortan im Verdacht der „Communisterei“. Die Behörden verstärkten die Aufsicht und nötigten den Redakteur Gustav Heerbrandt zurückzutreten.

Die Revolution und ihre Folgen 1848–1866

„Der Sturm, der in die Zeit gefahren ist“

Ludwig Uhland, 1848

Rainer Schimpf

Die Revolution und ihre Folgen 1848–1866

„Der Sturm, der in die Zeit gefahren ist, hat die politischen Zustände Deutschlands in ihrer ganzen unseligen Gestalt, Allen erkennbar, bloßgelegt." (Der Beobachter, 6.3.1848) Bereits am 2. März 1848 erkannte Ludwig Uhland die Bedeutung der gerade erst in Tübingen eingetroffenen Nachrichten von einer neuen Revolution in Paris. In seiner an die Stuttgarter Kammer gerichteten Petition benannte er das „Grundgebrechen", das nun umgehend beseitigt werden sollte: „Es fehlt die volksmäßige Grundlage, die freie Selbstthätigkeit des Volks, die Mitwirkung seiner Einsichten und Gesinnungen bei der Bestimmung seines staatlichen Lebens." Welche konkreten politischen Forderungen daraus abzuleiten waren, hatten zuvor schon am 27. Februar die Mannheimer Bürger als erste in Deutschland mit ihren danach fast überall unterstützten „vier Forderungen des Volkes" bekundet:
„1) Volksbewaffnung mit freien Wahlen der Offiziere. 2) Unbedingte Preßfreiheit. 3) Schwurgerichte nach dem Vorbilde Englands. 4) Sofortige Herstellung eines deutschen Parlamentes." (Mannheimer Abendzeitung, 29.2.1848)
Erstaunlich schnell hatten die „Märzforderungen" Erfolg. Der Druck von Massenpetitionen und einigen Ausschreitungen auf dem Land reichten aus, um die Monarchen, die sich jahrelang diesen Wünschen verweigert hatten, innerhalb von wenigen Tagen zum Einlenken zu bewegen.
Alle Regierungen, die zumindest teilweise erneuert wurden, versprachen grundsätzliche Reformen mit dem Ziel einer deutlich erweiterten Teilhabe der Bevölkerung. Zum entscheidenden Streitpunkt entwickelte sich jedoch bald die Frage nach dem Ausmaß dieser Schritte: Sollten sie noch im Rahmen der Verfassung bleiben, um die von den Liberalen gefürchtete Gefahr des sozialen Umsturzes zu bannen oder mußten die Monarchien im Sinne einer gerechten und umfassenden Beteiligung völlig demokratisiert oder gar ganz abgeschafft und durch die Republik ersetzt werden?
So unterschiedlich die Revolution in den vier südwestdeutschen Staaten auch verlief, gab es doch ein hohes Maß an Übereinstimmung. Auch ohne Blutvergießen und Umsturz der Throne begann ein fast alle Lebensbereiche berührender dramatischer Wandel der politischen Verhältnisse. Am tiefsten fiel der Einschnitt auf dem Land aus. Die Revolution zerriß endgültig das jahrhundertealte und längst überholte Herrschaftsverhältnis zwischen Adel und Bauern. Nach dem Scheitern halbherziger Reformversuche und unergiebigen langjährigen Prozessen brachte erst der März 1848 den entscheidenden Durchbruch. Unter dem Druck des einhelligen Protestes der Bauern des Odenwaldes und Südschwarzwaldes, Hohenlohes und Oberschwabens willigten die Grund- und Standesherren aus Angst vor einer weiteren Radikalisierung rasch in die Forderungen ein. Viele lästige Verpflichtungen der Bauern entfielen, alle Abgaben konnten abgelöst werden. Der Adel verzichtete auch auf seine politischen Sonderrechte und beseitigte so das größte noch bestehende Hindernis für eine einheitliche Staatsbürgergesellschaft. Im Gegensatz zu vielen anderen Erfolgen blieb die Bauernbefreiung auch nach der Revolution unangetastet. Die Entfeudalisierung ließ sich nicht mehr rückgängig machen, der kommenden Kapitalisierung der Landwirtschaft stand nichts

mehr im Wege. Wie der oberschwäbische Bauer Moriz Kolb voller Freude feststellte, konnte künftig jeder „nach seinem Belieben Schalten und Walten“.

In den Städten waren die Veränderungen zu allererst auf den Straßen und Plätzen zu beobachten. Politik hatte sich im Vormärz fast ausschließlich hinter verschlossenen Türen abgespielt, jetzt wurde sie öffentliches Ereignis. Hatten sich die Anführer der badischen Republikaner Friedrich Hecker und Gustav Struve am 12. September 1847 in Offenburg noch in einem Wirtshaus verstecken müssen, jubelten ihnen am 19. März 1848 rund 20.000 Menschen auf dem Offenburger Rathausplatz zu. Gleichgültig, ob in Wertheim, Gammertingen, Freiburg, Ravensburg oder Reutlingen, immer dann, wenn es darauf ankam, im März 1848, im September 1848 oder im Mai 1849, konnte die Revolution Tausende von Anhängern bei Volksversammlungen auf die Beine bringen. Die für Männer und Frauen, Bürger und Nicht-Bürger, Reiche und Arme gleichermaßen offenen Versammlungen gaben der Demokratisierung einen starken Schub. Hier konnte hautnah erlebt und eingeübt werden, was das ‚Volk‘ als Souverän bedeutete. Die Masse war zu einem nicht mehr zu vernachlässigenden Faktor geworden.

Die enorme Mobilisierung war wesentlich ein Ergebnis der von der Revolution ermöglichten Kommunikation. Die von der Zensur befreiten Zeitungen boten Informationen und eine Meinungsvielfalt wie nie zuvor. Die neuesten Meldungen, Geschichten oder Gerüchte aus den nationalen und europäischen Zentren verbreiteten sich bis in die abgelegenen Randgebiete und motivierten auch dort zu eigenem Handeln. Besonders die Flugblätter erlaubten die Teilhabe aller gesellschaftlichen Schichten am Informationsfluß. Kostenlos und schnell unterrichteten sie über die neuesten Entwicklungen. Aber Kommunikation beschränkte sich nicht nur auf den Gebrauch der Druckerpresse. Die Volksversammlungen etwa boten die beste Chance für ungehinderte Kommunikation. Im Gespräch mit anderen Teilnehmern, durch die Ansprachen, die massenweise verteilten Flugblätter, aber auch durch Fahnen, Abzeichen und Lieder fand ein Austausch an Ideen und Gedanken statt, der nach den langen Jahren des verordneten Schweigens ausgiebig genutzt wurde.

Eine andere Möglichkeit zur Information bestand in den überall entstehenden neuen Vereinen, in denen sich Demokraten, Liberale oder Konservative genauso wie Frauen, Arbeiter oder Handwerker zu organisieren suchten. Vaterländische Vereine und Volksvereine, in denen sich die Liberalen und Demokraten jeweils sammelten, überzogen mit einem auch die kleineren Gemeinden erfassenden Netz den Südwesten. Sie bildeten die Grundlage des neuen politischen Handelns. In ihnen wurden Diskussions- und Abstimmungsprozesse erlernt. Ohne sie wäre das koordinierte und schlagkräftige Führen von Wahlkämpfen oder Petitionskampagnen, wie zur Auflösung der badischen Kammer im Herbst 1848 oder zur Annahme der Reichsverfassung in Württemberg im Frühjahr 1849 nicht denkbar gewesen.

Eine besondere Stellung fiel den Turnvereinen zu. Nachdem sie bereits im Vormärz nicht selten als Ersatzorganisation der verbotenen politischen Vereine gedient hatten, übernahmen sie jetzt häufig eine Vorreiterrolle in der republikanischen Bewegung. Mit der deutschen Republik verband sich für sie nicht nur die von ‚Turnvater‘ Friedrich Ludwig Jahn vorgegebene nationale Zielsetzung, sondern auch die Hoffnung auf soziale Chancengleichheit. Die sich bei den Turnern engagierenden Handwerker, Arbeiter oder Studenten bewiesen, daß sie für dieses Ziel durchaus bereit waren, viel zu wagen. Mit ihrer körperlichen Ausbildung bestens geeignet für alle militärischen Aufgaben, zögerten sie nicht, voranzugehen, wenn es wie im Sigmaringer Septemberaufstand oder im Juni 1849 gefährlich wurde.

Die Bereitschaft der Turner, notfalls auch Gewalt einzusetzen, blieb bei der Gesamtbevölkerung dagegen eine Ausnahme. Gewaltsamen Protest hatte es zwar vor allem im März 1848 gegeben – weitverbreitete antijüdische Ausschreitungen, Verbrennen von Akten und Urkunden oder ‚Katzenmusiken‘ als Zeichen sozialen Protestes –, aber dies änderte nichts an der überwältigenden Ablehnung der Gewalt als politisches Mittel. Nach wie vor wirkte die tief sitzende Erinnerung an die Exzesse der Französischen Revolution von 1789 abschreckend. Hinzu kam, daß die meisten Menschen sich keineswegs als Entrechtete verstanden, die nichts zu verlieren hatten.

Bei allen Mängeln und Einschränkungen hatte es schon vor dem März 1848 in Württemberg, Baden und Hohenzollern ein für Deutschland vergleichsweise hohes Maß an politischer Beteiligung gegeben. Die schnellen Erfolge im März schienen eine Strategie zu bestätigen, die daran anknüpfen wollte und auf politischem Wege die Demokratisierung für erreichbar hielt. Das frühzeitige Scheitern der Aufstandsversuche von Friedrich Hecker im April 1848 sowie von Gustav Struve und Gottlieb Rau im September 1848, die allesamt die Gewaltbereitschaft völlig falsch eingeschätzt hatten, führte dies auch den Radikalen schmerzlich vor Augen. Ohne breite Unterstützung in der Bevölkerung und professionelle Ausrüstung nützte auch der größte persönliche Mut nichts. Wie Georg und Emma Herwegh bei Dossenbach bitter erfahren mußten, konnte ein hauptsächlich mit Sensen bewaffneter Freischarenzug gegen Soldaten nur als blutiges Abenteuer enden.

Um so wirksamer blieben dagegen zunächst weiterhin die politischen Mittel. Als sich im Frühjahr 1849 die Entscheidung über die Revolution anbahnte, konnten die württembergischen Demokraten damit sogar einen in Deutschland einzigartigen Erfolg feiern. Allein mit der Mobilisierung der Bevölkerung durch Unterschriften und Kundgebungen gelang es ihnen, so viel Druck auszuüben, daß König Wilhelm I. am 25. April zur Annahme der von der Nationalversammlung ausgearbeiteten Reichsverfassung bewegt werden konnte. Aber lange konnten sie sich darüber nicht freuen. Die drei Tage später ausgesprochene endgültige Ablehnung der Reichsverfassung durch den preußischen König Friedrich Wilhelm IV. ließ die Situation eskalieren. Anfang Mai brachen Aufstände in der Pfalz und in Sachsen aus. Nachdem am 4. Mai die Nationalversammlung zur Durchsetzung der Reichsverfassung aufgerufen und tags darauf die preußische Armee den Aufstand in Dresden niedergeschlagen hatte, zeichnete sich endgültig eine gewaltsame Auseinandersetzung ab.

Zum entscheidenden Schauplatz wurde Baden. Trotz der Fehlschläge von Hecker und Struve waren dort die Republikaner nach wie vor stark genug, um die Zuspitzung zu ihren Gunsten nutzen zu können. Nach einer weiteren großen Volksversammlung in Offenburg und einer Militärmeuterei sahen sie sich am Ziel: Am Abend des 13. Mai ergriff der Großherzog die Flucht. Damit erreichte die Revolution im Südwesten eine neue Qualität. Erstmals übernahmen die Revolutionäre direkt die Macht. Auch ohne offizielle Ausrufung der Republik begann zunächst der Landesausschuß der Volksvereine und dann ab Juni eine neugebildete „provisorische Regierung“ mit einer grundlegenden Umgestaltung des Staates. Eingesetzte Zivilkommissäre versuchten vor Ort der Autorität der neuen Machthaber Geltung zu verschaffen. Trotz der angespannten Lage wählten alle männlichen Badener ab 21 Jahren am 3. Juni sogar zum ersten Mal mit einem demokratischen Wahlrecht eine verfassunggebende Versammlung.

Doch jetzt rächte sich die mangelnde Wehrhaftigkeit der Revolution im Südwesten. Gegen die vom Großherzog zu Hilfe gerufenen Preußen reichte die in aller Eile betriebene Ausrüstung und Organisation der eigenen Kräfte nicht aus. Als am 15. Juni die preußische Offensive gegen Baden begann, schlugen sich die Bürgerwehren, die das Rückgrat der neuen „Volkswehr“ bilden sollten, zwar zunächst äußerst tapfer, aber für einen bedingungslosen Krieg waren sie nicht geeignet. Schnell geriet die Revolutionsarmee gegenüber der preußischen Armee und den Bundestruppen in die Defensive. Nach knapp vier Wochen Kampf rettete sich der größte Teil der Revolutionäre am 10. Juli in die Schweiz. Allein die Festung Rastatt hielt noch stand, am 23. Juli mußte auch sie bedingungslos kapitulieren.

Einen kompromißlosen Kampf bis zuletzt hatte die mehrere hundert Mann umfassende „Schwäbische Legion“ geführt, die aus Württemberg zur Unterstützung der Badener gekommen war. Aber auch in diesem entscheidenden Augenblick fürchtete die große Mehrheit der Württemberger den Einsatz von Gewalt. Die von Friedrich Römer geführte württembergische Regierung widersetzte sich dem politischen Druck der Demokraten und verweigerte nicht nur jede aktive Hilfe, sondern tat mit der gewaltsamen Auflösung der nach Stuttgart umgezogenen Nationalversammlung am 18. Juni und sogar einem Truppeneinsatz bei Gernsbach gegen die Revolutionsarmee alles, um das eigene Land vor dem Schicksal Badens zu bewahren.

Tatsächlich konnte Württemberg dadurch das Schlimmste für sich vermeiden. Im Königreich zog keine Besatzungsmacht ein, und der politische Prozeß der Demokratisierung schien sogar noch fortsetzbar zu sein. Die Demokraten erzielten bei den Wahlen zu der verfassungsrevidierenden Versammlung im August 1849 und bei Gemeindewahlen überragende Erfolge. Die Reformgesetze blieben im wesentlichen erhalten. Mehrere führende Demokraten, denen ein Umsturzversuch nachgewiesen werden sollte, wurden im Februar 1852 sogar von einem Geschworenengericht freigesprochen. Aber diese Erfolge konnten nicht darüber hinwegtäuschen, daß sich auch in Württemberg das Scheitern der Revolution deutlich bemerkbar machte. Die drei gewählten verfassungsrevidierenden Versammlungen wurden ergebnislos aufgelöst, die Volksvereine wurden verboten, und die Presse mußte erneut gegen die Schikanen der Behörden kämpfen. Zusammen mit der krisenhaften Entwicklung der Wirtschaft verbreitete sich das Gefühl einer wachsenden Aussichtslosigkeit. Für viele schien in dieser Situation die Auswanderung der letzte Ausweg zu sein.

Im Vergleich zu Württemberg fiel die Bilanz der Revolution in Baden weit ernüchternder aus. Der Krieg hatte ca. 500 Menschen das Leben gekostet und noch einmal 2.000 Verwundete zurückgelassen. Unerbittlich versuchte die Justiz die Revolution zu ahnden. Neben den von Standgerichten verhängten Todesurteilen und hohen Zuchthausstrafen wurden fast 4.000 Hochverratsverfahren geführt. Etwa 11.000 Menschen entzogen sich der drohenden Verfolgung durch Flucht. Einquartierungen von Besatzungssoldaten, Entlassungen aus dem Staatsdienst oder finanzielle Strafen betrafen eine unübersehbare Anzahl von Menschen (von Hippel 1998, S. 380–390). Für viele Familien war die Revolution zu einer traumatischen Erfahrung geworden, die auf Jahre hinaus das Leben bestimmen sollte, unabhängig davon, ob die Erinnerung an die Revolution verdrängt oder weiterhin wachgehalten wurde.

Nicht weniger schwerwiegend war das Ergebnis der Revolution für die beiden Fürstentümer Hohenzollern. Die Bevölkerung mußte ohnmächtig mitansehen, wie sie unter klarer Mißachtung der Verfassungen von ihren Fürsten unter die Herrschaft des preußischen Königshauses gestellt wurde. Der von Friedrich Wilhelm IV. sofort in Angriff genommene Wiederaufbau der Burg Hohenzollern wurde zu dem weit über Hechingen hinausragenden Symbol des preußischen Triumphes: Preußen war auch im Südwesten zur bestimmenden Macht geworden.

Die Härte der Niederlage der Revolution wurde erst durch eine neue Reformpolitik zu Beginn der 60er Jahre abgemildert. Was in Württemberg vorsichtiger ausfiel, wurde in Baden zum Versuch, einen endgültigen Schlußstrich unter die Revolution zu ziehen: Eine Amnestie ermöglichte vielen 48ern endlich die Heimkehr. Gleichzeitig setzten die Liberalen das durch, was aus ihrer Sicht bereits für 1848 eigentlich ausgereicht hätte : Gewerbefreiheit, Emanzipation der Juden sowie Justiz- und Verwaltungsreformen.

Daß es noch ein Erbe von 1848 gab, wurde auf der anderen Seite des Atlantiks deutlich. Auf den Schlachtfeldern des amerikanischen Bürgerkriegs kämpften viele der ehemaligen südwestdeutschen Revolutionäre gemeinsam unter der alten Parole „Freiheit-Gleichheit-Bruderliebe“ für ihr ‚1848‘.

Steine von dem zerstörten Kanzleigebäude von Schloß Haltenbergstetten
1848
SD Johannes Prinz zu Hohenlohe-Jagstberg, Niederstetten

Trotz der Mediatisierung hatte der Adel in Württemberg und Baden seine starke Stellung weitgehend erhalten können. Die Grund- und Standesherren waren nicht nur immer noch Eigentümer des Grund und Bodens, sondern auch Inhaber von Polizeigewalt und anderen hoheitlichen Befugnissen. Für die Bauern bedeutete dies eine starke Abhängigkeit vom Willen der Fürsten und eine doppelte finanzielle Belastung: Neben den Steuern an den Staat mußten sie auch noch mehrere Abgaben an die fürstliche Herrschaft entrichten.
Die angestaute Wut über diese Zustände entlud sich unmittelbar nach den ersten Meldungen über die Revolution in Paris. Mit den Rufen „Vivat Napoleon! Nieder mit den Fürsten! Nieder mit Hohenlohe! Die Freyheit soll leben!“ zogen am Abend des 5. März 1848 15 bis 20 Männer vor das Schloß Haltenbergstetten bei Niederstetten (StAL: E 341, Bü 262). Ihr Ziel war das Kanzleiamtsgebäude, wo die Akten und Urkunden der fürstlichen Herrschaft aufbewahrt wurden. Gewaltsam brachen sie die Tür auf, drangen in das Gebäude ein und legten Feuer. Da die Löscharbeiten nur widerwillig geleistet und auch noch behindert wurden, brannte die Kanzlei bis auf die Grundmauern ab. Die beiden Steine stammen vermutlich aus der Ruine.
Die Meldung von dem Angriff auf Schloß Haltenbergstetten wirkte wie ein Schock. Vor allem im Odenwald folgten die Bauern dem Beispiel aus Hohenlohe. Beobachter wähnten sich „in die Zeit des Bauernkriegs“ zurückversetzt (Schwäbische Chronik, 9.3.1848). Die württembergischen Standesherren reagierten prompt: Am 11. März erklärten sie ihr Einverständnis, eine Ablösung zu vereinbaren.

Unmittelbar nach dem Brand begann der aus Gerabronn herbeigeeilte Oberamtmann Hoyer mit der Untersuchung der Vorfälle. Um sich einen besseren Überblick vom Tatort verschaffen zu können, ließ er bei dem Niederstettener Architekten Kraus einen Lageplan erstellen.
Die Skizze zeigte, daß der fürstliche Hofjäger Anton Seyfried von seiner unmittelbar an die Kanzlei angrenzenden Wohnung den besten Blick auf die Ereignisse gehabt hatte. Durchaus glaubhaft versicherte er, daß die Gruppe der Aufrührer weit kleiner gewesen war als die in der Presse genannte Zahl von mehreren hundert Bauern. Trotz des Feuerscheins konnte oder wollte der Jäger jedoch keinen der Täter erkannt haben.
Seyfried berichtete dem Oberamtmann auch von einem einige Stunden früheren, weit kleineren Feuer auf dem Strohdach der Eisgrube. Wie sich im Lauf der Verhöre herausstellte, sollte damit der Domänenkanzleidirektor Geßler herausgelockt werden. Als dieser jedoch nicht gekommen war, hatte die Gruppe erst einmal kehrt gemacht und war zu seinem Haus in der Hauptstraße nach Niederstetten hinuntergezogen. Bei drei Angriffen wurden dort alle Fenster eingeworfen und die Türen zerstört. Nach Geßlers eigener Aussage konnte er sich nur noch durch einen Sprung aus einem der hinteren Fenster retten.

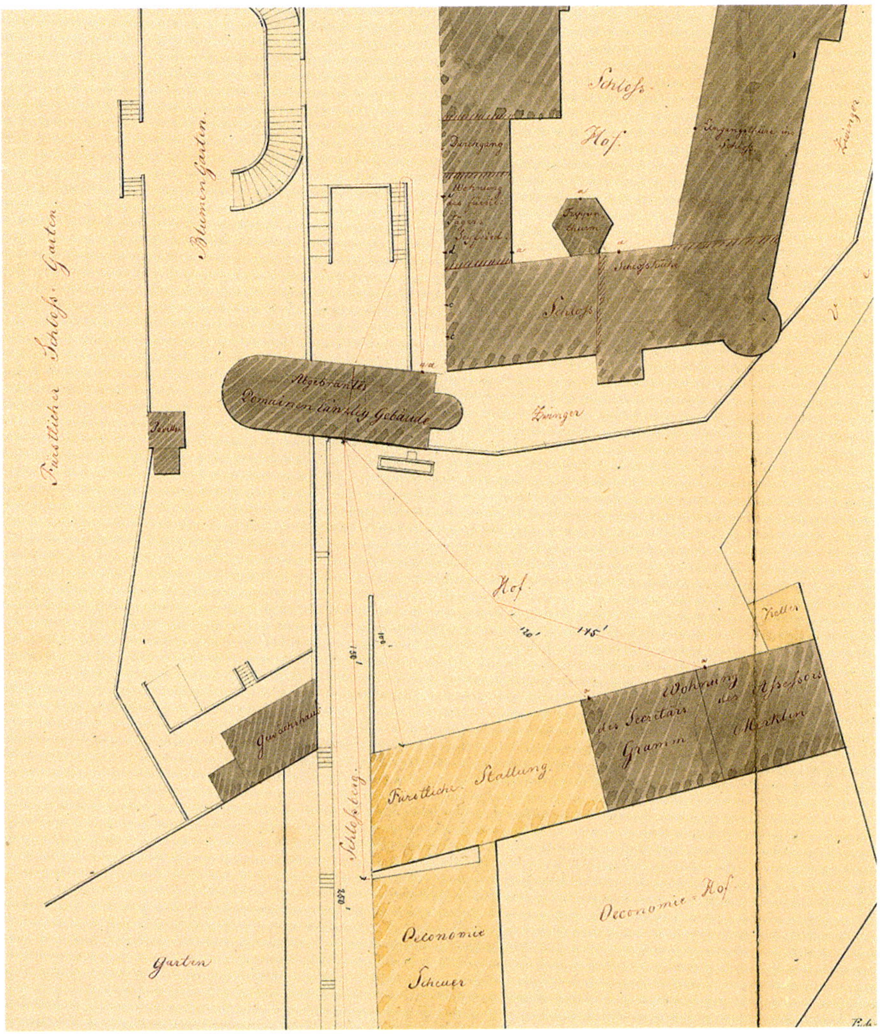

Plan von Schloß Haltenbergstetten
1848
Staatsarchiv Ludwigsburg

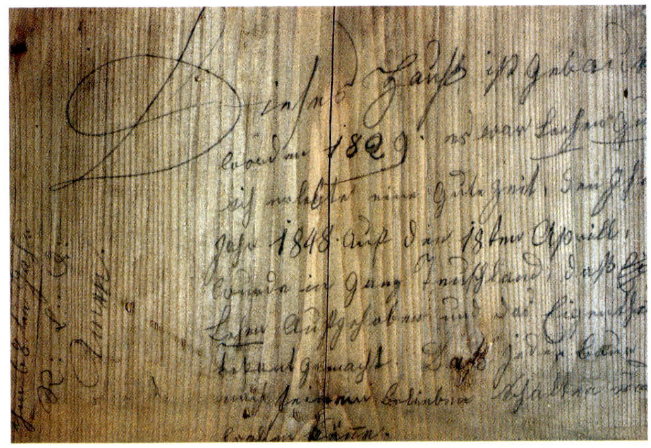

Brett aus der Vertäfelung von Moriz Kolb
1848
Heimatverein Ratzenried e.V.

Um die Bauern möglichst schnell zu beruhigen, begann die neue Regierung von Friedrich Römer noch im März mit der Beseitigung der Feudallasten für Württemberg. Bereits am 14. April 1848 unterzeichnete König Wilhelm I. ein Gesetz „zur Beseitigung der auf dem Grund und Boden ruhenden Lasten".
Zu den Nutznießern des Gesetzes zählten vor allem wohlhabendere Bauern wie Moriz Kolb aus Reute bei Ratzenried im Allgäu. Seinen 80 Morgen großen Hof hatte er bisher nur als Lehen des Grafen von Beroldingen bewirtschaften können. Mit Hilfe des Gesetzes bekam er die Möglichkeit, den Besitz endlich in sein volles Eigentum umwandeln zu können.
Auf der Rückseite der Bretter seiner Wohnzimmervertäfelung hielt Kolb das historische Ereignis fest: „Dieses Hauß ist gebaut worden 1829: es war Lehengut / ich erlebte eine gute Zeit, den Ihm Jahr 1848 auf den 18ten Aprill, wurde in ganz Teuschland, daß Lehen Aufgehoben und das Eigentum bekannt gemacht. Daß jeder Baur nach seinem belieben Schalten und Walten könne."
Auch die vergleichsweise guten Zahlungskonditionen notierte Kolb. Verteilt über 25 Jahre hatte er ein festgesetztes Ablösungskapital von 778 Gulden zu begleichen.

„Hauptmann Lipp im Gefecht bei Dossenbach"
Franz Seraph Stirnbrand (1788–1882)
Öl auf Leinwand, 1851
Staatliche Schlösser und Gärten Baden-Württemberg, Oberfinanzdirektion Stuttgart, Landesvermögens- und Bauverwaltung

Unter der Leitung des Stuttgarter Dichters Georg Herwegh sammelten sich Ende März 1848 rund 800 Exilanten in der „Deutschen Demokratischen Legion". Von Straßburg aus wollte die Legion aktiv in den von Friedrich Hecker am 12. April in Konstanz ausgerufenen Kampf um die Republik eingreifen. Als die Legion am 24. April endlich den Rhein überquert hatte, war jedoch Heckers Freischarenzug bereits geschlagen. Kurz vor der rettenden Schweizer Grenze wurden die flüchtenden Legionäre am frühen Morgen des 27. April von württembergischer Infanterie bei Dossenbach eingeholt. Gegen die Soldaten hatten die erschöpften Revolutionäre keine Chance. 30 Mann starben, 373 Mann kamen in Gefangenschaft, der Rest, unter ihnen Georg und Emma Herwegh, konnte entkommen (Müller 1999, S. 81–83). Drei Jahre später betraute König Wilhelm I. den Hofmaler Franz Stirnbrand mit einer Darstellung des Gefechtes. Ganz im Sinne seines Auftraggebers glorifizierte Stirnbrand den württembergischen Hauptmann Fritz Lipp als Helden. Als Motiv wählte er den entscheidenden Zweikampf Lipps mit dem Anführer der Freischärler, Reinhard Schimmelpfennig. Während der tödlich getroffene Schimmelpfennig niedersinkt, kämpft der ihm allein entgegen getretene Lipp trotz einer Verwundung an der rechten Hand tapfer gegen eine ganze Gruppe von Feinden weiter. Der Sieg ist dadurch gesichert, die von überall herankommenden Württemberger drängen den Gegner endgültig zurück.

Kampfsensen aus dem Gefecht von Dossenbach
1848
Walter Köpfer, Dossenbach
Irmgard Klemm, Dossenbach
Edi Meyer, Dossenbach

Gewehr eines Freischärlers von Dossenbach
1842
Walter Köpfer, Dossenbach

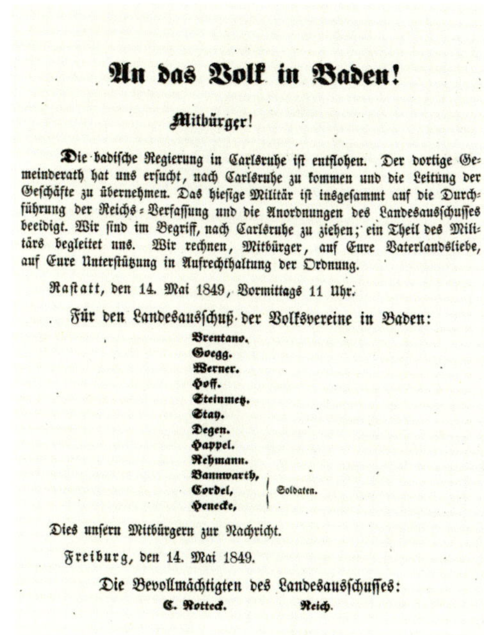

An das Volk in Baden!

Mitbürger!

Die badische Regierung in Carlsruhe ist entflohen. Der dortige Gemeinderath hat uns ersucht, nach Carlsruhe zu kommen und die Leitung der Geschäfte zu übernehmen. Das hiesige Militär ist insgesammt auf die Durchführung der Reichs-Verfassung und die Anordnungen des Landesausschusses beeidigt. Wir sind im Begriff, nach Carlsruhe zu ziehen; ein Theil des Militärs begleitet uns. Wir rechnen, Mitbürger, auf Eure Vaterlandsliebe, auf Eure Unterstützung in Aufrechthaltung der Ordnung.

Rastatt, den 14. Mai 1849, Vormittags 11 Uhr.

Für den Landesausschuß der Volksvereine in Baden:

Brentano.
Goegg.
Werner.
Hoff.
Steinmetz.
Stay.
Degen.
Happel.
Rehmann.
Bannwarth, Soldaten.
Cordel,
Henecke,

Dies unsern Mitbürgern zur Nachricht.

Freiburg, den 14. Mai 1849.

Die Bevollmächtigten des Landesausschusses:

C. Rotteck. Reich.

Flugblattsammlung von Cajetan Jäger (Faksimile)
1848/49
Stadtarchiv Freiburg

Die Freischärler der „Deutschen Demokratischen Legion" waren mit ihrer Bewaffnung den württembergischen Truppen hoffnungslos unterlegen. Viele Legionäre verfügten lediglich über Sensen, die entweder umgeschmiedet worden waren oder angenietete gerade Laschen hatten. Dennoch blieben die „Sensenmänner" nicht ohne Wirkung. Voller Hochachtung schilderte Emma Herwegh den von ihr beobachteten entschlossenen Kampf: „Die Sensenmänner, angeführt von Richard Schimmelpfennig, einem wackeren jungen Offizier, gingen zuerst in`s Feuer und schlugen sich mit beispiellosem Mut. Beim Anblick der Sensen wichen die württembergischen Söldlinge entsetzt zurück." (Herwegh 1849, S. 46)
Nahe des ehemaligen Kampfplatzes wurden in einigen alten Dossenbacher Häusern und Scheunen in den letzten Jahren mehrere der alten Sensen wiedergefunden.

Neben ihren Sensen besaßen die Legionäre nur wenige Gewehre. Vor einigen Jahren fand Walter Köpfer in seinem Dossenbacher Haus noch einen alten Vorderlader, der wahrscheinlich nach dem Kampf zurückgelassen worden war. Die Kennzeichnung „M. N. de Mutzig" verweist auf eine Herkunft aus dem Elsaß, wo sich die Freischärler gesammelt und ausgerüstet hatten. Im Gewehr befanden sich auch noch einige Bleikugeln.

Der Kampf um die öffentliche Meinung war wesentlicher Bestandteil der Revolution. Neben den Zeitungen dienten die Flugblätter den verschiedenen politischen Gruppen als wichtigstes Mittel zur Beeinflussung. Einfach und billig herstellbar, boten sie die ideale Möglichkeit, die informationshungrige Bevölkerung sofort über die neuesten Entwicklungen zu unterrichten. Für die Revolutionäre besaßen sie zudem den unschätzbaren Vorteil, daß sie im Gegensatz zu den Zeitungen von den Behörden kaum kontrolliert werden konnten.
Cajetan Jäger sammelte über 400 Flugblätter und Extrablätter, die er 1848 und 1849 in Freiburg bekommen konnte. Seine Sammlung umfaßte sowohl revolutionäre als auch gegenrevolutionäre Stellungnahmen. Die Beschlüsse der Volksversammlungen, die Aufrufe der demokratischen Volksvereine sowie die Meldungen über den Stand der verschiedenen militärischen Kämpfe gehörten ebenso dazu wie die Bekanntmachungen der preußischen Besatzungsmacht über die erfolgten Verurteilungen der Revolutionäre. Die Sammlung endet mit einer Stubenordnung für die preußischen Soldaten vom 1. Januar 1850.

Fahne des Öhringer Männerturnvereins
1848
Turn- und Sportgemeinde Öhringen 1848 e.V.

Fahne der Sigmaringer Turngemeinde
1848
Turnerbund 1848 e.V. Sigmaringen

Zu den 32 neuen württembergischen Turnvereinen im Jahr 1848 zählte der Männerturnverein Öhringen, dessen Stiftungsurkunde am 1. Mai 1848 von 22 Männern unterzeichnet wurde. Wie die meisten anderen Turnvereine wollte sich auch der Öhringer Verein nicht allein mit der körperlichen Ertüchtigung begnügen (Haug 1998, S. 151).

Die von jungen Öhringer Frauen gestiftete Vereinsfahne brachte die enge Verknüpfung von Turnen und Politik deutlich zum Ausdruck. Die Mitglieder genehmigten am 27. Mai 1848 eine von Vereinssprecher Ernst Wirth vorgelegte Zeichnung, „nach welcher auf die eine Seite der Fahne der deutsche Reichsadler und das Oehringer Stadtwappen, auf die andere ein von einem Eichenlaubkranz umschlossener Turnerhut und der Wahlspruch ‚Frisch, fromm, fröhlich, frei' eingestickt" werden sollte (Kreisarchiv Neuenstein, Verhandlungsprotokoll 1848). Was harmlos klang, war nichts anderes als ein klares Bekenntnis zur Republik. Als am 22. Oktober 1848 die Fahne geweiht wurde, erkannte jeder in dem „Turnerhut" den „Heckerhut" – das Symbol der südwestdeutschen Republikaner.

Zur Bekräftigung seiner politischen Ziele trat der Verein im Februar 1849 dem Demokratischen Turnerbund und dem Märzverein bei. Mindestens zwei Mitglieder, Turnwart Gottfried Rausenberger und Albert Schlegel, scheuten auch nicht vor hohem persönlichen Einsatz zurück: Im Juni 1849 schlossen sie sich den radikalen Hanauer und Heilbronner Turnerwehren an und kämpften in Baden für die Revolution (Raab 1998).

Auch die Sigmaringer Turner waren eng mit den Demokraten verbunden. Die Satzung der am 6. Juli 1848 gegründeten Turngemeinde nannte ausdrücklich das Ziel, „einen wackeren, deutschen, demokratischen Sinn" zu erstreben (Kuhn-Rehfus 1988, S. 41). Für die mit dem Turner- und Stadtwappen geschmückte Vereinsfahne entschieden sich die Turner sogar für das Rot der Republikaner.

Die Fahnenweihe am 17. September 1848 wurde zu einem Volksfest, „an dem sich die größtentheils ganz demokratische Bevölkerung der Stadt und der Umgegend zahlreich betheiligte." Feierlicher Höhepunkt war die Übergabe der Fahne durch die Sigmaringer Frauen, von denen eine die Zeremonie mit einer „warmen, aus der Tiefe des Herzens fließenden und allgemein begeisternden Ansprache" begleiten durfte (Der Sigmaringer Erzähler, 19. 9. 1848).

Bereits am 26. September versuchten die Turner, die auf dem Fest geäußerten „republikanischen Siegeshoffnungen" zu verwirklichen. Für den von einer Volksversammlung gebildeten „Sicherheitsausschuß" stellten sie den bewaffneten Schutz. Nach der Rückkehr des zunächst geflohenen Fürsten gerieten sie unter Druck: Mitglieder wurden verhaftet, die „blutrote" Fahne mußte eingeholt werden.

Endgültig aufgelöst wurde die Turngemeinde aber erst 1850 von der neuen preußischen Regierung. Versuche, die zum Symbol gewordene Fahne zu beschlagnahmen, scheiterten: Der Vereinsvorsitzende Lütz hatte sie als Rouleau getarnt vor ein Fenster seiner Werkstatt gehängt. Bei der Wiedergründung des Vereins 1862 wurde auf der Fahne nur das alte Gründungsjahr abgeändert.

Fahne der Emmendinger Bürgerwehr
1849
Stadt Emmendingen

Die Volksbewaffnung gehörte zu den zentralen Forderungen der Revolution. Ein Volksheer sollte sowohl kostengünstiger als auch militärisch wirkungsvoller sein. In Baden wurde das weitgehendste Bürgerwehrgesetz beschlossen. Für alle Bürger und Bürgersöhne ab 21 Jahren galt die Pflicht zur Teilnahme. Nach der Machtübernahme der Demokraten am 14. Mai 1849 rückten die Bürgerwehren in den Blickpunkt. Mit einer überstürzt zusammengestellten Volkswehr sollte die Revolution verteidigt werden.
Anfang Juni kam auch für fast 800 Männer des Emmendinger Amtsbezirks der Befehl zum Ausrücken. Unmittelbar vor dem Aufbruch wurde die Fahne der Emmendinger Bürgerwehr geweiht. Diakon Gustav Eisenlohr forderte die Männer auf, den Nationalfarben und dem aufgestickten Motto „muthvoll & treu" gerecht zu werden (Jenne 1988, S. 124).
Tatsächlich bekamen die Emmendinger Gelegenheit, sich auszuzeichnen. Am 20. Juni stießen sie bei Philippsburg erstmals auf die vorrückenden preußischen Truppen. „Das feindliche Feuer war am Meisten auf die Unserigen gerichtet", meldete Kommandant Carl August Ringwald nach Hause (Oberrheinische Zeitung, 24.6.1849). Dennoch mußte er zunächst nur einige Verletzte beklagen. Zwei Tage später zogen die Emmendinger unter ihrer Fahne in einen weitaus härteren Kampf. Bei Ubstadt wehrte sich das Bataillon mehrere Stunden gegen die feindliche Übermacht, bevor sich die noch verbliebenen 600 Mann nach Bruchsal zurückzogen. „Wir sahen, daß unsere Sache verloren war", rechtfertigte der Bürgerwehrmann Louis Vollrath später die daraufhin beschlossene Heimkehr (Jenne 1988, S. 125). Über den Schwarzwald kehrten die Emmendinger geschlagen zurück.

Fahne des 1. Bataillons der Schwäbischen Legion
1849
Schweizerisches
Landesmuseum Zürich

Am 10. Juni 1849 bildete sich in Karlsruhe die „Schwäbische Legion". Angeführt von dem Ulmer Republikaner Bernhard Schifterling rief ein Komitee die „württembergischen Brüder" auf, sich an dem unmittelbar bevorstehenden Kampf „für die Sache von ganz Deutschland" zu beteiligen. Nachdem die württembergische Regierung jede offizielle Hilfe verweigert hatte, sollten die Württemberger selbst zur Tat schreiten. Der Ruf verhallte nicht ungehört. Innerhalb weniger Tage sammelten sich immerhin rund 500 Mann allein in Pforzheim (Schmidt 1998, S.212–214). Vor allem Handwerksgesellen, Arbeiter und Studenten folgten dem Aufruf. Sie fürchteten am meisten den Verlust der erst durch die Revolution errungenen demokratischen Rechte. Die noch schnell angefertigte Fahne der Legion sollte mit ihrer Parole „Sieg oder Tod" und einem Totenkopf die Entschlossenheit zur Verteidigung dieser Erfolge unterstreichen. Da sich das Komitee ausdrücklich zu der in Württemberg sehr populären Reichsverfassung bekannte, war sie nicht rot, sondern in den Nationalfarben schwarz-rot-gold gehalten.

Alle Pläne für einen Einfall in Württemberg scheiterten am schnellen Vormarsch der preußischen Truppen. Bei Gernsbach und Oos mußte die Legion statt dessen mithelfen, den Rückzug der badischen Revolutionsarmee zu decken.

Am 12. Juli überschritt der größte Teil die Schweizer Grenze (Schönberger 1999, S.76–77). Aus Enttäuschung sollte die Legionsfahne zunächst im Rhein versenkt werden, wurde dann aber doch an Schweizer Truppen übergeben, die sie in das Züricher Zeughaus brachten.

Abschiedsbrief von Valentin Streuber
10. Oktober 1849
Gisela Lind, Ravensburg

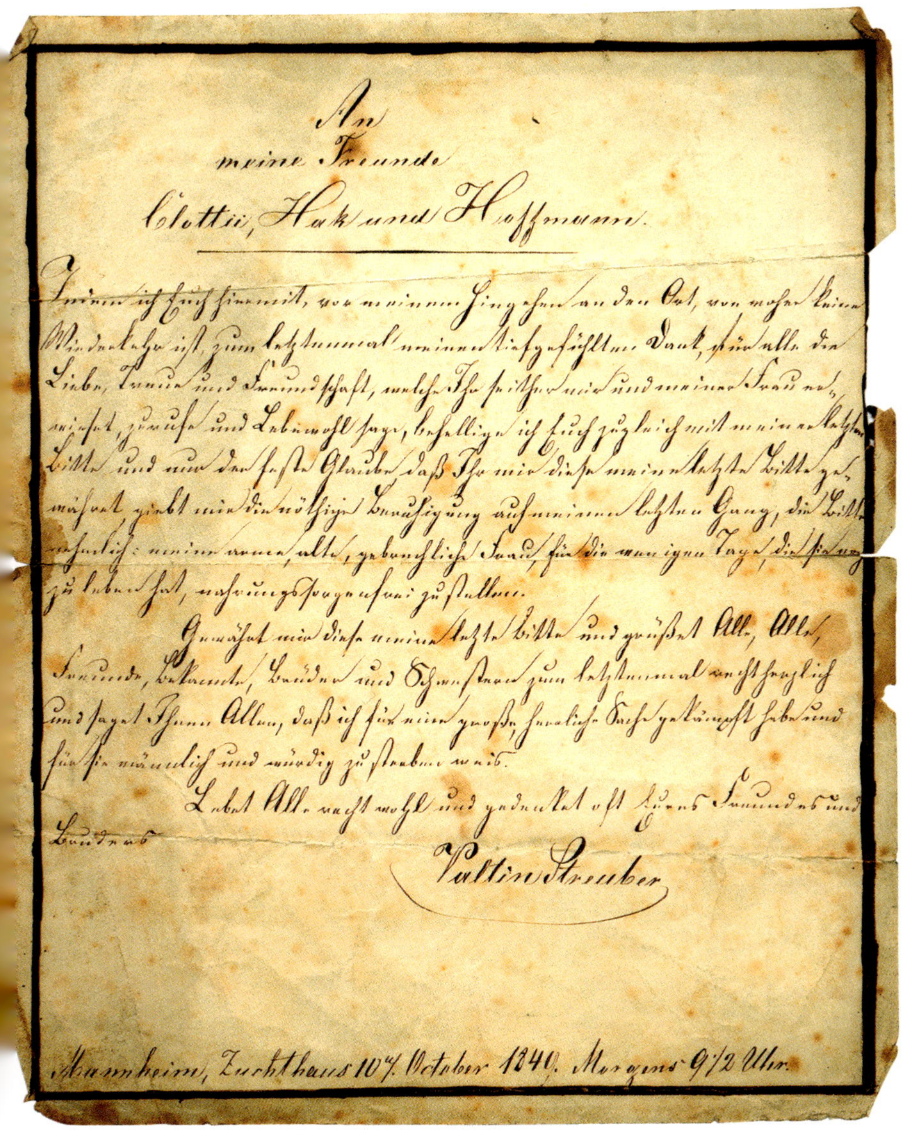
An
meine Freunde
Clotti, Hak und Hoffmann

Valtin Streuber

Mannheim, Zuchthaus 10t. October 1849. Morgens 9/2 Uhr.

Wegen „Theilnahme an einer hochverrätherischen Verbindung und des Hochverraths selbst" wurde Valentin Streuber am 11. Oktober 1849 in Mannheim hingerichtet. Der 50jährige Vorsitzende der deutschkatholischen Gemeinde, der bereits im Vormärz mehrfach gegen die Willkür der Behörden aufgetreten war und der sich im Mai 1849 als führendes Mitglied des Sicherheitsausschusses engagiert hatte, galt den Behörden als eine der wichtigsten Symbolfiguren der Revolution in Mannheim. Obwohl ihm das Standgericht kein konkretes Verbrechen hatte nachweisen können, war er deswegen am 9. Oktober zum Tode verurteilt worden (GLA Nachlaß von Freydorf, Nr. 121).
Die Standgerichte waren zur schnellen Aburteilung der Hauptteilnehmer der Revolution in Mannheim Rastatt und Freiburg eingesetzt worden. Aus preußischen Offizieren und badischen Justizbeamten zusammengesetzt, verhängten sie von August bis Oktober 1849 insgesamt 115 Urteile. Das gegen Streuber ausgesprochene Todesurteil war eines von 27, nur vier wurden nicht vollstreckt.
Am Tage vor seiner Hinrichtung schrieb Streuber im Mannheimer Zuchthaus mehrere Abschiedsbriefe. In einem an den deutschkatholischen Eisenbahner Karl Friedrich Schmitt adressierten Schreiben bat er seine Freunde, für seine Frau zu sorgen und allen anderen Bekannten auszurichten, „daß ich für eine große, herrliche Sache gekämpft habe und für sie männlich und würdig zu sterben weis."

„L[eichen]St[ein] der B[adischen] Rebublik"
Um 1849
Flößer- und Heimatmuseum Wolfach

Eingeschwärztes Bild von der Schlacht bei Kandern
Um 1849
Alfred und Else Ernst, Mosbach-Lohrbach

Nach ihrem militärischen Erfolg ließ die Siegermacht Preußen auf den Friedhöfen und Schauplätzen des Kampfes Grab- und Denkmäler für ihre Opfer errichten. Dagegen war alles, was an die Revolution hätte erinnern können, strengstens untersagt. Das Tragen von Heckerhüten oder das Niederlegen von Blumen an den Gräbern der Revolutionäre wurde unnachsichtig verfolgt und bestraft.
Trotz dieser Unterdrückung setzte ein unbekannter Wolfacher der offiziellen Erinnerungspolitik sein eigenes kleines Mahnmal mit der Widmung „L St der B: Rebublik" entgegen. Der örtlichen Überlieferung nach stellte er den ‚Leichenstein' in seinen privaten Räumen auf.
Anlaß zur Trauer gab es in dem kleinen Schwarzwaldort genug. Allein 45 Wolfacher wurden in den Untersuchungsakten der Behörden als mehr oder weniger große Anhänger der Revolution aufgeführt. Wenn sie nicht geflohen waren, mußten sie sich teilweise noch jahrelang verantworten. Mit Bürgermeister Josef Armbruster, Holzhändler Emil Krausbeck und Kaufmann Wilhelm König waren bekannte und wohlhabende Bürger der Stadt betroffen (Raab 1998).

Die Begegnung von Friedrich Hecker mit dem hessischen General Friedrich von Gagern kurz vor dem Gefecht bei Kandern am 20. April 1848 gehörte zu den am weitverbreitetesten Darstellungen in der Revolution. Die am unteren Bildrand wiedergegebenen Worte Heckers aus dem Gespräch („Wir legen die Waffen nicht nieder, denn wir kämpfen für unser Recht und für die Freiheit Deutschlands") waren fast zu einer Art Glaubensbekenntnis seiner Anhänger geworden. Selbst sein frühzeitiges Scheitern nach der Niederlage bei Kandern hatte an seiner Popularität nichts ändern können. Bis zuletzt hatten weite Teile der Bevölkerung große Hoffnungen auf eine rechtzeitige Rückkehr Heckers aus seinem amerikanischen Exil gesetzt. Erst nach dem Einmarsch der Preußen und der Bundestruppen fand der Kult um seine Person ein vorläufiges Ende.
Wie viele andere ehemalige Unterstützer der Revolution wollte auch ein Lohrbacher Bürger nicht mehr an sein früheres Idol erinnert werden. Enttäuscht schwärzte er deswegen die bislang in Ehren gehaltene Lithographie von Heckers Auftritt bei Kandern ein und überdeckte sie vermutlich mit einem anderen Bild.

Porträt von Agathe Herrmann
Öl auf Leinwand, um 1840
Dr. Georg Zimmerer,
Schenefeld bei Hamburg

Beim Umbau seines Gengenbacher Hauses fand Bruno Schuler vor einigen Jahren zwei Hinterlassenschaften der Revolution: In einer mit der Parole „Freiheit-Gleichheit-Bruderliebe“ bedruckten Lithographie mit Bildnis und Unterschrift von Friedrich Hecker war ein beschädigtes Exemplar des von Aloys Blumauer verfaßten Epos´ „Vergils Aeneis“ eingewickelt. Wie Buch und Bild in ihr Versteck kamen, läßt sich nicht mehr aufklären. Der damalige Hausbesitzer Johann Georg Engel ist nicht als Revolutionär bekannt.
Buch und Bild paßten gut zusammen. Der Wiener Freimaurer Blumauer war mit seiner in den 80er Jahren des 18. Jahrhunderts umgedichteten „Aeneis“ ein Hauptvertreter der Josephinischen Aufklärung. Mit viel Spott und Boshaftigkeit sollte die 1798 verbotene Neuinterpretation von Vergils Werk mit dazu beitragen, den weltlichen Machtanspruch der katholischen Kirche in Zweifel zu ziehen und besonders den Einfluß der Jesuiten zurückzudrängen. Die kirchenkritische Einstellung vieler Demokraten fand darin reichlich Bestätigung.

Friedrich Hecker
Lithographie, um 1848

Fragment des Buchs „Vergils Aeneis. Travestiert von Blumauer“
Um 1820
Bruno Schuler, Gengenbach

Im Mai 1850 wurde die 40jährige Agathe Herrmann wegen „Theilnahme an aufreizender Redensart“ zu sechs Tagen Arrest verurteilt (StAF G 29/2, Nr. 1146). Die Stühlinger Rebstockwirtin war bereits im Mai 1849 als Unterstützerin der Revolution aufgefallen. Zusammen mit ihrem Mann Johann war sie im August 1849 bis auf weiteres unter polizeiliche Aufsicht gestellt worden. Zudem war das Vermögen der Eheleute vorübergehend beschlagnahmt worden. Erst im Oktober 1850 stellte das Hofgericht Konstanz die Untersuchung ein.
Agathe Herrmann war nur eine von vielen Frauen, die in der Revolution politisch aktiv waren. Mit Ausnahme einiger prominenter Frauen wie Amalie Struve oder Emma Herwegh blieben sie jedoch meist namenlos. Die Teilnahme an Versammlungen oder Protesten, die Gründung von Frauenvereinen, oder auch das Sticken und Einweihen der Fahnen eröffneten ihnen neue Handlungsmöglichkeiten. Wie Agathe Herrmann mit ihren „aufreizenden“ Reden bewies, sollte dies keineswegs mit der Niederschlagung der Revolution beendet sein.
Das von einem unbekannten Künstler geschaffene Porträt von Agathe Herrmann ist vermutlich vor der Revolution entstanden. In der Familie gilt das Bild als Erinnerungsstück an eine rebellische Vorfahrin. Der Überlieferung nach soll sogar Friedrich Hecker, als er mit seinem Freischarenzug im April 1848 durch Stühlingen kam, im Rebstock eingekehrt sein.

Erbhuldigung der Hohenzollernschen Lande am 23. August 1851
Georg Eberlein (1819–1884)
Öl auf Leinwand, 1851
Verwaltungsgericht Sigmaringen

Nach neuerlichen Unruhen rückten am 3. August 1849 preußische Truppen in den beiden hohenzollerischen Fürstentümern ein. Schon zuvor hatten die der Revolution ohnmächtig gegenüberstehenden Fürsten Karl Anton von Hohenzollern-Sigmaringen und Friedrich Wilhelm Konstantin von Hohenzollern-Hechingen begonnen, eine neue politische Lösung für ihre Länder zu suchen. Nach monatelangen Verhandlungen wurde mit Preußen schließlich am 7. Dezember 1849 eine Vereinbarung abgeschlossen: Unter Bruch der bestehenden Verfassungen traten die beiden Fürsten die Souveränität über ihre Territorien an das Königreich ab (Weber 1999a, S. 34–36). Die Übernahme der Macht in Hohenzollern durch Preußen fand ihren feierlichen Höhepunkt in der Erbhuldigung der Hohenzollerschen Lande für den preußischen König Friedrich Wilhelm IV. am 23. August 1851 in der Ruine der Burg Hohenzollern. Das Gemälde des Nürnberger Malers Georg Eberlein hält den Augenblick fest, in dem die 300 Abgeordneten des Landes mit erhobener Hand den Huldigungseid für den neuen Landesherrn nachsprechen. Nur die beiden rechts neben dem König stehenden Fürsten von Fürstenberg und von Thurn und Taxis dürfen die Huldigung per Handschlag leisten (Weber 1999b, S. 49–50).

Eberleins Gemälde half bei der gewollten Deutung der Machtübernahme als Rückkehr der preußischen Könige in ihr vermeintliches Stammland Hohenzollern. Der einzig noch erhaltene Rest der alten Burg, die im Hintergrund zu erkennende Michaelskapelle, erscheint wie eine Bestätigung des preußischen Anspruchs.

Bei Ausbruch des amerikanischen Bürgerkrieges im Frühjahr 1861 stellten sich fast alle Deutsch-Amerikaner auf die Seite der Nordstaaten. Besonders im politisch zerrissenen Missouri meldeten sich viele Deutsche freiwillig bei den Truppen der Union (Rowan 2000, S. 101–115). Im August 1861 formierte der aus Lahr stammende Friedrich Leser maßgeblich in St. Louis das aus vielen Turnern bestehende 17. Missouri Freiwilligen Infanterie Regiment mit. Von den 788 Soldaten kamen vermutlich 94 aus Baden, 88 aus Württemberg und fünf aus Hohenzollern (Missouri State Archives, ML 317). Der Kampf unter dem Sternenbanner der Union gegen die von den Südstaaten verteidigte Sklaverei bedeutete für viele Männer des 17. Regimentes die Fortsetzung der 48er Revolution. Allein von den aus Baden stammenden Soldaten hatten mindestens 20 entweder persönlich an der Revolution teilgenommen oder waren Familienangehörige beteiligt gewesen – wie etwa im Fall des 24jährigen Leser. Dessen ebenfalls mitkämpfender Vater hatte als „die Seele des bewaffneten Aufstandes" in Lahr gegolten (Mietzner 1998, S. 54). Mit dem ehemaligen Kriegsminister Franz Sigel und dem früheren Mannheimer Bürgerwehrkommandanten Peter Osterhaus waren zwei vorgesetzte Kommandeure weitere prominente 48er aus Baden.
Drei Jahre lang kämpften die Soldaten des 17. Regimentes unter ihrer Fahne im Bürgerkrieg. Von St. Louis bis nach Atlanta marschierten sie fast 3.000 Kilometer. An den wichtigen Schlachten bei Pea Ridge, Vicksburg, Chattanooga und Atlanta nahmen sie siegreich teil. Das Regiment verlor fast die Hälfte seiner Männer durch Tod, Verwundung oder Krankheit (Hinderberger 2001).

Fahne des 17. Missouri Freiwilligen Infanterie Regimentes
1861
Missouri State Museum
Jefferson City, Missouri

„Wir sind Deutsche, eingetreten in den vollen Bund unserer Brüder“

Otto Elben, 1870

Christina Klausmann

Einbindung in den Nationalstaat 1866–1914

Am 18. Januar 1871 wurde im Spiegelsaal des Schlosses von Versailles das Deutsche Kaiserreich proklamiert. Es war das Ende eines langen Weges zur deutschen Einheit und dessen symbolischer Höhepunkt. Die nationale Einheit der Deutschen war das seit dem frühen 19. Jahrhundert angestrebte Ziel und eine der Forderungen der Revolution 1848/49 gewesen. Sie wurde nun nach einem militärischen Sieg durch die Einigung der Fürsten unter preußischer Führung „von oben" geschaffen. Treibende Kraft dieser kleindeutsch-preußischen Reichsgründung unter Ausschluß Österreichs war der preußische Ministerpräsident Bismarck, der zum ersten Reichskanzler ernannt wurde. Baden und Württemberg wurden zu Teilstaaten im Deutschen Kaiserreich und fügten sich in den Rahmen des Nationalstaats ein, der in mehreren, teils kriegerischen Etappen geschaffen worden war.

Die Niederlage Österreichs im Preußisch-Österreichischen Krieg 1866 war auch eine Niederlage der mit Österreich verbündeten Staaten Baden und Württemberg sowie des gesamten, seit 1815 bestehenden Deutschen Bundes. Die beiden südwestdeutschen Staaten stimmten dessen Auflösung zu. Preußen schloß die Staaten nördlich der Mainlinie zum Norddeutschen Bund zusammen. Beide Staaten lehnten sich nun an Preußen an, schlossen geheime Schutz- und Trutzbündnisse mit diesem nun zur deutschen Führungsmacht werdenden Staat und reformierten ihr Heer nach preußischem Vorbild (Naujoks 1986, S. 237). Diese militärische Anbindung an Preußen brachte die kleindeutsche Lösung unter preußischer Führung voran. Die Regierungen Badens und Württembergs agierten in diesem Prozeß jedoch sehr unterschiedlich. Während Großherzog Friedrich von Baden und die Regierung in Karlsruhe durch eine preußenfreundliche Politik auf die kleindeutsch-preußische Lösung und dadurch auf die Unterordnung unter die preußische Hegemonie eingestellt war, sperrte sich der württembergische König gegen den Verlust seiner Souveränität, und die Regierung in Stuttgart stand der preußischen Politik unter Bismarck reserviert gegenüber. Der zunächst von ihr verfolgte Plan, durch einen Bund der süddeutschen Staaten ein Gegengewicht zum Norddeutschen Bund zu schaffen, blieb ohne Erfolg.

Ein weiterer Schritt hin zur nationalen Einheit war der Ausbau des Zollvereins mit einem Zollparlament, das im März 1868 nach dem gleichen, direkten Männerwahlrecht gewählt wurde. Diese Wahlen wurden in Südwestdeutschland zu einem Stimmungstest in der Bevölkerung über den eingeschlagenen Weg zur nationalen Einheit. Die für die kleindeutsch-preußische Lösung der nationalen Frage eintretenden württembergischen Liberalen der Deutschen Partei verloren Wählerstimmen im Unterschied zur gegnerischen liberaldemokratischen Volkspartei, die mit ihrer Propaganda gegen die „heimischen Helfershelfer" der Preußen die Mehrheit der Wähler für sich gewann. In Baden siegten die 'Kleindeutschen' nur knapp. Das Ergebnis zeigt die überwiegend gegen Preußen gerichtete Stimmung in der Bevölkerung Württembergs, aber auch in der Badens.

Die antipreußische Stimmung der Bevölkerung trat aber schließlich gegenüber einer (propagandistisch geförderten) nationalen Begeisterung im Krieg gegen Frankreich 1870/71 zurück. Dieser Stimmungsumschwung führte dazu, daß die Gründung eines Nationalstaats unter preußischer Führung schließlich von der Bevölkerung akzeptiert wurde. Auch bei Hofe gab man der Entwicklung nach. Im November 1870 unterschrieben die württembergischen Bevollmächtigten den Beitrittsvertrag zur Verfassung des Deutschen Kaiserreichs. Der liberale Politiker und Herausgeber der „Schwäbischen

Chronik" jubelte: „Wir sind Deutsche eingetreten in den vollen Bund unserer Brüder". (Elben 1931, S. 163 f.) Und die Schwestern? Frauen waren als Gefährtinnen, Gattinnen, Hausfrauen und Mütter keine gleichberechtigten Mitglieder in diesem ‚Bruderbund' und hatten keine politischen Rechte.

Die militärische und wirtschaftliche Integration mündete nun also in die politische Integration, in den Nationalstaat. Baden und Württemberg verloren ihre staatliche Souveränität. Auf die Gestaltung der Reichspolitik hatten sie wenig Einfluß. Zwar war das Kaiserreich verfassungsrechtlich ein Staatenbund mit einer Ländervertretung im Bundesrat, tatsächlich hatte Preußen aber durch seine Stimmenzahl im Bundesrat und durch die Personalunion in den führenden Regierungsämtern des Kaiserreichs und Preußens eine dominante Stellung. Bismarck war als Reichskanzler gleichzeitig preußischer Ministerpräsident und führte den Vorsitz im Bundesrat. Die Außen- und Kriegspolitik sowie das Post- und Telegraphenwesen wurden zu Reichsangelegenheiten. Bei letzterem hatte Württemberg Sonderrechte ausgehandelt, außerdem gab es in Württemberg noch – pro forma – einen Außenminister. Die Länder besaßen weiterhin die Zuständigkeit für die Verwaltung, das Kirchen- und Schulwesen sowie das Verkehrswesen. Baden und Württemberg behielten die Möglichkeit, ihre innerstaatlichen Verhältnisse zu gestalten, jedoch mit der Einschränkung, die Artikel 2 der Reichsverfassung festlegte: „Reichsrecht bricht Landesrecht." Vom Reichstag beschlossene Gesetze ersetzten nach und nach die Landesgesetze und schufen eine einheitliche Rechtsordnung im Kaiserreich. Ein Beispiel dafür ist die Einführung des Bürgerlichen Gesetzbuches (BGB) 1900, das die Gültigkeit der Privatrechte in den Teilstaaten, wie beispielsweise des seit 1810 geltenden Badischen Landrechts, aufhob. Vereinheitlicht wurden auch Währung, Maße und Gewichte.

Diese Verlagerung von Machtbefugnissen und die politische Hegemonie Preußens ließen sich aus der Perspektive der demokratischen Opposition Württembergs als die seit 1866 befürchtete „Verpreußung" des deutschen Südwestens interpretieren, doch wurde auf konservativer preußischer Seite eine gegenläufige Tendenz wahrgenommen, eine „Entpreußung" durch die Anpassung an das Reich. (Naujoks 1986, S. 244 f.).

Nicht nur die militärische, wirtschaftliche, politische und rechtliche Integration in den Nationalstaat beförderten die innere Staatsbildung, sondern auch ein breitenwirksamer Nationalismus. Dieser drückte sich in Symbolen, Festen und Denkmälern aus. Die Nation zeigte sich wehrhaft. Germania, die Allegorie der deutschen Nation, hielt kampfbereit das Reichsschwert in den Händen. Häufig trat auch die Siegesgöttin Viktoria an ihre Stelle, wie beispielsweise bei den Siegesdenkmälern zum Deutsch-Französischen Krieg. Die Reiterstandbilder für Kaiser Wilhelm I. zeigen ihn in Uniform und mit Pickelhaube. Auch Bismarck tritt in militärischem Gepräge auf. Als „Reichsschmied" genoß er in weiten Kreisen der Bevölkerung – mit Ausnahme der von ihm politisch verfolgten Sozialdemokraten – ein zunehmend hohes Ansehen, ja er wurde regelrecht verehrt.

Doch kam innerhalb des preußisch geprägten nationalstaatlichen Rahmens in Baden und Württemberg in der Politik auch liberaler Eigensinn zur Geltung. Das meint zum einen die Tatsache, daß die Liberalen, sowohl der eher nationalen als auch der demokratischen Fraktion, lange unangefochten das politische Klima in beiden Ländern bestimmten, sei es als Kammerabgeordnete, die die parlamentarische Kontrolle der Exekutive und das Budgetrecht innehatten, sei es als Mitglieder der Regierung. Von liberalem Eigensinn läßt sich zum anderen auch hinsichtlich der eigenen Akzente sprechen, die man in der Bildungspolitik und im Umgang mit den Sozialdemokraten setzte. In beiden Fällen wurden politische und gesellschaftliche Handlungsräume erweitert. Der Eigensinn konnte sich aber auch in Starrsinn wandeln, wie im Falle der in Baden mit der katholischen Kirche geführten Auseinandersetzung (Fenske 1981, S. 146–187).

Der Kulturkampf war das beherrschende Thema in der badischen Innenpolitik der 1860er und 1870er Jahren. Er nahm modellhaft den preußisch-reichsweiten Konflikt zwischen Staat und katholischer Kirche vorweg und ist symptomatisch für die Konfrontation zwischen säkularem Staat und katholischer Kirche. Hier prallten ein weltlich-liberales Denken und eine von wissenschaftlicher Rationalität geprägte Weltsicht einerseits und Glauben und religiöse Bindung andererseits aufeinander, und im Laufe des Kulturkampfes verhärteten sich die Fronten, als beide Seiten ihre Überzeugungen zum Dogma erhoben. In Württemberg waren die Grenzen zwischen den Kirchen und dem Staat nach 1806 so abgesteckt worden, daß von keiner Seite ernsthaft mehr daran gerüttelt wurde. Dem badischen Staat ging es um die Einschränkung katholisch-kirchlichen Einflusses auf öffentliche Angelegenheiten. Die Kirche sollte sich ausschließlich um ihre inneren Angelegenheiten kümmern. In allen äußeren Angelegenheiten mußte sich die Kirche der staatlichen Gesetzgebung unterordnen. Außerdem behielt sich der badische Staat das Recht vor, bei der Besetzung von Bischofs- und Pfarrämtern mitzubestimmen. Die Einführung von überkonfessionellen Schulen, den sogenannten Simultanschulen, wurde zu einem der Konflikte im Kulturkampf, da die katholische Kirche ihren

Einfluß auf die Bildung der Kinder nicht aufgeben wollte. Die Simultanschulen wurden 1868 zunächst als freiwillige Institution, ab 1876 als Regelschule eingeführt. Zu weiteren Steinen des Anstoßes wurden die Einführung der Zivilehe (1869) und die Oberaufsicht über die Theologenausbildung (Kulturexamen 1867/1874). Von katholischer Seite wurde der die Auseinandersetzung als Abwehrkampf gegen den Liberalismus schlechthin geführt. Für diesen Abwehrkampf ließ sich auch ein sozialer Aspekt instrumentalisieren. Es gab eine soziale Schieflage zwischen der überwiegend ländlich geprägten, zur Unterschicht gehörenden katholischen Bevölkerung und der städtisch geprägten, bürgerlich-liberalen Führungsschicht zumeist evangelischer Konfession, deren Vertreter in Regierungsämter gelangten. Von ihnen oder den liberalen Abgeordneten fanden die Katholiken ihre Interessen nicht vertreten, ebenso wenig von den wenigen liberal gesinnten Katholiken in Regierung und Parlament. Eine Folge des Kulturkampfes war die Politisierung der katholischen Bevölkerung und ihre frühe parteipolitische Organisierung in der Katholischen Volkspartei 1869. Die Unerbittlichkeit, mit der die Auseinandersetzung von beiden Seiten geführt wurde, markierte Grenzen und einige Zeit den gesellschaftlichen Ausschluß eines Bevölkerungsteils.

Für das Verhältnis vom Staat zu der in der Sozialdemokratie organisierten Arbeiterschaft war in Baden und Württemberg nach Aufhebung des Sozialistengesetzes (1878–1890) eher das Bemühen um gesellschaftliche Integration und die Überwindung von Klassengrenzen kennzeichnend. Als im August 1907 in Stuttgart der „Internationale Sozialistenkongreß“ und parallel dazu der „Internationale Sozialistische Frauenkongreß“ stattfanden, war es das erste und einzige Mal, daß dieser Kongreß in Deutschland abgehalten werden konnte. Der Aufforderung des preußischen Innenministers, den Kongreß zu verbieten, kam die württembergische Regierung nicht nach. Der württembergische Sozialdemokrat Jakob Stern stellte der liberalen Atmosphäre des Landes folgendes Zeugnis aus: „Ein gewisser Zug der Toleranz in Religion wie in Politik sticht hierzulande ab gegen jenen preußischen Fanatismus, der gleich bei der Hand ist, gegnerische Meinungen und Bestrebungen mit Repressivmaßnahmen niederzuknüppeln.“ (zit. n. Christ-Gmelin 1979, S. 108)

Weder in Baden noch in Württemberg wurden die Sozialdemokraten als „Reichsfeinde“ ausgegrenzt, und schon das Sozialistengesetz war zumindest in einigen Phasen weniger rigide ausgelegt worden als in Preußen. Der Südwesten konnte, wie das Beispiel des Verlegers Dietz zeigt, zum Zufluchtsort ausgewiesener Sozialdemokraten werden. Gleichwohl waren wie überall im Reich die Parteiorganisationen und die sozialdemokratische Presse in dieser Zeit verboten, und die politische Zensur setzte der Meinungsäußerung Grenzen. Die sozialdemokratische Welt war auch hier nicht heil.

Mit sozialpolitischen Maßnahmen (Einrichtung einer Fabrikinspektion 1879 und Ausgestaltung des Arbeitsschutzes; 1900 Einstellung der ersten Fabrikinspektorin) reagierte die badische Regierung auf die Folgen der verstärkten Industrialisierung, wodurch Konflikte teilweise vermieden werden konnten und die Distanz zwischen Arbeiterschaft und Staat geringer war als in anderen Teilen des Kaiserreichs. Das mag auch daran gelegen haben, daß sich die Arbeiterschaft Badens und Württembergs vor allem aus Handwerker-Arbeitern und Nebenerwerbsbauern zusammensetzte. Ein Industrieproletariat hat sich hier weniger herausgebildet. Die Mehrheit der SPD verfolgte daher lange im Gegensatz zur reichsweiten Partei eine reformistische Politik und versuchte, durch eine konstruktive Mitarbeit Gesellschaft und Politik zu demokra-

tisieren und soziale Gerechtigkeit zu erreichen. Sozialdemokraten waren in Gemeinderäten vertreten, und schon 1891 erlangten zwei sozialdemokratische Abgeordnete ein Mandat für den badischen Landtag. In mehreren Schritten wurden die demokratischen Partizipationsrechte durch Wahlrechtsreformen ausgeweitet. In Baden galt ab 1904 für die zweite Kammer des Landtags das allgemeine, gleiche, direkte und geheime Männerwahlrecht, in Württemberg ab 1906. Damit gab es hier die weitreichendsten Wahlrechte zum Landesparlament im gesamten Kaiserreich. Die Zahl der sozialdemokratischen Abgeordneten stieg, und ab 1905 bildete die Fraktion mit den Liberalen und Demokraten den sog. „Badischen Großblock" im Landtag, um klassenübergreifend gemeinsame politische Anliegen durchzusetzen. Der Partizipation waren Grenzen gesteckt, solange die Regierungen den Parlamenten noch nicht verantwortlich waren, aber in beiden Staaten war die Entwicklung hin zu einer parlamentarischen Monarchie ein Stück vorangekommen (Christ-Gmelin 1979, S.107–131, Franzen 1979, S. 88–101).
Reformen in der Bildungspolitik erschlossen für Frauen neue Berufsfelder und erweiterten die Möglichkeiten zur Partizipation auf gesellschaftlich-kultureller Ebene. Bis Ende des 19. Jahrhunderts waren Höhere Mädchenschulen die einzige Möglichkeit, eine über die Volksschule hinausgehende Bildung zu erwerben. Die Qualität des Bildungsangebots war sehr unterschiedlich, ebenso die des Lehrpersonals, was sich zum Ende des Jahrhunderts durch staatliche Vorschriften besserte. Ein Schritt zur Chancengleichheit in der höheren Bildung war das 1893 in Karlsruhe eröffnete Mädchengymnasium. Stuttgart folgte 1899. In Karlsruhe ging die Initiative für ein Mädchengymnasium vom Verein Frauenbildung-Frauenstudium aus, einer Organisation der bürgerlichen Frauenbewegung, die mit Nachdruck den Anspruch auf gleichwertige Bildungsmöglichkeiten für Frauen erhob. In Stuttgart wurde die Initiative engagierter Frauen und einiger Lehrerinnen von Königin Charlotte und ihrer Hofdame Freifrau von Üxcüll unterstützt. Die Anfangs geringe Zahl von Schülerinnen wuchs rasch und zeigte, daß der Wunsch nach einer qualifizierten höheren Bildung bestand. Der Erfolg dieser Pionierunternehmen öffnete schließlich den Mädchen die Tür zu allen (Knaben)Gymnasien und in den Jahren 1900 bzw. 1904 auch zu den Universitäten in Baden und Württemberg. Das war ein Schritt hin zu mehr Partizipation, auch wenn noch einschränkende Bedingungen wie beispielsweise ein höheres Schulgeld für Mädchen in Württemberg daran geknüpft wurden (Kaller 1992, S. 361–375; Glaser 1992).
Es gab in Baden und Württemberg – sieht man vom Kulturkampf ab – schon vor 1914 Ansätze zu einer demokratischeren Gesellschaft, in der zunehmend mehr Menschen das Recht zur politischen und gesellschaftlichen Teilhabe hatten. Doch ist das eine Seite. Der militärische bis militaristische Grundton der Zeit machte sich ungeachtet aller Liberalität auch hier bemerkbar. Ebensowenig war man frei von einem sich feindselig gebärdenden Nationalismus. Beide Einstellungen zählten zu den geistigen Voraussetzungen des Ersten Weltkriegs.

Der Maler Anton von Werner bekam 1885 vom Kaiser den Auftrag, eine Darstellung der Kaiserproklamation als Geburtstagsgeschenk für Bismarck zu malen. Da die Zeit für ein neues Gemälde nicht reichte, überarbeitete er seine Vorlage für das Wandgemälde des Zeughauses. Nach dieser, nach dem Landgut Bismarcks in Friedrichsruh bezeichneten Fassung ist der Lichtdruck hergestellt. Die Proklamation des Kaisers wird aus nächster Nähe geschildert. In der Bildmitte steht Bismarck, in die weiße Uniform der Kürassiere gekleidet. Diese Uniform hatte der Kanzler nicht auf den Feldzug mitgenommen. Er trägt den Orden „Pour le mérite", den er jedoch erst lange nach dem Ereignis verliehen bekommen hatte. Bismarck wird deutlich unter den blau uniformierten Offizieren hervorgehoben und als Reichsgründer ins Zentrum gestellt. Seitlich hinter Bismarck steht Kriegsminister Roon. Er wurde auf Wunsch des Kaisers in die Komposition eingefügt, denn an der Proklamation hatte er nicht teilgenommen. Durch diese Änderung wirkt die Gestik der neben ihm stehenden beiden Generäle seltsam, deren in der Vorlage festgehaltener Händedruck übermalt wurde, ohne auch deren Körperhaltung an den neuen Bildaufbau anzupassen. In der linken Bildhälfte stehen die deutschen Fürsten hinter dem Kaiser und neben ihm der badische Groß-herzog Friedrich I., der das Hoch auf den Kaiser ausruft. Das entspricht der historischen Realität. Der badische Großherzog, der zielstrebig für die Reichseinigung eingetreten war, hatte diese Aufgabe übernommen. In der rechten Bildhälfte sieht man, wie Offiziere den Säbel als Ausdruck ihres Jubels dem Kaiser entgegenstrecken. Die Uniformen zeigen den militärischen Charakter der Reichsgründung. Durch die Geste kommt Bewegung ins Bild. Der Maler greift hier auf eine Bildtradition zurück. Mit der Geste des Säbelschwingens wird der Schwur bekräftigt, in brüderlicher Gemeinsamkeit für die Sache zu kämpfen.
Der Maler schildert nicht, wie es gewesen ist, sondern wie es gewesen sein soll. Er interpretiert das Ereignis, indem er Bismarck ins Zentrum rückt und dadurch dessen Rolle als Reichsgründer betont. Durch den Lichtdruck konnte diese Deutung weit verbreitet werden (Gaehtgens 1990, S. 65f.)

Kaiserproklamation in Versailles am 18. Januar 1871
C. Köhnlein nach einem Gemälde von Anton von Werner (1843–1915)
Lichtdruck, nach 1885
Haus der Geschichte Baden-Württemberg

Großherzog Friedrich I. von Baden
Otto Feist (geb. 1872)
Bronze, Marmor, um 1900
Haus der Geschichte
Baden-Württemberg

Erinnerungstuch an den Gottesdienst zu Jom Kippur vor Metz 1870
Um 1870
Haus der Geschichte
Baden-Württemberg

Großherzog Friedrich I. von Baden setzte sich in seiner Regierungszeit (1856–1907) engagiert für die nationale Einigung unter preußischer Führung ein. Die Aufschrift auf dem Marmorsockel „Friedrich der Deutsche“ weist auf diese nationale Orientierung und auch die Verdienste um

Tafelaufsatz. Ehrung für Julius Hölder
Th. Lange
1875
Haus der Geschichte
Baden-Württemberg

Die in der Deutschen Partei organisierten württembergischen Liberalen schenkten, wie aus der Gravur hervorgeht, diesen kostbaren Tafelaufsatz ihrem Vorsitzenden Julius Hölder (1819–1887) anläßlich seiner Ernennung zum Präsidenten der Zweiten Kammer des württembergischen Landtags am 18. Juli 1875. Der Jurist Hölder war 1841 in den Staatsdienst getreten und 1848 zum Regierungsrat im Ministerium des Innern ernannt worden. Außerdem gehörte er von 1848–1850 der liberalen Fraktion im Landtag an. Er setzte sich für die Annahme der von der Paulskirche verabschiedeten Reichsverfassung ein und hielt nach deren Scheitern am Ziel der nationalen Einheit fest. 1853 trat er aus dem Staatsdienst aus, ließ sich als Anwalt in Stuttgart nieder und engagierte sich in der nationalliberalen Deutschen Partei. Er wurde als deren Abgeordneter in den württembergischen Landtag (1856–1881) und in den Reichstag (1871–1881) gewählt und 1881 zum Minister des Innern in Württemberg berufen. Die Gestaltung des Tafelaufsatzes ehrt ihn als Kämpfer für die deutsche Einheit. Die Figur der Germania mit Reichskrone, Reichsschwert und dem Schild mit dem Reichsadler sowie das Eichenlaub am Fuß des Tafelaufsatzes symbolisieren die nationale Einheit und wehrhafte Stärke des Kaiserreichs.

Nach seiner Entlassung als Reichskanzler durch Kaiser Wilhelm II. 1890 nahm in der Öffentlichkeit die Wertschätzung Bismarcks als Reichsgründer, als (Waffen)Schmied der nationalen Einheit zu, bis hin zur Verehrung mit kulthaften Zügen. Zu seinem 80. Geburtstag 1895 pilgerten Massen von Menschen, insbesondere Burschenschafter, zu seinem Alterssitz nach Friedrichsruh, kamen Ehrengaben aus ganz Deutschland. Aus diesem Anlaß verliehen ihm neun badische Städte gemeinsam das Ehrenbürgerrecht und die Bürgermeister überreichten ihm die aufwendig gearbeitete, gerahmte Urkunde.
Das auf Pergament gemalte Aquarell war eine Auftragsarbeit des Karlsruher Malers Hermann Götz, gerahmt wurde sie vom Bildhauer Maybach. Auf dem Rahmen sind oben ein bronzenes Porträtrelief des Geehrten, unten die Wappen der badischen Städte angebracht. Die Urkunde ist reich an nationaler Symbolik, die jedoch einen demokratischen Aspekt erhält, denn die Figur der Germania thront vor dem Bau des Reichstags, dessen Abgeordnete nach dem allgemeinen und gleichen Männerwahlrecht direkt gewählt wurden. Ihre Reichskrone in den Händen eines Pagen verweist auf die monarchische Grundlage. Der Löwe sowie die Beschriftung des Reichsschwerts mit den Jahreszahlen 1870–1871 gemahnen an die Stärke des Deutschen Reiches wie an dessen kriegerischen Beginn und seine Wehrhaftigkeit. Auf dem Reichsschild zu Germanias Füßen, auf das ein Waffenschmied (Bismarck) hinweist, sind die fordernden Worte zu lesen: „Das ganze Deutschland soll es sein“. Germania entzündet mit der rechten Hand einen mit dem Datum 1. April, dem Geburtstag Bismarcks, versehenen Kandelaber.

Ehrenbürgerbrief der badischen Städte
Hermann Götz (1848–1901), Maybach
Aquarell, Rahmen aus Nußbaumholz, 1895
Bismarck-Museum
Friedrichsruh

Denkmal Kaiser Wilhelms I. in Stuttgart
Kunstanstalt und Verlag Gebrüder Metz, Tübingen 1909
Haus der Geschichte Baden-Württemberg

Reiterstandbild Kaiser Wilhelms I. in Karlsruhe
Kunstanstalt & Verlag Gebrüder Metz, Tübinge[n]
1906
Haus der Geschichte Baden-Württemberg

Nach dem Tod Kaiser Wilhelms I. 1888 wurden ihm zu Ehren Denkmäler, in der Regel Reiterstandbilder, errichtet. In Württemberg trat schon am 21. März 1888 ein landesweites Denkmalskomitee zusammen, zunächst unter dem Vorsitz des liberalen Reichstagsabgeordneten Gustav Siegle, an seine Stelle trat später der württembergische Innenminister Pischek. Der Kronprinz und spätere König Wilhelm II. übernahm die Schirmherrschaft. Das Projekt wurde getragen von bürgerschaftlichem Engagement und staatlicher Initiative. Eine landesweite Geldsammlung trug zur Finanzierung bei. Den Auftrag bekamen die Münchner Wilhelm von Rümann für die bronzene Reiterplastik und Friedrich Thiersch für die Architektur. Die Einweihung fand am 1. Oktober 1898 statt.
Das bronzene Reiterstandbild auf dem Karlsplatz zeigt den Kaiser im Soldatenmantel und mit Pickelhaube. Auf den Obelisken sind die deutschen Siege 1870/71 aufgeführt. Die Löwen aus Granit unterstreichen den Gestus von Stärke und militärischem Kampfeswillen, der die Selbstsicht und die Außensicht des Kaiserreichs prägte (Schmoll 1995, S. 374 f.).

Auch im Großherzogtum Baden wurde geplant, ein Landesdenkmal zu Ehren Wilhelms I. in Karlsruhe zu errichten, zu dessen Finanzierung alle badischen Gemeinden beitragen sollten. Das Vorhaben wurde fallengelassen, nachdem Mannheim sich für ein eigenes, städtisches Denkmal entschieden hatte. So entschloß sich die Karlsruher Bürgerschaft ebenfalls für ein städtisches Reiterstandbild, das aus der Stadtkasse finanziert werden sollte. Im Bürgerausschuß wurde die Initiative am 20. April 1888 damit begründet, daß Karlsruhe in erster Linie berufen sei, für ein Denkmal zum Danke einzutreten, da der Sieg über Frankreich die Stadt aus ihrer exponierten Lage an der Feindesgrenze befreit habe. Die Stadt beauftragte den Karlsruher Bildhauer Adolf Heer (1849–1898) mit der Gestaltung. Die Einweihung fand am 18. Oktober 1897, dem Jahrestag der Leipziger Völkerschlacht, statt. Die Aufnahme zeigt das Denkmal auf dem Kaiserplatz von der Vorderfront. Der Charakter ist soldatisch-kämpferisch. Am Sockel ist eine lorbeerbekränzte, vorwärtsschreitende Siegesgöttin angebracht, die dem über ihr reitenden, bronzenen Kaiser in Uniform, mit dem Feldherrnstab und einem Lorbeerzweig in den Händen den Weg zu Sieg und Ruhm zu weisen scheint (Großkinsky 1987, S. 41–47).

Siegesdenkmal in Freiburg
Kunstanstalt und Verlag
Gebrüder Metz, Tübingen
1905
Haus der Geschichte
Baden-Württemberg

Bismarck-Denkmal in Mannheim
Kunstanstalt
Karl Braun & Co, München
23.3.1901 (Poststempel)
Haus der Geschichte
Baden-Württemberg

Bismarck-Turm in Stuttgart
Architektur-Verlag W. Kick,
Stuttgart
September 1904
(Poststempel)
Haus der Geschichte
Baden-Württemberg

Bismarck-Turm auf dem Feldberg
Verlag Philipp Bussemer,
Baden-Baden
10.7.1909 (Poststempel)
Haus der Geschichte
Baden-Württemberg

Nach der Entlassung als Reichskanzler 1890 wurde Bismarck im Bürgertum als Schöpfer der nationalen Einheit verehrt, was sich nach seinem Tod 1898 noch steigerte. Die nach dem Entwurf des Berliner Bildhauers Emil Hundrieser (1846–1911) gearbeitete, drei Meter hohe Bronzestatue in Mannheim wurde am 31. März 1900 enthüllt. Der „eiserne Kanzler" steht in Uniform und mit Pickelhaube auf einem Steinquader. Die Figur auf einer Stufe der Steinterrasse könnte sowohl Germania als auch die Siegesgöttin Viktoria darstellen. Die allegorische Gestalt hält das Reichschild in der einen und das Reichsschwert in der anderen Hand und trägt einen geflügelten Helm.
Bei der Enthüllung des Denkmals formulierte der Vorsitzende der nationalliberalen Reichstagsfraktion Ernst Bassermann: „So ist der heutige Tag ein Ruhmestag in der Geschichte Mannheims, an welchem der Streit der Parteien, der Streit der wirtschaftlichen Anschauungen aufhört und alle Bürger dem großen nationalen Gedanken huldigen, der sich im Namen Bismarck verkörpert." (zit. n. Caroli 1999, S. 15) Bassermann übersah in seiner nationalen Begeisterung oder wollte es vielleicht übersehen, daß die Sozialdemokraten dieser Feier demonstrativ fernblieben. Sie hatten keinen Grund, Bismarck zu verehren, waren sie doch Opfer des von ihm durchgesetzten Sozialistengesetzes.

Für den Bismarck-Kult typisch sind die auf Höhen in der Landschaft errichteten Türme, deren vom herkömmlichen Denkmal abweichende ästhetische Form in Zusammenhang mit der sie umgebenden Natur als national-germanisch empfunden wurde. Maßgeblicher Initiator für den Bau solcher Türme war die Deutsche Burschenschaft. Sie schrieb 1899 einen Gestaltungswettbewerb aus, den der Dresdner Architekt Wilhelm Kreis (geb. 1873) gewann. Der Bismarck-Turm in Stuttgart auf dem Gähkopf ist einer von ungefähr 50 Türmen, die Kreis ausführte. Auftraggeber war die Studentenschaft der TH Stuttgart. Der Turm ist 20 Meter hoch und aus hellem Sandstein. Oben auf der Terrasse ist eine gußeiserne Feuerschale angebracht. Die Bismarck-Türme wurden für Freudenfeuer genutzt, ein Ritual, das seit dem Befreiungskrieg 1813 als Ausdruck nationalen Empfindens galt. Der Turm wurde am 16. Juli 1904 eingeweiht, die Postkarte im September des Jahres versandt (Schmoll 1995, S. 387).

Der auf dem höchsten Berg des Schwarzwaldes errichtete Bismarck-Turm bekommt durch die anscheinend aus lockeren Steinen aufgebaute Konstruktion den Charakter einer archaischen Weihestätte, von deren Höhe der Blick in das weite Land und so symbolisch über die geeinte Nation schweifen kann. Inmitten des „Steinhaufens" ist ein Brustporträt Bismarcks angebracht. Der Schreiber der Postkarte gibt in seiner Skizze vor, sich das Erlebnis der Landschafts-

Bismarck-Turm in Freiburg
E. Weiler, Buchhandlung Wissenschaft und Kunst August Schweiss, Freiburg
10.8.1900 (Poststempel)
Haus der Geschichte Baden-Württemberg

Der Bismarck-Turm wurde 1900 nach dem Entwurf des Freiburger Architekten Oskar Geiges auf dem Schloßberg errichtet. Das Denkmal war eine Stiftung der Freiburger Studentenschaft, die dort einmal im Jahr ein Feuer entzündete und anschließend einen Fackellauf veranstaltete. Das Treffen endete mit einem Umtrunk in der Gaststätte Dattler (Alt-Freiburg 1989, S. 177). Die Bildsprache der Postkarte ist voller nationaler Symbolik. Das mit Eichenlaub umrankte Brustportät präsentiert Bismarcks als Offizier und unterhalb dieses Porträts sind ein Wappenschild mit dem Reichsadler und zwei Burschenschaftsdegen abgebildet. Im rechten Bilddrittel ist der Bismarck-Turm mit dem studentischen Freudenfeuer zu sehen. Rechts oben ist das Freiburger Stadtwappen aufgedruckt. Die Bildteile sind eingefaßt durch einen mittelalterlich anmutenden Torbogen.

Nach dem Deutsch-Französischen Krieg 1870/71 bekamen Kriegervereine in allen Teilen des Reichs Aufschwung. In ihnen schlossen sich die Veteranen mit dem Ziel zusammen, bedürftige Kameraden sowie die Hinterbliebenen von Gefallenen zu unterstützen. Gesellige Treffen stärkten den Zusammenhalt. In Württemberg entstand 1877 ein Landesverband, der 1902 sein 25jähriges Bestehen feiern konnte. Mit der programmatischen Losung „Als starker Ast der deutschen Eiche gilt Württemberg im deutschen Reiche" ist auf der Postkarte der Ast einer Eiche abgebildet. Auf und um den Ast sind angeordnet: ein mit der Königskrone geschmückter Lorbeerkranz, der die Zahl 25 und die Namen der Regionen umfaßt, in denen der Kriegerbund vertreten ist – Neckar, Jagst, Schwarzwald und Donau –, das 1870 eingeführte Eiserne Kreuz auf den Kaiserreichsfarben Schwarz-Weiß-Rot, die Bildmedaillons der Könige Karl und Wilhelm sowie des Ehrenpräsidenten des württembergischen Kriegerbundes Prinz Hermann von Sachsen-Weimar. Kaiserkrone und Reichsschwert liegen auf einem Kissen aus rotem Samt. Unter der Jubiläumszahl ist das Wappen des Königreichs Württemberg am Ast angebracht, und ein Band, auf dem die Orte der militärischen Gefechte 1870/71 zu lesen sind, umschlingt den Lorbeerkranz. Am unteren Bildrand findet sich die programmatische Losung „Unseres Bundes starke Wehr: Stets für Deutschlands Macht und Ehr". Die Postkarte zeigt den militärischen Geist der nach einem Krieg geeinten Nation.

XVI. Bundestag und 25jähriges Jubiläum des württembergischen Kriegerbundes in Stuttgart, 8./9. Juni 1902
H. Volk Kunstanstalt, Verlag J. Kandelsieder, Heilbronn
20. Juni 1902 (Poststempel)
Haus der Geschichte Baden-Württemberg

„Gruss aus dem Kaisermanöver 1909“
5. Oktober 1909
(Poststempel)
Haus der Geschichte
Baden-Württemberg

Die badische und die württembergische Armee waren Teile der Reichsarmee. Den Oberbefehl hatte der Kaiser. In den Einzelstaaten des Kaiserreichs wurden abwechselnd große Manöver, wegen der Anwesenheit des Kaisers auch Kaisermanöver genannt, abgehalten. Außer der Truppenübung und -schau waren diese Kaisermanöver auch gesellschaftliche Ereignisse der (adligen) Oberschicht. Das Kaisermanöver in Süddeutschland – auch bayerische Truppen nahmen teil – fand im September 1909 in Württemberg statt.
In der oberen Bildhälfte sind zwischen Lorbeer- und Eichenblättern, dem Reichsadler, Fahnen und der Figur eines mit Gewehr und Tornister ausgerüsteten Soldaten die Porträts der vier Herrscher angebracht: Kaiser Wilhelm II., König Wilhelm II. von Württemberg, Prinzregent Luitpold von Bayern und Großherzog Friedrich II. von Baden. Die untere Bildhälfte ist mit zwei Zeichnungen gestaltet, die das Manövergeschehen zeigen. Über der einen Manöverszene schwebt ein Zeppelin als neue technische Errungenschaft, deren möglicher Einsatz als Kriegswaffe hier gezeigt wird.

„‚Sperrlingsleben‘ aus dem ‚badischen Kulturkampf‘ von 1874/76 gepfiffen zu Nutz und Trutz“
Badenia A.-G. für Verlag und Druckerei, Karlsruhe 1927
Haus der Geschichte
Baden-Württemberg

Ein 1867 in Baden erlassenes Gesetz schrieb vor, daß alle Theologen eine Staatsprüfung in Alten Sprachen, Philosophie, Geschichte und Kirchenrecht ablegen. Dieses sogenannte Kulturexamen war die Voraussetzung, um die staatliche Zulassung als Pfarrer zu erlangen. Keiner der Priesteramtskandidaten in der Erzdiözese Freiburg befolgte das Gesetz und sie wurden daher von der staatlichen Behörde nicht als Pfarrer anerkannt und eingesetzt. Aber da sie von der Kirche als Priester geweiht worden waren, konnten sie mit kirchlicher Erlaubnis alle priesterlichen Funktionen ausüben, wie z.B. Messen lesen oder Sakramente erteilen. 1874 verschärfte die badische Regierung das Gesetz und stellte auch die öffentliche Ausübung kirchlicher Funktionen unter Strafe, wenn die nun geweihten Neupriester kein staatliches Examen absolviert hatten.
Das traf den Weihejahrgang 1874. Vom Bistumsverweser von Kübel waren die Neupriester darin bestärkt worden, sich diesem Gesetz nicht zu unterwerfen. In der Folge wurden 32 Neupriester der Erzdiözese Freiburg zu mehrmonatigen Haftstrafen verurteilt, weil sie gesetzeswidrig ihren priesterlichen Aufgaben gefolgt waren. Vom Volksmund wurden die aus ihrem Priesteramt und in räumlichen Sinne aus dem Kirchenraum ausgesperrten, „Sperrlinge“ genannt. Der katholischen Bevölkerung galten sie als Opfer der Regierung. Das Examensgesetz von 1874 war ein Höhepunkt im badischen Kulturkampf. Das Buch überliefert die Erinnerungen einer dieser „Sperrlinge“ an seine Verfolgung und Haft (Hug 2001, S. 149 f.).

Stuhl aus dem erzbischöflichen Palais in Freiburg
Erzbischöfliches Ordinariat Freiburg

1868 starb der Freiburger Erzbischof Vicari. Weil sich die badische Regierung und der Vatikan auf keinen Nachfolger einigen konnten, wurde Lothar von Kübel als Bistumsverweser, der die Aufgaben eines Bischofs nur stellvertretend wahrnahm, eingesetzt.
Er wurde im April 1874 wegen der Anstellung eines Priesters ohne Kulturexamen in Hohenzollern zu 575 Gulden Geldstrafe verurteilt. Hohenzollern gehörte seit 1850 zu Preußen, unterstand aber kirchenrechtlich der Erzdiözese Freiburg. In Preußen war ab 1871/72 ebenfalls ein Kulturkampf entbrannt, und ab 1873 galt auch hier ein Kulturexamen als Voraussetzung zum Priesteramt. Gemäß dem Urteil sollte die Geldstrafe durch Versteigerung von Eigentum erzielt werden, falls von Kübel die Strafe nicht zahlte. Kübel zahlte nicht. Im Juni kamen daher Möbel aus dem erzbischöflichen Palais unter den Hammer. Der Freiburger Rechtsanwalt Marbe ersteigerte diese und trug sie ins Bistumspalais zurück.
Der Stuhl gehörte zum Mobiliar des erzbischöflichen Palais, das unter Vicari angeschafft worden war. Es handelt sich mit großer Wahrscheinlichkeit um eines jener Möbelstücke, mit dessen Versteigerung der Bistumsverweser von Kübel bestraft worden ist (Hug, 2001, S. 155 f.).

Der politische Katholizismus organisierte sich in Baden anderthalb Jahre früher als im Deutschen Reich. Schon 1869 wurde die Katholische Volkspartei gegründet, die reichsweite Partei, das Zentrum, erst nach der Reichsgründung 1871. Heinrich Hansjakob war Mitglied der Katholischen Volkspartei und vertrat als Abgeordneter von 1871 bis 1878 den Wahlkreis Offenburg-Land im badischen Landtag. Im Mai 1869 hielt er eine Wahlkampfrede in Engen, in der er sich kritisch über die regierenden Liberalen äußerte. Nachdem seine kritischen Worte auch in der katholische Presse, wie z.B. dem „Badischen Beobachter“, veröffentlicht worden waren, wurde Hansjakob wegen Störung der öffentlichen Ruhe und Ordnung – laut Hansjakobs eigenen Worten (S. 6) – zu einer vierwöchigen Festungshaft und einer Geldstrafe von 45 Gulden verurteilt. Die Haftstrafe verbüßte er im Mai 1870 in der Festung Rastatt. Die Erinnerungen daran erschienen noch im selben Jahr, und die Nachfrage nach seinem Werk veranlaßten ihn, es in überarbeiteter Form nach dreißig Jahren nochmals drucken zu lassen. Die erste Ausgabe war im „Ausland“, in Würzburg, erschienen. Der Vorgang zeigt zum einen, welch enge Grenzen die regierenden Liberalen der Meinungsfreiheit zogen, wie wenig liberal im Sinne von tolerant sie waren und ihrerseits beständig den Kulturkampf anheizten. Zum anderen belegt der Buchtitel, wie es Hansjakob versteht, den Vorgang zu dramatisieren, indem er sich zum „Staatsgefangenen“ stilisiert.
Heinrich Hansjakob war in dieser Zeit Lehrer am Gymnasium in Waldshut. Seiner Entlassung aus dem Schuldienst kam er durch seine Kündigung zuvor. Lothar von Kübel wies ihm die Pfarrstelle in Hagnau am Bodensee zu (Hildenbrand 2000, S. 155).

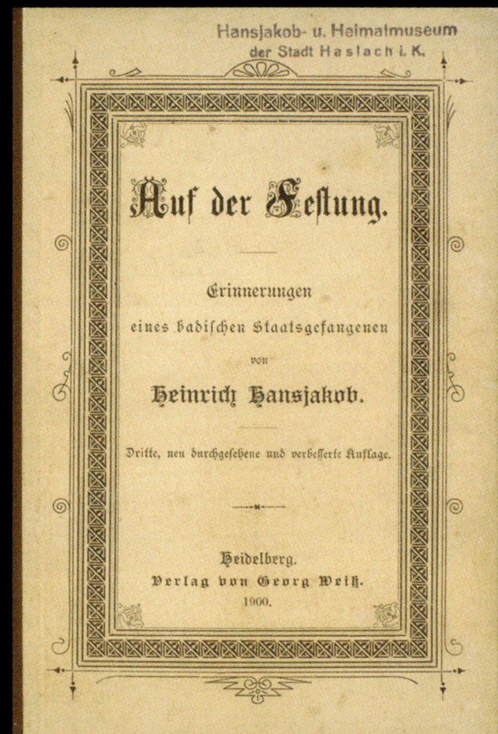
Hansjakob- u. Heimatmuseum der Stadt Haslach i. K.

Auf der Festung.

Erinnerungen eines badischen Staatsgefangenen von Heinrich Hansjakob.

Dritte, neu durchgesehene und verbesserte Auflage.

Heidelberg.
Verlag von Georg Weiß.
1900.

Heinrich Hansjakob: „Auf der Festung. Erinnerungen eines badischen Staatsgefangenen“
Verlag Georg Weiß, Heidelberg 1900
Hansjakobarchiv Haslach im Kinzigtal

Georg Baßler: „Mein erster Gang in die Fremde. Ein Reisetagebuch“
1881
Privatbesitz

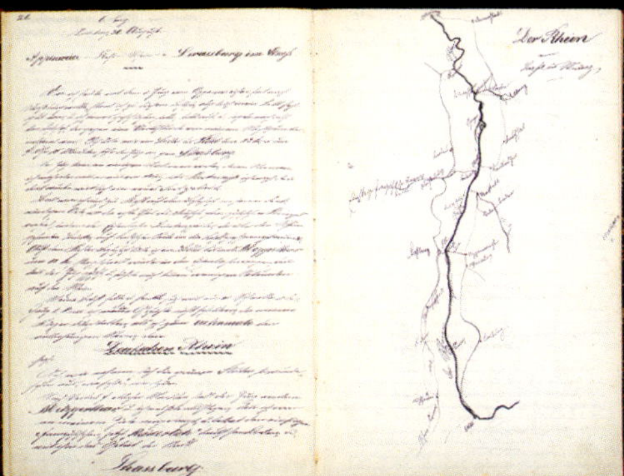

„Internationale Bibliothek“
J.H.W. Dietz (Verlag),
ab 1887
Privatbesitz

Der Stuttgarter Sozialdemokrat Georg Baßler (1857–1900) war gelernter Schriftsetzer und arbeitete als Redakteur der „Süddeutschen Volkszeitung“. 1881 wurde er wegen Verstoßes gegen das Pressegesetz zu einer mehrwöchigen Haftstrafe verurteilt. Die Stimmung gegen die Partei hatte sich in Württemberg verschärft seit 1878 im Reichstag das „Gesetz gegen die gemeingefährlichen Bestrebungen der Sozialdemokratie“, das sogenannte Sozialistengesetz, erlassen worden war. Damit sollten ihre Organisation zerschlagen und politische Äußerungen verfolgt werden. Georg Baßler nutzte seine Zeit im Gefängnis, um die Erinnerungen an seine fünfmonatige Wanderschaft als Geselle 1874 aufzuschreiben. Er versah dieses Erinnerungsbuch mit Skizzen und ausgeschnittenen Karten. Demonstrativ schloß er diese Aufzeichnungen mit dem Satz: „Beendet am 7. März im Stuttgarter Justizpalast“ (Bassler 1987, S. 182–184).

Seit 1881 war der sozialdemokratische Drucker und Verleger J. H. W. Dietz (1843–1922) in Stuttgart ansässig. Er war aufgrund des Sozialistengesetzes aus Hamburg und aus Leipzig ausgewiesen worden und wurde auch als Reichstagsabgeordneter strafrechtlich belangt. Die politische Polizei in Stuttgart beobachtete zwar sein Tun genau, doch er konnte Druckerei und Verlag aufbauen. Ab 1887 gab er die „Internationale Bibliothek“ mit insgesamt 67 Bänden heraus. Es waren preisgünstige und für die Arbeiterschaft erschwingliche Ausgaben (populär) wissenschaftlicher und sozialistischer Werke, die der Weiterbildung und der Aufklärung über die theoretischen Grundlagen der Bewegung dienen sollten. Aufgrund ihrer „wissenschaftlichen Haltung“ interessierte sich die württembergische Zensur nicht für die Buchreihe. Die Bücher stammen aus dem Nachlaß des Stuttgarter Sozialdemokraten Georg Baßler (Rieber 1987, S. 164–167).

Nr. 504. Stuttgart, den 15. März. 1898.

DER WAHRE JACOB

Abonnementspreis:
Pro Jahr . . . . M. 2.60
Pro Quartal . . . . . . „ –.65
Preis pro Nummer . . . . „ –.10

Erscheint alle vierzehn Tage.
Abonnementsbestellungen nehmen alle Postämter entgegen (eingetragen im Postzeitungs-Katalog unter Nr. 7597). Ferner zu beziehen durch alle Buchhandlungen und Kolporteure; in Berlin auch durch jeden Zeitungsspediteur und Zeitungsverkäufer.

Verantwortlich für die Redaktion: Georg Baßler in Stuttgart.
Verlag und Druck von J. H. W. Dietz Nachf. (G. m. b. H.) in Stuttgart, Furthbachstr. 12.

Aus dem Jahre 1848.

Durchlaucht (am Fenster stehend): Merkwürdig viele Unterthanen auf dem Schloßplatz! Ich muß doch sehr beliebt sein. Was rufen denn die Unterthanen?
Kammerherr (zitternd): Durchlaucht verzeihen . . . sie . . . rufen . . . Rrraus!

„Der Wahre Jacob. Illustrierte humoristisch-satirische Zeitschrift mit einem Beiblatt für Unterhaltung und Belehrung“
J. H. W. Dietz (Verlag),
Jahrgänge 1897–1902
Privatbesitz

„Das ist ja nicht der wahre Jacob!“ Dieses geflügelte Wort machte Ende der 1920er Jahre die Runde (Graf 1998, S. 117). Es bezog sich auf die in der organisierten Arbeiterschaft beliebte satirische Zeitschrift „Der Wahre Jacob“. Der Verlag von J. H. W. Dietz knüpfte in Stuttgart ab 1884 an die einst in Hamburg begonnene Zeitschrift an. Das Unterhaltungsblatt übte auf humorvolle Weise Kritik an den Verhältnissen und blieb von der Zensur unbehelligt. Durch die hohen Auflagen erzielte der Verlag einen Gewinn, mit dem er verlustbringende Publikationen finanzieren konnte. Georg Baßler war von 1890 bis zu seinem Tod 1900 Redakteur dieses erfolgreichen Blattes. Das Titelblatt der Ausgabe vom 15. März 1898 erinnert an die Revolution von 1848. Die Karikatur verspottet den preußischen König, der in Verkennung des eigentlichen Geschehens meint, die Menschenmenge vor dem Schloß jubele ihm zu, tatsächlich ruft die Menge „raus“, was ihm ein Kammerherr stotternd mitteilt. Auch die Artikel dieser Ausgabe nahmen den 50. Jahrestag der Revolution von 1848 zum Anlaß, auf das historische Geschehen zurückzublicken und an die Ziele der Revolution – Freiheit und Einheit – zu erinnern.

W. Hasenclever, K. E. Frohme, Adolph Lepp: „Deutsche Arbeiter-Dichtung. Eine Auswahl Lieder und Gedichte deutscher Proletarier“
J. H. W. Dietz (Verlag), Stuttgart 1893
Privatbesitz

Der Buchdeckel ist mit Symbolen der Französischen Revolution illustriert und weist auf die ideelle Orientierung der Arbeiterbewegung hin. Die rote Jakobinermütze steht für den revolutionären Willen. Sie ist auf ein Faskienbündel, sinnbildlich für Recht und Gesetz, aufgesteckt. Dieses Bildarrangement ist auf einem roten Sonnenball aufgebracht, dem Sinnbild der Aufklärung. Das Buch „Deutsche Arbeiter-Dichtung“ ist Zeugnis einer lebendigen Arbeiterbewegungskultur. Es gehörte Georg Baßler, der Mitglied im Arbeitergesangverein Lassallia in Stuttgart-Heslach war.

Stuttgarter Straßenbahner Streik
J. Junginger, Stuttgart
1902
Haus der Geschichte Baden-Württemberg

In Stuttgart traten in der ersten Juniwoche 1902 die Straßenbahner in den Streik. Sie forderten die Koalitionsfreiheit, d. h. das Recht, sich gewerkschaftlich zu organisieren, höheren Lohn, eine Neuregelung der freien Tage und des Urlaubs sowie die Bezahlung von Überstunden. Die Leitung des privaten Verkehrsbetriebs weigerte sich, darüber mit den Delegierten der Arbeiter zu verhandeln. Die Bevölkerung solidarisierte sich mit den Streikenden in zahlreichen Massenversammlungen, bei denen es, laut Stadtchronik, zu „nicht zu billigende(n) Ausschreitungen“ kam, so daß die Polizei die Menschen gewaltsam auseinandertrieb. Die Stadtverwaltung wollte den Verkehrsbetrieb in städtische Regie übernehmen, damit der Konflikt nicht weiter eskalierte und der Betrieb wieder aufgenommen werden könnte. Das wurde ihr jedoch gerichtlich untersagt. Auch das Innenministerium versuchte ohne viel Erfolg zu vermitteln. Mit Hilfe von Streikbrechern beendete das Unternehmen den Arbeitskampf ohne Zugeständnisse. Nur mehr als die Hälfte der Streikenden wurde wieder eingestellt. Dieser Arbeitskampf fand in ganz Deutschland viel Aufmerksamkeit, und die Nachricht darüber wurde nicht nur schriftlich über die Zeitung, sondern auch bildlich mit dieser etwas unbeholfen gezeichneten Postkarte verbreitet. Das gewalttätige Vorgehen der Polizei wird sichtbar gemacht. Die Karte appelliert durch die Darstellung, unterstützt durch den Inhalt der gedruckten Sätze, an die Solidarität mit den Streikenden

Karl Marx: „Das Kapital. Kritik der politischen Ökonomie"
I. Band: Das Produktionswesen des Kapitals
3. vermehrte Auflage,
Hamburg 1883
Privatbesitz

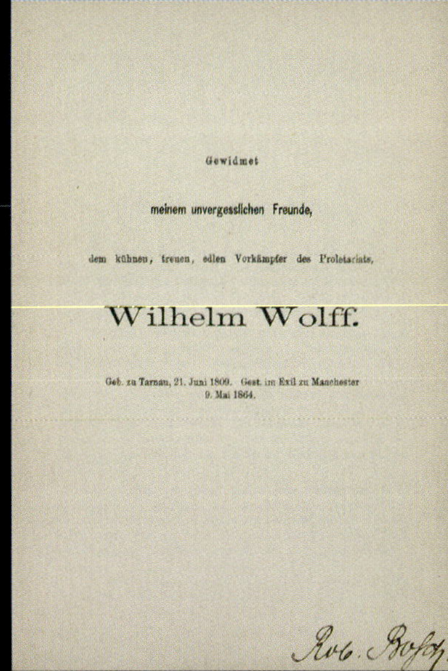
Gewidmet

meinem unvergesslichen Freunde,

dem kühnen, treuen, edlen Vorkämpfer des Proletariats,

Wilhelm Wolff.

Geb. zu Tarnau, 21. Juni 1809. Gest. im Exil zu Manchester
9. Mai 1864.

Bildnis eines Schlossers
Georg Friedrich Zundel
(1875–1948)
Öl auf Leinwand, 1901
Privatbesitz

Das Bildnis eines Arbeiters ist von strenger Sachlichkeit, ohne Stilisierung oder gar moralischem Pathos. Die Körperhaltung wirkt entspannt. Im direkten Blick auf den Betrachter liegen Ruhe und Selbstbewußtsein. Der Lichtschein, der auf eine Gesichtshälfte fällt, hat nichts Verklärendes, unterstreicht eher die entschlossene Ruhe. Es handelt sich um die Darstellung einer typischen Persönlichkeit, allerdings ohne jegliches anekdotische Beiwerk, das auf ein Arbeitermilieu hinweist, und bei aller Typisierung sind dem Bildnis auch individuelle Züge eigen. Das Neue an dieser Darstellung war, daß ein bürgerliches Genre – das Porträt – nun auf die Darstellung eines Arbeiters übertragen wurde.
Georg Friedrich Zundel besuchte zunächst die Kunstgewerbeschule in Karlsruhe, ab 1894 dann die Akademie in Stuttgart. Hier begann er sich mit dem Sozialismus zu beschäftigen. 1896 wurde er wegen der Beteiligung an einem Streik der Kunststudenten von der Akademie verwiesen. In dieser Zeit lernte er Klara Zetkin (1857–1933) kennen, eine der führenden Persönlichkeiten der Sozialdemokratie, die seit 1891 in Stuttgart lebte. Sie organisierte die Arbeiterinnenbewegung und leitete deren Presseorgan „Die Gleichheit". Beide heirateten 1899 und zogen 1903 in ein eigenes Haus in Sillenbuch. Die „Villa Zundel" wurde zu einem Treffpunkt der national und international führenden Sozialdemokraten (Kat. Tübingen 1975).

Der Industrielle Robert Bosch setzte sich ausführlich mit dem Marxismus auseinander. Er lehnte die ökonomische Analyse der marxistischen Theorie wie die Mehrwertlehre oder die Abschaffung des Kapitalismus als Konsequenz daraus grundsätzlich ab. Das trennte ihn von Karl Kautsky und Klara Zetkin, die zu seinem Bekanntenkreis zählten. Kautsky wohnte im gleichen Haus in der Rotebühlstraße 145, Klara Zetkin im Haus Nr. 147 nebenan. Mit ihnen diskutierte er über den Sozialismus und die Ziele der organisierten Arbeiter. Auch wenn er die theoretische Grundlage nicht akzeptierte, so doch deren Ziel, einen besseren Lebensstandard zu erreichen. Er zog aus seiner Kritik an den sozialen Verhältnissen seine eigenen Konsequenzen und das durchaus in seinem Interesse als Unternehmer. Die Firma Bosch führte 1906 den Achtstundentag sowie 1910 den freien Samstagnachmittag und den geregelten Urlaub ein. Außerdem zahlte die Firma im Vergleich zur Konkurrenz hohe Löhne. Bosch's Biograph Theodor Heuss überliefert den Satz: „Ich zahle nicht gute Löhne, weil ich viel Geld habe, sondern ich habe viel Geld, weil ich gute Löhne zahle" (Heuss 1975, S. 306). Trotz seiner den Forderungen der Arbeiterbewegung entgegenkommenden Haltung, offenbarte der Streik bei Bosch 1913 unterschiedliche Interessen von Arbeitern und Unternehmer.

Probenummer. 2. Jahrgang.

Die Gleichheit.

Zeitschrift für die Interessen der Arbeiterinnen.

Herausgegeben von Emma Ihrer in Velten (Mark).

Die „Gleichheit" erscheint alle 14 Tage einmal. Preis der Nummer 10 Pf., durch die Post bezogen beträgt der Abonnements-Preis vierteljährlich ohne Bestellgeld 55 Pf.; unter Kreuzband 85 Pf. Inseratenpreis die zweigespaltene Petitzeile 20 Pf.

Stuttgart
Samstag, den 28. Dezember 1891.

Zuschriften an die Redaktion der „Gleichheit" sind zu richten an Fr. Klara Eißner (Zetkin), Stuttgart, Rothebühl-Straße 147, IV. Die Expedition befindet sich in Stuttgart, Furthbach-Straße 12.

An die Leser!

Mit dieser Nummer tritt „Die Gleichheit" an die Stelle der vielen liebgewordenen Zeitschrift „Die Arbeiterin." Wer „Die Arbeiterin" bisher und unter schwierigen Verhältnissen am Werk gesehen, der kennt mithin auch das Programm, das sich „Die Gleichheit" stellt, die prinzipielle Grundlage, auf der ihre Haltung fußt.

Allein in Folge veränderter äußerer Umstände hoffen wir, den Wirkungskreis des Blattes beträchtlich zu erweitern, und für die neu hinzukommenden Leser dürften einige Worte der Erklärung nicht überflüssig sein.

„Die Gleichheit" tritt für die volle gesellschaftliche Befreiung der Frau ein, wie sie einzig und allein in einer im Sinne des

Menschen ein Ende nimmt. In diesem Kampfe aber sind die ausgedehntesten politischen Rechte — die Arbeiterbewegung hat dies bewiesen — vorzügliche und unentbehrliche Waffen.

Die wohlhabende Frau bedarf zu ihrer Emanzipation, ihrer Befreiung blos der rechtlichen Gleichstellung mit dem Manne.

Die Frau des Proletariats dagegen bleibt, auch wenn sie ihre rechtliche Gleichstellung mit dem Manne errungen, noch unfrei, abhängig vom Kapitalisten. Sie muß deshalb alle Bestrebungen unterstützen, welche darauf abzielen, die Macht der Kapitalisten-klasse zu beschränken, die Macht der Arbeiterklasse dagegen zu erweitern; sie muß der Bourgeoisie alle die Konzessionen abzuringen suchen, welche geeignet sind, das Proletariat körperlich, geistig und

„Die Gleichheit. Zeitschrift für die Interessen der Arbeiterinnen"
Klara Zetkin (Redaktion),
J. H. W. Dietz (Verlag),
1.1892 – 4.1895
Privatbesitz

„Die Gleichheit" war die maßgebliche Zeitschrift der sozialdemokratischen Arbeiterinnenbewegung. Klara Zetkin übernahm im Januar 1892 die Redaktion von der Sozialdemokratin Emma Ihrer. Diese hatte die Zeitschrift 1891 unter dem Titel „Die Arbeiterin" redigiert. Der neue Titel war auch Programm: Es galt, auf der Gleichheit der weiblichen Arbeiterschaft und ihrer Interessen innerhalb der Arbeiterbewegung zu beharren. Und es galt, den Kampf um die politische Gleichheit in der Gesellschaft, wofür das Frauenwahlrecht stand, zu führen. Die Zeitschrift diente vor allem der Weiterbildung in der marxistischen Theorie und der Aufklärung über politische Themen, aber auch der literarischen oder historischen Allgemeinbildung sowie der Information über das Geschehen in den Organisationen der Arbeiterinnenbewegung. Klara Zetkin leitete die Zeitschrift bis 1917. Sie wurde als Redakteurin abgesetzt, weil sie im Weltkrieg anders als die Mehrheit der SPD eine pazifistische Position vertrat. Die Jahrgangsbände stammen aus ihrem persönlichen Besitz.

Ab 1904 wurden in Baden die Abgeordneten nach dem gleichen, direkten und geheimen Wahlrecht gewählt. Das aktive und passive Wahlrecht war auf Männer beschränkt. Baden besaß damit das demokratischste Landtagswahlrecht im Kaiserreich. Die Zahl der Landtagsabgeordneten der SPD wurde größer. Bei der Landtagswahl 1909 gewann die Partei zwanzig Mandate. Zur Fraktion gehörte Adolf Geck aus Offenburg, der durch den Heckerhut seine ideelle Verbindung zur Revolution von 1848/49 und deren Ziele bekundete. Dazu gehörten auch Ludwig Frank, Rechtsanwalt aus Mannheim, und der leitende Redakteur der Zeitung „Volksfreund", Wilhelm Kolb aus Karlsruhe, der zum Fraktionsvorsitzenden gewählt wurde. Der SPD-Abgeordnete Anton Geiss aus Mannheim war Vorsitzender der Landespartei und wurde zum Vizepräsidenten des Landtags gewählt. Alle Abgeordneten befürworteten die Zusammenarbeit mit den liberalen Parteien und bildeten mit diesen den sogenannten „Großblock". Die Fraktion konnte erfolgreich die Politik in ihrem Sinn gestalten. So wurde das undemokratische Gemeindewahlrecht hin zu einem demokratischen Wahlrecht geändert, und laut Ludwig Frank hätte man beinahe das Frauenwahlrecht auf kommunaler Ebene durchsetzen können. Bei der Schulreform wurde das

Sozialdemokratische Landtagsfraktion 1909
Rausch & Pester, Photographisches Atelier Karlsruhe
1909
Generallandesarchiv Karlsruhe

„Schaffende in Stadt und Land lest den Volksfreund“
Wilhelm Winkler
Plakat, Lithographie,
um 1910
Haus der Geschichte
Baden-Württemberg

„Gruss vom Internationalen Sozialisten-Kongreß in Stuttgart August 1907“
1907
Haus der Geschichte
Baden-Württemberg

Der „Volksfreund“ war neben der Mannheimer „Volksstimme“ und der Freiburger „Volkswacht“ eine der maßgeblichen Parteizeitungen der badischen Sozialdemokratie. Die Tageszeitung wurde 1881 in Offenburg gegründet. Redakteur war Adolf Geck (1854–1942), einer der unbeugsamen Sozialdemokraten in der Zeit des Sozialistengesetzes und Mitbegründer der badischen Landespartei 1890. Ab April 1899 erschien die Zeitung in Karlsruhe, geleitet von Wilhelm Kolb (1870–1918). Er war nach der Jahrhundertwende einer der führenden badischen Sozialdemokraten und Landtagsabgeordneter. Das Werbeplakat nimmt den programmatischen Untertitel des „Volksfreunds“ auf: „Tageszeitung für das werktätige Volk Mittelbadens“ und wendet sich an dieses in Stadt und Land. Damit sind nicht nur Lohnarbeiter gemeint. Angesprochen werden auch Bauern, kleine Beamte und Angestellte. Dieses breite Verständnis von Arbeiterschaft spiegelt die sozialen Verhältnisse Badens wider. Ein Industrieproletariat wie in den großen Industriezentren Mitteldeutschlands gab es in Baden nicht, so wenig wie in Württemberg. Handwerker-Arbeiter oder Nebenerwerbsbauern prägten das Bild der Arbeiterschaft in Südwestdeutschland. Der Appell an die Werktätigen in der Stadt und auf dem Land wurde von dem Karlsruher Maler Wilhelm Winkler grafisch umgesetzt. Die Massen strömen aus der Fabrik, aus einem Dorf und einer kleinen mittelalterlich wirkenden Stadt herbei und laufen auf den im Vordergrund demonstrativ die Werbebotschaft hochhaltenden Arbeiter zu.

Vom 18.–24. August 1907 fand in Stuttgart der Internationale Sozialistenkongreß statt. Es war das erste Mal, daß dieser Kongreß in Deutschland abgehalten wurde, und es war kein Zufall, daß die Partei Stuttgart als Tagungsort wählte. Man vertraute auf die Liberalität Württembergs. Und zu Recht. Denn das Auswärtige Amt in Berlin legte der württembergischen Regierung nahe, den Kongreß abzusagen. Das sei weder rechtlich möglich, noch politisch opportun, meldete die württembergische Regierung zurück. Andererseits suchte man durch kleinliche Vorschriften den Eindruck zu vermeiden, man begünstige die Sozialdemokraten (Christ-Gmelin 1979, S. 119). Die Postkarte war ein propagandistisches Mittel, das die Identifikation mit den Zielen der sozialistischen Arbeiterbewegung stärken und deren Wiedererkennbarkeit nach innen und außen dienen sollte. Sie ist mit Ikonen und Symbolen der Arbeiterbewegung gestaltet. Rechts sind die Porträtmedaillons der Leitfiguren des Sozialismus angeordnet: Friedrich Engels, Ferdinand Lasalle, Karl Marx und Wilhelm Liebknecht bilden die Traditionslinie, in die der Parteiführer August Bebel eingereiht wird. Ein Arbeiter, Hammer und Zahnrad in den Händen haltend, betrachtet nachdenklich die im Porträt dargestellte Parteigeschichte. Hinter ihm ist die aufgehende Sonne mit der Losung der Französischen Revolution – Freiheit, Gleichheit, Brüderlichkeit – aufgedruckt. Die Arbeiterbewegung begreift sich als deren Erbe und appelliert an den revolutionären Geist, was das kämpferische Gedicht von Georg Herwegh deutlich ausdrückt: „Mann der Arbeit aufgewacht! Und erkenne deine Macht! Alle Räder stehen still, wenn dein starker Arm es will!“

Erstes Blatt.

1 mark

Schwäbische Tagwacht.

Organ der Sozialdemokraten Württembergs.

№ 191 — Stuttgart, Samstag, 17. August 1907

PARIS 1889 · BRÜSSEL 1891 · ZÜRICH 1893 · LONDON 1896 · PARIS 1900 · AMSTERDAM 1904

STUTTGART 1907

*

Proletarier aller Länder, vereinigt euch!

Tiefdunkle Nacht lag auf der Arbeit Hütten,
Als einst des Meisters Morgenruf erklang
Und wie ein Adler aus dem Land der Briten
Zu der Enterbten Nation sich schwang;
Ein Wort, getauft mit Glut und Zorneshelle,
Gehämmert in erkenntnisheissem Streit,
So flammt es siegreich ob der steilen Schwelle
Zur neuen, zur erfüllungsreichen Zeit.

Auf diesem Wort ist unser Bund gegründet,
Und erdenweit erstreckt sich sein Gebiet.
Des Sozialismus Lehre wird verkündet,
Soweit Kultur die Segenskreise zieht.
Was nie das Schwert der Mächtigen errungen,
Was selbst der Sänger nur im Liede kennt:
Die Arbeit hat den Völkerhass bezwungen
Und eingesetzt ein Friedensparlament.

Willkommen denn am grünen Neckarstrande,
Wo einst gekämpft ein trotziges Geschlecht
Um seines alten Rechtes heil'ge Bande —
Glück auf, ihr Kämpfer für ein neues Recht!
Es ringen Millionen noch im Tale
Des Lebens, in der Knechtschaft Dämmerschein.
Es soll der Tag der Internationale
Ein Tag der Arbeit für die Freiheit sein!

Schwäbische Tagwacht
Jungsozialistischer Kreis
Stuttgart
Nachdruck, um 1977
Bernhard Klar, Weilimdorf

Bilder vom Internationalen Sozialistenkongreß 1907
Jungsozialistischer Kreis
Stuttgart
Nachdruck, um 1977
Bernhard Klar, Weilimdorf

Zum Auftakt des Internationalen Sozialistenkongresses in Stuttgart 1907 erschien die „Schwäbische Tagwacht" am 17. August in sechs Blättern. Die Stuttgarter Jungsozialisten erinnerten an dieses Ereignis mit einem Nachdruck. Weder das genaue Erscheinungsjahr, noch der

Dem Nachdruck der Ausgabe der „Schwäbischen Tagwacht" vom 17. August 1907 war eine Bildbeilage beigefügt. Auf der ersten Seite sind eine Aufnahme von der Massenversammlung – in der Parteipresse auch als „Massenmeeting" bezeichnet – auf dem Cannstatter Wasen sowie

Großherzogliches Institut Mannheim
1904, 1905
Haus der Geschichte
Baden-Württemberg

Höhere Mädchenschulen vermittelten eine über die Volksschule hinausgehende Bildung bis zum 16. Lebensjahr. Das Bildungsniveau war sehr unterschiedlich. Baden vereinheitlichte 1877 den Aufbau der Höheren Mädchenschulen. Die Verordnung sah drei Vorschuljahre und sieben Jahre (9.–16. Lebensjahr) auf der Höheren Mädchenschule vor, also insgesamt zehn Schuljahre. Die Privatschule war 1810 durch eine französische Emigrantin in Karlsruhe gegründet worden. Als Großherzogin Stéphanie Mannheim als Witwensitz wählte, zog die Schule dorthin um, und 1877 wurde sie als Großherzogliches Institut in städtische Verwaltung übernommen. Die Schülerinnen stammten aus wohlhabenden Familien und kamen nicht nur aus Mannheim, sondern aus dem gesamten Deutschen Reich und auch aus dem Ausland. Eine der wenigen Schülerinnen aus Mannheim war die Sozialdemokratin Hedwig Wachenheim, Tochter des Bankiers Eduard Wachenheim. Sie zog aus dem Elternhaus ins benachbarte Pensionat. Das Institut sah seine Aufgabe darin, Mädchen „auf religiös-sittlicher, geistig anregender Grundlage zu ächter Weiblichkeit zu erziehen und mit dem, den Forderungen der Zeit an eine höhere Ausbildung entsprechenden Wissen auszustatten“. Und: „Der Lehrstoff ist mehr dem Beruf der

Schülerinnen des Paulinenstifts
Emil Lechler
1909
Wilma Lechler,
Ammerbuch-Poltringen

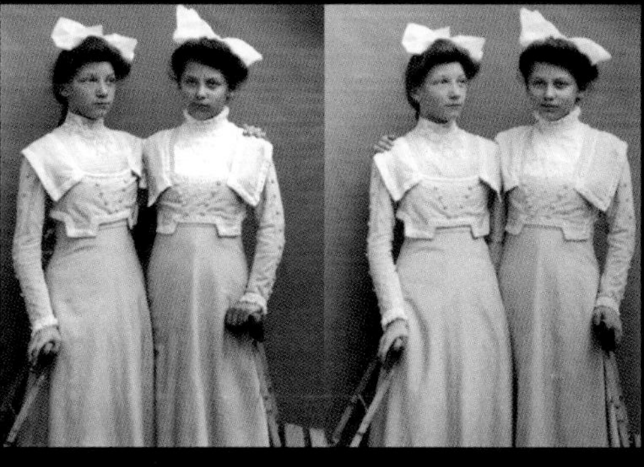

Anna und Frieda Lechler als Schülerinnen des Paulinenstifts
Emil Lechler
1909
Wilma Lechler,
Ammerbuch-Poltringen

Das Paulinenstift war 1856 von der württembergischen Königin Pauline in Friedrichshafen gegründet worden. Anna (geb. 1896) und Frieda Lechler (geb. 1894) besuchten diese private Höhere Mädchenschule für etwas mehr als ein Jahr, nachdem sie sieben Jahre auf einer einklassigen Dorfschule absolviert hatten. Das Doppelporträt, das der Vater Emil Lechler, Pfarrer in Öllingen bei Ulm, aufgenommen hat, zeigt die Lechler-Töchter in der Schulkleidung des Paulinenstifts. Für das Gruppenbild hat der begeisterte Hobbyfotograf die Mutter, Pauline Lechler, unter die Schülerinnen plaziert. Sie ist in der zweiten Reihe von links neben ihren Töchtern zu sehen. In der Mitte steht die Vorsteherin. Sie verwaltete das Pensionat. Für den Unterricht war ein männlicher Schulleiter verantwortlich.

Nach den acht Schuljahren besuchten Anna und Frieda Lechler noch die Frauenschule in Großsachsenheim, wohin der Vater versetzt worden war. Anschließend machten beide eine Ausbildung zur Säuglingsschwester.

Härlinsches Töchterinstitut in Göppingen
F. Weiss
1890
Privatbesitz

Die 1860 von Heinrich Härlin gegründete Schule gehörte zu den angesehensten privaten Höheren Töchterschulen in Württemberg. Viele der Töchter aus dem Bürgertum besuchten dieses Pensionat. Die hier geschlossenen Freundschaften knüpften auf ihre Weise das Netz der Verbindungen zwischen den bürgerlichen Familien im Königreich weiter. Pauline Lechler, Tochter eines Brauereibesitzers aus Mössingen, hatte diese Schule besucht. Sie freundete sich mit Anna Woerner (erste Reihe) an. Anna Woerner war die Tochter eines Brauereibesitzers aus Dusslingen. Sie besuchte die Schule ab 1890. In der Mitte der ersten Reihe sitzt die Tochter des Institutsleiters, die spätere Malerin Käthe Schaller-Härlin.

Oberstufenklasse des Mädchengymnasiums in Karlsruhe
Um 1905
Lessing-Gymnasium
Karlsruhe

Am 16. September 1893 wurde in Karlsruhe das erste Mädchengymnasium Deutschlands eröffnet. Die Initiative ging vom Verein Frauenbildungsreform aus. Seine Aufforderung, Mädchen zum Abitur und zum Studium zuzulassen, war nur im Großherzogtum Baden auf Zustimmung gestoßen. Daraufhin eröffnete der Verein hier ein humanistisches Mädchengymnasium. Die Schülerinnen kamen aus ganz Deutschland. Ihre Zahl war zunächst gering und der Bestand der Privatschule gefährdet. 1898 übernahm die Stadt Karlsruhe das Mädchengymnasium. Es wurde als gymnasialer Zug der Höheren Mädchenschule angegliedert. 1899 legte der erste Jahrgang das Abitur ab.

Die Aufnahme der Oberstufenklasse hält selbstbewußt in die Kamera blickende Schülerinnen fest, die sich durch die aufgeschlagenen Bücher als wißbegierig stilisieren. Im Hintergrund steht das Lehrerkollegium, unter ihnen als einzige Frau die promovierte Mathematikerin Dr. Marie Gernet, eine Mitbegründerin des Mädchengymnasiums. Das Wandrelief an der Rückwand zeigt die drei Parzen. Die antiken Schicksalsgöttinnen verweisen auf die humani stische Bildung. Aus dem im Jahresbericht abgedruckten Lehrplan wird deutlich, wie unter schiedlich die Anforderungen am Gymnasium im Vergleich zur Höheren Mädchenschule waren Die Gymnasiastinnen hatten Unterricht in Latein und Griechisch, aber keinen Handarbeits unterricht wie die Schülerinnen der Höheren Mädchenschule. Der Unterricht in Singen, Zeich nen und Turnen war freiwillig. Durch das erste Mädchengymnasium war in Baden der Bann gebrochen. Die badische Regierung erlaubte Mädchen nun auch den Besuch von Knabengym nasien (Mädchen-Gymnasium 1993, S. 20–22).

Höhere Mädchenschule Karlsruhe
1912
Lessing-Gymnasium
Karlsruhe

Magdalena Meub
Um 1910
Rüdiger Rombach
Ehingen

Im September 1911 wurde die Höhere Mädchenschule in Karlsruhe in zwei Schulen getrennt. Eine der beiden Höheren Mädchenschulen mit Oberstufe und das Mädchengymnasium zogen in das neue Schulhaus in der Sophienstraße 147, das den Namen Lessingschule erhielt. Der Neubau und die Einrichtung einer zweiten Höheren Mädchenschule waren nötig geworden, weil das alte Gebäudes die stetig wachsende Zahl der Schülerinnen auch im gymnasialen Zweig nicht mehr aufnehmen konnte. Die im alten Schulgebäude in der Sophienstraße 14 verbleibende Höhere Mädchenschule wurde in Fichteschule umbenannt. Die Mathematiklehrerin Dr. Marie Gernet (vorne links) unterrichtete in beiden Schulzweigen. Der Besuch der Höheren Mädchenschule endete mit dem 16. Lebensjahr. Ab 1908 konnten die Schülerinnen einen ein- oder zweijährigen, allgemeinbildenden Fortbildungskurs anschließen. Das Gruppenbild zeigt die Absolventinnen des Fortbildungskurses im Jahr 1912 (Mädchen-Gymnasium 1993, S. 20–22).

Die Tochter eines Bäckermeisters in Karlsruhe, Magdalena Meub (1881–1966), war eine Pionierin in mehrfacher Hinsicht. Sie gehörte 1899 zu den ersten Abiturientinnen des Karlsruher Mädchengymnasiums. Als erste Studentin immatrikulierte sie sich 1904 an der TU Karlsruhe und studierte Pharmazie. Nach dem Examen war sie die erste Apothekerin Deutschlands. Vor dem Studium in diesem Fach hatte sie die vorgeschriebene Ausbildung zur Apothekengehilfin absolviert. 1908 heiratete sie den Apotheker Adolf Neff, mit dem sie die Löwen-Apotheke in Ehingen übernahm. Bis 1954 arbeitete sie in ihrem Beruf. Auf dem Foto präsentiert sich die Apothekerin als selbstbewußte Frau. Die Aufnahme stammt vermutlich aus der Zeit vor dem Ersten Weltkrieg (Rombach 1981).

Rahel Gotein
Um 1900
Stadtarchiv Karlsruhe

Über das Einzigartige der Situation war sich Rahel Gotein (1880–1963) bewußt. Sie hielt als beste Absolventin des ersten Jahrgangs des Karlsruher Mädchengymnasiums 1899 die Abitursrede: „Ja, etwas Neues, etwas noch nie Dagewesenes ist es." Sie nennt drei Gründe, die sie und ihre Mitschülerinnen veranlaßten, diesen Weg zu beschreiten: „Vor allem war es die Lust am Lernen, am Wissen, die uns diesen Weg gewiesen." Als zweiten Grund nannte sie den Wunsch, einen Beruf zu ergreifen, um selbst für sich einstehen zu können. Der dritte Grund ist ein individueller, der sich durchaus mit der herkömmlichen Vorstellung von Weiblichkeit verbinden läßt. Wie viele Frauen wollte sie Medizin studieren und „den Armen und Kranken, den Leidenden und Schmerzbeladenen" helfen. Rahel Gotein war die Tochter des Karlsruher Rabbiners Dr. Gabor Gotein. Sie studierte ab Mai 1900 Medizin an der Universität Heidelberg und bestand das Physikum 1902 mit der Note „sehr gut". 1904 legte sie das Staatsexamen ab. Sie war Mitbegründerin der „Vereinigung studierende Frauen in Heidelberg" und zeitweilig dessen Vorsitzende. Der Verein löste sich 1905 auf. Die Neugründung „Organisation der Studentinnen Heidelbergs" nahm keine Jüdinnen auf. Sie heiratete den Anwalt Eli Straus und zog mit ihm nach München. Dort absolvierte sie in verschiedenen Kliniken die praktische Ausbildung und ließ sich nach der Promotion 1907 als erste Ärztin in München nieder. Die Mutter von fünf Kindern engagierte sich für den Zionismus und in der Jüdischen Frauenbewegung. 1933 emigrierte Rahel Straus nach Israel (Straus 1961).

In Baden konnten sich Studentinnen ab 1900 immatrikulieren, in Württemberg ab 1904. Die Fotos zeugen vom Alltagsleben der Studentinnen außerhalb des Studiums. Im Sommer 1910 gründete eine Gruppe Freiburger Studentinnen die Hüttenzunft e. V. Sie mieteten ab Juli 1910 das Altenteil eines Bauernhofes im Schwarzwald. 1912 entstand der Plan, eine eigene Hütte zu bauen. Das Geld kam durch Spenden, die Einnahmen eines Festes, den Verkauf von Bausteinen und einen zinsgünstigen Privatkredit zusammen. 1913 konnte die Hüttenzunft ihre eigene Hütte am Silberberg in Hinterzarten beziehen. Die Hütte diente der Geselligkeit und der Erholung am Wochenende oder in den Ferien. Von Beginn an führten die Studentinnen ein Hüttenbuch, in dem sie das Hüttenleben festhielten. Über die Aufnahme neuer Mitglieder wurde gemeinsam entschieden, nachdem diese dreimal zum „Hüttentee“ eingeladen worden waren. Sehr genau wurde überprüft, ob eine Anwärterin mit der Gruppe und deren Ideal einer einfachen, naturgemäßen Lebensweise sowie dem Leben auf der Hütte ohne den städtischen Komfort zurechtkam. Die in der Hüttenzunft geschlossenen Freundschaften hielten meist über die Studienzeit hinaus und verbanden auch unterschiedliche Generationen von Studentinnen (Wellmer-Brennecke 1997, S. 386–392).

Die Hüttenzunft der Freiburger Studentinnen
Um 1913
Hüttenzunft e. V.

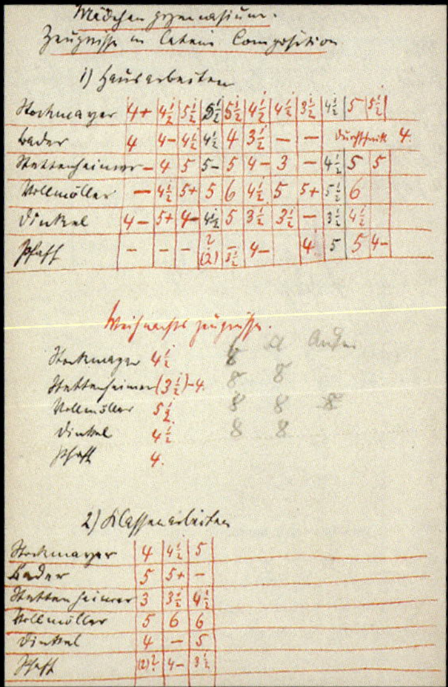

Notizbuch von Karl Hölder
1901
Haus der Geschichte
Baden-Württemberg

Gertrud Stockmayer und Hedwig Dinkel
Um 1905
Privatbesitz

Am 14. September 1901 nahm der Altphilologe Karl Hölder seinen Unterricht am 1899 gegründeten Mädchengymnasium in Stuttgart, heute Hölderlin Gymnasium, auf. Er unterrichtete auch am Karlsgymnasium, einem Knabengymnasium. An beiden Schulen war Hölder, der den ersten Teil der „Philosophischen Dienstprüfung" bestanden hatte, auf Stundenbasis angestellt und wurde entsprechend der gehaltenen Unterrichtsstunden bezahlt, was damals durchaus üblich war. In seinem Notizbuch führte er Buch über die Anzahl der Unterrichtsstunden. Diese beruflichen Einträge mischen sich mit privaten. Bevor er mit dem Unterricht am Mädchengymnasium begann, machte er sich ein Bild von den bisherigen Leistungen der Schülerinnen anhand der Noten. „8" war die beste Note, und eine „5" eine vorzeigbare Leistung. Von 1909 bis 1933 unterrichtete er dann als festangestellter Lehrer ausschließlich am Mädchengymnasium

Gertrud Stockmayer (1880–1963) (stehend) und Hedwig Dinkel (1885–1977) gehörten zu den ersten Absolventinnen des Stuttgarter Mädchengymnasiums. Sie machten 1904 Abitur und studierten in Tübingen. Hedwig Dinkel war mit 17 Jahren die jüngste des Jahrgangs. Sie war die Tochter des Kollaborators – ein Lehrer ohne Fachstudium – der Lateinschule in Weinsberg und wurde von ihm privat unterrichtet. Mit neun Jahren wurde Hedwig Dinkel als einziges Mädchen in die Lateinschule aufgenommen und 1899 auf das gerade gegründete Mädchengymnasium nach Stuttgart geschickt. Sie war mit 13 Jahren die jüngste und brachte außer den Lateinkenntnissen wenig an Vorbildung mit. Nach dem Abitur studierte sie Medizin und führte gemeinsam mit ihrem Ehemann Dr. Braun eine Praxis in Cannstatt. Sie war die einzige unter den Absolventinnen, die trotz Ehe und Mutterschaft ihren Beruf ausübte (Dinkel 1992, S. 265–278). Gertrud Stockmayer, Tochter des Juristen und ersten besoldeten Stuttgarter Stadtrats, Eugen Stockmayer, kam ein Jahr nach der Gründung mit 20 Jahren ans Mädchengymnasium. Sie hatte eine Höhere Mädchenschule besucht und als Bibliothekarin gearbeitet. Nach dem Abitur studierte sie Philologie und Geschichte und schloß das Studium 1908 mit der Promotion in Geschichte ab. Im gleichen Jahr heiratete sie einen Arzt und widmete sich der Erziehung ihrer Kinder (Fellmeth 1998, S. 219 f.).
Die beiden blieben seit der Schulzeit befreundet. Sie lassen sich mit Gertrud Stockmayers Bruder und zwei weitere Kommilitonen „zur freundlichen Erinnerung an ein gemütliches Stündchen" in Tübingen im Dezember 1905 fotografieren.

Martha Vollmöller
Um 1900
Mara von Frankenberg, Beilstein

Gertrud Stockmayer und Anna Stettenheimer
Um 1905
Universitätsarchiv Tübingen

Die Tochter des Stuttgarter Textilfabrikanten Robert Vollmöller, Martha Vollmöller (1883–1955), war die jüngere Schwester der Malerin Mathilde Vollmöller-Purrmann. Nach der Höheren Mädchenschule, dem Olga-Stift, kam sie auf das im April 1899 gegründete Stuttgarter Mädchengymnasium und legte von den ersten Absolventinnen 1904 das beste Abitur ab. Sie schrieb sich an der Universität Tübingen im Fach Medizin ein, brach das Studium aber nach der Heirat mit dem Mediziner Dr. Friedrich Müller nach zwei Semestern ab und widmete sich der Erziehung der Kinder. Sie lebte in den Zwanziger Jahren in Graz, wo ihr Ehemann eine Professur annahm und kehrte nach dessen Tod 1934 nach Stuttgart zurück (Riepl-Schmidt 1999, S. 26).

Zu den ersten Absolventinnen des Stuttgarter Mädchengymnasiums gehörte neben Gertrud Stockmayer, Hedwig Dinkel und Martha Vollmöller auch die Kaufmannstochter Anna Stettenheimer (1884–1953). Wie Martha Vollmöller wechselte sie vom Olga-Stift auf das Mädchengymnasium. Nach dem Abitur 1904 begann sie mit einem Medizinstudium, wechselte dann aber zur Physik und promovierte 1908 an der Universität Tübingen. Sie heiratete 1912 den Philosophen Kurt Reinach, unterrichtete eine kurze Zeit und zog dann nach Göttingen, wo Reinach eine Stelle als Privatdozent erhielt. Das Dritte Reich überlebte sie als Jüdin mit Hilfe ihres Adoptivsohnes, eines Pfarrers und Wehrmachtsgeistlichen, zunächst im unbesetzten Frankreich, dann als Privaterzieherin in Spanien. Nach dem Krieg lebte sie in München.
Die Stuttgarter Gymnasiastinnen blieben während ihrer Studienzeit und teils auch danach befreundet. Das Foto zeigt Anna Stettenheimer (links) und Gertrud Stockmayer (rechts) bei einem Spaziergang in der Tübinger Studienzeit.

Blick aus dem Turmzimmer
Mathilde Vollmöller-Purrmann
Öl auf Leinwand, um 1910
Hans Vollmoeller-Stiftung
Zürich

Mathilde Vollmöller-Purrmann (1876–1943), die ältere Schwester von Martha Vollmöller, war vielseitig begabt. Während ihre Schwester 1904 als Beste unter den ersten Schülerinnen des Stuttgarter Mädchengymnasiums das Abitur ablegte, hatte sie die für „Höhere Töchter“ übliche Schulbildung auf einem Pensionat erfahren. Ab 1897 lebte Mathilde Vollmöller einige Jahre in Berlin. Hier hatte sie Kontakt zur „Kunstszene“, lernte die Maler Liebermann und Corinth kennen, befreundete sich mit Rainer Maria Rilke und gehörte dem Kreis um Stefan George an. Angeregt durch die Malerin Sabine Lepsius, entschied sie sich für die Malerei. Ein Studium an der Kunstakademie war für sie als Frau nicht möglich. Sie mußte ihre Ausbildung mit viel Engagement selbst organisieren, zuerst in Berlin, dann ab 1906 in Paris. Dort schrieb sich in verschiedenen Malschulen ein. Ab 1908 war sie wie auch ihr späterer Ehemann, der Maler Hans Purrmann, Mitglied in der „Academie Matisse“. Mit dessen Malerei beschäftigte sie sich intensiv, ebenso mit der Malerei Cézannes. Zwischen 1906 und 1911 stellte sie ihre Gemälde u. a. in den Pariser Herbstsalons aus, wo sie viel Anerkennung fanden. Anders in Stuttgart, wo sie 1911 ausstellte. Hier wurde ihre von der Pariser Avantgarde beeinflußte Malerei abgelehnt. Vielleicht betraf das auch das Gemälde „Blick aus dem Turmzimmer“ in Beilstein, dem Landgut der Familie, das den Einfluß der Malerei Cézannes zeigte. Mit einem kräftigen Farbauftrag hält sie die in grünen, roten, und gelben Formen gestaltete Landschaft und die Blautöne des Himmels fest (Kat. Speyer 2001).

Bei der Operation
E. Gottmann
1906
Haus der Geschichte
Baden-Württemberg

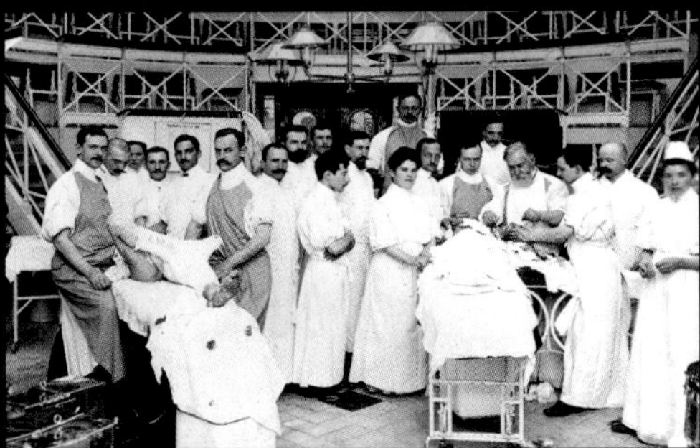

Tübinger „Klinikerfest“
J. W. Hornung
1907
Privatbesitz

Viele der ersten Abiturientinnen studierten Medizin. Gleichwohl waren sie Anfang des 20. Jahrhunderts eine Minderheit unter den angehenden Ärzten. Zu den Praktikanten in der Heidelberger Chirurgie gehörte 1906 Hermine Maas. Sie war die Tochter eines Kaufmannes in Trier. Bei ihrer Ausbildung hatte sie einige Umwege machen müssen, was vor der Zulassung zum Abitur und zum Studium für Frauen durchaus üblich war. Nach dem Besuch einer Höheren Mädchenschule legte sie 1890 das Examen als Lehrerin für Höhere Mädchenschulen ab. Diese Ausbildung war ohne Abitur möglich, das sie aber 1900 auf dem Apostelgymnasium in Köln nachholte. Danach studierte sie in Bonn, Berlin und Heidelberg Medizin, wo sie das Staatsexamen ablegte und promovierte. Ab 1909 führte sie eine eigene Praxis in Nürnberg und war die erste Schulärztin in Bayern. Ab 1933 verloren sich die Spuren der jüdischen Ärztin Hermine Maas. Die Aufnahme wurde zur Erinnerung an den Praktikantenjahrgang 1906 gemacht. Sie ist die einzige Ärztin unter zahlreichen männlichen Kollegen. Die zweite Frau rechts im Bild ist die Operationsschwester.

Die angehenden Mediziner der Universität Tübingen feierten nach dem Physikum das sogenannte „Klinikerfest“ und inszenierten den Übergang zwischen der wissenschaftlichen Vorprüfung und den Kliniksemestern. Zur Inszenierung gehörten die Hüte mit hochgeschlagener, verzierter breiter Hutkrempe – vielleicht eine Persiflage des angestrebten Doktorhutes. Unter den 32 „Klinikern“ sind zwei Studentinnen. Hedwig Dinkel steht in der ersten Reihe als zweite von rechts. Die zweite von links ist Hedwig Leißle (geb. 1882), Kommilitonin und Freundin Hedwig Dinkels.

„Alle Leidenschaften, die guten und die schlechten, die in den Menschen schlummern, kommen hier ohne Maske zum Durchbruch“

Maurice Meier, 1941

Bernd Holtwick

Weltkriege und Zwischenkriegszeit 1914–1945

Der Erste Weltkrieg markierte den „Zusammenbruch der (westlichen) Zivilisation des 19. Jahrhunderts“ (Hobsbawm 1995, S. 21) und damit auch eines äußeren Friedens, der in Mitteleuropa über vierzig Jahre gedauert hatte. 1945 endete eine dreißigjährige, weltweite Epoche von Kriegen. Sie wurde abgelöst von einer – zumindest in Mitteleuropa – langjährigen Friedensperiode. Insofern läßt sich die Zeit von 1914 bis 1945 als zutiefst krisenhafter Übergang charakterisieren, bei dem die alte politische und soziale Ordnung des 19. Jahrhunderts abgelöst wurde und an dessen Ende sich in Westeuropa stabile, kapitalistisch organisierte Demokratien etablierten. In Deutschland allerdings erzwangen erst die Alliierten nach der totalen militärischen Niederlage die dauerhafte Demokratisierung; sie kam also von außen.

Aber reicht das wirklich aus, um den Zeitraum zusammenzufassen? Allein die politischen Systeme in Südwestdeutschland konnten kaum unterschiedlicher aussehen als während der Zeit zwischen 1914 und 1945. Sie wechselten von der konstitutionellen Monarchie über die parlamentarische Demokratie zur Diktatur. Auch herrschte nicht immer Krieg: Der Frieden dauerte von November 1918 bis September 1939 und damit fast 21 Jahre lang.

Und trotzdem gibt es gute Gründe, die Jahre des Ersten Weltkriegs, der Weimarer Republik und des Nationalsozialismus gemeinsam zu betrachten: Der gesamte Zeitraum war geprägt von der Gewalt, die im Zerstörungswerk der Kriege in einem Ausmaß sichtbar wurde, das die Menschen vorher noch nicht gekannt hatten. Aber selbst die Friedensjahre waren nicht gewaltlos. Der Sturz der Monarchie vollzog sich 1918 zwar vergleichsweise unblutig, aber die allgegenwärtige Drohung, notfalls für die jeweiligen politischen Ziele zu kämpfen, konnte niemand überhören. Auch wurden die neuen Freiheiten und Rechte gegen die wirklichen oder vermeintlichen Feinde von rechts und links gewaltsam verteidigt. Selbst nachdem die Anfangsphase überstanden war, verschwand die Gewalt nicht aus dem öffentlichen Leben. Es gab politische Morde und Massenaufmärsche, die die jeweilige Schlagkraft und Kampfbereitschaft unter Beweis stellen sollten. Nach der Machtübernahme der Nationalsozialisten 1933 ließ der Krieg zwar noch sechs Jahre auf sich warten, in dieser Zeit aber hatten mehr als genug Menschen unter der nun entfesselten Gewaltherrschaft zu leiden – und die Brutalität des Regimes gegenüber allen, die es als Feinde ansah, kannte kaum eine Grenze.

Neben der Gewalt drückte ein zweites Phänomen dem Zeitraum seinen Stempel auf, nämlich der Anblick von Menschenmassen, die sich zu Formationen zusammenschlossen. Es gab die Marschkolonnen der Soldaten, die Demonstrationszüge und Kundgebungen, die schier endlosen Reihen der Kriegsgefangenen und schließlich die Massen von Menschen, die in den nationalsozialistischen Lagern eingesperrt, in Häftlingskleidung gesteckt, gequält und ermordet wurden. Formierte, nicht selten auch uniformierte Menschenmassen wandten Gewalt an oder erlitten sie.

Sogar stärker noch als sie das Straßenbild prägte, beherrschte die Menschenmasse das Denken: Die Vorstellung, die Welt sei von den gewaltsamen Konflikten zwischen großen Gruppen bestimmt, war weit verbreitet. Die ‚formierte Menschenmasse‘ mußte also nicht wirklich existieren, es genügte schon eine glaubhafte (Schreckens-) Vision, sei es in Gestalt einer kampfbereiten „revolutionären Arbeiterklasse“, die erst noch entstehen mußte, sei es in der perversen Idee der Nationalsozialisten, eine „rassereine Volksgemeinschaft“ herzustellen.

Aber selbst wenn „Masse“ und „Gewalt“ die besonderen Kennzeichen der Zeit von 1914 bis 1945 darstellten, bedeutete das nicht, daß sie immer und von allen am eigenen Leibe erfahren wurden. Einzelne Menschen konnten als passive Zuschauer auftreten, sie konnten sich auch der Vereinnahmung widersetzen und darauf beharren, eigenständige Individuen zu bleiben. Aber viele marschierten gern mit – und andere hatten keine Chance zu entkommen.

Die Ereignisse griffen so tief in das private Leben ein, daß man nicht gleichgültig bleiben konnte, selbst wenn man sich eher in sein privates Umfeld zurückzog. Oft waren Angst und Schrecken die Folge, aber sicher ebenso oft ging auch eine Faszination vom Geschehen aus und zog die Menschen in ihren Bann. Das Erleiden der Gewalt war eine schreckliche Erfahrung, ihr zuzuschauen oder etwa das Schauspiel militärischen Glanzes zu sehen war dagegen für viele etwas zutiefst Reizvolles. Teil einer jubelnden Menschenmenge zu sein konnte die Menschen berauschen, zur Masse der Verfolgten zu gehören traumatisierte sie.

Südwestdeutschland war nicht der Ort, an dem zwischen 1914 und 1945 die Weichen der großen Politik gestellt wurden. Anders formuliert: Daß „Masse“ und „Gewalt“ zu den zentralen Signaturen der Epoche wurden, lag nicht an Württemberg, Baden und dem preußischen Hohenzollern. Im Gegenteil, in diesen Ländern wirkten sich die liberalen politischen Traditionen und günstigen wirtschaftlichen Strukturen eher stabilisierend aus. Aber das schützte sie nicht. Hohenzollerische, badische, württembergische

Soldaten zogen mit allen anderen in den Krieg, schon im Ersten Weltkrieg fielen Bomben auf südwestdeutsche Städte, dem Nationalsozialismus stellte sich kein spezifischer Widerstand aus diesem Raum entgegen, und die jüdischen Bürger wurden insgesamt mit der gleichen Unbarmherzigkeit verfolgt wie überall sonst.

Erster Weltkrieg. Eine Welt geht unter

Am 25. Juli 1914 begrüßten in Freiburg Tausende von Menschen das Ultimatum, das Österreich-Ungarn an Serbien gestellt hatte, um die Verfolgung und Auslieferung der Mörder des österreichischen Thronfolgers in Sarajewo zu erzwingen. Sie gehörten, wie in vielen anderen Städten, zu denen, die zwar eine große, aber begrenzbare militärische Auseinandersetzung in Europa erwarteten und diese durchaus begrüßten. Die Kriegsbegeisterung war jedoch nicht ungeteilt: Mit der Freude über das „Abenteuer", die „Bewährungsprobe" und das neuerwachte Gemeinschaftsgefühl mischte sich die Angst vor Tod und Leid, wie sie z. B. der Freiburger Ortsverein der SPD formulierte: „Das Volk (...) will Frieden haben" (zit. nach Geinitz 1998, S. 64). Besonders in Baden lebten viele Menschen in der Sorge vor einer französischen Invasion, wie man sie in der Geschichte immer wieder erlebt hatte. Die französischen Feinde waren nicht weit entfernt und nur durch das Elsaß getrennt. Die öffentlichen Reaktionen auf den Beginn des Krieges im August 1914, die schon bald zum sogenannten „Augusterlebnis" verklärt wurden, bestanden nicht nur aus Jubel, sondern auch aus Nachdenklichkeit und furchtsamem Schweigen.

Das bedeutete aber nicht, daß sich eine Opposition gegen den Krieg gebildet hätte. Dem Anspruch, einer Welt von Feinden als Nation gemeinsam und geschlossen entgegenzutreten, mochten sich nur wenige entziehen. So lange der Krieg dauerte, sollten die Meinungsverschiedenheiten im Inneren zurücktreten. In Baden und in Württemberg bestanden ohnehin gute Voraussetzungen für einen solchen „Burgfrieden", da die sozialen Spannungen geringer waren als etwa in Preußen. Außerdem konnten Liberale und Sozialdemokraten, besonders in Baden, bereits auf eine lange Tradition der Zusammenarbeit untereinander und mit der Regierung zurückblicken.

Aber der Krieg zog sich hin, und Ernüchterung machte sich breit: Zwar gab es Siege im Osten, aber die entscheidenden militärischen Erfolge im Westen blieben aus. Täglich kamen die Todesmeldungen von der Front. Der moderne, industriell geführte Massenkrieg war eine neue und unerwartete Erfahrung. Die Materialschlachten ließen keinen Raum mehr für das klassische soldatische Heldentum, und die „Heimatfront", d. h. die volkswirtschaftliche Leistungsfähigkeit, wurde für einen Sieg immer wichtiger. Damit ergab sich auch die Notwendigkeit, die Wirtschaft dauerhaft auf den Krieg umzustellen und der Zivilbevölkerung immer mehr Einschränkungen zuzumuten. In Baden trafen darüber hinaus Bombenangriffe der Briten und Franzosen verschiedene Städte, töteten Zivilisten und zerstörten Wohnungen. Besonders betroffen war die Gegend um Freiburg (Geinitz 1995, S. 92), aber selbst Stuttgart wurde zum Angriffsziel.

Die Bevölkerung kannte nicht den ganzen Ernst der militärischen Lage, ja sie bekam nicht einmal die grausamen Bilder des Frontalltags zu sehen. Aber immer mehr Verwandte und Bekannte fielen an der Front, und der Mangel in der Heimat verschärfte sich. Bereits im März 1915 hatten sich Gegner und Befürworter der Kriegskredite – die dem Staat die Mittel zur Fortsetzung des Krieges gewährten – in der Stuttgarter SPD erstmals in Deutschland getrennt und damit den „Burgfrieden" aufgekündigt (Neuschl 1983, S. 345–347). Die Haltung zum Krieg spaltete somit die SPD und führte schließlich zur Gründung der Unabhängigen Sozialdemokratischen Partei (USPD).

Spätestens seit 1917 wuchs die Sehnsucht nach einem Ende der Entbehrungen in der gesamten Bevölkerung heftig an. Das alte Regime, die konstitutionelle Monarchie, die in Baden, Württemberg und Hohenzollern ebenso wie im Deutschen Reich insgesamt herrschte, erwies sich immer deutlicher als unfähig, die Erwartungen zu erfüllen. Im Oktober 1918 antworteten die herrschenden Eliten auf den wachsenden Druck erstmals mit der Einsetzung einer Reichsregierung, die sich auf eine parlamentarische Mehrheit stützen konnte. Es war sicher kein Zufall, daß daran viele Politiker aus den liberal geprägten und reformorientierten Ländern Baden und Württemberg mitwirkten. Aber diese Zugeständnisse kamen viel zu spät und konnten den Zusammenbruch der alten Ordnung nicht mehr verhindern. Innerhalb weniger Tage erfolgte im ganzen Reich der politische Umsturz, der auch Baden und Württemberg erfaßte. Insofern enthält die starke südwestdeutsche Beteiligung an der Oktoberregierung in Berlin ein symbolisches Element: Sie zeigt die Kraft der dortigen Reformorientierung – in der Krise rief man die württembergischen und badischen Politiker als Nothelfer – und gleichzeitig ihre Schwäche, denn die neue Reichsregierung kam spät, agierte halbherzig und wurde innerhalb von wenigen Wochen von der Revolution überrollt.

Weimarer Republik. Das „Experiment Demokratie"

Auch wenn in Friedrichshafen am 5. November 1918 einer der ersten Arbeiter- und Soldatenräte in Deutschland gewählt wurde, verebbte der revolutionäre Elan dort bereits am übernächsten Tag, weil die Beteiligten nichts von den Erfolgen der Revolution in anderen deutschen Städten wußten (Kuhn 1996, S. 105–106). Ebenso blieb die Etablierung eines Stuttgarter Arbeiterrates am 4. November ohne durchschlagende Wirkung. Erst nach der Absetzung des Kaisers in Berlin am 9. November 1918 wurden auch in Baden und Württemberg Revolutionsregierungen eingesetzt. Die Revolution war also in Südwestdeutschland vergleichsweise langsam und eher das Ergebnis äußerer Anstöße. Noch am 8. November 1918 sah die württembergische SPD keine Notwendigkeit, die Monarchie abzuschaffen (Naujoks 1992, S. 427). Doch bereits am nächsten Tag fanden Massendemonstrationen statt, die Volksregierungen ins Amt brachten und das Ende der Monarchie einläuteten. Am 23. November dankte der badische Großherzog ab, eine Woche später verzichtete der württembergische König auf seinen Thron.

Die Entwicklung im Reich und in den übrigen Einzelstaaten hatte es der großen Mehrheit der Badener und Württemberger vollkommen klar gemacht, daß eine monarchische Staatsform nie mehr in Frage kommen würde. Obwohl die Herrscher persönlich durchaus nicht verhaßt waren – wie man an der breiten Anteilnahme beim Tod des abgedankten württembergischen Königs 1921 sah –, ertönten kaum ernstzunehmende Rufe nach der Wiederherstellung ihrer Macht. Insofern war die Situation offen, die Chance auf eine Etablierung des neuen Regierungssystems gegeben. Im Frühjahr 1919 gelang es außerdem den demokratischen Regierungen in Baden und Württemberg, die Aufstände von Kommunisten abzuwehren, ohne daß es zu grösserem Blutvergießen gekommen wäre. Die Ausarbeitung und Inkraftsetzung wirklich demokratischer Verfassungen legte den Grund für die politische Teilhabe aller Männer und Frauen in Südwestdeutschland.

Die neue Demokratie hatte aber weiterhin schwere Lasten zu tragen. Südwestdeutschland litt vor allem darunter, daß die badischen Grenzregionen durch Auflagen des Versailler Friedensvertrages geschädigt wurden: Die wirtschaftlichen Verbindungen zum ehemaligen Reichsland Elsaß-Lothringen rissen ab und der Transport von Menschen und Gütern wurde schwieriger, weil wichtige Verkehrslinien unterbrochen wurden. Eine besonders schwere Bewährungsprobe war bereits 1923 zu bestehen, als das Geld binnen kurzer Zeit seinen Wert verlor und die Franzosen Gebiete um Offenburg besetzten.

Die Währungsreform 1923/24 beendete diese Krise und leitete eine Phase der wirtschaftlichen und politischen Stabilisierung ein, die aber nur von kurzer Dauer war und stets prekär blieb. In der zweiten Hälfte der zwanziger Jahre schien der Ausgang des „Experimentes Demokratie" zunächst noch offen. In Baden stellten die gemäßigten Parteien SPD und Zentrum in einer Koalition mit den Liberalen seit 1919 ununterbrochen die Landesregierung und sorgten so für eine politische Stabilisierung. Trotzdem konnte die NSDAP hier 1929 bei den Landtagswahlen einen ihrer ersten großen Wahlerfolge feiern.

In Württemberg regierte dieses Bündnis nur kurz. Schon 1920 schied die SPD aus der Regierung aus und seit 1924 saßen darin Vertreter der rechtskonservativen und teilweise antidemokratischen Deutschnationalen Volkspartei (DNVP), gestützt vom Württembergischen Bauern- und Weingärtnerbund, der bis 1932 in den evangelischen Agrargebieten eine ähnlich dominierende Rolle spielte wie das Zentrum in den ländlichen katholischen Gegenden. Von 1924 bis 1928 stellten die Deutschnationalen sogar den württembergischen Staatspräsidenten. Allerdings handelte es sich auch hier um eine stabile Regierung, die sich auf eine Mehrheit in der gewählten Volksvertretung stützte.

Dieses Muster von positiven Entwicklungen bei fortbestehender Gefährdung läßt sich auch anderswo feststellen. Auf dem Gebiet der Kunst etwa sorgten vielfältige Anregungen für eine Blüte. Künstler aus Südwestdeutschland waren daran maßgeblich beteiligt. Aber nicht selten stießen diese Neuerungen auf Unverständnis, ja auf offene Feindseligkeit.

Die Weltwirtschaftskrise machte die Hoffnungen auf eine dauerhafte Stabilisierung endgültig zunichte. Allerdings war Südwestdeutschland, und hier besonders Württemberg, weniger hart vom ökonomischen Einbruch betroffen als das Reich insgesamt. Die Legitimationskrise des politischen Systems zeigte sich deshalb auch nicht in derart dramatischen Formen wie im übrigen Reich, wo sich bereits seit 1930 die Regierung nicht mehr auf parlamentarische Mehrheiten stützen konnte, sondern nur noch auf die Notverordnungen des Reichspräsidenten. Das Experiment der Weimarer Demokratie wurde aber auch von einer Mehrheit im Südwesten als gescheitert betrachtet. Selbst wenn viele keine nationalsozialistische Diktatur anstrebten, ja nicht einmal ahnten, was kommen würde: Ein neuer Anfang erschien ihnen unausweichlich. In dieser Situation suchten und fanden die Nationalsozialisten

ihre Anhänger in breiten Schichten der Bevölkerung. Nur das katholische Milieu und das der Industriearbeiter erwiesen sich zunächst als weniger anfällig.
Die vergleichsweise stabile Lage von Wirtschaft und Politik verhinderte in Württemberg nicht das Anwachsen der republikfeindlichen Kräfte. Die NSDAP blieb schwächer als in Baden und in anderen Ländern, doch konnte sie nach 1930 ebenfalls erhebliche Gewinne erzielen und bei den Landtagswahlen 1932 zur stärksten Partei avancieren. Seitdem konnte sich die Landesregierung nicht mehr auf die Zustimmung des Parlaments verlassen und regierte wie im Reich mit Notverordnungen. In Baden sorgte nur die Tatsache, daß die letzte Landtagswahl 1929 stattgefunden hatte, für einen Fortbestand der Koalition aus SPD und Zentrum, zeitweise mit Unterstützung der Liberalen, immerhin bis zum November 1932. Dann zerstritten sich SPD und Zentrum über die Frage, ob und wie ein Grundlagenvertrag zwischen dem Land Baden und der katholischen Kirche abgeschlossen werden sollte.
Die liberalen Traditionen in Südwestdeutschland schützten die Demokratie nicht vor der fortschreitenden Auszehrung, die Alternativen zu Hitler verschlissen sich auch hier. Allerdings verlief der Prozeß langsamer und weniger heftig. Die NSDAP hatte zunächst eher unterdurchschnittliche Wahlergebnisse erzielt, ihr Stimmenanteil näherte sich aber seit 1929 rasch dem im übrigen Reich. Die Weimarer Republik endete in Südwestdeutschland erst mit der „Gleichschaltung" der Landesregierungen bzw. mit ihrer faktischen Entmachtung Anfang März 1933, wobei der entscheidende Anstoß von außen kam.

Nationalsozialismus. Das „Experiment Diktatur"

Die Nationalsozialisten nutzten die Chance, die ihnen, trotz der schweren Niederlage bei den Reichstagswahlen im November 1932, die Nachgiebigkeit eines wichtigen Teils der politischen Elite gewährte, als Hitler am 30. Januar 1933 zum Reichskanzler ernannt wurde und damit die Reichsregierung übernahm. Die für 5. März 1933 angesetzten Reichstagswahlen muß man bereits als unfrei bezeichnen. Die KPD durfte zwar noch an den Wahlen teilnehmen, sie unterlag aber bereits massiven Verfolgungen und konnte ihren Wahlkampf nicht mehr führen. Auch die SPD wurde behindert, in Baden und Württemberg aber weniger als etwa in Preußen. Nachdem die Nationalsozialisten zwar die absolute Mehrheit verfehlt, aber trotzdem mit über 40 % der Stimmen als weitaus stärkste Partei aus den Wahlen hervorgegangen waren, beeilten sie sich, alle Landesregierungen „gleichzuschalten", d. h. gewaltsam dem Ergebnis der Reichstagswahlen anzupassen. Der Widerstand dagegen, daß die Nationalsozialisten die Macht übernahmen und alle wichtigen Posten mit ihren Leuten besetzten, blieb in Baden und Württemberg wie anderswo gering. Bereits am 8. März 1933 wurde der badische NSDAP-Gauleiter Robert Wagner als Reichskommissar in Karlsruhe eingesetzt, der die badische Landesregierung faktisch entmachtete, wenn auch noch wenige Tage formal im Amt beließ. In Württemberg setzte die neue Reichsregierung den SA-Führer Dietrich von Jagow als Kommissar ein, dem zunächst ‚nur' die Polizei unterstand. Das württembergische Parlament wählte dann am 15. März den NSDAP-Gauleiter Wilhelm Murr zum Staatspräsidenten, der sich im Machtkampf innerhalb der NSADP gegen von Jagow durchgesetzt hatte. Nur die SPD stimmte gegen Murr, Zentrum und Liberale enthielten sich; die KPD-Abgeordneten waren bereits verhaftet worden oder untergetaucht.
Vermeintliche oder tatsächliche Regimegegner wurden bereits seit dem Reichstagsbrand im Februar 1933 verfolgt. Nach der Machtübernahme steigerte sich der Terror massiv, wobei das Lager Heuberg bei Stetten am Kalten Markt in Württemberg rasch zum größten Gefangenenlager in Deutschland anwuchs. Spätestens 1934 war eine wirkungsvolle Agitation gegen das nationalsozialistische Regime unmöglich geworden. Nicht nur der Ausbau des nationalsozialistischen Herrschafts- und Unterdrückungsapparates trug dazu bei, sondern ebensosehr die breite Zustimmung, auf die das Regime in der Bevölkerung stieß und die sich bei Großveranstaltungen wie dem Deutschen Turnfest in Stuttgart im Juni 1933 eindrucksvoll manifestierte.
Zunächst setzten die Nationalsozialisten ihren Machtanspruch also brutal durch und sicherten ihn, indem sie die Grundlagen einer möglichen Opposition zerschlugen.
Ihre Politik richtete sich dann zunächst auf die Überwindung der Wirtschaftskrise, was in Württemberg aufgrund der strukturellen Bedingungen sehr schnell gelang, während es in Baden zunächst nur schleppend voranging. Erst mit den Vorbereitungen auf den Krieg, die systematisch ab Mitte der dreißiger Jahre begannen, entspannte sich die Lage auf dem badischen Arbeitsmarkt. Die Schaffung einer – von allen angeblich störenden ‚Elementen' ‚gesäuberten' – ‚Volksgemeinschaft' gehörte zu den zentralen ideologischen Zielen des Dritten Reiches. Die Stärke der nationalsozialistischen

Herrschaft beruhte auf dem Zusammenspiel von Verlockung und Zwang, von Faszination und Angst. Hitlers „charismatische Herrschaft“ war stets auf eine breite Zustimmung in der Bevölkerung angewiesen und konnte darauf auch bis kurz vor Kriegsende zählen. Die Besonderheiten Südwestdeutschlands traten in den Hintergrund, nicht zuletzt auch deshalb, weil die neuen Machthaber bewußt darauf hin arbeiteten, die nationale und „rassische“ Einheit zu betonen.

Die Gleichzeitigkeit von Verlockung und Zwang sowie von Faszination und Schrecken läßt sich sehr gut am Begriff der „Volksgemeinschaft“ belegen. Einmal bot er die Möglichkeit, sich mit den anderen Deutschen verbunden zu fühlen, sich mit ihnen zu identifizieren. Der Begriff warb also um die Integration und war damit auch erfolgreich, wie z. B. die Begeisterung auf vielen Festveranstaltungen zeigte. Andererseits gehörte auch der gnadenlose Ausschluß – bis hin zur physischen Vernichtung – aller, die zu Gegnern oder störenden ‚Elementen‘ erklärt wurden, dazu. Die zunehmende Entrechtung und Unterdrückung der jüdischen Bürger belegt das eindrücklich.

Die ‚Volksgemeinschaft‘ wirkte aber noch in anderer Richtung. Der Begriff erklärte auch solche Lebensbereiche, die bislang als privat begriffen worden waren, zur öffentlichen Angelegenheit und unterwarf sie dem Zugriff der Staatsmacht. Es war plötzlich nicht mehr gleichgültig, mit wem man befreundet war oder wer zu den eigenen Vorfahren gehörte. Die ‚Rassenkunde‘ gab dieser Politik ihre wissenschaftliche Rechtfertigung – sie hatte eines ihrer Zentren an der Universität Tübingen.

Immer wieder regte sich Widerstand gegen die nationalsozialistische Herrschaft. Politische und religiöse Motive oder auch einfach ihr Gewissen bewegte Männer und Frauen, wie Georg Elser, die Geschwister Scholl und ihre Gruppe oder die Männer und Frauen des 20. Juli um Stauffenberg dazu, ihre Freiheit und ihr Leben zu riskieren. Auch schuf der immer weiter ausgreifende Anspruch des Regimes, alle Lebensbereiche zu erfassen, ein Konfliktpotential, was sich z. B. bei den christlichen Kirchen zeigen läßt. Obwohl dort zentrale Ziele des Nationalsozialismus, wie die Unterdrückung des Kommunismus oder das Streben nach nationaler Größe, von vielen geteilt wurden, blieb doch ein kirchlicher Selbstbehauptungswille bestehen. Der katholische Erzbischof Gröber, sein Amtskollege Sproll und der evangelische Landesbischof Wurm stehen für diese partielle Übereinstimmung bei gleichzeitigem Beharren auf einer gewissen Eigenständigkeit.

Aber letztlich blieben es vereinzelte Anstrengungen, die sich gegen den Unterdrückungsapparat und die Haltung der großen Mehrheit der Badener und Württemberger nicht durchsetzen konnten. Die meisten Menschen ließen sich vom Nationalsozialismus begeistern oder versuchten zumindest, sich mit dem Regime zu arrangieren und ihren Vorteil daraus zu ziehen.

Die Vorbereitung eines Angriffskrieges gehörte zu den politischen Konstanten des Regimes. Der eigentliche Kriegsausbruch, genauer die Entfesselung des Zweiten Weltkriegs durch den Einmarsch der deutschen Truppen in Polen, war lediglich die konsequente Fortsetzung dieser Politik. Die Grenzlage hatte wiederum besondere Auswirkungen auf Südwestdeutschland. 1939 und 1940 wurde die badische Bevölkerung entlang der französischen Grenze evakuiert, und in Freiburg kam es 1940 zu einem besonders tragischen Unfall, als deutsche Bomber die Stadt versehentlich angriffen. Mit dem Sieg über Frankreich im Juni 1940 rückte der Krieg zunächst ‚in die Ferne‘. Die Versorgungslage war viel besser als im Ersten Weltkrieg, nur die Todesmeldungen der gefallenen Soldaten nahmen, vor allem nach dem Überfall auf die Sowjetunion 1941, immer mehr zu.

Aber die Gewalt fand nicht nur an der weit entfernten Front statt, das nationalsozialistische Regime setzte sie auch im Inneren ein: Am 20. Oktober 1940, dem jüdischen Feiertag des Laubhüttenfestes, wurden fast alle jüdischen Badener, die noch nicht ausgewandert waren, verhaftet und in ein Konzentrationslager im französischen Gurs gebracht. Von dort aus wurden die meisten von ihnen, wie auch später die jüdischen Württemberger, in die Konzentrations- und Vernichtungslager im Osten verschleppt und dort mißhandelt und ermordet. Anfang 1940 begannen die Morde an psychisch kranken und behinderten Anstaltsinsassen in Baden und Württemberg, die in der Anstalt Grafeneck ausgeführt wurden. Im Mai 1940 wurden Sinti und Roma zunächst auf dem Hohenasperg eingesperrt, dann in Konzentrationslager in Polen deportiert und dort 1944 ermordet. Hunderttausende von Kriegsgefangenen und Zwangsarbeitern wurden nach Südwestdeutschland verschleppt und lebten und arbeiteten unter meist unwürdigen, ja unmenschlichen Bedingungen.

Aber auch die Bevölkerung in der Heimat konnte sich nicht sicher fühlen. So erlebte Mannheim bereits am 5. Juni 1940 den ersten britischen Luftangriff. Die Bombenangriffe der alliierten Flugzeuge trugen dann seit 1942 den Tod und die Zerstörungen massiv nach Deutschland hinein, wobei die großflächigen Zerstörungen der südwestdeutschen Städte überwiegend ab 1944 erfolgten. Erst in der Endphase des Krieges bekamen die

Deutschen die gesamte Grausamkeit des Krieges am eigenen Leibe zu spüren, als die Bombenangriffe Schritt für Schritt viele Städte auch im Südwesten verwüsteten und schließlich sogar die Kämpfe auf dem heimatlichen Boden ausgetragen wurden. Im März und April 1945 besetzten amerikanische und französische Truppen das badische und württembergische Territorium.
In dieser letzten Phase des Krieges richtete sich der Terror des nationalsozialistischen Regimes auch gegen die Bevölkerungsteile, die bislang weder durch rassistische noch politische Kriterien Opfer der Verfolgung geworden waren. In dem Maße wie das sinnlose „Durchhalten" zur einzigen Maxime erklärt wurde, geriet jeder Versuch, Tod und Zerstörung zu verhindern, zum „Widerstand", dem das Regime mit brutalsten Mitteln begegnete.
Die amerikanischen und französischen Soldaten beendeten die nationalsozialistische Herrschaft in Südwestdeutschland. Die alliierten Sieger zwangen die Deutschen, sich den Verbrechen und Grausamkeiten zu stellen, die während der nationalsozialistischen Herrschaft begangen worden waren. Der Zivilisationsbruch, den diese Verbrechen darstellen, läßt sich nicht übersehen. Die Balken der Scheune in Kusterdingen bei Tübingen, in der KZ-Häftlinge bei ihrer „Evakuierung" rasteten, verweisen darauf, daß die zerbombten Häuser nicht die größte Zerstörung darstellen, die durch die Diktatur in Deutschland angerichtet wurde.

Die Zeit von 1914 bis 1945 läßt sich sicher nicht auf eine einfache Formel bringen. Vielleicht haben das Recht dazu am ehesten die Opfer der Gewalt. Einer von ihnen war der jüdische Badener Moritz (später Maurice) Meier. Mit seiner Familie floh er vor den Nationalsozialisten nach Frankreich. Er wurde nach Kriegsbeginn als „feindlicher Ausländer" interniert, dann von den deutschen Besatzern als Jude bis Oktober 1941 weiter in Haft gehalten. Es gelang ihm trotz aller Versuche nicht, seine Familie ins unbesetzte französische Gebiet nachzuholen, um gemeinsam in die Schweiz zu gelangen. Seine Frau und seine Kinder wurden im Juni 1942 von den Deutschen nach Osten deportiert und ermordet. 1941 schrieb Moritz Meier mit Blick auf das Leben im Lager Gurs an seine Familie: „Alle Leidenschaften, die guten und die schlechten, die in den Menschen schlummern, kommen hier ohne Maske zum Durchbruch" (Meier 2000, S.111).

Trommel
Haus der Geschichte
Baden-Württemberg

Auf der Trommel befindet sich eine handschriftliche Eintragung: „Am 31. Juli 1914 nachm.(ittags) 6 Uhr wurde mit dieser Trommel die Kriegsbereitschaft bzw. Kriegszustand des Deutschen Reiches – Weltkrieg bekannt gegeben. Tambour war Gg. Hermann, Brauer, Verkünder Schulth.(eiß) Bechter". Der Eintrag bezieht sich auf den Ort Warthausen bei Biberach.
Am 1. August folgte die Mobilmachung der Armee, am 2. August begannen die Kämpfe an der deutsch-französischen Grenze.

Luftschiff-Brandbombe
Musée de l'Armée, Paris

Als erste französische Stadt griffen deutsche Luftschiffe am 25. Dezember 1914 Nancy an, danach folgte Calais, schließlich Paris. Bereits 1917 aber stellte das Heer, das über eigene Luftschiffe verfügte, die Bombardierungen ein, da die eigenen Verluste zu groß wurden. Nur die Angriffe auf Großbritannien wurden von den Luftschiffen der Marine weiter fort gesetzt (Ballangé 1998).

Die Brandbombe wog etwa 8 kg. Sie war mit brennbaren Materialien gefüllt und enthielt weißen Phosphor. Beim Abwurf wurde sie gezündet und stürzte brennend in die Tiefe. Verglichen mit den Bomben des Zweiten Weltkriegs war die Zerstörungskraft eher gering.

Die Zeppeline für den Kriegseinsatz stammten zunächst alle aus der Werft in Friedrichshafen. Bald mußten aber weitere Produktionshallen in Potsdam und Berlin errichtet werden, da die Kapazitäten am Bodensee nicht mehr ausreichten. Von den 112 Zeppelin-Luftschiffen, die zwischen 1900 und 1918 gebaut wurden, fanden 104 eine militärische Verwendung (Waibel 1999, S. 33).

Trümmerstücke eines deutschen Zeppelins, der über London abgeschossen wurde
1915–1917
Zeppelinmuseum
Friedrichshafen

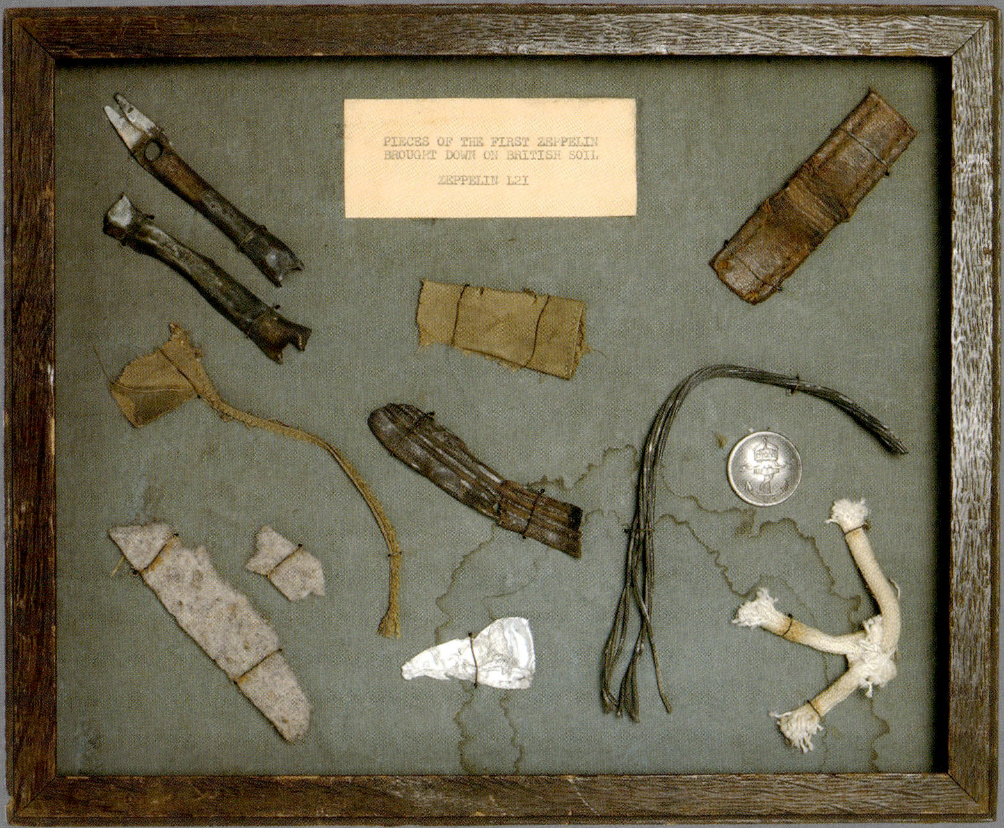

Am 21. Dezember 1914 warf erstmals ein deutsches Flugzeug Bomben über der britischen Insel ab. Der erste Zeppelinangriff fand am 19. Januar 1915 statt; London wurde erstmals am 31. Mai 1915 bombardiert, wobei sieben Menschen getötet und 35 verletzt wurden. Bis zum Ende des Krieges im Jahre 1918 töteten deutsche Bomben aus Luftschiffen und Flugzeugen 835 Personen und verwundeten fast 3.400 in Großbritannien (Castle 1982).

Bei den 41 Angriffen auf England gingen aber auch etwa drei Viertel der eingesetzten deutschen Luftschiffe verloren, von diesen wiederum etwa zwei Drittel ganz ohne die Einwirkung der Feinde. Etwa 40 % der Luftschiffbesatzungen kamen um (Herbert 1998, S. 114).

Kleiner Gedenkstein „Zum Andenken an die Somme“
1916
Haus der Geschichte Baden-Württemberg

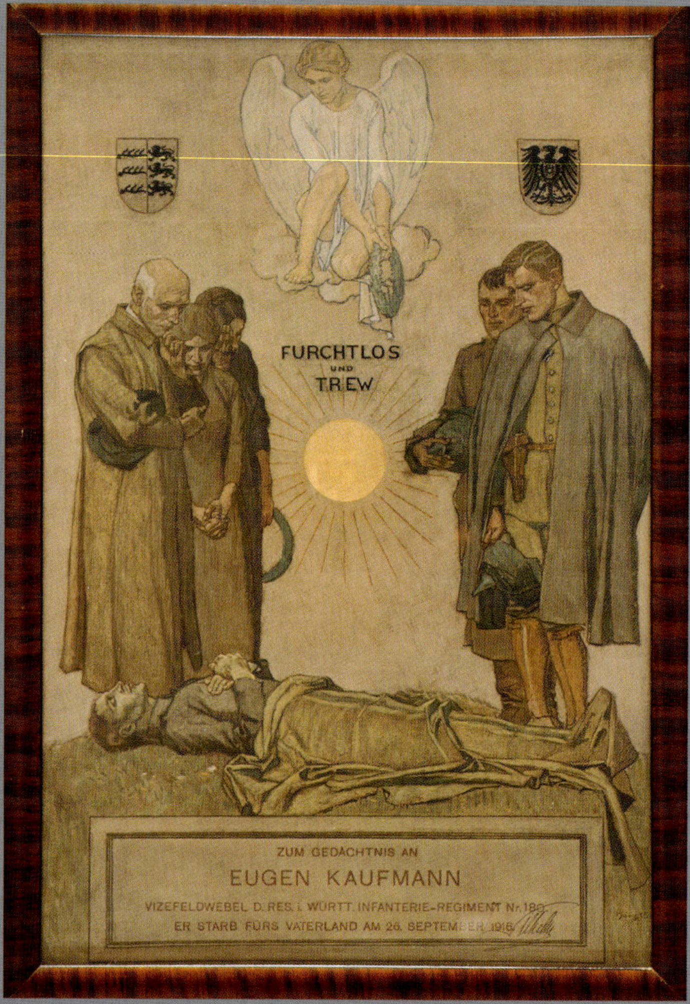

„Zum Gedächtnis an Eugen Kaufmann“
1916
Haus der Geschichte Baden-Württemberg

Eugen Kaufmann diente beim Infanterie-Regiment 180, das in Tübingen stationiert war. Am 9. August 1914 traf es im Elsaß zwischen Colmar und Straßburg erstmals auf französische Truppen. Im September 1914 wurde das Regiment nach Thiepval in Nordfrankreich verlegt und war dann vor allem dort im Einsatz.

Vom 1. Juli bis Ende September 1916 versuchten englische Truppen mit einem riesigen Aufgebot von Soldaten und Material, die deutschen Stellungen an dem nordfranzösischen Fluß Somme zu durchbrechen. Die Geländegewinne waren gering, die Verluste schrecklich. Auf beiden Seiten zusammen wurden mehr als eine Million Soldaten getötet oder verwundet.

Eugen Kaufmann starb, als die Offensive beinahe zu Ende war. Am 26. September 1916 traf ihn beim Dorf Thiepval eine Kugel in den Kopf. Die angreifenden Engländer besetzten den Schützengraben, so daß Kaufmann nicht von seinen Kameraden geborgen und beerdigt werden konnte. Die Familie Kaufmann, vor allem Eugens Mutter, bewahrte alle Erinnerungsstücke auf, darunter auch den kleinen Kreidestein, der wohl aus der Gegend der Somme stammt.

Die Gedächtnisurkunde trägt die eigenhändige Unterschrift des letzten württembergischen Königs, Wilhelm II. Das Bild führt alle Trauernden am Leichnam des Gefallenen symbolisch zusammen, die Familie links, die Kameraden in Gestalt eines Offiziers und eines einfachen Soldaten rechts. Von einer Wolke blickt ein Engel herab, der – wie die Mutter scheinbar auch – einen Ehrenkranz in der Hand hält. Der Körper des Toten zeigt keine sichtbaren Verletzungen, er ruht scheinbar friedlich mit übereinandergelegten Händen unter einer Decke. Nichts deutet auf einen grausamen oder auch nur schmerzhaften Tod hin. All das steht in einem bemerkenswerten Kontrast zum wirklichen Tod Eugen Kaufmanns, von dessen Leichnam nicht einmal seine Kameraden und erst recht nicht seine Familie Abschied nehmen konnten.

Die Sonne in der Bildmitte kann als untergehende Sonne und damit als Todessymbol verstanden werden, aber auch als Morgensonne und damit als Verweis auf das ewige Leben im christlichen Sinne. Der königliche Wahlspruch „Furchtlos und trew“ tauchte erstmals im Wappen des Königreichs Württemberg von 1817 auf. „Trew“ ist lediglich eine altertümliche Schreibweise für „treu“.

Tote kanadische Soldaten in einem Schützengraben in Flandern
1916
Haus der Geschichte Baden-Württemberg

Schwester Marie Stier und eine weitere Diakonisse mit einem Ruthenen-Jungen
April/Mai 1915
Evangelische Diakonie Schwäbisch Hall

Es gibt eine sehr große Zahl von Fotografien aus dem Ersten Weltkrieg. Doch trotz ihrer Menge und Vielfalt unterlagen sie gemeinsamen, unausgesprochenen Regeln, die festlegten, was man ablichtete und was nicht. Das galt auch für den Umgang mit dem Tod an der Front.

Bilder von Toten kamen, verglichen mit anderen Motiven, selten vor, und wenn doch, dann zeigten sie fast nie tote eigene Soldaten, höchstens die gefallenen Gegner. Die eigenen Verluste wurden dagegen eher indirekt dokumentiert, z. B. durch Fotos von Soldatenfriedhöfen oder einzelnen Soldatengräbern.

Warum die Soldaten die toten Feinde fotografierten, kann man nur vermuten: Wollten sie ihre Siege festhalten? War es Voyeurismus? Dienten die Bilder als Mahnung, daß auch der eigene Tod immer drohte? Oder stand dahinter die Erleichterung, daß diejenigen, die ihnen gerade noch nach dem Leben trachteten, jetzt selber umgekommen waren?

Die Fotos stammen aus dem Album August Langs. Lang diente im Infanterie-Regiment 119, das den Beinamen „Königin Olga" trug und in Stuttgart stationiert war. Das Regiment kämpfte im Juni 1916 bei Ypern gegen kanadische Einheiten. Möglicherweise ist das Bild bei diesen Kämpfen entstanden (von Dewitz 1989).

Im Jahre 1906 trat Marie Stier als Diakonisse in das Schwäbisch Haller Mutterhaus ein. Sie arbeitete dort zunächst in der Krankenpflege, seit 1908 auch als Gemeindeschwester. Am 25. August 1914 wurde sie zum Lazarettdienst einberufen. Insgesamt befanden sich 1918 175 Haller Diakonissen im Kriegseinsatz. Schwester Marie wurde in verschiedene Lazarette an der Ost- und an der Westfront geschickt. Im Februar traf sie in den Karpaten ein und kam bei ihrer Arbeit auch in Kontakt mit der einheimischen Bevölkerung, wie z. B. Angehörigen der Volksgruppe der Ruthenen. Schwester Marie schrieb in ihrem Tagebuch: „9. April (1915) Heute ein 11jähriges Ruthenenbüblein in unser Lazarett bekommen mit Knieschuß, seine Eltern tot durch die Russen; wenn wir ihn nur behalten dürfen. Alle haben Freude an ihm, und es ist so nett, unter den vielen Erwachsenen ein Kind zu haben (auch die Krieger freuten sich darüber). Er kann etwas deutsch und erzählte, Vater und Mutter kaputt geschossen. Leider hat er auch eine Untugend: er raucht nämlich sehr gerne Zigaretten, worüber wir uns anfangs entsetzten. Wir wollten ihm Schokolade geben, aber er sagte: ‚Lieber ein Sigarett.'"

„21. Mai (1915). Heute verließ uns unser zigarettenrauchendes Ruthenenbüblein Wasili, nachdem er 6 Wochen bei uns war. Er weinte beim Fortgehen, und auch uns Schwestern tat er leid. Wir hatten ihn alle liebgewonnen. (Ein Jude in Orawo nahm es bei sich auf.)"

Kriegsauszeichnungen der Diakonisse Marie Stier
1916/1917
Evangelische Diakonie
Schwäbisch Hall

Der preußische König verlieh Schwester Marie am 8. Mai 1916 die Rote-Kreuz-Medaille dritter Klasse, der württembergische König am 16. Juli 1916 das Charlottenkreuz. Am 10. August 1917 zeichnete sie der österreichische Kaiser dann noch mit der Bronzenen Ehrenmedaille vom Roten Kreuz aus (Krause 2001).

Tschako Erwin Rommels
1916
Haus der Geschichte
Baden-Württemberg

Erwin Rommel kam im Oktober 1915 als Oberleutnant zum Württembergischen Gebirgsbataillon. Es handelte sich um eine Spezialeinheit, die nach den Erfahrungen bei den Schlachten in den Vogesen im Herbst 1914 als „Schneeschuh-Kompanie" für den Kampf im Gebirge aufgestellt und schrittweise vergrößert worden war. Nach verschiedenen Kämpfen an der französischen und rumänischen Front wurde die Einheit im Herbst 1917 in die Julischen Alpen, nordöstlich von Udine an den Fluß Isonzo verlegt. Rommel errang dort einen großen Sieg, als er am 25. und 26. Oktober 1917 mit etwa 600 Mann die feindlichen Stellungen auf dem Mont Matajur eroberte und mehr als 8.000 italienische Soldaten gefangennahm. Im Dezember 1917 erhielt Rommel die höchste militärische Auszeichnung, den Orden „Pour le mérite".

Der Tschako wurde im Mai 1916 für das Gebirgsbataillon eingeführt und zur Paradeuniform getragen. Für den Einsatz im Kampf war ein Stahlhelm zweckmäßiger oder, wenn lange Märsche oder große Aufstiege bewältigt werden mußten, eine Schirmmütze aus Stoff (Sproesser 1933).

Luftbild eines deutschen Schützengrabens bei Langemarck in Belgien
17. August 1917
Haus der Geschichte
Baden-Württemberg

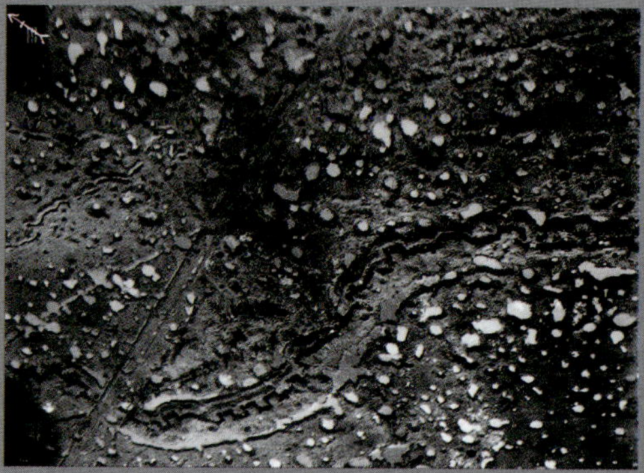

Die modernen Waffen, Kanonen und Maschinengewehre, zwangen die Soldaten dazu, in Deckung zu gehen und sich möglichst zu verstecken. Während früher die Armeen noch in festen Formationen gegeneinander gezogen waren, sah der Kampf im Ersten Weltkrieg also ganz anders aus. Allerdings lehrten erst die großen Verluste der ersten Kriegsmonate die Armeeführung diese Strategie. Typisch für den Stellungskrieg an der Westfront war das menschenleere Schlachtfeld, das Niemandsland, in dem Freund und Feind fast unsichtbar blieben.
Wie konnte man den Krieg unter diesen Voraussetzungen noch darstellen? Es gab verschiedene Blickwinkel, die jeweils unterschiedliche Dinge zeigten. Jede Darstellung blieb aber ein Ausschnitt, der das meiste von der Realität des Krieges ausblendete.

Das Foto wurde aus 200 m Höhe aufgenommen. Es zeigt Gräben und mit Wasser gefüllte Granattrichter. Der Pfeil links oben zeigt die Nordrichtung an. Die französischen Stellungen liegen südwestlich von den deutschen, also in der Richtung des unteren Bildrandes. Sie sind aber auf dem Bild nicht zu sehen. Das Foto stammt aus dem Album des August Lang, Soldat im Infanterie-Regiment 119.

Deutsches Infanteriegewehr Modell 98
Firma Mauser, Oberndorf
1914–1918
Wehrtechnische Studiensammlung Koblenz

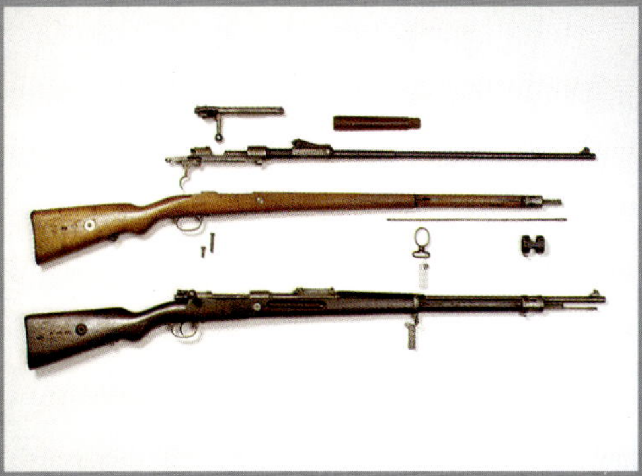

Die blauen Pfeile skizzieren den Durchbruch durch die italienische Front, der den österreichischen Verbänden und einigen sie unterstützenden deutschen Truppenteilen vom 24. bis 26. Oktober 1917 bei Flitsch gelang. Diese Aktion gehörte ebenso wie die Eroberung des Mont Matajur südlich davon zur zwölften Isonzo-Schlacht, in der die Italiener weit zurückgeworfen wurden. Die deutschen und österreichischen Stellungen sind blau markiert, die italienischen rot. Daß nur die vorderste Linie der eigenen Stellungen eingezeichnet war, diente der Geheimhaltung. Geriet die Karte in die Hände der Feinde, gab sie keine wichtigen Informationen preis.
Die Karte gehörte Walter Zluhan, Oberleutnant der Reserve im Württembergischen Gebirgs-Bataillon. Zluhan selber war an dieser Schlacht nicht beteiligt.

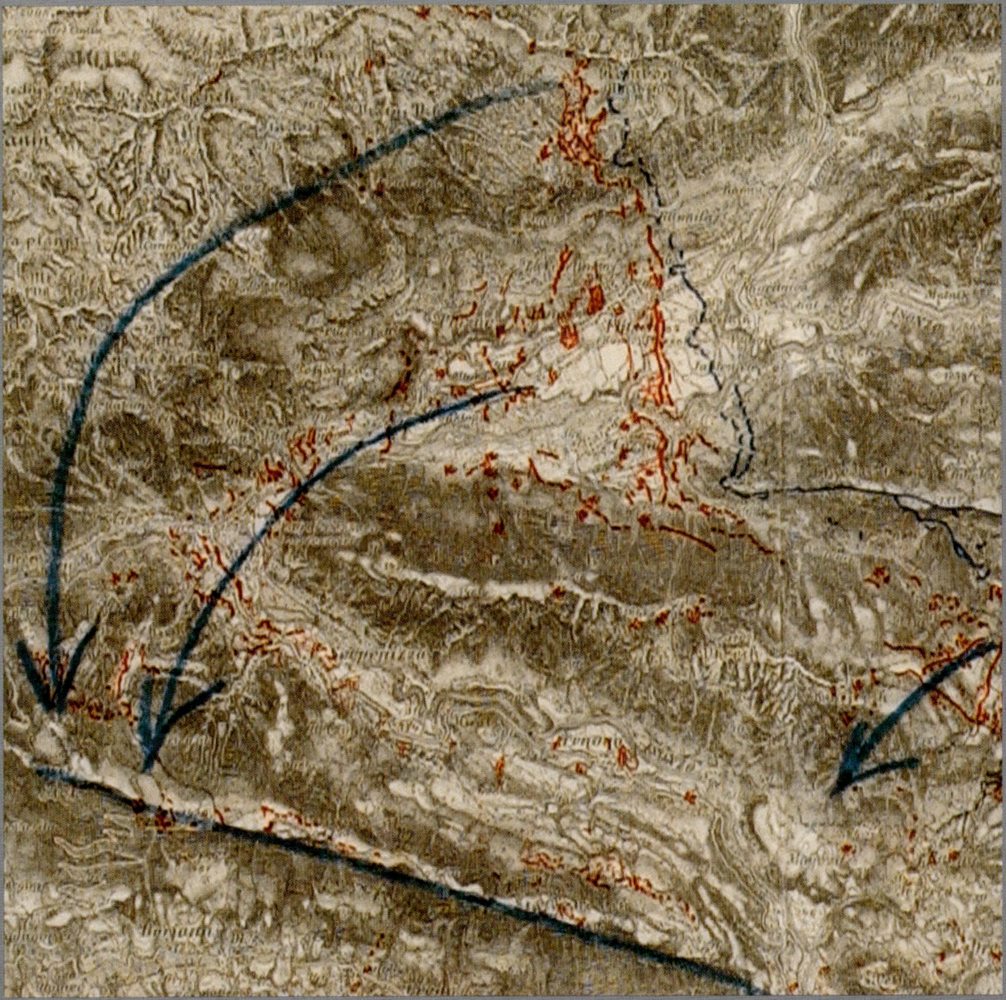

Karte der Schlacht am Isonzo in Norditalien
Österreichisch-ungarisches Militärgeographisches Institut
September 1916
Haus der Geschichte Baden-Württemberg

Bis zum Ersten Weltkrieg wurden alle 67 Einzelteile eines Gewehrs in jeweils einer einzigen Fabrik gefertigt und zusammengesetzt. Diese Methode erlaubte aber nicht die Herstellung solcher Mengen, wie sie im Krieg erforderlich waren. Die entscheidende Neuerung bestand darin, „Werkstattpläne" einzuführen, in denen die einzelnen Teile verzeichnet waren. Diese enthielten auch jeweils die genauen Maße und die noch erlaubten Abweichungen (sog. „Toleranzen"). Die fertigen Teile wurden dann sorgfältig nachgemessen. Dadurch paßten alle Teile zusammen, selbst wenn sie in verschiedenen Firmen produziert wurden. Die neuen Arbeitstechniken verhinderten seit dem Frühjahr 1916 weitere Engpässe bei der Herstellung von Gewehren.
Die Anforderungen der Rüstungsproduktion im Ersten Weltkrieg trieben auch die Vereinheitlichung von Industrieprodukten insgesamt voran. Aus den entsprechenden Bemühungen ging später die Deutsche Industrienorm (DIN) hervor. Bis 1914 hatte es in Deutschland weder entsprechende Vereinbarungen noch Institutionen gegeben, die sich darum kümmerten.
Die Firma Mauser in Oberndorf bei Rottweil war die viertgrößte Gewehrfabrik in Deutschland. Sie stellte von 1914 bis 1918 über eine Million Gewehre her (Trotter 1937; Wölker 1992).

„Kriegsfreiwilliger Frank"
Verlag der Vereinigung der Kunstfreunde Berlin
Bilderbogen, 1914
Hauptstaatsarchiv Stuttgart

Der jüdische Badener Ludwig Frank war am 23. Mai 1874 in Nonnenweier in der Ortenau geboren worden. Nach Schule, Studium und juristischer Promotion trat er um das Jahr 1900 der SPD bei. 1907 gewann er das Reichstagsmandat im Wahlkreis Mannheim.
Nach Kriegsbeginn setzte er sich sehr dafür ein, daß die Sozialdemokraten der Aufnahme von Krediten durch das Deutsche Reich zustimmten, um – wie Frank schrieb – „die Grenzen zu schützen" (Watzinger 1995, S. 164). Bald darauf meldete er sich freiwillig zum Kriegsdienst, wurde am 13. August 1914 eingezogen, kam am 31. August an die Front und fiel schon am 3. September bei Nossoncourt in Lothringen.
Die Sozialdemokraten waren im Kaiserreich als „vaterlandslose Gesellen" beschimpft worden. Trotzdem stimmte die Fraktion im Reichstag dafür, daß Kredite aufgenommen werden konnten, um damit den Krieg zu finanzieren. Und Ludwig Frank war ein Beispiel für die vielen Sozialdemokraten, die ihr Leben für ihr Vaterland verloren.
Das Plakat stammt aus dem Besitz von Kurt Schimmel, dem Kassierer des SPD-Kreisverbandes Stuttgart. Zu diesem Kreisverband gehörte auch der Ortsverein Stuttgart. Aus ihm stammten die ersten Sozialdemokraten, die sich 1915 von ihrer Partei abspalteten, weil sie nicht damit einverstanden waren, daß die SPD den Krieg unterstützte. 1917 schlossen sie sich der neugegründeten Unabhängigen Sozialdemokratischen Partei Deutschlands (USPD) an (Neuschl 1983, S. 129–144).

Malerischer Blick über das Schlachtfeld im Aire-Tal in den Argonnen
Hans von Heider (1867–1952)
Radierung, 1920
Haus der Geschichte Baden-Württemberg

Am 31. August 1914 drangen württembergische Truppen von der Maas in südwestlicher Richtung vor, um die Festung Verdun einzukesseln. Zwei Tage später erreichten sie die Gegend von St. Juvin, die das Bild zeigt. Der Vormarsch ging noch einige Tage lang weiter, aber vom 10. September an mußten die deutschen Soldaten sich wieder zurückziehen.
Das Bild stammt aus der Sammlung „Die Kampfstätten des 13. (Württ.) Armeekorps im Jahre 1914", die vom württembergischen Kriegsministerium in Auftrag gegeben wurde und 1920 erschien. Der Druck ist von Hans von Heider, Professor an der Stuttgarter Kunstgewerbeschule, handsigniert.

Mundharmonika „Eiserne Zeit"
Firma Hohner, Trossingen
1914–1918
Deutsches Harmonika-Museum, Trossingen

Zur Vermarktungsstrategie der Firma Hohner gehörte es, ihre Mundharmonikas stets mit aktuellen Bezügen zu versehen. Dazu hatten immer auch militärische Themen gehört. Der Erste Weltkrieg steigerte den Nationalismus und den Militarismus noch einmal, so daß es nicht überraschen kann, wenn Mundharmonikas mit entsprechenden Motiven und Slogans einen großen Absatz fanden.

Mundharmonika „Alliance Harp"
Firma Hohner, Trossingen
1914–1915
Deutsches Harmonika-Museum, Trossingen

Aber die Firma Hohner war ein Wirtschaftsunternehmen, das nicht in erster Linie patriotische Zwecke verfolgte, sondern Gewinne erzielen wollte. Deshalb lieferte man auch nach Kriegsbeginn weiterhin Mundharmonikas an die Gegner Deutschlands, wie die „Alliance Harp" – die ‚Harfe der Allianz' von Franzosen, Russen, Engländern und Japanern. Dazu benutzte man allerdings eine Tarnfirma in der Schweiz.
Wahrscheinlich sorgte ein Konkurrent dafür, daß dieses Verhalten öffentlich angeprangert wurde. Das veranlaßte die Firma Hohner zwar nicht, die Lieferungen einzustellen, aber zumindest wurde aus der „Alliance Harp" das Modell „Trumpet Call" (‚Trompetenruf') (Häffner 1991).

Zerschossene Mundharmonika
Firma Hohner, Trossingen
Deutsches Harmonika-Museum, Trossingen

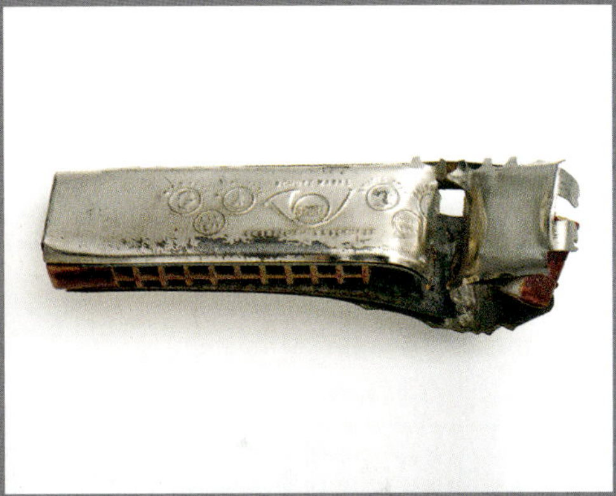

Auch die Soldaten schätzten die handlichen Musikinstrumente. Sie trugen sie selbst an der Front bei sich, und hin und wieder erwies sich eine Mundharmonika nicht nur als unterhaltsam, sondern als lebenswichtig: Am 20. Mai 1915 wurde Karl Haigis, Soldat im Ulmer Infanterie-Regiment 127, bei einem Angriff in den französischen Argonnen von einer Kugel getroffen. Die Mundharmonika, die er in der Tasche trug, rettete ihm das Leben.

Geschoßteile als Schlüsselanhänger
Röntgen-Abteilung des Reserve-Lazaretts II in Karlsruhe
Generallandesarchiv Karlsruhe

Es handelt sich wahrscheinlich um Gegenstände, die den Verwundeten herausoperiert und anschließend zu Andenken verarbeitet wurden. Das Foto erhielt die großherzogliche Familie wohl als Dankgabe nach einem Besuch im Karlsruher Lazarett.
Das Bild verweist auf den Umgang mit der Bedrohung und letztlich mit dem Tod: Die Geschosse hatten getroffen, aber sie hatten nicht getötet – vielleicht würden sie in Zukunft Glück bringen?

Straßenkehrerinnen auf dem Karlsruher Marktplatz
1915
Stadtarchiv Karlsruhe

Da eine wachsende Zahl von Männern als Soldaten einberufen wurden, fehlten in immer mehr Bereichen die nötigen Arbeitskräfte. Das Karlsruher Tiefbauamt stellte deshalb 1915 zwanzig Frauen zur Straßenreinigung ein und vierzig weitere zur baulichen Unterhaltung der öffentlichen Wege (Beck 1990, S. 201).
Die Rückkehr der Männer aus dem Krieg vertrieb die Frauen Anfang 1919 weitgehend wieder aus den Berufen, die sie in der Notzeit ausgeübt hatten. Die Frauen hatten zwar ihre Fähigkeiten bewiesen und konnten daraus Argumente für die Gleichberechtigung mit den Männern ableiten. Die Erreichung dieses Ziels rückte aber zunächst wieder in weite Ferne, sieht man einmal vom Wahlrecht ab, das die Frauen 1919 erhielten.

Otto Stiehl: „Unsere Feinde. Charakterköpfe aus deutschen Kriegsgefangenenlagern“
Hoffmannsche Buchdruckerei, Stuttgart 1916
Haus der Geschichte
Baden-Württemberg

Der Autor des Buches, Otto Stiehl, urteilte mit Blick auf die farbigen Soldaten: „Es ist eine ewige Schmach und Schande für Frankreich und England, derartiges Gesindel gegen ein gesittetes Land gehetzt zu haben.“ Stiehl blickte mit rassistischen Vorurteilen auf die Gefangenen. Er wollte nicht in erster Linie Individuen zeigen, sondern ließ Männer abbilden, die er als „typisch“ für bestimmte Nationalitäten oder Volksgruppen ansah. Gleichzeitig präsentierte er die Feinde Deutschlands als ein buntes Völkergemisch, das nicht viel verband. Deutschland dagegen – so lässt sich ergänzen – war einig und konnte deshalb siegen.
Das Buch gehörte einem Mann, der eine ganz andere Haltung verkörperte: Leutnant Immanuel Fischer kommandierte das Kriegsgefangenenlager in Münsingen und schrieb über das Lager ein eigenes Buch, in dem er sehr respektvoll von den Gefangenen sprach.
Die Gefangenen im Ersten Weltkrieg mußten zwar arbeiten, sie wurden aber im allgemeinen gut behandelt, egal welcher Nationalität sie angehörten.

Auslieferung der dreitausendsten Feldküche in Ulm
Firma Magirus, Ulm
1917
Iveco Magirus AG, Ulm

Die Firma Magirus stellte vor dem Ersten Weltkrieg fast nur Geräte und Fahrzeuge für den Feuerwehrbedarf her. Das einzige Produkt mit einer militärischen Nutzung war die Feldküche, die sogenannte „Gulaschkanone".
Das preußische Kriegsministerium hatte im Jahr 1905 einen Wettbewerb veranstaltet, um eine transportable Küche einzuführen, damit die Soldaten ihre Mahlzeiten nicht mehr selber kochen mußten. Aus einem darauf basierenden zweiten Wettbewerb waren 1906 die Firmen Magirus in Ulm und Senking in Heidelberg als Sieger hervorgegangen. Beide hatten dann zusammen eine Feldküche entwickelt, die seit 1908 schrittweise im preußischen Heer eingeführt worden war. Schon vor Kriegsbeginn waren 1.000 Stück davon hergestellt worden, bis 1917 stieg die Zahl auf 3.000.

Die Firma Magirus versuchte auch, andere Produkte an die Armee zu verkaufen. Dazu gehörte ein Atemgerät, das für die Feuerwehr entwickelt worden war. Der Auftragserteilung gingen Prüfungen und Vorführungen voraus, wie z. B. hier für einen Offizier aus dem „Ingenieur-Komité", das über die Ausrüstung der Ingenieurtruppen und der Pioniere entschied (Goldbeck 1964).

Präsentation von Sauerstoff-Atemgeräten
Firma Magirus, Ulm
20. Juni 1917
Iveco Magirus AG, Ulm

Aufgebahrte Opfer des Bombenangriffs auf Freiburg am 15. April 1915
April 1915
Stadtarchiv Freiburg

Am 4. Dezember 1914 wurde Freiburg erstmals von feindlichen Flugzeugen mit Bomben angegriffen. Bei dem Angriff am 15. April 1915 töteten die gegnerischen Flieger sieben Kinder und einen Erwachsenen und verletzten vierzehn weitere Menschen.
Bis 1918 wurden in Baden zwischen Lörrach und Karlsruhe etwa 700 Menschen getötet oder verletzt, davon starben allein in Freiburg mindestens 30 Personen. 80 weitere wurden verwundet. In ganz Deutschland gab es ca. 750 Tote und 1.850 Verletzte durch Luftangriffe während des Ersten Weltkrieges.
Die bis dahin unbekannte Bedrohung durch Flugzeuge versetzte die Bevölkerung in große Unruhe, aber von dem Schauspiel der Angriffe ging gleichzeitig eine große Faszination aus: Bis zum Kriegsende konnten es die Behörden nicht verhindern, daß sich Schaulustige auf den Straßen versammelten, um den feindlichen Fliegern zuzusehen (Geinitz 1995).

Kinder beim „Kriegerles"-Spielen in Ettenheim
1914
Historischer Verein Ettenheim

Sigmund Lion, ein jüdischer Ettenheimer, berichtete 1988 mit Blick auf das Foto, ihn habe in der Zeit des Ersten Weltkrieges eine „jugendliche Begeisterung und ein unkritischer Patriotismus" erfüllt. Sein Großvater aber habe sich vor allem um Sigmunds Onkel an der Front gesorgt.
Religiöse oder gar rassistische Trennlinien spielten bei den Kindern noch keine Rolle, wie Lion weiter ausführte: „Weder in der Volksschule und im Realgymnasium noch in der Freizeit hatte ich in meinem Heimatort wegen meiner Zugehörigkeit zum Judentum eine Sonderbehandlung oder gar Distanzierung hinzunehmen" (Lion 1997, S. 275).
Die Ettenheimer Kinder waren aber nicht repräsentativ. Die antisemitische Propaganda wuchs an und behauptete unter anderem, daß die jüdischen Männer sich vor dem Einsatz an der Front drückten. Die Behauptungen entbehrten jeder Grundlage, doch trotzdem ließen die militärischen Befehlshaber 1916 eine Zählung durchführen, um die Zahl und die Verwendung von Juden in der Armee zu ermitteln. Die Ergebnisse belegten den Patriotismus und die Opferbereitschaft der jüdischen Deutschen – sie wurden aber nicht veröffentlicht, so daß die Gerüchte weitergingen (Chickering 2002, S. 158–159). Erst 1922 gelangte die Erhebung an die Öffentlichkeit. Die Vorurteile gegen die Juden erwiesen sich aber als stärker als die nüchternen Fakten (Wette 2002, S. 46).
Sigmund Lion zog 1928 nach Paris und entging der Deportation nach der deutschen Besetzung Frankreichs 1940 wohl nur durch seine Ehe mit einer Französin.

Pickelhaube mit steckender Gewehrkugel
Haus der Geschichte Baden-Württemberg

Der gerade erst vor einem Monat zum Leutnant im Infanterie-Regiment 125 beförderte Kurt Schwarz erlitt am 20. Juli 1915 bei einem Angriff auf die russische Festung Roznan laut Lazarettbefund eine „Weichteilschürfung am Schädel". Seine Pickelhaube, die aus Leder besteht, war von einer russischen Kugel getroffen worden.
Es handelte sich aber nur um ein abgelenktes Geschoß, einen Querschläger. Andernfalls hätte seine Kopfbedeckung Schwarz nicht vor einer lebensgefährlichen Verletzung geschützt. Selbst ein Stahlhelm, wie er von 1916 an bei den deutschen Truppen verwendet wurde, konnte eine direkt auftreffende Kugel nicht abhalten.
Leutnant Schwarz lag anschließend eine Woche im Lazarett in Danzig. Eine weitere, schwere Verwundung, erlitt er wenig später an der Westfront und mußte bis Oktober im Reservelazarett II in der Furtbachschule Stuttgart behandelt werden. Bei Kriegsende diente Schwarz als Leutnant im Reserve-Infanterie-Regiment 122. Er wurde am 21. Januar 1920 in Reutlingen aus der Armee entlassen.

„Wie es den Engländern gelungen ist, nach 10 Monaten die Deutschen auszuhungern"
Mai/Juni 1915
Stadtarchiv Friedrichshafen

Die englische Flotte blockierte nach Beginn des Ersten Weltkrieges die deutschen Häfen und verhinderte so die Belieferung Deutschlands mit Lebensmitteln aus Übersee.
Das Foto, das in der Gegend von Friedrichshafen entstand, stellt ironisch die „Erfolge" dieser Blockade dar, indem es Lebensmittel und übergewichtige Bürger aus Friedrichshafen präsentiert. Tatsächlich wirkte sich die Blockade im ersten Jahr des Krieges noch wenig aus – ein Jahr später aber dürfte den Fotografierten wohl der Spott vergangen sein.

Beschlagnahmtes Flugblatt
1917
Hauptstaatsarchiv Stuttgart

Stuttgart, im Jahre 1917.

Todes-Anzeige.

Tief erschüttert machen wir die traurige Mitteilung, daß unser lieber, unvergeßlicher

letzter Brotlaib

im Alter von nahezu 8 Tagen heute früh 9 Uhr aufgegessen wurde. Die trauernden Hinterbliebenen bitten um eine Brotmarke.

In tiefster Trauer:

Der Vater: Siegfried **Hunger**
Die Mutter: Frieda **Hunger,**
geb. **Kohldampf**
Der Onkel: K. **Wenigfleisch**
Die Tanten: Lotte **Mehlnot**
und Berta **Schmalhans.**

Nachruf!

In großer Not denk' ich an Dich!
Mit jäher Wut der Hunger mich ergreift
Und der Gedanken Frucht zum Wahnsinn reift!
Jawohl! recht sehnend denke ich an Dich
Und wünsch' herbei die schönen Stunden
Wo Du mir taist so köstlich munden.
Entschwunden sind die frohen Lieder
Doch – was aus Erde ist, das werd' zu Erde wieder!

Die Versorgungslage verschlechterte sich im Verlauf des Krieges rasch. Anfang 1915 wurde im ganzen Reich das Brot rationiert. Ende 1916 konnten alle wichtigen Lebensmittel nur noch mit Karten bezogen werden. Kartoffeln und Brot entwickelten sich zu den wichtigsten Nahrungsmitteln, da aber auch sie knapp wurden, mußte im Winter 1916/17 auf Kohlrüben zurückgegriffen werden. Während vor 1914 beispielsweise 380 g Mehl pro Person und Tag verbraucht worden waren, standen im Januar 1915 auf Reichsebene nur noch 225 g zur Verfügung, in Württemberg wurde die Ration zwei Monate später sogar auf 200 g gesenkt. Seit März 1917 gab es in Württemberg nur noch 170 g Mehl, nach einer kurzen Steigerung im August schließlich nicht mehr als 160 g. Die Unruhe und Unzufriedenheit in der Bevölkerung wuchs, aber die Möglichkeiten der Meinungsäußerung waren beschränkt. Es herrschte eine Pressezensur, die von Polizei und Militär durchgeführt wurde. Am 12. August 1915 z. B. verbot das Generalkommando des 13. (württembergischen) Armeekorps die öffentliche Diskussion über die festgelegten Höchstpreise für Milch (Mai 1979, S. 203 f.; Eisermann 2000).

„Der wackere Schwabe in Eisen zu Stuttgart"
Wahrscheinlich 1915
Haus der Geschichte Baden-Württemberg

Durch den Verkauf von Eisennägeln, die anschliessend in das hölzerne Standbild geschlagen wurden, sollte Geld für das Rote Kreuz gesammelt werden. Die Nagelbilder gehörten zu den vielfältigen patriotischen Spendensammlungen. Sie symbolisierten die gemeinsame Opferbereitschaft und gleichzeitig die ‚Panzerung', die Verteidigungsbereitschaft nach außen.
Der Begriff „Der wackre Schwabe" und die Zeilen neben der Abbildung sind einem Gedicht Ludwig Uhlands entnommen. Uhland besingt darin einen schwäbischen Ritter, der während eines Kreuzzuges seine Gegner buchstäblich in Stücke schlägt. Die tödlichen Schwerthiebe werden in dem Gedicht als „Schwabenstreiche" bezeichnet.

Ablieferung der Glocken der Dreifaltigkeitskirche Ulm
Sommer 1917
Stadtarchiv Ulm

Im Mai 1917 erging die Anweisung, die Kirchenglocken abzuliefern, damit sie eingeschmolzen werden konnten, um das Metall für die Rüstungsindustrie zu verwenden. Oft wurden die Glocken nicht einfach abgeholt, sondern festlich geschmückt und unter Anteilnahme der Bevölkerung verabschiedet.
Das Ergebnis dieser Aktion war zwiespältig: Zwar gelang es, dringend benötigtes Metall zu erhalten, aber die Menschen hingen an ihren Kirchenglocken, und deren Zerstörung wurde als Beweis der Notlage des Reiches und der drohenden Niederlage gewertet. Die Erinnerung daran wurde wieder wach, als im Zweiten Weltkrieg ebenfalls die Kirchenglocken eingeschmolzen wurden.
Die Aufschrift auf der großen Glocke links lautet: „Ehre sei Gott in der Höhe // und Friede auf Erden // und den Menschen ein Wohlgefallen" – die zukünftige Verwendung des Metalles sollte dem Gegenteil dienen, nicht dem Frieden, sondern dem Krieg.

Patientin der Heilanstalt Weinsberg
Paul Kemmler
Zentrum für Psychiatrie Weinsberg

Paul Kemmler war der erste Direktor der königlich-württembergischen Heilanstalt Weinsberg, die am 19. November 1903 offiziell ihre Arbeit begann. In der Anstalt lebten überwiegend psychisch kranke „Pfleglinge“. Etwa zwischen 1905 und 1915 fotografierte Kemmler persönlich, später unter Mithilfe eines „Oberwärters“, die Patienten. Er bemühte sich dabei sehr um ästhetische Aufnahmen, die nicht die Krankheit oder Andersartigkeit der Fotografierten in den Mittelpunkt rückten. Die Bilder zeigen einen veränderten Blick auf die Patienten, die nicht nur als Kranke, sondern als vollwertige Persönlichkeiten wahrgenommen werden.

Auf den abgebildeten Fotos sind zwei der wohlhabenderen Patienten zu sehen, wie man der Ausstattung des Zimmers entnehmen kann. Ärmere Menschen mußten sich mit einer einfacheren Unterkunft begnügen.

Während 1915 die letzten Aufnahmen in Weinsberg entstanden, wuchsen die kriegsbedingten Versorgungsschwierigkeiten. Nahrungsmittel wurden knapp, und die Ernährung verschlechterte sich. Die Insassen der Pflegeanstalten waren davon besonders betroffen, weil sie sich keine zusätzlichen Nahrungsmittel besorgen konnten. Zwischen 1914 und 1918 verdoppelte sich deshalb die Sterblichkeit in den Anstalten. Schätzungsweise 3.000 Patienten starben als Folge der schlechten Versorgung in Südwestdeutschland (Faulstich 1998).

Patient der Heilanstalt Weinsberg
Paul Kemmler
Zentrum für Psychiatrie Weinsberg

Alfred Hoche:
„Krieg und Seelenleben“
Speyer und Kaerner, Freiburg i.Br. und Leipzig 1915
Haus der Geschichte Baden-Württemberg

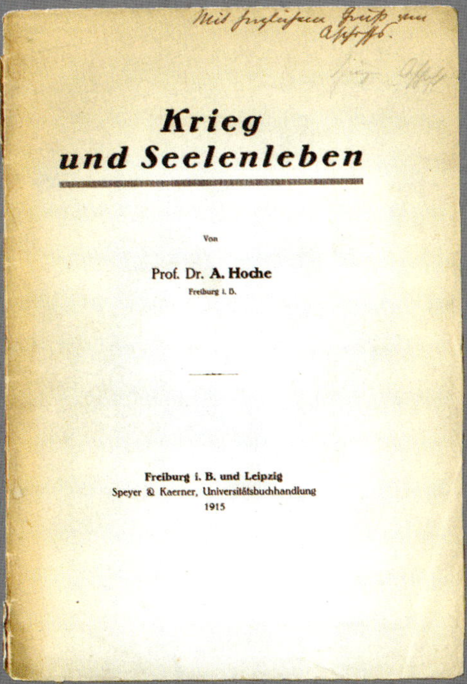

Telegramm des Reichskanzlers Max von Baden
9. November 1918
Haus der Geschichte Baden-Württemberg

Hoche schließt seine Ausführungen mit den Worten: „Wenn Menschen über sich selbst, über ihr gewöhnliches Maß und ihr Schicksal hinaus wachsen, dann spricht man wohl von Heldenzeit, und wir dürfen ganz gewiß sagen: heute ist Heldenzeit.“
Hoche reihte sich damit ein in die Schar der vielen Professoren, die zum Sieg im Weltkrieg beitragen wollten und dazu vor allem national gesinnte Vorträge und Veröffentlichungen produzierten. Sie beschworen die angeblich deutschen „Ideen von 1914“ wie Idealismus, Heldentum und Opferbereitschaft des Einzelnen für die Gemeinschaft. Dagegen wurden die angeblich französischen „Ideen von 1789“ gestellt und als Materialismus, Egoismus und politischer Parteienstreit abgewertet (Chickering 2002, S. 165).
Alfred Hoche war seit 1902 Psychiatrie-Professor an der Universität Freiburg. Sein Sohn fiel 1916. 1920 verfaßte Hoche zusammen mit Karl Binding das Buch „Die Freigabe der Vernichtung lebensunwerten Lebens“, in dem er für die Tötung von Schwerstkranken und -behinderten plädierte.

Im Telegramm heißt es unter anderem: „6 Berlin, 9/11. amtlich. der Kaiser und König hat sich entschlossen, dem throne zu entsagen“. Das Telegramm wurde von Major Karl Friedrich Ferdinand von Winning aus dem Preußischen Kriegsministerium mit nach Hause genommen, weil er sich wohl dessen historischer Bedeutung bewußt war: Max von Baden gab darin die Abdankung des Kaisers bekannt, obwohl dafür dessen Einverständniserklärung noch nicht vorlag. Damit war das Ende der Monarchie in Deutschland besiegelt. Max von Baden, der Vetter des Großherzogs, war während des Krieges für die Betreuung der deutschen und alliierten Kriegsgefangenen zuständig. Als angesichts der militärischen, wirtschaftlichen und politischen Krise im Herbst 1918 nach einem neuen Reichskanzler gesucht wurde, erschien Max von Baden als geeigneter Kandidat. Er trat am 2. Oktober 1918 sein Amt an. Zu seiner Regierung gehörten u. a. vier führende Politiker aus Württemberg: Erzberger, Gröber, Payer und Haußmann. Max von Baden wollte zuerst eine deutsche Kapitulation verhindern und die Monarchie bewahren. Beides scheiterte. Er übergab sein Amt am 9. November 1918 an den badischen Sozialdemokraten Friedrich Ebert.
Am 15. November 1918 schrieb Max von Baden über das Ende der Monarchie: „Unsere Sünden, Verfehlungen, Versäumnisse und Charakterlosigkeiten, an denen die alte Ordnung zugrunde geht, schrieen zum Himmel. Ich habe einen tiefen Einblick in diese Dinge getan und das Zusammenbröckeln dieser alten Welt in meinen Fingern gespürt.“ (Mann/Burckhardt 1968)

Preußischer Feldmarschallstab des Königs Wilhelm II. von Württemberg
Goldschmiede
Sy & Wagner, Berlin
1916
Haus der Geschichte
Baden-Württemberg

Am 23. Juli 1916 verlieh der deutsche Kaiser und preußische König Wilhelm II. dem württembergischen Monarchen Wilhelm II. die Würde eines Feldmarschalls der preußischen Armee. Diese Auszeichnung war auch als Anerkennung für die Leistungen der württembergischen Truppen gedacht, die überwiegend zum 13. Armeekorps zusammengefaßt waren. Der deutsche Kaiser schrieb: „Eurer Majestät Württembergische Truppen haben seit nunmehr fast zwei Jahren in heldenmütigen Kämpfen auf allen Schauplätzen dieses großen Krieges mit unvergleichlicher Tapferkeit und vollster Hingabe für ihren König und ihr schönes Schwabenland gekämpft."
Im Jahr 1916 verlieh Kaiser Wilhelm II. insgesamt acht Mal den Feldmarschalltitel. Ihn erhielten der bulgarische Zar, der osmanische Sultan und der griechische König. Das diente wohl zur Stärkung der Bündnisse mit dem deutschen Reich. Außerdem wurden Mitglieder der Königshäuser von Sachsen, Bayern und eben Württemberg ausgezeichnet. Alle drei Länder verfügten noch über eine eigene Militärverwaltung, also auch über Truppen, die nur aus „Landeskindern" bestanden. Auch hier sollte die Ehrung wohl den Zusammenhalt, diesmal allerdings der Bundesstaaten des Reiches untereinander, symbolisieren und unterstützen.
Der Marschallstab besteht aus Silber, ist am Mittelteil mit Samt überzogen und trägt verschiedene goldene oder emaillierte Verzierungen, die vor allem Symbole des preußischen Königshauses wie Adler und Krone darstellen.

Das Foto stammt aus dem Nachlaß des Göppinger Rabbiners Aaron Tänzer. Er meldete sich bereits am 1. August 1914 freiwillig als Armeerabbiner, wurde aber – wohl aufgrund seines Alters – erst am 29. Juli 1915 einberufen. Er ging zur Armee am Bug in Weißrußland und blieb dort bis zum 19. November 1918. In seiner Eigenschaft als Armeerabbiner betreute er die jüdischen Soldaten mit Gottesdiensten, vor allem aber durch die Versendung von Genußmitteln, teilweise auch religiösen Schriften.
Schon 1924 stellte er auf einem Vortrag in München resigniert fest, daß der Einsatz der jüdischen deutschen Soldaten, der etwa 12.000 von ihnen das Leben gekostet hatte, die Juden nicht vor Beleidigungen und Verleumdungen schützte: „Statt der erhofften brüderlichen Einigung mit den christlichen Kameraden stehen heute die jüdischen Frontkämpfer vor einer grenzenlosen Enttäuschung."
Rabbiner Aaron Tänzer erlebte dann die Demütigung und Entrechtung durch die Nationalsozialisten. So wurde er bereits im Oktober 1933 aus dem Göppinger Veteranenverein ausgeschlossen und kommentierte dieses Unrecht bitter als „Dank des Vaterlandes". Aaron Tänzer starb am 26. Februar 1937 in Göppingen.
Seine Kinder konnten einen Teil seines Nachlasses ins Ausland bringen. So gelangte eine Kiste mit Fotos und Dokumenten an die Universität in Jerusalem. Dazu zählte auch die Fotografie des durchschossenen Gebetbuches (Rueß 1992, S. 74–79; Tänzer 1988, S. 620–646), dessen Symbolik leicht zu entschlüsseln ist: Das Foto verweist auf die Opfer, die die jüdischen Soldaten für ihr deutsches Vaterland brachten.

Ein durchschossenes jüdisches Gebetbuch
1915
Central Archives for the History of the Jewish People, Jerusalem

Kriegsfotos des Julius Fröhlich aus Rexingen
1916
Amos Fröhlich, Shavei Zion, Israel

Der jüdische Rexinger Julius Fröhlich wurde am 28. September 1915 zum Infanterie-Regiment 180 – demselben wie Eugen Kaufmann – eingezogen. Am 3. September 1916 trafen ihn bei Thiepval Granatsplitter am Kopf und am Arm und verwundeten ihn schwer. Das untere Bild zeigt ihn vor dem Lazarett mit einem Kopfverband auf der Erde sitzend.
Er erhielt sogar noch 1934, also ein Jahr nach der nationalsozialistischen Machtübernahme, eine offizielle Auszeichnung: Im Namen des „Führers und Reichskanzlers", also Hitlers, wurde allen ehemaligen Soldaten, die an den Kämpfen des Ersten Weltkrieges direkt teilgenommen hatten, das „Ehrenkreuz für Frontkämpfer" verliehen. Seine Verdienste für das Vaterland schützten Julius Fröhlich aber nicht vor dem Terror der neuen Machthaber. 1938 mußte er wegen der Verfolgung durch das nationalsozialistische Regime seine Heimat verlassen und wanderte nach Palästina aus. Dort gründete er zusammen mit anderen Juden aus Rexingen die Siedlung Shavei Zion. Seit Anfang der fünfziger Jahre kehrte Julius Fröhlich während der Sommermonate immer wieder nach Deutschland zurück. Er vertrug das Klima in Israel nicht gut, und er hing noch immer an seiner alten Heimat, trotz allem, was seiner Familie und ihm angetan worden war. Er starb schließlich auch in Tuttlingen und wurde dort beerdigt.

Infanterie-Dienstmütze der vorläufigen Reichswehr
Dezember 1918 – Juni 1919
Haus der Geschichte Baden-Württemberg

Die Mütze gehörte Günter Kaufmann (1926–1962) aus Tuttlingen. Er verwendete sie wohl zum „Kriegerles"-Spielen. Günter Kaufmann war ebenso wie seine beiden Brüder Mitglied der Jugendorganisation „Scharnhorst" des „Stahlhelm"-Verbandes, eines rechtsgerichteten Zusammenschlusses ehemaliger Soldaten. Nach 1933 gehörten die beiden zur Hitlerjugend.
Möglicherweise hatte ihr Vater, Otto Kaufmann sen., kurze Zeit in der vorläufigen Reichswehr gedient und die Mütze mitgebracht. Er hatte am Ersten Weltkrieg als Sanitäter im Fuß-Artillerie-Regiment 13 teilgenommen. Sein Bruder, Eugen Kaufmann, war im September 1916 an der Somme gefallen.

Die Anstecknadel an der Rückseite der Mütze zeigt ein Bildnis Adolf Hitlers, das umrahmt wird von den Worten: „Der Wille ist alles. 20. April 1933". Der Anstecker wurde offenbar aus Anlaß von Hitlers 44. Geburtstag geprägt.
Die Familie Kaufmann war politisch konservativ oder nationalistisch geprägt, zur NSDAP bestanden aber keine besonders engen Verbindungen. Otto Kaufmann trat recht spät, erst 1940, in die Partei ein, da er fürchtete, seine kleine Textilfabrik könnte sonst bei der Vergabe von Aufträgen benachteiligt werden.

Demonstration in der Eberhardstraße in Stuttgart
November/Dezember 1918
Württembergische Landesbibliothek Stuttgart

Maschinengewehr im Innenministerium in Karlsruhe
Vermutlich 23. Februar 1919
Stadtarchiv Karlsruhe

Die lange Dauer des Krieges, der ausbleibende militärische Erfolg an den Fronten und die wachsenden Versorgungslücken in der Heimat untergruben die Legitimation der alten Machthaber im ganzen Reich.
In Stuttgart bildete sich am Abend des 4. November 1918 im Anschluß an eine Demonstration ein „Arbeiterrat". Am nächsten Tag erschien die erste Revolutionszeitung in Württemberg, die „Rote Fahne". Aber ein Umsturz war das noch nicht. Am 6. November 1918 trat immerhin der württembergische Ministerpräsident v. Weizsäcker zurück. Als neuer Ministerpräsident war Theodor Liesching von der Demokratischen Partei vorgesehen, der sich auf eine parlamentarische Mehrheit stützen konnte. Die neue Regierung wurde am 9. November 1918 noch vereidigt.
Am selben Tag aber fanden in Stuttgart Massendemonstrationen statt, in deren Verlauf eine kleinere Gruppe von Demonstranten das Wilhelmspalais, den Wohnsitz des Königs, stürmte. Wilhelm II. wurde jedoch persönlich nicht belästigt und konnte am Abend nach Bebenhausen abreisen. Damit hatte die gerade erst neu gebildete Regierung bereits ihre Grundlage verloren und legte die Ämter am 10. November 1918 nieder. Vertreter von USPD und (Mehrheits-)SPD, der Freien Gewerkschaften sowie des neugebildeten Arbeiter- und des Soldatenrates bildeten daraufhin eine Übergangsregierung. Am 30. November verzichtete Wilhelm II. offiziell auf den württembergischen Königsthron und behielt nur den Titel eines Herzogs von Württemberg (Cordes 1978, S. 51ff.).
Die Revolution war weitgehend ein Phänomen der Städte. In Oberschwaben etwa kam es nur in Ravensburg, Weingarten, Waldsee und Biberach zu Demonstrationen (Kuhn 1996, S. 113).
In Baden konstituierte sich am 8. November 1918 der erste Soldatenrat in Lahr. Weitere Garnisonen schlossen sich in den nächsten beiden Tagen an. Am 10. November übernahm die Badische Vorläufige Volksregierung die Macht in Karlsruhe, und am 23. November verzichtete der Großherzog auf den Thron (Brandt/Rürup 1991, S. 73ff.).

Äußerer Anlaß der Unruhen in Baden im Februar 1919 war die Ermordung des Sozialisten Kurt Eisner in München, die am 21. Februar 1919 in Mannheim bekannt wurde. In der Nacht begannen die Vorbereitungen von KPD, USPD und linken Gruppen für einen Aufstand. Am nächsten Tag wurde der Generalstreik ausgerufen, und die Arbeiter bewaffneten sich. Mehrere Tausend Menschen, die Schätzungen reichten von 10.000 bis 40.000, nahmen an einer Trauerkundgebung für Eisner teil. Eine Gruppe von etwa 1.000 Personen zog dann zum Mannheimer Schloß, befreite Häftlinge und vernichtete Akten. Am 23. Februar bildete sich ein „Revolutionärer Arbeiterrat", der den Anschluß Mannheims an eine „süddeutsche Räterepublik" verkündete. Am selben Abend aber beschlossen KPD und SPD die Auflösung dieses Rates und die Anerkennung der Vorläufigen Volksregierung in Karlsruhe. Diese hatte bereits Verteidigungsmaßnahmen ergriffen und den Belagerungszustand ausgerufen. Regierungstreue Truppen schützten die wichtigen Gebäude, wie im Falle des Innenministeriums auf dem Foto. In der badischen Hauptstadt kam es aber nur zu einer Demonstration auf dem Marktplatz, so daß der Belagerungszustand am 24. Februar wieder aufgehoben werden konnte. Das galt aber nicht für Mannheim: Am 7. März rückten schließlich regierungstreue Truppen in die Stadt ein und unterdrückten alle Aufstandsversuche.

Rudolf Yelin sen. mit seinen Söhnen Ernst und Rudolf jun. als Mitglieder der Stuttgarter Einwohnerwehr
1919
Jürgen Genuneit, Stuttgart

Die junge demokratische Regierung in Württemberg schützte sich zunächst vor allem gegen Aufstände kommunistischer Gruppen. Dazu wurden verschiedene Einheiten aufgestellt, die u. a. die Wahlen zur Württembergischen Verfassunggebenden Versammlung im Januar 1919 sicherten. Nach weiteren Unruhen im April ließ die Regierung zusätzlich „Reserve-Sicherheitstruppen" aus Freiwilligen bilden, die im August in einer „Einwohnerwehr" zusammengefaßt wurden. Die Einwohnerwehr unterstand direkt dem württembergischen Innenminister und sollte im Falle von inneren Unruhen eingesetzt werden (Cordes 1978, S. 210 f.).
Alle drei Yelins arbeiteten als Maler und Bildhauer und schufen eine Vielzahl bedeutender Werke in Südwestdeutschland.

Landtagssitzung im Stuttgarter Halbmondsaal
1919–1920
Landesmedienzentrum Baden-Württemberg

Das württembergische Parlament tagte im „Halbmondsaal", der wegen seiner Halbkreisform so genannt wurde. Der Sitzungssaal war unter König Wilhelm I. für die Zweite Kammer – also diejenige, in der die gewählten Abgeordneten saßen – als Anbau an das sogenannte Neue Landschaftshaus in der Kronprinzenstraße errichtet worden. 1820 fand darin die erste Landtagssitzung statt. Der Landtagspräsident sitzt erhöht auf der linken Bildseite, umgeben von zwei Schriftführern. Davor sind die Plätze der Minister. Ihnen gegenüber sitzen im Halbrund auf leicht ansteigenden Rängen die Abgeordneten. Die Galerie bietet Plätze für Zuschauer. Der Halbmondsaal wurde im Zweiten Weltkrieg zerstört.
Die Arbeit der Parlamentarier war stets dem Vorwurf ausgesetzt, sie würden nur reden, nicht handeln und ihre Zeit mit nutzlosen Debatten vergeuden. Das Parlament wurde oft als „Schwatzbude" diffamiert. Tatsächlich verbreiteten die Sitzungen des Landtags mit ihren langen Reden und den langwierigen Verhandlungen nur wenig Glanz, aber sie garantierten die Freiheit.

Badische Verfassung
April 1919
Generallandesarchiv Karlsruhe

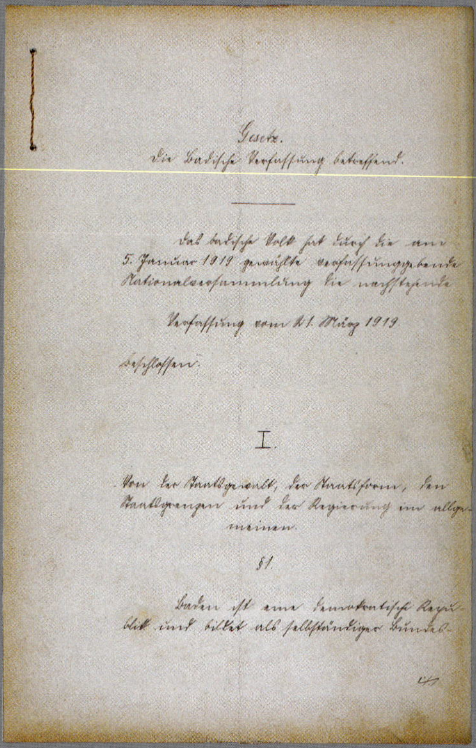

Gesetz.
Die badische Verfassung betreffend.

Das badische Volk hat durch die am 5. Januar 1919 gewählte verfassunggebende Nationalversammlung die nachstehende

Verfassung vom 21. März 1919

beschlossen.

I.

Von der Staatsgewalt, der Staatsform, den Staatsgrenzen und der Regierung im allgemeinen.

§ 1.

Baden ist eine demokratische Republik und bildet als selbständiger Bundes-

Die am 5. Januar 1919 gewählte badische Nationalversammlung arbeitete einen Verfassungsentwurf aus, den sie am 25. März 1919 einstimmig annahm. Ebenso wie in Württemberg stand von vornherein fest, daß aus Baden eine parlamentarische Republik werden sollte. Weder die Rückkehr zur Monarchie noch der Übergang zu einem kommunistischen Rätemodell wurden ernsthaft erwogen. Die Diskussionen entzündeten sich mehr an Detailproblemen und formalen Fragen.
Am 13. April 1919 beteiligte sich nur ein Drittel der badischen Männer und Frauen an der Volksabstimmung über den Verfassungsentwurf. Aber immerhin stimmten 90 % von ihnen zu. Baden sollte in Zukunft von einem gewählten Parlament regiert werden. Verschiedene Formen der Volksabstimmung sahen eine direkte Einflußnahme auf die Politik vor (Brandt/Rürup 1991, S. 125 ff.).

Propaganda-Medaille gegen die französische Rheinlandbesetzung
1920
Haus der Geschichte Baden-Württemberg

Französische Offiziere bei einem Essen in Goldscheuer
1919
Verein für Heimatpflege Goldscheuer

Französische Soldaten beim Weintrinken in Goldscheuer
1919
Verein für Heimatpflege Goldscheuer

Der Versailler Vertrag sah unter anderem vor, daß alliierte Truppen auf dem linksrheinischen deutschen Gebiet stationiert wurden. In Südwestdeutschland besetzten die Franzosen lediglich einen Brückenkopf bei Kehl, auf der rechten Rheinseite gegenüber von Straßburg. 1923 marschierten die Franzosen für eineinhalb Jahre auch in Offenburg und Appenweier ein und schickten Truppen in die Rheinhäfen in Mannheim und Karlsruhe.
Seit Ende 1919 entfalteten nationalistische und konservative Kreise eine heftige Agitation gegen die französischen Besatzungssoldaten. Im Mittelpunkt standen angebliche Vergewaltigungen durch schwarze Soldaten.
Im Juni 1920 veranstaltete daraufhin die Besatzungskommission der Alliierten eine Untersuchung. Der amerikanische General Allen kam zu dem Ergebnis, die Beschuldigungen der deutschen Presse gegen die französischen Kolonialtruppen seien falsch und dienten nur der politischen Propaganda. Das französische Militär habe die wenigen Übergriffe hart bestraft. Trotzdem wurde die Zahl der Kolonialtruppen seit 1921 deutlich reduziert, und 1925 hatten alle nordafrikanischen Regimenter deutsches Gebiet verlassen.
Die offizielle französische Statistik verzeichnete ca. 400 Hochzeiten zwischen französischen Soldaten und deutschen Frauen. Im ganzen Rheinland wurden 767 uneheliche Kinder von Franzosen gezählt, 15 weitere von farbigen Soldaten aus den französischen Kolonien (Tirard 1930, S. 304 u. 307 ff.).
Die Medaille gehörte Wilhelm Söhner, dem Sohn eines Schneidermeisters aus Heilbronn. Er war im Jahr 1920 erst 17 Jahre alt.
Die Vorderseite der Medaille zeigt den Kopf eines schwarzen Soldaten mit französischem Helm, dem in verhöhnender Absicht die Leitbegriffe der Französischen Revolution – Freiheit, Gleichheit, Brüderlichkeit – beigefügt wurden. „Die Wacht am Rhein“ ist der Titel eines 1840 entstandenen Liedes, das zur Verteidigung des „deutschen Rheins“ auffordert.
Auf der Rückseite ist eine nackte Frau an einen riesigen Phallus gefesselt, auf dem sich ein französischer Helm befindet. Links vor ihr liegt eine zerbrochene Leier, so daß es sich wohl um die Sagengestalt der Loreley handelt. Beobachtet wird die Szene von einem am Himmel schwebenden Auge, das möglicherweise als Symbol für die Freimaurer verstanden werden kann, vielleicht auch als Verweis auf ein göttliches Strafgericht, das den Übeltätern droht. Die Umschrift „Die schwarze Schande“ signalisiert, daß hier rassistische Stereotypen und die Gerüchte über Vergewaltigungen angesprochen werden sollen.
Die Medaille gibt einerseits die Empörung über die als nationale Demütigung empfundene Besatzung wieder. Andererseits aber ist die Rückseite als pornografische Szene gestaltet, die auf einige Betrachter wohl einen ganz eigenen Reiz ausgeübt hat.

Die französische Besatzung brachte sicherlich Behinderungen, gelegentlich auch Belästigungen und Übergriffe für die deutsche Bevölkerung mit sich. Die Heimatchronik der Gemeinde Goldscheuer bei Kehl berichtet aber recht nüchtern, ja beinahe positiv über diese Zeit: „Am 16. Januar 1919 wurde der Brückenkopf Kehl von französischen Truppen besetzt. Drei Tage später zogen auch in unsere Dörfer Senegalneger, Marokkaner, Tunesier und weiße französische Truppen ein. Die Besetzung mit all ihren Maßnahmen ist der Bevölkerung in guter (gemeint ist wohl: lebhafter) Erinnerung geblieben. Anfang September 1919 wurden die meisten dieser Besatzungssoldaten aus den Privatquartieren, in denen sie bis zu 20 Mann lagen, in Kasernen und in die Forts abgezogen. Für die Jugend bildeten die auf unserer Gemarkung und unseren Feldern öfters stattfindenden Feld- und Manöverübungen ein abwechslungsreiches Schauspiel, jedoch nicht für die Landwirte.“

„Krieg – Abschied“
Karl Hubbuch (1891–1979)
Kaltnadelradierung, 1921
Haus der Geschichte
Baden-Württemberg

Karl Hubbuch meldete sich vermutlich bereits 1914 in Heidelberg freiwillig zur Armee. Er wurde als Kanonier, Fahrer und Telefonist an verschiedenen Kriegsschauplätzen vor allem in den Alpen und an der Ostfront eingesetzt. 1920/21 studiert er als Meisterschüler an der Karlsruher Akademie bei Walter Conz die Technik der Radierung. Er setzte sich in seinen Arbeiten mit unterschiedlichen Themen auseinander, die aber immer wieder auf seine eigene Person verweisen. Die Bilder verdichten oft, wie auch im abgebildeten Beispiel, verschiedene Einzelmotive und -szenen zu einer Gesamtkomposition. Sie sind als „Erinnerungen einer zerstückelten Welt“ interpretiert worden (Leonhard 1981), als Auseinandersetzungen mit einer Krisenzeit, in der die Weltbilder durch die Katastrophe des Ersten Weltkrieges ihre Geschlossenheit verloren. Hubbuch selbst erinnerte sich in den 1970er Jahre daran, daß er im Ersten Weltkrieg zwei Pferde durch den Granatbeschuß und die Unbilden des Wetters führen mußte. Die Figurengruppe mit dem Mann und den zwei Pferden links in der Bildmitte könnte also einen autobiographischen Hintergrund haben. Möglicherweise gilt das auch für die anderen Szenen, die weniger um das Kriegsgeschehen an sich als um das Verhältnis und die erotischen Beziehungen von Männern und Frauen kreisen (Hartmann 1981).

Karl Binding und Alfred Hoche: „Die Freigabe der Vernichtung lebensunwerten Lebens: ihr Maß und ihre Form"
Verlag Meiner, Leipzig 1920
Institut für Grenzgebiete der Psychologie und Psychohygiene der Universität Freiburg

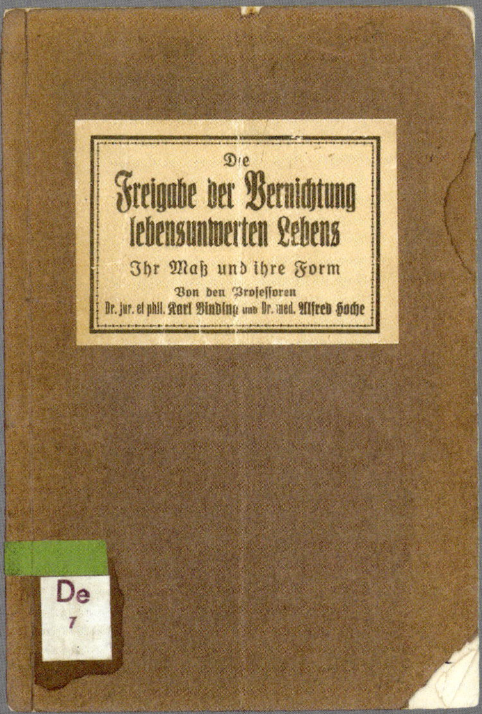

Karl Binding schreibt in dem Buch: „Denkt man sich gleichzeitig ein Schlachtfeld bedeckt mit Tausenden toter Jugend (...) und stellt man in Gedanken unsere Idioteninstitute mit ihrer Sorgfalt für ihre lebenden Insassen daneben – und man ist auf das tiefste erschüttert von diesem grellen Mißklang zwischen der Opferung des teuersten Gutes der Menschheit im größten Maßstabe auf der einen und der größten Pflege nicht nur absolut wertloser, sondern negativ zu bewertender Existenzen auf der anderen Seite."
Während Binding aus der Sicht des Juristen argumentierte, trug Hoche als Direktor des Instituts für Psychiatrie der Universität Freiburg die Perspektive des Arztes bei. Beide waren von ihrem jeweiligen Standpunkt aus sicher, daß bestimmte Menschen nicht wert waren zu leben und daß Ärzte sie deshalb töten dürften. Hoches Begriff der „Ballastexistenzen" legt sogar nahe, daß der Mord an diesen Menschen geradezu geboten sei, um die Nation insgesamt von der angeblichen ‚Belastung' zu befreien. Auch wenn die Debatte um die Tötung von Kranken und Behinderten nicht neu war, stellte Bindings und Hoches Werk eine weitere Zuspitzung dar, weil es unverhohlen und aggressiv formuliert war.
Hoche zog sich 1933 freiwillig aus dem wissenschaftlichen Leben zurück und starb 1943, wahrscheinlich durch Selbstmord.

Die Erinnerung an den Ersten Weltkrieg spielte in der Weimarer Republik eine große Rolle. Dazu gehörten verschiedene Formen des öffentlichen Gedenkens wie z. B. die Errichtung von Kriegerdenkmälern. Auch die Vereine beteiligten sich daran und setzten ihren gefallenen Mitgliedern eigene Denkmäler.
Der Turnverein Wimpfen ließ die Unterschriften der Toten auf ein Fahnenband sticken, das an der Vereinsfahne befestigt und bei Umzügen mitgeführt wurde.
Aber wie sollte man die Gefallenen bezeichnen? Waren sie Helden, die sich trotz der deutschen Niederlage Ruhm erworben hatten? Hatten sie einfach nur ihre Pflicht erfüllt, weil sie nicht anders konnten? Oder handelte es sich vielleicht um Männer, die andere Menschen getötet hatten und dabei selber umgekommen waren? Der Turnverein Wimpfen wählte bei seinem Fahnenband die Aufschrift „Unseren Opfern im Weltkrieg". Der Begriff der „Opfer" läßt verschiedene Interpretationen offen. Man kann ihn verstehen im Sinne von „Opfern der Umstände", die in ein Ereignis hineingerieten, ohne es zu wollen, und dabei zu Tode kamen. Vielleicht ist auch gemeint, daß sich die Gefallenen für die Gemeinschaft opferten.

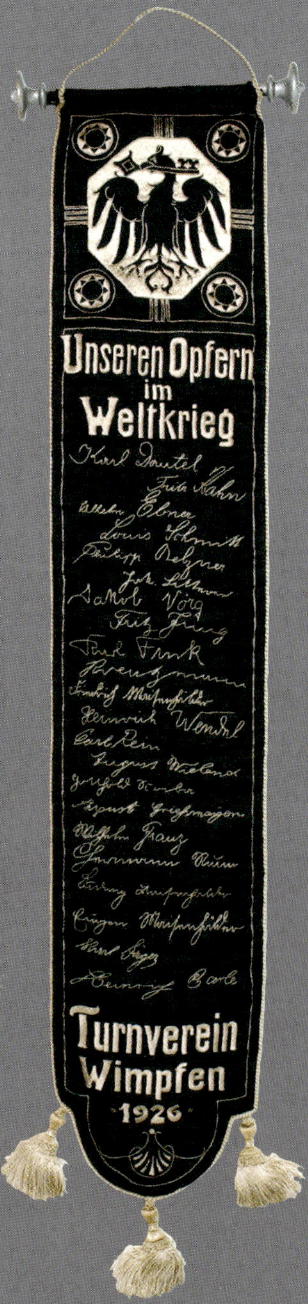

Fahnenband des Turnvereins Wimpfen
1926
TV Bad Wimpfen

Werbeplakat der Freiburger Einwohnerwehr
Freiburger Druck- und Verlagsgesellschaft Muth
1918/19
Haus der Geschichte Baden-Württemberg

Antidemokratische Postkarte
Nach 1919
Hauptstaatsarchiv Stuttgart

Noch am 9. November 1918 versuchte die badische Regierung gegenrevolutionäre Bürgerwehren aufzustellen, für die vor allem Mitglieder der Krieger- und Schützenvereine gewonnen werden sollten. Dieser Aufruf kam aber zu spät, um die Revolution zu verhindern.
Die Revolutionsregierung selber war allerdings ihrerseits auf bewaffnete Freiwilligenverbände angewiesen, denn große Teile Badens wurden im Waffenstillstandsvertrag von Compiègne zur entmilitarisierten Zone erklärt. Um die Ordnung auf alle Fälle zu sichern, wurden vom 12. November 1918 an sogenannte „Volkswehren" gebildet. Anfang Dezember standen ungefähr 10.000 Volkswehr-Männer unter Waffen, die von der bürgerlichen Presse wegen der damit verbundenen Kosten, aber auch wegen des Einflusses sozialistischer und kommunistischer Gruppen heftig kritisiert wurden.
Seit Anfang 1919 entstanden immer mehr bürgerliche Einwohnerwehren, die sich als Schutzwall gegen die radikale Linke und ihren Einfluß in den Volkswehr-Einheiten verstanden. Wahrscheinlich ist das abgebildete Plakat in diese Zeit zu datieren und als Werbung für diese Einheiten zu verstehen. Der Feind, gegen den die Bürgerwehr die Stadt – und die Mutter mit Kind – im Hintergrund verteidigen soll, taucht nicht als Person, sondern nur – entmenschlicht – in Gestalt eines häßlichen Drachens auf. Das Bild spielt mit Verweisen auf religiöse Darstellungen. Die Mutter mit ihrem Kind erinnert an Maria mit dem Jesus-Kind, der Drache an Abbildungen des Teufels. Die beiden Männer können als Vertreter von Bürgertum, gekennzeichnet durch den Anzug, und Arbeiterschaft, mit hoch gekrempelten Ärmeln, verstanden werden.

Die Postkarte gehörte Kurt Schimmel, einem Vorstandsmitglied des SPD-Kreisvereins Stuttgart und Mitarbeiter der sozialdemokratischen Zeitung „Schwäbische Tagwacht".
Die Postkarte zeigt den Sozialdemokraten Friedrich Ebert aus Heidelberg, den deutschen Reichspräsidenten, in Badekleidung (rechts). Er soll auf diese Weise der Lächerlichkeit preisgegeben werden. Ihm werden der abgedankte deutsche Kaiser Wilhelm II. (oben) und der Generalfeldmarschall im Ersten Weltkrieg Paul von Hindenburg (unten) in prächtiger Uniform gegenübergestellt – ein Verweis auf angeblich bessere Zeiten.
Das Postkartenbild stellt nur einen Ausschnitt der Originalaufnahme dar, die 1919 bei der Eröffnung eines Kinderheims bei Travemünde an der Ostsee entstanden war. Die „Berliner Illustrierte Zeitung" hatte darauf bereits zurückgegriffen, um die abgebildeten Personen zu diffamieren.
Die Karte läßt sich als Beleg dafür verstehen, wie schwer es die Demokratie hatte, Symbole und Rituale zu finden, mit denen sich eine emotionale Verbundenheit entwickeln konnte – und wie leicht es ihren Gegnern in der Weimarer Republik fiel, das politische System insgesamt zu verunglimpfen.

Deutsche Luftschiffer und französische Soldaten vor der Führergondel des Luftschiffs „Graf Zeppelin" bei Toulon
Mai 1929
Werner Kunze, Friedrichshafen

Taschenuhr Georg Kesslers
Georg Kessler (1898–1952)
1920–1930
Haus der Geschichte
Baden-Württemberg

Die „Graf Zeppelin" sollte am 16. Mai 1929 von Friedrichshafen nach Amerika fliegen. Weil zunächst zwei Motoren ausfielen, mußte das Luftschiff schon über dem Mittelmeer umkehren. Der Ausfall zweier weiterer Maschinen zwang dann zur sofortigen Notlandung in Frankreich. Das Schiff wäre mit nur noch einem funktionierenden Motor beinahe in den Alpen zerschellt, erreichte dann aber mit Mühe und Not am 17. Mai Cuers bei Toulon. Dort standen zwei Luftschiffhallen der französischen Marine zur Verfügung. Die Franzosen hatten schon vorher per Funk ihre Unterstützung signalisiert und boten auch weiterhin jede Hilfe an.

Deutsche und Franzosen verstanden sich sehr gut, wie man an den freundschaftlichen Gesten auf dem Bild sieht. Richard Kunze berichtete später über die Stadtbesichtigung von Toulon, die die Besatzung kurz vor dem Rückflug unternahm: „Aus einer Hafenkneipe drang lauter Gesang, wir trauten unseren Ohren nicht, hier in Frankreich. Französische Soldaten sangen ‚Trink, trink, Brüderlein trink'. Es waren Elsässer, die hier ihre deutschen Lieder schmetterten." Offensichtlich leistete hier ein Zeppelin, früher ein todbringendes Kriegsgerät, seinen Dienst bei der Verständigung von Deutschen und Franzosen.

Per Bahn wurden neue Maybach-Motoren gebracht. Die Rückfahrt nach Friedrichshafen fand vom 23. bis 24. Mai 1929 statt. Es war die letzte Fahrt Richard Kunzes, des früheren Eigentümers dieses Fotos. Er schied danach aus dem Dienst als Luftschiffer aus.

Der Schwenninger Uhrmacher Georg Kessler trat in den 20er Jahren der KPD bei. In dieser Zeit stellte er die Taschenuhr her. Die Zeiger bestehen aus den kommunistischen Symbolen Hammer und Sichel. Auf dem Zifferblatt ist ein Leninbild zu sehen. Hinter der ‚Sprechblase' vor Lenins Mund befindet sich eine drehbare Scheibe, die den Text enthält: „Proletarier aller Länder vereinigt Euch".

Die Stadt Schwenningen war in der Weimarer Republik eine Hochburg der KPD. Bei der Landtagswahl 1932 z. B. erzielte sie in Schwenningen mit 19 % den zweithöchsten Stimmenanteil aller größeren Gemeinden in Württemberg. Kessler selber trat politisch nicht weiter hervor, engagierte sich weder besonders in der Partei noch bewarb er sich um öffentliche Ämter.

Ansichtskarte aus Leningrad
1920–1925
Haus der Geschichte
Baden-Württemberg

Der Horizont der Kommunisten ging weit über Südwestdeutschland hinaus: Die Sowjetunion beschäftigte ihre Fantasie, und sie war auch das Ziel von Reisen, bei denen Eindrücke vom Aufbau des Sozialismus gewonnen werden sollten. Georg Kessler etwa erhielt von seinem Parteigenossen Erich Gross eine Postkarte mit Grüßen aus dem „Vaterland der Werktätigen", der Sowjetunion.

Ehrenwache vor dem Denkmal für den 1914 gefallenen sozialdemokratischen Reichstagsabgeordneten Ludwig Frank
1924
Stadtarchiv Mannheim

Das Denkmal wurde auf Betreiben des „Reichsbanners Schwarz-Rot-Gold" im Mannheimer Oberen Luisenpark errichtet. Das Reichsbanner war eine Vereinigung, die Anfang 1924 in Magdeburg zum Schutz der Republik und der Verfassung gegen gewaltsame Angriffe gegründet worden war. Die Mitglieder stammten zum weit überwiegenden Teil aus der Sozialdemokratie und der Arbeiterbewegung, aber auch Anhänger der liberalen Deutschen Demokratischen Partei (DDP) waren darunter. Die Zentrumspartei verhielt sich regional unterschiedlich zu diesem republikanischen Kampfbund. In Baden traten namhafte Zentrumspolitiker in das Reichsbanner ein, im württembergischen Zentrum dagegen stieß das auf schroffe Ablehnung, was nicht zuletzt durch Eugen Bolz zum Ausdruck gebracht wurde (Rohe 1964, S. 288).
Die Einweihung des Denkmals fand im September 1924 statt. Die Aufschrift lautete: „Dem Republikaner // Dr. Ludwig Frank. // Geb. am 23. Mai 1874 zu Nonnenweier. // Gef. am 3. Sept. 1914 vor Baccarat. // Einer muß die Fundamente gesehen haben, // die Fundamente des neuen Staates. // Gewidmet vom Reichsbanner Schwarz-Rot-Gold September 1924." Die stilisierte Flamme auf dem Denkmal sollte für den „feurigen Gedanken der zündenden Beredsamkeit" Ludwig Franks stehen.
Das Monument war wohl nicht nur dem Andenken Franks gewidmet, sondern sollte darüber hinaus beweisen, daß auch die Arbeiterbewegung und ebenso die jüdischen Deutschen – denn Frank war Jude – sich ‚für das Vaterland' geopfert hatten. Die Erinnerung an den Krieg und das Gedächtnis an die Gefallenen sollte nicht nur den konservativen und reaktionären politischen Kräften überlassen bleiben, sondern sich auch mit sozialdemokratischen Zielen verbinden. Die Nationalsozialisten wollten genau das verhindern und ließen deshalb das Denkmal 1933 nach ihrer Machtübernahme zerstören.

Adolf Hitler und Kronprinz Wilhelm von Preußen in Stuttgart
7./8. Dezember 1930
Stadtarchiv Stuttgart

Nach dem gescheiterten Putschversuch am 9. November 1923 in München wurde Hitler verhaftet und die Nationalsozialistische Deutsche Arbeiterpartei (NSDAP) in ganz Deutschland verboten. Im März 1925 wurde dann in Stuttgart die erste NSDAP-Ortsgruppe in Württemberg neu gegründet.
Obwohl Hitler in vielen deutschen Ländern noch Redeverbot hatte, durften Goebbels und er 1926 in Stuttgart öffentlich auftreten. Dieser Auftritt wurde für die NSDAP ein großer Erfolg, und Goebbels notierte bei der Abreise in seinem Tagebuch: „Ade, mein Stuttgart."
1930 begann das rasante Wachstum der NSDAP in Stuttgart. Von Januar bis März verdoppelte sich die Mitgliederzahl auf 460. Bei der Reichstagswahl im September 1930 stimmten fast zehn Prozent der Stuttgarter für die Nationalsozialisten. Damit blieb ihr Stimmanteil zwar noch weit hinter dem Reichsdurchschnitt zurück, die Anhänger hatten sich aber auch in Stuttgart gegenüber 1928 mehr als verfünffacht.
Am 7. Dezember 1930 veranstaltete die NSDAP eine Kundgebung in der Stuttgarter Stadthalle, bei der Hitler vor mehr als 10.000 Zuschauern sprach. Seit diesem Tag erschien eine nationalsozialistische Zeitung in Stuttgart, der „NS-Kurier". Das Foto zeigt Hitler vor der Veranstaltung. In der Beilage zum „Stuttgarter NS-Kurier" vom 20. April 1937 heißt es als Bildunterschrift: „Überraschend war die frühe Ankunft Adolf Hitlers in der Landeshauptstadt. Begeistert ziehen die SA.- und SS.-Verbände am geliebten Führer vorbei." (Nachtmann 1983)

„Restliche schwarze Besatzung"
Robert Holder (1908–1987)
1929
Haus der Geschichte Baden-Württemberg

Der Bad Uracher Fotograf Robert Holder nahm dieses Bild in der Nähe des Rheins auf, wohl in der Gegend zwischen Karlsruhe und Mannheim. Er versah es mit der Beschriftung „Restliche schwarze Besatzung". Holder war offenbar der Meinung, der kleine Junge stamme aus einer Beziehung zwischen einem schwarzen, französischen Besatzungssoldaten und einer deutschen Frau.
Indirekt und im Gewand einer niedlichen Kinderdarstellung benutzte auch Holder in diesem Foto und mit seinem Bildtitel das Klischee der sexuellen Beziehungen zwischen schwarzen Besatzungssoldaten und deutschen Frauen. Gleichzeitig schrieb der Fotograf dem Kind zu, daß es zu einer fremden, als Unterdrücker aufgetretenen Besatzungsmacht gehörte. Man kann nur ahnen, welche Vorurteile und Benachteiligungen den Alltag des kleinen farbigen Jungen geprägt haben mögen.
Die Besatzung der Gebiete am Rhein endete im Juni 1930, was die Deutschen mit einer großen Kundgebung feierten.

Junge in der Uniform der d.j.1.11 bei der Fahnenwache
Eberhard Koebel
März/April 1932
Archiv der deutschen Jugendbewegung, Burg Ludwigstein

Arbeitslose in Karlsruhe
Um 1930
Stadtarchiv Karlsruhe

Der Stuttgarter Eberhard Koebel, der sich später den Spitznamen „tusk“ gab, kam 1927 in engeren Kontakt zur Jugendbewegung. Zwei Jahre später gründete er seinen eigenen Jugendverband, die „Deutsche Jungenschaft vom 1. November 1929“ – kurz „d.j.1.11“.
Koebel vertrat verschiedene wirre politische Ideen. So rief er 1925 in einem Artikel für die nationalsozialistische Propagandazeitung „Völkischer Beobachter“ dazu auf, „dem reinen klaren Banner Adolf Hitlers“ zu folgen. 1932 trat er allerdings der KPD bei. Nach der Machtübernahme der Nationalsozialisten wollte er aber trotzdem mit der Hitlerjugend kooperieren, um eine Einigung der zerstrittenen Jugendbünde mit staatlicher Macht herbeizuführen.
Koebel wurde am 18. Juni 1934 in Gerlingen bei Stuttgart verhaftet. Er unternahm in der Haft in Berlin zwei Selbstmordversuche und wurde daraufhin entlassen. Noch im selben Monat konnte Koebel nach Schweden fliehen und ging von dort ins britische Exil. Nach dem Zweiten Weltkrieg baute er in der DDR die Jugendorganisation „Freie Deutsche Jugend“ mit auf (Schmidt 1994). Das abgebildete Foto nahm Koebel im Osterlager der d.j.1.11 bei Dessau auf. Er fotografierte, weil er seine Bilder für Publikationen, Zeitschriften und Bücher nutzen wollte, mit denen er seinen Lebensunterhalt finanzierte und Werbung für seine Jugendorganisation machte. Das Foto verwendet eine Ästhetik, die sich in den späten 1920er Jahren verbreitete und die auch die Nationalsozialisten für ihre Propaganda einsetzten. Ein Merkmal ist z. B. die Perspektive von unten, bei der die abgebildete Person über den Betrachter hinaus und scheinbar in die Ferne blickt.

Die Wirtschaft in Deutschland erholte sich nach der Stabilisierung der Währung 1924. Aber schon 1929 wurde sie erneut von einer schweren Krise getroffen. Die Weltwirtschaftskrise sorgte, ausgehend von den USA, für einen Rückgang der Produktion und für den steilen Anstieg der Arbeitslosigkeit. Der Verlust des Arbeitsplatzes bedeutete in der Regel auch Armut, denn die Zahlungen der Arbeitslosenversicherung – wenn man überhaupt Anspruch darauf hatte – waren gering. Südwestdeutschland wurde von der Krise massiv getroffen, aber die Lage war immer noch günstiger als im Reichsdurchschnitt. Im Sommer 1930 schätzte man die Zahl der Arbeitslosen und Kurzarbeiter in Württemberg auf etwa 40.000 – die Quote lag damit immer noch um 50 % unter der im Reich insgesamt. Baden verzeichnete 1933 eine Arbeitslosenquote, die wiederum fast 50 % über der von Württemberg lag, aber immer noch beinahe 20 % unter dem Reichsdurchschnitt.
Diese massive Wirtschaftskrise erschütterte einmal mehr das Vertrauen in die Demokratie. Das politische System schien nicht in der Lage zu sein, die Lebensgrundlagen der Bürger zu sichern. Und weil die radikalen Parteien das lautstark verkündeten, fiel es immer schwerer, die Aufmerksamkeit auf die eigentlichen Ursachen der Krise zu lenken, für die die Demokratie nichts konnte (Allgaier 1982; Schnabel 1982).

„Turnerkreuz" des Arbeitersportvereins Sulzfeld
1920er Jahre
TV Sulzfeld

Das Turnerkreuz der Arbeiterturnvereine vereinigt vier Buchstaben: Ein „S", ein „T" im unteren Bereich und zwei „F", die in der oberen Hälfte auf dem Kopf stehen. Es handelt sich um die Anfangsbuchstaben des Mottos der Arbeiterturnvereine „frisch, frei, stark, treu". Im Gegensatz dazu lautete der Leitspruch der bürgerlichen Turnvereine „frisch, fromm, fröhlich, frei".
Die Arbeiterturnvereine verbanden körperliche Ertüchtigung mit den politischen Zielen der Sozialdemokratie. Das kommt nicht zuletzt in ihren Liedern zum Ausdruck. Man hört den kämpferischen Ton, wenn es im Bundes-Liederbuch des Arbeiter Turn- und Sportbundes von 1928 in der ersten Strophe des ersten Liedes heißt: „Auf, Sozialisten, schließt die Reihen! // Die Trommel ruft, die Banner wehn. // Es gilt die Arbeit zu befreien, // es gilt der Freiheit Auferstehn. // Der Erde Glück, der Sonne Pracht, // des Geistes Licht, des Wissens Macht, // dem ganzen Volke sei's gegeben, // das ist das Ziel, das wir erstreben. // Das ist der Arbeit heil'ger Krieg, // mit uns das Volk, mit uns der Sieg."
Das abgebildete Turnerkreuz war auf dem Dach des Turnraums des Arbeitersportvereins Sulzburg angebracht. 1933 wurde es – eben wegen seiner politischen Konnotationen – von Nationalsozialisten heruntergerissen und dabei stark beschädigt.

„Lebende Bilder" waren eine künstlerische Ausdrucksform, die schon eine lange Tradition hatte. Sie reichte bis in die Antike zurück, wurde in der Renaissance im 15. Jahrhundert wieder entdeckt und erlebte einen neuerlichen Aufschwung im 19. Jahrhundert. Die Arbeiterbewegung verwendete sie gegen Ende des 19. Jahrhunderts, um zu unterhalten und politische Inhalte zu illustrieren. Dabei wurden die Mitwirkenden in bestimmter Weise gruppiert und mit einigen Requisiten versehen, um dadurch symbolisch abstrakte Sachverhalte darzustellen. Hier verbanden sich politische Aussagen mit der Inszenierung von körperlicher Stärke, Schönheit und Gesundheit der Beteiligten (Jooss 1999, S. 263).

Dementsprechend waren die lebenden Bilder für Turnvereine von besonderem Interesse.
Die Bildfolge ist nicht mehr eindeutig zu rekonstruieren. Eine sinnvolle Reihung ergibt sich z. B., wenn man das erste Bild als die Unterdrückung der Arbeiterschaft interpretiert, dann folgt ihr Erwachen, die Vorbereitung des Kampfes, der Sieg über die kapitalistischen Unterdrücker, danach die Arbeit und schließlich die Freizeit in der zukünftigen sozialistischen Gesellschaft.

„Lebende Bilder" des Kornwestheimer Arbeiterturnvereins
1920er Jahre
Stadtarchiv Marbach

Französischer Kolonialsoldat
Franz Karl Bühler
(1864–1940)
Kreide auf Papier
Zwischen 1909 und 1920
Sammlung Prinzhorn,
Heidelberg

Franz Karl Bühler war ein begabter und international erfolgreicher Kunstschlosser aus Offenburg, der 1898 psychisch erkrankte. Er kam in verschiedene Heil- und Pflegeanstalten, zunächst im schweizerischen Breitenau, dann in Achern bei Offenburg und schließlich seit dem Jahr 1900 in Emmendingen in Südbaden. Von Beginn an malte und zeichnete er und setzte sich in seinen Bildern mit sich selber, seiner Umwelt und seinen Lebensbedingungen in den Anstalten auseinander. Obwohl er sich im Laufe der Jahre in seinem Schaffen immer radikaler von der Welt abwandte, verarbeitete er doch vereinzelt Nachrichten, die ihn von den großen Umwälzungen draußen erreichten. Der abgebildete französische Kolonialsoldat könnte durch die Berichte über den Ersten Weltkrieg angeregt worden sein.
Hans Prinzhorn besuchte Bühler 1919 in Emmendingen. Prinzhorn trug eine ganze Sammlung von Kunstwerken psychisch kranker Menschen zusammen und nahm darin auch eine Vielzahl von Werken Bühlers auf. Dessen Arbeiten zeichneten sich nicht zuletzt durch die künstlerische Vorbildung des Malers aus, sprachen Prinzhorn aber auch wegen ihrer Ausdruckskraft an.
Die Nationalsozialisten sahen dagegen in den psychisch kranken und behinderten Menschen keine Künstler, sondern erklärten im Gegenteil die moderne Kunst für ‚pathologisch', d. h. krank. Einige der Werke Bühlers wurden 1938 zusammen mit „entarteter Kunst" in Berlin gezeigt, um zu beweisen, daß alles der gemeinsamen Wurzel der ‚Geisteskrankheit' entsprang.
Franz Karl Bühler wurde – als „lebensunswert" klassifiziert – 1940 in der württembergischen Anstalt Grafeneck ermordet.

Geldschein
Else Blankenhorn
(1873–1921)
Zwischen 1908 und 1920
Sammlung Prinzhorn,
Heidelberg

Else Blankenhorn wurde 1873 in Karlsruhe geboren. Nachdem sie im Internat vermutlich sexuell mißbraucht worden war, entwickelte sie eine psychische Erkrankung. Es folgten Aufenthalte in Heil- und Pflegeanstalten, zunächst mit Unterbrechungen in der Privatklinik Bellevue bei Kreuzlingen, ab 1919 dann in der Pflegeanstalt Reichenau. Dort starb Else Blankenhorn 1921. Der Heidelberger Arzt und Kunsthistoriker Hans Prinzhorn erwarb einige ihrer Werke. Sie schuf Aquarelle, farbkräftige Ölbilder und goldfarbene Studien. Für Else Blankenhorn gab es eine „geistige Wirklichkeit", die sich von der „Wirklichkeit" ihres Anstaltslebens unterschied. Sie fühlte sich z. B. für die Auferstehung der Toten und deren anschließende Versorgung zuständig und malte dazu eine große Zahl von Geldscheinen, mit denen die Kosten dafür gedeckt werden sollten. Die riesigen Summen auf den Scheinen erinnern aus der heutigen Perspektive an die Inflation, die aber erst zwei Jahre nach dem Tod Else Blankenhorns solche Blüten trieb.

„Spielende Knaben“
Gottfried Graf (1881–1938)
Öl auf Leinwand, 1925
Haus der Geschichte
Baden-Württemberg

Gottfried Graf unterrichtete seit 1921 an der Akademie der Bildenden Künste in Stuttgart und war seit 1925 dort ordentlicher Professor. Im selben Jahr entstand das Ölgemälde „Spielende Knaben“.

Der Titel verweist zunächst auf die Harmlosigkeit und Unschuld von Kindern, die sich nur um ihr Spiel kümmern und keine Hintergedanken verfolgen. Dazu stehen die Flaggen, die sie mit sich führen, in einem harten Kontrast. Als offizielle Symbole verweisen sie bereits auf eine politische Dimension. Das wird noch dadurch verstärkt, daß es sich nicht um die gültige Nationalfahne handelt, diese wäre schwarz-rot-gold gewesen, sondern um die schwarz-weiß-rote Flagge der Monarchie, des deutschen Kaiserreiches. (Ein zweites, ganz ähnliches Bild von Gottfried Graf, das sich im Besitz der Staatsgalerie Stuttgart befindet, zeigt dieselbe Szene mit schwarz-rot-goldenen Flaggen.) Das „Spiel der Knaben“ richtet sich damit gegen die Grundlage der Demokratie, die gewissermaßen unbedarft und leichtfertig – eben „spielerisch“ – aufs Spiel gesetzt zu sein scheint.

Tatsächlich gelang es den Feinden der Republik 1933, sie zu beseitigen und eine Dikatur zu errichten. Und Gottfried Graf hatte unter den Folgen zu leiden, obwohl er eigentlich ein eher unpolitischer Mensch war. 1937, kurz vor seinem Tode, mußte er noch erleben, daß seine Werke als „entartet“ verunglimpft wurden (Heydt 1980).

Georg Scholz studierte und arbeitete an der Badischen Landeskunstschule in Karlsruhe.
Das Bild zeigt Menschen, die auch in den Zeiten des Mangels noch mehr als genug besaßen. Den Hintergrund hat vielleicht ein persönliches Erlebnis Scholz' geboten. Als er bei einem Bauern Nahrungsmittel erbat, wurde er grob abgewiesen und sollte sich sein Essen auf dem Komposthaufen suchen. Jenseits dessen kann man die Lithographie als allgemeinen Angriff auf die Spießigkeit und Doppelmoral verstehen, der hier durch die Darstellung der Häßlichkeit und Grausamkeit mit aller Kraft geführt wird. Scholz stellt sich damit in eine Linie mit den Künstlern, die sich dem Bloßstellen von Militarismus, Nationalismus und Spießbürgerlichkeit verschrieben hatten und die harten Kontraste von bitterer Armut und großem Überfluß in der Weimarer Republik thematisierten (Gassen u. a. 1975, S. 67 ff.).
Die Lithographie wurde von Scholz selber nachträglich koloriert. Sie löste 1920 einen öffentlichen Skandal aus, der bis zu einer Anfrage im Reichstag führte (Hartmann 1981, S. 17).
Mitte der 30er Jahre wandte sich Scholz der Religion zu und konvertierte zum Katholizismus. Er mußte während der nationalsozialistischen Diktatur von Portraitaufträgen leben; seine kritischen Werke wurden als „entartet" beschlagnahmt. Im Oktober 1945 setzte die französischen Besatzungsmacht Scholz als Bürgermeister von Waldkirch ein; wenige Wochen später verstarb er.

Industriebauern
Georg Scholz (1890–1945)
Kolorierte Lithographie, 1920
Haus der Geschichte
Baden-Württemberg

Politische Flugblätter aus der Weimarer Republik
Haus der Geschichte Baden-Württemberg

Baden und Württemberg zählten zu den politisch relativ stabilen Ländern der Weimarer Republik. Das hieß nicht, daß es nicht auch hier zu Unruhen und politischen Gewalttaten gekommen wäre. Trotzdem war es kein Zufall, daß die Reichsregierung 1920 aus Berlin nach Württemberg floh, als das Regierungsviertel beim sogenannten „Kapp-Lüttwitz-Putsch" von rechtsgerichteten Freikorps-Soldaten besetzt wurde.

In Baden regierte seit 1919 eine Koalition aus Zentrum und SPD, wobei die katholische Partei durchgängig die stärkste Fraktion im Landtag bildete. Abgesehen von einigen kurzen Zwischenspielen waren auch immer Liberale an der Regierung beteiligt, entweder die eher linksliberale Deutsche Demokratische Partei (DDP) oder die eher nach rechts tendierende Deutsche Volkspartei (DVP).

In Württemberg endete bereits im Juni 1920 diese sogenannte „Weimarer Koalition" aus Sozialdemokraten, Zentrum und Liberalen. Sie wurde zunächst abgelöst von einer Regierung aus Zentrumspartei und DDP – von Ende 1921 bis Mitte 1923 auch wieder unter Beteilung der SPD –, dann ab Mitte 1924 von einem bürgerlich-konservativen Ministerium aus der Deutschnationalen Volkspartei (DNVP) und dem Zentrum. Der Württembergische Bauern- und Weingärtnerbund stellte zwar mit die stärkste Fraktion und stützte die Regierung, wollte aber keine formelle Verantwortung übernehmen und besetzte keinen Ministerposten. Erst Anfang 1930 konnten die Liberalen wieder Regierungsverantwortung übernehmen. Die NSDAP errang im April 1932 die größte Abgeordnetenzahl aller Fraktionen. Bis zum März 1933 konnte sie von einer Regierungsbeteiligung ferngehalten werden (Stehling 1976; Rommel 1979).

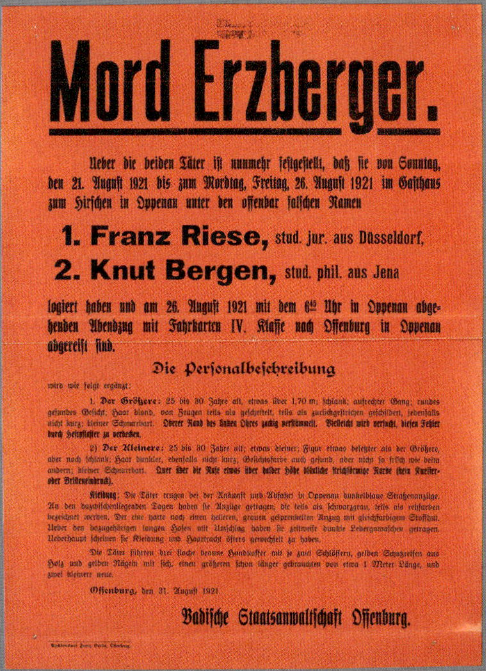

Mord Erzberger.

Ueber die beiden Täter ist nunmehr festgestellt, daß sie von Sonntag, den 21. August 1921 bis zum Mordtag, Freitag, 26. August 1921 im Gasthaus zum Hirschen in Oppenau unter den offenbar falschen Namen

1. Franz Riese, stud. jur. aus Düsseldorf,

2. Knut Bergen, stud. phil. aus Jena

logiert haben und am 26. August 1921 mit dem 6^{45} Uhr in Oppenau abgehenden Abendzug mit Fahrkarten IV. Klasse nach Offenburg in Oppenau abgereist sind.

Die Personalbeschreibung

wird wie folgt ergänzt:

1. **Der Größere:** 25 bis 30 Jahre alt, etwas über 1,70 m; schlank; aufrechter Gang; rundes gesundes Gesicht; Haar blond, von Zeugen teils als gescheitelt, teils als zurückgestrichen geschildert, jedenfalls nicht kurz; kleiner Schnurrbart. **Oberer Rand des linken Ohres zackig verstümmelt. Vielleicht wird versucht, diesen Fehler durch Heftpflaster zu verdecken.**

2) **Der Kleinere:** 25 bis 30 Jahre alt; etwas kleiner; Figur etwas besetzter als der Größere, aber noch schlank; Haar dunkler, ebenfalls nicht kurz; Gesichtsfarbe auch gesund, aber nicht so frisch wie beim andern; kleiner Schnurrbart. **Quer über die Nase etwas über halber Höhe bläuliche strichförmige Narbe (kein Kneifer- oder Brilleneindruck).**

Kleidung: Die Täter trugen bei der Ankunft und Abfahrt in Oppenau dunkelblaue Straßenanzüge. An den dazwischenliegenden Tagen haben sie Anzüge getragen, die teils als schwarzgrau, teils als rehfarben bezeichnet werden. Der eine hatte noch einen helleren, grauen gesprenkelten Anzug mit gleichfarbigem Stoffhut. Ueber den dazugehörigen langen Hosen mit Umschlag haben sie zeitweise dunkle Ledergamaschen getragen. Ueberhaupt scheinen sie Kleidung und Haartracht öfters gewechselt zu haben.

Die Täter führten drei flache braune Handkoffer mit je zwei Schlössern, gelben Schutzreifen aus Holz und gelben Nägeln mit sich, einen größeren schon länger gebrauchten von etwa 1 Meter Länge, und zwei kleinere neue.

Offenburg, den 31. August 1921.

Badische Staatsanwaltschaft Offenburg.

Steckbrief für die Mörder Matthias Erzbergers
31. August 1921
Haus der Geschichte
Baden-Württemberg

Am 26. August 1921 wurde der Zentrumspolitiker und ehemalige Reichsfinanzminister Matthias Erzberger im Wald bei Bad Griesbach erschossen. Der Haß auf ihn, der seine Mörder antrieb, rührte unter anderem daher, daß Erzberger als Vertreter der Reichsregierung den Waffenstillstandsvertrag von Compiègne unterzeichnet hatte, der Deutschland schwere Lasten aufbürdete. Erzberger übernahm im Februar 1919 das Amt eines Waffenstillstandsministers, der über die Einhaltung des Abkommens auf der deutschen Seite zu wachen hatte. Insofern wurde er in doppelter Weise mit der deutschen Niederlage in Verbindung gebracht: Er verantwortete die Kapitulation, und er sorgte für die Erfüllung der harten Bedingungen. Zu beidem gab es bei Licht betrachtet gar keine Alternative, aber Erzbergers Gegner behaupteten trotzdem, er habe die deutschen Truppen verraten und das Land den Feinden ausgeliefert.
Der Steckbrief der Staatsanwaltschaft Offenburg gab nicht die wahren Namen der beiden Mörder Matthias Erzbergers an. Es handelte sich um die ehemaligen Marineoffiziere Heinrich Tillessen und Heinrich Schulz. Beide waren nach dem Ersten Weltkrieg in die „Brigade Erhardt“ eingetreten. Diese paramilitärische Einheit war nach der Beteiligung an einem Putschversuch verboten worden, und viele ihrer Mitglieder hatten sich zu einem republikfeindlichen Geheimbund, der „Organisation Consul“ zusammengeschlossen. Die Mörder konnten der Strafverfolgung während der Weimarer Republik entkommen. Erst 1947 wurde Tillessen zu fünfzehn Jahren Haft verurteilt, aber bereits 1952 entlassen. Schulz erhielt 1950 zwölf Jahre Haft, verbüßte davon aber nur zwei.

Entladen des Sarges mit Erzbergers Leichnam auf dem Biberacher Bahnhof
1921
Haus der Geschichte
Baden-Württemberg

Erzberger wurde nach Biberach, in den Hauptort seines Wahlkreises, überführt und dort unter großer Anteilnahme der Bevölkerung zu Grabe getragen. Im Trauerzug befanden sich sehr viele weltliche und geistliche Würdenträgen. Im ganzen Reich fanden gleichzeitig Protest- und Trauerdemonstrationen gegen Erzbergers Ermordung statt.

Der Amtsbote Möck aus Dußlingen bei Tübingen geriet im April 1945 in einen Tieffliegerangriff, der einem Eisenbahnzug galt. Möck hatte gerade noch Anweisungen öffentlich ausgerufen, wonach niemand kapitulieren durfte und die Verteidigung gegen die übermächtigen Alliierten mit allen Kräften geführt werden sollte. Der Amtsbote wurde bei dem Angriff erschossen. Seine Leiche mußte wegen der Tieffliegergefahr nachts heimlich beerdigt werden. Kurz darauf marschierten die französischen Truppen in Dußlingen ein.
Die Kugeln durchschlugen auch Möcks Glocke. Diese wurde von einer Gemeindeangestellten gefunden, von Blutspuren gereinigt und ins Rathaus gebracht. Dort wurde die durchschossene Glocke aufbewahrt.

Durchschossene Glocke des Gemeindedieners Möck aus Dußlingen
Gemeinde Dußlingen

SA-Wache im Stuttgarter Rathaus
Eisenschink
7. März 1933
Stadtarchiv Stuttgart

Die Reichstagswahl am 5. März 1933 brachte für die NSDAP trotz des Terrors gegen KPD und SPD keine absolute Mehrheit. Die NSDAP war auf eine Koalition mit der DNVP angewiesen, nahm die Tatsache, daß sie zur stärksten Partei im Reichstag geworden war, aber trotzdem zum Vorwand, die „Gleichschaltung“ – die Einsetzung nationalsozialistischer Mehrheiten – im ganzen Reich durchzusetzen.
Die Machtübernahme in den Gemeinden begann in der Regel mit dem Hissen der Hakenkreuzfahne auf den Rathäusern. Oft wurde zusätzlich noch die schwarz-weiß-rote Flagge des Kaiserreichs aufgezogen, obwohl die offizielle Reichsflagge schwarz-rot-gold war.
In Stuttgart wollten die nationalsozialistischen Stadträte Paul Sauer und Karl Dempel am 7. März 1933 mit Unterstützung von SA-Leuten die Hakenkreuzfahne auf dem Rathaus anbringen. Die Proteste des Bürgermeisters Dr. Gottfried Klein wurden ignoriert und im 1. Stock über dem Eingang zur Marktplatzseite die Flagge befestigt. Anschließend blieben Angehörige des SA-Sturms 7/119 als Wache im Sitzungssaal zurück. Die SA hielt das Rathaus noch mehrere Tage besetzt (Müller 1983, S. 331).

Öffentliche Zurschaustellung verhafteter Sozialdemokraten in Karlsruhe
16. Mai 1933
Stadtarchiv Karlsruhe

Hermann Stenz, Adam Remmele, Erwin Sammet, Ludwig Marum, Gustav Heller, Sally Grünebaum und August Furrer hatten als Sozialdemokraten verschiedene öffentliche und Parteiämter ausgeübt. Der Rechtsanwalt Ludwig Marum, der aus einer jüdischen Familie stammte, war beispielsweise von 1914 bis 1928 Abgeordneter im badischen Landtag gewesen, seitdem Reichstagsabgeordneter. Die Nationalsozialisten betrachteten alle sieben als Todfeinde und wollten sie ‚beseitigen‘. Die Männer wurden am 16. Mai 1933 in das Konzentrationslager Kislau in der Nähe von Bruchsal gebracht. Die Überführung war in den lokalen Zeitungen angekündigt worden und wurde als öffentliches Schauspiel zur Demütigung der Häftlinge inszeniert. Eine große Menschenmenge sah dem Transport zu, johlte und verspottete die sieben Männer. Musikkapellen spielten „Das Wandern ist des Müllers Lust“, um den ehemaligen badischen Staatspräsidenten Adam Remmele zu verhöhnen, der den Müllerberuf erlernt hatte. Einige wenige Menschen zeigten sich aber wohl betroffen oder gar angewidert.
Nach der erzwungenen Zusicherung, sich nicht mehr politisch zu betätigen, wurden die Verhafteten nach einiger Zeit wieder entlassen. Ludwig Marum aber weigerte sich, auf dieses Menschenrecht zu verzichten. Er wollte seine Selbstachtung nicht für seine Freiheit opfern, wie er seiner Frau aus dem Konzentrationslager schrieb. Ludwig Marum wurde in der Nacht vom 28. auf den 29. März 1934 von SA-Männern ermordet (Werner 1988, S. 39ff.; Caroli/Pich 1997, S. 25).

Offizieller Festkrug des Deutschen Turnfestes in Stuttgart
1933
Schwäbischer Turnerbund, Stuttgart

Die Planungen für das Deutsche Turnfest liefen schon lange, als Hitler 1933 Reichskanzler wurde und die Nationalsozialisten ihre Herrschaft errichteten. Bereits im Oktober 1929 hatte der Schwäbische Turnerbund sich um die Ausrichtung des Turnfestes beworben und dafür den Zuschlag bekommen. Die neuen Machthaber entdeckten im Mai 1933 ihr Interesse an der riesigen Veranstaltung und versuchten auf ihre Gestaltung Einfluß zu nehmen, um das Fest als Propagandamittel zu nutzen. Der Turnerschaft bot sich damit wiederum die Gelegenheit, ihre Unterstützung für die Nationalsozialisten zum Ausdruck zu bringen. Mit Reichskanzler Adolf Hitler, Propagandaminister Joseph Goebbels und dem württembergischen „Reichsstatthalter" Wilhelm Murr hielten wichtige NS-Größen auf dem Turnfest ihre Reden. Auf den Sportplätzen und in den Straßen Stuttgarts mischten sich Hakenkreuze und Turneremblеme. Zum ersten Mal fanden „Wehrturnkämpfe" statt, bei denen Übungen absolviert werden mußten, die auf die Ausbildung zum Soldaten vorbereiteten. Mehrere hunderttausend Menschen besuchten die verschiedenen Kundgebungen und Wettkämpfe des Deutschen Turnfestes in Stuttgart.

1936 wurden trotz aller gezeigten Zustimmung zum „Dritten Reich" die bisherigen Turnverbände aufgelöst und in den neuen Deutschen Reichsbund für Leibesübungen zwangsweise eingegliedert. Der Schwäbische Turnerbund beendete seine Existenz am 19. September 1936 (Krüger 1998, S. 120 ff.).

Der Wimpel gehörte dem Geschäftsführer des „Hauptfestausschusses" des Schwäbischen Turnerbundes, Friedrich Körner, der für die Organisation des Turnfestes zuständig war. „Frieder" Körner legte dabei so großes Geschick an den Tag, daß er 1936 als stellvertretender Generalsekretär an der Ausrichtung der Olympischen Spiele mitarbeiten durfte.

Veranstaltung des Deutschen Turnfestes auf dem Stuttgarter Schlossplatz
Fa. Haußer, Ludwigsburg
22.–30. Juni 1933
Schwäbischer Turnerbund, Stuttgart

Turnfest Wimpel
1933
Schwäbischer Turnerbund,
Stuttgart

Siegerportrait
Irmgard Frendls
1933
Heidenheimer Sportbund
1846

Irmgard Frendl wurde am 16. April 1915 geboren. 1927 trat sie in den TV Heidenheim ein. Sie gewann als Turnerin verschiedene Wettkämpfe und nahm 1933 im Vierkampf der Turnerinnen am Turnfest teil. Dort errang sie den 13. Platz und wurde dafür mit einem Siegerkranz geehrt.

Hitler als Spielzeugfigur
Firma Haußer, Ludwigsburg
1932–1938
Haus der Geschichte
Baden-Württemberg

Weihnachtsfeier des Lagerpersonals im Konzentrationslager Oberer Kuhberg bei Ulm
1934
Hans Gasparitsch, Stuttgart †

Der rechte Arm der Figur läßt sich bewegen, so daß sie einen Hitlergruß ausführen kann. Die Firma Haußer in Ludwigsburg produzierte ein breites Sortiment von Spielzeugfiguren. Dazu gehörten neben Soldaten auch Darstellungen der führenden Politiker des „Dritten Reiches“.

Im März 1933 entstand auf dem Gelände des Truppenübungsplatzes Heuberg bei Stetten am Kalten Markt das erste sogenannte „Schutzhaftlager“ in Württemberg. Als Schutzhaft bezeichnete man eine Inhaftierung durch die Polizei – nach 1933 auch durch SA und SS – die nicht als Untersuchungshaft diente und bei der auch keine Verurteilung vorlag. Die Nationalsozialisten mißbrauchten dieses polizeiliche Instrument, das bereits im späten Kaiserreich und in der Weimarer Republik existiert hatte, um politische Gegner und mißliebige Personen einzusperren und zu drangsalieren.
Das Lager Heuberg wuchs mit etwa 2.200 Häftlingen bald zum größten in ganz Deutschland an. Im Dezember 1933 wurde es aufgelöst und die ca. 260 verbliebenen Gefangenen in die alte Festung Oberer Kuhberg bei Ulm gebracht. Die Häftlinge mußten überwiegend in den feuchten und kalten Kasematten der Festung unter unwürdigen Bedingungen hausen und waren den Mißhandlungen des Wachpersonals ausgesetzt. Am 11. Juli 1935 wurde das als „Schutzhaftlager“ bezeichnete Konzentrationslager auf dem Oberen Kuhberg aufgelöst. Etwa 50 Männer waren zu diesem Zeitpunkt noch inhaftiert und wurden in das Konzentrationslager Dachau transportiert. Das Foto stammt aus dem Besitz des Lagerarztes, dessen Sohn es lange nach dem Ende des „Dritten Reiches“ dem ehemaligen KZ-Häftling Hans Gasparitsch übergab.

Vertreibung der jüdischen Badegäste aus dem Rheinbad Herweck bei Mannheim
27. Juni 1935
Stadtarchiv Mannheim

SA-Männer in Zivil (in weißen Hemden) bedrohten und vertrieben die jüdischen Gäste aus der privaten Badeanstalt indem sie einen Ausbruch des ‚Volkszorns' inszenierten. Etwa 25 bis 30 von ihnen traten in der Rolle der ‚empörten Badegäste' auf, noch einmal die gleiche Anzahl spielte das ‚wütende Volk' vor der Badeanstalt. Diese Übergriffe der SA boten dem nationalsozialistischen Bürgermeister und der Ratsmehrheit wiederum den Vorwand, um den Juden das Betreten der Badeanstalten zu verbieten. Es hatte nach 1933 bereits lokal verhängte Badeverbote für jüdische Gäste in anderen Orten gegeben, wie z. B. im Mai 1934 in Bruchsal.
Hier waren es nicht die Vorgaben der nationalsozialistischen Reichsregierung, sondern Initiativen auf lokaler Ebene, die die Diskriminierung der jüdischen Bürger vorantrieben (Teutsch/Wennemuth 1997, S. 144).

Hirsch im Tierpark bei Schwenningen
Georg Kessler (1898–1952)
1938
Haus der Geschichte Baden-Württemberg

Georg Kessler arbeitete als angestellter Uhrmacher in Schwenningen. Er trat nach 1919 der KPD bei und blieb bis zum Parteiverbot 1933 Mitglied. Kessler engagierte sich aber weder innerparteilich noch öffentlich besonders. Er interessierte sich für Literatur und Photographie. Während der nationalsozialistischen Herrschaft zog sich Kessler weitgehend in sein Privatleben zurück. Im Rahmen seiner Hobbyfotografie entstand auch das Bild das äsenden Hirschs. Von politischen Aktivitäten oder gar einer Verfolgung durch die Nationalsozialisten ist nichts bekannt. Kessler verweist damit auf eine Möglichkeit, die Diktatur zu überstehen: die innere Emigration.

Hans Gasparitsch als Häftling im KZ Dachau
Kowalski
Kreide auf Papier, zwischen 1941 und 1943
Hans Gasparitsch, Stuttgart †

Hans Gasparitsch wurde im März 1935 verhaftet, weil er mit anderen jugendlichen Kommunisten zu einer Widerstandsgruppe gehörte und auf die „Rossebändiger"-Standbilder im Stuttgarter Schloßpark die Worte „Hitler = Krieg" geschrieben hatte. Er war zunächst in verschiedenen Gefängnissen inhaftiert und durchlief dann mehrere Konzentrationslager.
Die meiste Zeit war Gasparitsch Häftling des KZ Dachau. Er mußte dort insgesamt etwa sechs Jahre verbringen. Hans Gasparitsch arbeitete in der Küche im KZ Dachau und konnte deshalb Lebensmittel beschaffen. Der polnische Künstler Kowalski aus Warschau erhielt von ihm Brot und malte dafür das Portrait. Freunde schmuggelten dann das Bild in ein Außenlager. Von dort aus schickte es ein bestochener SS-Mann an Hans Gasparitsch' Eltern.
Im Juli 1944 wurde Gasparitsch von Dachau nach Buchenwald verschleppt, wo er im April 1945 seine Befreiung erlebte.

Kinderzeichnung eines SA-Aufmarsches
Buntstiftzeichnung, 1933/34
Maria Remenyi, Mannheim

Die Zeichnung gehört zu einer Sammlung von etwa 250 Blättern, die von dem Lehrer Georg Reble angelegt wurde und wahrscheinlich Arbeiten seiner Schüler enthält. Die Zeichnungen wurden vor einigen Jahren bei einer Altpapiersammlung in Mannheim gefunden.
Die Motive sind sehr unterschiedlich. Es gibt Bilder zu Festen, zum Jahresablauf, zu häuslichen Tätigkeiten, religiösen Geschichten oder Märchen. Eine ganze Serie stellt die Aufmärsche von nationalsozialistischen Organisationen, vor allem von SA-Männern, dar.
Die Machtübernahme und -sicherung der Nationalsozialisten 1933/34 ging mit Terror und Unterdrückung politischer Gegner einher. Genauso gehörten aber auch ‚positive' Identifikationsangebote dazu, etwa in Gestalt von propagandistisch ausgestalteten Festen oder auch von Aufmärschen, die eine große Attraktion darstellten und die viele Menschen sich gern anschauten. Etwas von dieser Faszination wird auch in dem detailreichen Kinderbild sichtbar, ohne daß dahinter politische Überlegungen gestanden hätten (Freitag 1997).

SA-Mann Heinrich Sauter
1930er Jahre
Haus der Geschichte Baden-Württemberg

Georg Elser
1936; 1939
Georg Elser Gedenkstätte, Königsbronn;
Gedenkstätte Deutscher Widerstand, Berlin

Der Stuttgarter Heinrich Sauter wurde 1912 geboren. Er arbeitete als Vermessungstechniker. 1939, ein Jahr nach seiner Hochzeit, kam sein Sohn zur Welt.
Heinrich Sauter trat 1933 in die SA ein und erhielt seine SA-Ausbildung auf der Schwäbischen Alb. Er nahm 1940 als Soldat am Frankreichfeldzug teil, 1941 am Balkanfeldzug und anschließend am Einmarsch in die Sowjetunion. Dort fiel er 1943, sein Grab ist unbekannt.
Heinrich Sauter zählt zu den vielen ‚ganz normalen' Menschen, die im „Dritten Reich" keine besonderen Verbrechen begingen, die einfach nur ‚mitliefen' – und dadurch trotzdem dazu beitrugen, daß die nationalsozialistische Herrschaft sich festigen und ihr Zerstörungswerk ausführen konnte.
Das Foto der urinierenden SA-Männer gibt einen Einblick in die „männerbündische" Struktur dieses nationalsozialistischen Kampfverbandes. Die Mitglieder waren nicht nur durch die politische Überzeugung verbunden, sondern auch durch bestimmte Rituale und Verhaltensweisen, zu denen – wie hier – auch das bewußte Übertreten bürgerlicher Moral- und Anstandsvorstellungen und das provokative Zurschaustellen der eigenen Männlichkeit gehörten.

Der Schreinergeselle Georg Elser aus Königsbronn bei Heidenheim baute eine Zeitbombe, die er im Bürgerbräukeller in München versteckte und die am 8. November 1939 explodierte. Elser wollte Hitler und seine engste Gefolgschaft töten, um dadurch einen weiteren Krieg zu verhindern und die soziale Lage der Arbeiter zu verbessern. Er bereitete sein Vorhaben ganz allein vor.
Das Attentat scheiterte, weil Hitler eine Viertelstunde zu früh den Saal verließ. Elser wurde verhaftet, als er in die Schweiz fliehen wollte. Die Fotos zeigen Elser einmal Mitte der dreißiger Jahre, zum anderen nach den Verhören, bei denen er auch gefoltert wurde. Die Polizei wollte vor allem nicht glauben, daß Elser ohne Hintermänner seine Tat vorbereitet hatte. Trotz aller Nachforschungen und trotz vollmundiger Behauptungen der Propaganda ließen sich aber keine Beweise für eine Unterstützung Elsers durch deutsche Komplizen oder den britischen Geheimdienst finden. Anschließend hielt man Elser ohne Prozeß und Urteil im Konzentrationslager Sachsenhausen gefangen. Hitler wollte ihn nach dem Krieg im Rahmen eines großen Schauprozesses aburteilen lassen. Ende 1944 oder Anfang 1945 wurde Elser ins Konzentrationslager Dachau gebracht und dort am 9. April 1945 auf Befehl der NS-Führung erschossen (Steinbach/Tuchel 1997).

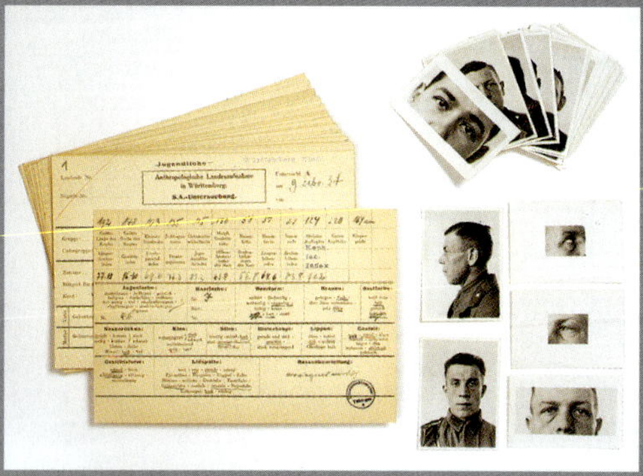

Fotos und Karteikarten aus dem Forschungsprojekt „Rassenkundliche Landesaufnahme in Württemberg" an der Universität Tübingen
Zwischen 1934 und 1945
Universitätsarchiv Tübingen

Im Jahr 1931 begannen in Tübingen rassenkundliche Forschungen unter der Leitung von Wilhelm Gieseler, der zunächst Assistent am Anatomischen Institut war. 1934 wurde an der Tübinger Universität das Institut für Anthropologie und Rassenkunde gegründet. Für ein groß angelegtes Forschungsprojekt wurden dort Daten gesammelt. Dazu gehörte die möglichst vollständige Erfassung aller Einwohner von insgesamt 18 Dörfern in unterschiedlichen württembergischen Regionen mit ihren Körpermaßen und ihren Stammbäumen. Wahrscheinlich um eine statistische Kontrollgruppe zu erhalten wurden 1933 und 1934 auch mehrere Tausend SA-Männer aus der Tübinger Gegend mit der gleichen Akribie erfaßt, wie sie die Forscher bei den Dorfbewohnern an den Tag legten.
„Rassenkundliche" Forschungen wurden von sehr vielen wissenschaftlichen Disziplinen betrieben. Mediziner, Psychologen, Biologen, Historiker, Archäologen, Volkskundler, Pädagogen und andere mehr trugen dazu bei. Sie alle halfen damit, etwas zu einer wissenschaftlichen Tatsache zu erklären, was heute nur noch als blanker Unsinn erscheinen kann: Die Einteilung aller Menschen in bestimmte „Rassen", denen wiederum ein verschiedener Wert zugewiesen wurde. Letztlich erzielte man nicht einmal Einigkeit darüber, was genau eine „Menschenrasse" sein sollte und welche davon angeblich existierten. Das hinderte die Nationalsozialisten aber nicht, die pseudowissenschaftlichen Forschungen zur Rechtfertigung ihrer „Rassenpolitik" und damit letztlich des Massenmordes heranzuziehen.
Der Foto- und Aktenbestand lagerte bis 1995 im Anthropologischen Institut der Universität Tübingen und stand der Wissenschaft weiterhin zur Verfügung.

„Volk in Waffen" – Karl Häussermann mit seinen drei Söhnen
Dezember 1938
Haus der Geschichte Baden-Württemberg

Karl Häussermann aus Schwäbisch Gmünd (geboren 1883, gestorben 1968) war im Ersten Weltkrieg Kompanieführer, im Zweiten Weltkrieg diente er als Hauptmann im Polenfeldzug, nach 1940 als Stadtkommandant von Utrecht. Er gehörte der religiösen Gemeinschaft der Altpietisten an, war Mitglied bei der Deutschnationalen Volkspartei und zeitweise in der SA.
Auf der Rückseite der Postkarte ist vermerkt: „Volk in Waffen. Weihnachten 1938". Dieser Ausdruck des „Volkes in Waffen" wurde bereits im 19. Jahrhundert verwendet. Er konnte in unterschiedlichen Zusammenhängen auftreten, markierte aber den Unterschied zwischen den Heeren der Fürsten, wie sie im 18. Jahrhundert bestanden hatten, und einer Armee, in der Männer aus dem ganzen Volk dienten, bei der im Kriegsfall gewissermaßen jeder Bürger zu den Waffen griff. Im Ersten Weltkrieg erlebte der Ausdruck eine neue Konjunktur, weil er auch so verstanden werden konnte, daß jetzt das ganze Volk, also auch die Menschen in der Heimat, für den Krieg wichtig geworden waren und so im übertragenen Sinne „in Waffen" standen.

Papierschild
1938
Stadtarchiv Ludwigsburg

Die Ludwigsburger Bürger Dipl.-Landwirt Eugen Buhl und Kohlenhändler Metzger waren nicht bereit, ihre Kontakte zu jüdischen Ludwigsburgern abzubrechen. Die beiden wurden daraufhin am 27. November 1938, dem 1. Advent, mit diesem Schild durch die Stadt zum Marktplatz geführt und dort öffentlich angeprangert. Das Schild wurde von Eugen Buhl aufbewahrt.

Amateurfilm vom Brand der Synagoge in Bühl
1938
Stadtarchiv Bühl

Der Film zeigt die von Nationalsozialisten angezündete Synagoge in Bühl am 10. November 1938. Wer alles zu den Tätern gehörte, ist nicht ermittelt worden. Lediglich drei Männer wurden nach dem Krieg dafür angeklagt. Alle drei stammten nicht aus Bühl, aber unter die vielen, die sich daran beteiligt hatten, waren wohl auch Einheimische. Die Feuerwehr, die um 10.00 Uhr, also erst eine Stunde nach der Brandstiftung anrückte, unternahm nichts, um das Feuer zu löschen. Sie sorgte lediglich dafür, daß die umliegenden Häuser keinen Schaden nahmen. Zwei Stunden später war das Gebäude vollständig ausgebrannt. Die Bühler Synagoge war 1823 erbaut, 1858 und 1906 renoviert worden. Es handelte sich um einen repräsentativen Bau im neoklassizistischen Stil, was für eine Dorfsynagoge eher ungewöhnlich war. Nach dem Brand wurde die Ruine abgerissen (Hahn 1988, S. 437 f.). Die jüdische Gemeinde wurde gezwungen, die Kosten für den Abriß zu tragen und mußte deshalb das Gelände der Synagoge verkaufen. Der Terror, mit dem die Nationalsozialisten am 9. und 10. November 1938 die jüdischen Gemeinden in ganz Deutschland überzogen, war der vorläufige Höhepunkt in einer langen Reihe von Demütigungen, Diskriminierungen und Verfolgungen. Dazu gehörten Boykotte jüdischer Geschäfte und Ausschreitungen gegenüber den Inhabern, die in Bühl wie anderswo bereits am 1. und 2. April 1933 stattfanden. Jüdische Bürger durften seit April 1933 nicht mehr Beamte sein; die „Nürnberger Rassegesetze" entzogen ihnen gar ihr Bürgerrecht und verboten u. a. die Hochzeit mit Nicht-Juden. Juden wurden gedrängt, ihre Geschäfte und Betriebe oft weit unter Wert zu verkaufen, und seit Ende 1938 zwang man sie sogar dazu.
Viele Juden verließen wegen der fortgesetzten Repressalien ihre Heimat. Von den 72 jüdischen Bühlern des Jahres 1933 lebten 1940 nur noch knapp die Hälfte in der Stadt. 26 Menschen wurden am 22. Oktober 1940 nach Gurs in Frankreich deportiert. Nur von dreien weiß man, daß sie die nationalsozialistischen Konzentrationslager überlebt haben.

Öffentliche Kahlscherung zweier Ludwigsburgerinnen
7. Juli 1941
Stadtarchiv Ludwigsburg

Der Kreisamtsleiter der Deutschen Arbeitsfront (DAF), Richard Aeckerle, ließ zwei Arbeiterinnen öffentlich kahl scheren, weil sie Kontakte zu französischen Kriegsgefangenen gehabt haben sollen. Anschließend wurden die Frauen mit dem Schild „Ich bin eine ehrlose Frau" zum Marktplatz getrieben.
Später tauchten die Fotos mit Namensnennung in der lokalen Presse auf. Die Frauen wurden dann von einem Stuttgarter Sondergericht zu über einem Jahr Gefängnis verurteilt. Aeckerle berichtete den Ehemännern der Frauen über den Vorfall und legte ihnen die Scheidung nahe. In einem Fall hatte er damit Erfolg.
Aeckerle wurde 1948 von der Spruchkammer Ludwigsburg als „Belasteter" – allerdings nicht als „Hauptschuldiger" – eingestuft und zu fünf Jahren Arbeitslager verurteilt.
Das Bild links unten wurde von der DAF wohl zum Zwecke der Veröffentlichung angefertigt. Die anderen stammen aus Privatbesitz.

BDM-Untergauführerin Lore Zuber
1939
Lore Hettenbach, Heilbronn

Lore Zuber aus Heilbronn trat 1934 in den Bund Deutscher Mädel (BDM) ein. 1936 war sie Führerin einer Jungmädelgruppe (für 10–14 jährige). 1937 übernahm sie ein Referat auf der Untergaudienststelle und wurde 1939 als hauptamtliche Untergauführerin nach Horb am Neckar versetzt. Seitdem durfte sie auch die abgebildete Führerinnen-Dienstkleidung tragen. Die Uniformierung war aber nicht ganz vorschriftsmäßig: Die Hutkrempen sind etwas weniger angewinkelt, als es erlaubt war. Das sah hübscher und eleganter aus, trug ihr aber einen Rüffel ein.
1941 wurde Lore Zuber Gebietsmädelführerin in Stuttgart, Anfang 1942 kam sie nach Sigmaringen und wurde im März 1944 schließlich nach Esslingen am Neckar versetzt. Im April 1945 erhielten die Jugendführer den Befehl, vor den alliierten Truppen ins Allgäu zu fliehen. Lore Zuber kehrte von dort am 29. Juli 1945 in ihre Heimatstadt Heilbronn zurück und versteckte sich im darauffolgenden Frühjahr in der Pfalz, um der Internierung zu entgehen.
Die Tätigkeit im BDM bot den Führerinnen die Möglichkeit, Verantwortung zu übernehmen und Gestaltungsspielräume zu nutzen. Gleichzeitig eröffnete sie die Chance, sich zumindest teilweise aus der Abhängigkeit von den Eltern zu lösen. Die Arbeit wurde eher als unpolitisch begriffen, obwohl ideologische Schulungen zur Ausbildung gehörten. Letztlich stellte der BDM ein Instrument dar, mit dem das nationalsozialistische Regime die Mädchen und jungen Frauen erfaßte und auf seine Ziele hin lenkte. Diese Indoktrination war aber meist subtil und knüpfte an positive Erfahrungen und an die Interessen der Betroffenen an (Kock 1994, S. 272 ff.).

Ein in Grafeneck ermordeter Anstaltsinsasse
1940
Gedenkstätte Grafeneck

‚Nachlaß'
1940
Gedenkstätte Grafeneck

Schon im Juli 1933 erließen die Nationalsozialisten ein Gesetz, das die Sterilisierung von Kranken und Behinderten erlaubte, um dadurch „erbkranken Nachwuchs" zu verhindern. Es wurde bei 300.000 bis 400.000 Menschen angewandt. Im Oktober 1939 folgte eine Steigerung der Verbrechen. Auf Anweisung Hitlers begannen die Vorbereitungen zur Ermordung von psychisch kranken und geistig behinderten Menschen. Bis Ende 1941 fielen der als „Euthanasie" (griechisch für „guter Tod") beschönigten Aktion über 70.000 Menschen zum Opfer.
In Südwestdeutschland sollten dadurch nicht zuletzt Krankenhausplätze für die verwundeten Soldaten frei werden. Als Ort für die Ermordung wurde im Oktober 1939 die Pflegeanstalt Grafeneck bei Münsingen auf der Schwäbischen Alb ausgewählt. Im Januar 1940 trafen dort die ersten Kranken und Behinderten ein. Bis zum Ende des Jahres tötete man unter konspirativen Bedingungen über 10.000 Personen. Dann endete das Morden in Grafeneck. Als ein Grund dafür können langsam anschwellende Proteste, nicht zuletzt auch aus der evangelischen Kirche in Württemberg, genannt werden. Vieles aber deutet darauf hin, daß gleichzeitig die geplante Zahl der Krankenbetten ‚frei' gemacht worden war, daß also hinreichend viele Anstaltsinsassen ermordet worden waren.
Der Hilfsarbeiter K. kam 1940, wahrscheinlich am 15. Oktober, aus der Heilanstalt Christophsbad in Göppingen nach Winnenden. Von hier wurde er wohl am 29. November 1940 nach Grafeneck transportiert und dort ermordet.

Die offiziellen Briefe aus Grafeneck gaben nicht nur falsche Todesursachen an. Im Falle des Theodor K. wurde auch behauptet, der psychisch Kranke sei mit seiner Umwelt nicht mehr in Kontakt getreten und habe nur noch „stumpf" dahingelebt. Die Pflegeanstalt Christophsbad bei Göppingen, von der aus er über Winnenden nach Grafeneck gebracht worden war, schickte den Eltern wohl den ‚Nachlaß' des Theodor K., zu dem auch ein Keks gehörte, den der junge Mann zurückgelassen hatte. Auf diesem Keks ist mit Bleistift geschrieben „Abt. Mörder". Offenbar wußte Theodor K., was ihm bevor stand, oder er ahnte es zumindest. Die Eltern dokumentierten das fotografisch.

Die Heil- und Pflegeanstalt Reichenau wurde 1941 geschlossen. 529 Bewohner waren schrittweise seit 1940 abtransportiert, 508 von ihnen in Grafeneck und im hessischen Hadamar ermordet worden.
Anschließend dienten die Räume zur Unterbringung einer nationalsozialistischen Eliteschule, einer sog. „Nationalpolitischen Erziehungsanstalt" (Napola). Die Napolas sollten die Ausbildung von Funktionseliten für das Regime – unabhängig von den finanziellen Möglichkeiten der Eltern – sicherstellen. Die Kinder wohnten in einem Internat und trugen in Unterricht und Freizeit eine besondere Uniform.
Die Napola in der ehemaligen Heil- und Pflegeanstalt Reichenau entstand im April 1941 als Filiale der Rottweiler Napola, die beide vom selben Direktor geleitet wurden. Eine weitere bestand in Backnang. Die Schüler in Reichenau waren bei Kriegsende noch relativ jung, so daß sie vielfach nicht mehr in Kämpfen eingesetzt wurden. Auch blieb die Prägung durch die Anstalt schwächer als bei den Schülern, die ihre gesamte Schulzeit darin durchlaufen hatten. Die Absolventen von Rottweil und Backnang meldeten sich oft freiwillig zur Waffen-SS, und viele überlebten den Krieg nicht.
In der Heil- und Pflegeanstalt Reichenau schlug sich an einem Ort nieder, was im Nationalsozialismus unter „Auslese" verstanden wurde, nämlich die intensive Förderung der Menschen, die als „wertvoll" eingestuft wurden, und gleichzeitig die unbarmherzige Ermordung derjenigen, die störend oder gefährlich erschienen (Moser 1997).
Der Eimer stammt ursprünglich aus einer Frauenabteilung der Pflegeanstalt und fand dann in der Napola-Küche Verwendung. Er wurde von dem Sohn des Napola-Direktors Hoffmann mitgenommen, als dieser 1945 die Anstalt auf Anweisung der Franzosen verlassen mußte. Später diente der Eimer dem ehemaligen Direktor als Mülleimer.

Eimer
1920er Jahre
Haus der Geschichte
Baden-Württemberg

Schwester Liesel kam im Oktober 1941 in die Napola Reichenau und arbeitete dort als Krankenschwester. Sie sammelte die Lieder, die gesungen oder von den Schülern gedichtet und komponiert wurden, in einem kleinen Notenbuch. Es trägt die Aufschrift „Liebe Melodien".
Der Text des ersten Liedes lautet: „Deutschland, heiliges Wort, du voll Unendlichkeit. Über die Zeiten fort seist du gebenedeit. Heilig sind deine Seen, heilig dein Wald und der Kranz deiner stillen Höhn bis an das grüne Meer."
Schwester Liesel hatte ein enges Verhältnis zu den Schülern der Napola, den sogenannten „Jungmannen". Sie nannten sie „Schweli" und verliehen ihr im Scherz den Titel eines Chefarztes.

Von Schülern der Nationalpolitischen Erziehungsanstalt Reichenau gebastelte Examens-„Urkunde"
Dezember 1943
Schwester Liesel Scholz, Soest

Privates Liederheft aus der Nationalpolitischen Erziehungsanstalt Reichenau bei Konstanz
Zwischen 1941 und 1944
Schwester Liesel Scholz, Soest

Foto einer handschriftlichen Notiz „Hitler-Schuft“
Vermutlich Josef Hermann
7. April 1943
Stadtarchiv Mannheim

Die Inschrift befand sich in einer Toilette des Mannheimer Rathauses. Das Foto wurde dort wahrscheinlich im Auftrag der Gestapo aufgenommen. Weitere Akten zu dem Vorfall konnten nicht nachgewiesen werden, wahrscheinlich verliefen die Ermittlungen rasch im Sande (Rings 1993, S. 51.). Immerhin wird deutlich, daß bereits solche unbedeutenden Äußerungen die Aufmerksamkeit der Staatsmacht auf sich ziehen konnten.

Film über Sinti-Kinder im Kinderheim St. Josefspflege in Mulfingen
Herbst 1942
Bundesarchiv Berlin

Die nationalsozialistische Ideologie betrachtete auch die in Deutschland lebenden Sinti und Roma als „fremdrassig“. Seit Anfang 1936 wurden sie ausdrücklich den diskriminierenden Bestimmungen der „Nürnberger Rassegesetze“ unterworfen (Rose 1999, S. 32). Im gleichen Jahr nahm die „Rassenhygienische Forschungsstelle“ in Berlin unter der Leitung von Robert Ritter ihre Arbeit auf. Zwei Jahre später wurde das Institut mit der Erfassung der Sinti und Roma im ganzen Reich beauftragt. Seit Oktober 1939 durften diese ihre Wohnorte nicht mehr verlassen; am 27. April 1940 wurde ihre Inhaftierung und die anschließende Deportation in Ghettos und Lager im besetzten Polen angeordnet. Eines der Sammellager für Sinti und Roma befand sich in der Festung Hohenasperg. Ab Februar 1943 wurden alle noch verbliebenen aus Deutschland ins Konzentrationslager Auschwitz verschleppt. Die Sinti und Roma mußten in den Lagern unter denselben unmenschlichen Bedingungen leben wie die übrigen Häftlinge. Viele starben am Hunger, an der Zwangsarbeit oder an den Misshandlungen durch die Wachmannschaften. Am 2. und 3. August 1944 wurden die Sinti und Roma im KZ Auschwitz, die bis dahin überlebt hatten, in die Gaskammern getrieben und ermordet.
Im Film sind Kinder zu sehen, die aus deutschen Sinti-Familien stammten und zwischen 1938 und 1942 von ihren Eltern getrennt und in das katholische Kinderheim in Mulfingen gebracht worden waren. Während ihre Angehörigen nach Auschwitz deportiert wurden, blieben die Kinder zunächst verschont, weil sie als Untersuchungsobjekte für sogenannte „rassenkundliche“ Forschungen dienten. Eva Justin, eine Mitarbeiterin Robert Ritters, untersuchte sie, um darüber ihre Doktorarbeit zu schreiben. In diesem Rahmen entstand auch der Film, der u.a. das Verhalten der Kinder dokumentieren und die Unterschiede zu ihren „deutschblütigen“ Spielgefährten zeigen sollte.
Am 9. Mai 1944 wurden die Sinti-Kinder nach Auschwitz deportiert. 35 von ihnen wurden dort am 2./3. August ermordet. Nur vier überlebten. Eva Justin legte ihre letzten Promotionsprüfungen Ende März 1944 ab; ihre Dissertation wurde Ende 1944 gedruckt.

Autogrammkarten deutscher Kriegshelden
1943
Haus der Geschichte
Baden-Württemberg

Ulrich Klingel aus Mühlacker schrieb als Schüler im Jahre 1943 Briefe an eine große Anzahl von Soldaten, die besondere Auszeichnungen erhalten hatten, und bat sie um ein Autogramm. Seine Sammlungsschwerpunkte lagen bei den modernen Waffengattungen der Marine und der Luftwaffe. Die Namen der Kriegshelden waren Ulrich Klingel wahrscheinlich durch Presseberichte bekannt. Die Fotopostkarten konnte man kaufen, teilweise besaßen die Soldaten auch selber welche, um ihre „Fanpost" erledigen zu können.

Deutsch-Französisches Wörterbuch Erwin Dolds
Eckerwald-Initiative

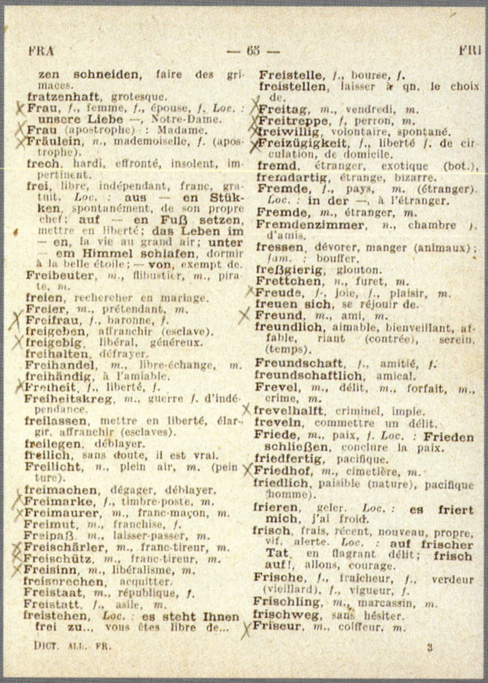

FRA — 65 — FRI

zen schneiden, faire des grimaces.
fratzenhaft, grotesque.
Frau, f., femme, f., épouse, f. Loc. : unsere Liebe —, Notre-Dame.
Frau (apostrophe) : Madame.
Fräulein, n., mademoiselle, f. (apostrophe).
frech, hardi, effronté, insolent, impertinent.
frei, libre, indépendant, franc, gratuit. Loc. : aus — en Stükken, spontanément, de son propre chef; auf — en Fuß setzen, mettre en liberté; das Leben im — en, la vie au grand air; unter — em Himmel schlafen, dormir à la belle étoile; — von, exempt de.
Freibeuter, m., flibustier, m., pirate, m.
freien, rechercher en mariage.
Freier, m., prétendant, m.
Freifrau, f., baronne, f.
freigeben, affranchir (esclave).
freigebig, libéral, généreux.
freihalten, défrayer.
Freihandel, m., libre-échange, m.
freihändig, à l'amiable.
Freiheit, f., liberté, f.
Freiheitskreg, m., guerre f. d'indépendance.
freilassen, mettre en liberté, élargir, affranchir (esclaves).
freilegen, déblayer.
freilich, sans doute, il est vrai.
Freilicht, n., plein air, m. (peinture).
freimachen, dégager, déblayer.
Freimarke, f., timbre-poste, m.
Freimaurer, m., franc-maçon, m.
Freimut, m., franchise, f.
Freipaß, m., laisser-passer, m.
Freischärler, m., franc-tireur, m.
Freischütz, m., franc-tireur, m.
Freisinn, m., libéralisme, m.
freisprechen, acquitter.
Freistaat, m., république, f.
Freistatt, f., asile, m.
freistehen, Loc. : es steht Ihnen frei zu.., vous êtes libre de...
Freistelle, f., bourse, f.
freistellen, laisser à qn. le choix de.
Freitag, m., vendredi, m.
Freitreppe, f, perron, m.
freiwillig, volontaire, spontané.
Freizügigkeit, f., liberté f. de circulation, de domicile.
fremd, étranger, exotique (bot.),
fremdartig, étrange, bizarre.
Fremde, f., pays, m. (étranger). Loc. : in der —, à l'étranger.
Fremde, m., étranger, m.
Fremdenzimmer, n., chambre f. d'amis.
fressen, dévorer, manger (animaux); fam. : bouffer.
freßgierig, glouton.
Frettchen, n., furet, m.
Freude, f., joie, f., plaisir, m.
freuen sich, se réjouir de.
Freund, m., ami, m.
freundlich, aimable, bienveillant, affable, riant (contrée), serein. (temps).
Freundschaft, f., amitié, f.
freundschaftlich, amical.
Frevel, m., délit, m., forfait, m., crime, m.
frevelhalft, criminel, impie.
freveln, commettre un délit.
Friede, m., paix, f. Loc. : Frieden schließen, conclure la paix.
friedfertig, pacifique.
Friedhof, m., cimetière, m.
friedlich, paisible (nature), pacifique (homme).
frieren, geler. Loc. : es friert mich, j'ai froid.
frisch, frais, récent, nouveau, propre, vif, alerte. Loc. : auf frischer Tat, en flagrant délit; frisch auf!, allons, courage.
Frische, f., fraîcheur, f., verdeur (vieillard), f., vigueur, f.
Frischling, m., marcassin, m.
frischweg, sans hésiter.
Friseur, m., coiffeur, m.

DICT. ALL. FR. 3

Nach einer Verwundung als Flieger auf der Krim wurde Erwin Dold im Herbst 1944 in das KZ Dautmergen abkommandiert und übernahm im März 1945 den Posten des Lagerführers. Er war damit der direkte Vorgesetzte der Häftlinge, unterstand aber wiederum dem Lagerkommandanten, der auch die Wachmannschaft kommandierte. Dold war der einzige Lagerführer, der versuchte, seine Häftlinge zu retten, indem er Lebensmittel besorgte, die grassierenden Seuchen eindämmte und die Zwangsarbeit möglichst reduzierte. Dazu mußte er sich mit den Häftlingen verständigen und lernte deshalb wahrscheinlich französische Vokabeln, die er im Wörterbuch ankreuzte.
Nach Kriegsende stellte sich Dold der französischen Besatzungsmacht und wurde in Rastatt vor Gericht gestellt. Als einziger Angeklagter wurde er wegen erwiesener Unschuld freigesprochen. In der Urteilsbegründung hieß es: „Im Gegensatz zu dem Verhalten der Lagerchefs, der Aufseher und der Kapos (das waren Häftlinge, die ihre Mitgefangenen beaufsichtigten) hat der Angeklagte Erwin Dold (...) als einziger Gefühle der Menschlichkeit gezeigt." (Opfermann 1997, S. 64 u. 111)

Marschallstab
1942
Haus der Geschichte
Baden-Württemberg

Erwin Rommel errang während des Zweiten Weltkrieges als Offizier große militärische Erfolge und rückte innerhalb von nur drei Jahren vom Oberst zum Generalfeldmarschall auf. Seinen Spitznamen „Wüstenfuchs" brachte ihm das Kommando des „Afrikakorps'" ein, das seit 1941 in Nordafrika vor allem gegen britische Soldaten kämpfte. Der Marschallstab wurde Erwin Rommel am 22. Juni 1942 von Adolf Hitler verliehen. Rommel, Jahrgang 1891, war damit der jüngste Generalfeldmarschall des Deutschen Reiches. Nach einige Siegen mußten sich die deutschen Truppen aber seit Anfang 1943 zurückziehen und schließlich Afrika vollständig räumen. Auch sein anschließender Einsatz gegen die alliierten Invasionsstreitkräfte in Nordfrankreich konnte die militärische Situation nicht grundlegend ändern und die Niederlage der deutschen Streitkräfte abwenden.
Trotzdem ist Erwin Rommels Popularität selbst heute im In- und Ausland noch ungebrochen. Die Gründe dafür sind vielfältig. Zunächst einmal zeichnen ihn seine militärischen Erfolge aus, die schon im Ersten Weltkrieg begannen, sich beim deutschen Feldzug gegen Frankreich fortsetzten, bei den Kämpfen in Nordafrika bis Oktober 1942 ihren Höhepunkt erreichten und mit persönlichem Mut, ja Waghalsigkeit verbunden waren. Rommel wurde wie kein anderer deutscher Offizier von der nationalsozialistischen Propaganda gefeiert und in Fotos, Filmen und Liedern zum Helden stilisiert. Er bot sich dafür nicht zuletzt wegen seiner Treue zu Hitler und wegen seiner bürgerlichen Herkunft an – im

Gegensatz zum sonst von Adeligen dominierten Offizierskorps, das Hitler suspekt war. Unabhängig davon zeichnete die amerikanische und besonders die englische Presse ein ganz ähnliches Bild. Es wirkt, obwohl schließlich wegen der befürchteten schädlichen Auswirkungen auf die Moral der alliierten Soldaten zurückgedrängt, bis heute nach.
Dazu trug die Tatsache bei, daß Rommel den ‚sauberen' Krieg, der in ‚ritterlicher' Weise gegen die feindlichen Soldaten, nicht gegen die Zivilbevölkerung geführt wurde, verkörperte. Die Kämpfe in Nordafrika, die in der menschenleeren Wüste zwischen den Expeditionsheeren der Deutschen und Italiener auf der einen Seite, der Briten auf der anderen geführt wurden, entsprachen tatsächlich weitgehend dieser Vorstellung. Ein Einsatz in der Sowjetunion oder auf dem Balkan hätte dieses Image wohl beschädigt. Rommel bot sich in der Bundesrepublik als Identifikationsfigur an, mit der man sich von den Verbrechen des Regimes distanzieren und scheinbar gleichzeitig die militärischen ‚Leistungen' der deutschen Soldaten hervorheben konnte, ohne sie auf ihre Bedeutung für den nationalsozialistischen Massenmord hin zu befragen. Das wurde noch verstärkt durch Rommels erzwungenen Selbstmord, der seine Distanz zum Regime – zumindest seit dem Sommer 1944 – belegte, selbst wenn er nicht direkt an den Umsturzplänen beteiligt war (Binder 1995).

Pkw-Standarte des Generalfeldmarschalls Erwin Rommel
Haus der Geschichte Baden-Württemberg

Ritterkreuz mit Schwertern und Brillanten des Generalfeldmarschalls Erwin Rommel
1914–1944
Haus der Geschichte Baden-Württemberg

1940 erhielt Rommel das Ritterkreuz, 1941 wurden ihm dazu das Eichenlaub, 1942 die Schwerter und 1943 die Brillanten verliehen.

Unter dem Eindruck der militärischen Lage, die sich rapide verschlechterte, rückte Rommel allmählich von Hitler ab, fühlte sich aber nach wie vor durch seinen Eid gebunden. Nachdem die alliierten Truppen im Juni 1944 in der Normandie gelandet waren, versuchte er Hitler von der Aussichtslosigkeit des Krieges zu überzeugen. Rommel nahm aber weder direkt an den Vorbereitungen des Attentats am 20. Juli 1944 teil, ja er lehnte Hitlers Ermordung sogar ab, noch wirkte er an den Planungen für die Zeit danach mit. Er stand allerdings im Kontakt zu Männern, die zum Kreis der Verschwörer gegen Hitler gehörten, und wurde von diesen als möglicher Verbündeter betrachtet.
Zum Zeitpunkt des fehlgeschlagenen Bombenattentats lag Rommel mit schweren Verletzungen durch einen Tieffliegerangriff im Lazarett. Am 17. Juli 1944 war sein Wagen in Nordfrankreich angegriffen worden, und er hatte einen Schädelbruch erlitten. Die Standarte befand sich bei dem Unfall an Rommels Fahrzeug.

Reutlinger Jungmädel-Führerinnen während einer Schulungsveranstaltung in der Hütte Traifelberg auf der Schwäbischen Alb
Sommer 1943
Ursula Heinzl, Reutlingen

Häftlinge des KZ Schömberg
1945
Eckerwald Initiative

Nationalsozialistische Mädchengruppen hatten bereits in den 1920er Jahren bestanden und waren 1932 im „Bund Deutscher Mädel“ (BDM) zusammengefaßt worden. Erst 1933 aber erlebte der BDM einen großen Zustrom neuer Mitglieder. Es handelte sich um Mädchen und junge Frauen zwischen 10 und 21 Jahren, die in der Regel freiwillig eintraten. Gelegentlich aber wurde auch Druck von Seiten der Schule oder von Parteiorganisationen ausgeübt. Seit 1936 wurde es immer schwieriger, sich der Mitgliedschaft zu entziehen, von März 1939 an war sie für alle verpflichtend.
Hier zeigt sich deutlich ein Wechselspiel von Verlockung und Zwang: Auf der einen Seite bot der BDM Möglichkeiten zur Freizeitgestaltung, für gemeinsame Fahrten und Unternehmungen. Dabei konnten die Mädchen Dinge tun, die zu Hause verboten waren, wie z.B. gemeinsam auf dem Dach eines Hauses zu sitzen. Auf der anderen Seite stand hinter dem BDM auch das Interesse der nationalsozialistischen Machthaber, alle Kinder und Jugendlichen in ihrem Sinne zu erfassen und zu prägen. Insofern handelte es sich auch um ein Zwangs- und Herrschaftsinstrument (Klaus 1998, S. 93 ff.).
Ursula Müh war als „Ringführerin“ zuständig für die zehn- bis vierzehnjährigen Mädchen, die „Jungmädel“, in der Stadt Reutlingen. Zu ihren Aufgaben gehörte auch die Ausbildung der ihr unterstellten Führerinnen. Die Fotos dienten dazu, ihre Arbeit zu dokumentieren, und wurden auch in der Öffentlichkeitsarbeit verwendet.

Das Konzentrationslager Schömberg, zwischen Balingen und Rottweil gelegen, gehörte zu einer Gruppe von sieben Lagern, in denen seit Ende 1943 Häftlinge Zwangsarbeit leisten mußten, um aus Ölschiefer Öl für die Kriegsproduktion zu gewinnen. Technisch erwies sich das Verfahren der Schieferverschwelung als vollkommener Fehlschlag und erbrachte keine nennenswerten Erträge.
Die Lebensbedingungen der Häftlinge in den Lagern waren unterschiedlich schlecht – am schlimmsten waren sie in der „Hölle von Dautmergen“ – bis die Bemühungen Erwin Dolds die Lage Anfang 1945 etwas besserten. Im KZ Schömberg herrschten etwas erträglichere Zustände.
Einige Häftlinge entwendeten dort Anfang 1945 bei Luftalarm heimlich die Kamera eines Ingenieurs und nahmen den Film heraus. Sie ersetzten ihn durch einen anderen, den man „besorgt“ hatte, und stellten sich in Positur. Dann knipsten sie, so lange der Luftalarm dauerte, rasch Fotos voneinander. Anschließend wurde der Film in der Kamera wiederum ausgetauscht. Ein deutscher Elektrikermeister schmuggelte den belichteten Film aus dem Lager und gab ihn im Sommer 1945 an Josef Schlitz, einen der befreiten Häftlinge. Zu Weihnachten 1945 erhielten seine Leidensgenossen dann von ihm die entwickelten Fotos (Opfermann 1997, S. 29).
Das Bild zeigt Rudy Mach, Jemp Funck und einen weiteren Häftling (von rechts) vor den Schienen einer Feldeisenbahn, die noch zu verlegen waren. Im Hintergrund erkennt man einen Ofen zur Verschwelung des Schiefers. Nur im KZ Schömberg gelang es Häftlingen, während ihrer Haft Fotos von sich selber anzufertigen. Aus keinem anderen Lager ist etwas Vergleichbares bekannt geworden. Diese Fotos erlauben es, die Häftlinge einmal so zu sehen, wie sie selber es wollten, und nicht einfach den Blick ihrer Bewacher und Peiniger zu übernehmen.

Parolen auf den Ruinen in der Mannheimer Innenstadt
14. November 1943
Bundesarchiv Koblenz

Am 14. November 1943 fand in Mannheim eine Durchhaltekundgebung mit dem Führer der Deutschen Arbeitsfront, Robert Ley, statt. Dazu wurden an den Hauptstraßen der zerstörten Mannheimer Innenstadt Parolen angebracht. Der Text „Nie wieder ein 9. Nov. 1918" spielt auf die Einführung der Demokratie in Deutschland an. Die Revolution, die am 9. November 1918 die Monarchie beseitigt und dann den Krieg beendet hatte, lag fast auf den Tag genau 25 Jahre zurück. Die nationalsozialistischen Machthaber wollten um jeden Preis verhindern, daß sich ein solches Ereignis wiederholte.
Deshalb unterdrückten und verfolgten sie die Menschen, die ihnen politisch gefährlich erschienen. Gleichzeitig versuchten sie, die Stimmung der Bevölkerung zu erkunden und möglichst in ihrem Sinne zu beeinflussen. Auf die Niederlage von Stalingrad im Januar 1943 reagierte das Regime z. B., indem es den „totalen Krieg" propagierte. Je schlechter die militärische Lage wurde, desto mehr wurde das „fanatische Durchhalten" gepredigt und die Alternativen nur noch auf „Sieg" oder „Untergang" beschränkt (Wette 2001, S. 9 ff.). Ein zweiter „9. Nov. 1918", also die rechtzeitige Entmachtung der deutschen Führung und die militärische Kapitulation, hätte Millionen von Menschen das Leben retten können. Er fand nicht statt.

Sterbeurkunde für Eugen Bolz
25. Januar 1945
Haus der Geschichte
Baden-Württemberg

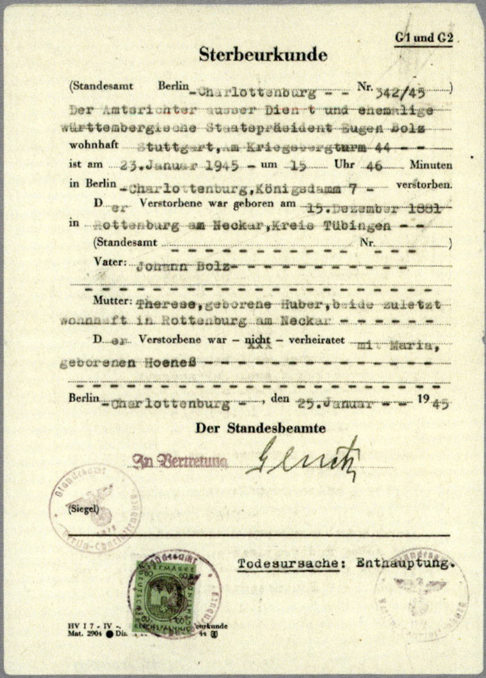

G1 und G2

Sterbeurkunde

(Standesamt Berlin-Charlottenburg - - Nr. 342/45)
Der Amtsrichter ausser Dienst und ehemalige württembergische Staatspräsident Eugen Bolz
wohnhaft Stuttgart, am Kriegsbergturm 44 - -
ist am 23. Januar 1945 - um 15 Uhr 46 Minuten
in Berlin-Charlottenburg, Königsdamm 7 - verstorben.
Der Verstorbene war geboren am 15. Dezember 1881
in Rottenburg am Neckar, Kreis Tübingen - -
(Standesamt - - - - - - - - - - - Nr. - - -)
Vater: Johann Bolz- - - - - - - - - - - -
Mutter: Therese, geborene Huber, beide zuletzt wohnhaft in Rottenburg am Neckar - - - - - -
Der Verstorbene war – nicht – verheiratet mit Maria, geborenen Hoeneß - - - - - - - - - - - - - - -
Berlin-Charlottenburg - , den 25. Januar - - 1945

Der Standesbeamte

In Vertretung Gericke

(Siegel)

Todesursache: Enthauptung.

HV I 7 - IV -
Mat. 2904

Trauermitteilung der Familie Bolz
Januar 1945
Haus der Geschichte
Baden-Württemberg

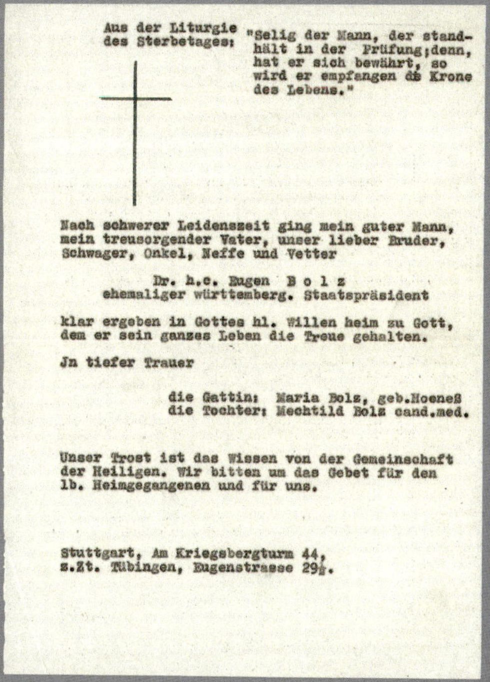

Aus der Liturgie des Sterbetages: "Selig der Mann, der standhält in der Prüfung; denn, hat er sich bewährt, so wird er empfangen die Krone des Lebens."

Nach schwerer Leidenszeit ging mein guter Mann, mein treusorgender Vater, unser lieber Bruder, Schwager, Onkel, Neffe und Vetter

Dr. h.c. Eugen B o l z
ehemaliger württemberg. Staatspräsident

klar ergeben in Gottes hl. Willen heim zu Gott, dem er sein ganzes Leben die Treue gehalten.

Jn tiefer Trauer

die Gattin: Maria Bolz, geb. Hoeneß
die Tochter: Mechtild Bolz cand.med.

Unser Trost ist das Wissen von der Gemeinschaft der Heiligen. Wir bitten um das Gebet für den lb. Heimgegangenen und für uns.

Stuttgart, Am Kriegsbergturm 44,
z.Zt. Tübingen, Eugenstrasse 29½.

Eugen Bolz zog 1913 für das Zentrum in den württembergischen Landtag ein. 1919 wurde er Justizminister in Württemberg, wechselte 1923 zum Innenressort und übernahm von 1928 bis 1933 zusätzlich das Amt des württembergischen Staatspräsidenten (Köhler 1985, S. 79).
Eugen Bolz wurde am 15. März 1933 als Staatspräsident von dem Nationalsozialisten Wilhelm Murr abgelöst, der vom württembergischen Landtag gewählt worden war. Nur die Sozialdemokraten stimmten gegen Murr, das Zentrum und die DDP enthielten sich. Im Juni 1933 wurde Bolz für einige Wochen verhaftet.
Er kam im Winter 1941/42 in Kontakt zu Personenkreisen, die gegen das nationalsozialistische Regime Widerstand leisten wollten. Bolz war im Falle eines erfolgreichen Staatsstreiches als Reichsinnen- oder -kultusminister vorgesehen. Er wurde nach dem gescheiterten Attentat auf Hitler vom 20. Juli 1944 verhaftet, am 21. Dezember 1944 zum Tode verurteilt und am 23. Januar 1945 hingerichtet (Eisele 1994).

Der Text der Mitteilung, den die Hinterbliebenen verfaßten, läßt nur zwischen den Zeilen die wahren Umstände des Todes Eugen Bolz' erkennen. Trotzdem signalisierte die Familie den Menschen, die ihnen nahe standen, zumindest indirekt, daß sie hinter Eugen Bolz stand und seine Beteiligung an den Umsturzplänen als mutigen Akt des „Standhaltens" gegenüber der Unterdrückung betrachtete: „Selig der Mann, der standhält in der Prüfung". Ein Verlag lehnte den Druck der Trauermitteilung ab.

Kondolenztelegramm Hitlers an Lucia Rommel
16. Oktober 1944
Haus der Geschichte
Baden-Württemberg

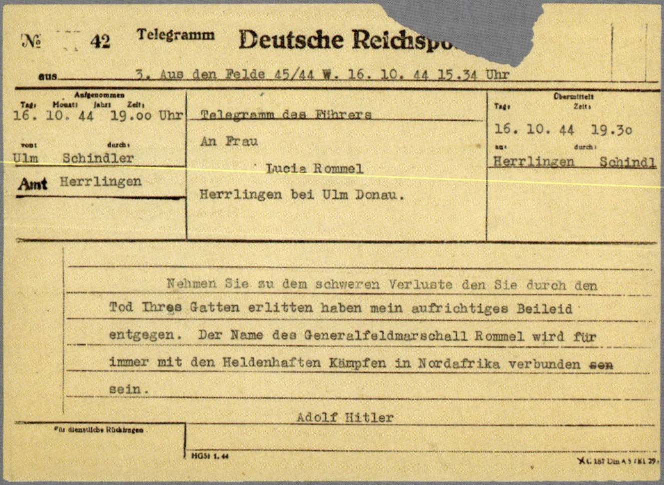
№ 42 Telegramm Deutsche Reichspo[...]

aus 3. Aus den Felde 45/44 W. 16. 10. 44 15.34 Uhr

Aufgenommen Tag Monat Jahr Zeit: 16. 10. 44 19.00 Uhr
von: Ulm durch: Schindler
Amt Herrlingen

Telegramm des Führers
An Frau
Lucia Rommel
Herrlingen bei Ulm Donau.

Übermittelt Tag: 16. 10. 44 Zeit: 19.3o
an: Herrlingen durch: Schindl

Nehmen Sie zu dem schweren Verluste den Sie durch den Tod Ihres Gatten erlitten haben mein aufrichtiges Beileid entgegen. Der Name des Generalfeldmarschall Rommel wird für immer mit den Heldenhaften Kämpfen in Nordafrika verbunden sein.

Adolf Hitler

Für dienstliche Rückfragen

HGSt 1.44

Bei den Verhören, die die Geheime Staatspolizei nach dem gescheiterten Attentat vom 20. Juli führte, wurde Rommels Name wiederholt genannt. Hitler war schließlich von dessen Mitschuld überzeugt und ließ ihn vor die Alternative des Selbstmordes oder eines Schauprozesses mit Todesurteil stellen. Erwin Rommel wählte am 14. Oktober 1944 den Freitod (Ose 1989; Fraser 1995). Anschließend kondolierte Hitler heuchlerisch dessen Witwe.

Eines Nachts im April 1945 erhielt die Reutlinger Jugendleitung den Befehl, die Kinder und Jugendlichen ins Allgäu zu führen, um sie vor den näher rückenden feindlichen Truppen in Sicherheit zu bringen. Die Jungmädel-Ringführerin im BDM, Ursula Müh, marschierte am nächsten Morgen mit den wenigen Jugendlichen, die sich dazu noch gemeldet hatten, los. Der Marsch ins Allgäu war vorher schon durch das Sammeln von Lebensmitteln vorbereitet worden. Die Gruppe kam bis Obermarchtal. Als sich das Gerücht verbreitete, die dortige Donaubrücke solle gesprengt werden, entschloß sich Ursula Müh zur Rückkehr nach Reutlingen, die nach einer Überquerung der Donau kaum mehr möglich gewesen wäre.
Die Gruppe marschierte auf Nebenwegen und durch Felder, um den feindlichen Soldaten und den Kampfhandlungen zu entgehen. Sie erreichte Reutlingen unbehelligt. Das Foto entstand auf dem Rückmarsch.
Bei Ödenwaldstetten bemerkte die heimkehrenden Gruppe ein Auto mit Soldaten. Zunächst versteckten sich die Jugendlichen, bis sie erkannten, daß es sich um Deutsche handelte. Bei der Begegnung stellte sich heraus, daß einer der Soldaten aus Reutlingen stammte. Er bat Ursula Müh, ein Foto von sich mitzunehmen und es seiner Braut zu geben, da er Angst hatte, nicht wieder nach Hause zu kommen. Ursula Müh führte den Auftrag aus, der Soldat kehrte aber unversehrt aus dem Krieg heim.

Ende der Aktion „Rückführung der deutschen Jugend in die unbesetzten Gebiete“
April 1945
Ursula Heinzl, Reutlingen

Graphitbrocken, Lineal und Plastikschnur aus dem Kernforschungslabor in Haigerloch
1944/45
Hans Beck, Haigerloch

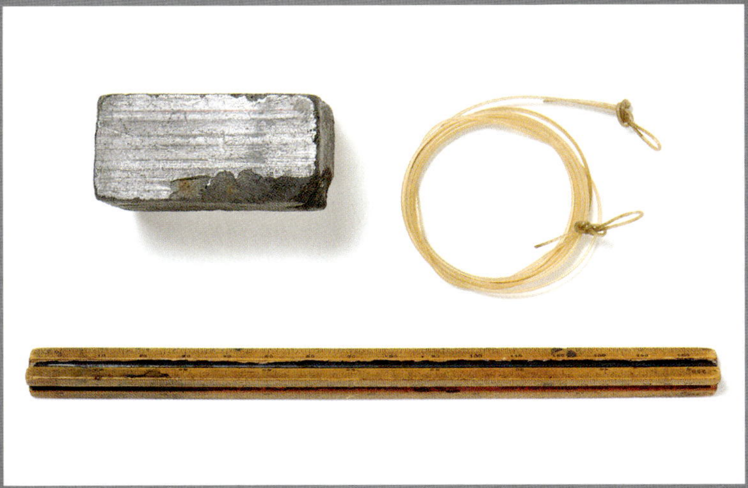

Wegen der schweren Zerstörungen durch die alliierten Luftangriffe auf Berlin verlegte das Kaiser-Wilhelm-Institut seine Kernforschungen in ein weniger gefährdetes Gebiet. Die Wahl fiel auf die Stadt Haigerloch, wo 1944 in einem Bierkeller ein Versuchsreaktor eingerichtet wurde. Dort arbeiteten Werner Heisenberg und Otto Hahn daran, eine nukleare Kettenreaktion herbeizuführen. Aber alle Versuche scheiterten.
Am 20. April 1945 besetzten französische Truppen Haigerloch. Die Einwohner suchten deshalb Schutz in dem Laborkeller. Am 23. und 24. April demontierten Amerikaner die Laborgeräte und sprengten tags darauf die Anlage. Dabei wurde allerdings nur der erste Kellerraum zerstört, die anderen blieben in Takt.
Die Kinder des Ortes spielten in den Trümmern und suchten nach Gegenständen, die sie noch verwerten konnten. Hans Beck, damals ein neunjähriger Junge, fand die drei abgebildeten Dinge und nahm sie mit nach Hause (Becker u. a. 1995, S. 184).

Taschentuch der sowjetischen Zwangsarbeiterin Galina Preuß
Zwischen 1943 und 1945
Haus der Geschichte Baden-Württemberg

Das Taschentuch wurde von der Russin Galina Preuß angefertigt, die bei der Familie Holder in Böhringen lebte und als Hausangestellte arbeitete. Es war bis 1990 in Gebrauch.
In privaten Haushalten arbeiteten nur sehr wenige Zwangsarbeiter. Die meisten waren in der Industrie oder in der Landwirtschaft tätig.

Meldebögen und Kennkarten von Bewohnern des jüdischen Altenheims Schloß Eschenau
1941–1943
Gemeinde Obersulm

Die Unterdrückung und Entrechtung der jüdischen Bürger trieb immer mehr von ihnen dazu, ihre Heimat zu verlassen und auszuwandern. Ältere Menschen aber konnten sich nur schwer zu diesem Schritt entschließen. Deshalb gingen eher die Jungen, und die zurückbleibenden Senioren mußten versorgt werden. So stieg der Bedarf an Altenheimplätzen für Juden.

Mit dem wachsenden Wohnungsbedarf wuchsen aber z. B. bei der Stuttgarter Verwaltung und bei Wirtschaftsverbänden die Begehrlichkeiten, die jüdischen Altenheime für andere Zwecke zu nutzen. Ende 1941 wurden deren Bewohner in das umgebaute Schloß Eschenau bei Obersulm gebracht. Insgesamt handelte es sich um 101 alte und teilweise kranke Menschen. Sie lebten unter sehr schlechten Bedingungen und wurden unzureichend mit Lebensmitteln versorgt. Im August 1942 wurden die Menschen in das Konzentrationslager Theresienstadt im heutigen Tschechien verschleppt. Nur wenige erlebten dort noch ihre Befreiung (Müller 1992).

Abschiedsbrief des ermordeten Anton Reinhardt
1945
Staatsarchiv Freiburg

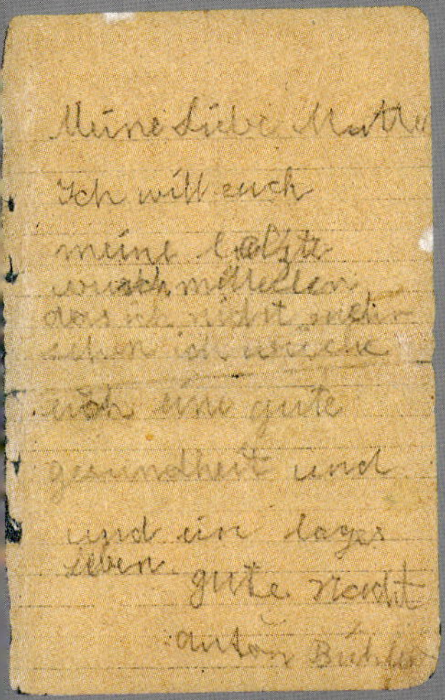

Fremdenpaß für Oskar Althausen
Anfang 1940
Familie Althausen, Mannheim

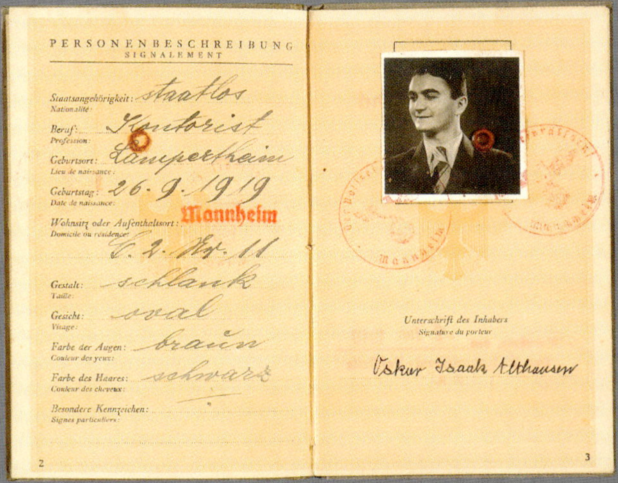

Vokabelheft aus dem Lager Rivesaltes
1942
Familie Althausen, Mannheim

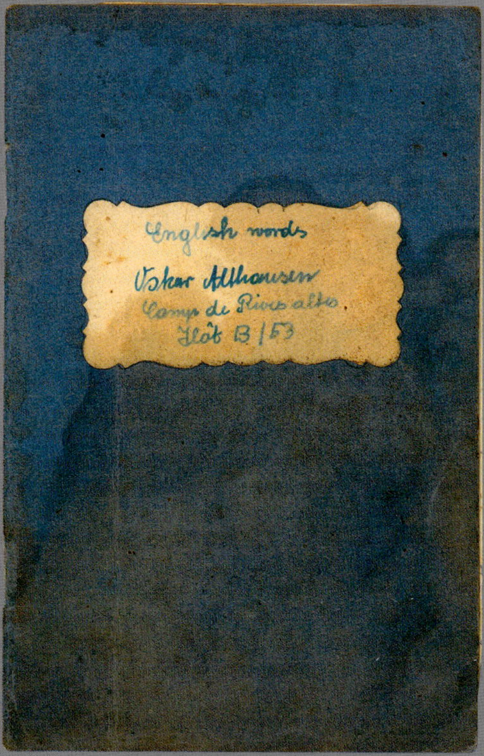

Anton Reinhardt, der als „Zigeuner“ klassifiziert worden war, floh Ende August 1944 vor der drohenden Sterilisierung in die Schweiz. Er wurde aber von den Schweizer Behörden an die deutsche Polizei ausgeliefert und in das Konzentrationslager Rotenfels bei Gaggenau gebracht. Es gelang ihm kurz vor Ostern 1945, erneut zu fliehen. Bei Bad Rippoldsau wurde er von einer Einheit des Volkssturms festgenommen. Der SS-Sturmbannführer Karl Hauger veranlaßte ein improvisiertes „Standgericht“, das Reinhardt zum Tode verurteilte. Das Urteil wurde von dem Volkssturm-Offizier Hauptmann Franz Wipfler bestätigt. Hauger mißhandelte Reinhardt und erschoß ihn dann in einem abgelegenen Waldstück, nachdem dieser vorher sein eigenes Grab hatte ausheben müssen und noch einen Abschiedsbrief an seine Mutter und seine Geschwister schreiben durfte. Anton Reinhardt verwendete den neuen Nachnamen seiner Mutter, die geheiratet hatte, und bezeichnete sich deshalb als „Anton Bühler“. Das Schreiben schickte ein deutscher Unteroffizier am 6. April 1945, also noch vor Ende des Krieges, an Anton Reinhardts Mutter.
1959 wurden Hauger und Wipfler in Offenburg nicht wegen Mordes, sondern nur wegen Totschlags verurteilt. Hauger erhielt als Hauptschuldiger sieben Jahre und sechs Monate Freiheitsstrafe, Wipfler vier Jahre.

Zu den Gesetzen, mit denen jüdische Deutsche von den Nationalsozialisten schikaniert und entrechtet wurden, gehörte das Gesetz über den Widerruf von Einbürgerungen vom 14. Juli 1933. Danach konnte Menschen aus rassischen Gründen ihre deutsche Staatsangehörigkeit wieder aberkannt werden, wenn sie sie erst nach 1918 erhalten hatten. Das betraf im Jahr 1935 auch die Familie Althausen, weil der Vater 1904 vor antijüdischen Ausschreitungen aus Rußland nach Deutschland geflohen und erst 1929 eingebürgert worden war. Der „Fremdenpaß“ wurde dem Sohn, Oskar Althausen, der in Mannheim eine Lehre absolvierte, wohl bei seiner Volljährigkeit 1940 ausgestellt.
Am 22. Oktober 1940 wurde Oskar Althausen verhaftet und zusammen mit den übrigen badischen Juden in das Lager Gurs deportiert, wohin auch Juden aus der Pfalz und dem Saarland verschleppt wurden. Dort mußten sie bei völlig unzureichender Versorgung in Baracken hinter Stacheldraht leben. Über 1.000 Menschen starben während ihres Aufenthaltes in Gurs. Die übrigen wurden schubweise in andere Lager gebracht und bis auf wenige Ausnahmen ermordet.

Oskar Althausen wurde zusammen mit seiner Familie im März 1941 in ein sogenanntes „Familienlager“ in Rivesaltes im Süden Frankreichs gebracht. Die Althausens wurden dann getrennt. Oskar Althausen bereitete sich während seines Aufenthaltes in verschiedenen Lagern auf die Flucht vor, indem er z. B. englische Vokabeln lernte, die er in ein Heft eintrug. Am 28. November 1943 gelang es ihm schließlich zu entkommen.
Althausen floh, unterstützt von französischen Untergrundorganisationen, über die Pyrenäen und gelangte am 1. Dezember 1943 nach Spanien. Dort erhielt er einen provisorischen Ausweis. Er war nun zwar nicht mehr direkt in Lebensgefahr, aber auch noch nicht frei, denn er wurde wegen des illegalen Grenzübertritts inhaftiert. Nach dem Weihnachtsfest 1943 wurde Althausen allerdings entlassen und es gelang ihm, am 1. Februar 1944 Palästina mit einem Schiff zu erreichen. Oskar Althausens Eltern und seine Geschwister gehörten zu den wenigen ihrer Leidensgenossen, die den Krieg und die Verfolgung überlebten (Althausen 1990; Althausen 1989).

Befreiung des Konzentrationslagers Vaihingen/Enz
Mitte April 1945
Stadtarchiv Vaihingen/Enz

Im August 1944 trafen die ersten 2.188 jüdischen Häftlinge aus Auschwitz im KZ „Wiesengrund“ bei Vaihingen/Enz ein. Bis Mitte Oktober arbeiteten sie an einer unterirdischen Flugzeugfabrik der Firma Messerschmitt in einem Steinbruch. Dann wurde das Projekt abgebrochen und das Lager zu einem „Kranken- und Erholungslager“ für Häftlinge aus verschiedenen Lagern in Baden, Württemberg und dem Elsaß umgewandelt. Das bedeutete aber nur, daß die Insassen keinesfalls mehr arbeiten konnten – ihr Sterben ging weiter und beschleunigte sich sogar noch. Anfang April 1945 wurden die Häftlinge, die noch gehen konnten, nach Dachau gebracht; die übrigen erlebten am 7. April 1945 ihre Befreiung durch französische Truppen. Insgesamt starben wohl rund 2.100 Häftlinge in dem Lager. Die herumliegenden Leichen wurden im Beisein von deutschen Honoratioren bestattet (Scheck 1995). Die französischen Truppen stießen in Vaihingen zum ersten Mal auf Häftlinge in einem Konzentrationslager. Sie ließen diese Fotos anfertigen, die die unmenschlichen Zustände im Lager dokumentieren sollten und verwendeten einige davon für ein Plakat, das in ihrer Besatzungszone verteilt wurde.

Im August 1944 traf eine Gruppe Frauen und Mädchen als KZ-Häftlinge in Calw ein. Es handelte sich ganz überwiegend um jüdische Menschen, aber zumindest ein Sinti- oder Roma-Mädchen befand sich ebenfalls unter ihnen. Sie waren aus Polen und Ungarn verschleppt worden und hatten mehrere Konzentrationslager, darunter auch das in Auschwitz, durchlaufen, bevor sie nach Calw gebracht wurden, um dort für die Rüstungsindustrie zu arbeiten.
Als die alliierten Truppen immer näher rückten, wurde die Evakuierung des Lagers beschlossen. Die noch lebenden 180 Frauen marschierten am 2. April 1945, dem Ostermontag, von Calw in Richtung Tübingen, dann weiter über Ulm, Memmimgen, Kempten und schließlich nach Füssen. Sie legten dabei in mehr als drei Wochen über 400 km zurück. Anders als bei anderen Evakuierungsmärschen, den sogenannten „Todesmärschen", wurden die Häftlinge aber nicht ermordet und starben auch nicht an Erschöpfung und Hunger. Vielmehr ließen ihre Bewacher sie plötzlich mitten in einem dichten Wald allein. Ende April fanden dann amerikanische Truppen die Frauen.
Die Inschriften auf den Balken entstanden am 5. und 6. April 1945, als die Häftlinge zwei Tage in einer Scheune in Kusterdingen in der Nähe von Tübingen verbrachten. Sie hatten verbotener Weise einen Bleistift aus der Fabrik geschmuggelt, mit dem sie nun ihre Namen und kurze Angaben zu ihrer verzweifelten Situation auf das Holz schrieben. Dahinter verbarg sich wohl die Absicht, der Nachwelt wenigstens ein Zeugnis zu hinterlassen, wenn sie selber den Marsch nicht überleben würden. Die Frauen tarnten die Inschriften beim Abmarsch mit Stroh, um sie vor den Wachen zu verbergen (Seubert 1989).
Die entzifferten und übersetzten Inschriften lauten: „Hier halten wir uns 2 Tage auf, wir sind zu Fuß gekommen. Sprei, Anci, und Manyi aus Mezöscát. Gott kann uns helfen, daß wir unsere Familien wiedersehen. Gott weiß, wo wir Ungarn sind. Wir leiden viel, wir haben großen Hunger, schlechte Schuhe, wir sind sehr verzagt."
„Gartner, Ferencné; Görtner, Jenöné; Heidu, Margit."
„Wir glauben, daß Gott uns helfen wird. Katz, Manyi, aus Huszt, Ungarn, 6.4.1945. Grünstein, Aranka, Illona, 5.4.1945."
„Weisz, Agi, Miskolc".

Holzbalken aus einer Scheune in Kusterdingen
Haus der Geschichte Baden-Württemberg

„Entscheidet Euch für den Fortschritt“

Wilhelm Kleinknecht, 1951

Sabrina Müller

Aufbau des Südweststaates 1945–1972

In der Zeit von 1945 bis 1972 entstand das neue Bundesland Baden-Württemberg. Der Aufbau des Südweststaates vollzog sich auf verschiedenen Ebenen: Die staatliche Neuordnung des Südwestens begann 1945 mit der Teilung der alten Länder Baden und Württemberg durch die Besatzungsmächte. Höhepunkt der Neugliederung war die Gründung des südwestdeutschen Bundeslandes 1952, das in einer Volksabstimmung 1970 durch die Badener endgültig demokratisch bestätigt wurde. Diese Entscheidung ermöglichte eine umfassende Verwaltungsreform, mit der die Kreis- und Gemeindegrenzen Anfang der siebziger Jahre neu gezogen wurden. Am Beginn der politischen Neuordnung stand der Aufbau einer neuen Demokratie mit Hilfe der Alliierten. Der Bildung demokratischer Strukturen „von oben“ folgte die Demokratisierung „von unten“. Der Zeitraum ist vor allem durch den wirtschaftlichen Aufschwung geprägt, der nach der Währungsreform von 1948 einsetzte. Das im Südwesten nach der Landesgründung überdurchschnittlich hohe Wirtschaftswachstum ermöglichte ein umfassendes Aufbauprogramm in allen Landesteilen. Dieses reichte vom Bau von Siedlungen und Straßen bis zum Ausbau des Schul- und Hochschulwesens. Der sprunghafte Anstieg der Ölpreise ab 1973 setzte dieser Phase des beschleunigten wirtschaftlichen Wachstums ein Ende. Mit dem Ölschock und der wirtschaftlichen Rezession in den folgenden beiden Jahren verwandelte sich auch die Fortschritts- und Planungseuphorie, von der die fünfziger und sechziger Jahre geprägt waren, in ein zunehmendes Krisenbewußtsein.

Die Besetzung des Südwestens durch französische und amerikanische Truppen im Frühjahr 1945 bewirkte eine politische und wirtschaftliche Spaltung der alten Länder Baden und Württemberg. Die Amerikaner zogen die Grenze zwischen der französischen und ihrer Besatzungszone entlang der Autobahnlinie Karlsruhe – Stuttgart – Ulm. Im französischen Machtbereich südlich der Autobahn entstanden die neuen Länder Württemberg-Hohenzollern und Baden. Die amerikanische Militärregierung bildete aus Nordbaden und Nordwürttemberg das neue Land Württemberg-Baden. Diese Aufteilung in drei Länder wollte auf Dauer niemand akzeptieren. Die Alliierten zogen indes nicht nur neue Grenzen. Schritt für Schritt schufen sie auch wieder demokratische Strukturen, die es den Politikern und der Bevölkerung im Südwesten schließlich ermöglichten, selbst über die staatliche Neuordnung Badens, Württembergs und Hohenzollerns zu entscheiden: Die Besatzungsmächte bildeten neue Landesregierungen, ließen Parteien zu und ordneten die Wahlen von Volksvertretungen auf kommunaler, Kreis- und Landesebene an. Die drei neuen Landtage in Württemberg-Baden, Baden und Württemberg-Hohenzollern arbeiteten Verfassungen mit demokratischer Zielsetzung aus, die der Bevölkerung zur Abstimmung vorgelegt wurden. Die Entnazifizierung, die das Ziel verfolgte, Nationalsozialisten aus öffentlichen Ämtern zu entfernen und Täter zu bestrafen, hatte indes deutliche Grenzen: Als die Verfahren Anfang der fünfziger Jahre eingestellt wurden, war nur ein Teil der nationalsozialistischen Verbrechen strafrechtlich verfolgt worden, was sich auch nach der Gründung der „Zentralen Stelle der Landesjustizverwaltungen zur Aufklärung nationalsozialistischer Verbrechen“ in Ludwigsburg 1958 deutlich zeigte.

Die Nachkriegszeit war nicht nur durch den politischen Neubeginn, sondern auch von Alltagsnot gekennzeichnet. Der Verlust von Angehörigen, die Sorge um Kriegsgefangene, die Versorgungsprobleme und die Wohnungsnot

in der Nachkriegszeit überlagerten das Interesse vieler Menschen am Aufbau eines neuen politischen Systems. Überlebende der Konzentrations- und Vernichtungslager, heimkehrende Soldaten, Flüchtlinge und Heimatvertriebene mußten sich mit jeweils anderen Erfahrungen und Belastungen nach Kriegsende eine neue Existenz aufbauen. Der Mangel an Nahrungsmitteln, Wohnraum, Kleidung, Alltagsgegenständen und Brennstoffen ließ die Jahre nach dem Krieg zu einer Ausnahmesituation werden. Die Versorgungsprobleme konnten durch Improvisation, Hamsterfahrten aufs Land und Schwarzmarkthandel nur notdürftig gelindert werden.
Die Probleme gestalteten sich in den beiden Besatzungszonen unterschiedlich. Die französische Besatzungsmacht nutzte ihre Zone als Hilfsquelle für den Wiederaufbau Frankreichs, das im Krieg von der deutschen Besatzungsmacht ausgebeutet worden war. Im Gegensatz zur US-amerikanischen Armee ernährten sich die französischen Truppen aus ihrer Zone. Die Requisitionen, Demontagen und Abholzungen der Wälder führten zu starken Ressentiments der Bevölkerung gegenüber der französischen Militärregierung. Die amerikanische Besatzungsmacht hingegen setzte ab 1946 verstärkt auf den Wiederaufbau ihrer Zone und versuchte die Grundversorgung der Bevölkerung zu gewährleisten. Ab Herbst 1945 mußten Hunderttausende von Flüchtlingen und Heimatvertriebenen in Württemberg-Baden aufgenommen werden. Die französische Zone blieb ihnen bis 1949 weitgehend verschlossen. Frankreich war nicht zur Potsdamer Konferenz der Alliierten im Sommer 1945 eingeladen worden und fühlte sich deshalb auch nicht an die dortigen Abstimmungen zur Regelung der Flüchtlingsfrage gebunden. 1950 bildeten Flüchtlinge und Heimatvertriebene in Württemberg-Baden 20 Prozent der Bevölkerung, während ihr Anteil in Württemberg-Hohenzollern und in Südbaden immer noch unter zehn Prozent lag.
Erst mit dem Marshallplan, der ein europäisches Hilfs- und Aufbauprogramm vorsah, und mit der Währungsreform vom 20. Juni 1948 verbesserte sich die Versorgungssituation entscheidend. Die Währungsreform wurde zwar individuell sehr unterschiedlich erfahren, weil sie Besitzer von Sparguthaben gegenüber Sachwertbesitzern benachteiligte. Sie schuf aber die Voraussetzung für den wirtschaftlichen Aufschwung, der die folgenden beiden Jahrzehnte prägte.
Die Vereinigung der drei neuen Länder zu einem Südweststaat erschien vielen als weitere wichtige Bedingung für den wirtschaftlichen Fortschritt. Die eigentliche politische Debatte über den Südweststaat begann im Juli 1948, als die Alliierten die Landesregierungen in den „Frankfurter Dokumenten" aufforderten, Vorschläge zur Änderung der Landesgrenzen zu machen. Dieses Angebot eröffnete die Chance, die Grenzziehung der Besatzungsmächte im Südwesten zu korrigieren. Die Verhandlungen der drei südwestdeutschen Regierungschefs führten jedoch bis 1950 zu keinem Ergebnis. Während die Ministerpräsidenten von Württemberg-Baden und Württemberg-Hohenzollern, Reinhold Maier und Gebhard Müller, die Bildung eines Südweststaates aus den drei Ländern befürworteten, setzte sich der badische Staatspräsident, Leo Wohleb, für die Wiederherstellung der alten Länder Baden und Württemberg ein.
Da die Regierungen keine Einigung erzielen konnten, sollte die Neugliederung gemäß Artikel 118 des Grundgesetzes durch ein Bundesgesetz geregelt werden, das eine Volksbefragung vorsah. Von entscheidender Bedeutung war

dabei der Abstimmungsmodus. Die Gegner des Südweststaates favorisierten die Durchzählung der Stimmen nach den alten Ländern. Die Befürworter des neuen Staates plädierten für vier Abstimmungsbezirke. Im Bundestag konnte sich der zweite Vorschlag durchsetzen, der auch vom neu konstituierten Bundesverfassungsgericht gebilligt wurde. Nach einer Abstimmung am 24. September 1950, die zunächst nur zur Information diente, wußte man, daß damit eine Vorentscheidung gefallen war: Die Anhänger des Südweststaates hatten in drei der vier Bezirke eine Mehrheit erhalten. Wären die Stimmen nach den alten Ländern durchgezählt worden, so hätte sich in Baden insgesamt eine Mehrheit gegen den Südweststaat ergeben.

Vor der Probeabstimmung und vor der entscheidenden Abstimmung vom 9. Dezember 1951 entwickelte sich ein heftiger Wahlkampf zwischen Gegnern und Befürwortern des Südweststaates. Zu den Befürwortern zählten die Wirtschaftsverbände, die Gewerkschaften und die Landesverbände der SPD und der DVP. Die CDU war in dieser Frage gespalten. Ein Teil der nordbadischen CDU und die Mehrheit der südbadischen CDU favorisierten die Wiederherstellung der alten Länder. Die KPD lehnte den Südweststaat ab. Die Befürworter erhofften sich von der Vereinigung der drei Länder eine günstigere wirtschaftliche Entwicklung. Nur in einem größeren Raum könne sich ein lebensfähiges, wirtschaftlich und kulturell starkes Bundesland entwickeln. Viele setzten die Bildung eines Südweststaates mit Fortschritt gleich: „Geht alle zur Abstimmung, und entscheidet euch für den Fortschritt und damit für den Südweststaat", appellierte der SPD-Abgeordnete Wilhelm Kleinknecht in der Debatte des württemberg-badischen Landtags am 5. Dezember 1951 an seine Parlamentskollegen (Württ.-Bad. Landtag 1952, S. 1.675). Das Argument, daß ein größeres Bundesland seine Interessen auf Bundesebene besser durchsetzen könne, wurde ebenfalls in die Debatte geworfen, obwohl die drei Länder zusammen mehr Stimmen im Bundesrat hatten, als später Baden-Württemberg.

Die Gegner des Südweststaates, die von dem badischen Regierungschef Leo Wohleb angeführt wurden, argumentierten, daß sich eine fortschrittliche Entwicklung am besten durch die Wiederherstellung der alten Länder erzielen lasse. Baden sei auch ohne Württemberg finanziell lebensfähig und habe überdies vorbildliche soziale Errungenschaften vorzuweisen. Leo Wohleb befürchtete, daß die liberalen und demokratischen Traditionen Badens, die er in dem föderativen System der Bundesrepublik zur Geltung bringen wollte, in einem Südweststaat untergehen könnten. Nur die Wiederherstellung der alten Länder garantiere den Erhalt der badischen Heimat. Gegen die Vorstellung, daß die badische Heimat in einem Südweststaat zerstört werde, wandten sich insbesondere die politischen Vertreter der Flüchtlinge und Heimatvertriebenen. Der Abgeordnete des BHE (Block der Heimatvertriebenen und Entrechteten) Karl Mocker erklärte in der Landtagsdebatte vom 5. Dezember 1951, daß die Bildung eines Südweststaates die erste Voraussetzung für ein geeintes Deutschland und der erste Schritt hin zu einem geeinten Europa sei. Die Stimmen der Flüchtlinge und Heimatvertriebenen, die in Nordbaden für den Südweststaat votierten, waren vermutlich entscheidend für die Gründung des neuen Bundeslandes. Bei der Abstimmung am 9. Dezember 1951 ergab sich in drei von vier Abstimmungszonen eine Mehrheit für die Bildung des Südweststaates. Während in der nordwürttembergischen Abstimmungszone 93,5 Prozent, in Südwürttemberg 91,4 Prozent und in Nordbaden 57,1 Prozent für den Südweststaat stimmten, traten in Südbaden 62,2 Prozent der Wähler für die Wiederherstellung der alten Länder ein.

Mit der Abstimmung vom 9. Dezember 1951 waren die rechtlichen Grundlagen für die Landesgründung geschaffen. Am 9. März 1952 fand die Wahl zu einer gemeinsamen Verfassunggebenden Versammlung statt, die am 25. April 1952 Reinhold Maier zum ersten Ministerpräsidenten wählte. Die Art und Weise, wie Reinhold Maier in dieser Sitzung eine vorläufige Regierung bildete, sorgte für erneute Konflikte. Maier war kaum zum Ministerpräsidenten gewählt, als er sein Kabinett aus Mitgliedern der DVP/FDP, SPD und des BHE vorstellte und damit die Geburtsstunde des neuen Bundeslandes verkündete. Mit diesem als „Handstreich" und „Überrumpelung" empfundenen Akt stieß Maier die CDU-Mitglieder vor den Kopf, die sich in den Jahren zuvor für die Gründung des neuen Bundeslandes engagiert hatten und die sich nun in die Opposition gedrängt sahen.

Die Tatsache, daß sich 1951 in den beiden badischen Abstimmungszonen insgesamt eine knappe Mehrheit (52,1 Prozent) gegen den Südweststaat ergeben hatte, führte auch nach der Landesgründung zu anhaltendem Protest der Gegner des Südweststaates, die sich nun im „Heimatbund Badenerland" organisierten. Dieser setzte beim Bundesverfassungsgericht 1956 eine erneute Volksabstimmung in ganz Baden durch, die allerdings vom Bundestag bis 1970 verzögert wurde.

Nach der Landesgründung durch Reinhold Maier am 25. April 1952 drückte Landtagspräsident Carl Neinhaus die Hoffnung aus, daß es dem neuen Ministerpräsidenten gelingen möge, „die in der Volksabstimmung vom 9. Dezember 1951 äußerlich zusammengeführten Länder Baden,

Württemberg-Baden, Württemberg-Hohenzollern auch innerlich so zusammenzufügen, daß die gesamte Bevölkerung dieses neuen Bundeslandes – ob reich oder arm, ob Badener oder Württemberger oder sonstwie in Gruppen und Schichten geteilt – in die Lage versetzt wird, dieses neue Bundesland wirklich als politische Heimat zu sehen und in ihm freudig mitzuarbeiten" (SWR/SDR, 25.4.1952). Der Wunsch des Landtagspräsidenten ging insofern in Erfüllung, als sich bei der Abstimmung am 7. Juni 1970 in Baden 81,9 Prozent der Wähler für den Verbleib Badens bei Baden-Württemberg entschieden. Dieses Ergebnis machte den Weg frei für eine umfassende Verwaltungsreform: Im Zuge der Kreisreform, die am 23. Juli 1971 vom Landtag beschlossen wurde und am 1. Januar 1973 in Kraft trat, wurden die Landkreise von 63 auf 35 vermindert. Die Grenzen der neuen Kreise orientierten sich nicht mehr an den historischen Grenzen Badens und Württembergs. Durch die Gemeindereform, die bis 1975 abgeschlossen wurde, verringerte sich die Zahl der selbständigen Kommunen durch freiwillige und erzwungene Gemeindezusammenschlüsse um zwei Drittel.

Zur wachsenden Zustimmung zu dem neuen Bundesland trug neben der politischen Integrationspolitik, die 1953 mit einer Koalitionsregierung von CDU, SPD, DVP/FDP und BHE unter dem zweiten Ministerpräsidenten Baden-Württembergs, Gebhard Müller, begann, vor allem der wirtschaftliche Aufschwung in den fünfziger und sechziger Jahren bei. Den entscheidenden Wachstumsschub gab der Koreakrieg 1950. Er löste einen Nachfrageboom aus, von dem auch der Südwesten als exportorientierter Raum profitierte. Von 1950 bis 1966 gab es eine Phase ungebrochenen Wirtschaftswachstums. Sie war gekennzeichnet durch eine niedrige Arbeitslosenquote bis hin zur Vollbeschäftigung sowie durch Lohnsteigerungen und wachsenden Wohlstand.

Der wirtschaftliche Erfolg prägte auch das Selbstverständnis des neuen Bundeslandes, das sich insbesondere im Wahlkampf vor der Volksabstimmung 1970 und in zahlreichen Publikationen zum zwanzigjährigen Landesjubiläum 1972 zeigte. Baden-Württemberg stellte sich als ein fortschrittliches Bundesland mit einer modernen Industrie dar. Die Landesregierung verwies auf die krisenfeste und erfindungsreiche Wirtschaft des exportintensivsten Bundeslandes. Stolz wurde auch die Forschungs- und Bildungslandschaft gepriesen, die im Südwesten entstanden sei. Bauprojekte wie das Kernkraftwerk Obrigheim oder die Modelluniversität Konstanz waren nicht nur Teil eines realen Aufbauprogramms, sondern zugleich auch Symbole des prosperierenden Bundeslandes. Auf drei Aspekte, die eine große Bedeutung für das Selbstbild des neuen Bundeslandes hatten, soll hier näher eingegangen werden: den Bau des Landtags, die Kernenergie und den Ausbau des Bildungswesens.

Der neue baden-württembergische Landtag, der zwischen 1959 und 1961 in Stuttgart gebaut wurde, war sowohl ein Symbol für die politische Integrationspolitik als auch für den wirtschaftlichen Erfolg des neuen Landes. Angesichts des Wirtschaftswachstums in Baden-Württemberg erschienen die provisorischen Räume des Parlaments in der Stuttgarter Heusteigstraße nicht mehr repräsentativ genug. Der erste Landtagsneubau in Europa seit vier Jahrzehnten war besser geeignet, die wachsende politische und wirtschaftliche Bedeutung Baden-Württembergs auch nach außen zu zeigen. Zur Eröffnungsfeier am 6. Juni 1961 titelten die Zeitungen: „Vom ‚parlamentarischen Armenhaus' in den Glaspalast". Die von den Bauten Mies van der Rohes inspirierte Architektur des neuen Landtagsgebäudes, das sich als eigenständiger Kubus zwischen den historischen Bauten im Umfeld behauptet, war zudem ein Symbol für den Aufbau einer neuen Demokratie im Südwesten. Als „politische Mitte" des neuen Landes sollte der Landtag zum Ort der Begegnung zwischen den Abgeordneten und Bürgerinnen und Bürgern aus allen Landesteilen werden. Indem sich das Parlament schon vor der endgültigen Abstimmung über den Verbleib Badens bei Baden-Württemberg ein eigenes Haus baute, symbolisierte das Landtagsgebäude schließlich auch „den Lebenswillen des Bundeslandes Baden-Württemberg", wie der Landtagspräsident Carl Neinhaus bei der Grundsteinlegung am 24. Juni 1959 hervorhob (Landtags-Archiv, Parlamente 6).

Der Bau von Kernreaktoren und der Ausbau des Bildungswesens stehen in engem Zusammenhang mit der Debatte über eine Infrastruktur, die ein anhaltendes Wirtschaftswachstum gewährleistet. Eine ausreichende Energieversorgung und die Ausbildung qualifizierter Fachkräfte erschienen als wesentliche Voraussetzungen für die längerfristige Expansion der Wirtschaft. Der Bau von Kernkraftwerken, Schulen und Universitäten sollte gleichzeitig den Standort von strukturschwachen Gebieten verbessern und dadurch die Zustimmung der dortigen Bevölkerung zum neuen Land erhöhen.

Mitte der fünfziger Jahre wurde allgemein mit einem rapide steigenden Energiebedarf und einer drohenden Energieknappheit gerechnet, die das Wirtschaftswachstum gefährden könnte (Rusinek 2001, S. 655–657). Die Gewinnung von Energie durch Kernkraftwerke erschien als die Lösung der Zukunft. Obwohl die Gefahren der Atomenergie seit Ende des

Zweiten Weltkrieges bekannt waren, herrschte in den fünfziger und sechziger Jahren eine regelrechte Euphorie, was die friedliche Nutzung der Kernenergie zu Forschungszwecken und zur Energieversorgung anging. Die baden-württembergischen Landesregierung sah im Bau von Kernreaktoren nicht nur die Voraussetzung für ein anhaltendes Wirtschaftswachstum, sondern auch die Chance, das neue Bundesland als „Forschungslandschaft" zu profilieren.

Mit der Errichtung des Kernforschungszentrums in Leopoldshafen bei Karlsruhe ab Mai 1957 und der Gründung der Gesellschaft für Kernforschung mit Sitz in Karlsruhe im Juni 1959 wurde die badische Landeshauptstadt zu einem der Zentren der Kernforschung in Deutschland. Vom Bau eines Kernkraftwerks in Obrigheim am Neckar von 1965 bis 1968 erhoffte man sich auch Impulse für die Entwicklung der nordbadischen Region. Bezeichnend für die Technik- und Fortschrittseuphorie zu dieser Zeit war die Argumentation, mit der vor der Abstimmung 1970 bei der badischen Bevölkerung für den Erhalt Baden-Württembergs geworben wurde. Der SPD-Abgeordnete Hermann Veit, ehemaliger Wirtschaftsminister von Baden-Württemberg, erklärte bei einer Diskussion mit Bürgern in Karlsruhe: „Der Kernreaktor, das erste Kernforschungszentrum kam nach Baden. Glauben Sie, daß wir das erreicht hätten, wenn Baden allein gewesen wäre ... Wir sind jetzt dabei, weitere Reaktoren zu errichten. Sie kommen alle nach Baden" (SWR/SDR, 14.4.1970). Wenige Jahre später sollte sich aus dieser Politik in Wyhl ein ernster Konflikt zwischen der Bevölkerung und der Landesregierung entwickeln.

Der Ausbau des Schul- und Hochschulwesens hatte schon vor der Bildungsreform von 1964 begonnen. Für den Bereich der Hochschulen sind vor allem der Bau Pädagogischer Hochschulen und die geplante Gründung neuer Universitäten in Konstanz und Ulm zu nennen. Mit der Debatte um eine drohende „Bildungskatastrophe" erhielt vor allem die Entwicklung des Schulwesens neue Impulse. Anfang 1964 warnte der Heidelberger Professor Georg Picht in mehreren Artikeln in der Zeitung „Christ und Welt" vor einem raschen Ende des Wirtschaftswachstums, da in absehbarer Zeit nicht mehr genügend Abiturienten und Hochschulabsolventen zur Verfügung stünden. Pichts These „Bildungsnotstand heißt wirtschaftlicher Notstand" mobilisierte auch die baden-württembergische Landesregierung. In seiner Regierungserklärung vom 25. Juni 1964 kündigte Ministerpräsident Kurt Georg Kiesinger an, das Schulwesen in ländlichen Gebieten auszubauen, um die dortigen Begabungsreserven auszuschöpfen: „Die Regierung wird in den kommenden Jahren jede geeignete Maßnahme ergreifen, um allen begabten Kindern den Weg zur Hochschule zu ebnen und die Eltern zu dem Entschluß zu ermutigen, ihre Kinder an die höhere Schule und auf die Hochschule zu schicken." Das Augenmerk lag vor allem auf den Kindern aus Arbeiter- und Bauernfamilien, die trotz vorhandener Begabung an höheren Schulen und Universitäten unterdurchschnittlich repräsentiert waren (Dahrendorf 1965 b; Peisert 1967).

Mit der Bildungsreform verfolgte die Landesregierung zwei Ziele: Zum einen wollte sie das Wirtschaftswachstum durch die Ausbildung qualifizierter Fachkräfte absichern; zum anderen sollten die Kinder in allen Landesteilen ohne Rücksicht auf ihre Herkunft und wirtschaftliche Lage die Chance auf eine ihrer Begabung entsprechende Ausbildung erhalten. „Bildung ist Bürgerrecht", auf diese Formel brachte der Tübinger Professor Ralf Dahrendorf die partizipatorische Seite der Bildungspolitik. Mit der engen Verbindung von Bildungsforschung,

Bildungsplanung und Bildungspolitik übernahm Baden-Württemberg eine Vorreiterrolle in der Bundesrepublik. Wilhelm Hahn richtete als erster Kultusminister Westdeutschlands eine Planungsabteilung ein, die in enger Zusammenarbeit mit Wissenschaftlern die Bildungsreform konzipierte und einen Maßnahmenkatalog ausarbeitete.
Zu den wichtigsten Maßnahmen zählte der Bau von Gymnasien, Realschulen, Sonderschulen und Hauptschulen in ländlichen Gebieten sowie die Einrichtung von Schulbuslinien und Bildungsberatungsstellen. Eine wichtige Rolle bei der Schulreform spielte die Auflösung ein- bis zweiklassiger Volksschulen zugunsten von Nachbarschaftsschulen mit Jahrgangsklassen für die Kinder aus mehreren Gemeinden. In diesem Zusammenhang war es auch von Bedeutung, daß ab 1967 landesweit die christliche Gemeinschaftsschule als Regelschule eingeführt wurde. Damit beseitigte die Große Koalition einen bildungspolitischen Streitfall, der das Land seit der Gründung entzweite. 15 Jahre lang gab es in drei Regierungsbezirken die christliche Gemeinschaftsschule und in einem Regierungsbezirk (Tübingen) Konfessionsschulen.
Eine Bilanz, die das Kultusministerium 1973 in der Broschüre „Bildungschancen für alle" veröffentlichte, zeigt, daß sich im Zeitraum vom Schuljahr 1964/65 bis zum Schuljahr 1971/72 die Übergangsquote auf Realschulen und Gymnasien landesweit von 33,1 auf 52 Prozent verbessert hatte. Die Zahl der Gymnasien war von 263 auf 329 und die der Realschulen von 209 auf 351 gestiegen. Der zweite Schritt der Schulreform bezog sich auf den Ausbau des beruflichen Schulwesens. Bis 1972 wurden auch zahlreiche Modellprojekte wie Gesamt- und Ganztagsschulen oder die Modelluniversität Konstanz weitgehend fertiggestellt.

Fortschritt, das häufig gebrauchte Schlagwort in dieser Zeit, hatte in der Aufbauphase zwischen 1945 und 1972 ganz unterschiedliche Bedeutungen. In der Nachkriegszeit bedeutete es schlicht die Überwindung der Alltagsnot und den politischen Neubeginn. In der Auseinandersetzung um den Südweststaat wurde der Begriff von den Befürwortern des Südweststaates gleichgesetzt mit der Vereinigung der drei Länder zu einem Bundesland. Die Gegner dieses Zusammenschlusses hingegen sahen nur in der Wiederherstellung der alten Länder die Garantie für eine politisch und sozial fortschrittliche Entwicklung in Baden. In den fünfziger und sechziger Jahren bezog sich die Fortschrittseuphorie auf den Aufbau einer modernen Industrie, die Entwicklung neuer Techniken und den Ausbau des Landes zu einer „Forschungs- und Bildungslandschaft". Die Erfolge im Südwesten trugen offensichtlich dazu bei, daß die Mehrheit der Bevölkerung die Gründung des Landes als Fortschritt empfand.

Hans Gasparitsch nach d
Befreiung aus Buchenwa
1945
Stadtarchiv Stuttgart

Die Fotografie entstand am 10. Mai 1945 in Buchenwald, rund einen Monat nach der Befreiung von Hans Gasparitsch aus dem Konzentrationslager. Zu diesem Zeitpunkt war Hans Gasparitsch 27 Jahre alt. Über zehn Jahre lang hatte er als politisch Verfolgter in Gefängnissen und in den Konzentrationslagern Welzheim, Dachau, Flossenbürg und Buchenwald verbracht. Noch am 11. März 1945 hatte sein Vater nach Buchenwald geschrieben: „Wird es überhaupt einmal wahr, daß wieder normale und ruhige Zeiten kommen und wir vor allem uns einmal wiedersehen?" (Stadtarchiv Stuttgart 2127, Nr. 23)
Trotz der schweren Jahre hatte Hans Gasparitsch den Wunsch, beim Aufbau eines demokratischen Deutschlands mitzuarbeiten. Im Mai 1945 kehrte er aus Buchenwald nach Stuttgart zurück. Wie Hans Gasparitsch später erzählte, hielt er es für seine Aufgabe, mit den Trümmern in den Städten zugleich die ‚Trümmer' in den Herzen und Köpfen der Menschen zu beseitigen und ihnen demokratische Ideen nahezubringen. Angesichts der großen Not, die in Stuttgart herrschte, half er zunächst bei der Versorgung der Bevölkerung mit Nahrungsmitteln und Heizmaterial.

Wimpel von
Hans Gasparitsch
Nach 1945
Haus der Geschichte
Baden-Württemberg

Franz Kaspar:
„Die Schicksale der Gruppe ‚G'"
Verlag Neues Leben, Berlin 1960
Haus der Geschichte
Baden-Württemberg

Teil der politischen Arbeit von Hans Gasparitsch war die Aufklärung von Jugendlichen über die Verbrechen der Nationalsozialisten. Nach dem Krieg traf er seine Freunde wieder, mit denen er als Fünfzehnjähriger in der Widerstandsgruppe „G" gegen die Nationalsozialisten gekämpft hatte. Die Freunde schrieben im Stil eines Jugendromans Texte über ihre politische Arbeit, ihre Verhaftung und die Erfahrungen in Gefängnissen und Konzentrationslagern. Jeder benutzte seinen damaligen Decknamen als Pseudonym. Hans Gasparitsch berichtete als „Micha" unter anderem über die schlaflosen „hellen Nächte" im Ulmer Gefängnis und das Schicksal der politischen Gefangenen in den verschiedenen Konzentrationslagern. Einige der Texte wurden schon 1946 in der Zeitschrift „Das Junge Wort. Zeitschrift für die württembergische Jugend" veröffentlicht. Aus den Erinnerungen entstand das Buch „Die Schicksale der Gruppe ‚G'", das 1960 im Verlag Neues Leben in Ost-Berlin erschien.

In der Besatzungszeit nähte Elisabeth Gasparitsch einen Wimpel für ihren Sohn. Unter der großen Aufschrift „Buchenwald" steht die Häftlingsnummer, die er in diesem Konzentrationslager trug. Das rote Dreieck verdeutlicht, daß Hans Gasparitsch von den Nationalsozialisten wegen seiner politischen Einstellung verfolgt worden war: Politische Gefangene wurden im nationalsozialistischen Lagersystem mit einem roten Winkel gekennzeichnet. Hans Gasparitsch hängte den Wimpel in der Nachkriegszeit über den Lenker seines Fahrrads, damit die Besatzungssoldaten leichter erkennen konnten, daß er ehemaliger KZ-Häftling und Antifaschist war. Hans Gasparitsch war in Stuttgart in einem sozialistischen Arbeitermilieu aufgewachsen und bekannte sich früh zum Kommunismus und Pazifismus. Seiner politischen Einstellung blieb er auch in der Nachkriegszeit treu. Bis ins hohe Alter kämpfte er gegen Rechtsextremismus, Antisemitismus, Rassismus und Militarismus und engagierte sich für die Verwirklichung der Menschenrechte. Als Kommunist hatte er viele Nachteile: Mit dem Verbot der KPD 1956 verlor er seine Arbeit als Redakteur der kommunistischen Zeitung „Die Volksstimme".

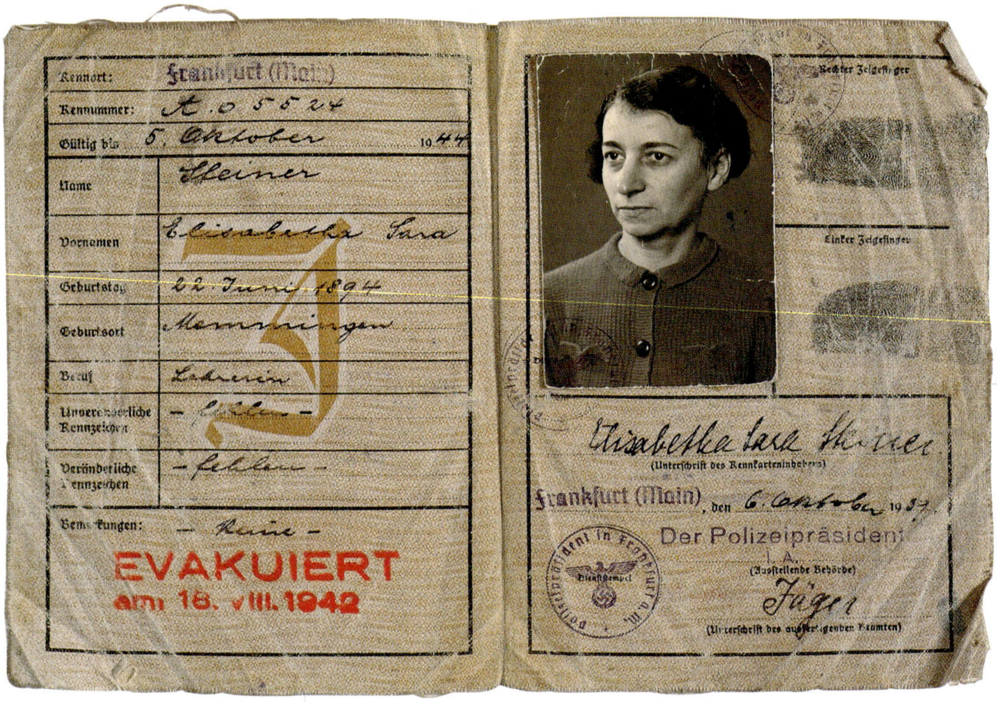

Kennort: Frankfurt (Main)
Kennummer: A 05524
Gültig bis 5. Oktober 1944
Name Steiner
Vornamen Elisabetha Sara
Geburtstag 22. Juni 1894
Geburtsort Memmingen
Beruf Lehrerin
Unveränderliche Kennzeichen — fehlen —
Veränderliche Kennzeichen — fehlen —
Bemerkungen: — keine —
EVAKUIERT am 18. VIII. 1942
Rechter Zeigefinger
Linker Zeigefinger
Elisabetha Sara Steiner
(Unterschrift des Kennkarteninhabers)
Frankfurt (Main), den 6. Oktober 1939
Der Polizeipräsident
I. A.
(Ausstellende Behörde)
Jäger
(Unterschrift des ausfertigenden Beamten)

Kennkarte von Elisabeth Steiner
1939
Claus Steiner und Britta Steiner-Rinneberg, Wiesbaden

Mit diesem Ausweis wurde Elisabeth Steiner von den nationalsozialistischen Behörden als Jüdin gekennzeichnet. Auf der Karte, die am 6. Oktober 1939 von der Frankfurter Polizei ausgestellt wurde, ist ein großes J aufgedruckt. Als zweiten Vornamen mußte Frau Steiner, wie alle Jüdinnen seit Beginn des Jahres 1939, „Sara" eintragen. Elisabeth Steiner wurde 1894 in Memmingen geboren. Nach dem Studium in Mainz und der Promotion in München legte sie in Marburg und Frankfurt die Prüfungen für das Lehramt an Höheren Schulen ab und arbeitete als Lehrerin. Von Frankfurt aus wurde Elisabeth Steiner im August 1942 nach Theresienstadt deportiert. Am Tag ihrer Deportation wurde die Kennkarte mit dem Vermerk „Evakuiert am 18. VIII. 1942" gestempelt.

Nach der Rückkehr aus dem Konzentrationslager lebte Elisabeth Steiner in Karlsruhe. Die Karlsruher Polizei benutzte die Kennkarte der nationalsozialistischen Behörden weiterhin als Ausweis. Die Einträge zeigen, daß Karlsruhe zunächst unter französischer und dann unter amerikanischer Verwaltung stand. Am 21. Mai 1945 verlängerte die Polizei die Karte in französischer Sprache bis zum 31. Dezember 1945. Im Juni 1945 zogen die französischen Truppen ab und die amerikanische Armee besetzte die Stadt. Die Grenze zwischen der amerikanischen und der französischen Besatzungszone verlief südlich von Karlsruhe, so daß Karlsruhe zum neuen Land Württemberg-Baden gehörte. In englischer Sprache wurde die Karte erneut bis zum 31. Juli 1946 verlängert.

Nach der Deportation in das KZ Theresienstadt 1942 konnte Elisabeth Steiner die Verbindung mit ihrem Bruder Albert Steiner aufrechterhalten, der in Karlsruhe lebte. Albert Steiner war mit einer Christin verheiratet und hatte seinen Sohn taufen lassen. Er lebte also aus nationalsozialistischer Sicht in einer „privilegierten Mischehe“, was ihn zunächst vor der Deportation schützte. Die Postkarten, die sich Elisabeth Steiner und ihre Familie von Zeit zu Zeit senden durften, wurden zensiert, so daß bestimmte Informationen verschlüsselt werden mußten. Am 11. Februar 1944 schrieb Elisabeth Steiner an ihren Neffen Claus: „Onkel Faim ist häufig bei mir, läßt Dich und die Eltern grüßen“. Mit dem französischen Wort „Faim“ wies sie darauf hin, daß sie unter Hunger litt. Ihr Neffe antwortete in seiner Karte vom 15. Mai 1944: „Wie wir hörten ist Onkel Faim öfter bei Dir; wir werden daran denken, auch für ihn etwas zu schicken.“

Anfang 1945 wurde auch Albert Steiner nach Theresienstadt verschleppt. Dort traf er seine Schwester Elisabeth wieder. Nach der Befreiung des Konzentrationslagers im Mai 1945 kehrten Albert und Elisabeth Steiner gemeinsam nach Karlsruhe zurück. Ihr Bruder Gabriel überlebte nicht. Er war 1942 von Stuttgart aus nach Theresienstadt und dann nach Auschwitz deportiert worden. Dort wurde er umgebracht. Elisabeth Steiner lebte in Karlsruhe zunächst bei der Familie ihres Bruders, bis sie eine eigene Wohnung fand. Auf der Fotografie ist sie 1949 zwischen ihrem Bruder und ihrem Neffen bei einem Aufenthalt im Schwarzwald zu sehen. Links steht die Tochter von Elisabeth Steiners Freundin Elly Auerbach aus England.

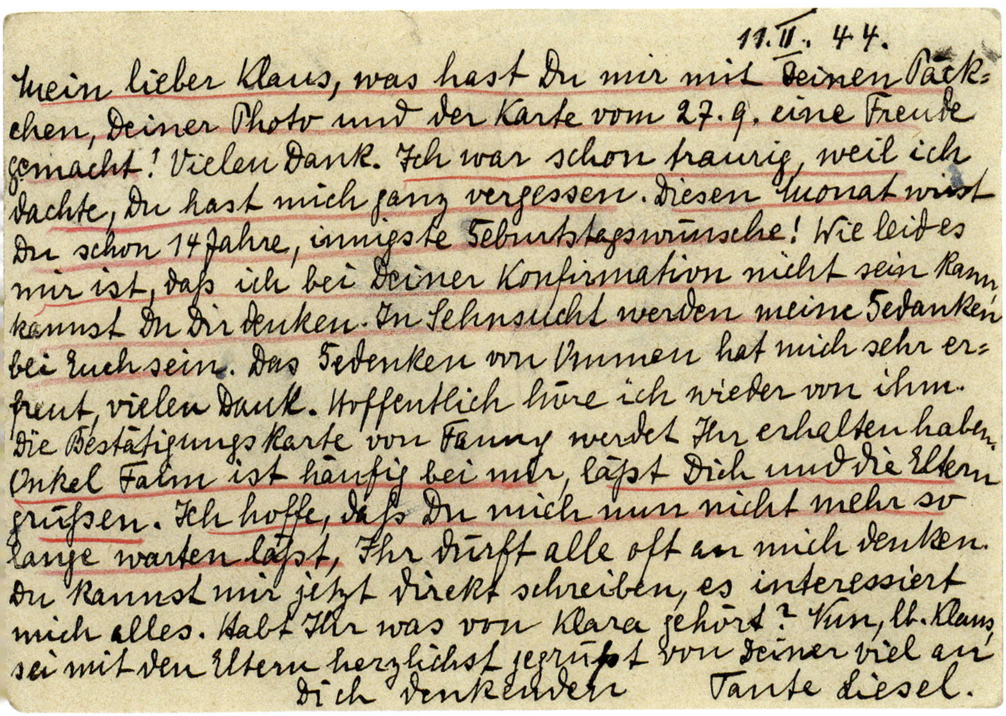

11.II. 44.

Mein lieber Klaus, was hast Du mir mit Deinen Päckchen, Deiner Photo und der Karte vom 27.9. eine Freude gemacht! Vielen Dank. Ich war schon traurig, weil ich dachte, Du hast mich ganz vergessen. Diesen Monat wirst Du schon 14 Jahre, innigste Geburtstagswünsche! Wie leid es mir ist, daß ich bei Deiner Konfirmation nicht sein kann, kannst Du Dir denken. In Sehnsucht werden meine Gedanken bei Euch sein. Das Gedenken von Ummen hat mich sehr erfreut, vielen Dank. Hoffentlich höre ich wieder von ihm. Die Bestätigungskarte von Fanny werdet Ihr erhalten haben. Onkel Faim ist häufig bei mir, läßt Dich und die Eltern grüßen. Ich hoffe, daß Du mich nun nicht mehr so lange warten läßt, Ihr dürft alle oft an mich denken. Du kannst mir jetzt direkt schreiben, es interessiert mich alles. Habt Ihr was von Klara gehört? Nun, lb. Klaus sei mit den Eltern herzlichst gegrüßt von Deiner viel an Dich denkenden Tante Liesel.

Postkarte von Elisabeth Steiner an ihre Familie in Karlsruhe
1944
Claus Steiner und Britta Steiner-Rinneberg, Wiesbaden

Elisabeth Steiner und ihre Familie
1949
Claus Steiner und Britta Steiner-Rinneberg, Wiesbaden

Die amerikanische Militärregierung plante zu Beginn der Besatzungszeit noch eine systematische Entnazifizierung der Bevölkerung. Jeder Deutsche über 18 Jahren sollte in einem Fragebogen mit 131 Fragen Angaben über die Mitgliedschaft in politischen Organisationen und die berufliche Laufbahn machen. Die Fragebögen dienten als Grundlage für die Entscheidung, gegen welche Personen Anklage erhoben wurde. Spruchkammern stuften die Betroffenen in einem weiteren Verfahren in die Kategorien Hauptschuldige, Belastete, Minderbelastete, Mitläufer und Entlastete ein.
Auch Elisabeth Steiner mußte im März 1946 einen Fragebogen ausfüllen. Ihre Antworten geben Einblick in ihr Schicksal unter den Nationalsozialisten. Wegen ihrer jüdischen Herkunft mußte sie 1933 den Schuldienst verlassen und wurde ohne Bezüge in den Ruhestand versetzt. Mit Privatstunden hielt sie sich über Wasser. 1942 folgte die Deportation. Auf Grundlage der gegen Juden gerichteten Reichsgesetze wurde zuvor ihr gesamtes Vermögen „zugunsten des Deutschen Reiches eingezogen", wie die Verfügung des Regierungspräsidiums Wiesbaden lautete. Die Eintragungen im Fragebogen zeigen auch, daß Elisabeth Steiner die Auswanderung erwogen hatte. 1935 und 1936 besuchte sie ihre Freundin Emmy Auerbach in London, um sich über die Möglichkeiten einer Emigration zu informieren.

104. Sind Ihnen von einer der oben angeführten Organisationen irgendwelche Titel, Orden, Zeugnisse, Dienstgrade verliehen oder andere Ehren erwiesen worden? nein 105. Falls ja, geben Sie an, was Ihnen verliehen wurde, das Datum, den Grund und Anlaß für die Verleihung.

106. Waren Sie Mitglied einer politischen Partei vor 1933? nein 107. Falls ja, welcher? ...... 108. Welche politische Partei haben Sie in der Novemberwahl 1932 gewählt? Demokrat. 109. Und im März 1933? Demokrat. 110. Waren Sie seit 1933 Mitglied einer verbotenen Oppositionspartei oder -gruppe? nein 111. Welcher? ...... 112. Seit wann? ......
113. Waren Sie jemals Mitglied einer nach 1933 aufgelösten oder verbotenen Gewerkschaft oder eines Berufs- oder Wirtschaftsverbandes? nein 114. Sind Sie jemals aus dem Beamtenstand, dem Lehrerberuf oder aus einer kirchlichen oder irgendeiner Stellung auf Grund aktiven oder passiven Widerstandes gegen die Nazis oder Ihre Weltanschauung entlassen worden? ja 115. Wurden Sie jemals aus rassischen oder religiösen Gründen oder weil Sie aktiv oder passiv den Nationalsozialisten Widerstand leisteten, in Haft genommen oder in Ihrer Bewegungs- oder Niederlassungsfreiheit oder sonstwie in Ihrer gewerblichen oder beruflichen Freiheit beschränkt? ja
116. Ist die Antwort auf eine der Fragen von 110 bis 115 bejahend, so sind Einzelheiten sowie Namen und Anschriften von zwei Personen, welche dies wahrheitsgemäß bezeugen können, anzuführen. Ich wurde zum 31.XII.1933 aus dem Schuldienst entlassen, da ich Jüdin bin. Im Aug. 1942 wurde ich in das Konzentrationslager Theresienstadt verschleppt, aus dem ich im Juni 1945 von den Russen befreit wurde. Vor meiner Verschleppung wurde mein gesamter Besitz von der Gestapo eingezogen.

Fragebogen der amerikanischen Militärregierung
1946
Claus Steiner und Britta Steiner-Rinneberg, Wiesbaden

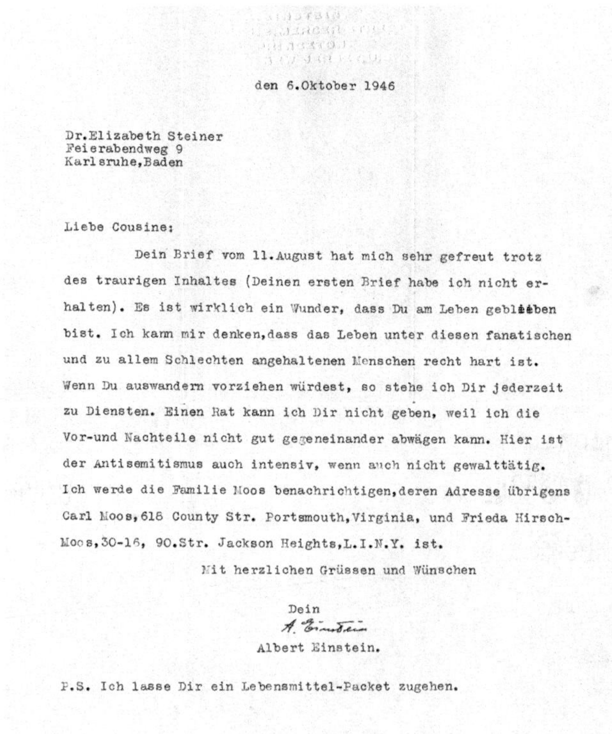

den 6.Oktober 1946

Dr.Elizabeth Steiner
Feierabendweg 9
Karlsruhe,Baden

Liebe Cousine:

Dein Brief vom 11.August hat mich sehr gefreut trotz des traurigen Inhaltes (Deinen ersten Brief habe ich nicht erhalten). Es ist wirklich ein Wunder, dass Du am Leben geblieben bist. Ich kann mir denken,dass das Leben unter diesen fanatischen und zu allem Schlechten angehaltenen Menschen recht hart ist. Wenn Du auswandern vorziehen würdest, so stehe ich Dir jederzeit zu Diensten. Einen Rat kann ich Dir nicht geben, weil ich die Vor-und Nachteile nicht gut gegeneinander abwägen kann. Hier ist der Antisemitismus auch intensiv, wenn auch nicht gewalttätig. Ich werde die Familie Moos benachrichtigen,deren Adresse übrigens Carl Moos,618 County Str. Portsmouth,Virginia, und Frieda Hirsch-Moos,30-16, 90.Str. Jackson Heights,L.I.N.Y. ist.

Mit herzlichen Grüssen und Wünschen

Dein
A. Einstein
Albert Einstein.

P.S. Ich lasse Dir ein Lebensmittel-Packet zugehen.

Brief von Albert Einstein an Elisabeth Steiner
1946
Claus Steiner und Britta Steiner-Rinneberg, Wiesbaden

Albert Einstein war der Vetter von Elisabeth Steiners Mutter. Nach seiner Emigration 1933 versuchte er von Princeton aus, Verwandte und Bekannte aus dem nationalsozialistischen Deutschland zu retten, indem er ihnen durch ein Affidavit zu Hilfe kam. Ein Affidavit, mit dem sich ein amerikanischer Bürger verpflichtete, einen Einwanderer zu unterstützen, war für die Auswanderung in die USA unverzichtbar. Trotz des Affidavits, das Elisabeth Steiner im Februar 1939 von ihm erhielt, gelang es ihr nicht mehr, Deutschland zu verlassen.

Albert Einstein sorgte sich auch in der Nachkriegszeit um das Schicksal seiner Verwandten. In einem Brief, mit dem er ihr am 6. Oktober 1946 auf ein Schreiben antwortete, klingen die Probleme an, mit denen Elisabeth Steiner nach der Befreiung aus dem Konzentrationslager weiterhin zu kämpfen hatte. Albert Einstein spricht den vorhandenen Antisemitismus an und die Schwierigkeit, unter „diesen fanatischen und zu allem Schlechten angehaltenen Menschen" zu leben. Antisemitische Einstellungen waren in der Nachkriegszeit immer noch verbreitet. Sowohl Umfragen deutscher Meinungsforschungsinstitute als auch Analysen der amerikanischen Militärregierung zeigen, daß im Zeitraum von 1946 bis 1949 etwa 40 Prozent der Bevölkerung in Westdeutschland antisemitisch eingestellt waren. Albert Einstein bot Elisabeth Steiner Hilfe an, falls sie sich für die Auswanderung in die USA entscheiden sollte. Auch versuchte er, ihre Versorgungsprobleme zu lindern. In seiner Nachschrift kündigt er ein Lebensmittelpaket an. Elisabeth Steiner entschied sich, trotz aller Schwierigkeiten in Deutschland zu bleiben. In Karlsruhe baute sie sich ein neues Leben auf. Sie kehrte in den höheren Schuldienst zurück und unterrichtete bis zu ihrer Pensionierung am Lessinggymnasium in Karlsruhe.

lizei-Kommissariat
Ravensburg-Stadt
~~Der Bürgermeister~~
Abteilung.
rmeldeamt

(14) Ravensburg, den 3. August 1946.
(Württbg.)

Bes einigun

Es wird hiermit bescheinigt, dass Frau Hildegard
R e i n h a r d t geb. Reinhardt, geb. am 6.2.1921 im Tübingen
am 15.3.1943 nach KZ. Lager Auschwitz abgemeldet
wurde.
Seit 12.5.45 ist dieselbe wieder hir pol. gemeldet und wohnt
Hindenburgstr. Baracke.

Pol.- Sekretär.

Meldebescheinigung des Polizeikommissariats Ravensburg
1946
Hildegard Franz

Hildegard Reinhardt lebte mit ihrer Familie in Ravensburg. Sie gehört zur Minderheit der Sinti, die wie Juden Opfer der nationalsozialistischen Rassenideologie wurden. Sinti und Roma wurden in der NS-Zeit systematisch ausgegrenzt, entrechtet, deportiert und ermordet (Strauß 2000; Rose 1999). Die Ravensburger Sinti mußten 1938 in den Ummenwinkel ziehen, ein Gelände außerhalb der Stadt, das mit Stacheldraht umzäunt und von der Polizei bewacht wurde. Am 15. März 1943 wurde Hildegard Reinhardt mit ihrem Mann und ihren drei Kindern von Ravensburg nach Auschwitz deportiert. Dort verhungerten ihre Kinder, ihr Mann starb kurz nach der Befreiung 1945. Auch ihre Schwester und deren Kinder wurden in Auschwitz umgebracht. Hildegard Reinhardt überlebte die Zwangsarbeit in Auschwitz, Schlieben, Ravensbrück und Altenburg, einem Nebenlager von Buchenwald. In Schlieben und Altenburg wurde sie zur Arbeit für Munitionsfabriken gezwungen. Auf einem Marsch im April 1945 konnten sich Hildegard Reinhardt und andere Frauen bei Meerane östlich von Chemnitz befreien. Gemeinsam mit zwei Frauen kehrte sie nach einem vierwöchigen Fußmarsch nach Ravensburg zurück. Dort traf Hildegard Reinhardt ihre Eltern und ihren Bruder wieder. Nach der Rückkehr erhielt sie vom Polizeikommissariat Ravensburg die Bescheinigung, daß sie seit dem 12. Mai 1945 wieder in Ravensburg polizeilich gemeldet sei. Die Deportation nach Auschwitz wurde mit den Worten „am 15.3.1943 nach KZ. Lager Auschwitz abgemeldet“ umschrieben.

1946 erhielt Hildegard Reinhardt von der Zentralstelle der Opfer des Nationalsozialismus für Württemberg-Hohenzollern einen Ausweis. Die Zentralstelle bestätigte ihr, daß sie von der nationalsozialistischen Regierung aus „rassischen Gründen“ verfolgt worden und in „Haft“ gewesen war. Diese formale Anerkennung als Verfolgte des Nationalsozialismus nützte Hildegard Reinhardt jedoch wenig. Eine Entschädigung für die Zwangsarbeit war damit nicht verbunden. In der Nachkriegszeit fehlte eine Gruppe, die sich der Interessen der Sinti und Roma annahm und für die Entschädigung der Überlebenden sorgte. Vorurteile gegen die sogenannten Zigeuner wirkten weiter und verhinderten eine Gleichstellung. Hier zeigten sich auch deutlich die Grenzen der Demokratisierung und Entnazifizierung durch die Besatzungsmächte. In den Behörden saßen oft noch die Sachbearbeiter, die in der NS-Zeit an der Entrechtung und Deportation der Sinti und Roma mitgewirkt hatten. Erst mit der Entstehung der Bürgerrechtsbewegung der Sinti und Roma ab Ende der siebziger Jahre war eine Interessenvertretung vorhanden, die sich auch um die rechtlichen Belange der Überlebenden kümmerte (Krausnick 1995, S. 195–227).

Die Nachkriegsjahre waren sehr hart für Hildegard Reinhardt. Mit ihren Eltern und ihrem Bruder zog sie in eine Baracke, die sie als Haus herrichteten. Nach einigen Jahren lernte sie ihren zweiten Mann Paul Franz kennen, der das KZ Mauthausen überlebt hatte.

In der französischen Besatzungszone wurde die politische Säuberung regional sehr unterschiedlich gehandhabt. Im Oktober 1946 übernahm die französische Militärregierung schließlich das amerikanische Entnazifizierungsverfahren. Spruchkammern urteilten nun auch hier über die politische Vergangenheit von Tätern und Opfern. Die Spruchkammer in Tübingen entschied am 28. Juni 1950, daß Hildegard Reinhardt unbelastet sei. Als Begründung wurde jedoch nicht ihre Verfolgung durch die nationalsozialistische Regierung und die mehrjährige Zwangsarbeit herangezogen, sondern die Tatsache, daß sie keinen nationalsozialistischen Organisationen angehört hatte.

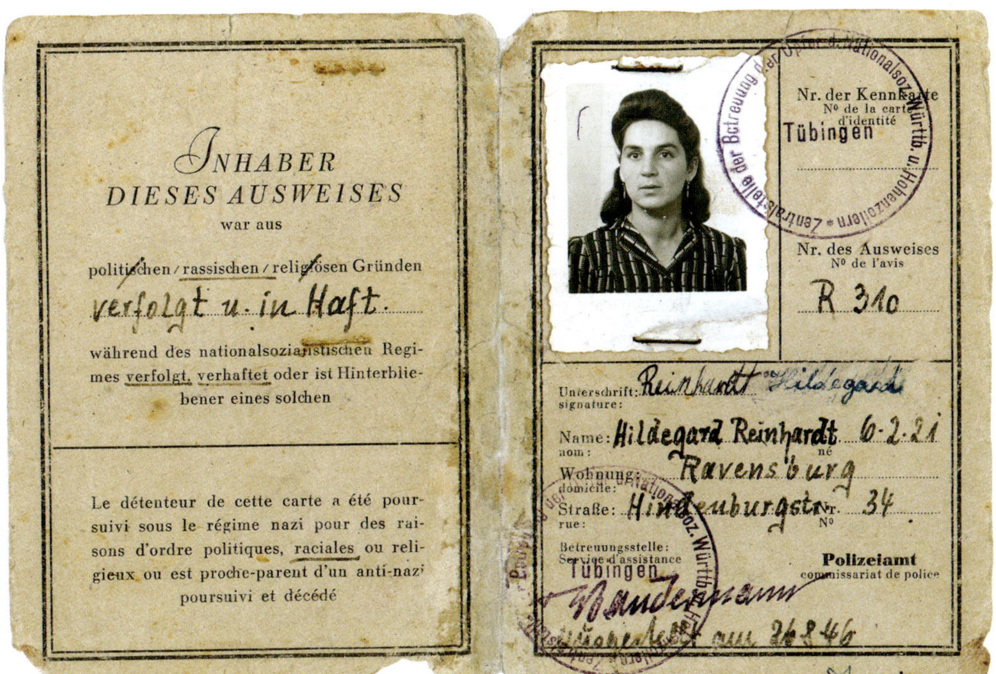

INHABER DIESES AUSWEISES war aus politischen / rassischen / religiösen Gründen verfolgt u. in Haft. während des nationalsozialistischen Regimes verfolgt, verhaftet oder ist Hinterbliebener eines solchen

Le détenteur de cette carte a été poursuivi sous le régime nazi pour des raisons d'ordre politiques, raciales ou religieux ou est proche-parent d'un anti-nazi poursuivi et décédé

Nr. der Kennkarte
Nº de la carte d'identité
Tübingen

Nr. des Ausweises
Nº de l'avis
R 310

Unterschrift: Reinhardt Hildegard
signature:
Name: Hildegard Reinhardt 6-2-21
nom: né
Wohnung: Ravensburg
domicile:
Straße: Hindenburgstr. Nr. 34
rue: Nº
Betreuungsstelle:
Service d'assistance
Tübingen
Polizeiamt
commissariat de police

Ausweis von Hildegard Reinhardt
1946
Hildegard Franz

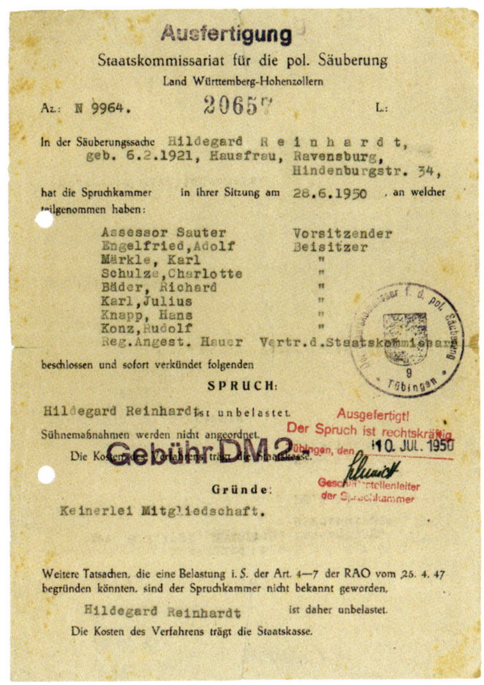

Ausfertigung
Staatskommissariat für die pol. Säuberung
Land Württemberg-Hohenzollern

Az.: N 9964. 20657 L.:

In der Säuberungssache Hildegard Reinhardt, geb. 6.2.1921, Hausfrau, Ravensburg, Hindenburgstr. 34,

hat die Spruchkammer in ihrer Sitzung am 28.6.1950, an welcher teilgenommen haben:

Assessor Sauter	Vorsitzender
Engelfried, Adolf	Beisitzer
Märkle, Karl	"
Schulze, Charlotte	"
Bäder, Richard	"
Karl, Julius	"
Knapp, Hans	"
Konz, Rudolf	"
Reg.Angest. Hauer	Vertr.d.Staatskommissars

beschlossen und sofort verkündet folgenden

SPRUCH:

Hildegard Reinhardt ist unbelastet.

Sühnemaßnahmen werden nicht angeordnet.

Die Kosten des Verfahrens trägt die Staatskasse.

Gebühr DM 2.-

Ausgefertigt!
Der Spruch ist rechtskräftig
Tübingen, den 10. JUL. 1950
Geschäftsstellenleiter der Spruchkammer

Gründe:

Keinerlei Mitgliedschaft.

Weitere Tatsachen, die eine Belastung i. S. der Art. 4–7 der RAO vom 25. 4. 47 begründen könnten, sind der Spruchkammer nicht bekannt geworden.

Hildegard Reinhardt ist daher unbelastet.

Die Kosten des Verfahrens trägt die Staatskasse.

Bescheid des Staatskommissariats für die politische Säuberung
1950
Hildegard Franz

Irmgard und Karl Zecher in Metzingen
Um 1948
Irmgard Zecher, Metzingen

Mantel aus gebrauchtem Wehrmachtsstoff
1947
Haus der Geschichte Baden-Württemberg

Irmgard Ernst aus Metzingen arbeitete während des Krieges als Einkäuferin einer Textilhandelsgesellschaft in Prag. Dort lernte sie den Wehrmachtsoffizier Karl Zecher kennen, der aus dem Ruhrgebiet stammte. Im November 1944 heiratete das Paar. Im Frühjahr 1945 flüchtete Irmgard Zecher aus Prag in ihren Heimatort zurück, wo auch ihr Mann nach einem Lazarettaufenthalt eintraf. Das Ehepaar wohnte zunächst bei den Eltern von Frau Zecher. Ende 1945 eröffnete Karl Zecher in Metzingen eine Schneiderei für Herren- und Damenkleidung. Die Kleidungsstücke stellte er aus neuen und gebrauchten Stoffen her. Der abgebildete Wintermantel wurde beispielsweise aus gebrauchtem Wehrmachtsstoff genäht. Das Ehepaar benötigte die Kleidungsstücke bis zur Währungsreform für zahlreiche Tauschgeschäfte, um Lebensmittel und Gebrauchsgegenstände zu organisieren. Um für die Schneiderei zu werben, veranstaltete das Paar auch Modenschauen, bei denen Irmgard Zecher die Kreationen ihres Mannes auf dem Laufsteg vorführte.

Den Bau eines eigenen Hauses in der Daimlerstraße organisierten Irmgard und Karl Zecher von 1947 bis 1948 auf folgende Weise: Sie tauschten die Kleidung, die Karl Zecher in seiner Schneiderei herstellte, auf der Schwäbischen Alb gegen Lebensmittelkonserven. Karl Zecher schmuggelte die Konservendosen dann ins Ruhrgebiet, wo er sie gegen Kohle eintauschte. Für die Kohle erhielt die Familie in Schelklingen und Nürtingen Zement und andere Baustoffe. Der Direktor des Zementwerkes in Schelklingen war zwar auch Kunde der Schneiderei; gleichwohl konnte das Tauschgeschäft nicht auf dem direkten Weg stattfinden. Solche Tauschketten waren vor der Währungsreform allgemein üblich.

1948 stellte das Ehepaar den Rohbau des Hauses fertig und feierte Richtfest. Nach der Währungsreform hatte die Familie finanzielle Probleme. Die Ersparnisse waren entwertet, der Schneidereibetrieb stockte und Tauschgeschäfte waren nicht mehr möglich. Erst anderthalb Jahre nach der Reform konnte der Bau des Hauses vollendet werden. Am Geburtstag von Karl Zecher im Dezember 1949 zog die Familie ein.

Drei Konservendosen
Nach 1945
Haus der Geschichte
Baden-Württemberg

Artikel der „Stuttgarter Zeitung“ über den Millionenkredit an Fritz Kiehn
1950
Staatsarchiv Sigmaringen

Donnerstag, 29. Juni 1950 STUTTGARTER ZEITUNG

Drei Millionen Staatskredit für SS-Hauptsturmführer Kiehn

Wie man in Württemberg-Hohenzollern mit den Geldern der Steuerzahler umgeht

Der Beschluß auf der Potsdamer Konferenz, nach diesem Kriege Reparationen aus Deutschland nicht in Form von Warenlieferungen, sondern vorzugsweise durch Entnahme von Produktionseinrichtungen zu entnehmen, hat den Wiederaufbau der deutschen Wirtschaft jahrelang schwer behindert. Die Wirkung dieses Beschlusses war dabei nicht nur von Besatzungszone zu Besatzungszone, sondern auch für die einzelnen Unternehmungen sehr verschieden.

Unter den besonders schwer betroffenen Betrieben der französischen Besatzungszone sind auch die Chiron-Werke in Tuttlingen. Dieses 1925 gegründete Unternehmen befaßte sich vorzugsweise mit der Herstellung chirurgischer Instrumente und hatte sich auf diesem Spezialgebiet einen sehr guten Ruf erworben. Im Mai 1946 wurde es nach Gesetz Nr. 52 unter Zwangsverwaltung gestellt; der Besitzer Staebler mußte sich einem politischen Säuberungsverfahren unterziehen, in dem die endgültige Entscheidung — „entlastet“ — im Juni 1949 fiel. In der Zwischenzeit waren die Besitzverhältnisse des Werkes durch die Einflußnahme von französischer Seite sehr verworren geworden. Dazu kam noch, daß rund 300 Werkzeugmaschinen im Anschaffungswerte von etwa 1,2 Millionen RM nach und nach entnommen worden waren, wobei nie feststand, ob noch weitere Entnahmen folgen würden und ob Neuanschaffungen, die zur Fortführung des Betriebes erforderlich waren, nicht auch der Beschlagnahme verfallen würden. Weiterhin wirkte sich ungünstig auf die Führung der Geschäfte aus, daß das Werk Tuttlingen der Vermögensverwaltung Tübingen, das Brackenheimer Zweigwerk dagegen Stuttgart unterstand. Schließlich war die Durchführung eines die Rentabilität sichernden Produktionsplanes noch durch die Bindung an französische Direktiven und die Entblößung von Betriebsmitteln infolge schwerwiegender Eingriffe in die Lagerbestände sehr behindert.

Seit der Währungsreform hatten die Chiron-Werke dauernd mit großen finanziellen Schwierigkeiten zu kämpfen. Die Exportaufträge für chirurgische Instrumente waren nur gering, und die Produktion von Kompressoren und Autowerkzeugen war nach der Währungsreform auch nur schwer abzusetzen. Durch den Zwangsverwalter der Werke wurde nun der Versuch unternommen, das Unternehmen wieder rentabel zu machen. Dazu waren erhebliche Geldmittel notwendig. Die Kreditgewährung seitens einer Stuttgarter Bank konnte aber nur über einige Monate hinweghelfen, und schließlich war es so weit, daß Ende 1949 die Chiron-Werke konkursreif waren.

Der Inhaber Staebler hatte sich schließlich entschlossen, das ganze Unternehmen zu verkaufen. Es wurden deshalb aussichtsreiche Verhandlungen mit Interessenten aus dem Ruhrgebiet und aus der Schweiz geführt. Alle diese Verhandlungen wurden aber abgebrochen, nachdem der Inhaber der Efka-Werke in Tuttlingen, Fritz Kiehn, an Staebler ein Angebot gemacht hatte, das sehr günstig war. Ohne sich näher über die Verhältnisse der Chiron-Werke zu unterrichten, hatte sich Kiehn nämlich zum Kauf zu einem Preis von 1,5 Millionen DM ehrenwörtlich verpflichtet.

Kiehn war nun in Verhandlungen über die Gewährung eines Kredites von 3 Millionen DM seitens des Landes Württemberg-Hohenzollern eingetreten. Dieser Betrag sollte zur Sanierung der Chiron-Werke verwendet werden. Warum Kiehn unter diesen Bedingungen der Regierung von Württemberg-Hohenzollern als „Retter in der Not“ erschien, ist nicht recht verständlich. Ebenso gut hätte sie ja den Kredit auch dem bisherigen Inhaber geben können.

Die Existenz von 250 bis 300 Arbeitnehmern stand hier auf dem Spiel. Aus diesem Grunde schaltete sich auch der Deutsche Gewerkschaftsbund ein, der darüber hinaus aber auch ausdrücklich feststellte, daß im Falle des Verkaufes an Kiehn die Angelegenheit neben der wirtschaftlichen auch eine politische Seite habe. Der DGB drückte sein außerordentliches Erstaunen darüber aus, daß man heute schon wieder politisch stark belastete Personen, die als Nutznießer und Förderer des Dritten Reiches anzusehen seien, einen derartigen Einfluß auf die Gestaltung unserer Wirtschaft einräumen wolle. Die Kreise um Kiehn, insbesondere dessen Schwiegersohn, Herr Trippel, müßten kritisch überprüft werden, zumal dieser noch nicht entnazifiziert (Januar 1950) und politisch ebenfalls stark belastet sei.

Das Staatsministerium von Württemberg-Hohenzollern hatte sich Mitte Dezember 1949 und Ende Januar mit dem Kreditgesuch von Kiehn befaßt. Es war dabei beschlossen worden, die Tabaksteuer (die Kiehn in Höhe von etwa 2 Millionen DM monatlich aus seiner Zigarettenpapierfabrikation der Efka-Werke abzuführen hatte) in Höhe von 3 Millionen DM gegen Sicherung durch Wechsel und hypothekarische Eintragung auf den Grundbesitz der Chiron-Werke zu kreditieren. Weitere Voraussetzungen für die Kreditgewährung war die Zusicherung von Kiehn, daß die Fertigung chirurgischer Instrumente in den Chiron-Werken nicht stillgelegt würde und daß keine Arbeitskräfte entlassen würden. Kiehn hat eine entsprechende schriftliche Zusicherung gegeben. Eine weitere wesentliche Bedingung war, daß die 3 Millionen ausschließlich für den Erwerb und die Erhaltung der Chiron-Werke verwendet werden mußten.

Kreditgewährung des Staates an einen früheren NS-Reichstagsabgeordneten, SS-Hauptsturmführer und Finanzier der NSDAP schon in den Jahren vor 1933 die politischen Gesichtspunkte nicht außer acht lassen könne. Er, Erler, habe alles getan, um eine Klärung der ganzen Vorgänge dort zu erreichen, wo dies hätte getan werden müssen: im Landtag in Bebenhausen (dem er nicht angehöre). Der Landtag habe leider keinen Untersuchungsausschuß eingesetzt, sondern nur einen Unterausschuß des Finanzausschusses mit unzureichenden Vollmachten betraut. Den Finanzausschuß könne er nicht mehr für ganz unbefangen halten, nachdem eines der wesentlichen Gutachten in Sachen Chiron von der gleichen Wirtschaftsprüferfirma erstattet worden ist, der der Vorsitzende dieses Ausschusses angehört. „Ich bin gar nicht unglücklich darüber“, sagt Erler weiter, „daß jetzt Kritik an einer Maßnahme laut wird, für die auch ein meiner Partei angehörender Minister möglicherweise verantwortlich ist. Ich nehme mir die

Fritz Kiehn, Mitglied des Reichstags, SS-Hauptsturmführer, Inhaber der Firma Efka-Werk Fritz Kiehn Trossingen, Leiter der Wirtschaftskammer für Württemberg und den Regierungsbezirk Sigmaringen, Präsident der Industrie- und Handelskammern Stuttgart und Rottweil. Photo: Archiv

Freiheit, auch dann eine eigene Meinung zu haben, wenn ein Parteifreund anderer Meinung ist.“

Der „Retter in der Not“ macht ein gutes Geschäft

Am 21. Dezember 1949 kam es schließlich zum Abschluß eines Kaufvertrages zwischen Kiehn und Staebler, in dem sich der letztere jedoch mit einem Kaufpreis von nur 450 000 DM abfinden mußte. Nach dem ersten Angebot von Kiehn waren ja die Verhandlungen mit allen anderen Interessenten abgebrochen worden. Da sich die Lage der Chiron-Werke aber inzwischen keineswegs verbessert hatte, blieb Staebler keine andere Wahl, als sich die Bedingungen von Kiehn diktieren zu lassen.

In der Folgezeit waren nun erhebliche Zweifel laut geworden, ob Kiehn diese Bedingungen auch eingehalten habe. Ein Unterausschuß des Finanzaus-

erschienen sind, mit der ganzen Angelegenheit befaßt. Dabei hat er ausführlich über die politische und wirtschaftliche Tätigkeit Kiehns während des Dritten Reiches berichtet und gleichzeitig die Vermutung ausgesprochen, daß der an Kiehn gegebene Kredit des Landes Württemberg-Hohenzollern eine volkswirtschaftliche Fehlleitung, womöglich ein Verlust sei. Ministerialrat Vowinkel vom Tübinger Finanzministerium hat daraufhin eine Entgegnung geschrieben, die offiziell über die Pressestelle des Staatsministeriums verbreitet worden ist. Vowinkel sagt dabei zu der Kreditgewährung, es sei völlig irrig, anzunehmen, daß es sich um einen Banderolensteuer-

Der Trossinger Unternehmer Fritz Kiehn machte in der Zeit des Nationalsozialismus eine steile Karriere (Berghoff/Rauh-Kühne 2000). Der Papierwarenfabrikant war nicht nur Abgeordneter der NSDAP im Reichstag, Leiter der Wirtschaftskammer für Württemberg und Präsident der Industrie- und Handelskammern von Stuttgart und Rottweil, sondern auch Mitglied im Persönlichen Stab des Reichsführers-SS, Heinrich Himmler. Kiehn hatte sich zudem bei den „Arisierungen" jüdischer Firmen bereichert.
Nach dem Krieg saß er insgesamt drei Jahre und acht Monate in amerikanischer und französischer Internierungshaft. Im Entnazifizierungsverfahren erhielt er jedoch eine relativ milde Strafe. Trotz seiner zahlreichen Funktionen in der NS-Zeit stufte ihn die Spruchkammer in Tübingen als Minderbelasteten ein und bestrafte ihn mit zwei Jahren Entzug der Wahlfähigkeit und einer Geldbuße in Höhe von 30.000 DM. Nicht nur diese Einstufung zeugt von den Grenzen der Entnazifizierung. Ein weiteres Zeichen für den ambivalenten Umgang mit NS-Funktionären in der Nachkriegszeit war ein Kredit, den die württemberg-hohenzollerische Landesregierung Fritz Kiehn gewährte. Mit dem Kredit in Höhe von drei Millionen DM konnte Fritz Kiehn die Tuttlinger Chiron GmbH kaufen und sein Unternehmen ausbauen. Der Kredit rief ein breites Presse-Echo hervor. Die Stuttgarter Zeitung vom 29. Juni 1950 titelte „Drei Millionen Staatskredit für SS-Hauptsturmführer Kiehn“ und bildete ein Foto von Kiehn in Uniform ab. Die Bildunterschrift zählte seine zahlreichen Funktionen in der NS-Zeit auf. Der Ministerpräsident von Württemberg-Hohenzollern, Gebhard Müller, rechtfertigte den Kredit mit der Sicherung von Arbeitsplätzen.

**„Fritz Kiehn.
Fünfzig Jahre in
Trossingen“**
1958
Stadtarchiv Trossingen

In den fünfziger Jahren erlebte Fritz Kiehn einen Wiederaufstieg als Unternehmer. Damit verbunden war die Reintegration in das politische und gesellschaftliche Leben in Trossingen.
Als Kiehn bei der Gemeinderatswahl 1953 die meisten Stimmen erhielt, hatte sich der Gemeinderat noch geweigert, mit dem ehemaligen Nationalsozialisten zusammenzuarbeiten.
Als zweitgrößter Arbeitgeber Trossingens und als Sponsor von Vereinen und Festen verschaffte sich Kiehn wieder Anerkennung bei den Kommunalpolitikern. 1957 wurde die Sporthalle eingeweiht, an deren Finanzierung Fritz Kiehn mit 200.000 DM beteiligt war. Bei der Einweihungsfeier kam es zu diesem Händedruck zwischen Fritz Kiehn und Ernst Hohner, dem größten Arbeitgeber Trossingens und stellvertretenden Bürgermeister. Die Geste Hohners symbolisierte die zunehmende Reintegration Fritz Kiehns in Trossingen. Die Fotografie wurde 1958 in einer Broschüre abgedruckt, die Fritz Kiehns Karriere zwischen 1908 und 1958 würdigte. Der politische und gesellschaftliche Aufstieg Kiehns fand seinen Höhepunkt 1960 in der Umbenennung des Schultheiss-Koch-Platzes in Fritz-Kiehn-Platz.

In einen Rucksack und eine Kiste packte Paula Schwarz Kleidung, Gegenstände und Lebensmittel, die sie auf die Flucht mitnehmen wollte (Schwarz 1993). In der Kiste fand auch ein Bügeleisen Platz. Die Familie war wie viele andere von den deutschen Behörden zwangsweise evakuiert worden, weil Massaker von Partisanen befürchtet wurden. Am 22. Januar 1945 verließ Paula Schwarz ihren Heimatort Glaserhau in der Slowakei und flüchtete mit ihren kleinen Kindern Joschi und Edith zunächst in den Ort Höhnhart bei Braunau am Inn. Im April 1945 traf dort auch ihr Mann Josef ein.
Ein Jahr später wurde das Bügeleisen erneut in die Kiste gepackt. Die Familie flüchtete aus der amerikanischen Besatzungszone in Österreich weiter nach Nordbaden, wo sie zunächst in das Durchgangslager Teufelsklinge in Seckach im Odenwald kam. In diesem Lager trafen zwischen dem 26. Februar 1946 und dem 16. Oktober 1946 insgesamt 22.684 Flüchtlinge ein (Trunk 1996, S. 8). Nach einer Woche Aufenthalt im Lager fand die Familie schließlich für die nächsten sechs Jahre zwei Zimmer in einem Bauernhof in dem Dorf Glashofen bei Walldürn. Dort erwarteten sie schwere Jahre. Mit viel Erfindungsreichtum versuchte Paula Schwarz Geld zu sparen. Das Bügeleisen, das sie aus Glaserhau mitgenommen hatte, benutzte sie noch bis Ende der fünfziger Jahre. Mit dem Eisen, das mit Glut und abgelöschter Kohle erhitzt wurde, bügelte Paula Schwarz nicht nur die Wäsche der Familie. Sie dämpfte damit auch Gänsefedern, mit denen sie Kissen füllte.

Bügeleisen
von Paula Schwarz
Vor 1945
Familie Schwarz, Walldürn

Die Familie Schwarz vor ihrem Siedlungshäuschen in Walldürn
Um 1956
Familie Schwarz, Walldürn

Die Familie Schwarz mit ihrer amerikanischen Milchkuh
Um 1960
Familie Schwarz, Walldürn

Mühsam baute sich die Familie eine neue Existenz auf. Josef Schwarz fand zunächst Arbeit in der Firma Leinenkugel in Walldürn, einer Holzfabrik, die Stühle herstellte, und später eine Stelle bei der Bahn. Der Verdienst reichte jedoch nicht aus, um die Familie zu ernähren und gleichzeitig genügend Geld für ein eigenes Haus zu sparen. Auf einem Stück Land, das der Besitzer des Bauernhofs in Glashofen zur Verfügung stellte, züchtete Josef Schwarz Schweine, Hühner und Hasen. Schon in der alten Heimat hatten Paula und Josef Schwarz als Saisonarbeiter in der Landwirtschaft gearbeitet, um sich ein Haus finanzieren zu können.

Von der Stadt Walldürn erhielt die Badische Landsiedlung GmbH in Karlsruhe Grundstücke für den Bau einer Nebenerwerbssiedlung. Die Grundstücke wurden durch Los an die künftigen Siedler verteilt. Josef Schwarz hatte Glück. Er zog das Los für ein Haus in sehr schöner Lage. Am 4. Juni 1952 war es soweit: Die Familie Schwarz gehörte zu den ersten Familien, die in ihre neuen Häuser in Walldürn einzogen. Die Fotografie wurde wenige Jahre nach dem Einzug aufgenommen. Sie zeigt die Familie mit der jüngsten Tochter Anita, die nach dem Umzug geboren wurde.

Mit dem Einzug in das Haus in Walldürn hatte die Familie nach der Flucht aus der Slowakei eine „zweite Heimat" gefunden. Trotzdem gab es zunächst noch viele Belastungen. Das Haus mußte abbezahlt, die gesamte Einrichtung gekauft werden.
Eine große finanzielle Erleichterung brachte eine amerikanische Milchkuh, die von amerikanischen Quäkern gespendet und mit dem Schiff nach Deutschland transportiert wurde. Die Familie Schwarz konnte nun täglich Milch verkaufen. Mit dem Geschenk war nur eine Bedingung verknüpft: Das erste Kalb mußte an eine andere Familie abgegeben werden.

Oskar Althausen war mit seiner Familie am 22. Oktober 1940 von Mannheim in das Lager Gurs in Südfrankreich deportiert worden. Dorthin wurden im Oktober 1940 alle badischen und pfälzischen Juden verschleppt. Im November 1943 gelang Oskar Althausen die Flucht über die Pyrenäen nach Spanien. Zwei Wochen mußte er in dem Internierungslager Miranda de Ebro verbringen, weil er die Grenze ohne Papiere überschritten hatte. Im Lager gab es mehrere Komitees, die den Flüchtlingen mit Kleidung, Taschengeld und Adressen halfen. Das jüdische Komitee wies ihn auf die Möglichkeit hin, in Palästina einzuwandern. Im Februar 1944 erreichte Oskar Althausen mit einem portugiesischen Schiff Haifa (Althausen 1989 und 1990).

In Palästina, das bis zur Gründung des Staates Israel 1948 unter britischer Mandatsherrschaft stand, baute sich Oskar Althausen eine neue Existenz auf. Er lebte in Tel Aviv, wo er bis zum Eintritt in die Armee 1948 als Aushilfe in einem Restaurant arbeitete.

Von den Nationalsozialisten war Oskar Althausen seiner deutschen Staatsbürgerschaft beraubt und für „staatenlos" erklärt worden. In Palästina erhielt er von der britischen Mandatsregierung einen neuen Pass. Mit der Urkunde bescheinigte ihm die Einwanderungsbehörde in Tel Aviv im Oktober 1946 die Einbürgerung in Palästina. Nach der Gründung des Staates Israel 1948 kämpfte Oskar Althausen als Soldat für die Unabhängigkeit des neuen Staates. In Israel lernte Oskar Althausen auch seine künftige Frau kennen, die Auschwitz überlebt hatte.

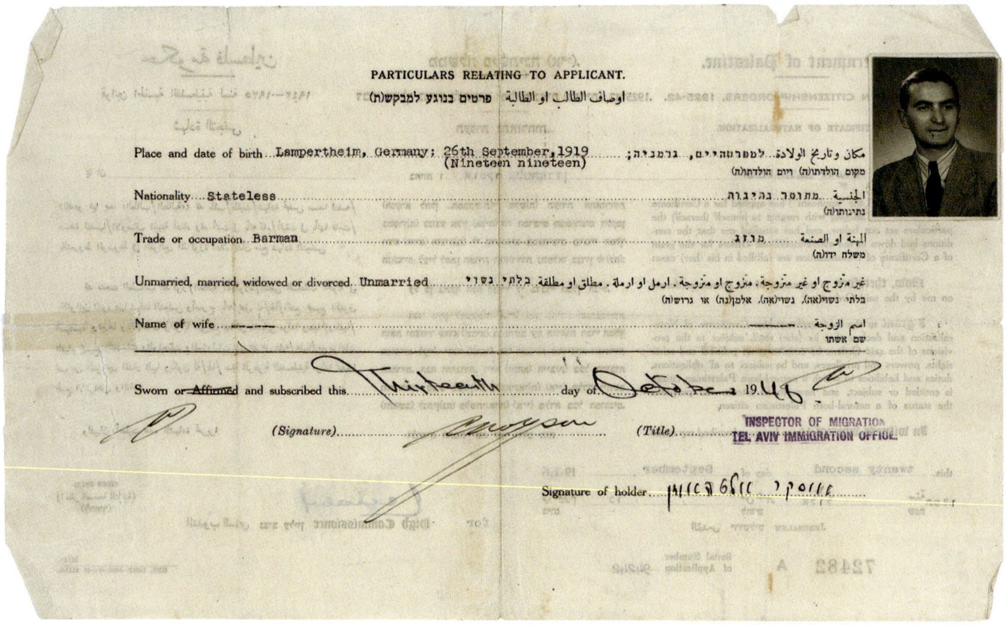
PARTICULARS RELATING TO APPLICANT.

Place and date of birth Lampertheim, Germany; 26th September, 1919 (Nineteen nineteen)

Nationality Stateless

Trade or occupation Barman

Unmarried, married, widowed or divorced Unmarried

Name of wife ——

Sworn or ~~Affirmed~~ and subscribed this Thirteenth day of October 1946

(Signature) ...... (Title) INSPECTOR OF MIGRATION TEL AVIV IMMIGRATION OFFICE.

Signature of holder ......

Einbürgerungsurkunde von Oskar Althausen
1946
Familie Althausen, Mannheim

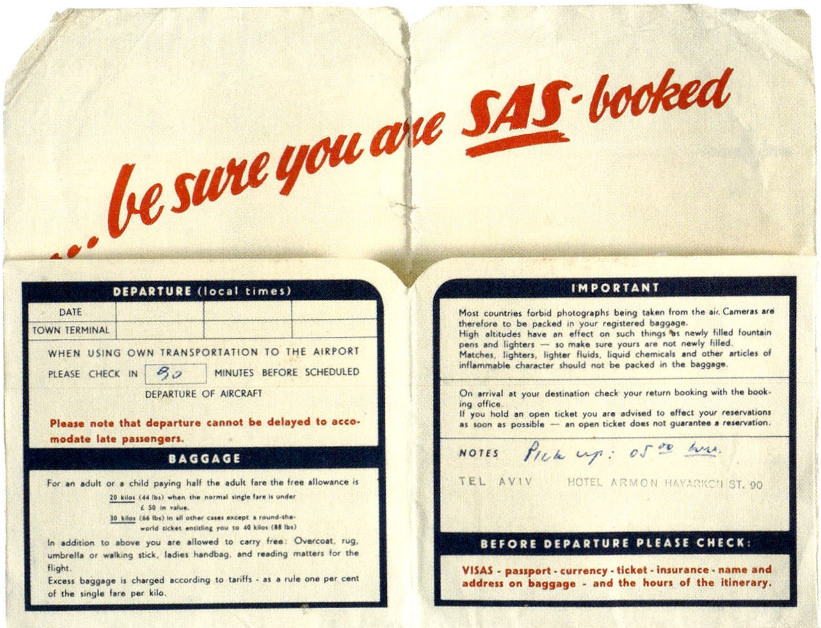

Hülle des Flugtickets
der Scandinavian Airlines System
1951
Familie Althausen, Mannheim

Die Rückkehr nach Deutschland war zunächst nicht geplant. Auch die Eltern und die Schwestern von Oskar Althausen, die den Massenmord durch die Nationalsozialisten überlebt hatten, wanderten nach dem Krieg von Frankreich nach Israel aus. Oskar Althausen plante 1951 nur einen vorübergehenden Aufenthalt in Mannheim, um die Entschädigungsansprüche seiner Familie zu regeln. Er startete seine Reise in Tel Aviv noch mit einem Ticket für einen Hin- und Rückflug und mit kleinem Gepäck. In Mannheim änderte er seine Meinung. Dort traf Oskar Althausen Bekannte aus der Zeit vor der Deportation wieder. Diese Beziehungen ermutigten ihn, einen Neuanfang in Deutschland zu wagen. Seine Bekannten halfen ihm, eine Stelle zu finden, die ihm die Möglichkeit bot, seine Fähigkeiten und Sprachkenntnisse anzuwenden.

Zunächst arbeitete Oskar Althausen bei der amerikanischen Militärverwaltung. Für die Beschaffung des Armeebedarfs führte er Verhandlungen mit Unternehmen im In- und Ausland.
Es war jedoch schwierig, im zerstörten Mannheim wieder eine Wohnung zu finden. Von 1951 bis 1953 lebte das Ehepaar zunächst in Frankfurt am Main und dann in Ludwigshafen. Im November 1953 konnten Margot und Oskar Althausen nach Mannheim umziehen. Dort kamen auch ihre Kinder Rita und Oliver zur Welt.
Oskar Althausen wurde schon 1954 in den Vorstand der Jüdischen Gemeinde Mannheim gewählt, wo er sich in den kommenden Jahrzehnten für den Aufbau des Jüdischen Gemeindezentrums und die Gründung des Jüdischen Turn- und Sportvereins Makkabi Mannheim engagierte.

Bis ins hohe Alter besuchte Oskar Althausen Schulen und diskutierte mit den Schülern über Politik. Es war ihm wichtig, die Jugendlichen über die Verbrechen in der nationalsozialistischen Zeit aufzuklären und an die Deportation badischer und pfälzischer Juden nach Gurs zu erinnern. Er engagierte sich schon früh für den Aufbau einer Gedenkstätte und die Pflege der Friedhöfe der Deportierten in Gurs, Rivesaltes, Noé, Récébédou und Portet Saint Simon.
Vom 23. bis zum 28. Oktober 1960 fand die erste Gedenkfahrt nach Gurs statt, die Oskar Althausen zusammen mit Heinrich Freund leitete. An der Reise nahmen Überlebende des Lagers Gurs und ihre Angehörigen aus Heidelberg, Karlsruhe, Mannheim, Wangen und dem Schweizer Grenzort Kreuzlingen teil. Am 25. Oktober 1960 besichtigte die Gruppe das ehemalige Lager und den Friedhof. Auf diesem sind die jüdischen Deportierten begraben, die im Lager an Hunger und Epidemien starben. Die Fotografie zeigt Oskar Althausen rechts neben der Reisegruppe vor dem Mahnmal für die Toten von Gurs. Im Hintergrund ist im hohen Gras ein Grabstein zu sehen.
Auf die Initiative des Karlsruher Oberbürgermeisters Günther Klotz wurden der Friedhof und das Mahnmal bis 1963 wieder instand gesetzt. Oskar Althausen begleitete die Studienfahrten nach Gurs noch bis zum Jahr 2000 und erinnerte an die Leiden der Gefangenen, von denen ein großer Teil weiter nach Auschwitz deportiert und dort ermordet worden war.

Oskar Althausen bei der ersten Gedenkfahrt nach Gurs
25. Oktober 1960
Familie Althausen, Mannheim

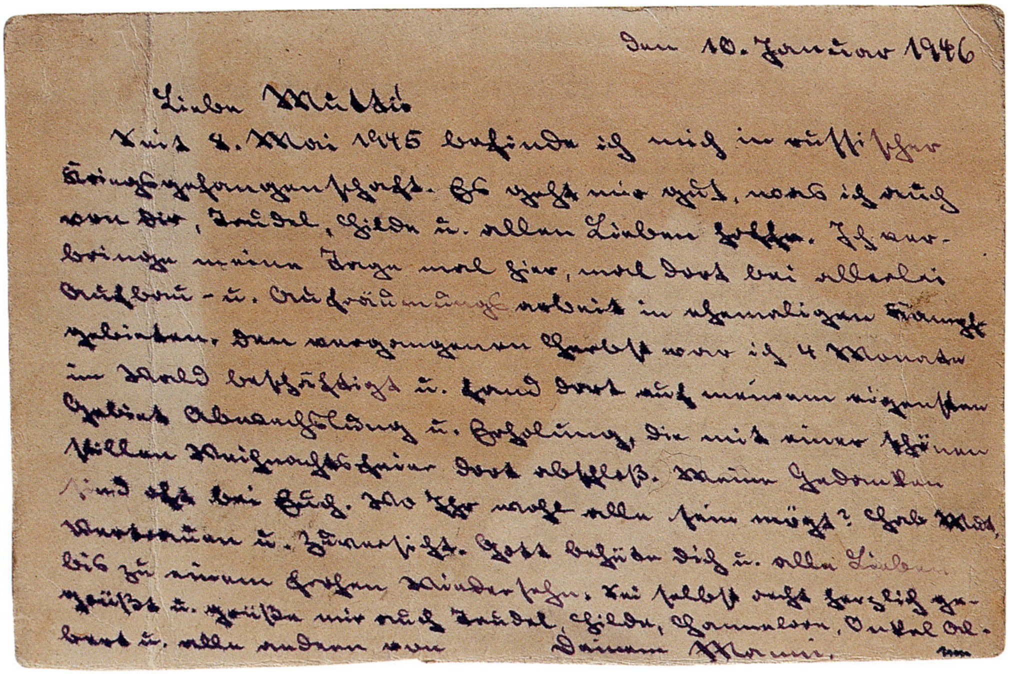

den 10. Januar 1946

Liebe Mutti!

Seit 8. Mai 1945 befinde ich mich in russischer Kriegsgefangenschaft. Es geht mir gut, was ich auch von Dir, Trudel, Hilde u. allen Lieben hoffe. Ich verbringe meine Tage mal hier, mal dort bei allerlei Aufbau- u. Aufräumungsarbeit in ehemaligen Kampfgebieten. Den vergangenen Herbst war ich 4 Monate im Wald beschäftigt u. fand dort auf meinem eigensten Gebiet Abwechslung u. Erholung, die mit einer schönen stillen Weihnachtsfeier dort abschloß. Meine Gedanken sind oft bei Euch. Wo Ihr wohl alle sein mögt? Habe Mut, Vertrauen u. Zuversicht. Gott behüte Dich u. alle Lieben bis zu einem frohen Wiedersehen. Sei selbst recht herzlich gegrüßt u. grüße mir auch Trudel, Hilde, Hannelore, Onkel Albert u. alle andern von [illegible]

Deinem [illegible]

Postkarte von Gerhard Moehring an Marie Moehring
1946
Museum am Burghof, Lörrach

Im Mai 1945 geriet Gerhard Moehring in sowjetische Kriegsgefangenschaft. Der Lörracher hatte nach dem Ende seiner Schulzeit 1939 eine Ausbildung für den Forstdienst begonnen. Im März 1940 wurde er zum Militär eingezogen. Nach dem Angriff der deutschen Armee auf die Sowjetunion nahm Gerhard Moehring am Rußlandfeldzug teil, zuletzt als Kompanieführer und stellvertretender Regimentsadjutant.

Auf dem Rückzug 1945 wurde er von sowjetischen Truppen gefangengenommen. Mit einer Rotkreuzpostkarte vom 10. Januar 1946 gab er seiner Mutter Marie Moehring das erste Lebenszeichen seit Kriegsende. Die Karten, die Gerhard Moehring zwischen 1946 und 1955 aus unterschiedlichen Lagern in der Sowjetunion schrieb, geben trotz der Zensur Einblick in die Situation der Kriegsgefangenen und in die sich wandelnde Welt in der Heimat. In seiner ersten Karte berichtete Gerhard Moehring, daß er bei der Waldarbeit und zudem bei „Aufbau- u. Aufräumungsarbeiten in ehemaligen Kampfgebieten" eingesetzt werde. Nur verschlüsselt konnte er später mitteilen, daß er ab Herbst 1947 anderthalb Jahre lang in einem Kohlenschacht im Donezgebiet arbeiten mußte („Geologiestudien"). Die Hoffnung, schon 1948 nach Deutschland zurückkehren zu können, zerschlug sich. 1949 wurde Gerhard Moehring im Zuge der Massenprozesse gegen Kriegsgefangene als Kriegsverbrecher zu 25 Jahren Arbeitslager verurteilt. Die nächsten fünf Jahre verbrachte er in verschiedenen Lagern im Ural, wo er als Maurer und Zimmermann und in der Rüstungsindustrie arbeitete.

Johann Wolfgang von Goethe: „Faust“
Philipp Reclam jun., Leipzig
Um 1935
Museum am Burghof, Lörrach

Querflöte
Hof-Instrumenten-Fabrik
J. Altrichter,
Frankfurt an der Oder
Um 1930
Museum am Burghof, Lörrach

Der Alltag in den Kriegsgefangenlagern war von harter körperlicher Arbeit geprägt. Umso wichtiger erschien es den Gefangenen, sich geistig zu beschäftigen, um bei der monotonen Arbeit nicht abzustumpfen. In mehreren Rotkreuzpostkarten betont Gerhard Moehring, welche Bedeutung Literatur, Musik und geistige Zerstreuung für ihn haben. Im Lager bildete sich ein kleiner Gesprächskreis aus Gefangenen, die sich zu gemeinsamer Lektüre und Diskussionen trafen. Dabei wurde auch über die Tragödie „Faust“ von Johann Wolfgang von Goethe gesprochen. Von diesem Werk besaß Gerhard Moehring eine kleinformatige Ausgabe, die den ersten und zweiten Teil des Dramas enthält. Zahlreiche Unterstreichungen und Notizen zeugen von der intensiven Beschäftigung mit dem Stück. Auf einer der ersten Seiten befindet sich der Stempel der Bibliothek eines Kriegsgefangenenlagers. „Faust“ war nicht nur Thema der Diskussionen der Kriegsgefangenen; eine Theatergruppe führte das Stück auch auf.

Die Rotkreuzpostkarten zeigen, daß sich die Haftbedingungen nach 1950 allmählich verbesserten. Auch wird der beginnende wirtschaftliche Aufschwung in Westdeutschland deutlich. In den letzten Jahren erhielten die Kriegsgefangenen zahlreiche Pakete aus der Heimat. Ein Gefangener aus Konstanz ließ sich von seiner Familie eine Querflöte schicken und schenkte sie Gerhard Moehring. Dieser spielte damit von 1953 bis 1955 im Lagerorchester. Zum Repertoire des Orchesters gehörten unter anderem Beethovens 5. Sinfonie und die „Unvollendete“ von Franz Schubert.

Im Herbst 1955 konnten die letzten deutschen Kriegsgefangenen in ihre Heimat zurückkehren. Bundeskanzler Konrad Adenauer hatte in Verhandlungen mit der sowjetischen Partei- und Regierungsspitze in Moskau die Entlassung der letzten deutschen Kriegsgefangenen erreicht. Voraussetzung war die Vereinbarung diplomatischer Beziehungen zwischen der BRD und der UdSSR.

Im Oktober wurden Gerhard Moehring und seine Kameraden auf einer zehntägigen Reise mit dem Güterzug vom Ural in das Heimkehrerlager nach Friedland transportiert. Dabei durchquerten sie auch die DDR, wo viele einen Teil ihrer Gefangenenkleidung aus dem Fenster warfen. Aus Herleshausen sandte Gerhard Moehring am 16. Oktober 1955 ein Telegramm nach Lörrach: „Bin da / Mutti Erwarte mich bitte daheim – Gerhard“. Er wollte eine offizielle Begrüßung am Bahnhof vermeiden. Sein Freund Kurt Haberbusch holte ihn am 18. Oktober am Freiburger Bahnhof ab und brachte ihn zu seiner Familie in Lörrach. Am 22. Oktober 1955 folgte bei einer Einweihungsfeier für ein neues Krankenhaus die offizielle Begrüßung durch den Lörracher Oberbürgermeister. Gerhard Moehring war der letzte Lörracher, der aus der Kriegsgefangenschaft zurückkehrte. Der 34-jährige setzte seine Ausbildung fort, die er bei Kriegsbeginn unterbrochen hatte und entschied sich, Grundschullehrer zu werden. Die Verurteilung als Kriegsverbrecher belastet Gerhard Moehring bis heute. Nach der Öffnung der Archive in der Sowjetunion versuchte er vergeblich, seine Rehabilitierung zu erreichen.

Gerhard Moehring bei der offiziellen Begrüßung in Lörrach
1955
Museum am Burghof, Lörrach

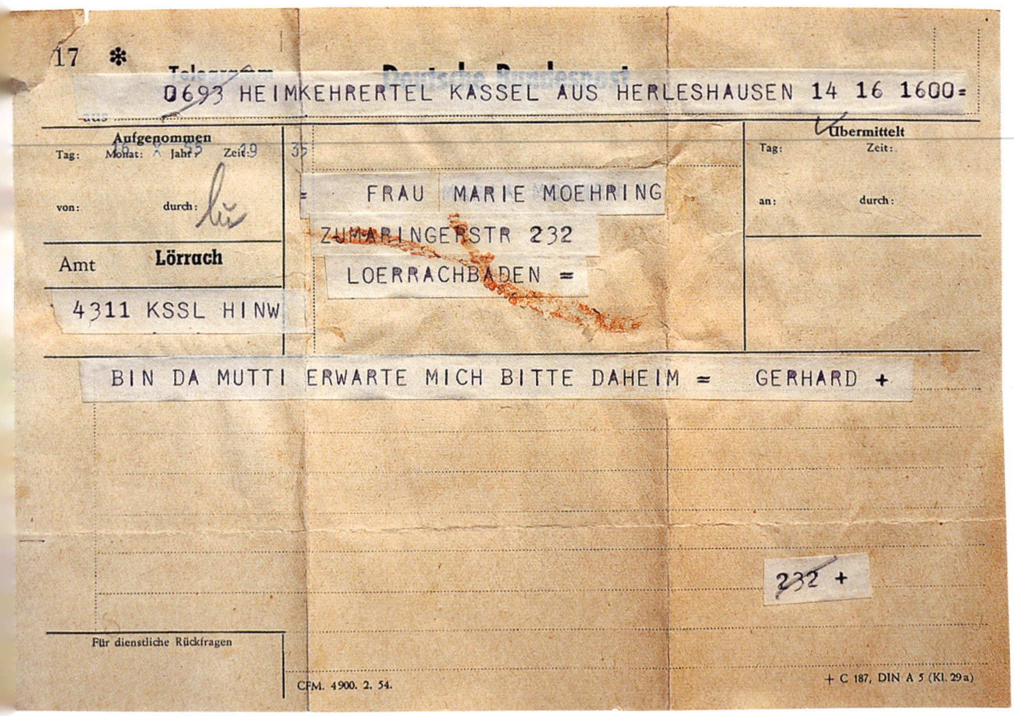

17 *

0693 HEIMKEHRERTEL KASSEL AUS HERLESHAUSEN 14 16 1600=

Aufgenommen Tag: Monat: Jahr: Zeit:

von: durch:

Amt Lörrach

4311 KSSL HINW

Übermittelt Tag: Zeit:

an: durch:

FRAU MARIE MOEHRING
ZUMARINGERSTR 232
LOERRACHBADEN =

BIN DA MUTTI ERWARTE MICH BITTE DAHEIM = GERHARD +

232 +

Für dienstliche Rückfragen

C FM. 4900. 2. 54.

+ C 187, DIN A 5 (Kl. 29a)

Telegramm von Gerhard Moehring an Marie Moehring
1955
Museum am Burghof, Lörrach

Geldkiste
1948
Haus der Geschichte
Baden-Württemberg

Ausgabe der neuen Währung in Freiburg
Karl Müller
1948
Stadtarchiv Freiburg,
Nachlaß Müller

Kurz vor dem Wochenende erfuhr die Bevölkerung in der westlichen Besatzungszone die genauen Bestimmungen der Währungsrefom, über die es seit langem Gerüchte gegeben hatte. Ab Montag, dem 21. Juni 1948, sollte nur noch die neue Deutsche Mark als alleiniges gesetzliches Zahlungsmittel gelten. Jeder erhielt im Umtausch 1 : 1 gegen Reichsmarknoten einen sogenannten Kopfbetrag in Höhe von 60 DM. Ab Sonntag, dem 20. Juni 1948, sollten von dieser „Kopfquote“ 40 DM ausgezahlt werden. Bis zum 26. Juni 1948 mußten alle noch vorhandenen Bargeldnoten bei den Geldinstituten angemeldet und abgeliefert werden. Guthaben wurden im Verhältnis 10 : 1 abgewertet. Die Folge war ein Ansturm auf die Kaufhäuser. Jeder versuchte am Samstag vor der Währungsreform noch möglichst viele Reichsmarknoten auszugeben. Am nächsten Tag bildeten sich schon am frühen Morgen lange Schlangen an den Geldumtauschstellen, an denen sonst Lebensmittelmarken ausgegeben wurden. Auf der Fotografie ist eine dieser Umtauschstellen in Freiburg zu sehen.

Die neuen Geldscheine wurden in den USA gedruckt und dann nach Deutschland transportiert. In der Kiste wurden DM-Noten im Wert von rund 700.000 DM nach Rottweil geliefert. Die Reichsmarknoten wurden eingesammelt und in den Papiermühlen vernichtet.

Lebensmittelgeschäft in Stuttgart
Hannes Kilian
1948
Haus der Geschichte
Baden-Württemberg

Schaufenster in Freiburg
Karl Müller
1948
Stadtarchiv Freiburg,
Nachlaß Müller

Viele Menschen verbinden mit der Währungsreform zunächst eine Erinnerung: Die Schaufenster waren über Nacht plötzlich mit den Waren gefüllt, die jahrelang entbehrt worden waren. Die Händler hatten sie in den Tagen vor der Reform gehortet, um sie nicht für wertloses Geld verkaufen zu müssen. Mit der verbesserten Versorgungslage löste sich der Schwarzmarkthandel auf.
In den Schaufenstern lagen Haushaltswaren, Obst, Gemüse, Fleisch und Würste. In den Warenhäusern reihte sich Stoffballen an Stoffballen. Das wohlsortierte Angebot nimmt sich wie auf der Fotografie aus Freiburg merkwürdig in einem Stadtbild aus, das noch von Trümmern und Ruinen geprägt ist.

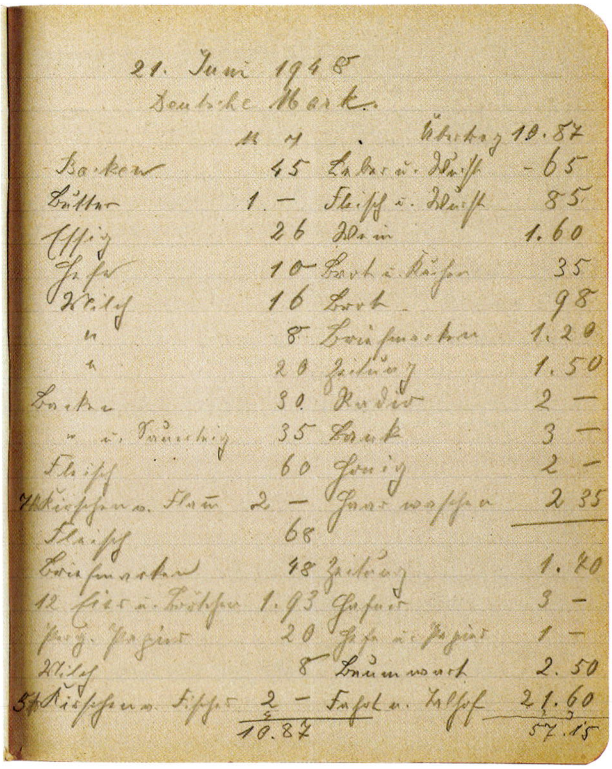

Haushaltsbuch von Mathilde Luther
1927
Haus der Geschichte
Baden-Württemberg

Glaskrug der Familie Zecher
1948
Haus der Geschichte
Baden-Württemberg

Demonstration in Stuttgart gegen die Folgen der Währungsreform
1948
Archiv des Deutschen
Gewerkschaftsbundes

Von den 40 DM, die schon am 20. Juni 1948 ausgezahlt wurden, kauften sich die Menschen ganz unterschiedliche Dinge. Manche waren durch die Währungsreform so verunsichert, daß sie kaum etwas von dem Geld auszugeben wagten. Andere nutzten die Gelegenheit, um endlich wieder frische Lebensmittel zu kaufen. In ihrem Haushaltungsbuch verzeichnete Mathilde Luther aus Metzingen am 21. Juni 1948 die Waren, die sie unmittelbar nach der Währungsreform gekauft hatte. Die Liste führt unter anderem Butter, Fleisch, Kirschen und Eier auf.
Die Metzinger Familie Zecher hatte vor der Währungsreform keine Not gelitten, sondern sich mit ihrer Schneiderei und Tauschgeschäften gut über Wasser gehalten. Von ihren Kopfbeträgen kaufte sich die Familie drei sehr unterschiedliche Dinge: Einen Glaskrug, eine Brotschneidemaschine und eine Madonnenfigur. Die Madonnenfigur wurde von einem Pfarrer gesegnet und steht bis heute als „Schutzpatronin" in dem Haus, das die Familie 1948 baute.

Obwohl die Währungsreform eine wichtige Voraussetzung für den wirtschaftlichen Aufschwung im Südwesten war, wurde sie individuell sehr unterschiedlich erfahren. Für die Inhaber von Guthaben bedeutete sie den Verlust von Ersparnissen. Die Versorgung der Bevölkerung mit Konsumgütern verbesserte sich zwar, gleichzeitig stiegen aber die Preise, während die Löhne stagnierten. Dies erzeugte große soziale Spannungen, die sich im Herbst 1948 in Protesten und Demonstrationen entluden.

Auf der Fotografie ist eine Demonstration auf der Königstraße in Stuttgart zu sehen. Am 28. Oktober 1948 folgten bis zu 100.000 Menschen dem Aufruf der Gewerkschaften, die auf dem Stuttgarter Karlsplatz eine Kundgebung abhielten (Arbeiterbewegung 1982, S. 274–279).
In seiner Ansprache forderte der Gewerkschafter Hans Stetter staatlich kontrollierte Preise sowie Lohn- und Gehaltserhöhungen. Nach der Kundgebung kam es zu einem Zwischenfall auf der Königstraße. Etwa 200 Menschen protestierten vor einem eleganten und teueren Modehaus gegen den Luxus, der im Kontrast zu ihrer eigenen Lage stand. Dabei wurde ein Schaufenster zertrümmert. Deutsche und amerikanische Polizisten räumten den Platz. Die amerikanische Militärregierung ahndete die Proteste mit einer siebentägigen Ausgangssperre für die Zeit zwischen 21 Uhr und 4 Uhr morgens und mit einem Versammlungsverbot, das bis Dezember 1948 andauerte.

„Zerrissenes Land? Nein / Südweststaat Ja!"
1950
Generallandesarchiv Karlsruhe

Vor der Volksabstimmung über die Bildung eines Südweststaates am 9. Dezember 1951 warben Befürworter und Gegner einer Ländervereinigung mit Plakaten, Handzetteln, Versammlungen, Festen und Rundfunkreden um Stimmen. Zu einem ersten Schlagabtausch kam es vor der Probeabstimmung vom 24. September 1950. Die Befürworter des Südweststaates hatten sich in der „Arbeitsgemeinschaft für die Vereinigung Baden-Württemberg" organisiert, die von den Landesregierungen in Württemberg-Baden und Württemberg-Hohenzollern unterstützt wurde. Mit dem Plakat verweist die Arbeitsgemeinschaft auf die Probleme, die sich aus der Teilung des Südwestens in die alten Länder Baden und Württemberg ergeben würden. Die Grenze bewirke eine Zerschneidung der Verkehrswege und damit Nachteile für die Landwirtschaft und die Industrie. Das Plakat wirbt damit, daß die Bildung eines Südweststaates zum Aufbau einer einheitlichen Infrastruktur führen werde, von der Industrie und Landwirtschaft profitierten. Solche wirtschaftlichen Argumente standen bei den Befürwortern des Südweststaates stets im Vordergrund. Aus diesem Grund plädierten auch die Industrie- und Handelskammern und die Gewerkschaften für den Südweststaat.

Plakate und Handzettel allein erschienen nicht ausreichend, um auch die Menschen in Südbaden von den Vorteilen eines Südweststaates zu überzeugen. Die „Arbeitsgemeinschaft für die Vereinigung Baden-Württemberg“ verbreitete ihre Wahlkampfparolen deshalb auch mit Lautsprecherwagen in Baden. Die Fotografie des Fuhrparks entstand vor dem Haus des Generalsekretärs der Arbeitsgemeinschaft in Freiburg, Albert Maria Lehr, einem Vorstandsmitglied der Jungen Union. Mit den Fahrzeugen wurden auch Redner zu Veranstaltungen gefahren oder Plakate im Land verteilt. Ein VW-Bus diente als Wahlkampfzentrale.

„Unhaltbare Ländergrenzen im Südwesten“
1951
Haus der Geschichte
Baden-Württemberg

Mit einer NSU 125 fuhr Rudolf Metz seinen Vater zu den Vortragsveranstaltungen, in denen sich dieser für die Bildung eines Südweststaates engagierte. Der Freiburger Geograph und Landeskundler Professor Friedrich Metz leitete das Geographische Institut der Universität Freiburg und das Alemannische Institut. Zwischen 1949 und 1951 hielt er zahlreiche Lichtbildvorträge in badischen und württembergischen Städten ab. Über die „unhaltbaren Ländergrenzen im Südwesten“ sprach er auch bei einem Vortrag am 30. Juli 1951 im Café Stiftsmühle in Säckingen, für den ein Plakat wirbt. Nach Ansicht von Friedrich Metz war eine Ländervereinigung der beste Weg, um „einen wirtschaftlich ausgeglichenen und politisch gesunden Staat“ aufzubauen. Die Dias, mit denen Metz seine Ausführungen veranschaulichte, zeigten unterschiedliche Landschaften und Städte im Südwesten sowie Landkarten und Karikaturen.

Fuhrpark der „Arbeitsgemeinschaft für die Vereinigung Baden-Württemberg“
Um 1951
Haus der Geschichte
Baden-Württemberg

Motorrad von Rudolf Metz
1950
Haus der Geschichte
Baden-Württemberg

Landkarte von Südwestdeutschland
Rudolf Metz
Um 1948
Haus der Geschichte Baden-Württemberg

Nach den Vorstellungen des Geographieprofessors Friedrich Metz sollte ein künftiger Südweststaat nicht nur Baden, Württemberg und Hohenzollern, sondern auch die Pfalz und den bayerischen Landkreis Lindau umschließen. Entsprechende Karten finden sich in seinen Büchern „Rheinschwaben" von 1948 und „Ländergrenzen im Südwesten" von 1951. In diesen Veröffentlichungen erläuterte Metz unter anderem die kulturellen und geographischen Gründe, die für eine Vereinigung der Länder sprachen. Auf diese Weise versuchte er, der Bildung des Südweststaates eine wissenschaftliche Basis zu geben. Die Karten, die Friedrich Metz in seinen Vorträgen und Büchern zeigte, wurden von seinem Sohn Rudolf Metz gezeichnet.

„Treu der Heimat / Baden unsere Stimme!“
1951
Haus der Geschichte Baden-Württemberg

Leo Wohleb auf dem Alemannischen Volksliederfest in Mösbach
1951
Staatsarchiv Freiburg

Die Plakate, mit denen die „Arbeitsgemeinschaft der Badener“ für die Wiederherstellung des alten Landes Baden warb, zeigen häufig volkstümliche Motive. Umfragen ergaben, daß diese Gestaltung bei der Bevölkerung sehr beliebt war. Eines der Plakate bildet ein Paar in der Tracht des Gutachtales im Südschwarzwald ab. Obwohl die Tracht nur für die Traditionen eines kleinen Teils der badischen Bevölkerung steht, benutzten die Gegner des Südweststaates diese Kleidung als Symbol für die badische Heimat. Das Plakat sollte vermitteln, daß diese Heimat und die regional verankerten Traditionen in einem gemeinsamen Staat mit Württemberg verloren gehen könnten. Der badische Staatspräsident Leo Wohleb machte in seinen Reden häufig deutlich, daß er bewußt an „das Gefühl, an das Heimatgefühl der Badener“ appelliere, um den Südweststaat zu verhindern.

Leo Wohleb besuchte auch Heimattage und -feste, um möglichst viele Stimmen zu gewinnen. Auf der Fotografie ist er am 20. Mai 1951 bei einer Rede auf dem Alemannischen Volksliederfest in Mösbach bei Achern zu sehen. Die Vorstellung des badischen Staatspräsidenten von Heimat beschränkte sich allerdings nicht auf Bollenhüte, Trachten und Feste. Im Kern ging es Leo Wohleb vor allem um die liberalen und demokratischen Traditionen Badens. Wohleb war der Ansicht, daß eine Demokratie von unten her wachsen muß und nicht von oben her verordnet werden kann. Die Pflege der badischen Traditionen hielt er für die Basis einer lebendigen Demokratie. Er war der Meinung, daß die freiheitlichen Traditionen Badens durch ein selbständiges Baden besser in der Bundesrepublik Deutschland zur Geltung gebracht werden könnten als durch die Gründung eines Südweststaates, den er für eine leere Konstruktion hielt.

„Das wäre der Zusammenschluß!“
1951
Haus der Geschichte
Baden-Württemberg

Das Motiv des Plakats – ein feister Württemberger erdrückt einen Badener – spielt mit den Ängsten vieler Badener vor einer Vereinigung mit Württemberg. Ein Teil der badischen Bevölkerung befürchtete, Baden könnte nach der Bildung eines Südweststaates wirtschaftlich ausgebeutet und von württembergischen Politikern dominiert werden. Das Plakat wurde von der „Arbeitsgemeinschaft der Badener“ im Wahlkampf vor der Abstimmung 1951 verbreitet. Die Arbeitsgemeinschaft war eng mit der badischen Landesregierung verbunden. Die Prozentzahlen rücken in den Blick, daß Württemberg eine größere Fläche und Bevölkerungszahl als Baden hatte.
Noch kurz vor der Abstimmung appellierte der badische Staatspräsident Leo Wohleb an die badische Bevölkerung, am 9. Dezember 1951 für die Wiederherstellung des alten Landes Baden zu stimmen, damit sie auch künftig selbst über die Geschicke ihrer Heimat bestimmen könnte.

Auch nach der Gründung des südwestdeutschen Bundeslandes am 25. April 1952 gab es noch Konflikte zwischen Befürwortern und Gegnern des Südweststaates. Ein Beispiel hierfür ist der Protest, der sich in Baden anläßlich einer Werbeaktion des württembergischen Fremdenverkehrsverbandes erhob.

Die gebürtige Stuttgarterin Anneliese Schuhholz reiste 1955 mit einem Bollenhut in die USA. In der Gutacher Tracht wollte die Pressereferentin des württembergischen Fremdenverkehrsverbandes bei den Schwabenvereinen der Deutsch-Amerikaner für das Urlaubsland Baden-Württemberg und den Besuch der Landesausstellung in Stuttgart werben.

Auf der Fotografie ist sie am 3. Januar 1955 vor dem Abflug auf dem Echterdinger Flughafen mit dem baden-württembergischen Ministerpräsidenten Gebhard Müller zu sehen. Neben ihr steht der schwäbische Humorist Werner Veidt, der sie begleitete.

Die Fotografien von Anneliese Schuhholz in der Gutacher Tracht lösten in Baden Empörung aus. Die badische „Bauern-Zeitung" protestierte am 14. Januar 1955 gegen den „Trachtenmißbrauch" durch eine „Stuttgarter Großstadtdame". Der rote Bollenhut wird in Gutach nur von unverheirateten Frauen an Festtagen getragen. In der Verwendung der Tracht für die Wirtschaftswerbung sah die „Bauern-Zeitung" den Beweis dafür, daß badische Traditionen in einem Südweststaat nur noch als Werbegag fortlebten. Auch die Basler „National-Zeitung" kommentierte am 13. Januar 1955 kritisch: „Man schmückt sich in Stuttgart nicht nur mit fremden Federn, sondern auch mit fremden Bollenhüten, um die gelungene Heirat mit den Badenern zu demonstrieren."

Verabschiedung von Anneliese Schuhholz durch Gebhard Müller
1955
Haus der Geschichte
Baden-Württemberg

Bollenhut aus Gutach im Schwarzwald
Vor 1955
Haus der Geschichte
Baden-Württemberg

„Für / ein modernes neues Bundesland am oberen Rhein / Baden“
1970
Haus der Geschichte Baden-Württemberg

Der „Heimatbund Badenerland“ setzte 1956 beim Bundesverfassungsgericht eine erneute Volksbefragung in Baden durch. Das Gericht urteilte nun, daß der badischen Bevölkerung 1951 durch die Bildung von vier Abstimmungszonen das Recht genommen worden sei, ihren politischen Willen durch eine Volksbefragung im „Gesamtraum Baden“ zu äußern. Wären die Stimmen nach den alten Ländern durchgezählt worden, so hätte sich die badische Bevölkerung mehrheitlich gegen den Südweststaat ausgesprochen. Durch das Urteil des Bundesverfassungsgerichts eröffnete sich die Möglichkeit, nochmals eine Volksabstimmung in Baden durchzuführen. Wegen gegensätzlicher Interessen der Bundestagsabgeordneten, die das hierfür notwendige Gesetz jahrelang verschleppten, fand die Abstimmung erst am 7. Juni 1970 statt.
Im Vorfeld gab es erneut einen Wahlkampf, bei dem über das Für und Wider eines Verbleibs Badens beim neuen Bundesland gestritten wurde. Die Landesregierung startete eine große Werbekampagne für den Erhalt Baden-Württembergs. Die Befürworter des neuen Bundeslandes warben vor allem mit den Slogans „Gemeinsam sind wir stark“ oder „Wir denken an die Zukunft“.

Die Lörracher „Bürgervereinigung für ein selbständiges und demokratisches Baden“ argumentierte in einem Flugblatt, daß eine lebendige bürgernahe Demokratie nur in einem selbständigen Baden verwirklicht werden könnte. Sie betonte, daß die „Pro-Baden-Bewegung“ keine „antiquierte Kleinstaaterei“ betreibe, sondern fortschrittliche Ziele verfolge. Hierzu zählte die Bürgervereinigung den Abbau zentralstaatlicher Machtbefugnisse und den Umweltschutz: „Wer nicht blind ist, weiß, daß die geplanten Atomkraftwerke als reine Macht- und Prestigeprojekte (das) Vergiftungsproblem noch sehr verschlimmern werden.“ Durch ein neues Gesetz, das die Kindererziehung als wichtige gesamtgesellschaftliche Aufgabe verstand, sollten die Leistungen der Mütter angemessen honoriert werden. Das Programm knüpfte an die fortschrittlichen sozialen Bestimmungen der badischen Verfassung vom 19. Mai 1947 an und orientierte sich zudem an aktuellen basisdemokratischen und alternativen Strömungen. Es zielte damit auch auf jüngere Wähler innerhalb der Protestbewegungen.

Abgeordnete und Journalisten, die der Sitzung der Verfassunggebenden Versammlung vom 25. April 1952 beiwohnten, erinnern sich noch lebhaft an die Art und Weise, wie Reinhold Maier die Gründung des „südwestdeutschen Bundeslandes“ vollzog. Mit der Bildung einer vorläufigen Regierung und der damit vollzogenen Landesgründung „überrumpelte“ Maier die Fraktionen, die der neuen Regierung nicht angehörten, da auf der Tagesordnung nur die Wahl des Ministerpräsidenten stand. Für die Bildung eines Kabinetts hätte Reinhold Maier zwei Wochen Zeit gehabt. Die formale Gründung des Landes sollte nach den Vorstellungen mancher in einem Festakt vollzogen werden.
Reinhold Maier stellte jedoch schon kurz nach der Wahl seine künftigen Minister vor. Dann zog er seine Taschenuhr hervor. Vor der überraschten Versammlung stellte der neue Ministerpräsident fest, daß die vorläufige Regierung um 12 Uhr 30 gebildet worden sei. Damit waren die Länder Baden, Württemberg-Baden und Württemberg-Hohenzollern zu einem Bundesland vereinigt. Die Rede Maiers ging in den „Protest“- und „Pfui“-Rufen zahlreicher CDU-Abgeordneter unter, die in die Opposition gedrängt worden waren. Viele Abgeordneten protestierten auch gegen den Umstand, daß Reinhold Maier die Ernennungsurkunden für seine Minister wohl noch als Abgeordneter unterzeichnet hatte. Der Vorwurf, Maier hätte widerrechtlich gehandelt und die Regierungsbildung sei deshalb ungültig, ließ sich jedoch nicht aufrechterhalten.

Taschenuhr
von Reinhold Maier
Vor 1952
Privatbesitz

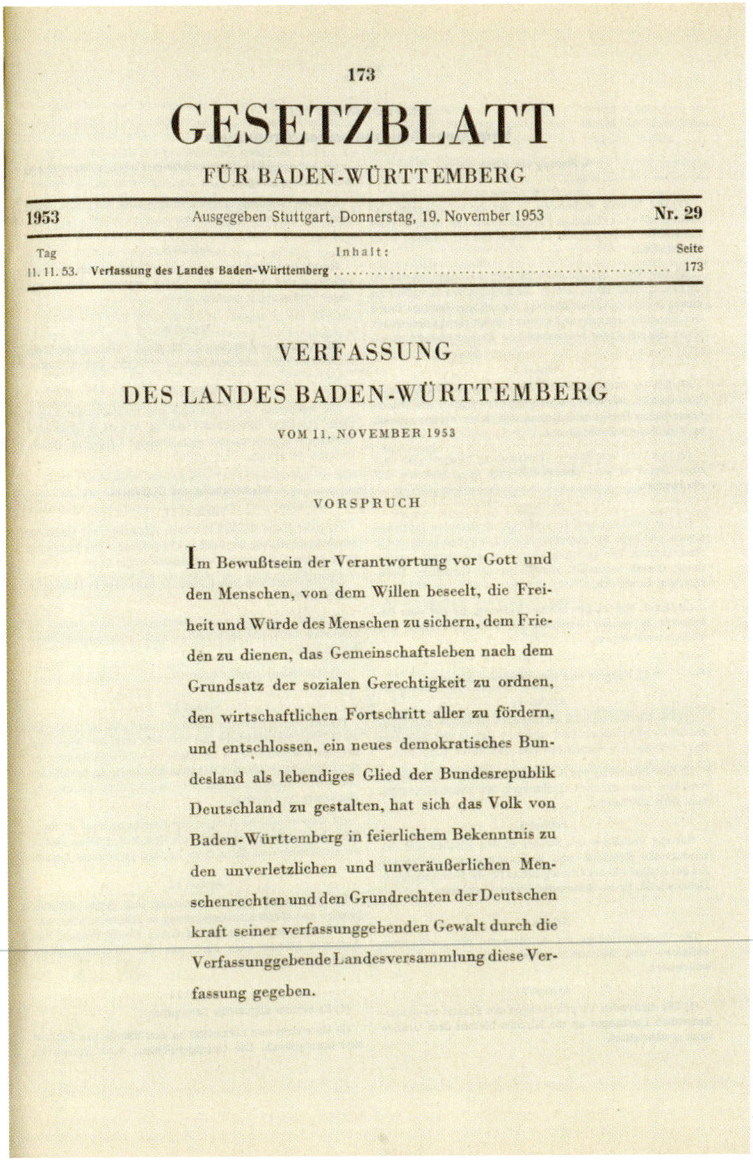

173

GESETZBLATT

FÜR BADEN-WÜRTTEMBERG

1953 — Ausgegeben Stuttgart, Donnerstag, 19. November 1953 — Nr. 29

Tag	Inhalt:	Seite
11. 11. 53.	Verfassung des Landes Baden-Württemberg	173

VERFASSUNG DES LANDES BADEN-WÜRTTEMBERG

VOM 11. NOVEMBER 1953

VORSPRUCH

Im Bewußtsein der Verantwortung vor Gott und den Menschen, von dem Willen beseelt, die Freiheit und Würde des Menschen zu sichern, dem Frieden zu dienen, das Gemeinschaftsleben nach dem Grundsatz der sozialen Gerechtigkeit zu ordnen, den wirtschaftlichen Fortschritt aller zu fördern, und entschlossen, ein neues demokratisches Bundesland als lebendiges Glied der Bundesrepublik Deutschland zu gestalten, hat sich das Volk von Baden-Württemberg in feierlichem Bekenntnis zu den unverletzlichen und unveräußerlichen Menschenrechten und den Grundrechten der Deutschen kraft seiner verfassunggebenden Gewalt durch die Verfassunggebende Landesversammlung diese Verfassung gegeben.

Verfassung des Landes Baden-Württemberg
1953
Haus der Geschichte
Baden-Württemberg

Trotz des Protestes, der sich gegen die als überstürzt empfundene Regierungsbildung Reinhold Maiers erhob, arbeiteten die Landtagsabgeordneten in den folgenden anderthalb Jahren eine neue Verfassung aus. Mit der Verabschiedung dieser Verfassung am 11. November 1953 hatte das neue Bundesland ein politisches Fundament erhalten. Erst eine Woche zuvor hatte sich das Parlament endgültig für den Namen „Baden-Württemberg" entschieden.
Mit der Veröffentlichung im Gesetzblatt trat die Verfassung am 19. November 1953 in Kraft.
Die Präambel der Verfassung hebt den Willen des Volkes hervor, „die Freiheit und Würde des Menschen zu sichern, dem Frieden zu dienen, das Gemeinschaftsleben nach dem Grundsatz der sozialen Gerechtigkeit zu ordnen" und „den wirtschaftlichen Fortschritt aller zu fördern". Die Verfassung gab auch den Vorstellungen der Vertriebenen Ausdruck, deren Stimmen entscheidend zur Bildung des neuen Bundeslandes beigetragen hatten. In Artikel 2, Absatz 2, bekannte sich das „Volk von Baden-Württemberg ... zu dem unveräußerlichen Menschenrecht auf die Heimat".

Modell des Landtags von Kurt Viertel (Fotografie)
1957
Familie Viertel, Zürich

Modell des Plenums des baden-württembergischen Landtags
Um 1958
Haus der Geschichte Baden-Württemberg

Mit dem Bau eines neuen Landtags in Stuttgart erhielt das neue Bundesland eine „politische Mitte". Der Mainzer Architekt Kurt Viertel gewann am 9. Oktober 1957 den Wettbewerb um das neue baden-württembergische Landtagsgebäude. Der Entwurf sah ein quadratisches Gebäude mit einer Vorderfront aus Glasflächen und Aluminiumstreben vor, das zudem mit Marmor verkleidet war. Die Presse kommentierte: „Der Landtag erhält einen Glaspalast". Das Herz des Landtags, der Plenarsaal, sollte durch einen Aufbau für die Bevölkerung von außen sichtbar sein. Das Preisgericht lobte zwar, daß Kurt Viertel ein Gebäude geschaffen habe, das sich zwischen Schloß und Theater behaupte. Auch fand der Plenarsaal als beherrschende Mitte des Gebäudes Beifall. Gleichwohl konnten sich Kurt Viertel und die Staatliche Bauverwaltung in den nächsten Monaten nicht über die Änderungen des Entwurfs verständigen (Lersch 1993).
Der Entwurf wurde von der Staatlichen Bauverwaltung unter Leitung von Horst Linde und Erwin Heinle geändert und weiterentwickelt. Mit einer Fassadenkonstruktion aus Bronze wollten die Architekten die Würde und Beständigkeit der parlamentarischen Volksvertretung hervorheben. Die nach allen Seiten hin verglaste Eingangshalle steht für Transparenz und Bürgernähe. Linde und Heinle verringerten die Maße des Gebäudes von 63 x 63 m auf 54 x 54 m. Hierdurch wurde der Landtag zwar billiger, er erwies sich jedoch schon bei der Eröffnung 1961 als zu klein.

In dem Ausführungsentwurf des Landtags von Horst Linde und Erwin Heinle war das Plenum des Landtags auch weiterhin die beherrschende Mitte des Gebäudes. Der Plenarsaal war jedoch von außen nicht mehr zu sehen. Heinle und Linde entwarfen ein mit Holz verkleidetes Plenum ohne Tageslicht. Die Architekten wollten einen Raum gestalten, in dem sich die 121 Abgeordneten ganz auf das gemeinsame Gespräch konzentrieren konnten und nicht durch äußere Einflüsse abgelenkt wurden. Die Form des Plenums knüpft an historische Formen an. Die Abgeordnetenplätze sind halbmondförmig angeordnet. Auf der Tribüne sind über 200 Sitze für Besucher und Journalisten vorgesehen. Jeder Abgeordnete sollte bei Debatten von seinem Platz aus in die Diskussion eingreifen können und von allen Plätzen aus gut verstanden werden. Die Akustik des mit Eichenholz verschalten Plenums erlaubt es den Parlamentariern, über alle Entfernungen hinweg ohne Mikrofone in normaler Lautstärke miteinander zu sprechen. Bei der Einweihungsfeier hob ein Reporter hervor, daß die Akustik mit jener in der Mailänder Scala vergleichbar sei.
Das Modell wurde im Büro der Architektin Herta-Maria Witzemann angefertigt, die für die Innengestaltung des Landtages zuständig war. Am Modellbau war der Bildhauer Erich Matti beteiligt, der auch das Relief im Eingangsbereich des Landtags gestaltete.

1964 fiel endgültig die Entscheidung für den Bau eines Kernkraftwerkes bei Obrigheim am Neckar im Kreis Mosbach. Mit dem Bau wurde die Siemens-Schuckertwerke AG in Erlangen beauftragt. Das Kernkraftwerk Obrigheim gehörte neben dem KKW Grundremmingen bei Günzburg und dem KKW Lingen in Niedersachsen zu den drei Projekten, mit denen die Leistungsfähigkeit von Atomkraftwerken im Vergleich mit herkömmlichen Kohlekraftwerken demonstriert werden sollte.
Im Frühjahr 1965 präsentierte die Siemens AG ein Modell des Kernkraftwerks Obrigheim auf der Messe in Hannover. Zur Dampferzeugung dient eine Druckwasser-Reaktoranlage mit angereichertem Uran als Brennstoff. Im Vordergrund ist das aufgeschnittene Reaktorgebäude zu sehen mit der geplanten doppelten Sicherheitshülle aus Stahl und Stahlbeton. Hinter dem Reaktorgebäude befindet sich das große Maschinenhaus mit dem Turbo-Satz, der zur Stromerzeugung dient. Als das Kernkraftwerk 1968 in Betrieb genommen wurde, galt es mit einer elektrischen Bruttoleistung von zunächst 300 MW als das größte leichtwassergekühlte Kernkraftwerk Europas.

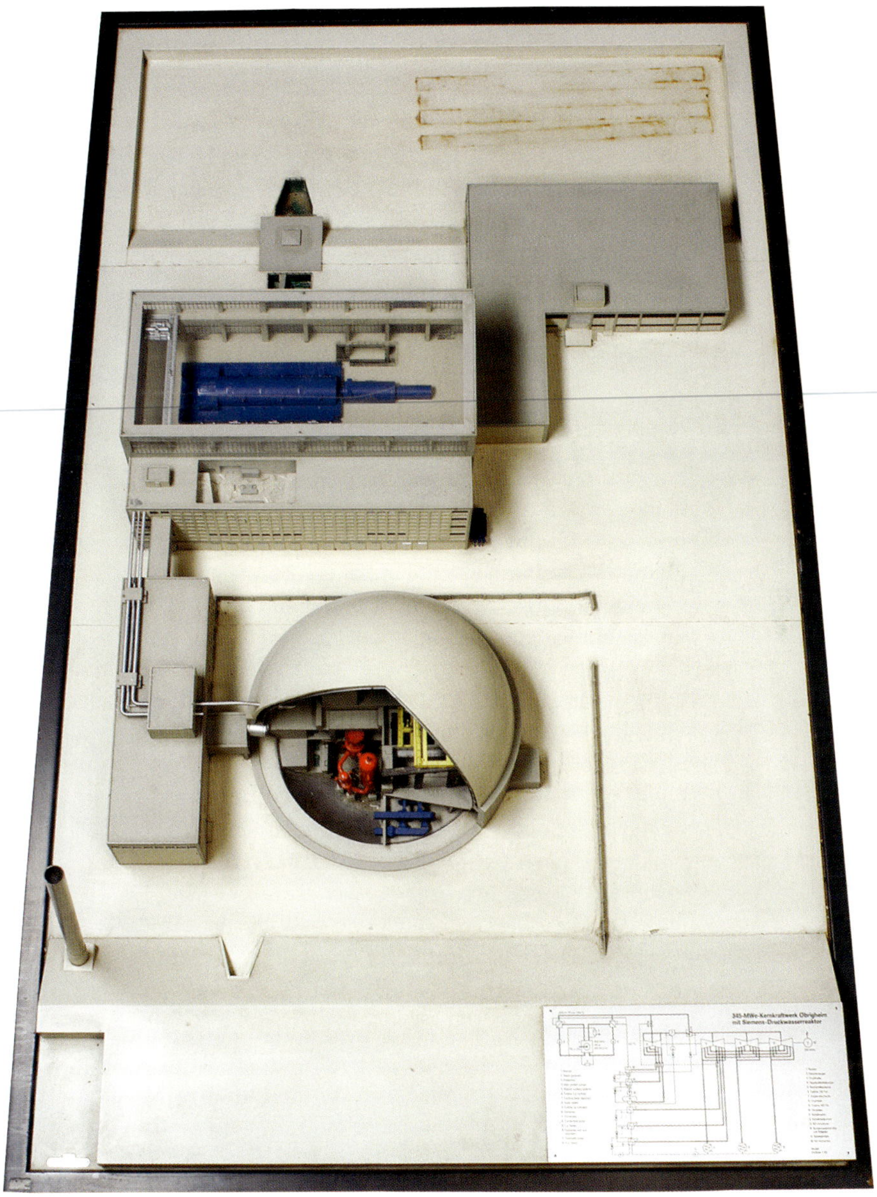

Modell des Kernkraftwerks Obrigheim
1965
Auto & Technik Museum Sinsheim

Kernkraftwerk Obrigheim
1968
Siemens-Archiv München

Die Fotografien, die vom Atomkraftwerk in Obrigheim verbreitet wurden, zeigen häufig ein Reaktorgebäude in malerischer Landschaft, im Vordergrund der Neckar, spielende Kinder oder flatternde Wäsche. Solche Aufnahmen sollen vermitteln, daß von dem Kernkraftwerk keinerlei Gefahren für die dörfliche Idylle ausgehen.
In einer Werbebroschüre des Bonner Atom-Forums von 1969/70 betonte der Obrigheimer Bürgermeister Ertl: „Kein Fabriklärm, kein lästiger Rauch stört die Idylle. Obrigheim ist ein malerischer Ort im Neckartal geblieben – aber einer mit Zukunft."
Die Zukunft der Gemeinde, die in einer der wirtschaftlich schwächsten Regionen Baden-Württembergs liegt, wurde vor allem in der Verbesserung der Infrastruktur gesehen. In der Werbebroschüre erläuterte der Bürgermeister, daß er sich aus diesem Grund für den Standort Obrigheim eingesetzt hätte: „Der Fortschritt kam nach Obrigheim." Es gebe jetzt eine neue Schule mit Schwimmbad, Ärzte und eine Apotheke. Noch vor Baubeginn wiesen die Zeitungen auf die möglichen wirtschaftlichen Vorteile hin, die sich für die Gemeinde Obrigheim durch den Bau des Kernkraftwerks ergeben könnten. Der Korrespondent der „Stuttgarter Nachrichten" prophezeite am 10. Juni 1964: „Wenn bis Ende des Jahres 1968 erstmalig Atomstrom aus Obrigheim geliefert werden kann, wird die neue große Zukunft des Neckardorfs bereits begonnen haben. Bis dahin wird der Bürgermeister auch einen größeren Geldschrank für das Rathaus angeschafft haben."
Tatsächlich verbesserte der Bau des Kernkraftwerks die Finanzkraft der Gemeinde Obrigheim erheblich. Von 1962 bis 1972 stiegen die Einnahmen an Gewerbesteuern von 269.713 DM auf 1.574.101 DM (Gemeindeverwaltung Obrigheim). Die Kommune erhielt zudem bis 1989 auf Grund eines Ansiedlungsvertrags einen jährlichen Festbetrag in Höhe von über einer Million DM. Kleinere und mittlere Handwerksbetriebe in der Region profitieren von den Aufträgen, die das KKW vergibt (von Dosky 1987, S. 154–163, 175–183).
Seit Anfang der siebziger Jahre wird der Bau von Kernkraftwerken viel kritischer beurteilt. Bis heute diskutieren Gegner und Befürworter der Kernenergie, ob der wirtschaftliche Gewinn die Belastung der Umwelt wettmachen kann.

Regionen mit geringem Anteil von Schülern und Studierenden
1964
Hansgert Peisert,
Universität Konstanz

Als Georg Picht mit seiner Warnung vor einer drohenden „Bildungskatastrophe" 1964 die deutsche Öffentlichkeit mobilisierte, hatte die Forschung zu diesem Thema am Soziologischen Seminar der Universität Tübingen schon längst begonnen. Seit 1961 untersuchte Hansgert Peisert im Rahmen seiner Habilitation die Ursachen ungleicher Bildungschancen in der Bundesrepublik Deutschland (Peisert 1967). Neben sozialer Schicht und Geschlecht rückte er dabei auch die regionale Zugehörigkeit der Jugendlichen in den Blick. In einer Vorstudie für Baden-Württemberg ermittelte Peisert auf der Grundlage der Volkszählung von 1961 elf „Regionen geringer Bildungsdichte", in denen weniger als fünf Prozent der Jugendlichen zwischen 16 und 19 Jahren eine Schule oder Hochschule besuchten (der Landesdurchschnitt lag bei 15 Prozent). In diesen Gebieten war Land- und Forstwirtschaft die wichtigste Existenzgrundlage. Kleinere und mittlere Höfe erbrachten jedoch nur einen geringen Ertrag. Die wenigen höheren Schulen, die es in den „Bildungsnotstandsgebieten" oder in ihrer Nähe gab, waren wegen der unzureichenden Verkehrssituation für die Jugendlichen nur schlecht erreichbar.
Die Bildungsforschung von Hansgert Peisert beeinflußte die Bildungsplanung der Landesregierung wesentlich. Kultusminister Wilhelm Hahn stattete dem Soziologischen Seminar in Tübingen im Juli 1964 einen Besuch ab und ließ sich die Forschungsergebnisse vortragen. Die Karte von Hansgert Peisert wurde zum Ausgangspunkt für die bildungspolitischen Maßnahmen. Das abgebildete Exemplar war Anlage der Habilitationsschrift „Studien zur Sozialstruktur der Bildungschancen in Deutschland", die Hansgert Peisert im März 1965 bei der Universität Tübingen einreichte.

Das Kultusministerium versuchte den Besuch höherer Schulen in den „Bildungsnotstandsgebieten“ durch den Bau von Realschulen und Gymnasien sowie durch die Einrichtung von Bildungsberatungsstellen und Schulbuslinien zu fördern. In Modell- und Versuchsschulen sollten überdies neue Formen des Lehrens und Lernens erprobt werden. Zu den Modellschulen zählten Gesamtschulen, Ganztagsschulen und ländliche Bildungszentren, in denen Grund- und Hauptschulen räumlich eng mit höheren Schulen verbunden waren.
Der Bau eines Gymnasiums mit Ganztagsbetrieb in Osterburken gehörte zu den ersten Maßnahmen, die das Kultusministerium in den „Bildungsnotstandsgebieten“ einleitete.
Das „Bauland-Ahorn-Gebiet“ bei Osterburken war als „Bildungsnotstandsgebiet Nr. 1“ auf Hansgert Peiserts Karte ausgewiesen.
Den Wettbewerb für die Modellschule in Osterburken entschied im September 1967 die Berliner Architektengemeinschaft Jan Bassenge, Kay Puhan-Schulze und Hasso Schreck für sich. Ihr Entwurf sah variable Schulräume vor, die sowohl Großgruppenunterricht als auch Arbeit in Fachgruppen oder die Betreuung einzelner Schüler erlaubten.
Der Ausgang des Wettbewerbs fand ein breites Presseecho. Im Bau des Gymnasiums mit Ganztagsbetrieb wurde ein „revolutionärer Schultyp“ gesehen, der als Modell für den Schulbau in der Bundesrepublik Deutschland dienen könnte. Die Schule wurde 1971 fertiggestellt und im März 1972 durch Kultusminister Hahn eröffnet.

Ganztags-Gymnasium in Osterburken
Institut für Schulbau
Um 1972
Uwe Brandt, Universität Stuttgart

Nachbarschaftsschule „in den Berglen" bei Oppelsbohm
Gottfried Planck
1969
Archiv Behnisch & Partner, Stuttgart

Ein wichtiger Aspekt der Bildungsreform betraf die Auflösung von ein- bis zweiklassigen Volksschulen und den Aufbau leistungsfähiger Hauptschulen bis zum 9. Schuljahr. Eine Lösung war der Bau von Nachbarschaftsschulen mit Jahrgangsklassen, in die Kinder aus mehreren benachbarten Gemeinden gehen konnten.
Eine beispielhafte Nachbarschaftsschule entstand bei Oppelsbohm in der Nähe von Schorndorf. Dort schlossen sich zehn Gemeinden zusammen, um eine gemeinsame Schule zu finanzieren. Der „zweigeschossige Stern", den das Stuttgarter Architekturbüro Behnisch & Partner baute, liegt zwischen den Orten „in den Berglen", den Ausläufern des Welzheimer Waldes.
Das Gebäude entstand in kritischer Auseinandersetzung mit den standardisierten, vorgefertigten und zum Teil künstlich beleuchteten Schulen, die in den sechziger Jahren vorherrschend waren. Die fünfeckigen Klassenzimmer eröffnen jeweils andere Blicke in die Landschaft. Je zwölf Klassenzimmer gruppieren sich um eine Halle, in der sich auch die Treppen befinden. Die Schule dient somit gleichzeitig als Ort der Begegnung für die Kinder aus mehreren Dörfern. Auch Gemeindeversammlungen werden dort bis heute abgehalten.

Entwurf für das Buch „Der Schulentwicklungsplan"
Valentin Orasch
1965
Beatrice Orasch, Stuttgart

Die Bildungsreform verfolgte nicht nur das Ziel, das Angebot an Schulen zu verbessern; gleichzeitig sollten die Eltern ermutigt werden, ihre Kinder auf weiterführende Schulen zu schicken. Um dieses Ziel zu erreichen, warb das Kultusministerium in der Öffentlichkeit offensiv für die Bildungsreform. In den beiden Reihen „Bildung in neuer Sicht" und „Bildung für die Welt von morgen" wurden Behörden, Lehrer, Schüler und Eltern über die Ziele der Bildungsreform und die Ausbildungsmöglichkeiten in Baden-Württemberg informiert. Die Bücher und Broschüren trugen programmatische Titel wie „Bildungschancen für alle", „Jedem Kind die richtige Schule" oder „Bildung und Wirtschaftswachstum".

Für die künstlerische Gestaltung der Veröffentlichungen wurde der Maler und Grafiker Valentin Orasch gewonnen. Orasch, der als Professor an der Pädagogischen Hochschule in Ludwigsburg Kunst unterrichtete, hatte zahlreiche Bücher illustriert und Buchumschläge und Werbeplakate entworfen. Für das Kultusministerium gestaltete er nicht nur Grafiken, die den Ausbau des Schulwesens veranschaulichten. Er versah die Broschüren auch mit den Skizzen von nachdenklichen, diskutierenden und musizierenden Kindern und Jugendlichen, wodurch die Zielgruppe der Bildungsreform stärker ins Blickfeld rückte. Mit dem Band „Der Schulentwicklungsplan" eröffnete das Kultusministerium die Reihe „Bildung in neuer Sicht".

Forum der Universität Konstanz
Heinz Finke
Um 1978
Universitätsarchiv Konstanz

Modell zur künstlerischen Ausgestaltung des Forums
Otto Piene
1969
Staatliches Vermögens- und Hochbauamt Konstanz

Der Bau einer Universität in Konstanz war ein ambitioniertes Projekt, mit dem die Landesregierung unterschiedliche Ziele verknüpfte. Als Ministerpräsident Georg Kiesinger 1959 auf einer Bauernversammlung in Singen zum ersten Mal von dem Plan sprach, in Konstanz eine Universität zu gründen, ging es ihm vor allem darum, die Bodenseeregion als Standort zu stärken. Die Universität sollte der Grenzregion wirtschaftliche und kulturelle Impulse geben und dadurch die Zustimmung der badischen Bevölkerung zum neuen Bundesland erhöhen. In den sechziger Jahren rückten die hochschulpolitischen Reformpläne der Landesregierung in den Vordergrund. In der neuen Universität sollte die innere Hochschulreform modellartig verwirklicht werden.

Diese Reform zielte auf die fruchtbare Zusammenarbeit unterschiedlicher Disziplinen und auf die Bildung einer kreativen Gemeinschaft aus Dozenten und Studierenden. Forschungsergebnisse sollten im Gespräch mit Studenten erprobt werden und die Erfahrungen in der Lehre wieder auf die Forschung zurückwirken. Ziel war ein neuer akademischen Lebenstil. Der Grundstein für die neue Universität wurde am 21. Juni 1966 gelegt. Das erste Studienjahr begann im Oktober 1966 in den Räumen des Insel-Hotels und in verschiedenen Villen der Stadt. 1969 konnten die Gebäude auf dem Sonnenbühl und 1972 die Universitätsräume auf dem Gießberg bezogen werden.

Die Reformideen fanden ihren Ausdruck auch in der architektonischen und künstlerischen Gestaltung der Universität Konstanz. Eine zentrale Bibliothek für alle Fächer, verknüpfende Rundgänge und die Einrichtung von Foren sollten die Kommunikation zwischen den Wissenschaftlern aus unterschiedlichen Disziplinen und zwischen Dozenten und Studenten fördern. Um Architektur und Kunst zu verbinden, schrieb das Universitätsbauamt 1969 einen Wettbewerb für die „Kunst am Bau“ aus. Otto Piene reichte ein Modell für die künstlerische Ausgestaltung des Forums zwischen Mensa und Bibliothek ein, das Eugen Schneble konzipiert hatte. Piene betrachtete diesen Innenhof als „Herzstück des Universitätsorganismus“. Für das Forum entwarf er ein Windrad, Windplastiken und einen Kugelbrunnen. Durch das Einfließen der Naturelemente sollten Verbindungen zwischen der Universität und der sie umgebenden Landschaft geschaffen werden. Das Forum ist bis heute ein zentraler Treffpunkt der Universität.

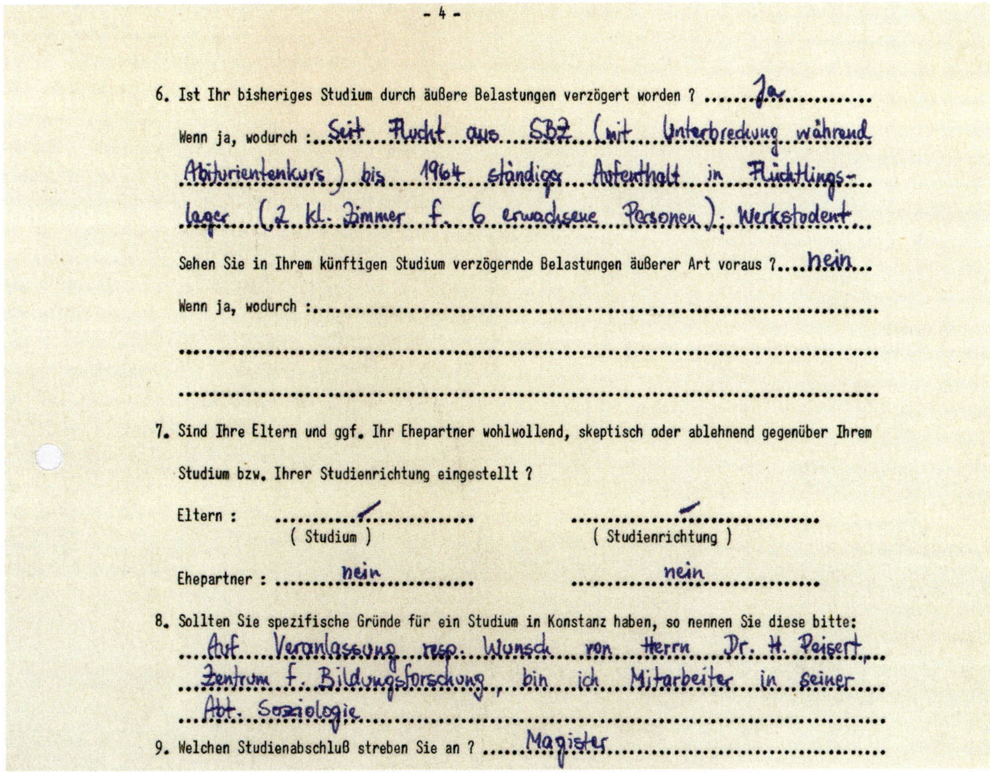

\- 4 -

6. Ist Ihr bisheriges Studium durch äußere Belastungen verzögert worden ? ......Ja..........

Wenn ja, wodurch : Seit Flucht aus SBZ (mit Unterbrechung während Abiturientenkurs) bis 1964 ständiger Aufenthalt in Flüchtlingslager (2 kl. Zimmer f. 6 erwachsene Personen); Werkstudent

Sehen Sie in Ihrem künftigen Studium verzögernde Belastungen äußerer Art voraus ? ....nein...

Wenn ja, wodurch : ....

7. Sind Ihre Eltern und ggf. Ihr Ehepartner wohlwollend, skeptisch oder ablehnend gegenüber Ihrem Studium bzw. Ihrer Studienrichtung eingestellt ?

Eltern : ....✓.............. (Studium) ....✓.............. (Studienrichtung)

Ehepartner : ....nein.............. ....nein..............

8. Sollten Sie spezifische Gründe für ein Studium in Konstanz haben, so nennen Sie diese bitte: Auf Veranlassung resp. Wunsch von Herrn Dr. H. Peisert, Zentrum f. Bildungsforschung, bin ich Mitarbeiter in seiner Abt. Soziologie

9. Welchen Studienabschluß streben Sie an ? ....Magister....

Die Universität Konstanz war ursprünglich für 3.000 Studenten konzipiert, weil man glaubte, eine intensive Forschung und Lehre nur mit einer Beschränkung der Studienplätze verwirklichen zu können. Die Studenten sollten durch ein umfangreiches Zulassungsverfahren, zu dem auch detaillierte Fragebögen und ein persönliches Gespräch zählten, ausgewählt werden. Angesichts der wachsenden Zahl an Studenten, die auf die Universitäten drängten, mußte das Zulassungsverfahren bald vereinfacht werden. Begann das Wintersemester 1966/67 noch mit 53 Studenten, so gab es im Sommersemester 1972 schon 1.029 Studenten in Konstanz. Zehn Jahre später studierten im Wintersemester bereits 5.141 Studenten an der Universität. Der erste Student, der am 28. April 1966 an der Universität Konstanz immatrikuliert wurde, war Nikolaus Kämpfe. Er mußte einen siebenseitigen Fragebogen ausfüllen, in dem auch gefragt wurde, ob das bisherige Studium durch äußere Belastungen verzögert worden sei und ob Eltern und Ehepartner das Studium skeptisch oder wohlwollend beurteilten.

Nikolaus Kämpfe stammte aus einer Arbeiterfamilie und war mit seiner Familie noch vor dem Mauerbau von Dresden in den Westen geflüchtet. Bis 1964 lebte er in Flüchtlingslagern. Dies hatte seine Ausbildung erschwert, weil sich die sechsköpfige Familie zwei kleine Räume teilen mußte. In Konstanz arbeitete er als wissenschaftliche Hilfskraft im Zentrum I für Bildungsforschung bei Professor Hansgert Peisert, der 1966 zusammen mit Ralf Dahrendorf von Tübingen an die neue Universität gewechselt war.

Zulassungsantrag des ersten Studenten der Universität Konstanz
1966
Universität Konstanz,
Studentische Abteilung

„Es ist aber eine staatsbürgerliche Pflicht, den Mund aufzumachen und sich zu äußern“

Ralf Dahrendorf, 2002

Zehntausende demonstrieren in der
Bundesrepublik gegen den

Schwäbische Zeitung, 18. J

Parlam

Blei

Mannheimer Morgen, 15. Juli 1983

Bleifreies Benz

Eurozeit in
eine gemeinsame Währung für

Stuttgarter Zeitung, 31. Dezember 2001

Peter Schaller

Parlamentarische Demokratie im Medienzeitalter 1972–2002

Die Reformära ging in Baden-Württemberg 1972 zu Ende. Dies wird an Ministerpräsident Filbingers Regierungserklärung vom 22. Juni 1972 deutlich. Einer „Politik der Reformen" (Regierungserklärung vom 27. Juni 1968) ließ er eine Politik der finanziellen Beschränkung und der „inneren Sicherheit" folgen, die direkt auf die Anschläge der „Rote Armee Fraktion" (RAF) im Mai 1972 antwortete. Teil dieser Thematik der Inneren Sicherheit war auch der sogenannte „Schiess-Erlaß" vom 2. Oktober 1973, benannt nach dem damaligen baden-württembergischen Innenminister, der die Überprüfung der Staatstreue von Beamten ermöglichte. Dieser Erlaß folgte auf den sogenannten „Radikalen-Erlaß" der Bundesregierung von 1972. Die Reformphase endete auch an den Hochschulen. Die Studenten gingen 1972 wieder, wie schon 1968, auf die Straße und äußerten ihren Unmut über die unzulängliche Hochschulreform. Die Universitätsstadt Heidelberg bildete erneut eines der Zentren studentischen Protests in Baden-Württemberg.

Spätestens seit 1972 zeigte sich, daß auf die hochdifferenzierten Industriegesellschaften Probleme zukommen würden, deren Tragweite über das bisher bekannte Maß hinausgingen. Der Bericht des Club of Rome über die „Grenzen des Wachstums" wies 1972 unmißverständlich darauf hin, daß die Ressourcen der Erde endlich sind. Zunehmende Luft- und Wasserverschmutzung machten deutlich, daß mit der Umwelt zukünftig pfleglicher umgegangen werden müsse, sollte die Erde auch noch für kommende Generationen bewohnbar bleiben.

Im November 1973 wurde durch den Nahostkrieg eine Ölpreiskrise ausgelöst. Es folgte eine Weltwirtschaftskrise, deren Auswirkungen „bis auf den heutigen Tag noch zu spüren sind. (...) Obwohl sich die Wirtschaft nach drei Jahren wieder erholt hatte, so blieb eine Nachwirkung erhalten – die Massenarbeitslosigkeit. Auch wenn hierbei andere Faktoren (...) von nicht zu unterschätzender Bedeutung waren, so ist der Beginn der strukturellen Arbeitslosigkeit auf die Entscheidung der OPEC-Staaten zu datieren, den Preis des Rohöls nach oben zu schrauben." (Kraushaar 2000, S. 219)

Die Forschung ist sich einig, daß es sich hierbei um eine „Trendwende" handelte, manche sprechen sogar von einem „Zeitenbruch" (Fürst 2000). Der Spiegel titelte: „Folge der Ölkrise: Ende der Überflußgesellschaft" (Spiegel 47/1973). Dies ist die eine Seite der Medaille.

Ohne Zweifel gab es bedeutende Krisen; die aber fanden in einer Zeit hohen Wohlstands statt. Um 1972 erreichten die entwickelten Industriegesellschaften des Westens ein noch nie dagewesenes Wohlstandsniveau. Die große Mehrheit der bundesdeutschen Bevölkerung erreichte einen Lebensstandard, der viele materielle Wünsche Wirklichkeit werden ließ, die vor noch nicht allzu langer Zeit undenkbar gewesen wären. Diese Entwicklung setzte sich, wenn auch teilweise verlangsamt, in den folgenden Jahrzehnten fort. Der Wohlstand der Menschen, der im wirtschaftlich starken Baden-Württemberg über dem Bundesdurchschnitt lag, ist die andere Seite der Medaille und ein kennzeichnendes Merkmal der Zeit zwischen 1972 und 2002.

In den Jahren des Umbruchs zwischen 1972 und 1973 fand in der Bevölkerung ein Umdenken statt. Es entstand ein neues Problembewußtsein.

Euroland
zwölf Staaten

Fristenlösung mit Be
Bundestag beschließt
Mannheimer Morgen, 30. Juni 1995

zin bunde

Immer mehr Menschen setzten sich ernsthaft mit den anstehenden Fragen der Zeit auseinander. Es gab nicht mehr den ungebrochenen Fortschrittsglauben und die Reformeuphorie der Wirtschaftswunderzeit. Die kritischere Haltung erlaubte einen nüchternen Blick auf die realen Lebensumstände. Manche Gruppen, die einen gewissen Wohlstand erreicht hatten, fühlten sich auch vom sozialen Abstieg bedroht. Zukunftsängste machten sich breit. Im liberalen Südwesten forderten manche „Stabilität statt Reformen, law and order statt modernem Strafvollzug, Sicherung von Privilegien statt Umverteilung", aber „Zukunftsangst macht schlechte Liberale, nämlich gar keine" (Dahrendorf 1977, S. 58–59). Ralf Dahrendorf prägte in dieser Situation den Begriff von der „Tendenzwende" und meinte damit die konservative Wende in der Politik (Hahn 1981, S. 233).

Trotz dieser konservativen Wende war in der Bevölkerung ein Bedürfnis nach Veränderung vorhanden. Viele wollten über die anstehenden Probleme nicht nur reden oder an die Politik appellieren, sondern die Dinge lieber selbst in die Hand nehmen. Menschen engagierten sich in Bürgerbewegungen vor Ort, um sich für die eigenen Belange und die Interessen ihrer Kinder einzusetzen. Das bekannteste Beispiel für organisierten Bürgerprotest in Baden-Württemberg sind die Auseinandersetzungen um ein geplantes Atomkraftwerk im badischen Wyhl. Grenzüberschreitend hatten sich 1974 insgesamt 21 Bürgerinitiativen zusammengeschlossen, um den Bau des Atomkraftwerks zu verhindern, was nach langen Auseinandersetzungen schließlich auch gelang. Aus derartigen Bürgerbewegungen und den Resten der Studentenbewegung entstand Ende der 1970er Jahre die Partei der Grünen, die den Umweltschutz zu einem ihrer zentralen Ziele erklärte. Die parlamentarische Demokratie lernte mit den Bürgerinitiativen umzugehen. Ministerpräsident Späth verkündete in seiner ersten Regierungserklärung vom 31. August 1978: „Zahlreiche Bürgerinitiativen und spontane Aktionen sind ein Zeichen dafür, daß wir mehr miteinander reden müssen. Spüren wir doch täglich den Wunsch vieler Bürger, mit uns, den Politikern, nicht auf Umwegen, sondern direkt zu sprechen." Ralf Dahrendorf hat das später in den Satz gekleidet: „Es ist aber eine staatsbürgerliche Pflicht, den Mund aufzumachen und sich zu äußern" (Dahrendorf 2002, S. 92).

Im Verlauf der 1970er Jahre beeinflußte die ‚neue' Frauenbewegung das politisch-kulturelle Klima und die öffentliche Meinung in der Bundesrepublik stark. Sie hatte sich seit 1968 aus der antiautoritären Jugend- und Studentenbewegung entwickelt und verfolgte einen radikalen Gleichheitsanspruch (Frevert 1986, S. 273). Aus der Erkenntnis, daß das Wahlrecht und die Möglichkeit zur politischen Partizipation allein nicht ausreichten, die in Artikel 3 des Grundgesetzes verankerte Gleichheit herzustellen, stellte sie die Arbeitsteilung der Geschlechter, die dem Mann den Beruf und ein öffentliches Leben, der Frau die Familie und ‚unsichtbare' Hausarbeit zuwies, als Fundament der männlich-dominierten Gesellschaftsordnung in Frage. Unter dem Motto „Das Private ist politisch" beharrte die ‚neue' Frauenbewegung darauf, daß der Wille zur Veränderung von gesellschaftlichen Verhältnissen hin zu Freiheit und Selbstbestimmung auch den privaten Bereich einschloß (Maurer 1999, S. 19). In Baden-Württemberg entstanden in dieser Zeit zahlreiche Fraueninitiativen, die den Forderungen der Frauen Nachdruck verliehen.

In der zweiten Hälfte der 1970er Jahre wurde die Auseinandersetzung mit der RAF zur großen Bewährungsprobe für die parlamentarische Demokratie. Nicht daß die Bombenanschläge und Entführungen der Terroristen die Grundfesten der Demokratie erschüttert hätten – dazu war diese Gruppe zu klein, ihre Aktionsmöglichkeiten zu gering. Es war vielmehr die zeitweise hysterische Auseinandersetzung um die Frage, welche Reaktionen des Staates erlaubt seien, um die terroristische Gefahr abzuwenden, die unzweifelhaft die parlamentarische Demokratie herausforderte. Wie weit konnte die Einschränkung der Rechte des Einzelnen gehen? Während die einen die Todesstrafe für Terroristen forderten, kritisierten die anderen die sogenannte „Isolationsfolter" in Gefängnissen wie beispielsweise im Hochsicherheitstrakt der Stammheimer Justizvollzugsanstalt. Einen nicht unerheblichen Anteil an dieser Art der öffentlichen Auseinandersetzung hatten die Medien, zumal die Terroristen die ständige Medienpräsenz sehr geschickt dazu benutzten, Angst und Schrecken zu verbreiten. Kultusminister Hahn sprach die besonnenen Worte: „Unser Rechtsstaat hat genügend Mittel, um mit dem Terrorismus fertig zu werden. Wir müssen sie nur gebrauchen." (zit. n. Schnabel 2001, S. 192) Mit der Entführung und späteren Ermordung des Arbeitgeberpräsidenten Hanns Martin Schleyer im Herbst 1977 erreichte der Terrorismus seinen Höhepunkt. Mit den Selbstmorden der RAF-Gefangenen Baader, Ensslin und Raspe in der

ungspflicht

sweit ender

Sender
Landtagsmehrheiten

Justizvollzugsanstalt Stammheim am 18. Oktober 1977 endete die Geschichte der ersten Generation von RAF-Terroristen.
Anfang der 1980er Jahre stellte sich erneut eine Frage von existentieller Bedeutung. Wie konnte man die Freiheit sichern und gleichzeitig die Menschen vor der globalen Vernichtung bewahren? Es drohte eine Beschleunigung der Rüstungsspirale zwischen den NATO-Staaten und der Sowjetunion. Der NATO-Doppelbeschluß von 1979 galt als Antwort auf die Stationierung moderner SS 20-Raketen in der Sowjetunion. Er sah einerseits die Modernisierung der in Westeuropa stationierten Mittelstreckenraketen vor und bot andererseits der UdSSR Gespräche über eine kontrollierte Begrenzung dieser Waffen an. Hunderttausende demonstrierten 1981 und 1982 in Bonn gegen die sogenannte Nachrüstung. Als die Stationierung der Pershing-II-Raketen in den baden-württembergischen Gemeinden Mutlangen und Heilbronn und im bayerischen Neu-Ulm 1983 nicht mehr aufzuhalten war, blockierten Tausende die Zufahrtsstraßen vor allem des Raketendepots in Mutlangen. Ihre Motivation war die Angst vor der atomaren Bedrohung. 1987 vereinbarten die USA und die Sowjetunion die Verschrottung aller nuklearen Mittelstreckenraketen. Mit dem Ende des Ost-West-Konfliktes endete auch die Diskussion um das Konzept der Abschreckung und die atomare Rüstung.
Das Jahr 1986 wurde zu einem Wendepunkt in der Geschichte des Umweltschutzes. Die Reaktorkatastrophe von Tschernobyl am 26. April 1986 führte langfristig zu einem Umdenken in der Energiefrage. Atomkraft als Energielieferant hatte nicht mehr oberste Priorität. Der Bau neuer Atomkraftwerke wurde zurückgestellt (Brüggemeier 1998). Als am 1. November 1986 nach einem Brand in dem Basler Chemieunternehmen Sandoz giftiges Löschwasser in den Rhein gelangte und ein großes Fischsterben einsetzte, sah sich die Landespolitik genötigt, weitreichende Maßnahmen zu ergreifen, da sich die Umweltkatastrophen zu häufen schienen. Das in seinen Ursachen damals noch weitgehend mysteriöse Waldsterben beunruhigte ebenfalls die Öffentlichkeit. Am 1. Juli 1987 wurde ein Umweltministerium eingerichtet. Es wurden neue Katastrophenpläne erarbeitet und die Rauchgasentschwefelung der Kraftwerksanlagen vorangetrieben.
Seit 1982 wurde die Arbeitslosigkeit zu einem existentiellen und dauerhaften Problem in den entwickelten Industriestaaten. Langzeitarbeitslosigkeit und Jugendarbeitslosigkeit galten als neue Phänomene, die mit einem verstärkten Strukturwandel in Zusammenhang standen.
Die Arbeitslosigkeit hält sich seit dieser Zeit auf einem beständig hohen, bis dahin nicht gekannten Niveau, wenn auch Baden-Württemberg deutlich niedrigere Arbeitslosenzahlen ausweist als andere Bundesländer.
Arbeitslosigkeit oder die Furcht davor werden häufig als Ursache für den rapiden Anstieg des Rechtsextremismuspotentials zwischen 1986 und 1993 genannt. Eine Freiburger Untersuchung stellte dazu 1990 fest: „Diese Modernisierungsängste und Abkoppelungstendenzen vom allgemeinen Aufschwung während des Strukturwandels finden sich gleichermaßen bei Teilen der ländlichen Bevölkerung, die ihre wirtschaftlichen und lebensweltlichen Traditionen von einem rapide fortschreitenden Umbruch der bäuerlichen Existenzformen gefährdet sehen, wie auch bei städtischen Bevölkerungsgruppen. Hier verschmelzen Sorgen um die Zukunft des Arbeitsplatzes, drastische Knappheitssymptome auf dem Wohnungsmarkt und eine unmittelbare Konfrontation mit Ausländern und Aussiedlern im selben Wohnquartier zu einem Gefühl gesteigerter Bedrohung und münden in aggressive Ablehnung alles Fremden und Neuen." (zit. n. Schnabel 2001, S. 255) Eine ganze Anzahl rechtsextremistischer Organisationen wurde in dieser Zeit gegründet, einige rechtsextremistische Parteien, wie die „Republikaner", hatten Erfolg bei Wahlen, und die Zahl gewaltbereiter Skinheads nahm zu. Bei der baden-württembergischen Landtagswahl am 5. April 1992 erreichten die „Republikaner" beinahe elf Prozent der Stimmen und zogen mit 15 Abgeordneten in den Landtag ein. Ihre Wählerbasis setzte sich zu einem Großteil aus eben jenen Modernisierungsverlierern des wirtschaftlichen Strukturwandels zusammen. Nach einer Untersuchung des baden-württembergischen Verfassungsschutzes werden die Republikaner überdurchschnittlich stark von jungen Männern gewählt. „Hinsichtlich der formalen Bildung und beruflichen Tätigkeit zeigte sich, daß insbesondere Menschen mit geringerem Bildungsstand, Arbeiter und Arbeitslose ihre Stimme für die Partei abgaben. Auch Gewerkschaftsmitglieder votieren überdurchschnittlich häufig für die Republikaner, was wahrscheinlich auf den relativ hohen Arbeiteranteil zurückzuführen ist" (Doll 2001, S. 55).
Zwischen 1991 und 1993 war eine Eskalation rechtsextremistisch motivierter Gewalttaten auch in Baden-Württemberg zu verzeichnen. Es

fusion
fusion sicher
für
Stuttgarter Zeitung, 16. April 1997

gab eine größere Zahl von Brandanschlägen auf Asylbewerberheime und Häuser ausländischer Mitbürger. Nach einem zeitweisen Rückgang in den Jahren 2000 und 2001 nehmen die Gewalttaten mit rechtsextremistischen Hintergrund jedoch wieder zu.
1992 kündigte sich ein weltwirtschaftlicher Abschwung an, der sich 1993 zu einer Rezession entwickelte und auch die baden-württembergische Wirtschaft in Mitleidenschaft zog. Erstmals traf es die Vorzeigeunternehmen des Landes, wie beispielsweise Daimler-Benz, Bosch und IBM. Die Zahl der Industriebeschäftigten in Baden-Württemberg sank binnen Jahresfrist um 124.000. In der Zeit zwischen 1991 und 1994 stieg die Zahl der Arbeitslosen von rund 159.000 auf etwa 333.000. Die Wirtschaftskrise von 1992/93 wurde von der Landespolitik als Zeichen eines grundlegenden wirtschaftlichen Umbruchs gewertet. Obwohl sich die Wirtschaft von der großen Krise wieder erholt hat, gehört seither der Kampf gegen die Arbeitslosigkeit zu den zentralen Aufgaben der Landespolitik. Aber im Jahr 2002 steht auch das Thema Bildung ebenso auf der Tagesordnung wie vor 30 Jahren. Und trotz neuer gesetzlicher Regelungen bleiben Umweltschutz und Gleichberechtigung der Frau unverändert große Zukunftsaufgaben.

Grundordnung der Ruprecht-Karls-Universität Heidelberg
Universität Heidelberg
1969
Universitätsarchiv Heidelberg

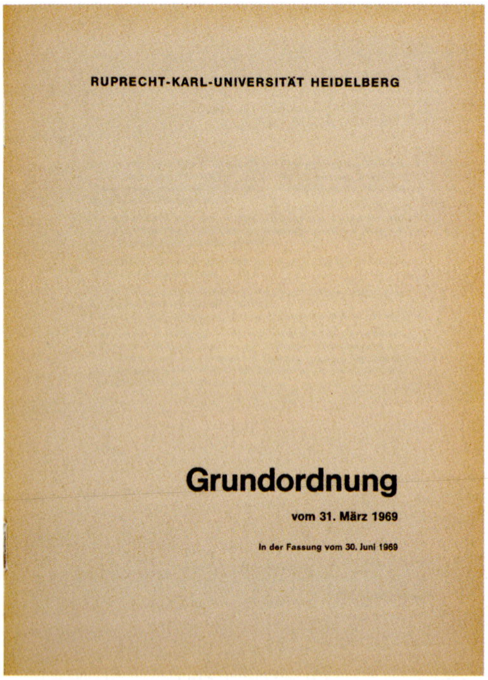
RUPRECHT-KARL-UNIVERSITÄT HEIDELBERG

Grundordnung

vom 31. März 1969

In der Fassung vom 30. Juni 1969

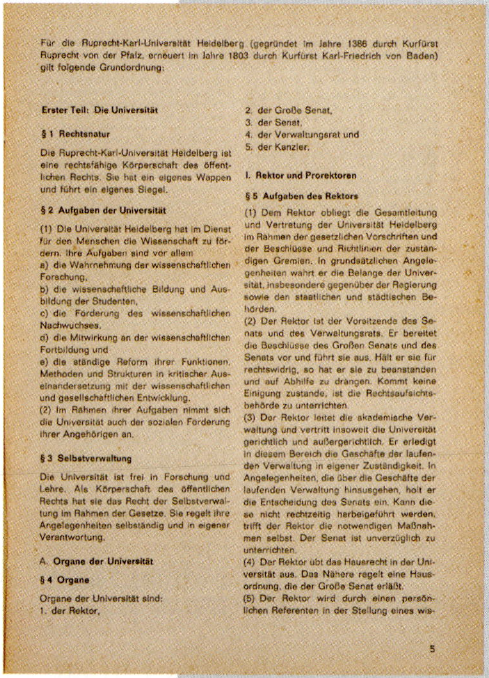
Für die Ruprecht-Karl-Universität Heidelberg (gegründet im Jahre 1386 durch Kurfürst Ruprecht von der Pfalz, erneuert im Jahre 1803 durch Kurfürst Karl-Friedrich von Baden) gilt folgende Grundordnung:

Erster Teil: Die Universität

§ 1 Rechtsnatur

Die Ruprecht-Karl-Universität Heidelberg ist eine rechtsfähige Körperschaft des öffentlichen Rechts. Sie hat ein eigenes Wappen und führt ein eigenes Siegel.

§ 2 Aufgaben der Universität

(1) Die Universität Heidelberg hat im Dienst für den Menschen die Wissenschaft zu fördern. Ihre Aufgaben sind vor allem
a) die Wahrnehmung der wissenschaftlichen Forschung,
b) die wissenschaftliche Bildung und Ausbildung der Studenten,
c) die Förderung des wissenschaftlichen Nachwuchses,
d) die Mitwirkung an der wissenschaftlichen Fortbildung und
e) die ständige Reform ihrer Funktionen, Methoden und Strukturen in kritischer Auseinandersetzung mit der wissenschaftlichen und gesellschaftlichen Entwicklung.
(2) Im Rahmen ihrer Aufgaben nimmt sich die Universität auch der sozialen Förderung ihrer Angehörigen an.

§ 3 Selbstverwaltung

Die Universität ist frei in Forschung und Lehre. Als Körperschaft des öffentlichen Rechts hat sie das Recht der Selbstverwaltung im Rahmen der Gesetze. Sie regelt ihre Angelegenheiten selbständig und in eigener Verantwortung.

A. **Organe der Universität**

§ 4 Organe

Organe der Universität sind:
1. der Rektor,
2. der Große Senat,
3. der Senat,
4. der Verwaltungsrat und
5. der Kanzler.

I. Rektor und Prorektoren

§ 5 Aufgaben des Rektors

(1) Dem Rektor obliegt die Gesamtleitung und Vertretung der Universität Heidelberg im Rahmen der gesetzlichen Vorschriften und der Beschlüsse und Richtlinien der zuständigen Gremien. In grundsätzlichen Angelegenheiten wahrt er die Belange der Universität, insbesondere gegenüber der Regierung sowie den staatlichen und städtischen Behörden.
(2) Der Rektor ist der Vorsitzende des Senats und des Verwaltungsrats. Er bereitet die Beschlüsse des Großen Senats und des Senats vor und führt sie aus. Hält er sie für rechtswidrig, so hat er sie zu beanstanden und auf Abhilfe zu drängen. Kommt keine Einigung zustande, ist die Rechtsaufsichtsbehörde zu unterrichten.
(3) Der Rektor leitet die akademische Verwaltung und vertritt insoweit die Universität gerichtlich und außergerichtlich. Er erledigt in diesem Bereich die Geschäfte der laufenden Verwaltung in eigener Zuständigkeit. In Angelegenheiten, die über die Geschäfte der laufenden Verwaltung hinausgehen, holt er die Entscheidung des Senats ein. Kann diese nicht rechtzeitig herbeigeführt werden, trifft der Rektor die notwendigen Maßnahmen selbst. Der Senat ist unverzüglich zu unterrichten.
(4) Der Rektor übt das Hausrecht in der Universität aus. Das Nähere regelt eine Hausordnung, die der Große Senat erläßt.
(5) Der Rektor wird durch einen persönlichen Referenten in der Stellung eines wis-

5

Resolution von Heidelberger Lehrstuhlinhabern mit Begleitschreiben an Kultusminister Hahn
28. bzw. 29. November 1971
Haus der Geschichte Baden-Württemberg

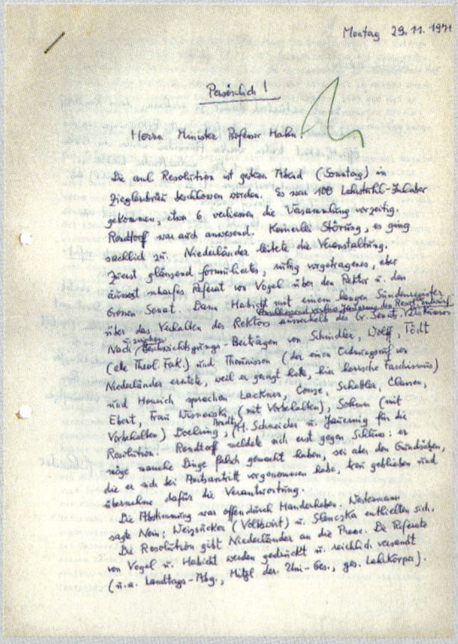
Montag 29.11.1971

Persönlich!

Herrn Minister Professor Hahn

Die Bildungsdebatten der 1960er Jahre mit den Schlagworten „Bildungsnotstand" (Picht) und „Bildung ist Bürgerrecht" (Dahrendorf) hatten zu der Erkenntnis geführt, zukünftig einer größeren Zahl junger Menschen die Gelegenheit zur akademischen Ausbildung zu bieten, um die wirtschaftliche und politische Situation der Bundesrepublik zu verbessern. Für die zukünftigen Massenuniversitäten waren die alten Strukturen der elitären Universitäten wenig geeignet. Die Reformierung der Universitäten bildete deshalb ein zentrales Anliegen der Bildungsreformer.
Das baden-württembergische Hochschulgesetz vom 19. März 1968 gestattete den Universitäten zukünftig, eigene Universitätsverfassungen in sogenannten Grundordnungsversammlungen zu erlassen. Die Heidelberger Grundordnung vom 31. März 1969 sah aufgrund des erweiterten Fächerangebots eine Neugliederung der Fakultäten vor. Für die Universitätsspitze wählte die Grundordnungsversammlung das Rektoratsmodell. Senat und Verwaltungsrat bildeten die obersten Entscheidungsgremien. Die Wahl des Rektors und der beiden Prorektoren sowie eine mögliche Änderung der Grundordnung wurde vom Großen Senat durchgeführt. Die von den Studenten für das Stimmrecht geforderte Drittelparität in den Gremien ließ sich nicht durchsetzen. Man entschied sich für ein viertelparitätisches Modell, bei dem die beteiligten Gruppen: Amtsmitglieder, Ordinarien, Mittelbau und Studenten jeweils ein Viertel der Sitze innehatten (Sellin 1986, S. 227).
Am 12. Januar 1970 trat der neugebildete Große Senat zu seiner ersten Sitzung zusammen und wählte den studentischen Vertreter des „hochschulpolitischen Kollektivs" (HoPoKo), Wolff-Dietrich Webler, zum Senatsvorsitzenden. Am 31. Januar 1970 wurde der reformorientierte Theologe Rolf Rendtorff vom Großen Senat zum neuen Rektor gewählt (Nuissl u. a. 1973, S. 57).

Gegen die Reformbestrebungen an den Universitäten wandte sich der im November 1970 in Bonn gegründete „Bund Freiheit der Wissenschaft" (BFdW). Mitglieder dieses Bundes konservativer Hochschullehrer luden am 28. November 1971 die Ordinarien der Universität Heidelberg zu einer Versammlung in die Gaststätte „Zieglerbräu" ein. Von den insgesamt 193 Ordinarien kamen 100, sechs verabschiedeten sich vorzeitig. Es wurde eine bereits vorbereitete Resolution vorgelegt und auch verabschiedet. 68 der anwesenden Ordinarien stimmten für die Resolution, neun dagegen, 17 enthielten sich der Stimme. Die Resolution kritisierte das Verhalten eines Teils der Studentenschaft sowie die Politik des Rektors und konstatierte eine „Krise des Großen Senats".
Diese „außeruniversitäre und quasi außerparlamentarische Aktion zielte auf die Beseitigung des Rektorats Rendtorff wie auf die Herstellung derjenigen Verhältnisse, in denen die Professoren die unangefochtene Entscheidungsgewalt über die Belange der Universität hatten" (Hildebrandt 1991, S. 195).
Die Resolution macht deutlich, daß sich die Verhältnisse an der Universität wieder zugunsten der Konservativen zu verschieben begannen.
Am 12. Januar 1972 wurde der von Rektor Rendtorff favorisierte Student Webler nicht mehr zum Vorsitzenden des Großen Senats gewählt. Aufgrund der veränderten Mehrheitsverhältnisse im Großen Senat war Rendtorff eine Fortsetzung seiner Politik verwehrt. Am 18. November 1972 zog er die Konsequenz und trat vom Amt des Rektors zurück. Die Reformphase an der Universität Heidelberg neigte sich ihrem Ende zu (Nuissl u. a. 1973, S. 65).

Demonstranten vor der Universität Heidelberg
6. Dezember 1972
Stadtarchiv Heidelberg

Die Auseinandersetzungen zwischen radikalen und konservativen Kräften eskalierten. Eine an der Universität Heidelberg durchgeführte Polizeiaktion erhielt bundesweite Aufmerksamkeit. Für den 6. Dezember 1972 war vom Sozialistischen Heidelberger Studentenbund (SHS) eine Podiumsdiskussion in der Universität angesetzt zum Thema „Innenpolitische Situation und Kampf gegen den braunen ‚Bund Freiheit der Wissenschaft'", an der auch Professor Peter Brückner aus Hannover teilnehmen sollte. Das Kultusministerium verbot die Veranstaltung, ordnete die Schließung der Gebäude der Neuen und der Alten Aula an und stellte die Durchführung dieser Anordnung dadurch sicher, daß es den ganzen Universitätsbereich durch ein Polizeiaufgebot von über 1.000 Mann abriegeln ließ. Rund 5.000 Demonstranten standen diesem Aufgebot gegenüber (Hildebrandt 1991, S.247 f.).

Hochschul

Rechtfertigung der Polizeimaßnahmen vor dem Landtagsplenum
Film, 14. Dezember 1972
SWR

Der einstige Reform-Kultusminister Hahn war mit seiner restriktiven Hochschulpolitik selbst in der eigenen CDU-Fraktion zunehmend umstritten. Für seine Hochschulpolitik und den rigiden Polizeieinsatz rechtfertigte sich Hahn in einer Sondersitzung am 14. Dezember 1972 vor dem Landtag. In seinen Erinnerungen schreibt Hahn darüber: „Ich habe jene Sitzung, in der mir so stark zugesetzt worden war, ohne Schaden überstehen können. Um so mehr wußte ich, daß ich weiterhin kämpfen und Linie halten müßte, da wir sahen, daß SPD und FDP im Landtag damals keinen Widerstand gegen die unsere Demokratie unterhöhlenden Kräfte zu leisten bereit waren.“ (Hahn 1981, S. 214)
Hahn konnte seinen hochschulpolitischen Kurs beibehalten. Die Debatten der Jahre um 1972 führten bei einer Mehrheit der politischen Entscheidungsträger zu der Einschätzung, daß ein zuviel an Demokratisierung die Arbeitsabläufe an den Universitäten behindere. Mit dem Gesetz über die Universitäten des Landes Baden-Württemberg vom 22. November 1977 wurde schließlich der Einfluß der Studentenschaft verringert. Das Studentenparlament wurde abgeschafft und der Allgemeine Studentenausschuß in eine Kommission des Großen Senats umgewandelt.

„Demokratie was ist denn das schon wieder?“
Vermutlich 1973
Haus der Geschichte
Baden-Württemberg

Mit einem Plakat brachten Studenten der Heidelberger Fachschaften ihre Meinung zum Ausdruck, daß ein Prozeß der Demokratisierung an den Hochschulen nicht stattgefunden habe, ja den Entscheidungsträgern das notwendige Demokratieverständnis fehle. Die Karikatur soll offensichtlich Wilhelm Hahn darstellen, der von 1964 bis 1978 das Amt des baden-württembergischen Kultusministers bekleidete. Darauf weist der angedeutete Hahnenkamm hin. Hahn war von 1950 bis 1962 Professor an der Universität Heidelberg und zwischen 1958 und 1960 deren Rektor. Von 1968 bis 1980 vertrat er zudem den Heidelberger Wahlkreis im Landtag. Vor allem er stellte eine Zielscheibe der Heidelberger Studentenbewegung dar. Das Plakat befand sich in seinem Besitz.

reform

„Kernkraftwerk Wyhl. Entwicklung und Leben für Land und Landschaft“
Pressestelle der Landesregierung
Um 1973
Hauptstaatsarchiv Stuttgart

„Atomkraftwerk jetzt in Wyhl: Telegramm an Ministerpräsidenten Dr. Hans Filbinger“
Kniebühler Druck, Teningen
Juli 1973
Lore Haag, Weisweil

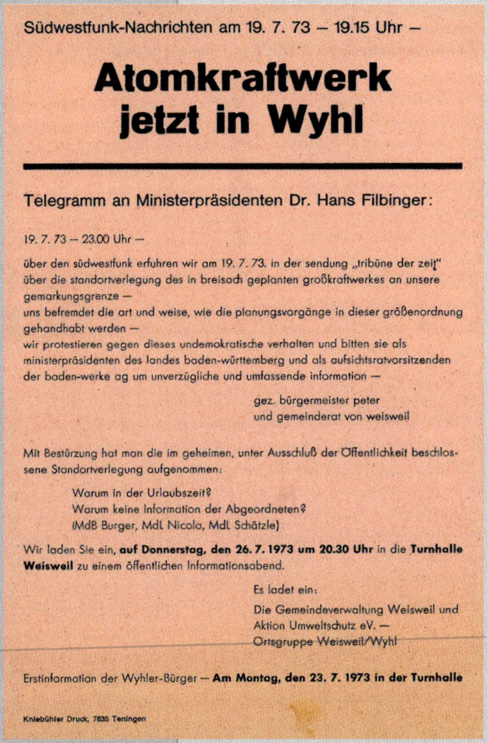

Südwestfunk-Nachrichten am 19. 7. 73 – 19.15 Uhr –

Atomkraftwerk jetzt in Wyhl

Telegramm an Ministerpräsidenten Dr. Hans Filbinger:

19. 7. 73 – 23.00 Uhr –

über den südwestfunk erfuhren wir am 19. 7. 73. in der sendung „tribüne der zeit“ über die standortverlegung des in breisach geplanten großkraftwerkes an unsere gemarkungsgrenze –
uns befremdet die art und weise, wie die planungsvorgänge in dieser größenordnung gehandhabt werden –
wir protestieren gegen dieses undemokratische verhalten und bitten sie als ministerpräsidenten des landes baden-württemberg und als aufsichtsratvorsitzenden der baden-werke ag um unverzügliche und umfassende information –

gez. bürgermeister peter
und gemeinderat von weisweil

Mit Bestürzung hat man die im geheimen, unter Ausschluß der Öffentlichkeit beschlossene Standortverlegung aufgenommen:

Warum in der Urlaubszeit?
Warum keine Information der Abgeordneten?
(MdB Burger, MdL Nicola, MdL Schätzle)

Wir laden Sie ein, **auf Donnerstag, den 26. 7. 1973 um 20.30 Uhr** in die **Turnhalle Weisweil** zu einem öffentlichen Informationsabend.

Es ladet ein:
Die Gemeindeverwaltung Weisweil und
Aktion Umweltschutz eV. –
Ortsgruppe Weisweil/Wyhl

Erstinformation der Wyhler-Bürger – **Am Montag, den 23. 7. 1973 in der Turnhalle**

Kniebühler Druck, 7835 Teningen

Anfang der 1970er Jahre planten das Elsaß, die Schweiz und Baden-Württemberg im oberen Rheintal eine Wirtschaftsachse zwischen Basel und Mannheim. Ziel war die Ansiedlung großer Industriebetriebe, die einen zusätzlichen Energiebedarf mit sich brachten. Deshalb wurde der Bau von Kraftwerken an unterschiedlichen Standorten am südlichen Oberrhein geprüft. Durch die hohe Siedlungsverdichtung in den 1950er und 1960er Jahren war die Ausweisung eines neuen geeigneten Kraftwerkstandortes eine schwierige Aufgabe.
Die ursprüngliche Entscheidung, in Breisach am Kaiserstuhl ein Atomkraftwerk zu bauen, wurde aufgrund des zwei Jahre andauernden Protests der Bevölkerung fallengelassen, die Qualitäts- und Quantitätseinbußen im Weinbau und in der Landwirtschaft am Kaiserstuhl befürchtete. Deshalb entschied sich die baden-württembergische Landesregierung 1973 für den Ausweichstandort im rund 20 Kilometer entfernten Wyhl, einem Arbeiterort mit vielen Pendlern und wenig Landwirtschaft. Hier war kaum mit Widerspruch der Bevölkerung zu rechnen (Beller 1977, S. 272–274).
In der Broschüre werden die Vorzüge der Ansiedlung eines Atomkraftwerkes für eine Gemeinde dargelegt. Wirtschaftlicher Aufschwung durch hohe Gewerbesteuereinnahmen und neue Arbeitsplätze waren die am häufigsten genannten Argumente.

Am 19. Juli 1973 erfuhren die Einwohner von Wyhl und Umgebung über den Südwestfunk, daß die Landesregierung den Standort des geplanten Atomkraftwerkes von Breisach nach Wyhl verlegt hatte. Unmittelbar darauf bildete sich im benachbarten Weisweil eine Bürgerinitiative, die in einem Telegramm an Filbinger gegen die Art und Weise protestierte, wie diese Standortverlegung unter Ausschluß der betroffenen Bevölkerung und ihrer parlamentarischen Vertreter entschieden worden war.

Mitbes

Erklärung der 21 Bürgerinitiativen an die badisch-elsässische Bevölkerung
1974
Lore Haag, Weisweil

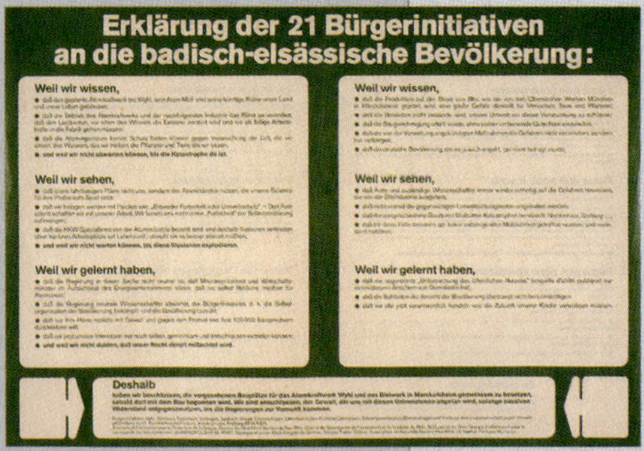

Am 25. August 1974 schlossen sich grenzüberschreitend 21 Bürgerinitiativen aus Baden und dem Elsaß zu einem „Internationalen Komitee" zusammen. In ihrer Erklärung vom selben Tag listeten die Bürgerinitiativen in deutscher und französischer Sprache die Gründe auf, weshalb sie gegen den Bau des Atomkraftwerkes protestierten. Die Erklärung wurde von dem Freiburger Liedermacher Walter Mossmann formuliert. Die Bürgerinitiativen sahen sich gezwungen, ihre Interessen selbst zu vertreten, weil, wie es hieß, die Regierung ihre Rechte mißachte und die Behörden „die Ansicht der Bevölkerung überhaupt nicht berücksichtigen".

Aufruf einer „Gruppe unabhängiger und verantwortungsvoller Bürger der Gemeinde Wyhl"
9. Januar 1975
Gemeindearchiv Wyhl

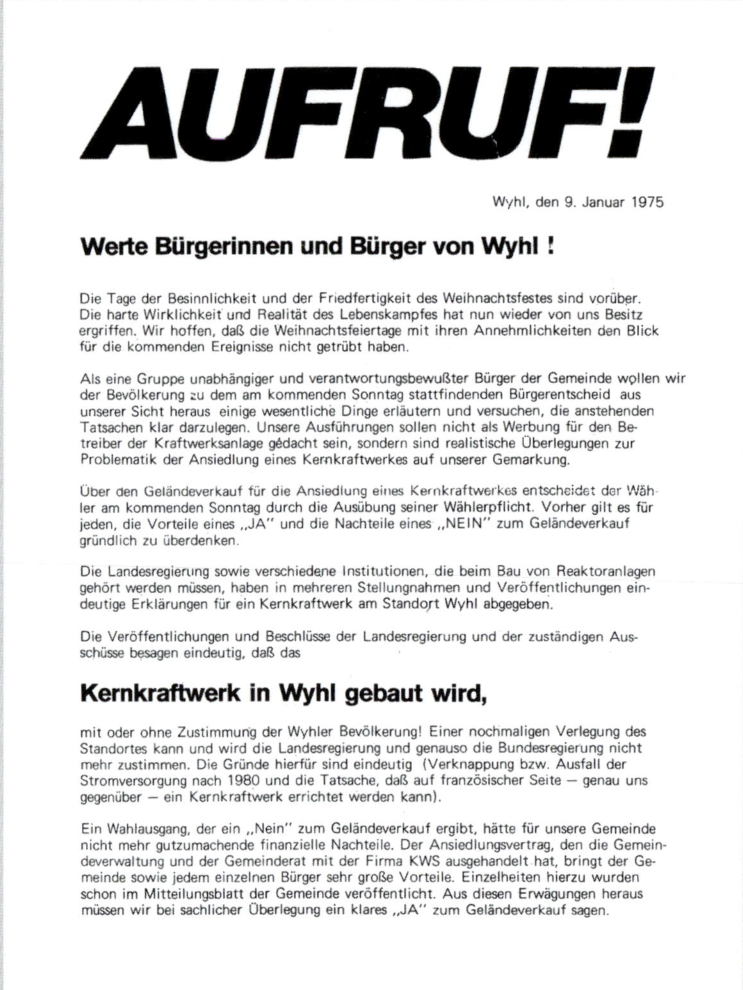

AUFRUF!

Wyhl, den 9. Januar 1975

Werte Bürgerinnen und Bürger von Wyhl !

Die Tage der Besinnlichkeit und der Friedfertigkeit des Weihnachtsfestes sind vorüber. Die harte Wirklichkeit und Realität des Lebenskampfes hat nun wieder von uns Besitz ergriffen. Wir hoffen, daß die Weihnachtsfeiertage mit ihren Annehmlichkeiten den Blick für die kommenden Ereignisse nicht getrübt haben.

Als eine Gruppe unabhängiger und verantwortungsbewußter Bürger der Gemeinde wollen wir der Bevölkerung zu dem am kommenden Sonntag stattfindenden Bürgerentscheid aus unserer Sicht heraus einige wesentliche Dinge erläutern und versuchen, die anstehenden Tatsachen klar darzulegen. Unsere Ausführungen sollen nicht als Werbung für den Betreiber der Kraftwerksanlage gedacht sein, sondern sind realistische Überlegungen zur Problematik der Ansiedlung eines Kernkraftwerkes auf unserer Gemarkung.

Über den Geländeverkauf für die Ansiedlung eines Kernkraftwerkes entscheidet der Wähler am kommenden Sonntag durch die Ausübung seiner Wählerpflicht. Vorher gilt es für jeden, die Vorteile eines „JA" und die Nachteile eines „NEIN" zum Geländeverkauf gründlich zu überdenken.

Die Landesregierung sowie verschiedene Institutionen, die beim Bau von Reaktoranlagen gehört werden müssen, haben in mehreren Stellungnahmen und Veröffentlichungen eindeutige Erklärungen für ein Kernkraftwerk am Standort Wyhl abgegeben.

Die Veröffentlichungen und Beschlüsse der Landesregierung und der zuständigen Ausschüsse besagen eindeutig, daß das

Kernkraftwerk in Wyhl gebaut wird,

mit oder ohne Zustimmung der Wyhler Bevölkerung! Einer nochmaligen Verlegung des Standortes kann und wird die Landesregierung und genauso die Bundesregierung nicht mehr zustimmen. Die Gründe hierfür sind eindeutig (Verknappung bzw. Ausfall der Stromversorgung nach 1980 und die Tatsache, daß auf französischer Seite — genau uns gegenüber — ein Kernkraftwerk errichtet werden kann).

Ein Wahlausgang, der ein „Nein" zum Geländeverkauf ergibt, hätte für unsere Gemeinde nicht mehr gutzumachende finanzielle Nachteile. Der Ansiedlungsvertrag, den die Gemeindeverwaltung und der Gemeinderat mit der Firma KWS ausgehandelt hat, bringt der Gemeinde sowie jedem einzelnen Bürger sehr große Vorteile. Einzelheiten hierzu wurden schon im Mitteilungsblatt der Gemeinde veröffentlicht. Aus diesen Erwägungen heraus müssen wir bei sachlicher Überlegung ein klares „JA" zum Geländeverkauf sagen.

Am 12. Januar 1975 wurde in der Gemeinde Wyhl ein Bürgerentscheid durchgeführt, bei dem die Bürger darüber zu entscheiden hatten, ob sie dem Verkauf von gemeindeeigenen Grundstücken an die Kernkraftwerk Süd GmbH zum Zwecke des Baus eines Atomkraftwerkes zustimmen wollten. Auf einem wenige Tage vorher verteilten Flugblatt argumentierte die Befürwortergruppe folgendermaßen: „Wir haben heute die Möglichkeit durch die Ansiedlung eines großen Industriebetriebes, der ganz entscheidende Leistungen (Steuern, Arbeitsplätze) für uns bringt, unsere Situation entscheidend zu verbessern. Deshalb darf es keine Unentschlossenheit geben, sondern ein klares ‚Ja' zum Geländeverkauf."
700 Wähler (55 Prozent) stimmten dem Geländeverkauf zu, 600 (43,2 Prozent) lehnten ihn ab. Zwei Wochen später wurde der Ansiedlungsvertrag unterschrieben (Nössler/de Witt 1976 und 1981, S. 78).

timmung

Zweite Bauplatzbesetzung
Deutsche Presseagentur
23. Februar 1975
Deutsche Presseagentur,
Frankfurt

Den am 17. Februar 1975 begonnenen Bauarbeiten wollten viele Bürgerinnen und Bürger aus der Region nicht länger tatenlos zusehen und besetzten den Bauplatz. Zweieinhalb Tage später wurde der gewaltlose Widerstand durch 600 Bereitschaftspolizisten, ausgestattet mit Wasserwerfern, Hundestaffeln und gepanzerten Fahrzeugen beendet, der Bauplatz mit Stacheldraht gesichert.
Nach einer Kundgebung der „Vereinigung oberrheinischer Bürgerinitiativen“ bahnten sich am 23. Februar 1975 Demonstranten einen Weg durch den Stacheldraht. 28.000 Menschen strömten auf das Gelände und besetzten es erneut. Frauen und Männer aus allen Bevölkerungsschichten, Winzer, Bauern, Fischer, Pfarrer, Studenten und Schüler – auch aus dem Elsaß und der Schweiz – waren darunter, die nun mit den anwesenden Polizisten über das geplante Atomkraftwerk zu diskutieren begannen (Nössler/de Witt 1976 und 1981, S. 107 ff.).

Stacheldraht vom Bauplatz
Um 1975
Axel Mayer, Endingen

Der Bauplatz wurde mit einem Zaun umgeben. Bei dem verwendeten Stacheldraht handelte es sich um sogenannten „NATO-Stacheldraht“, der mit kleinen rasiermesserscharfen Klingen versehen ist und bei der kleinsten Berührung Schnittverletzungen verursachen kann. Die Demonstranten deckten den Stacheldraht an verschiedenen Stellen des Bauzauns mit Geäst zu und trampelten ihn nieder (Nössler/de Witt 1976 und 1981, S. 113).

Das Plakat mit dem alemannischen Ausruf „Nai hämmer gsait!“ wurde zum Symbol für den Widerstand der oberrheinischen Bürgerinitiativen gegen den Bau von Atomkraftwerken. Der alemannische Dialekt wurde dabei bewußt als verbindendes Element zwischen Badenern und Elsässern eingesetzt (Beller 1977, S. 276).
Der zweite Satz „Kein Atomkraftwerk in Wyhl und anderswo“ weist darauf hin, daß in Wyhl nicht nach dem St. Florians-Prinzip verfahren werden sollte. Der Satz wurde von der Antiatombewegung übernommen und in leicht abgewandelter Form z. B. auch in Gorleben und Brokdorf eingesetzt (ders., S. 282).
Bei dem Plakat dürfte es sich um ein Exemplar handeln, das deutlich nach 1975 hergestellt worden ist, da die Bürgerinitiativen zu Beginn der Auseinandersetzungen zunächst selbst noch von Kernkraftwerken gesprochen hatten. Der Begriff „Atomkraft“ setzte sich später in bewußter Abgrenzung zu dem von den Politikern und Kraftwerksbetreibern verwendeten Begriff „Kernkraft“ durch. Auch sollte ein direkter Zusammenhang zwischen Atomkraftwerken und Atombomben hergestellt werden.

Am 27. Februar 1975 führte der Landtag eine Sondersitzung durch, welche die Ausschreitungen in Wyhl während der Bauplatzbesetzung zum Thema hatte. Der FDP-Abgeordnete Jürgen Morlok forderte in dieser Sitzung den Landtag auf, die Belange der Bürgerinitiativen ernst zu nehmen und sie als Teil der parlamentarischen Demokratie zu begreifen.
Im Winter 1975/76 wurden in der Oberrheinhalle in Offenburg erstmals Verhandlungen zwischen der Landesregierung und den Bürgerinitiativen aufgenommen, welche die Offenburger Vereinbarung vom 31. Januar 1976 zum Ergebnis hatten. Hierin wurde ein vorläufiger Stop der Bauarbeiten bis zum 1. November 1976 festgelegt, um die Bedenken der Bevölkerung mittels Messungen und Gutachten auszuräumen. Es wurde die Rücknahme der Strafverfahren und Schadenersatzklagen zugesichert.
Nach verschiedenen Verwaltungsgerichtsentscheidungen für und gegen eine Teilerrichtungsgenehmigung wurde schließlich die Position des Landes bestätigt. Trotzdem verzichtete die Landesregierung 1987 endgültig auf den Bau des Atomkraftwerks, da sich die Energiesituation mittlerweile verändert hatte.

„Nai hämmer gsait! Kein Atomkraftwerk in Wyhl und anderswo“
Nach 1975
Lore Haag, Weisweil

Aufforderung des Abgeordneten Morlok, Belange der Bürgerinitiativen ernst zu nehmen
Film, 27. Februar 1975
SWR

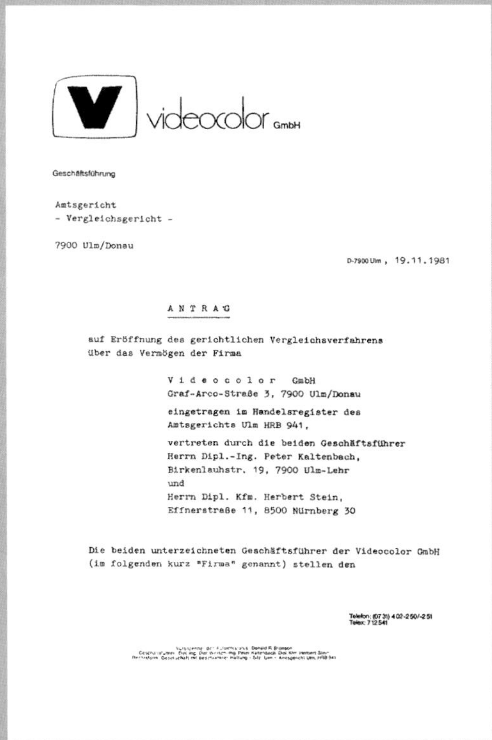

videocolor GmbH

Geschäftsführung

Amtsgericht
- Vergleichsgericht -

7900 Ulm/Donau

D-7900 Ulm, 19.11.1981

A N T R A G

auf Eröffnung des gerichtlichen Vergleichsverfahrens
über das Vermögen der Firma

V i d e o c o l o r GmbH
Graf-Arco-Straße 3, 7900 Ulm/Donau

eingetragen im Handelsregister des
Amtsgerichts Ulm HRB 941,

vertreten durch die beiden Geschäftsführer
Herrn Dipl.-Ing. Peter Kaltenbach,
Birkenlauhstr. 19, 7900 Ulm-Lehr
und
Herrn Dipl. Kfm. Herbert Stein,
Effnerstraße 11, 8500 Nürnberg 30

Die beiden unterzeichneten Geschäftsführer der Videocolor GmbH
(im folgenden kurz "Firma" genannt) stellen den

Telefon: (0731) 402-250/-251
Telex: 712541

Kopie des Vergleichsantrags der Videocolor GmbH Ulm
Videocolor GmbH
19. November 1981
Karlheinz Becker, Ulm

In den 1970er Jahren gab es eine „wirtschaftliche Trendwende" (Dahrendorf 1981, S. 330). Die Wachstumskurven der europäischen Länder zeigten nach unten. Die Trendwende war nahezu überall von einem rasch wachsenden Ansteigen der Inflationsraten und der Arbeitslosenzahlen begleitet. Erstmals wurde eine konjunkturelle durch eine strukturelle Arbeitslosigkeit überlagert. In der Wirtschaftskrise von 1981/82 drohte für eine größere Zahl von Beschäftigten in der Stadt und der Region Ulm Arbeitslosigkeit durch die mögliche Werksschließung eines Elektronikunternehmens.

Am 19. November 1981 stellte die Videocolor GmbH in Ulm den Antrag auf Eröffnung des gerichtlichen Vergleichsverfahrens. Der alleinige Eigentümer der Videocolor GmbH, der französische Elektrokonzern Thomson-Brandt, beabsichtigte, den Abbau von Überproduktion im Konzern durch eine Produktionseinstellung im Ulmer Werk vorzunehmen. Begründet wurde diese Maßnahme damit, daß durch die Überkapazitäten auf dem Weltmarkt der Bedarf an Farbbildröhren gegenwärtig gering sei. In dem auf große Stückzahlen angelegten Ulmer Werk könne bei ungenügender Kapazitätsauslastung nicht kostendeckend produziert werden. Ein hoher Schuldenberg sei durch zuvor getätigte erhebliche Investitionen entstanden und die Videocolor GmbH deshalb überschuldet. Durch den Insolvenzantrag des Unternehmens standen 1.700 Arbeitsplätze auf dem Spiel. Alternative Arbeitsplätze waren für die Beschäftigten nicht vorhanden. Der Betriebsrat erhielt den Vergleichsantrag in kopierter Form.

Arbeits

Elektronenstrahlenerzeuger aus dem Ulmer Videocolor-Werk
Videocolor GmbH
1982
Karlheinz Becker, Ulm

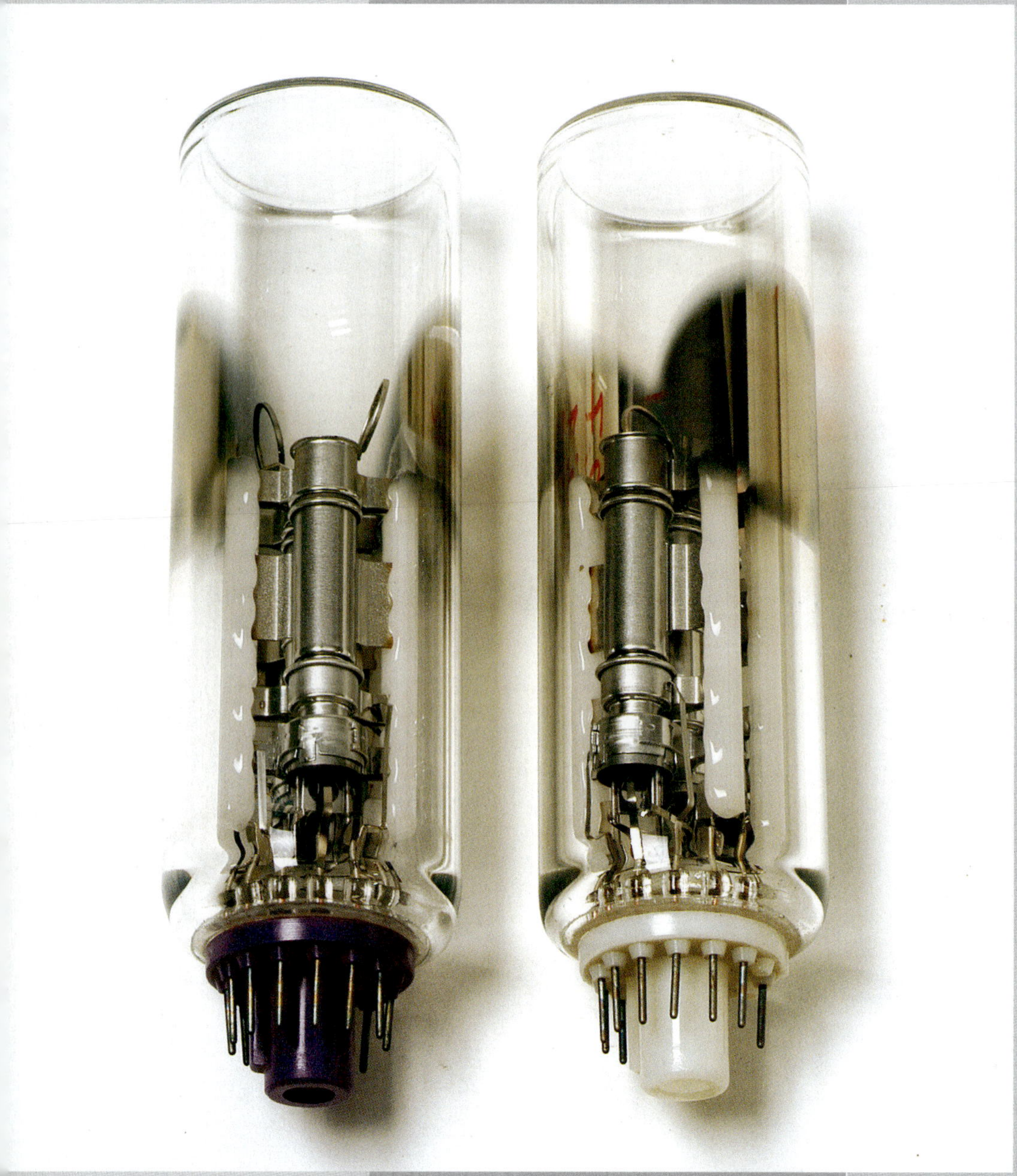

Stellungnahme von Ministerpräsident Späth und Oberbürgermeister Lorenser zur Insolvenz von Videocolor
Institut für Filmgestaltung Ulm e. V.
Film, 25. Januar 1982
Günther Hörmann, Ulm

Da die drohende Werksschließung für das Land und die Stadt Ulm von großer Bedeutung war, schalteten sich Ulms Oberbürgermeister Lorenser und Ministerpräsident Späth in die Verhandlungen ein. Auf einer im Ulmer Rathaus stattfindenden Pressekonferenz wurde am 25. Januar 1982 die Solidarität mit den Beschäftigten von Videocolor bekundet. Man mußte jedoch eingestehen, daß die Politik in diesem Fall wenig tun könne. Ende März wurden die Arbeiten bei Videocolor eingestellt und die Beschäftigten entlassen. Die meisten der ehemaligen Videocolor-Beschäftigten fanden erst nach der Wirtschaftskrise eine neue Stelle, und viele ausländische Kollegen gingen in ihre Heimat zurück. Einigen Kollegen gelang es jedoch nicht mehr, auf den Arbeitsmarkt zurückzukehren. Sie blieben als Langzeitarbeitslose auf der Strecke.

Das Ulmer Videocolor-Werk zählte zu den modernsten Bildröhrenfabriken in Europa. Erst wenige Jahre zuvor waren hohe Investitionen in die Modernisierung der Produktionsstätten getätigt worden. Die Produktion war stark durchrationalisiert. Es konnten hochwertige Bildröhren in großer Stückzahl hergestellt werden.

Im Ulmer Werk wurden hauptsächlich großformatige Farbbildröhren der Größen 56 und 67 cm produziert. Der Elektronenstrahlenerzeuger bildete den zentralen Bestandteil dieser großen Farbbildröhrentypen. Die beiden Exemplare sind Überreste aus der Überschußproduktion des Werkes.

losigkeit

Stellenanzeige
Staatsanzeiger
2. September 1972
Haus der Geschichte
Baden-Württemberg

Kreisstadt Horb am Neckar
(17 000 Einwohner)

Wir suchen für das Stadtbauamt:

einen Bauingenieur

mit Befähigung für den gehobenen bautechnischen Verwaltungsdienst für Aufgaben der Bauordnung mit Bauverständigentätigkeit und als Vertreter des Amtsleiters. Einarbeitung ist möglich.

einen Tiefbauingenieur

als Leiter der Tiefbauabteilung.

eine Stenotypistin

oder versierte Schreibmaschinenkraft.

Wir bieten: Dauerarbeitsplatz, Vergütung nach Leistung und Vorbildung bzw. Besoldung als Beamter, Beihilfe in Krankheitsfällen, Umzugskostenvergütung, Unterstützung bei der Beschaffung einer Wohnung oder eines Bauplatzes, Gewährung eines Arbeitgeberdarlehens beim Bau eines Eigenheimes.

Horb am Neckar ist ein aufstrebender Zentralort (Mittelzentrum) in landschaftlich schöner Lage am Rande des Schwarzwaldes. Weiterführende Schulen sowie zahlreiche öffentliche und private Dienstleistungseinrichtungen sind vorhanden. Ein Hallenbad ist im Bau.

Bewerbungen mit den üblichen Unterlagen werden innerhalb eines Monats erbeten an das Bürgermeisteramt Horb a. N. Zu einem Informationsgespräch stehen wir nach vorheriger tel. Anmeldung (Tel. 0 74 51 / 20 66) jederzeit gerne zur Verfügung.

Bürgermeisteramt

Obwohl im Grundgesetz 1949 die uneingeschränkte Gleichheit von Mann und Frau festgeschrieben wurde, enthält die Bundesrepublik „Frauen in einigen Bereichen immer noch Selbstbestimmung und die volle Gleichberechtigung vor" (Berghahn 1993, S.71). Besonders deutlich werden die Benachteiligungen von Frauen im beruflichen Bereich.
Eine beliebig ausgewählte Stellenausschreibung im öffentlichen Dienst aus den 1970er Jahren läßt bereits an der Berufsbezeichnung erkennen, wie eindeutig die Präferenzen in der Geschlechterauswahl liegen. Es wurden eben ein männlicher Bauingenieur und ein männlicher Tiefbauingenieur gesucht und eine weibliche Stenotypistin. Es dauerte noch viele Jahre, bis sich eine geschlechtsneutrale Berufsbezeichnung in Stellenausschreibungen durchsetzte.

„Jeder zweite Abgeordnete ist eine Frau“
Klaus Staeck (geb. 1938)
1976
Haus der Geschichte
Baden-Württemberg

Die bis heute geringere Präsenz von Frauen in politischen Gremien macht deutlich, daß das aktive und passive Wahlrecht allein nicht ausreichten, den Gleichheitsgrundsatz im politischen Bereich zu verwirklichen. Einen Tiefpunkt in dieser Entwicklung markierte das Jahr 1968, als der Frauenanteil im neugewählten Landtag von vier Abgeordneten (4,4 Prozent) auf eine Abgeordnete (0,8 Prozent) sank. Aus diesem Anlaß wurde 1969 der Landesfrauenrat gegründet, eine Dachorganisation der Frauenverbände und Frauengruppen gemischter Organisationen, der es sich explizit zum Ziel setzte, eine größere, dem weiblichen Bevölkerungsanteil entsprechende Frauenrepräsentanz in den Parlamenten und in wichtigen Gremien zu erreichen. Im Laufe der 1970er Jahre stieg der Frauenanteil im Landtag langsam (Ziegler/Dörr 2002, S. 3).
Der Heidelberger Grafiker Klaus Staeck machte mit seinem Plakat im Bundestagswahlkampf 1976 auf die mangelnde Repräsentanz von Frauen in den Parlamenten aufmerksam. Er benutzte eine Aufnahme aus dem Bundestag, die eine Gruppe männlicher Abgeordneter der CDU-Bundestagsfraktion zeigt, und fügte als Titel hinzu: „Jeder zweite Abgeordnete ist eine Frau“. Die dadurch erzielte Ironie wird noch durch die Damenhandtasche unterstrichen, die zur Hälfte unten ins Bild ragt und indirekt auf die Anwesenheit einer weiblichen Abgeordneten hinweist. Es läßt sich erahnen, daß es sie gibt, aber ihre Persönlichkeit bleibt anonym.

Gleichbe

Latzhose
Um 1980
Bildungszentrum und
Archiv zur Frauengeschichte
Baden-Württembergs,
BAF e.V., Tübingen

Die ‚neue' Frauenbewegung kritisierte neben den traditionellen Geschlechterverhältnissen auch das äußere Erscheinungsbild von Weiblichkeit und lehnte alles ab, was Frauen als Objekt erscheinen ließ. „Der physische Unterschied der Geschlechter sollte nicht noch durch Mode und Accessoires akzentuiert und künstlich hervorgehoben werden, sondern durch gleiche Haartracht und Kleidungsstil möglichst unsichtbar werden" (Frevert 1986, S. 273). Die Ende der siebziger, Anfang der achtziger Jahre von vielen Akteurinnen der Frauenbewegung getragene lilafarbene Latzhose war ein Versuch, einer Mode zu entgehen, die geschlechtsspezifische Stereotype bedient. Dieses Kleidungsstück wurde zu einem Zeichen der Gruppenidentität, der Schwesterlichkeit, wie der von vielen getragene hennarote Kurzhaarschnitt. Beides wurde im nachhinein sogar zum Symbol der Frauenbewegung stilisiert, aber das Tragen von Latzhosen als Unisex-Reformkleidung war in dieser Zeit auch in der Alternativbewegung üblich.
Die abgebildete Latzhose, deren Farbton sich inzwischen ins fliederfarbene verändert hat, gehört einer Feministin aus Tübingen. Sie wurde in einem Baumarkt als weiße Handwerkerhose gekauft und selbst eingefärbt, was in der Bewegung durchaus üblich war.

Wahlplakat der Partei „Die Grünen"
1992
Haus der Geschichte
Baden-Württemberg

Die Partei „Die Grünen" verwendete das Plakat im Landtagswahlkampf 1992. Mit dem Slogan: „Männer dürfen nicht länger von bestimmten Berufen ausgeschlossen werden!" warben „Die Grünen" um die Stimmen von Wählerinnen. Ironisch wird eine Forderung aus Teilen der Frauenbewegung, die die geschlechtsspezifische Arbeitsteilung kritisierten und Zugang zu allen Berufen verlangten, in ihr Gegenteil gewendet. Im grünen Bügeleisen ist die unbezahlte Hausarbeit symbolisiert, für die nach wie vor Frauen zuständig sind. Zu diesem privaten Arbeitsbereich sollen gemäß Wahlwerbung endlich Männer ‚gleichberechtigten Zugang' erhalten.

echtigung

Zwei Sammelbehälter für Wortbeiträge bei Landesdelegiertenkonferenzen der baden-württembergischen Grünen
2002
Haus der Geschichte
Baden-Württemberg

Um den Frauenanteil in der Politik zu fördern, wurden von den meisten im Landtag vertretenen Parteien nach und nach Quotenregelungen eingeführt, die auf die Gleichstellung der Frauen zielten. Die CDU verständigte sich 1996 auf das sogenannte Quorum, welches gewährleisten soll, daß Frauen mindestens zu einem Drittel an Partei- und öffentlichen Ämtern beteiligt werden. Die SPD beschloß bereits 1988 auf ihrem Bundesparteitag in Münster in Westfalen die Frauenquote. Nach den Ausführungen im Bundesstatut galt ab 1990 eine Mindestquote von 25 Prozent für alle Mandate, die sich 1994 auf 33 Prozent und 1998 auf 40 Prozent erhöhte. Für die Besetzung von Parteiämtern wurde die 40-Prozent-Quote schon 1994 eingeführt. Der SPD-Landesverband übernahm diese Regelungen ins Landesstatut. Die Landes-Grünen berücksichtigten Quotenregelungen bereits im Gründungsstatut von 1979. Im Jahre 1986 verabschiedeten sie zudem ein Frauenstatut, das die Parität von Frauen und Männern in allen Parteigremien präzise regelt. Danach wird die Rednerfolge bei Delegiertenversammlungen und Landesausschüssen durch das sogenannte Reißverschluß-verfahren festgelegt, das die geschlechtermäßige Reihenfolge gewährleisten soll. Die Rednerlisten bleiben für Frauen so lange offen, „bis sich entsprechend der Anzahl der Redner Frauen auf der Liste gemeldet haben“. Die Wortmeldungen werden in zwei unterschiedlichen Behältnissen nach Geschlechtern getrennt gesammelt.

Preisliste, Aufkleber für Pfandflaschen und Adressenaufkleber des Bioladens Leuchtkäfer in Ludwigsburg
1970er Jahre
Haus der Geschichte
Baden-Württemberg

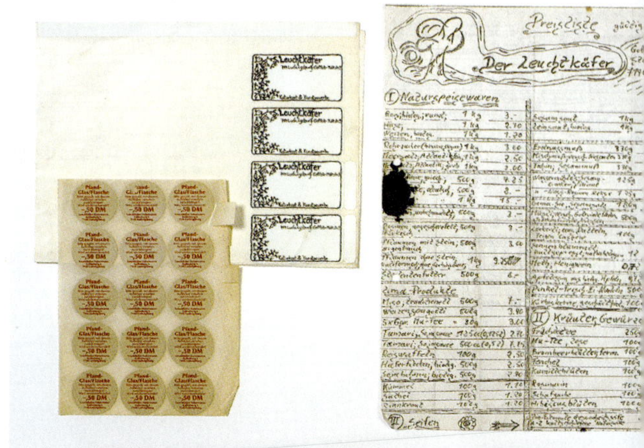

Die Erkenntnis, daß die Ressourcen der Erde endlich sind, führte in Teilen der Bevölkerung zu einem Umdenken. Nicht mehr Wachstum um jeden Preis stand im Mittelpunkt der Überlegungen, sondern mehr und mehr eine naturnahe Lebensweise. Der 1977 in Ludwigsburg gegründete Bioladen Leuchtkäfer zählt zu den ersten seiner Art. Dort wurden von Beginn an ökologische Produkte angeboten. Die älteste noch erhaltene Preisliste umfaßt das gesamte Warenangebot des Ladens. Die Aufkleber für Pfandflaschen legen nahe, daß man seit den Anfängen einer nachhaltigen Lebensweise verpflichtet ist.

Landtagsabgeordnete der Grünen überreichen Ministerpräsident Lothar Späth ein Geschenk
Deutsche Presseagentur
4. Juni 1980
Deutsche Presseagentur, Frankfurt

Verstrahlte Pilze aus Oberschwaben
1996
Haus der Geschichte Baden-Württemberg

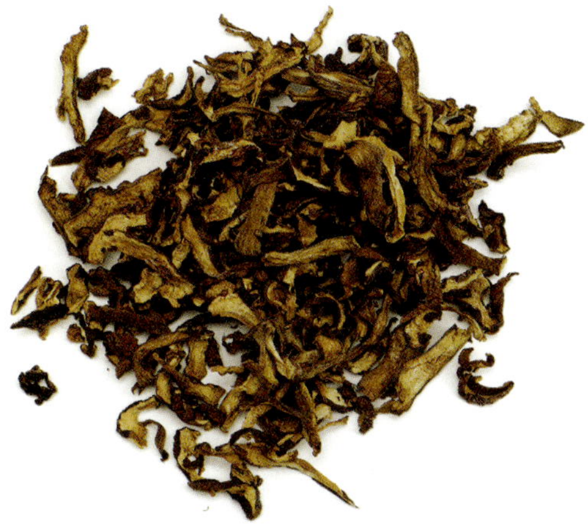

Rheinwasserprobe nach Sandoz-Unfall
Landesanstalt für Umweltschutz, Karlsruhe
1986
Haus der Geschichte Baden-Württemberg

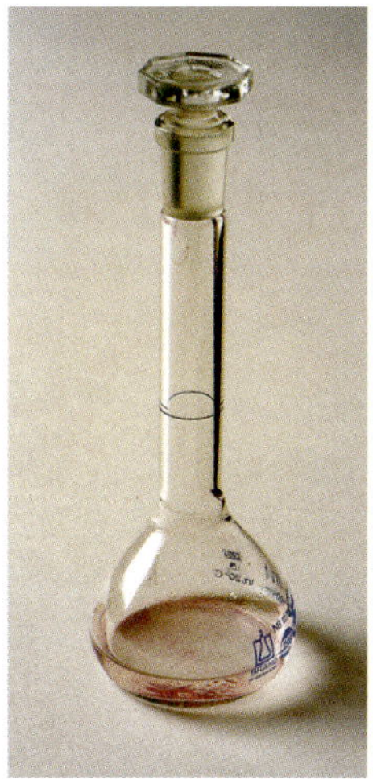

Die moderne Umweltschutzbewegung nahm vor etwas mehr als dreißig Jahren ihren Anfang. Zahlreiche Bürgerinitiativen wurden in den 1970er Jahren gegründet und nahmen sich des Themas an. Die Interessen der unterschiedlichen Bürgerinitiativen wurden einerseits 1972 im Bundesverband der Bürgerinitiativen Umweltschutz zusammengeführt, andererseits gab es Überlegungen, die Interessen über eine Partei auf parlamentarischer Ebene vertreten zu lassen.
Unter dem Symbol der Sonnenblume fanden sich am 30. September 1979 etwa 700 Vertreter von Bürgerinitiativen, Gruppierungen aus der Studentenbewegungen etc. in Sindelfingen zusammen und gründeten die Landespartei „Die Grünen". Nach der erfolgreich verlaufenen Europawahl nahmen die Grünen an der Landtagswahl von 1980 teil. Sechs Abgeordnete kamen auf Anhieb ins Parlament (Hermann/Schwegler-Rohmeis 1989).
Die frischgebackenen Grünen-Abgeordneten überreichten Lothar Späth am 4. Juni 1980 nach seiner Wiederwahl zum Ministerpräsidenten einen Kaktus und das Buch „Ökotopia" als Geschenk. In dem 1978 von Ernest Callenbach veröffentlichten Roman wird eine ökologische Gesellschaftsutopie entworfen, die, so die Idee der Grünen, den neuen baden-württembergischen Ministerpräsidenten zum Nachdenken anregen soll. Von links: Elisabeth Mordo, Wolf-Dieter Hasenclever, Holger Heimann, Lothar Späth.

Am 26. April 1986 ereignete sich ein Unfall in einem Atomkraftwerk der ukrainischen Stadt Tschernobyl. Es war die bisher größte Katastrophe in der Geschichte der zivilen Nutzung der Atomenergie. Winde trugen radioaktive Wolken aus dem rund 1.500 km entfernten Tschernobyl auch nach Baden-Württemberg und belasteten Luft und Böden. Die amtlichen Stellen waren auf die beunruhigend hohen radioaktiven Werte nicht vorbereitet. „Über die Bevölkerung ging eine Flut von Stellungnahmen und Empfehlungen nieder: Kinder sollten keine größere Mengen Milch trinken, nicht im nassen Gras spielen oder am besten ganz im Hause bleiben; frisches Gemüse sei sorgfältig zu waschen, Wild und Waldfrüchte seien ganz zu meiden" (Brüggemeier 1998, S. 17 f.). Die Bevölkerung fühlte sich verunsichert. Über Oberschwaben ging radioaktiv verseuchter Regen nieder. Besonders Pilze wiesen dort erhöhte Strahlungswerte auf. Noch heute sind die zehn Jahre nach dem Reaktorunfall in Oberschwaben gesammelten Maronenröhrlinge mit einer erhöhten Beta-Strahlung von Cäsium 137 belastet, die sich mit einem Kontaminationsmonitor leicht nachweisen läßt.

Nur wenige Monate nach der Reaktorkatastrophe von Tschernobyl brach am 1. November 1986 in einer Lagerhalle des Schweizer Chemieunternehmens Sandoz bei Basel ein Brand aus. Hochgiftige Pflanzenschutzmittel und andere gefährliche Verbindungen gelangten in die Luft und durch das Löschwasser in den Rhein. Rund 1.200 Menschen aus der näheren Umgebung, darunter viele Kinder, mußten nach dem Unfall ärztlich betreut werden. Die Sandoz-Katastrophe führte zum größten Fischsterben im Rhein, denn durch die hohe Pestizid- und Fungizidverseuchung des Löschwassers waren Flora und Fauna des Flusses auf einer Strecke von mehreren Kilometern praktisch tot (Heimbrecht/Molck 1987, S. 9–32).

Um

Abflußkanal der Firma Sandoz nach dem Brandunfall
Landesanstalt für Umweltschutz, Karlsruhe
November 1986
Haus der Geschichte Baden-Württemberg

Das giftige Löschwasser färbte den Rhein an der Einleitungsstelle des Löschwassersammelbeckens rot. Es gelangten große Mengen schwefel- salz- und quecksilberhaltige Verbindungen in den Fluß. Zahlreiche Brunnen am Rhein mußten abgeschaltet werden. Rund vier bis sechs Mio. Menschen wurden zu diesem Zeitpunkt mit Trinkwasser aus dem Uferfiltrat des Flusses versorgt (Heimbrecht/Molck 1987, S. 23).

welt.

„Brief an die Bürger in Stuttgart“
Abgedruckt in den Stuttgarter Nachrichten vom 29. Mai 1972
Haus der Geschichte Baden-Württemberg

STUTTGARTER NACHRICHTEN

S E 6539 A

Montag, 29. Mai 1972 · 27. Jahr · Nummer 124 | Unabhängig · Überparteilich | Einzelpreis 40 Pf · 100 Lire · 3,50 öS · 0,60 sfr · 16 Pesetas

„Weg von den Straßen und in die Keller“

Baader-Bande droht Stuttgart für Freitag drei Bomben an

In einem anonymen Brief kündigt ein „Kommando 2. Juni“ die Explosion von drei Autos an

STUTTGART (snd) – Drei Bombenexplosionen in Stuttgart am kommenden Freitag hat die Baader-Meinhof-Bande am Sonntag in anonymen Schreiben angekündigt. Die drei Bomben sollen zwischen 13 und 14 Uhr in abgestellten Autos in den Straßen der Stadt explodieren. Ministerpräsident Filbinger hat für heute eine Sicherheitskonferenz einberufen. Oberbürgermeister Klett forderte die Bevölkerung Stuttgarts auf, Ruhe zu bewahren.

Der aus Zeitungsausschnitten zusammengestellte und zum Teil mit Schreibmaschine geschriebene Brief ging am Sonntag bei der Deutschen Presse-Agentur in Hamburg, bei der Nachrichtenagentur „Associated Press“, der „Frankfurter Rundschau“ und dem Süddeutschen Rundfunk in Stuttgart ein. Die einzelnen Briefe sind photokopiert.

Der „Brief an die Bürger in Stuttgart“ beginnt folgendermaßen: „Das Los ist auf Stuttgart gefallen. Warnung! Am 2. Juni …

Leitartikel Seite 3

Robert Haerdter sieht in den Ergebnissen des Moskauer Gipfeltreffens eine Basis für die Neuordnung zwischen den USA und der Sowjetunion.

… 30 Kilogramm TNT solle niemand getötet werden. Die RAF, die „Rote Armee Fraktion“, wie sich die Baader-Meinhof-Bande selbst nennt, wolle beweisen, daß sie, wo immer und wann immer sie wolle, „zuschlagen kann“.

Oberbürgermeister Klett erklärte, erfahrungsgemäß handle es sich bei solchen Drohungen meist um leere Worte. Jedoch nehme man auf dem Stuttgarter Rathaus die Sache sehr ernst. Es seien alle nur möglichen Vorbereitungen getroffen, um einen Anschlag zu verhindern.

Ministerpräsident Filbinger versicherte, die Bürger könnten darauf vertrauen, daß der Staat alle Mittel zu ihrem Schutz einsetze. Es wäre falsch, die von der Bombendrohung ausgehende Gefahr herunterzuspielen. Panik sei aber ebenso unangebracht.

Der Brief mit der Bombendrohung ist von einem „Kommando 2. Juni“ unter- …

… nem ähnlichen Brief an die „Frankfurter Rundschau“ angekündigt.

In der Umgebung der größeren amerikanischen Standorte in der Bundesrepublik werden am heutigen Montag zwischen elf und zwölf Uhr die Explosionen von Salutschüssen zu hören sein, die die Amerikaner aus Anlaß ihres „Memorial Day“ (Heldengedenktag) abgeben. Angesichts der Unruhe in der deutschen Bevölkerung über die Bombendrohungen und Bombenanschläge wies das Hauptquartier der US-Armee in Europa am Sonntag auf diesen Umstand hin. *(Weitere Berichte Seite 3 und Lokalteil.)*

Freitag

Kommt es in Stuttgart zu einem neuen …

Brief an die Bürger in Stuttgart

den 27. Mai 1972

der Los ist Auf Stuttgart gefallen

WarNung! am 2. Juni GENAU ZWISCHEN 13 UND 14 UHR werden unsere RAF Pionier SPRENG experten in den Straßen Stuttgarts 3 Autos als Bomben Autos explodieren lassen JEDES MIT EINER SPRENGKRAFT VON 3 0 KG …

NIEMAND SOLL DABEI GETÖTET WERDEN DIE R A F WILL BEWEISEN DASS SIE WANN UND WO SIE WILL ZUSCHLAGEN KANN UND DIE … AN DEN BOMBENKRIEG DER U S IMPERIALISTEN IN VIETNAM ERINNERN

DESHALB WEG VON DEN STRASSEN IN DIE HÄUSER AM 2. JUNI ZWISCHEN 13 und 14 UHR FENSTER ÖFFNEN UND IN DIE KELLER … EINE STUNDE DAS VOLK IN HANOI UND VIELEN ANDEREN STÄDTEN DORT MUSS DAS JEDEN TAG VIELE STUNDEN LANG UND STIRBT TROTZDEM

Drohungen an die Stuttgarter

In einem zusammengeschnittenen und teilweise mit Schreibmaschine geschriebenen Brief droht die Baader-Meinhof-Bande, die sich selbst „Rote Armee Fraktion“ nennt, in Stuttgart drei Bomben hochgehen zu lassen. Voller Wortlaut im Lokalteil.

Ende der 1960er Jahre spaltete sich von der Studentenbewegung ein gewaltbereiter Flügel ab, der gewillt war, den „bewaffneten Kampf“ gegen den „imperialistischen Staat“ aufzunehmen, um eine radikale Veränderung des „etablierten Systems“ herbeizuführen. Die 1970 gegründete „Rote Armee Fraktion“ (RAF) startete 1972 ihre sogenannte Mai-Offensive mit einer Serie von Brand- und Sprengstoffanschlägen. Das folgenschwerste Bombenattentat ereignete sich am 24. Mai 1972 im europäischen Hauptquartier der US-Army in Heidelberg, bei dem drei Soldaten starben.

Drei Tage später, am 27. Mai 1972, kündigte eine „Rote Armee Fraktion Baden-Württemberg“ in einem aus Zeitungsausschnitten zusammengeklebten und fotokopierten „Brief an die Bürger in Stuttgart“ für den 2. Juni 1972 zwischen 13 und 14 Uhr drei Bombenanschläge in den Straßen Stuttgarts an. Dies war der fünfte Todestag des in Berlin erschossenen Studenten Benno Ohnesorg.

Bereits einen Tag nach der Veröffentlichung am 29. Mai 1972 ging bei der Deutschen Presseagentur in Hamburg jedoch ein Dementi ein, das mit dem Daumenabdruck des RAF-Mitglieds Andreas Baader beglaubigt war. Am 31. Mai 1972 erklärte die RAF weiterhin: „Daß die Zeitungen gegenwärtig unsere Erklärungen zu den Bombenanschlägen nicht einmal veröffentlichen, wohl aber die gefälschten Erklärungen von Faschisten, daß sie Aktionen gegen den US-Imperialismus herunterspielen, faschistische Provokationen, wie sie gegen die Einwohner von Stuttgart laufen, hoch spielen, das zeigt doch, wo's lang geht, das zeigt doch, was sie fürchten, daß sie vor den Massen verstecken müssen, was eigentlich läuft, wenn sie die Fronten noch länger verschleiern wollen.“ (ID-Verlag 1997, S. 150)

Am angekündigten Tag sicherte ein Großaufgebot der Polizei die Straßen, in den Schulen wurde der Unterricht vorzeitig beendet, die Kindergärten blieben geschlossen. Bomben explodierten nicht. Gleichwohl trug der Vorgang zu einem Klima zunehmender Verunsicherung bei. Die Umstände der Bombendrohung auf Stuttgart führten zu der Vermutung, daß der Drohbrief von einem V-Mann des Verfassungsschutzes im Stile der RAF verfaßt worden sein könnte (Gast 1997, S. 50).

Russische Panzerfaust RPG 7
1981
Bundeskriminalamt Wiesbaden

Nach ihrem eigenen Verständnis hatte die RAF dem Staat den Krieg erklärt. Sie bezeichnete sich als kriegführende Partei in einem Guerillakrieg. Bei Attentaten der RAF wurden immer wieder Waffen eingesetzt, die auch bei militärischen Auseinandersetzungen Verwendung finden. Am 15. September 1981 verübten Mitglieder der zweiten RAF-Generation in Heidelberg ein Attentat auf das Fahrzeug des Oberbefehlshabers der US-amerikanischen Landstreitkräfte in Europa, General Frederick Kroesen. Wie durch ein Wunder blieben er und seine Frau unverletzt. Die dabei verwendete Panzerfaust stellt auch noch nach über zwanzig Jahren ein Beweismittel in einem offenen Ermittlungsverfahren gegen unbekannt dar. Es wird „wegen des Verdachts des versuchten Mordes, der Mitgliedschaft in einer terroristischen Vereinigung und anderer Straftaten“ ermittelt. Noch vor kurzem wurde die Waffe auf Spuren für DNA-Tests untersucht.

Kinderzeichnung
Michael Palm
1978
Ute Palm, Korb-Kleinheppach

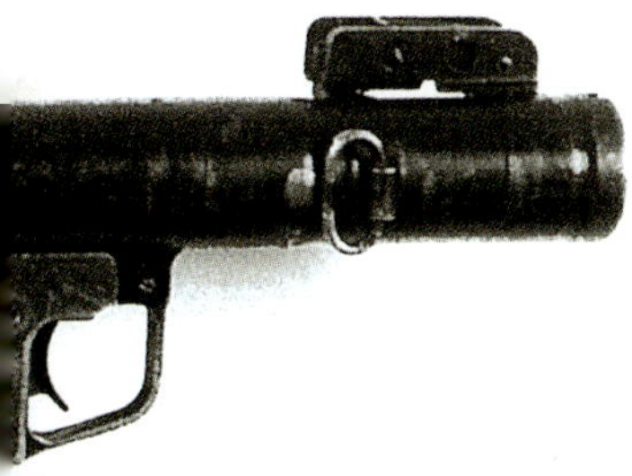

Fahrzeug des US-Generals Kroesen nach dem Anschlag
Bundeskriminalamt Wiesbaden
15. September 1981
Haus der Geschichte Baden-Württemberg

Ranghohe Politiker und ihre Familien waren durch mögliche Anschläge der RAF in starkem Maße gefährdet und mußten von der Polizei geschützt werden. Die zu ihrem Schutz getroffenen Maßnahmen prägten ihren Alltag. In einer Zeichnung für den Religionsunterricht in der Grundschule brachte der sechsjährige Sohn des damaligen Justizministers Palm zum Ausdruck, was er unter „Behütung auf dem Schulweg" verstand. Er malte ein Polizeiauto mit einem Polizisten darin, der ihn zur Schule brachte. Guntram Palm war von November 1977 bis August 1978 Justizminister, danach Innenminister und schließlich von 1980 bis 1991 Finanzminister. Die Familie Palm erhielt von November 1977 bis Sommer 1981 Personenschutz.

Terro

Im Jahre 1974 wurden die maßgeblichen Mitglieder der RAF vom Generalbundesanwalt beim Oberlandesgericht in Stuttgart angeklagt und zur Untersuchungshaft in die Justizvollzugsanstalt Stammheim eingewiesen. Für das Strafverfahren wurde 1975 eigens ein Prozeßgebäude neben der Justizvollzugsanstalt in Stammheim errichtet, ein in der bundesdeutschen Justizgeschichte einmaliger Fall. Der Prozeß begann am 21. Mai 1975. Die Urteilsverkündung war am 28. April 1977. Sie lautete auf lebenslängliche Freiheitsstrafe wegen vierfachen Mordes und 34fachen Mordversuchs. Die Haftbedingungen in Stammheim wurden von den Gefangenen als Isolationsfolter bezeichnet. Zur Verbreitung dieser Ansichten wurden die Medien sehr geschickt eingesetzt. Mit dieser Behauptung gelang es, „in Dutzenden von ‚Antifolterkomitees' bundesweit ein Milieu für gutgläubige, mitfühlende und hilfsbereite Sympathisanten zu schaffen, aus dem sich bald militanter Nachwuchs rekrutieren sollte" (Oesterle 2002, S. 2).

Es gab in Stammheim keine, wie oft behauptet wurde, Isolationshaft. Die Gefangenen hatten Kontakt untereinander und nach draußen. Ihnen wurden zahlreiche Vergünstigungen eingeräumt, die erst mit dem Kontaktsperregesetz im Rahmen der Schleyer-Entführung im September 1977 endeten. Erst die nachfolgenden RAF-Generationen wurden in teils neu erbauten Hochsicherheitstrakten unter verschärften Haftbedingungen untergebracht.

Mit diesem Monitor wurde die Eingangstür des Prozeßgebäudes überwacht, durch welche die RAF-Gefangenen das Gebäude betraten. Auf der rechten Seite des Bildschirms hat sich das Bild dieser Tür eingebrannt.

Nach dem Attentat auf die Stockholmer Botschaft am 24. April 1975 nahmen die Reaktionen in der Bevölkerung fast hysterische Züge an. Stammheimer Bürger versammelten sich in jener Nacht vor der Justizvollzuganstalt und forderten den Tod der RAF-Gefangenen. „Auf der Flucht erschießen" und „alle he mache" waren Kommentare, die in bereit gehaltene Mikrofone der vor Ort anwesenden Journalisten gesprochen wurden.

Interview mit Passanten vor der Justizvollzugsanstalt in Stammheim
Film, 24. April 1975
SWR

Überwachungsmonitor aus dem Prozeßgebäude in Stammheim
Siemens
1970er Jahre
Haus der Geschichte
Baden-Württemberg

rismus

Fahndungsflugblatt
Bundeskriminalamt
Wiesbaden
1977
Haus der Geschichte
Baden-Württemberg

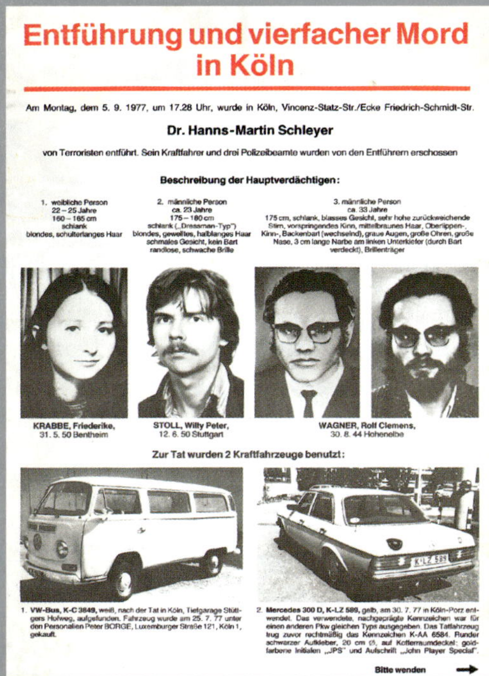

Entführung und vierfacher Mord in Köln

Am Montag, dem 5. 9. 1977, um 17.28 Uhr, wurde in Köln, Vincenz-Statz-Str./Ecke Friedrich-Schmidt-Str.

Dr. Hanns-Martin Schleyer

von Terroristen entführt. Sein Kraftfahrer und drei Polizeibeamte wurden von den Entführern erschossen

Beschreibung der Hauptverdächtigen:

1. weibliche Person
22 – 25 Jahre
160 – 165 cm
schlank
blondes, schulterlanges Haar

2. männliche Person
ca. 23 Jahre
175 – 180 cm
schlank („Dressman-Typ")
blondes, gewelltes, halblanges Haar
schmales Gesicht, kein Bart
randlose, schwache Brille

3. männliche Person
ca. 33 Jahre
175 cm, schlank, blasses Gesicht, sehr hohe zurückweichende Stirn, vorspringendes Kinn, mittelbraunes Haar, Oberlippen-, Kinn-, Backenbart (wechselnd), graue Augen, große Ohren, große Nase, 3 cm lange Narbe am linken Unterkiefer (durch Bart verdeckt), Brillenträger

KRABBE, Friederike, 31. 5. 50 Bentheim

STOLL, Willy Peter, 12. 6. 50 Stuttgart

WAGNER, Rolf Clemens, 30. 8. 44 Hohenelbe

Zur Tat wurden 2 Kraftfahrzeuge benutzt:

1. **VW-Bus, K-C 3849,** weiß, nach der Tat in Köln, Tiefgarage Stüttgers Hofweg, aufgefunden. Fahrzeug wurde am 25. 7. 77 unter den Personalien Peter BORGE, Luxemburger Straße 121, Köln 1, gekauft.

2. **Mercedes 300 D, K-LZ 589,** gelb, am 30. 7. 77 in Köln-Porz entwendet. Das verwendete, nachgeprägte Kennzeichen war für einen anderen Pkw gleichen Typs ausgegeben. Das Tatfahrzeug trug zuvor rechtmäßig das Kennzeichen K-AA 6584. Runder schwarzer Aufkleber, 20 cm Ø, auf Kofferraumdeckel; goldfarbene Initialen „JPS" und Aufschrift „John Player Special".

Bitte wenden →

Im Jahre 1977 initiierte die zweite Generation der RAF eine Reihe spektakulärer Anschläge. Traurige Höhepunkte wurden die Geiselnahme von Arbeitgeberpräsident Hanns Martin Schleyer durch ein Kommando der RAF am 5. September 1977 und die anschließende Entführung der Lufthansamaschine „Landshut" durch palästinensische Terroristen, welche die Bundesrepublik sechs Wochen lang in Atem hielten. Mit der Entführung von Schleyer und der Passagiere in der Lufthansamaschine sollten die in Stammheim Inhaftierten und weitere RAF-Mitglieder freigepreßt werden. „Beide Ereignisse und die damit zusammenhängenden Umstände haben Staat und Gesellschaft entscheidend geprägt." (Breloer 1997, S. 3)
Das einen Tag nach dem Überfall auf Schleyer in Umlauf gebrachte Flugblatt liefert eine genaue Beschreibung der Hauptverdächtigen Friederike Krabbe, Willy Peter Stoll und Rolf Clemens Wagner, ihrer Fluchtfahrzeuge und weiterer, am Tatort zurückgelassener Gegenstände.

Parlamentarischer Untersuchungsausschuß zur Klärung der RAF-Selbstmorde
DB Staedele
20. Oktober 1977
Deutsche Presseagentur,
Frankfurt

Nach der erfolgreichen Erstürmung des entführten Flugzeugs in Mogadischu wurden die in Stammheim inhaftierten RAF-Mitglieder Andreas Baader, Gudrun Ensslin und Jan-Carl Raspe am 18. Oktober 1977 in ihren Zellen tot aufgefunden. Arbeitgeberpräsident Schleyer wurde noch am selben Tag von seinen Entführern ermordet.
Zwei Tage nach dem Tod der Terroristen konstituierte sich ein Untersuchungsausschuß des baden-württembergischen Landtages zur Klärung der Todesumstände der Gefangenen. Geleitet wurde der Ausschuß vom früheren Justizminister, dem SPD-Abgeordneten Rudolf Schieler, und dem CDU-Abgeordneten Fritz Hopmeier. Oppositionsführer Erhard Eppler sah die Aufgabe des Ausschusses darin, „den Verdacht von dieser Bundesrepublik zu nehmen, hier gehe es genau so zu wie in einer Geschichtsepoche, die keiner von uns zurück wünscht" (zit. n. Ensslin 1997, S. 14). Mehr als 200 Zeugen wurden gehört. Im Ergebnis stellte der Ausschuß fest, daß es sich bei den Tötungen um Selbstmord handelte. Abschließend wies Eppler im Landtag daraufhin: „Es könnte sein, daß die Zukunft der zweiten deutschen Demokratie davon abhängt, wie wir auf die Herausforderung des Terrorismus antworten. Wir müssen alles vermeiden, was diese Republik dem Bild annähern könnte, das die Terroristen in ihren Köpfen haben und uns allen vermitteln wollen." (zit. n. Kustermann 1992, S. 97)

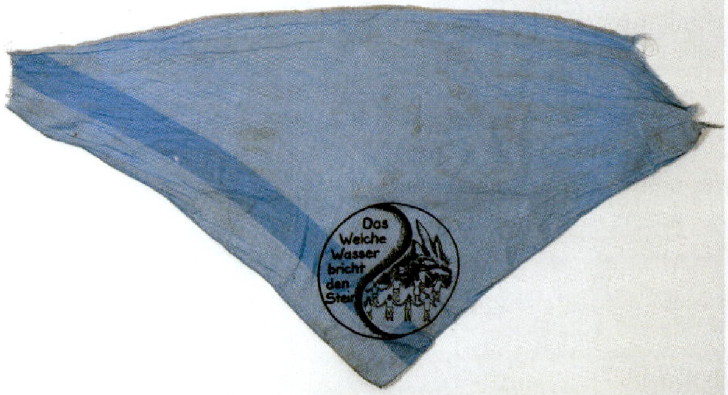

Hellblaues Halstuch eines Nachrüstungsgegners
Um 1984
Friedenshütte Mutlangen

Der „Krefelder Appell" vom November 1980 markierte den Beginn einer neuen Friedensbewegung in der Bundesrepublik Deutschland. Die Bundesregierung wurde darin aufgefordert, ihre Zustimmung zu den Raketen-Stationierungsplänen der NATO zurückzuziehen. Große Friedensdemonstrationen folgten 1981 und 1982 im Bonner Hofgarten.

Im September 1983 richteten sich die Blicke der Weltöffentlichkeit auf die kleine Gemeinde Mutlangen bei Schwäbisch Gmünd. Die Gruppe „Friedensmanifest", „eine lose Vereinigung von 27 bekannten Männer und Frauen" hatte sich entschlossen, an einer Sitzblockade vor dem Raketendepot Mutlangen teilzunehmen (Laduch u. a. 1990, S. 115). Die Überlegung, durch den großen Bekanntheitsgrad der Mitglieder die Aufmerksamkeit der Weltpresse auf die Aktivitäten der Friedensbewegung vor Ort lenken zu können, erwies sich als richtig. Am 1. September 1983, 44 Jahre nach Beginn des Zweiten Weltkrieges, begannen rund 1.000 Nachrüstungsgegner gemeinsam mit dem Literaturnobelpreisträger Heinrich Böll, dem Schriftsteller Günter Grass, dem Schauspieler Dietmar Schönherr und anderen Prominenten eine dreitägige Blockade des Raketenstandortes Mutlangen. Viele weitere Blockaden von weniger bekannten Friedensfreunden sollten folgen.

Das Halstuch wurde von einem der rund 200 Nachrüstungsgegner getragen, die am 1. April 1984 an einer Ärzte-Blockade vor dem Raketendepot in Mutlangen teilnahmen. Es trägt die programmatisch zu verstehende Aufschrift: „Das weiche Wasser bricht den Stein".

Menschenkette 1983
Deutsche Presseagentur
20. Oktober 1983
Deutsche Presseagentur,
Frankfurt

Am 22. Oktober 1983 erreichten die Friedensdemonstrationen in Deutschland ihren Höhepunkt. Zum Abschluß einer von der Friedensbewegung initiierten Aktionswoche gingen in Deutschland rund 1,5 Mio. Menschen für den Frieden auf die Straße. In Baden-Württemberg wurde Punkt 12 Uhr eine 108 Kilometer lange Menschenkette gebildet, die von der Kommandozentrale der US-Streitkräfte in Europa (EUCOM) im Stuttgarter Stadtteil Vaihingen bis zu den Wiley-Barracks in Neu-Ulm reichte. 200.000 Friedensfreunde nahmen an dieser Aktion teil, die, wie die übrigen Friedensaktionen auch, völlig gewaltfrei verlief. Dafür zollte auch die baden-württembergische Landesregierung den Initiatoren dieser Aktion Respekt.

Frieden

Pershing-II-Rakete im US-amerikanischen Atomraketendepot in Mutlangen
Deutsche Presseagentur
1983
Deutsche Presseagentur, Frankfurt

Trotz der großen Proteste beschloß der Bundestag am 22. November 1983, die Stationierung der Pershing-II-Raketen einzuleiten.
108 Atomraketen mit einer Reichweite von jeweils 1.800 Kilometern wurden auf die drei westdeutschen Standorte Mutlangen, Heilbronn und Neu-Ulm verteilt. Am 26. November 1983 traf in Mutlangen der erste Konvoi mit Raketenteilen ein.

Stuhl des Wachhäuschens am Eingangstor des Raketendepots
Um 1983
Haus der Geschichte Baden-Württemberg

Für die Bewachung und den Betrieb der 36 Pershing-II-Raketen im Raketendepot in Mutlangen war die in Schwäbisch Gmünd stationierte 56th Field Artillery Brigade zuständig. Sie umfaßte Mitte der 1980er Jahre rund 3.200 Soldaten und deren Angehörige. Die Stationierung der Pershing-II-Raketen bedeutete für den Alltag der amerikanischen Soldaten eine hohe Arbeitsbelastung. Intensiver Bereitschaftsdienst und ausgedehnter Übungsbetrieb, bei dem die Funktionsfähigkeit der Raketen immer wieder unter Beweis gestellt werden mußte, forderten von den Soldaten ein großes Arbeitspensum. Die ständigen Blockaden der Friedensfreunde verzögerten die Arbeitsabläufe. Trotzdem gab es kaum direkte Auseinandersetzungen zwischen Demonstranten und Soldaten, die meist große Geduld bewiesen. Das wußte auch die Polizei vor Ort zu verhindern, die ja für die Räumung der Blockaden verantwortlich war. Vereinzelt gab es auch persönliche Kontakte zwischen Soldaten und Friedensfreunden, mehrheitlich blieben die Amerikaner aber unter sich (Laduch u.a. 1990, S.77–82).
Am 8. Dezember 1987 unterzeichneten der amerikanische Präsident Ronald Reagan und der sowjetische Präsident Michail Gorbatschow den sogenannten INF-Vertrag, der die vollständige Vernichtung aller atomarer Mittelstreckenraketen der Supermächte zum Ziel hatte. Kaum ein Jahr später, am 17. November 1988, wurden die ersten Teile der Pershing-II-Raketen abtransportiert. Am 30. Dezember 1988 wurde die Delta-Batterie, die direkt für diese Raketen zuständig war, aufgelöst.
Der Stuhl befand sich im Wachhäuschen am Eingangstor des Raketendepots und diente dem Wachsoldaten als Sitzgelegenheit. Der hohe Stuhl erlaubte es, sitzend die Zufahrt zu überwachen.

Brandbeschleuniger und angekohlter Fensterladen
2001
Staatsanwaltschaft Rottweil, Haus der Geschichte Baden-Württemberg

Baseballschläger
Um 1993
Landesamt für Verfassungsschutz

Zwischen 1986 und 1993 registrierte das Landesamt für Verfassungsschutz einen rapiden Anstieg des Rechtsextremismus. Eine ganze Anzahl rechtsextremistischer Organisationen wurde gegründet, rechtsextremistische Parteien, wie die „Republikaner", hatten Erfolg bei Wahlen, und die Zahl gewaltbereiter Skinheads nahm zu. Zwischen 1992 und 1993 war eine Eskalation rechtsextremistisch motivierter Gewalttaten zu verzeichnen. Es gab eine größere Zahl von Brandanschlägen auf Asylbewerberheime und Häuser ausländischer Mitbürger. Nach einem zeitweisen Rückgang in den Jahren 2000 und 2001 stieg die Zahl der Gewalttaten mit rechtsextremistischem Hintergrund erneut an.
In der Nacht zum Dienstag, dem 19. Juni 2001, warfen drei Skinheads, so berichtet das Landesamt für Verfassungsschutz, „mehrere selbstgefertigte Brandsätze gegen ein von einer türkischen Familie bewohntes Haus in Empfingen/Krs. Freudenstadt. Ein Fensterladen aus Holz fing dabei Feuer, das der Familienvater löschen konnte." Das Landgericht Rottweil verurteilte den 19-jährigen Haupttäter am 23. November 2001 „wegen versuchten Mordes und besonders schwerer Brandstiftung zu einer Jugendstrafe von sechseinhalb Jahren und wies die beiden Mittäter in ein psychiatrisches Landeskrankenhaus ein" (Verfassungsschutzbericht 2001, S. 15–16).

Eine der mitgliederstärksten neonationalsozialistischen Vereinigungen in Baden-Württemberg war die 1988 in Lichtenstein, Kreis Reutlingen, gegründete „Heimattreue Vereinigung Deutschlands" (HVD), die sich mit ihren rund 80 Mitgliedern „rasch zu einer besonders aktiven und militanten neonationalsozialistischen Gruppierung" entwickelte (Verfassungsschutzbericht 1993, S. 36).
Als Reaktion auf die Eskalation rechtsextremistisch motivierter Gewalttaten Anfang der 1990er Jahre verboten die Innenminister bzw. Innensenatoren des Bundes und der Länder zwischen November 1992 und April 2001 insgesamt 18 rechtsextremistische Vereinigungen. Diese Organisationen wiesen eine Wesensverwandtschaft mit dem Nationalsozialismus auf und/oder verstießen gegen die verfassungsmäßige Ordnung.
Am 14. Juli 1993 verbot der baden-württembergische Innenminister die HVD. Bei der Durchsetzung des Verbots wurde einem Mitglied dieser Vereinigung von Beamten des Landesamtes für Verfassungsschutz ein Baseballschläger abgenommen, ein Sportgerät, das inzwischen zum Symbol für die Gewaltbereitschaft dieser Rechtsextremisten wurde.

Rechts

Fußball-Pokal der „Mobilen Jugendarbeit Parksiedlung" in Ostfildern
1992
Mobile Jugendarbeit Parksiedlung, Ostfildern

Seit Mitte der 1990er Jahre zieht die NPD besondere Aufmerksamkeit auf sich. Das hängt mit ihrer veränderten ideologischen, organisatorischen und strategischen Ausrichtung zusammen. Konzentrierte sich die rechtsextremistische Partei in ihrer Anfangsphase auf die Erlangung von Wählerstimmen und den Einzug in die Parlamente, „so geht es ihr gegenwärtig hauptsächlich um Aktionsorientierung im Sinne eines ‚Kampfes um die Straße'" (Pfahl-Traughber 2002, S.30). Die NPD hat sich zunehmend gegenüber neonazistischen Kreisen geöffnet. Inzwischen bietet sie auch rechtsextremistischen Skinheads eine parteipolitische Heimat.
Aus diesen Gründen beschloß das Bundeskabinett am 8. November 2000, ein Verbot der NPD vor dem Bundesverfassungsgericht zu beantragen. Die baden-württembergische Landesregierung beteiligte sich aktiv mit eigenen Vorschlägen an der Formulierung des NPD-Verbotsantrages. Das Verfahren war im Herbst 2002 noch nicht abgeschlossen.
Der Rechtsstaat wahrt selbst die Rechte einer offenkundig antidemokratischen Partei, solange sie nicht offiziell verboten ist. Am 10. März 2001 schützte ein Großaufgebot der Polizei in der Karlsruher Innenstadt eine Kundgebung der NPD zur Landtagswahl am 25. März 2001. Insgesamt nahmen 20 Mitglieder und Anhänger der rechtsextremistischen Partei an dieser angemeldeten Veranstaltung teil, die von Protesten Karlsruher Bürger begleitet wurden.

Im Jahre 1988 wurde in Ostfildern die Mobile Jugendarbeit Parksiedlung (MOB) eingerichtet. Sie hat sich zum Ziel gesetzt, die Ausgrenzung und Stigmatisierung junger Menschen zu verhindern und ihre Integration ins Gemeinwesen zu fördern. Träger sind die fünf evangelischen und drei katholischen Kirchengemeinden in Ostfildern, die Evangelisch-Methodistische Kirchengemeinde, der DRK-Ortsverein, der Bürgerverein Parksiedlung e. V. und die Stadtverwaltung Ostfildern.
Anlaß für diese Gründung war die Bildung einer Skinhead-Gruppe in der Parksiedlung, die Passanten anpöbelte und Wände mit Hakenkreuzen und ausländerfeindlichen Parolen besprühte. Ein Sozialarbeiter kümmerte sich über Jahre hinweg um diese Jugendlichen. Es gelang ihm, ihre Abwehrhaltung zu durchbrechen und sie zur Mitarbeit an verschiedenen Jugendprojekten zu bewegen. Die Jugendlichen sind mittlerweile erwachsen und haben sich weitgehend in die Gesellschaft integriert. Um ein Aufeinanderzugehen zwischen den sehr unterschiedlichen Jugendgruppen in der Parksiedlung zu fördern, wurden von der MOB immer wieder Fußballturniere organisiert, bei denen Pokale für die Gewinner des Turniers gestiftet wurden.

NPD-Demonstration in Karlsruhe
Deutsche Presseagentur
10. März 2001
Deutsche Presseagentur, Frankfurt

extremis

Immer weniger Menschen wollten der Zunahme rechtsextremistischer Gewalttaten tatenlos zusehen. Einem Aufruf des baden-württembergischen Landtags gegen „Haß und Gewalt, gegen Rassismus und Ausländerfeindlichkeit" folgten am 21. Januar 1993 mehr als eine Million Menschen, die sich im ganzen Land auf Plätzen und Straßen, bei Lichterketten, in Betrieben, bei Stafettenläufen und unzähligen örtlichen Kundgebungen versammelten.
Die zentrale Kundgebung des Aktionstages fand vor 25.000 Menschen auf dem Stuttgarter Marktplatz statt. Der Präsident des baden-württembergischen Landtages, Fritz Hopmeier (CDU), rief in seiner Ansprache auf: „Wir müssen aufwachen, wir müssen aufstehen, aber vor allen Dingen, wir müssen hinstehen." (zit. n. Landtag BW 1993, S. 61). Das Plakat mit dem Appell des Landtags „Aufwachen, Aufstehen, Hinstehen" war zum Aktionstag auf dem Marktplatz aufgestellt worden.

„Aufwachen, Aufstehen, Hinstehen"
21. Januar 1993
Haus der Geschichte
Baden-Württemberg

Museum der Gegenwart

Elke Steinwand | Peter Schaller

Museum der Gegenwart 2002 ff.

Historische Museen sammeln Gegenstände aus der Vergangenheit, bewahren sie und stellen sie aus. Diese Arbeit geschieht rückblickend, und das bedeutet auch, daß der bearbeitete Zeitraum abgeschlossen ist. Die Gegenwart in die Ausstellungsräume zu holen, ist für ein Museum wie das Haus der Geschichte Baden-Württemberg eine neuartige Herangehensweise. Was könnte den Besucher in einem „Museum der Gegenwart" erwarten? – Wäre die Gegenwart nicht eindringlicher durch einen Schritt vor die Museumstür zu erfahren oder mit einen Blick aus dem Fenster? Im menschlichen Bewußtsein dauert die Gegenwart rund drei Sekunden, wie medizinische und psychologische Experimente ergeben haben. Eine Ausstellung, die die Gegenwart eines Bundeslandes thematisiert, muß den Begriff folglich weiter fassen. Gleichzeitig ist der Zeitraum der Gegenwart jedoch nie abgeschlossen, viele Optionen sind noch offen, unterschiedlichste Entwicklungen denkbar.

Die Planer dieses Ausstellungsabschnittes standen also vor einem gravierenden Problem. Es stellte sich die Frage, was vom Heute die Zeiten überdauern wird, was wir also eigentlich sammeln, aufbewahren und – letztlich – ausstellen sollten. Prominente Fehleinschätzungen der Gegenwart gibt es zuhauf, etwa das Ideal der autogerechten Stadt aus den sechziger Jahren oder die Atomkraft-Euphorie der frühen Siebziger. Unentwegt unterliegt die Einschätzung der Gegenwart Irrtümern und Fehlern. Wie also aus dem prallen Leben, das uns umgibt, Wichtiges von Unwichtigem scheiden, kurzlebige Modeerscheinungen von Entwicklungen mit Tragweite – wie die Sedimente, die Ablagerungen, die die Zeiten überdauern werden, heute schon erkennen? Weil uns der strukturierende, klärende Abstand zum Heute gezwungenermaßen fehlt, ja fehlen muß, entschieden wir, das Verfahren umzukehren und haben versucht, eine möglichst breite Vielfalt an Themen und Gegenständen zusammenzutragen. Als Haus, das sich als Angebot für die Bürgerinnen und Bürger im ganzen Land versteht, wollten wir außerdem Exponate aus möglichst vielen Regionen und Landstrichen Baden-Württembergs ausstellen. Gleichzeitig sollte das „Museum der Gegenwart" möglichst aktuelle Themen aufgreifen. Zum Zeitpunkt der Eröffnung sind hier sehr unterschiedliche Alltagsgegenstände versammelt, die auf zwei verschiedenen Wegen in das Museum gelangt sind.

Der erste Weg war ein für ein Museum nicht alltäglicher: Die Menschen in den verschiedenen Landesteilen sollten selbst bestimmen, was aus ihrer Sicht heute aufbewahrenswert und – möglicherweise – für künftige Generationen erhaltens- und bewahrenswert sein könnte. Außerdem sollte der Leitgedanke der „Partizipation", der den Rundgang durchs Haus der Geschichte Baden-Württemberg prägt, auf diese Weise praktisch erprobt und ins Land getragen werden. Um dies zu bewerkstelligen, mußten sich Mitarbeiter des Hauses sprichwörtlich auf den Weg machen. Fünf Wochen rollte im Juni und Juli 2002 ein Museumsbus auf Sammlungstour landauf, landab, 3.500 Kilometer weit. Auf Marktplätzen, in Einkaufsstraßen und Fußgängerzonen in 32 Orten des Landes machte er Station. „Was fällt ihnen auf im Land?", „Was ist Ihnen derzeit im Land wichtig?", „Was macht Sie betroffen?", „Welche Veränderungen bemerken Sie im Land?", „Welche Gegenstände und Zeugnisse verbinden Sie persönlich damit?" Leuchtend rote Plakate mit diesen und anderen Fragen weckten die Neugier der Passanten. Mitarbeiter verteilten den Sammlungsaufruf und suchten das Gespräch. Manch ein Passant kam ein zweites Mal wieder und brachte „seinen" Gegenstand, andere schickten ihre Gegenstände mit der Post oder ließen sie später von uns abholen. Zusammengekommen sind Dinge mit aktuellem Bezug, die wir in so kurzer Zeit zwischen Odenwald und Bodensee vom Schreibtisch aus nicht hätten recherchieren können: Gegenstände wie die Sturmeule aus dem Obergruppenbacher Wald, das Liederbuch eines Tauberbischofsheimer Seniorenkreises oder die Villinger Renn-Ente.

Bald stellte sich jedoch heraus, daß das Einsammeln der Gegenstände eigenen Regeln gehorchte. Einen gewissen Schwerpunkt bildeten Dinge, die sozial engagierte Bürgerinnen und Bürger brachten, ganze Bürgerinitiativen und Schulklassen – etwa das „Spiel von Calw" der psychosozialen Beratungsstelle, das Modell des Heilig-Geist-Spitals in Ravensburg oder die Sandsteinskulptur aus dem Schulprojekt „Respekt". Aus diesem Bereich wurden viele Themen vorgeschlagen und auch die meisten Gegenstände zur Verfügung gestellt. Für engagierte Gruppen und Einzelpersonen stellte es sicher einen zusätzlichen Anreiz dar, ihre Ziele im Haus der Geschichte Baden-Württemberg vorzustellen; sie erhofften sich ein Forum für ihre Anliegen.

Selbstverständlich hatte das von uns gewählte Verfahren noch weitere Tücken. Wir waren nur zu bestimmten Tageszeiten unterwegs, einige Menschen konnten den Sammlungsbus daher vermutlich nicht antreffen, an manchem mag die Vorberichterstattung vorbei gegangen sein, und an einigen Orten fegte die Fußballweltmeisterschaft die Straßen leer. Auch witterten die lokalen Archive und Stadtmuseen Konkurrenz – eine Befürchtung, die schnell aus der Welt geschafft werden konnte. Umgekehrt liefen wir Gefahr, als Sperrmüll- oder Hausratannahmestelle mißverstanden zu werden. Dem haben die Mitarbeiter bereits am Sammlungsbus einen Riegel vorgeschoben – und damit das Ergebnis der Sammlungstour in anderer Weise beeinflußt.

Wir schlugen daher von Beginn an noch einen zweiten Weg ein, den normalen, herkömmlichen. Die Wissenschaftler und Wissenschaftlerinnen lasen aufmerksam Zeitung und zappten durch die Nachrichtensendungen, um Themen zu finden, die sie für bedeutsam hielten und machten sich dann auf die Suche nach einem geeigneten Exponat. Auf diese Weise kann bei der Eröffnung das manipulierte Typenschild einer FlowTex-Bohranlage gezeigt werden oder die Einstecktücher der beiden „Bräutigame" einer der ersten eingetragenen Lebenspartnerschaften. Mit den beiden skizzierten Vorgehensweisen ist es gelungen, eine große Vielfalt an Themen einzufangen: politische Streitfragen, kulturgeschichtliche Themen, öffentliche Ärgernisse, Alltagsprobleme, aber auch private Erfolgs- und Glückserlebnisse. Obwohl wir auf der Sammlungstour zum Teil davon abhängig waren, was der Zufall brachte, klingen in den folgenden Geschichten zu Gegenständen aus dem „Museum der Gegenwart" bereits Themen an, deren historische Wurzeln in den darauffolgenden Kapiteln über den Themenpark weiterverfolgt werden können: zum Beispiel weist die Skulptur einer Hospiz-Patientin voraus auf das Thema Religion, die zerbrochene Kachel vom alten Mosbacher Bahnhof auf das Thema Städtelandschaft, die Fotos des Wettbewerbs „Mitarbeiter am Arbeitsplatz" auf den Bereich Wirtschaft.

Das „Museum der Gegenwart" ist ein Experiment mit Werkstattcharakter. Aus naheliegenden Gründen muß es sich in ständigem Wandel befinden. Einige Gegenstände werden sicherlich auch nach einer gewissen Zeit als Sedimente der Gegenwart weiter gezeigt. Obwohl verschiedene Exponate aus Gründen der Aktualität ausgewechselt werden müssen, bleiben andere erhalten, um einen chronologischen Durchgang zu gewährleisten. Im Laufe der Zeit entsteht dadurch eine Schichtung, die Entwicklungen innerhalb des „Museums der Gegenwart" deutlich werden läßt. Der Besucher wird hier den Vorgang der Musealisierung verfolgen können, das Herauslösen der Gegenstände aus ihrem – möglicherweise vertrauten – Alltagszusammenhang und das Aufladen mit historischer Bedeutung. Auch nach Eröffnung des Hauses der Geschichte sind alle Bürgerinnen und Bürger eingeladen, neue Gegenstände zur Ausstellung vorzuschlagen. Wir sammeln laufend Objekte, Töne, Meinungen und Bilder aus der Gegenwart. Im Internet werden wir die Neuzugänge unter *www.museum-der-gegenwart.de* vorstellen und diesen Katalog aktuell ergänzen. All denjenigen, die sich bisher mit ihren Vorschlägen und Gegenständen beteiligt haben, möchten wir an dieser Stelle sehr herzlich danken.

Das Betrugssystem der in Ettlingen 1986 gegründeten Firma FlowTex war denkbar einfach: Die Geschäftsführung der FlowTex-Tochtergesellschaft KSK Guided Microtunneling Technologies GmbH in Thüringen verkaufte über ihr Unternehmen nicht vorhandene Horizontalbohrsysteme. Die Einnahmen flossen an die Geschäftsführer Manfred Schmider und Klaus Kleiser, die ihrerseits sofort alle nicht existenten Maschinen von den ahnungslosen Käufern zurück leasten. Wenn ein Leasingpartner tatsächlich einmal seinen Besitz sehen wollte, manipulierten sie mit einem Hämmerchen und einer Stanzmaschine die Typenschilder der Ausstellungsmodelle. Niemandem fiel auf, daß von den angeblich über 3.000 Superbohrern nur wenige tatsächlich vorhanden waren. Nach dem Sachstandsbericht einer Sonderkommission der Kriminalpolizei Karlsruhe sei FlowTex in Wahrheit „nicht ein wirtschaftstätiges Unternehmen“ gewesen, sondern „eine Fälscherwerkstatt“.
Dabei war die Technik der Horizontalbohrsysteme, von denen einzelne Anlagen wirklich hergestellt und vertrieben wurden, durchaus innovativ. Mit den Maschinen konnten Gräben gebohrt werden, ohne daß die darüber liegende Straße aufgerissen werden mußte. Die kriminellen Machenschaften führten zu einem Schaden von mehr als vier Milliarden DM und gelten in Deutschland als das größte Wirtschaftsverbrechen der Nachkriegszeit.

Manipuliertes Typenschild einer FlowTex-Bohranlage
1999
Haus der Geschichte
Baden-Württemberg

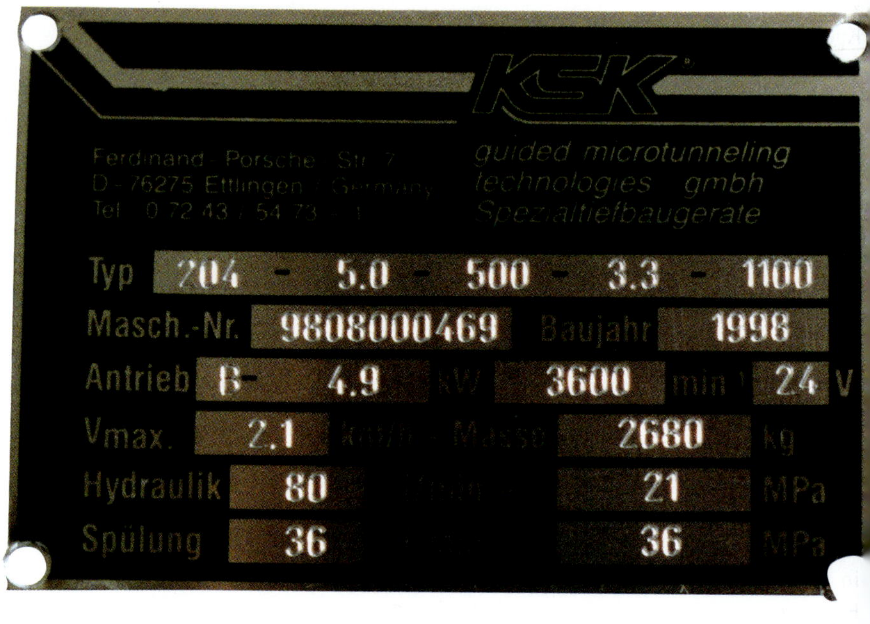

„Mitarbeiter am Arbeitsplatz"
2000
DaimlerChrysler

Wie sehen Beschäftigte bei DaimlerChrysler ihre Kollegen im Werk Untertürkheim? Dieser Frage gingen rund 100 Fotoamateure anläßlich eines Fotowettbewerbs nach, der von Baden-Württembergs größtem Automobilunternehmen ausgerichtet wurde.
Die preisgekrönten Fotografien zeigen Menschen bei ihrer täglichen Arbeit. Ein Mann ist in der Grauguß-Gießerei tätig, in der Bremsscheiben gefertigt werden. Er steht vor einem Behälter, in den flüssiges Eisen, der Abstich vom Hochofen, geleitet wird. Mit der Stange nimmt er die Schlacke ab, die sich auf dem geschmolzenen Eisen bildete. Auf dem zweiten Bild sind zwei Männer im Meßraum zu sehen, die vor einer Meßmaschine sitzen, mit der Fertigungstoleranzen überprüft werden. Das dritte Bild zeigt einen Beschäftigten mit Punkfrisur an einer Drehbank in der Modellbauabteilung. Er fertigt ein Holzstück, das für das Modell eines neuen Werkzeuges benötigt wird. Im Hintergrund dieser Bilder sind weitere Maschinen und Fabrikhallen zu erkennen. Solche Fotos sind selten, denn in den Firmengebäuden des DaimlerChrysler-Konzerns in Stuttgart-Untertürkheim darf aus Geheimhaltungsgründen üblicherweise nicht fotografiert werden.

Das Orkantief „Lothar" fegte vom Atlantik kommend am 26. Dezember 1999 über Frankreich, Süddeutschland, die Schweiz, Österreich und Tschechien hinweg. Bei einer bisher einmaligen Windgeschwindigkeit von 212 km/h fielen auf dem Feldberg die Windmeßgeräte aus. Unzählige Bäume wurden entwurzelt: In wenigen Stunden verwüstete der Sturm auf 62.500 Hektar fast fünf Prozent des baden-württembergischen Waldes – eine Fläche größer als der Bodensee. Besonders im mittleren Schwarzwald wurden Berghänge komplett entwaldet und breite Schneisen in zuvor dichten Bestand gerissen. Die umgeschlagenen Bäume decken den Holzbedarf Baden-Württembergs für zweieinhalb Jahre; die Aufräumarbeiten und das erneute Aufforsten werden lange andauern.
Die zwei Schneisen, die der Sturm bei Obergruppenbach in den Wald geschlagen hatte, neu zu beleben, war die Idee des pensionierten Bauhofleiters und Forstkenners Hans Wolf, als er im Herbst 2000 dort neue Wege bahnte. Mit der Motorsäge arbeitete er aus den verbliebenen Stümpfen der abgebrochenen Bäume Tiere heraus. Mehr als zwanzig Eulen, Wildschweine, Frösche, Hasen und Rehe aus Fichtenstümpfen beäugen inzwischen den Spaziergänger. Sie überraschen und belustigen und lenken zugleich den Blick auf lokale Folgen einer möglichen weltweiten Klimaveränderung.

Sturmholz-Eule aus Obergruppenbach
2000
Haus der Geschichte
Baden-Württemberg

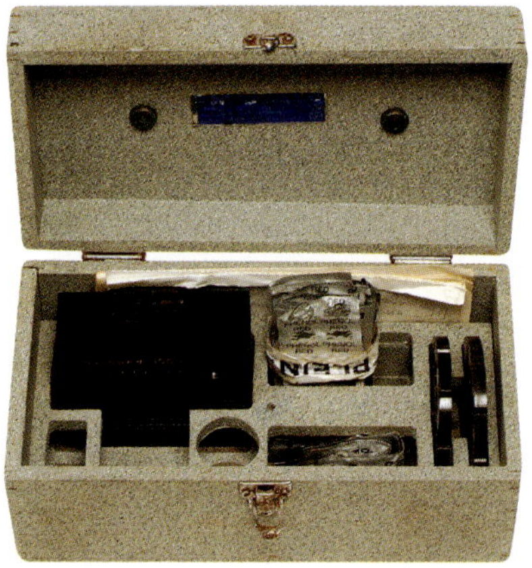

Chlormeßgerät des Schwimmbad Fördervereins Mauchen e. V.
Petunia Wassertechnik GmbH
1964
Haus der Geschichte Baden-Württemberg

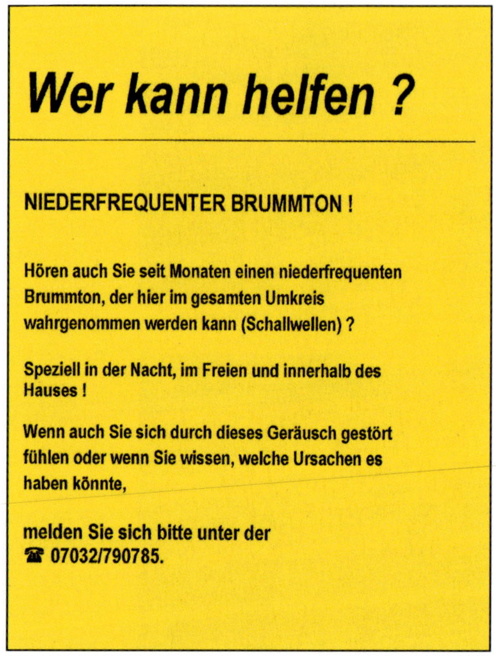

„Wer kann helfen? Niederfrequenter Brummton!“
2000
Haus der Geschichte Baden-Württemberg

Erstmals in der Geschichte des Landes nahmen 1994 die baden-württembergischen Gemeinden weniger Geld ein als im Vorjahr – ein Minus von 369 Millionen Euro (Statistisches Landesamt 2002). Schuld waren eine schwache Konjunktur und Abgaben für den Fonds „Deutsche Einheit“. In Zeiten klammer Kassen sah man sich mancherorts gezwungen, kommunale Einrichtungen zu schließen. Auch in Mauchen war es im Frühjahr 1994 soweit: Die südbadischen Wasserratten liefen Gefahr, in der bevorstehenden Freibadsaison auf dem Trockenen zu sitzen. Da sprang der kurzfristig gegründete „Schwimmbad Förderverein Mauchen e. V.“ in die Bresche.
Die 49 Gründungsmitglieder richteten das Becken her, mähten die Liegewiese, wachten am Beckenrand, verkauften Eis am Kiosk – kurzum, sie stellten das gesamte Personal. Rasch war die Mitgliederzahl des Vereins auf über 100 Bürgerinnen und Bürger angewachsen. Außerhalb der Saison führten sie die dringend notwendigen Reparaturarbeiten durch. Der Verein stand vor der schwierigen Aufgabe, ein eigenes Konzept für die Sanierung des Bades zu entwickeln. Eine neue Wasseraufbereitungsanlage mußte die hygienischen Anforderungen an die Wasserqualität erfüllen. Im Zuge von Sanierungsarbeiten im Jahr 2000 wurde dabei dieses Chlormeßgerät aus der Gründungszeit des Bades 1964 durch ein moderneres ersetzt.

Die moderne Industriegesellschaft bringt bislang unbekannte gesundheitliche Belastungen mit sich. Hierzu könnte möglicherweise ein bislang undefinierbares Geräusch gehören, das in manchen Landesteilen von Baden-Württemberg auftritt.
Seit rund drei Jahren leidet die Familie Häußer aus Tailfingen bei Herrenberg unter einem nicht lokalisierbaren Brummton. Nachts ist er zwischen zwei und fünf Uhr auf einer Achse von Rastatt über Herrenberg bis Göppingen zu hören. Der Kreis der Betroffenen in der Region wird immer größer. Das Umweltministerium schickte hochsensible Meßgeräte, die den Ton zwar aufzeichnen konnten, aber die Suche nach der Quelle blieb ohne Erfolg. Keine Überlandstromleitung, kein Trafohaus, kein Kompressor, kein Sendemast für Funkverkehr oder Mobilfunk steht in der Nähe. Die Betroffenen legten beim Dorfmetzger das Flugblatt aus mit dem Titel: „Wer kann helfen?“ Weitere Leidtragende meldeten sich. Die Ursache des Brummtons konnte bis zum Zeitpunkt der Drucklegung nicht gefunden werden.

Tanja W. umklammerte mit der letzten ihr verbliebenen Kraft ein Stück Ton. Es war der Wunsch der todkranken Frau, der Nachwelt etwas von ihr zu erhalten. Die so entstandene Plastik schenkte sie ihrer Sterbebegleiterin. Tanja W. starb am 30. Dezember 2000, nur 32 Jahre alt, im Stuttgarter Hospiz. Für ihre freiwillige Begleiterin ist dieses Geschenk ein wertvoller Schatz. Sie hofft, daß Tanjas Wunsch, in Erinnerung zu bleiben, in einem Museum auf besondere Weise in Erfüllung gehen kann.
Das Hospiz Stuttgart steht seit 1987 schwerkranken und sterbenden Menschen und ihren Angehörigen zur Verfügung. Hauptamtliche und ehrenamtliche Mitarbeiter möchten Menschen in der Zeit des Sterbens unterstützen und so begleiten, daß sie ihre letzte Lebensphase als lebenswert und erfüllt empfinden können und das unabhängig von Alter, Religion und Staatszugehörigkeit. Die Hospizbewegung, die 1967 in England entstanden ist, möchte den Umgang mit Sterben, Tod und Trauer in der Gesellschaft positiv verändern und das Sterben wieder zu einem Teil des Lebens werden lassen.

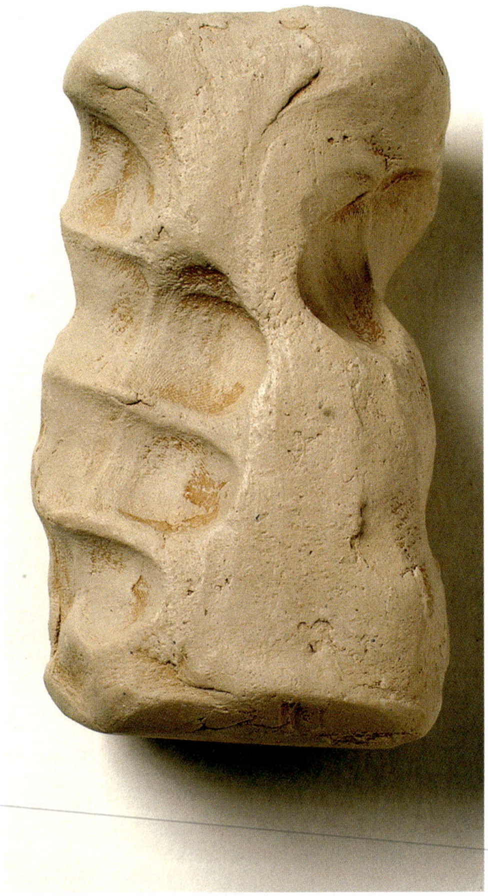

Skulptur von einer Hospizpatientin
2000
Haus der Geschichte Baden-Württemberg

Liederbuch des Seniorenkreises „Frohes Alter“ aus Tauberbischofsheim
Deutscher Sparkassen-Verlag
Haus der Geschichte Baden-Württemberg

Zu Beginn des neuen Jahrtausends hat in Baden-Württemberg auch aus demographischer Sicht ein neuer Zeitabschnitt begonnen. Erstmals lebten im Land mehr ältere als jüngere Menschen.
2,3 Millionen Baden-Württemberger waren zur Jahreswende 2000/2001 sechzig Jahre alt oder älter, aber nur 2,2 Millionen unter zwanzig Jahre alt. Die überwiegende Mehrheit der Senioren, 97 Prozent, verbringt den Lebensabend in den eigenen vier Wänden – und das vielfach allein (Meister-Scheufelen 2002).
Dieses Liederbuch stammt vom Seniorenkreis „Frohes Alter“ aus Tauberbischofsheim. Der Name ist Programm. „Wir wollen Lebensfreude vermitteln, aber auch Informationen über aktuelle Themen bieten und soziale Kontakte ermöglichen“, so Ludwig Würzberger, der den Kreis 1972 ins Leben gerufen hat und seither ehrenamtlich betreut. Einmal im Monat fährt er mit einem Bus in 16 ländlichen Gemeinden von Haustür zu Haustür und holt Seniorinnen und Senioren ab, die nicht mehr mobil sind. Unterwegs wird Kaffee getrunken und gesungen. Die Ziele der etwas anderen Kaffeefahrt sind vielfältig: Betriebs- und Stadtbesichtigungen, Vorträge zu Themen wie Sicherheit, Gesundheit, Finanzen, aber auch Modeschauen und gemeinsame Urlaubsfahrten. Initiativen wie dieser kommt künftig wachsende Bedeutung zu. Demographen sagen voraus, daß um das Jahr 2050 mehr als jedes dritte Landeskind über sechzig sein wird.

Falschgeld aus Gäurasien
Schüler der Herrenberger Gymnasien
2001
Haus der Geschichte Baden-Württemberg

Vier Tage lang bildeten die 2.300 Schüler und Lehrer der beiden Herrenberger Gymnasien im Juli 2001 den demokratischen Fantasiestaat „Gäurasien". Das Projekt „Schule als Staat" erprobte das wirtschaftliche und politische System einer Demokratie in der Praxis – mit eigenem Parlament, Regierung, Landesgrenzen und eigener Währung, dem „Gäuro".
Die Idee, im Rahmen einer Projektwoche die Schule in einen kleinen Staat umzugestalten, in dem Lehrer wie Schüler mit gleichen Rechten ausgestattet sind und durch wirtschaftliche Tätigkeiten ihren Lebensunterhalt verdienen müssen, entstand Mitte der 1990er Jahre in Schleswig-Holstein (Sajak 2001, S. 78). In einigen baden-württembergischen Schulen wurde dieses Projekt bereits durchgeführt. In Herrenberg schlossen sich gleich zwei Schulen zu einem „Staat" zusammen.
Die Gäurasier wählten ein 30-köpfiges Parlament, das eine Regierung bildete, die den gäurasischen Staat leitete. Repräsentiert wurde Gäurasien von einem direkt gewählten Staatspräsidenten. Für die Bezeichnung des Landes stand das Heckengäu Pate, in dem Herrenberg liegt.
Das Projekt wurde wirklichkeitsnah angelegt. Als plötzlich Falschgeld auftauchte, mußten die von den Schülern eingerichteten staatlichen Institutionen ihre Handlungsfähigkeit beweisen. Der staatliche Ordnungsdienst setzte alles daran, die Fälscher ausfindig zu machen, was allerdings nicht gelang.

Schal und Dauerkarten eines SSV Ulm-Fans
1999–2001
Uwe Schmidt, Ulm

Auf- und Abstieg des SSV Ulm 1846 e. V. in der Fußball-Bundesliga sorgten für ausgiebige Diskussionen in Baden-Württemberg. Der Traditionsverein war innerhalb kurzer Zeit mit einem fähigen Trainer und guten Spielern aufgestiegen, aber ebenso schnell wieder in der Versenkung verschwunden. 1999/2000 spielte die Fußballmannschaft in der ersten Bundesliga. In der Saison 2000/2001 befand sich die Mannschaft in der zweiten Bundesliga. Eine falsche Einkaufspolitik des Managements und eine glücklose Umstellung des Spielsystems waren am Ende der Saison für den Abstieg in die Regionalliga verantwortlich. Finanzielle Probleme führten noch in der Sommerpause 2001 zum Lizenzentzug und dem Zwangsabstieg in die Verbandsliga, in welcher der SSV Ulm die Saison 2001/2002 bestritt. Mittlerweile schaffte der SSV Ulm wieder den Aufstieg in die Oberliga.

„HIPHOP OPEN 2001“
30. Juni 2001
Haus der Geschichte
Baden-Württemberg

Das seit dem Jahr 2000 jährlich stattfindende „HipHop Open“ in Stuttgart erfreut sich im Südwesten großer Beliebtheit. Es gilt als das zweitwichtigste deutsche HipHop-Festival nach Hamburg. Rund 15.000 Fans kamen am 30. Juni 2001 in das nahezu ausverkaufte Stuttgarter Waldau-Stadion, um den rhythmischen Sprechgesängen zu lauschen. Bekannte HipHop-Bands wie „Breite Seite“, „Skills en Masse“, die „Massiven Töne“ und „Afrob“ präsentierten ihre Songs. Höhepunkt des Tages war der Auftritt von „LL Cool J“, der zu den Stars der „Kopfnicker-Szene“, wie sich die HipHopper auch gerne nennen, zählt. Organisiert wurde das „HipHop Open“ von Stuttgarter Veranstaltungsbüros und Plattenstudios: „Four Music“, „Kopfnicker Records“, „0711 Büro“ und „Four Artists“. Die Veranstalter beklebten das Plakat mit Prospekten, die einen Überblick über die Aktivitäten der HipHop-Szene in Stuttgart gaben. 1999 galt Stuttgart als die HipHop-Hauptstadt Deutschlands. Bands wie die „Fantastischen Vier“, „Freundeskreis“, „Afrob“ und „Massive Töne“ hatten von hier aus die Charts erobert. HipHop ist jedoch mehr als Musik. Zu der Jugendbewegung gehört auch der „streetsport“ – zum Beispiel Skateboardfahren – und das Graffiti-Sprayen. Die Festivals nahmen daher entsprechende Wettbewerbe und Vorführungen in ihr Rahmenprogramm auf.

Seit dem 1. August 2001 können gleichgeschlechtliche Paare in Deutschland von einer zuständigen Behörde ihre Lebenspartnerschaft rechtlich eintragen lassen. In der Stadt Stuttgart übernehmen seither die Bezirksrathäuser in Weilimdorf und Untertürkheim diese Aufgabe, in den Landkreisen die Landratsämter. Zehn Jahre, nachdem sie sich kennengelernt hatten, ließen sich Steffen und Michael F. in Untertürkheim „verpartnern". Der Ökonom und der Journalist gaben sich am 2. November 2001 das Ja-Wort. Die beiden Einstecktücher stammen von den Hochzeitsanzügen. Ihre Lebenspartnerschaftsurkunde unterschrieb die stellvertretende Bezirksvorsteherin. Mit ihrer langjährigen Beziehung entspricht ihr Lebenslauf dem der meisten gleichgeschlechtlichen Paare, die sich in den ersten Monaten nach dem Inkrafttreten des Lebenspartnerschaftsgesetzes auf den Papierkrieg bei den Standesämtern einließen.
In Stuttgart hatten sich am ersten Jahrestag der „Homo-Ehe" 90 Paare registrieren lassen; 57 weitere Paare haben ihre Absicht bekundet (Stuttgarter Zeitung vom 31.07.2002). Rund zwei Drittel der Paare waren Männer.

Am 13. Oktober 2001 erhielt ein Mann aus dem Rems-Murr-Kreis einen Brief mit der Aufschrift „Der Heilige Krieg hat begonnen" und „Milzbrand". Der Briefumschlag enthielt ein weißes Pulver. Der Verdacht lag nahe, daß es sich hierbei um Milzbrand-Erreger handeln könnte, die nach den Anschlägen auf das World Trade Center in New York am 11. September 2001 in Umlauf gebracht wurden und in den USA einige Menschen das Leben kosteten. Die Medien nahmen sich des Themas an. Es wurde über die Gefahr spekuliert, daß diese Anschläge auch nach Deutschland übergreifen könnten.
Der Mann brachte den Brief zur nächsten Polizeidienststelle. Bei der Untersuchung stellte sich heraus, daß es sich bei dem Pulver um handelsübliches Mehl handelte. Die Stuttgarter Staatsanwaltschaft leitete ein Ermittlungsverfahren wegen des Verdachts der Störung des öffentlichen Friedens durch Androhung von Straftaten ein. Das Strafmaß für dieses Vergehen liegt bei einer Freiheitsstrafe von bis zu drei Jahren. In den Ermittlungen stellte sich heraus, daß ein 14-jähriger Nachbarsjunge sich einen üblen Scherz erlaubt hatte und es sich damit offensichtlich um einen Trittbrettfahrer handelte. Das Ermittlungsverfahren gegen den Jugendlichen wurde schließlich eingestellt. Um dessen Zukunft nicht zu gefährden, hatte der Nachbar die Anzeige zurückgezogen.

Einstecktücher der Hochzeitsanzüge eines schwulen Paares
2001
Haus der Geschichte
Baden-Württemberg

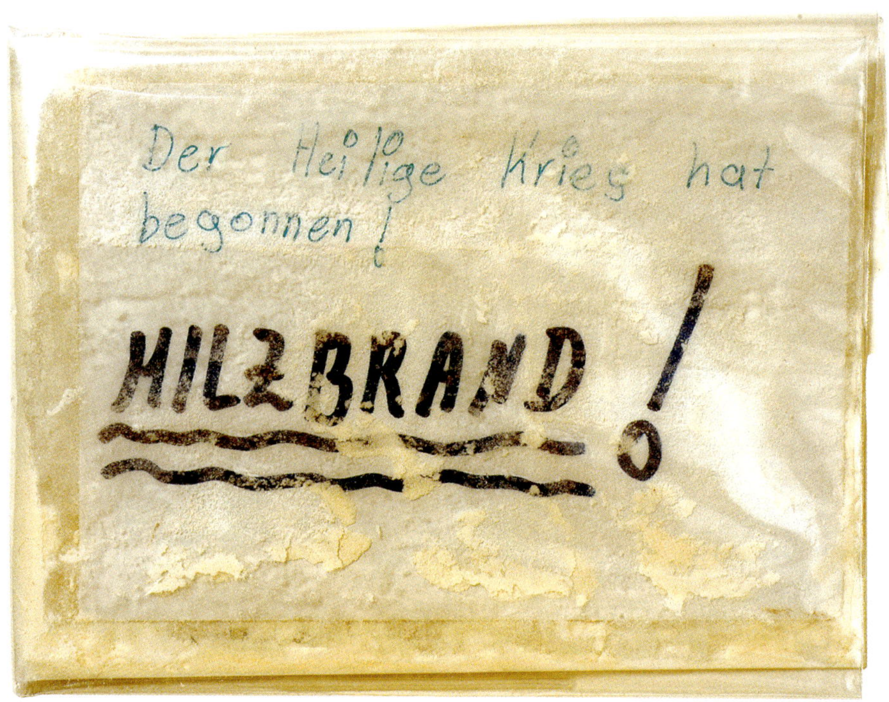

Verdächtiger Briefumschlag
Oktober 2001
Haus der Geschichte
Baden-Württemberg

Das neue Stadtwappen von Villingen-Schwenningen
2001
Haus der Geschichte Baden-Württemberg

Von Anfang an war es mehr Vernunftehe denn Liebesheirat. Jahrhundertelang standen sich Villinger und Schwenninger oft feindlich gegenüber. Hier Alemannen, dort Schwaben; hier Katholiken, dort Protestanten; Villingen seit der napoleonischen „Flurbereinigung" 1806 badisch – Schwenningen seit jeher württembergisch. Als am 1. Januar 1972 das von der Landesregierung eigens verabschiedete Fusionsgesetz in Kraft trat und beide Städte zu dem Oberzentrum Villingen-Schwenningen zusammenschloß, hatten die Gemeinderäte jedoch 77,8 Prozent der Villinger und 64,2 Prozent der Schwenninger auf ihrer Seite. Vorangetrieben worden war die Fusion seit 1969 von einem gemeinsamen Ausschuß beider Städte. Die Landesregierung hoffte, der „Modellfall der Landesplanung" würde für die Gemeinde- und Kreisreform Schule machen, und war im Gegenzug bereit, das neu entstandene Oberzentrum finanziell zu unterstützen (Reuber 1999, S. 501). Aus den Köpfen dagegen verschwand die Trennung beider Teilstädte noch lange nicht. Auf dieses gemeinsame Stadtwappen einigten sich die Stadtväter erst im November 2001. Vorausgegangen waren ausführliche Diskussionen, welchem der Wappentiere – Schwenninger Schwan oder Villinger Adler – es zuzumuten sei, den Kopf zu wenden, um dem neuen Partner in die Augen zu sehen.

Zerbrochene Kachel vom Bahnhof in Mosbach
1862
Haus der Geschichte Baden-Württemberg

Der alte Bahnhof in Mosbach war der letzte repräsentativ angelegte Stadtbahnhof in Baden. Der Architekt Johannes Andreas Nutzinger errichtete das Bauwerk an der Odenwaldeisenbahn im Jahr 1862. Die Formensprache entlehnte er Leo von Klenzes Alter Hauptpost in München. Neoromanischer Bauschmuck zierte die Bahnhofsfassade: ein Rundbogenfries als Abschluß des Daches und „Diamantbänder" unter Fries und Fenstern. Trotz etlicher An- und Umbauten war die frühe Eisenbahnarchitektur gut erhalten. Vergleichbare Bahnhofsgebäude entlang der badischen „Rheinlinie" in Mannheim, Heidelberg, Karlsruhe oder Freiburg standen nicht mehr. „Stadtrat besinn dich" – mit dieser Parole demonstrierte die Bürgerinitiative „Rettet den Bahnhof" noch 2001 für den Erhalt des Kulturdenkmals. Es sollte dem vierspurigen Ausbau einer Bundesstraße weichen. Fünf Jahre schwelte der Streit. Die Bürger sammelten 2.000 Unterschriften, schrieben über 150 Leserbriefe, ließen ein kunsthistorisches Gutachten erstellen und reichten eine Petition im Landtag ein. 19 Architekten legten städtebauliche Alternativen auf den Tisch – erfolglos. Im Dezember 2001 beschloß der Gemeinderat den Abriß, den die Denkmalschutzbehörde bereits genehmigt hatte. Diese Kachel stammt vom „Diamantband" unter dem Rundbogenfries. Der „Diamant" hat die Form einer grün glasierten Pyramide. Die Kachel zerbrach, als sie beim Abriß im Februar 2002 über acht Meter in die Tiefe fiel.

Am 1. Januar 2002 wurde mit der Einführung des Euro-Bargelds in zwölf europäischen Ländern und den drei assoziierten Zwergstaaten die größte Währungsumstellung der jüngeren Geschichte vollzogen. Der Auftakt fand in den Ländern der Währungsunion bereits einige Tage vorher statt. Als erste hielten am 14. Dezember 2001 Franzosen, Iren und Niederländer die neuen Euro-Münzen in der Hand. Am 17. Dezember war es auch in Deutschland soweit: Bei allen Banken konnten sogenannte „Euro-Starter-Kits" für 20 DM eingetauscht werden. Die „Starter-Kits" sollten die Bevölkerung mit den neuen Münzen vertraut machen. Mit den neuen Banknoten konnten sich Einzelhändler in Deutschland bereits ab Anfang September versorgen. Das vorliegende „Euro-Starter-Kit" wurde bei der Landesbank Baden-Württemberg in Stuttgart gekauft. Es enthält Münzen im Wert von 10,23 Euro.
Die Einführung des Euro hat im Jahr 2002 intensive Debatten nach sich gezogen. Viele Menschen werfen dem Einzelhandel mittlerweile vor, die Euro-Bargeldeinführung zu Preiserhöhungen auf breiter Front genutzt zu haben. Dieser Vorwurf ist nach Angaben der amtlichen Statistik nicht haltbar. Lediglich die Gastronomie und verschiedene andere Dienstleistungsbereiche haben im Zuge der Umstellung Anhebungen vorgenommen. Dies hat zu dem subjektiven Eindruck einer Teuerung geführt. Man spricht deshalb bereits von der „gefühlten Inflation".

Euro-Starter-Kit
Landesbank
Baden-Württemberg
17. Dezember 2001
Haus der Geschichte
Baden-Württemberg

Ausgefüllter Fragebogen
Elterninitiative „Ein Land eine Fremdsprache"
2002
Haus der Geschichte Baden-Württemberg

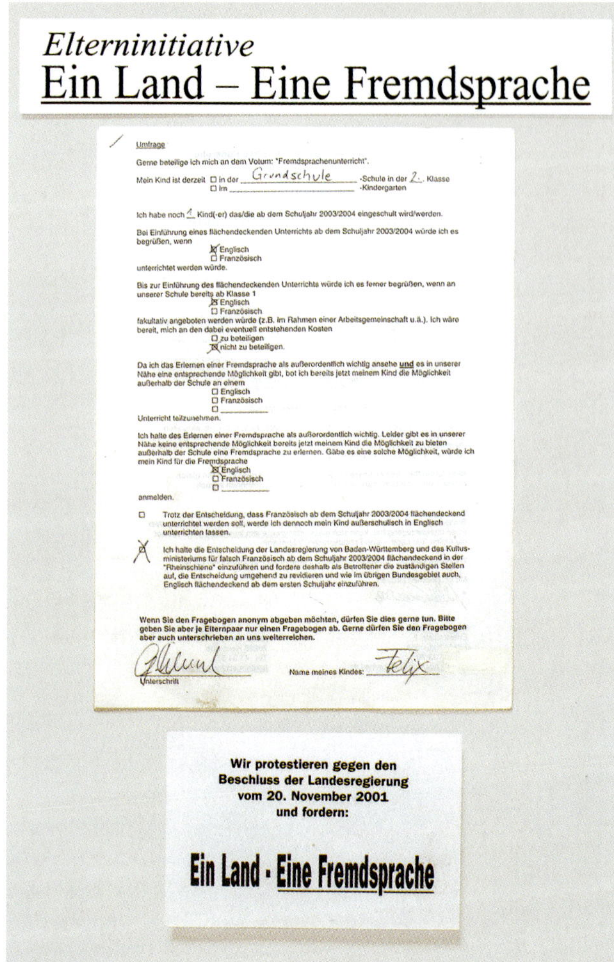

Elterninitiative
Ein Land – Eine Fremdsprache

Umfrage

Gerne beteilige ich mich an dem Votum: "Fremdsprachenunterricht".

Mein Kind ist derzeit ☐ in der Grundschule -Schule in der 2. Klasse
☐ im ________ -Kindergarten

Ich habe noch 1 Kind(-er) das/die ab dem Schuljahr 2003/2004 eingeschult wird/werden.

Bei Einführung eines flächendeckenden Unterrichts ab dem Schuljahr 2003/2004 würde ich es begrüßen, wenn
☒ Englisch
☐ Französisch
unterrichtet werden würde.

Bis zur Einführung des flächendeckenden Unterrichts würde ich es ferner begrüßen, wenn an unserer Schule bereits ab Klasse 1
☒ Englisch
☐ Französisch
fakultativ angeboten werden würde (z.B. im Rahmen einer Arbeitsgemeinschaft u.ä.). Ich wäre bereit, mich an den dabei eventuell entstehenden Kosten
☐ zu beteiligen
☒ nicht zu beteiligen.

Da ich das Erlernen einer Fremdsprache als außerordentlich wichtig ansehe und es in unserer Nähe eine entsprechende Möglichkeit gibt, bot ich bereits jetzt meinem Kind die Möglichkeit außerhalb der Schule an einem
☐ Englisch
☐ Französisch
☐ ________
Unterricht teilzunehmen.

Ich halte des Erlernen einer Fremdsprache als außerordentlich wichtig. Leider gibt es in unserer Nähe keine entsprechende Möglichkeit bereits jetzt meinem Kind die Möglichkeit zu bieten außerhalb der Schule eine Fremdsprache zu erlernen. Gäbe es eine solche Möglichkeit, würde ich mein Kind für die Fremdsprache
☒ Englisch
☐ Französisch
☐ ________
anmelden.

☐ Trotz der Entscheidung, dass Französisch ab dem Schuljahr 2003/2004 flächendeckend unterrichtet werden soll, werde ich dennoch mein Kind außerschulisch in Englisch unterrichten lassen.

☒ Ich halte die Entscheidung der Landesregierung von Baden-Württemberg und des Kultusministeriums für falsch Französisch ab dem Schuljahr 2003/2004 flächendeckend in der "Rheinschiene" einzuführen und fordere deshalb als Betroffener die zuständigen Stellen auf, die Entscheidung umgehend zu revidieren und wie im übrigen Bundesgebiet auch, Englisch flächendeckend ab dem ersten Schuljahr einzuführen.

Wenn Sie den Fragebogen anonym abgeben möchten, dürfen Sie dies gerne tun. Bitte geben Sie aber je Elternpaar nur einen Fragebogen ab. Gerne dürfen Sie den Fragebogen aber auch unterschrieben an uns weiterreichen.

Unterschrift   Name meines Kindes: Felix

Wir protestieren gegen den Beschluss der Landesregierung vom 20. November 2001 und fordern:

Ein Land · Eine Fremdsprache

„Tu parles français?" – diese Frage sollten Grundschülerinnen und Grundschüler entlang des Rheintals mit seinen Seitentälern von Karlsruhe bis Lörrach ab dem Schuljahr 2003/2004 künftig akzentfrei mit „oui" beantworten können, während ihre Schulkameraden jenseits des Schwarzwalds allenfalls clever mit „no I don't" kontern könnten. Baden-Württemberg beschloß im November 2001 als erstes Bundesland, einen Pflicht-Fremdsprachenunterricht ab Klasse 1 einzuführen. Zur Vorbereitung startete bereits zum Schuljahr 2001/2002 eine dreijährige Pilotphase an 470 ausgewählten Grundschulen, außerdem wurden Fortbildungen für rund 8.000 Grundschullehrer im Land durchgeführt.

Eltern befürchteten jedoch, daß dem Nachwuchs durch die sprachliche Zweiteilung des Landes Nachteile entstehen könnten – etwa bei möglichen Umzügen entlang der künftigen „Sprachgrenze". Verliefe sie wie geplant, wäre z. B. der Landkreis Karlsruhe zweigeteilt: Weingarten „französisches Sprachgebiet", das benachbarte Untergrombach „englisch".
Die Elterninitiative „Ein Land eine Fremdsprache" versucht, dies zu verhindern. Unterstützt vom Gesamtelternbeirat, verteilte sie in Karlsruhe diese Fragebögen an Grundschul- und Kindergarteneltern. Rund 80 Prozent der antwortenden Eltern sprach sich dabei wie die Eltern des kleinen Felix für Englisch als Pflichtfremdsprache aus.

In Stuttgart besteht seit 1981 ein städtisches Frauenhaus, dessen Ziel es ist, in Bedrängnis geratenen Frauen einen Schutzraum zu bieten. Die Adresse dieses Hauses ist – wie die der meisten Frauenhäuser – geheim. Nur wenige Menschen kennen sie, um gewalttätigen Ehemännern keinen Hinweis über den Aufenthaltsort ihrer Frauen zu geben.
Will eine Frau dort Zuflucht suchen, nimmt sie zuerst telefonisch Kontakt auf, verabredet einen Treffpunkt und wird dann von einer Sozialarbeiterin hingeführt. Das Haus kann insgesamt 32 Frauen aufnehmen, davon zwölf Mütter mit Kindern; außerdem verfügt es über Büroräume. Die Schlüssel in dem Kasten stammen aus diesem Haus. Jede Frau erhält für die Sicherung ihres Zimmers einen eigenen Schlüssel.
Vor einiger Zeit wurden alte Türschlösser durch moderne ersetzt. Die alten Bartschlüssel blieben übrig. Sie symbolisieren den vom Frauenhaus gewährten Schutz. Das erste Frauenhaus in Baden-Württemberg eröffnete der Verein Frauenhaus Reutlingen e. V. im Jahr 1978, ein Jahr nach der Gründung des ersten deutschen Frauenhauses in West-Berlin. Derzeit gibt es in Baden-Württemberg 44 Frauenhäuser. Sie werden von kommunalen oder gemeinnützigen Trägern betrieben und bieten rund 850 Plätze.

Kasten mit Schlüsseln aus dem Stuttgarter Frauenhaus
2002
Städtisches
Frauenhaus, Stuttgart

Trillerpfeife eines stellvertretenden Verdi-Bezirksgeschäftsführers
Verdi Bezirksgeschäftsstelle Heilbronn-Schwäbisch Hall
2002
Haus der Geschichte Baden-Württemberg

Unterschriftenbox der Fluglärmgegner aus Stühlingen
Bürgerinitiative Flugverkehrsbelastung Kreis Waldshut e. V.
2002
Haus der Geschichte Baden-Württemberg

Knapp 15 Kilometer liegen die drei Pisten des Flughafens Zürich-Kloten von der deutschen Grenze entfernt. Technisch gesehen könnten Flugzeuge aus allen Richtungen starten und landen. Tatsächlich flogen im Jahr 2000 aber 95 Prozent aller Maschinen – egal woher sie kamen – über die beiden Nordpisten ein. Damit waren vor allem die Anwohner am Hochrhein vom Fluglärm betroffen. Über ihren Köpfen gingen im Schnitt pro Minute zwei bis drei Flugzeuge in den Landeanflug über, 150.000 im Jahr. Als im Mai 2000 ein zusätzlicher Luftwarteraum namens RILAX eingerichtet wurde und die Flugzeuge auch über Donaueschingen begannen, ihre Warteschleifen zu ziehen, war das Maß voll. In den Landkreisen Schwarzwald-Baar, Waldshut und Konstanz formierte sich der Widerstand. Mit einem Schild wies die in Stühlingen gegründete „Bürgerinitiative Flugverkehrsbelastung Kreis Waldshut“ kurz nach ihrer Gründung im Dezember 2000 auf mögliche Gesundheitsschäden in der Einflugschneise hin. In dieser Unterschriftenbox übergab die Initiative im April 2002 dem Bundesverkehrsministerium 32.000 der insgesamt 75.000 Unterschriften von Fluglärmgegnern aus der Region. Nach dem Flugzeugabsturz am Luftknotenpunkt SAFFA bei Überlingen am Bodensee erwog die Bundesregierung im Juli 2002, die Zahl der Flugbewegungen über dem Südwesten per Gesetz auf 80.000 im Jahr zu beschränken.

Im März 2001 schlossen sich die „Deutsche Angestellten-Gewerkschaft“, die „Deutsche Postgewerkschaft“, die „Gewerkschaft Handel, Banken und Versicherungen“, die „Industriegewerkschaft Medien“ und die „Gewerkschaft Öffentliche Dienste, Transport und Verkehr“ in Berlin zu der neuen „Supergewerkschaft“ Verdi zusammen. „Verdi“ stand dabei für „Vereinte Dienstleistungsgewerkschaft“. Der Name ging aus einem Wettbewerb hervor und soll daran erinnern, daß die neue Organisation aus vielen Einzelgewerkschaften entstanden ist. Zur Zeit der Gründung hatte Verdi bundesweit rund 3 Mio. Mitglieder. Für die eigentliche gewerkschaftliche Arbeit an der Basis, in den Betrieben und Verwaltungen, wurde Verdi in 13 Fachbereiche und 108 Bezirke aufgeteilt – die Mitglieder stammen aus über 1.000 Berufsfeldern.
Diese Trillerpfeife benutzte der stellvertretende Bezirksgeschäftsführer von Verdi Heilbronn-Schwäbisch Hall bei einem Warnstreik von 450 Beschäftigten bei der Bausparkasse Schwäbisch Hall im Juni 2002. In Heilbronn betreuen zehn Gewerkschaftssekretärinnen und -sekretäre die rund 20.000 Mitglieder des Bezirks. Insgesamt beteiligten sich im Juni und Juli 2002 etwa 35.000 Arbeitnehmer von Banken und Versicherungen an den Streiks und Warnstreiks.

Kinder und Jugendliche sind täglich mit Gewalt konfrontiert. Sie sind Opfer und Akteure von Bedrohungen, Beleidigung, Mobbing und Handgreiflichkeiten – Gewaltformen, die sie zugleich als Mittel der Kommunikation begreifen lernen. Gegen beinahe 70.000 Jugendliche ermittelte die Polizei in Baden-Württemberg allein im Jahr 2000 wegen krimineller Delikte wie Ladendiebstahl, Erpressung oder Körperverletzung.
Die Ludwigsburger Initiative „RESPEKT – Aktion gewaltfreie Schulen" reagierte darauf, indem sie Schülerinnen und Schülern anbot, auf kreative Art Konfliktlösungsstrategien zu erproben. In Theaterprojekten, Streitschlichterprogrammen, Selbstbehauptungstrainings oder Sportturnieren beteiligten sich 21 Ludwigsburger Schulen mit über 60 Aktionen an RESPEKT. Jugendliche dichteten neue Texte auf Lieder des Kinderliedermachers Rolf Zuckowski, probten und sangen für eine eigene CD. „Lieber Steine klopfen als sich auf die Fresse hauen" hieß das Motto einer Kunstaktion, bei der Mitglieder des Bundes freischaffender Bildhauer Baden-Württemberg im Rahmen von RESPEKT am 10. Oktober 2001 einen 20 Tonnen schweren Sandstein in kleine Stücke spalteten. Aus einem der Bruchstücke meißelten zwei Schülerinnen der 8. Klasse gemeinsam diese Skulptur, die ihre Erfahrungen einer auch durch Konflikte geprägten langen Freundschaft in zwei Köpfen zum Ausdruck bringt.

Sandsteinskulptur für RESPEKT – Aktion gewaltfreie Schulen
Christine Sprengholz, Valerie Neuffer
Sandstein, 2002
Privatbesitz

Kunststück Schwarzwald

Rainer Schimpf

Kunststück Schwarzwald

Mit Spitzengeschwindigkeiten von über 200 Stundenkilometern raste der Orkan über das Land. Innerhalb von knapp zwei Stunden richtete „Lothar“ am 26. Dezember 1999 den größten je gemessenen Schaden im Schwarzwald an: Rund 13 Mio. Festmeter Sturmholz und 20.000 bis 25.000 ha Kahlflächen stehen in der Bilanz. Die wirtschaftlichen Folgen für die Waldbesitzer waren verheerend. Obwohl mehrere Millionen Festmeter in riesigen Naßlagern aufbewahrt wurden, brach der Holzpreis bis zu 40% ein. Viele kleinere Waldbauern gerieten an den Rand des Ruins. Für sie war die Arbeit von Generationen vernichtet, bis neue Bestände die Lücken schliessen können, werden noch Jahrzehnte vergehen. So mancher Waldbesitzer kann seinen Forst nur noch stark eingeschränkt bewirtschaften.

Die Jahrhundertkatastrophe brachte schlagartig die grundlegende Abhängigkeit des Menschen von der Natur wieder zurück ins Bewußtsein. Noch sind die Ursachen nicht zweifelsfrei festgestellt, noch mag „Lothar“ eine schreckliche Ausnahme bleiben. Die überdurchschnittliche Häufigkeit von Stürmen und kräftigen Tiefdruckgebieten über dem Nordatlantik in den 1990er Jahren könnte noch eine bloß kurzfristige Laune des Klimas sein. Möglicherweise ist sie jedoch aber ein erstes warnendes Anzeichen der globalen Erwärmung. Pessimisten befürchten sogar, daß künftig ein Orkan wie „Lothar“ alle zehn Jahre drohen könnte.

Im Schwarzwald wird die Mahnung von „Lothar“ nicht nur wegen des großen Schadens noch aufmerksamer vernommen als andernorts. Hier ist der Zustand der Umwelt kein Randthema, sondern eine Lebensfrage. Der Wald, der mehr als zwei Drittel des über 6.000 Quadratkilometer großen Gebietes einnimmt, bildet noch immer für viele die Erwerbsgrundlage (Lange 1991, S. 48–51). Das Holz ist ein wertvolles Wirtschaftsgut: Schwarzwaldtannen werden bis nach Japan exportiert. Aber nicht nur der Wald alleine, sondern die gesamte Natur hat die Region zwischen Pforzheim und Waldshut zum mit Abstand wichtigsten Erholungsraum in Baden-Württemberg werden lassen. Mit knapp 19 Millionen entfällt fast die Hälfte aller Übernachtungen im Land allein auf den Schwarzwald. Die einzigartige Schönheit der Landschaft, aber auch die keinen Kitsch scheuende Vermarktung haben den „Black Forest“ zu einem weltweiten Markenzeichen von Baden-Württemberg werden lassen.

Was es im Schwarzwald zu erhalten gilt, ist eine Kulturlandschaft. Mit Ausnahme von ganz wenigen Flecken wie etwa am Sirnitzpaß im Südschwarzwald gibt es keinen ursprünglichen Schwarzwald mehr. Der heutige Schwarzwald bietet statt dessen eine rein künstliche, vom Menschen gestaltete und geformte Landschaft. Die Eingriffe waren so schwerwiegend, daß sie nicht mehr ohne weiteres rückgängig gemacht werden können. Selbst bei einem völligen Rückzug des Menschen könnte der vor der Besiedlung bestehende „Urwald“ nicht mehr zurückkommen, weil für diesen inzwischen die Voraussetzungen fehlen. Ein ‚sich-selbst-Überlassen‘ der Natur würde

nicht zu einer größeren Vielfalt, sondern so vermutlich sogar zum Gegenteil führen. Nur in kleinen Gebieten, wo der menschliche Einfluß nicht so anhaltend und ausgeprägt war, könnte sich die frühere Wildnis wieder einstellen. Die ‚Natur aus zweiter Hand' ist zuallererst die Folge der jahrhundertelangen wirtschaftlichen Nutzung des Waldes. Der anscheinend unerschöpfliche Vorrat an Holz machte die Besiedlung des für die Landwirtschaft zunächst eher ungeeigneten Mittelgebirges attraktiv. Als Brenn- und Baustoff war Holz unverzichtbar für eine Vielzahl von Gewerben. Köhlerei, Eisen- und Glashütten oder der Erzbergbau verschlangen gigantische Holzmengen. Allein für die Herstellung einer Tonne Eisen wurden 40 Festmeter Holz benötigt. Hinzu kam der höchst profitable Handel mit Starkhölzern. Die gewaltigen Schwarzwaldtannen wurden auf der Enz, der Murg oder der Kinzig geflößt und dann für den Schiffsbau bis nach Holland geschafft. Die landwirtschaftliche Ausbeutung war nicht minder drastisch. Mangels geeigneter Weideflächen trieben die Bauern ihr Vieh in den Wald. Mit fatalen Folgen: Der Jungwuchs wurde nicht nur weggefressen, die Tritte hinterließen auch schwere Schäden für den Boden. Genauso negativ war das Sammeln von Blättern und Nadeln im Herbst als Dünger und Streu im Stall. Das Ergebnis des grenzenlosen Raubbaus war verheerend: Ende des 18. Jahrhunderts bestand der Schwarzwald in manchen Teilen nur noch aus Busch- und Grünland. Der Wald stand vor dem Ruin (Lauterwasser 1986, S. 37–43).

Der katastrophale Zustand des Waldes zwang zum Umdenken. Die drohende Holznot vor Augen, konnte die neue Forstwissenschaft Anfang des 19. Jahrhunderts die Idee der Nachhaltigkeit auf breiter Linie durchsetzen: Jede Generation sollte nur noch soviel aus dem Wald entnehmen dürfen, daß die nächste Generation zumindest die gleiche Möglichkeit dazu hatte. Neben der Vertreibung des Viehs aus dem Wald wurde für dieses Ziel vor allem mit einer massiven Aufforstung der verwüsteten Flächen begonnen. Aus dem existenzbedrohenden, mit allen Mitteln niedergerungenen ‚Feind' war die Natur selbst zu einem gefährdeten ‚Pflegefall' geworden, der nun geschützt werden mußte, um noch weiter genutzt werden zu können. Der Umgang änderte sich, aber die Konsequenzen für die Natur waren kaum weniger dramatisch.
Das wichtigste Beispiel dafür war die Umsetzung der Aufforstung: Bis zur menschlichen Besiedlung hatte sich der Schwarzwald überwiegend zu einem Buchen- und Tannenwald entwickelt. Bei der Wiederaufforstung dominierten nun aber die anspruchsloseren, bislang nur schwach vertretenen Fichten und Kiefern. Buchen und Tannen waren weder den veränderten klimatischen Bedingungen auf den Kahlflächen gewachsen, noch konnten sie den Verlust wichtiger Nährstoffe durch die Bodenerosion und Streunutzung verkraften. Den Ausschlag dafür, daß sich die zunächst nur als Zwischenlösung angesehene Fichte auch dauerhaft durchsetzte, gab der in der zweiten Hälfte des 19. Jahrhunderts errechnete große ökonomische Gewinn. Nach manchen Formeln schnitt die Fichte in der Rentabilität bis zu 20 mal besser ab als die Buche. Ihre Eignung bei der Papierherstellung und ihre hervorragende Verwendung als Baustoff sicherten ihr eine enorme Nachfrage. Der geringere Brennwert wurde dagegen nach der Entdeckung der Steinkohle immer unwichtiger. Die Vorteile der Fichte schienen so groß, daß die Waldeigentümer seit der Mitte des 19. Jahrhunderts nicht nur das geschlagene Holz ersetzten, sondern zusätzliche Bäume anpflanzten. Der badische Staat zahlte den Landwirten Aufforstungsprämien und kaufte ab 1830 sogar zielstrebig verschuldete Hofgüter auf, um neue Flächen für Wald zu gewinnen (Schmidt 1995, S. 9–13). Noch bis nach dem Zweiten Weltkrieg setzte sich die Aufforstung fort, als die „Kulturfrauen" die Verluste durch die kriegsbedingten Hiebe mehr als wettmachten.
Das Mengenziel der Aufforstung wurde mehr als erreicht. Zwischen 1857 und 1965 erhöhte sich der Holzvorrat um ein Drittel, die Waldfläche stieg um 100.000 ha (Lauterwasser 1986, S. 44). Der Preis für diesen Erfolg war allerdings nicht gering. Aus dem ehemals abwechslungsreichen Schwarzwald ist ein zu 80% von Nadelbäumen beherrschter und in weiten Teilen monotoner Wirtschaftswald geworden, der anfälliger für Schäden ist und eine geringere Artenvielfalt aufweist als der traditionell bewirtschaftete Wald.
Inzwischen hat die Waldzunahme einen kritischen Punkt erreicht. Die Aufgabe vieler nicht mehr konkurrenzfähiger Äcker und Weiden

läßt dem natürlichen Wachstum des Waldes immer mehr Raum. Am Feldbergmassiv läßt sich beobachten, welche bedrohlichen Folgen das sich Ausbreiten des Waldes für Fauna und Flora hat. Wenn der Mensch nicht eingreift, werden immer mehr Arten verschwinden. Das Zuwachsen des Landschaftsbildes gefährdet nicht zuletzt auch den Erholungswert der ganzen Region. Der abwechslungsreiche Rhythmus von Wald- und Weideflächen macht heute einen Gutteil der Attraktivität des Schwarzwaldes aus. Dies war jedoch nicht immer so. Am Anfang des 19. Jahrhunderts war es nicht die vom zeitgenössischen Geschmack als langweilig empfundene Landschaft, sondern vielmehr das Wasser, das die ersten Besucher in den Schwarzwald lockte. Die spektakulären Triberger Wasserfälle oder die ‚wilden' Schluchten wie das Murgtal wurden von den Malern als romantische Traumorte entdeckt und durch ihre Bilder einem breiteren Publikum bekannt gemacht. Kurorte wie Wildbad, Liebenzell, Baden-Baden, Badenweiler oder auch das weit weniger bekannte Bad Boll bei Bonndorf waren wegen ihres Heilwassers die ersten Ziele für Gäste aus der europäischen Oberschicht. Die Entwicklung des kleinen Kurhotels Bad Boll zeigte beispielhaft die Möglichkeiten, aber auch die Gefährdungen für und durch den Fremdenverkehr. Der Forellenreichtum der Wutach erlaubte Ende des 19. Jahrhunderts zunächst die Wandlung vom reinen Kurort zum Freizeitparadies für vornehmlich englische Angler. Ihre Neugier auf die Umgebung führte zur Öffnung und damit auch Gefährdung der bis dahin nicht begehbaren Wutachschlucht mit ihren einmaligen Schätzen an Fauna und Flora. Wie verletzlich die Natur durch die Menschen war, bekamen die Angler selbst unmittelbar vor Augen geführt: Noch vor dem Ersten Weltkrieg zerstörte das Abwasser einer Fabrik die Forellenpracht.

Die verschmutzte Wutach war die Kehrseite der Industrialisierung, mit der der Tourismus im Schwarzwald im letzten Drittel des 19. Jahrhunderts überhaupt erst seinen Durchbruch erzielte. Die gewaltige Entfesselung der Produktivkräfte erlaubte den Bau neuer Verkehrswege, die die Voraussetzung für einen nennenswerten Fremdenverkehr schufen. Dank der Schwarzwaldbahn oder der Höllentalbahn wurden auch abgelegene Täler und Höhen bequem erreichbar. Gleichzeitig weckte der Prozeß der Industrialisierung bei den zunehmend gestreßten Städtern das dringende Bedürfnis nach Erholung. Der wohltuend ruhige und friedliche Wald schien dafür auf einmal der passende Ort zu sein. Das bisher verpönte Wandern wurde zum bestimmenden Freizeitvergnügen. Andere Aktivitäten in der Natur folgten: Der Wintersport fand im Schwarzwald sein erstes Zentrum in Deutschland.

Daß die Natur längst von Menschenhand gestaltet worden war, interessierte dabei letztlich nicht. Was der ordentlich in Altersklassen aufwachsende Wald an romantischer Wildheit vermissen ließ, glich ein zufälliges Aufeinandertreffen mit den rauhen Waldarbeitern mehr als aus. Je hektischer das Großstadtleben wurde, desto stärker stieg das Verlangen nach einem ‚heilen', vermeintlich ursprünglichen Landleben. Im Schwarzwald konnte die Sehnsucht nach der idyllischen Traumwelt leichter befriedigt werden als andernorts. Mit den zu „Volkstrachten" umgedeuteten alten bäuerlichen Festkleidern ließ sich das harte entbehrungsreiche Leben der Landbevölkerung malerisch verdek-ken. Bollenhut, Schäppel und Hauben wurden schnell zu exotischen Requisiten für die Touristen.

So wie die Landbevölkerung vereinnahmt wurde, eigneten sich die Erholungsuchenden auch die Natur an. Auf Souvenirs aller Art nahmen sie Wald und Wasserfälle mit in das heimatliche Wohnzimmer, der Ruf des Kuckucks erklang weltweit als unverkennbarer Botschafter der Region. Triumphierend postierten sich die Städter vor den Naturschauspielen oder veranstalteten tollkühne ‚Events': Die Wildnis war endgültig gezähmt und besiegt.

Die durch den Massentourismus im 20. Jahrhundert beschleunigte Erschließung hat den Schwarzwald weiter umgestaltet. Noch immer ist er zwar der mit Abstand am wenigsten von Straßen und Siedlungen durchschnittene Landschaftsraum in Baden-Württemberg, aber die Rückzugsgebiete der Natur werden immer kleiner. Das einsame Naturerlebnis ist kurzzeitig möglich, aber die Spuren der Zivilisation sind meist nicht weit entfernt. Asphalt und Beton haben sich kräftig ausgebreitet, die einstigen Traumfahrten auf verlassenen Landstrassen sind längst vom Massenerlebnis Autoverkehr abgelöst worden. Aus dem Westweg hat sich ein umfassendes Wanderwegenetz von 23.000 km Länge entwickelt. In den Höhenlagen sind Schneisen für Skiabfahrten geschlagen. Über 200 Skilifte stehen in der Landschaft. Der Besucheransturm an den beliebtesten Ausflugszielen hat häufig dauerhafte Schädigungen der Vegetation verursacht. Die Tritte zerstörten Grasnarben und Wurzeln und förderten die Bodenerosion. Die Folgen der Erholung sind so massiv geworden, daß sie diese inzwischen selbst in Frage stellen.

Schon früh hatte es mahnende Stimmen gegeben. Künstler wie Hermann Dischler oder Wilhelm Hasemann sahen mit Schrecken die zunehmende Gefährdung ihres geliebten Schwarzwaldes und versuchten mit ihren Bildern für den Erhalt zu werben. Der Schwarzwaldverein, der einerseits wesentlich bei der Erschließung mithalf, engagierte sich andererseits bereits Anfang des 20. Jahrhunderts vehement gegen Zerstörungen des Landschaftsbildes. Neben vielen Mißerfolgen konnte der „Heimatschutz" durchaus auch Erfolge erzielen. Der Plan, die Zuflüsse der Wutach zur Energiegewinnung aufzustauen, konnte in den 1950er Jahren durch eine bis dahin beispiellose Mobilisierung der Bevölkerung vereitelt werden (Abt 2001, S. 38–40).

Seit den 1980er Jahren rückte das Bewußtsein einer ökologischen Krise in den Vordergrund. Die großflächigen Waldschäden erzeugten eine fast apokalyptische Stimmung. Der Tod des Schwarzwaldes schien unmittelbar bevorzustehen. Erst durch diese Bedrohung entstand ein öffentlicher Druck, der langsam einen anderen Umgang mit der Natur erzwang. Als Reaktion auf die Proteste der Umweltschützer wurden

nicht nur Maßnahmen gegen die Luftverschmutzung getroffen, sondern auch Einschränkungen der individuellen Nutzung vorgenommen. Besonders belastete Straßen wurden teilweise für den Verkehr gesperrt, am Feldberg begann eine konsequente Besucherlenkung, und neue Freizeitaktivitäten blieben in den erweiterten Naturschutzgebieten verboten. Auch an der Forstwirtschaft ging die Neuorientierung nicht vorbei. Für einen ökologisch stabileren „naturnahen Wald" wurde der Anteil der Laubhölzer in den staatlichen Forsten erheblich ausgeweitet. Ausgerechnet „Lothar" bietet so sogar die Chance für einen neuen Wald. Zumindest der von ihm zerstörte Staatswald soll möglichst von allein wieder heranwachsen. Nur auf einem knappen Viertel der Sturmwurfflächen werden Bäume gepflanzt werden, wobei vor allem der Anteil der Buche gestärkt werden soll.

Trotz aller Veränderungen bleiben viele Fragezeichen bestehen. Kann eine überlebensfähige Landwirtschaft umweltschonend die Landschaft offen halten? Oder müssen künftig Landschaftspfleger diese Aufgabe übernehmen? Wird der gesamte Wald wieder naturnäher? Oder wird er in maschinengerechte Wirtschaftszonen und einige Naturreservate aufgeteilt werden? Bleibt die Natur die wichtigste Grundlage der Erholung? Oder muß die Region durch Großprojekte wie Beschneiungsanlagen und Golfplätze in einen Freizeitpark verwandelt werden, um Touristen noch gewinnen zu können? Kurzum: Gelingt es endlich, die Interessen von Natur, Wirtschaft und Erholung besser miteinander in Einklang zu bringen?

Film: Orkan „Lothar“
bei Klosterreichenbach
Karl-Heinz Schwab
26.12.1999
Karl-Heinz Schwab,
Bad Rippoldsau

Als gegen 12 Uhr 30 am 26. Dezember 1999 der Orkan „Lothar“ seinen Höhepunkt erreichte, begann Karl-Heinz Schwab mit seiner Videokamera die Verwüstungen zu filmen. Was er vom Forsthaus Klosterreichenbach aus mitansehen mußte, war dramatisch. Viele Bäume waren bereits zuvor entwurzelt worden, aber jetzt ‚räumte‘ der Orkan innerhalb weniger Minuten ganze Flächen ab. Seine Kamera hielt die Augenblicke fest, in denen am Rosenberg (zwischen Klosterreichenbach und Baiersbronn) auch noch die letzten der zwischen 100 und 170 Jahre alten Fichten, Tannen und Kiefern wie Strohhalme umknickten.
Die Bilanz war katastrophal: Auf einer Fläche von insgesamt 50 ha fielen 23.000 Festmeter Sturmholz an. Etwa 20.000 Bäume waren betroffen. Vom Juni 2000 bis Januar 2001 waren Waldarbeiter damit beschäftigt, die Schäden aufzuarbeiten. Auf mehr als 80% der Fläche sollen Fichte, Tanne, Buche, Bergahorn und Kiefer durch die vorhandene Naturverjüngung wieder nachwachsen. Zusätzlich werden nur Buche und Bergahorn angepflanzt.

Künftig soll der Schwarzwald wieder „naturnäher“ werden. Im Schömberger Stiftungswald kann man sich heute schon ansehen, wie dies aussehen könnte. Auf einer Fläche von 180 ha Wald besteht ein kräftiges Durcheinander aus überdurchschnittlich vielen Tannen (60%) und deutlich weniger Fichten (35%) als sonst sowie einigen Buchen. Über 150 Jahre alte Tannen stehen neben nachwachsenden Bäumen aller Altersstufen. Der Wald verjüngt sich weitgehend von selbst. Nur um künftig wieder mehr Laubbäume zu haben, werden sie von den Schömbergern gezielt angeplanzt.
Zu verdanken ist die Vielfalt der Plenterwirtschaft. Beim Plentern werden jährlich nur die jeweils ‚reifen‘ Stämme geschlagen. Diese sorgsame Nutzung war die traditionelle Bewirtschaftungsform der Kleinbauern. Dank ihr konnte jede

1998
Wolf Hockenjos,
Villingen-Schwenningen

Generation Holz entnehmen und mußte nicht erst Jahrzehnte abwarten bis eine kahlgeschlagene Fläche wieder nachgewachsen war. Da sich der Plenterwald aber nicht in die strengen Kalkulationsmuster der Waldplaner einfügen ließ, wurde das Plentern im 19. Jahrhundert verboten (Hockenjos 2000, S. 118–125).
Obwohl auch der Plenterwald kein Naturwald ist, bietet er eine weit höhere qualitative Nachhaltigkeit als die reinen Fichtenwälder.
Der höhere Tannenanteil läßt dem Borkenkäfer weniger Chancen. Durch seinen dauerhaften Bestand ist er ein idealer Schutzwald, die stabileren Einzelbäume sind bedeutend weniger anfällig für Wind- oder Schneebruch. Selbst „Lothar“

Am Zweribach (bei St. Peter) kehrt die Wildnis zurück. Auf einer Fläche von 75 ha ist der Wald seit 1970 sich wieder selbst überlassen (Ludemann 1992, S. 11–31). Jede forstliche Bewirtschaftung hat in dem Bannwald aufgehört. Niemand entfernt mehr kranke Bäume oder das tote Holz, die Stämme liegen kreuz und quer im Wald, die Waldvegetation soll sich ungestört entwickeln können. Dies gilt selbst dann, wenn wie im Bannwald „Wildsee“ der Borkenkäfer wütet und der Wald vernichtet wird. Die Ökoreservate sind winzige Inseln im Schwarzwald, die helfen sollen, eine möglichst große ökologische Vielfalt zu sichern. Auch sie bieten meistens keinen vom Menschen unberührten Wald mehr, sondern sind irgendwann einmal genutzt und geformt worden. Sogar das abgelegene und unwegsame Gebiet am Zweribach war früher bewirtschaftet. Trotzdem kann der heutige Besucher dort eine beeindruckende Vorstellung vom ‚Urwald von morgen‘ gewinnen. Dieser wird einen Reichtum an Baumarten aufweisen, wie er sonst kaum noch anzutreffen ist: Neben Tannen, Buchen und Fichten wachsen in ihm auch Eichen, Berg-Ahorn, Berg-Ulmen, Eschen, Sommer-Linden, Spitz-Ahorn, Ebereschen,

Bannwald Zweribach
Wolf Hockenjos (geb. 1940)
1999
Wolf Hockenjos,
Villingen-Schwenningen

Fichtenmonokultur
bei Vöhrenbach
Wolf Hockenjos (geb. 1940)
1981
Wolf Hockenjos,
Villingen-Schwenningen

Raupenharvester
IMPEX 1650T „Königstiger"
Wolf Hockenjos (geb. 1940)
Um 1998
Wolf Hockenjos,
Villingen-Schwenningen

Die hemmungslose Ausbeutung des Waldes hatte bis zum 18. Jahrhundert zur weitgehenden Verwüstung des Schwarzwaldes geführt. Aus Angst vor der drohenden Holznot setzte sich Anfang des 19. Jahrhunderts das Prinzip der Nachhaltigkeit in der Forstwirtschaft durch: Der Holzeinschlag durfte den dauerhaften Zuwachs nicht mehr länger überschreiten. Für den Waldbau bedeutete dieses Ziel tiefgreifende Konsequenzen. Wenn der Rohstoff Holz dauerhaft erzeugt werden sollte, mußte der Wald kontrollier- und meßbar gemacht werden. Die Vielfalt aus verschieden alten und großen Weißtannen, Buchen, Bergahorn oder Eichen stand dem nur

Seit dem Orkanjahr 1990 sind die vollautomatisierten Erntemaschinen im Vormarsch. Bis zu Steilhängen mit einer Neigung von 50% greift sich der „Königstiger" in einer Reichweite von fast 15 m die Stämme, durchschneidet, entastet und zerteilt sie. Bei einer erhöhten Arbeitssicherheit kann er die Arbeit von 6–7 Waldarbeitern ersetzen. Der Produktivitätsfortschritt in großen Hiebflächen ist so gewaltig, daß der „Königstiger" und sein Partner „Hannibal" sich heute längst nicht mehr nur auf das Sturmholz beschränken. Aber welche Spuren hinterläßt der 28,5 Tonnen schwere „Königstiger"? Das Prinzip der Nachhaltigkeit ist gehört auch die „pflegliche Waldarbeit". Die Boden- und Bestandsschäden durch Maschinen sollen gering gehalten werden. Ob der „Königstiger" dieser Vorgabe gerecht wird, ist fraglich. Zwar fährt er nur auf besonderen Rückegassen, aber sein enormer Bodendruck bleibt nicht folgenlos. Die Forstliche Versuchs- und Forschungsanstalt in Freiburg bescheinigt dem „aggressiven Raupenfahrwerk" auf jeden Fall die Verursachung von Wurzelabrissen. Der Oberboden ist zudem wesentlich mehr durchmischt und durchgraben als bei herkömmlichen Radfahrzeugen. Die möglichen Erosionsschäden sind heute noch nicht absehbar (Schöttle/

Wolfacher Fällaxt
Um 1900

Fällsäge mit M-Zahnung
Um 1930
Hubert Mäntele, Elzach

Rindenaufschlitzer
Um 1900

Rindenschäler für Fichten
Um 1900

Schäleisen
Um 1930
Hubert Mäntele, Elzach

Bis zum Einsatz der ersten Maschinen in den 1950er Jahren bedeutete Holzfällen schwerste körperliche Arbeit. Lange Zeit waren die Äxte das entscheidende Werkzeug der Holzhauer. Je nach Region und nach Stärke des Holzes wurden unterschiedliche Typen benutzt. Im oberen Kinzigtal bevorzugten die Waldarbeiter für das Fällen der großen „Holländer“-Stämme die „Wolfacher Fällaxt“. Durch das besonders schmale Eisen war die „Wolfacher“, die nur qualifizierte Schmiede anfertigen konnten, bestens geeignet für das Schlagen des meist in die Niederlanden geflößten Holzes. Zwei Arbeiter benötigten mit ihr zwischen 45–60 Minuten für das Fällen eines Stammes.
Eine deutliche Erleichterung brachten die ersten Handsägen. Seit den 1930er griffen die Holzfäller zunehmend zu Fällsägen mit einer „M-Zahnung“. Mit ihr verkürzte sich die Fällzeit für einen drei Festmeter starken Baum auf 15–20 Minuten.

Die Rindenverwertung war lange Zeit ein profitables Nebengeschäft des Holzfällens. Eichen- und Fichtenrinden waren begehrte Rohstoffe für die Gerbereien. Vor und während des Zweiten Weltkrieges erreichte die Nachfrage nach Fichtenrinde noch einmal einen neuen Höhepunkt, als die Lohgerber für „Militärleder“ große Mengen benötigten. Für die Waldarbeiter lohnten sich die Rinden ganz besonders, weil sie diese direkt verkaufen durften. Um sie gewinnen zu können, setzten die Waldarbeiter zunächst „Aufschlitzer“ ein (links). Mit ihnen rißen sie die Rinden in Abständen von ca. 1,80 m auf. Danach konnte mit dem Schäler die Rinde vom Stamm gelöst werden (Mitte). Mit dem ebenfalls handgeschmiedeten Stoßschäler ließen sich Tannen und Fichten leicht komplett entrinden (rechts).

Der Holzhauerrotte aus Wittichen-Dörfle bei Schenkenzell, die sich im Sommer 1926 beim „Bildstöckle" im Fürstenbergischen Forst bei Wittichen fotografieren ließ, stand noch ein hartes Stück Arbeit bevor. Die bereits im Frühjahr geschlagenen Tannen waren zwar schon sauber ‚geputzt', Rinde und Äste waren entfernt, aber der Abtransport der Stämme erforderte noch einmal alle Kräfte und das Geschick jedes einzelnen. Unter den Augen des Forstwarts Franz Mäntele (dritter von links) begannen mehrere Männer mit ihren Krempen, die Stämme dafür in eine bessere Position zu schaffen. Der auf dem hinteren Stamm stehende Haumeister Anton Fischer hatte bereits das Hanfseil umhängen, an dem das Holz aus dem unwegsamen Gelände gezogen werden sollte. Zuvor mußte jedoch noch eine Kette an dem in den Stamm getriebenen Seilhaken befestigt werden. Nachdem Seil und Kette miteinander verbunden waren, konnte der Stamm mit vereinten Kräften auf einen Weg gebracht werden, von wo aus Pferde- oder Ochsengespanne den weiteren Transport übernahmen. Die im Hintergrund zu erkennenden Kurgäste, die zufällig vorbei gekommen waren, konnten nur staunen über die anstrengende und auch sehr gefährliche Arbeit.

Was die Männer gefällt hatten, bauten die „Kulturfrauen" wieder auf. Sie pflanzten und pflegten die neuen Wälder. Als besonders sorgsame und zudem kostengünstige Arbeiterinnen waren sie in den Forstverwaltungen sehr geschätzt. Bis in die 1960er Jahre stellten sie bis zu 40 % aller Waldarbeiter. Durch das Ende der Wiederaufforstung und die zunehmende Technisierung sank danach ihr Anteil drastisch. Waldarbeit ist seitdem fast ausschließlich Männersache (Limberger-Andris 2001, S. 115–116).

Ohne Frauen wie Anna Stöffler wäre die großflächige Aufforstung des Waldes unmöglich gewesen. Ihr ganzes Berufsleben widmete sie dem Wald. Zuerst half sie als knapp 20jährige den Laiberg bei Wittendorf (Landkreis Freudenstadt) mit Föhren aufzuforsten. Eine Kerbe an ihrer Hacke zeigte ihr, in welchem Abstand die Bäumchen gesetzt werden mußten. An einem halben Tag konnte sie so 50 Setzlinge einpflanzen. Von 1953 an arbeitete sie im Gemeindewald Wittendorf, bis sie 1971 in die staatliche Pflanzenschule Büchenberg (bei Loßburg) wechselte. Dort kümmerte sie sich noch bis zu ihrer Pensionierung 1983 um die jungen Pflanzen (Bild links).

Anna Stöffler in der Pflanzenschule Büchenberg
Um 1975

Die Hacke von Anna Stöffler
Um 1935
Bernd Stöffler, Stuttgart

Das „Heckemädle" Germana Mäntele
Konrad Gruber
1954
Familie Hauer, Schenkenzell-Kaltbrunn

Im Sommer 1954 arbeitete das 19jährige „Heckemädle" Germana Mäntele meistens am Schwarzenbühl bei Wittichen. Zusammen mit ihren Kolleginnen Hedwig Schmid und Magdalena Schmid sichelte sie (Bild links) dort den ganzen Tag Brombeer- und Himbeerhecken weg. Den drei- bis vierjährigen Tannen, Fichten und Buchen sollte wieder Licht verschafft werden. Drei Jahre nachdem die fürstenbergische Forstverwaltung einen Teil des Waldes hatte kahlschlagen lassen, waren die neuen Pflanzen unmittelbar neben den alten abgestandenen Stöcken gesetzt worden. Jetzt drohten die noch kleinen Setzlinge von den robusteren Sträuchern erstickt zu werden.

Obwohl der Verdienst gering war (26 Pfennige pro Stunde), arbeitete Germana Mäntele, die im Alter von 16 Jahren mit der Waldarbeit angefangen hatte, gerne im Forst. Die körperlich harte Arbeit umfaßte das ganze Jahr. Im Frühling wurde gepflanzt, im Sommer gesichelt und im Winter geastet. Für die Arbeit im Wald zog sie immer die abgelegten Hosen ihrer älteren Brüder an, jedoch erst, wenn sie im Wald angekommen war.

Zwei Reutebrennhaken von Heinrich Wernet
Um 1930
Hubert Mäntele, Elzach

Noch bis in die 1950er Jahre bearbeitete der Yacher Landwirt Heinrich Wernet ein ca. 10 ha großes Waldfeld („Reutfeld"). Dessen Name „Wüstloch" sagte bereits alles über die Fruchtbarkeit des Bodens aus. Eine dauerhafte landwirtschaftliche Nutzung des steilen Hanges war unmöglich, statt dessen konnte er in einem Wechsel von etwa 10 Jahren nur jeweils einen Teil der Fläche bewirtschaften. Jeden Frühling holzte der „Wüstloch-Heiner" daher in einem ca. sechs Meter breiten Streifen alle Birken, Ginster-, Brombeer- oder Haselsträucher ab. Aus dem unbrauchbaren Holz legte er eine Begrenzung zum restlichen Hang, bevor im August oder September oben das getrocknete Gestrüpp zusammen mit den „abgeschorbten" Rasenstücken angezündet wurde. Zusammen mit mehreren Nachbarn wurde anschließend mit den Reutebrennhaken das Feuer den Streifen heruntergezogen. Im Herbst konnte dann in den mit der Asche gedüngten Boden Roggen ausgesät werden. Im Jahr darauf baute Wernet auf dem Stück noch Hafer an, dann mußte er es wieder zuwachsen lassen.
So wie im Wüstloch war in vielen Teilen des Schwarzwaldes gewirtschaftet worden. Erst die stärkere Konkurrenz mit den gedüngten Daueräckern und der Verfall der landwirtschaftlichen Preise machten die Reutfelder immer unrentabler. Wie alle anderen Bauern legte Wernet seine Brennhaken beiseite. Inzwischen ist der Ginster fast vollständig verdrängt worden vom zurückkehrenden Wald. Mit dem Leuchten des Ginsters ist auch der Lebensraum des Auerwildes weitgehend verschwunden.

Reutebrennen im mittleren Schwarzwald
Alfred Tritschler (1905–1970)
1933
Bildarchiv Dr. Paul Wolff & Tritschler, Offenburg

1

2

3

Bei einer Ausflugsfahrt im Sommer 1933 wurde der Offenburger Fotograf Alfred Tritschler vermutlich im Kinzigtal Zeuge eines Reutebrennens. Auf diesem Reuteberg waren 15–20 Jahre alte Eichen herangewachsen, deren Rinden für die Gerber ein begehrter Rohstoff waren (Fautz 1938, S. 81–89).
Auf den zur Begrenzung des Feuers gestapelten Eichenstämmen („Juh") sind noch deutlich die Spuren des Aufschlitzens und der Stöße der Schäleisen beim Entrinden zu erkennen (1).
Tritschlers Bilder dokumentierten die enorme Anstrengung der Arbeit in der Sommerhitze. Die Reutebrenner mußten mit ihren Haken das Feuer sorgfältig den Berg hinunterziehen (2).
Auf dem Feld sollte möglichst kein Stück unverbrannt zurückbleiben, gleichzeitig durfte das Feuer auf keinen Fall außer Kontrolle geraten. Erst das Erreichen des Querwegs setzte dem Brand ein Ende (3).

Im Ersten Weltkrieg war Harz ein dringend benötigter Rohstoff für die Munitionsfertigung. Nachdem der Import nicht mehr möglich war, ordnete die Stuttgart Forstdirektion im April 1915 die Wiederaufnahme der Harzgewinnung im Schwarzwald an (Schoch 1991, S. 37–45). Vor Jahrzehnten war sie dort aufgegeben worden, weil die Importe deutlich billiger gewesen waren und die durch sie verursachte Fichtenfäulnis den Wald zu sehr geschädigt hatte. Im Krieg konnte keine Rücksicht mehr darauf genommen werden, der Wald wurde wieder zur vollausnutzbaren Ressource.

Da die Ergebnisse der Fichtenharzerei weit hinter den Erwartungen zurückblieben, wurde das Harzen ein Jahr später auf die weniger anfälligen Forchen (Kiefern) ausgeweitet. Die Forstämter erhielten dafür ein Merkblatt des Berliner „Kriegsausschusses für pflanzliche und tierische Öle und Fette“, in dem das „Dexelverfahren“ genau beschrieben wurde. Demnach sollte ein 15 x 20 cm großes Stück der Rinde entfernt werden, damit das Grandeleisen zunächst steil von oben und dann waagrecht in den Stamm geschlagen werden konnte, bis ein Holzkeil herausfiel. Damit war ein Hohlraum, das Grandel, fertig, in dem sich das Harz sammeln sollte. Bevor jedoch davon eine nennenswerte Menge zusammenkommen konnte, mußte im Frühling mit der Dexel am oberen Ende der Wundstelle ein drei bis vier Jahresringe tiefer Streifen Holz abgehackt werden. Erst jetzt waren die Harzkanäle angeschnitten, und das Harz begann für 24 Stunden zu fliessen, bis etwa ein Eßlöffel gewonnen war. Statt in einem Grandel konnte das Harz auch in einem Becher oder in einer Tasse aufgefangen werden. Jeder Stamm wurde mit diesem Verfahren mehrfach verwundet (Schoch 1991, S. 94–108). Die meisten Werkzeuge lieferte die Heilbronner Firma Dittmar.

Kriegsausschuß für pflanzliche und tierische Öle und Fette: Merkblatt über die Kiefernharzgewinnung
1916
Haus der Geschichte Baden-Württemberg

Nr. 7. Das fertige Grandel.

Nr. 8. Das Plätzen. Mit dem Dexel wird die Lachte periodisch um ca. 1 cm nach oben verlängert. Man beachte die Art, wie der Dexel zwischen Zeigefinger und Daumen gehalten wird, zwecks sicherer Führung dieses Werkzeuges.

Nr. 9. Ein Kiefernstamm mit vier Lachten und Grandeln (zwei hievon auf der Rückseite) nach etwa 15maligem Plätzen.

Nr. 10. Arbeitsweise bei Anwendung des Zapfbechers an Stelle des Grandels. Das Bild zeigt links den Einhieb für das Tropfblech mit dem Vorschlageisen, das etwas nach abwärts geneigt angesetzt wird, rechts das eingefügte Tropfblech nebst Zapfbecher, welcher auf einem 12 bis 15 cm langen Nagel steht und sich gegen das Tropfblech stützt.

schen Hausach und Donaueschingen war heftig umstritten. Weil die einfachste und kostengünstigste Variante über württembergisches Gebiet die badischen Industriestandorte Villingen und St. Georgen umgangen hätte und sie auch aus politischen Gründen nicht in Frage kam, mußte eine andere Strecke in dem schwierigen Gelände erarbeitet werden. Die von dem Karlsruher Ingenieur Robert Gerwig geplante „Sommeraulinie", die über das Gutachtal, Triberg und die Sommerauhöhe nach St. Georgen führen sollte, fand 1866 schließlich die Zustimmung der Kammer (Scherff 2001, S. 21–27).

Gerwigs Plan bedeutete eine technische Meisterleistung. Wie das im Leipziger Verlag Louis Glaser erschienene Streckenpanorama veranschaulichte, bestand das anspruchsvollste Stück zwischen Hornberg und Sommerau aus einer Vielzahl von Tunnelanlagen. Auf einer Strecke von 26 km bewältigte Gerwig den Höhenunterschied von 448 m durch 37 Tunnels mit einer Gesamtlänge von fast 10 km (Kandler 1996, S. 64–65). Das Glanzstück waren die beiden erstmals für eine Gebirgsbahn verwirklichten großen Kehrschleifen bei Niederwasser und Nußbach, die den Höhengewinn mit einer aussergewöhnlich geringen Steigung ermöglichten. Die in den Fels gen. Gleichzeitig erwies sich diese Bauweise als die umweltverträglichste. Der massive Eingriff in die Landschaft fiel damit noch am schonendsten aus (Scherff 2001, S. 30–41).

Panorama der Badischen Schwarzwaldbahn
Um 1900
Haus der Geschichte
Baden-Württemberg

Eisenbahnbrücke bei Hornberg
Charles Fassoli (1813–1880)
1873
Haus der Geschichte
Baden-Württemberg

Am 10. November 1873 wurde die Schwarzwaldbahn von Hausach nach Triberg offiziell eröffnet. Zur Feier des Tages erhielten die wichtigsten Ehrengäste ein Album des Straßburger Lithographen Charles Fassoli mit zehn Motiven von der Strecke geschenkt. Eines der Werke erhielt Marie Douglas Hamilton, Tochter des 1818 verstorbenen Großherzogs Karl und dessen Ehefrau Stephanie Napoleon. Als Dank überließ sie ihr Exemplar dem Zugführer der Eröffnungsfahrt, Ambros Schlumpp. Eines der Motive zeigte die Hornberger Eisenbahnbrücke, die in einer Höhe von 23 m über das Reichenbachtal führte. Sie war die einzig bedeutende Brücke auf der gesamten Strecke, die ansonsten von den Tunnels geprägt wurde.

Mineralwasserflasche aus Bad Boll
Um 1900
Friedemann Burr, Schluchsee

Seit dem Mittelalter besaß die bei Bonndorf gelegene Boller Badhofquelle im Wutachtal einen Ruf als Heilwasser. Der Freiburger Professor Werber bestätigte 1856 erstmals in einem Gutachten die besondere Qualität des Wassers. Dessen hoher schwefelsaurer Kalkanteil habe sich bereits nützlich bewährt gegen „rheumatische und arthritische Affektionen, gegen Muskel- und Gelenksleiden (...), dann vorzüglich noch gegen langwierige Hautkrankheiten“ (StAF G 19/5, Nr. 116). Werber empfahl deshalb einen Aufenthalt in dem erst kurz zuvor errichteten Bad- und Kurhaus. Richtig vermarktet wurde das Mineralwasser ab 1888, als die Quelle neu gefasst und damit begonnen wurde, das Wasser „in natürlicher Kohlensäurefüllung“ überallhin zu versenden. „Das Wasser ist klar, farblos, geruchlos und besitzt infolge seines reichlichen Kohlensäuregehaltes einen angenehmen, erfrischenden Geschmack“, attestierte der Großherzogliche Medizinalrat Hermann Oeffinger. Werbewirksam kam er zu dem Schluß: „Das Wasser von Boll ist daher durchaus nicht gering anzuschlagen; es übertrifft dasjenige von Contrexéville“ (Oeffinger 1900, S.46–47). Der Ruin des Kurhausbetriebes durch den Ersten Weltkrieg bedeutete auch das Ende des Mineralwassergeschäftes. Der letzte private Besitzer der Anlage, Friedemann Burr, fand in den 1980er Jahren noch eine der alten Flaschen im Keller des 1975 abgebrannten Kurhauses. Eine Mitte der 1990er Jahre vorgenommene Analyse ergab, daß das Quellwasser inzwischen untrinkbar geworden ist. Die intensive Landwirtschaft belastet das Wasser zu sehr mit hohen Nitratwerten (Badische Zeitung, 30.8.2001).

Nach 1888 erlebte Bad Boll einen Aufschwung als Kurbad. Der neue Eigentümer, der ehemalige Freiburger Oberbürgermeister Karl Schuster, investierte in den Ausbau der gesamten Anlage. Neben dem „über 100 Personen fassenden eleganten Speisesaal, den Herren- und Damensalons, heizbar und mit Billard und Pianino versehen“, enthielt das dreistökkige Kurhaus (Bildmitte) nun „eine grosse Anzahl neu und komfortabel eingerichteter Fremdenzimmer.“ (Oeffinger 1900, S. 44–45) In dem durch einen Promenadenweg 100 m vom Kurhaus getrennten Badhaus fanden die Gäste „9, den Anforderungen der Neuzeit entsprechend ausgestattete Badekabinette, mit Douche und der nötigen Einrichtung für Inhalation, Massage, Sol-, Moor-, Fichtennadel-, Dampf-, sowie elektrische und römisch-irische Bäder“ vor. Auch sonst bot die Anlage alle nur erdenklichen Annehmlichkeiten. Nicht nur die Säle, der Park und die Gartenanlage, sondern sogar auch der 50 m hohe Wasserfall waren bereits elektrisch beleuchtet. Auf zwei angelegten Seen konnten die Gäste Gondel fahren und in den Gartenanlagen fanden sich Forellenteiche und eine Fischzucht.

Kurbad Bad Boll
Speisesaal im Kurhaus
Bad Boll
Um 1910
Haus der Geschichte
Baden-Württemberg

Bis Anfang des 20. Jahrhunderts war das Wutachtal in seinem schönsten Abschnitt von Bad Boll bis zur etwa 10 km flußabwärts gelegenen Wutachmühle für Wanderer unzugänglich. Einige hölzerne Stege für die Angler wurden bei einem Hochwasser 1895 zerstört. Aufgrund des wachsenden Fremdenverkehrs in Bad Boll übernahmen 1903/04 die Ortsvereine Neustadt und Bonndorf des Schwarzwaldvereins die Anlage eines dauerhaften und sicheren Weges. Dafür bauten sie mehrere eiserne Brücken und sprengten Teile der Felsen weg. Ein „Kleiner Führer durch das Wutachtal“ beschrieb kurz nach Fertigstellung des Weges, was den Wanderer in dem „merkwürdigsten und pittoreskesten aller Schwarzwald-Täler“ erwartete: „Koulissenartig schieben sich die gewaltigen, bald senkrechten, bald überhängenden Kalksteinfelsen in das Tal hinein, um die dunklen Wasser aufzuhalten. Alte, verwitterte Tannen, frisches Grün und nackte Felsen bieten dem Auge des Wanderers ein malerisches Bild.“ (Obert 1905, S. 8–9). Von einem Schutz der in ihrer Vielfalt im Schwarzwald einzigartigen Tier- und Pflanzenwelt in der Schlucht war noch mit keinem Wort die Rede, im Gegenteil: Jagd und Fischerei wurden als „lohnend und unterhaltend“ empfohlen.

Felsengalerie im Wutachtal
Um 1910
Haus der Geschichte
Baden-Württemberg

The Fishing Gazette
6. Dezember 1913

A Good Word for Bad Boll and the Wutach Fishing.

Dear Sir,—In April last you were kind enough to publish a letter from me asking for information *re* trout-fishing in the Black Forest, and also a reply to same with photographic illustrations, sent to you by Mr. Feder, of Munich.

I spent a fortnight in June of this year fishing in the Wutach river from Bad Boll, and to anyone looking for trout and grayling fishing in a really you (he is, of course, paid by Mr. Bogner), you either kill your fish or not, as you wish.

Although almost a novice at "dry fly" myself, I think my average basket was twenty sizeable fish *per diem*—in proportion of one grayling to three trout. I remember that one day Mr. Feder returned with forty fish, many of which scaled 1½lb.; these from the lowest beat. The grayling seem to average about 13oz., and as they lie in the fast runs they give very good fun on light tackle. Except in the stickles, the trout are almost have ever seen, I can strongly recommend the Wutach. Not the least charm of this neighbourhood is the friendliness and courtesy of the German peasants.—Yours truly, A. C. F.

[I am glad that "A. C. F.," who sends this letter from Northern Nigeria, had such a good time through the *Fishing Gazette*. I give a photograph of Mr. Feder with some fish and a typical view on the Wutach. I have known many anglers who have fished it since the late Sir Rose Price, Bart., first made it known in the *Fishing Gazette*—in the early

MR. FEDER WITH HIS BEST BASKET OF WUTACH TROUT IN 1913 (BAD BOLL, BLACK FOREST).

A TYPICAL VIEW ON THE WUTACH, BAD BOLL, BLACK FOREST.

Prinz Hassan in Bad Boll
Um 1910
Kreisarchiv Breisgau-Hochschwarzwald, Freiburg

Der Durchbruch für den internationalen Tourismus kam 1894 in Bad Boll. Eine Gruppe englischer Angler kaufte das Hotel wegen des hervorragenden Forellenbestandes in der Wutach, der als der beste in ganz Deutschland galt. Der „Bad Boll Fishing Club" pachtete dazu auf ca. 80 km Länge die Angelrechte an der Wutach (The Fishing Gazette, 25.3.1899). Wer im Hotel abstieg, durfte zwischen Stallegg und Achdorf kostenlos angeln.
In der englischen Fachzeitung „The Fishing Gazette" rühmten Leserbriefe regelmäßig Bad Boll („The air is most bracing, scenery lovely, and living inexpensive") und die Wutach, in der ohne weiteres zwischen 30 bis 40 Forellen täglich gefangen werden könnten (The Fishing Gazette, 2.6.1900). Noch 1913, als die Forellenbestände durch Wasserverschmutzung bereits deutlich abnahmen, erschienen Bilder eines „Mr. Feder of Munich", der sich stolz mit seinem Fang präsentierte.
Zusammen mit den deutschen und englischen Anglern kamen zunehmend andere internationale Besucher. Der Vereinsvorsitzende Mr. Knowles konnte im August 1907 Gäste aus New York, St. Petersburg, Paris und Florenz, darunter mehrere Adlige und hohe Militärs, in dem abgelegenen Bad Boll begrüßen (Schwarzwälder Zeitung, 24.8.1907). Zu den prominenten Schwarzwaldtouristen zählte Anfang des 20. Jahrhunderts auch der junge afrikanische Prinz Hassan.

Um 10 Uhr früh zog am 30. August 1913 ein weißer Schaumteppich auf der Wutach an Bad Boll vorbei. Als Beweis für die Behörden fotografierte der Hotelier Paul Bogner die Verschmutzung. Dem herbeigeeilten Wachtmeister berichtete er, der Schaum „habe einen derartigen schwefeligen Gestank verbreitet, daß sich die im Hotel anwesenden Kurgäste empört hätten." (Gendarmerie Bonndorf, 6.9.1913, StAF G 19/3 Nr. 45)
Der Verursacher stand fest: die Holzzellstoff- und Papierfabrik AG in Neustadt. Einer ihrer Mitarbeiter hatte in der Nacht zuvor angeblich versehentlich das Laugenbassin geöffnet. Tatsächlich leitete die Fabrik in regelmäßigen Abständen die Abwasserrückstände aus ihrer Produktion in die Gutach ein, die dann in die Wutach weiterfloßen. Seit 1909 hatte die Verschmutzung derart zugenommen, daß das Forellenangeln oberhalb des Hotels „practically ruined" war (The Fishing Gazette, 6.12.1913). Der „Fishing Club" hatte sich deswegen im Mai 1913 aus Bad Boll verabschiedet. Alle Proteste waren gegen die Argumentation der Papierfabrik, bei der 10 % der Neustädter beschäftigt waren, vergeblich geblieben: „Gewiss ist der hohe Schwarzwald mit seinen Tannenwäldern und schattigen Schluchten und Wassern ein herrliches ideales Gut des Badner Landes, von dem Idealen allein aber kann der Mensch nicht leben, auch der Schwarzwälder braucht das täglich Brot." (Denkschrift, 12.10.1912, StAF G 19/3 Nr. 45)
Noch bis in die 1980er Jahre ver-

Anfang der 1980er Jahre war die ehemalige Kuranlage Bad Boll verwahrlost. Nie wieder hatte es nach dem Ersten Weltkrieg an die glanzvolle Ära des „Fishing Club" anknüpfen können. Nach einer kurzen Zeit im Besitz der AOK Göppingen war es 1925 zu einem Kaufmannserholungsheim und ab 1960 schließlich zu einem Therapiezentrum für Drogenabhängige geworden. Zuletzt hatte es mehrere Jahre lang leer gestanden, bis die Heidenheimer Gebrüder Friedemann und Eberhard Burr 1981 mit einer grundlegenden Sanierung begannen. Neben einem Kiosk wollten sie in den übrig gebliebenen Gebäuden eine Herberge für Wanderer und Schüler aufbauen (Badische Zeitung, 24.1.1992).
Aber die neuen Aktivitäten stiessen nicht nur auf Zustimmung. Würden durch den Wiederaufbau nicht noch mehr Menschen in das Bad Boll seit 1939 umgebende Naturschutzgebiet Wutachschlucht mit seiner sensiblen Fauna und Flora kommen und dort noch mehr Schäden anrichten? Der Streit um Bad Boll beherrschte jahrelang die Region. Selbst die Umweltschützer waren sich keineswegs einig. Während ein Teil den möglichst weitgehenden Rückzug der Menschen aus der Schlucht befürwortete, wollte ein anderer Teil das Kulturdenkmal Bad Boll erhalten und als Informationszentrum nutzen. Schließlich gaben die Gebrüder Burr auf. Das Land Baden-Württemberg nutzte sein Vorkaufsrecht und erwarb das Anwesen. Die Bagger setzten im Februar 1992 allen Diskussionen ein Ende. Heute erinnert nur noch die allein stehengelassene Badkapelle an das alte Bad Boll.

Wanderer am Hohe Möhr Turm
Um 1910
Kreisarchiv Breisgau-Hochschwarzwald, Freiburg

Philipp Bussemer bei der Markierung des Westwegs
Um 1900

Wanderin am Hornisgrindeturm
Um 1910
Kreisarchiv Breisgau-Hochschwarzwald, Freiburg

Anfang Dezember 1900 waren die Vormarkierungsarbeiten für den ersten Höhenwanderweg durch den Schwarzwald abgeschlossen. Im Auftrag des Badischen Schwarzwaldvereins hatte der Baden-Badener Philipp Bussemer von Pforzheim bis Basel eine 280 km lange Strecke ausgesucht, die alle wichtigen Gipfelpunkte und die schönsten Orte im westlichen Schwarzwald miteinander verband. Bis sie 1936 gegen Emailschilder ausgetauscht wurden, konnte sich der Wanderer an Zinkplatten und Holzschildern, die einheitlich mit einem roten Rhombus gekennzeichnet waren, orientieren (Schwarzwaldverein 1901, S. 2). Bussemer hielt den gesamten Weg für in zwölf Tagen zu schaffen, „sehr rüstige Fußgänger" sollten dazu sogar in acht Tagen in der Lage sein (Schwarzwaldverein 1902, S. 20–22).
Mit dem Westweg – vier Jahre später waren schon der Mittel- und der Ostweg fertiggestellt – kam der 1864 gegründete Schwarzwaldverein seinem Ziel der Erschließung des Schwarzwaldes ein großes Stück näher. Durch neue Zugangswege verdichtete sich das Gesamtwegenetz erheblich und als weithin sichtbare Zeichen der ‚Eroberung der Wildnis' wuchsen auf den Höhen noch mehr Türme empor. Berühmt für ihre grandiose Aussicht waren auf dem Westweg der 1910 erbaute wuchtige Sandsteinturm auf der Hornisgrinde und der bereits 1893 errichtete Hohe Möhr Turm bei Schopfheim.

Wegweiserschild vom Mummelsee
Um 1936
Schwarzwaldverein e. V., Freiburg

Ein Paar Skier der Marke Feldberg
Um 1906
Walter Strohmeier,
Bernau im Schwarzwald

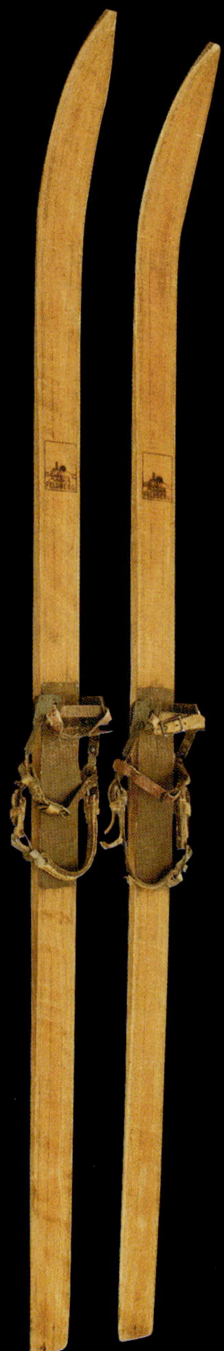

Zu Beginn der 1890er Jahre sah der junge Ernst Köpfer von der Schulbank aus erstmals Skiläufer durch das Bernauer Tal ziehen. Er folgte der Spur, bis er die Skier vor einem Gasthaus fand. Zu Hause überredete er seinen Vater Karl, die von ihm genau studierten Bretter in der eigenen Holzwerkstatt nachzubauen. Mit Erfolg: 1892 wurde das Unternehmen Karl Köpfer & Söhne gegründet, das als erstes in Mitteleuropa Skier in Serie produzierte.
Als 28jähriger meldete Ernst Köpfer am 5. Februar 1906 seine Skier der „Marke Feldberg“ beim Patentamt in Berlin an. Unverwechselbar war die „Marke Feldberg“ durch ihr eingebranntes Feldberg-Logo, das vermutlich der Hans Thoma-Schüler Adolph Hildebrand für Köpfer entworfen hatte. Bis zu seinem Tode am 1. Mai 1954 produzierte Köpfer mehrere zehntausend Exemplare seiner „Schneeschuhe“, von denen er die meisten direkt an die Skitouristen am Feldberg verkaufte.
Im Jahr der Patentanmeldung bestellte der Bernauer Nachbar Otto Baur ein Paar des Erfolgsmodells. Ausgerüstet wurde das Paar mit „Köpfer`s lenkbarer Achsenbindung“, die der Schmiedemeister Heinrich Köpfer im benachbarten Bernau-Gass für Ernst Köpfer serienmäßig herstellte. Da die Skier in der Familie Baur sorgsam aufbewahrt wurden, sind sie heute eines der ältesten Exemplare, die sich jetzt wieder im Besitz des Köpfer-Enkels Walter Strohmeier befinden.

1

2

3

bei der Ski-Herstellung
Leif Geiges (1915–1990)
Um 1950
Haus der Geschichte
Baden-Württemberg

Mit Ausnahme der Skibindung stellte Ernst Köpfer seine Skier komplett selbst her. Das Eschen- oder Buchenholz für die Bretter holte er aus dem eigenen Wald. Nachdem sie zurecht geschnitten waren, ließ er sie eine Nacht im Brunnentrog Wasser ziehen (1). Am nächsten Morgen folgte das „Bähen“: Das vollgesogene Holz kam für 10–30 Sekunden in die Glut des Kachelofens, damit es aufquillen konnte und so die Holzfasern biegsamer wurden (2). Danach mußte das Holz sofort für mindestens eine Nacht in den Spannbock gespannt werden, um die entscheidende Rundung zu erhalten (3). Bis die künftigen Ski endgültig fertig waren, kamen sie noch für eine Woche zum Austrocknen hinter den Kachelofen in der Stube.
Der Fotograf Leif Geiges hielt den Ablauf der Produktion fest, wie sie Köpfer seit Jahrzehnten betrieben hatte. Bis zuletzt blieb Köpfer seinem Verfahren treu.

Als einen der ersten Skifilme drehte Arnold Fanck im Winter 1919/20 das „Wunder des Schneeschuhs“. Drehorte waren der Feldberg und das Berner Oberland. Dem Freiburger Kameramann Sepp Allgeier gelangen mit einer primitiven Ernemann-Kamera bis dahin noch nie gesehene Bilder. Eine von vielen spektakulären Szenen war der tollkühne Sprung von Dr. Ernst Baader von einer Wächte am Seebuck hinab in den Feldseekessel. Bei den ersten Dreharbeiten konnte nur Baader vor Fancks kritischem Auge bestehen: „Einzig er hatte so harmonische Bewegungen und beherrschte seine Skier mit einer solchen Selbstverständlichkeit, daß es ein wirklich ‚filmischer‘ Genuß war, ihm zuzusehen.“ (Fanck 1959, S. 139)
Nach der Uraufführung im Freiburger Paulussaal im November 1920 kam der Film bis in die Kinosäle New Yorks: Am Broadway war der Film drei Jahre ausverkauft (Lauterwasser 1995, S. 52). Die rauschhaften Bilder aus rasanter Bewegung und Schönheit begeisterten ein Millionenpublikum, das in den Krisenjahren nach dem Krieg die Natur als heilen Zufluchtsort entdeckte. Der Sprung von Baader löste nicht nur als sportliche Höchstleistung Bewunderung aus, er schien wie die Befreiung aus den Nöten des Alltags zu sein (Horak 1997, S. 17–21).

„Wunder des Schneeschuhs“
Arnold Fanck (1889–1974)
1920
Murnau-Stiftung, Wiesbaden

Eisrennen auf dem Titisee
Paul Wolff (1887–1951)
26. Februar 1933
Bildarchiv Dr. Paul Wolff & Tritschler, Offenburg

1

2

Vor rund 10.000 Zuschauer fand am 26. Februar 1933 das 3. ADAC-Eisrennen auf dem Titisee statt. Um 11 Uhr begannen die Wettkämpfe auf dem 2,5 km langen spiegelglatten Oval. Der bekannte Frankfurter Fotograf Paul Wolff dokumentierte die Rennen der fast 60 Motorrad- und Rennwagenfahrer, die in verschiedenen Klassen gegeneinander antraten. Prominentester Teilnehmer war der 32jährige Berliner Hans Stuck, der 1930 Berg-Europameister geworden war (1). Aber obwohl Stuck „verwegen fuhr und alles daransetzte, sich nicht schlagen zu lassen“, hatte er mit seinem schweren Mercedes-Benz im Rennen der über 1500 ccm Klasse keine Chance und kam mit acht Sekunden Rückstand auf den Bugatti-Fahrer Rudolf Steinweg nur auf den zweiten Platz (ADAC-Motorwelt, 10.3.1933) (2). Strahlende Sieger waren dagegen der 24jährige Walter Bäumer (Bünde/Westfalen) (3) auf Austin und der 23jährige Sebastian Roth aus Münsingen-Bremelau (4). Bäumer, der 1941 bei einem Autounfall tödlich verunglückte, als er eine Beifahrerin küssen wollte, gewann die 800 ccm Klasse der Rennwagen genauso überlegen wie Roth die Motorradrennen in den Klassen unter und über 350 ccm. Für die zehn Runden benötigte er mit seiner Standardmaschine nur 11.02 min und erzielte damit die höchste Durchschnittsgeschwindigkeit von 108,66 km/h (5). Auch den abschließenden Höhepunkt, das Vergleichsrennen zwischen Autos, Motorrädern und sogar Flugzeugen, entschied Roth für sich. Bereits drei Jahre später verstarb der gelernte Auto- und Motorradschlosser. Die Eisrennen auf dem Titisee wurde noch bis in die 1960er Jahre veranstaltet, zuletzt jedoch nur noch als Flugzeugrennen. Erst als am 14. Januar 1966 der Bühlhofbauer Walter Wilde beim Anlegen einer Startbahn für Flugzeuge mit seinem Traktor in der noch zu dünnen Eisdecke einbrach und im See versank, kam das Ende für alle Rennen (Badische Zeitung, 15. 1. 1966).

3

4

5

Bei der Berliner Automobilausstellung 1935 stellte Auto Union ihren neuen Audi Front Roadster 225 der Öffentlichkeit vor. Der mit einem 50 PS starken Sechszylinder-Motor ausgestattete Sportwagen löste in der Presse und bei den Besuchern zunächst große Begeisterung aus (Motorwelt, 22.2.1935). Aber die Verkaufszahlen blieben weit hinter den Erwartungen zurück. Der hohe Kraftstoffverbrauch von 20 l auf 100 km, das Durchschlagen der hinteren Federn oder das Aufsetzen des Auspuffs ließen die Kunden letztlich vor dem Kauf zurückschrekken (Kirchberg 1991, S. 104). Eine aufwendige Werbekampagne sollte dem Auto trotz der Mängel noch eine Marktchance geben. Auto Union engagierte dafür einen der namhaftesten deutschen Industrie- und Autofotografen: Dr. Paul Wolff. Für das ‚shooting' fuhr Wolff im Frühjahr 1935 zunächst an die Bergstraße und dann in den mittleren Schwarzwald. Im Gutachtal suchte er sich die klassischen Schwarzwaldmotive als Hintergrund aus: Mit seiner Leica fotografierte er den Roadster an der Hocheinfahrt des Vogtsbauernhofs (1), bei einer Begegnung mit einer Trachtenträgerin am Gutacher Ramsbachweg (2) oder in einem ‚stillen' Schwarzwaldtal (3). Der scharfe Kontrast zwischen traditioneller Lebensweise in einer anscheinend noch unberührten Natur und dem modernen Luxusprodukt schien ihm hervorragend geeignet zu sein, den Traum von der Mobilität wirkungsvoll in Szene zu setzen.
In der Zwischenzeit hatte Auto Union jedoch die Hoffnungen auf

1

2

3

Der Audi Front Roadster 225 im Schwarzwald
Paul Wolff (1887–1951)
1935

bei Ebnet
Rüdiger Buhl (geb. 1950)
Um 1995
Dr. Rüdiger Buhl, Kirchzarten

Jeden Sonntagabend wiederholte sich dasselbe Bild: Kilometerlang stauten sich auf der B 31-Ost die Autos im Dreisamtal zwischen Kirchzarten und dem kleinen Freiburger Vorort Ebnet. Tausende beendeten ihre Tagesfahrt in den Hochschwarzwald mit dem gemeinsamen Stauerlebnis.
Eine Entlastung der vom Lärm gequälten Ebneter schien nur zum Preis der Vernichtung eines weiteren Stückes Natur möglich. Die neu-

Dia-Reihe gegen das Waldsterben
1984
Haus der Geschichte Baden-Württemberg

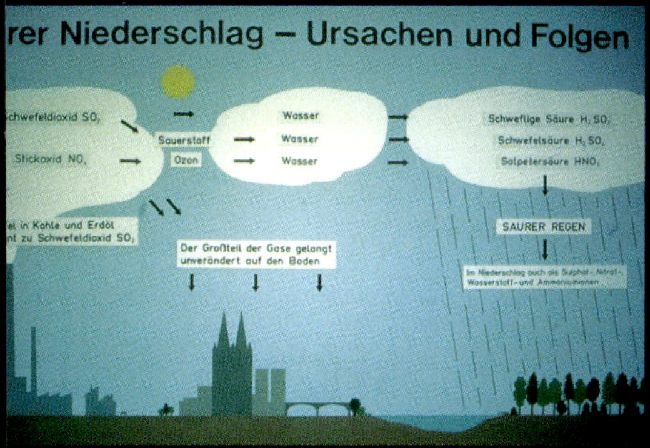

Auf dem Höhepunkt der Angst vor dem „Waldsterben“ inszenierte der Breitnauer Fotograf Bernhard Schwär seine Vision von der Zukunft des Schwarzwaldes. Die letzten kostbaren Tannen sind in Plastik eingehüllt. Der verbliebene Kurgast ‚genießt‘ noch die Landschaft im Schutzanzug. Aber auch sein Ende steht bevor.
Das 1984 befürchtete großflächige Absterben des Waldes ist ausgeblieben. Aber Schwärs „Vision“ ist dennoch teilweise Realität geworden: Die im Hintergrund stehenden Bäume am Lorenzenberg bei Buchenbach sind inzwischen weitgehend abgestorben.

Vision 1984
Bernhard Schwär
(geb. 1955)
1984
Bernhard Schwär, Breitnau

Arnica Montana
1922
Haus der Geschichte
Baden-Württemberg

Luftaufnahmen vom Stübenwasen
1. Juli 1968
8. Juni 2000
Landesvermessungsamt
Baden-Württemberg

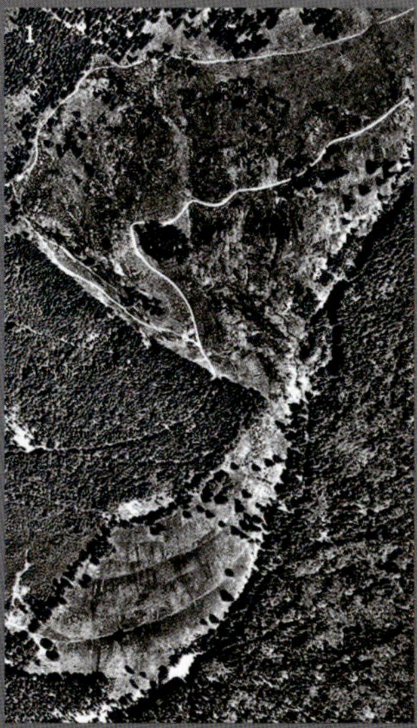

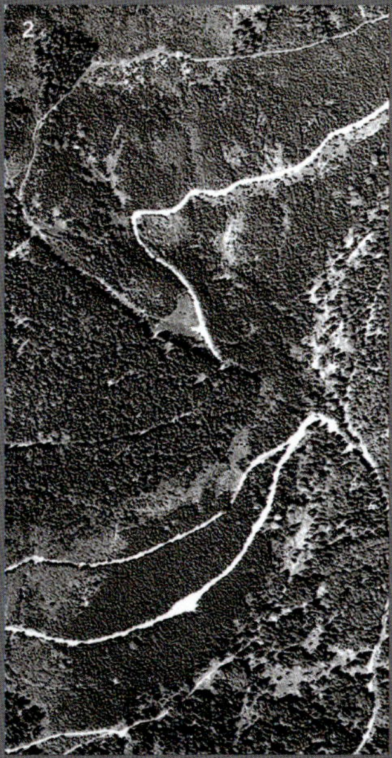

Die Zusammensetzung der Pflanzenwelt am Feldbergmassiv ist weltweit einzigartig. Hier finden sich noch „Eiszeitrelikte“, die andernorts bereits ausgestorben sind. Die nährstoffarmen („mageren“) Hochweiden boten ihnen bislang einen idealen Lebensraum. Auch die von Friedrich Oltmanns in seiner 1922 herausgegebenen Sammlung „Pflanzenleben des Schwarzwaldes“ dargestellte Arnica Montana („Berg-Wohlverleih“) gehört zu diesen Exemplaren (Oltmanns 1922, Taf. 190). Inzwischen ist die Arnica aber auch am Feldberg nicht mehr ungefährdet. Auch hier wird der Rückgang als „beträchtlich“ bewertet (Sebald 1996, S. 188–192). Die Ursachen dafür liegen in der radikalen Veränderung der Landwirtschaft. Einerseits sind die zurückhaltend bewirtschafteten Magerrasen durch Düngung und Kalkung in intensiv genutzte Wiesen- und Weidefläche umgewandelt worden. Andererseits werden die unrentablen Steilhänge von den Landwirten aufgegeben. Wo das Vieh verschwindet, kommt dafür der Wald. Luftaufnahmen vom Stübenwasen (nordöstlich von Todtnauberg) belegen die drastische Zunahme der natürlichen Wiederbewaldung. Wo 1968 noch deutlich Freiflächen zu erkennen sind (1), hat sich in der Zwischenzeit fast überall der Wald ausgebreitet (2). Allen Bemühungen der Naturschützer zum Trotz haben die Flügelginster-Magerweiden am Stübenwasen allein zwischen 1957 und 1987 fast 50 % ihrer Fläche eingebüßt, während sich gleichzeitig die Waldfläche um 634 % vergrößert hat (MLR 1991, S. 32). Der Erhalt der Kulturlandschaft ist so zur Voraussetzung der Sicherung der Artenvielfalt geworden.

Das 1937 gegründete Naturschutzgebiet um den 1493 m hohen Feldberg ist das älteste und mit 4200 ha auch das größte in Deutschland. Die rund 1.5 Mio. Besucher pro Jahr beweisen die Attraktivität des Feldbergs, bedeuten jedoch gleichzeitig auch eine enorme Belastung. Um den Widerspruch zwischen touristischer Nutzung und Umweltschutz zu mindern, wurden bereits 1937 wichtige Flächen am Feldbergmassiv aus dem Naturschutzgebiet ausgeklammert – so zum Beispiel Teile des zentral gelegenen Hanges zwischen dem Bismarckdenkmal am Seebuck und der Talstation Feldberger Hof, wo sich bis heute im Sommer die Spaziergänger und im Winter die Skifahrer konzentrieren. Für den Ausbau der dortigen Liftanlagen wurden Anfang der 1990er Jahre weitere Abschnitte aus dem Naturschutzgebiet genommen, das dafür an anderer Stelle deutlich erweitert wurde.

Die Spuren der Nutzung des letzten halben Jahrhunderts sind sowohl außer als auch innerhalb des Naturschutzgebietes aus der Luft unübersehbar. Bereits 1944 war der Seebuck-Hang längst keine unberührte Idylle mehr (1). Dennoch hätte der Kontrast zu der 24 Jahre später entstandenen Aufnahme kaum schärfer ausfallen können (2). Der 1955 innerhalb des Naturschutzgebietes gebaute Fernsehturm (am oberen linken Bildrand) wirkt wie die ebenfalls teilweise innerhalb der Schutzzone errichteten ersten Skilifte wie eine Wunde am Berg. Eine Vielzahl von neuen Wegen und Pfaden schlängelte sich durch die Landschaft – mit verheerender Bodenerosion als Folge. Die vor allem seit den 1990er Jahren verstärkten Schutzanstrengungen haben eine Wende zum Positiven bewirkt: Viele der Wege sind durch eine konsequente Besucherlenkung beseitigt worden (3). Die Bodenerosion konnte erst einmal verlangsamt werden.

Luftaufnahmen vom Seebuck
11. September 1944
1. Juli 1968
26. Juni 2001
Landesvermessungsamt
Baden-Württemberg

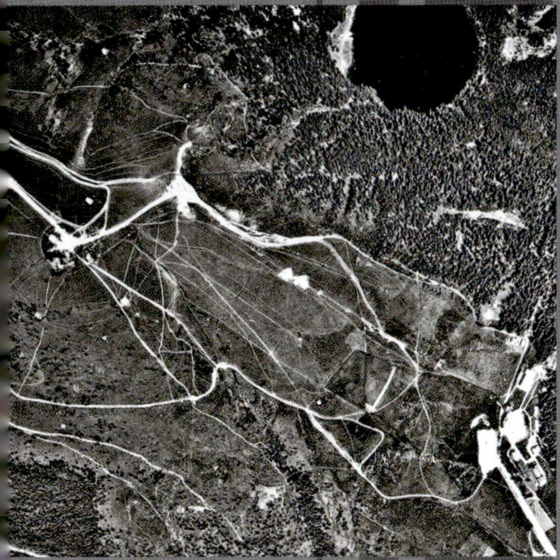

Seit den 1980er Jahren wird der Winter im Schwarzwald immer milder. Sowohl die Schneemenge als auch die Zahl der Schneetage hat merklich nachgelassen. Auf die Wirtschaft der Region wirkt sich dies zunehmend negativ aus. Die Skitouristen bleiben aus, die Lifte fahren seltener, die Investitionen lohnen sich nicht mehr (Die Zeit, 27.3.2002). Mitte der 1990er wurde deswegen die erste Schneekanone installiert. Im Herbst 2001 begann die Gemeinde Feldberg mit dem Bau einer zusätzlichen 800.000 Euro teuren künstlichen Beschneiungsanlage für eine Fläche von 9 ha am Seebuck (Badische Zeitung, 18.10.2001). Der Wintertourismus soll endlich unabhängig von den Geschicken der Natur werden. Die Schneemaschinen sind heftig umstritten. Wenn der Schnee nicht mehr vom Himmel fällt, muß er mit großem Energie- und Wassereinsatz aufwendig produziert werden. Da der Seebuckbach im wasserarmen Winter damit überfordert sein könnte, muß ein 5000 Kubikmeter fassender Wasserspeicher Vorsorge leisten.
Das Naturschutzgebiet bleibt zwar unbeschneit, aber etwa zwei Drittel der zu beschneienden Fläche besteht aus besonders geschütztem Borstgrasrasen.
Die Frage, wie sich der Kunstschnee darauf auswirken wird, ist unbeantwortet (Landtag BW 2001). Fraglich bleibt auch, ob selbst mit den neuen Maschinen das Wintervergnügen garantiert werden kann: Auch Kunstschnee schmilzt bei Plusgraden.

Schneekanone am Feldberg
Um 1995
Bezirksstelle für Naturschutz
und Landschaftspflege
Freiburg

Kuckuck-Augenwender
Um 1850
Haus der Geschichte
Baden-Württemberg

Auf die dramatisch sinkende Nachfrage nach Schwarzwalduhren in der Mitte des 19. Jahrhunderts reagierten die Uhrmacher mit neuen Modellen. Um neue Käuferschichten zu erschließen, wurden die Lackschilduhren, die bis dahin als „die" Schwarzwalduhren galten, zu ‚eleganter' wirkenden Rahmenuhren weiterentwickelt. Zu den häufigsten Rahmenuhren zählten die „Augenwender", bei denen sich die Augen der auf das Blechschild gemalten Figuren mitbewegten. Besonders beliebte Themen waren Landschafts- oder Naturdarstellungen (Schaaf 1995, S. 195–200). Selbst ein Löwe konnte wie bei dieser nach Schottland exportierten Uhr ein Motiv einer Schwarzwälder Uhr sein. Damit der Besitzer dennoch einen Hauch des Schwarzwaldes verspüren konnte, ruft über dem Löwen der Kuckuck die Zeit aus.
Die Kombination aus Löwe und Kuckuck gelang durch die Vereinigung von zwei Uhrenautomaten in dem edlen Mahagonigehäuse. Die beweglich gelagerten Glasaugen des Löwen werden synchron zur Pendelbewegung des Gehwerks geführt. Der Kuckucksruf hingegen wird vom Schlagwerk über den zwei Holzpfeifen ermöglicht.

Die ersten Schwarzwalduhren waren Holzräderuhren. Die um 1700 gebauten Uhren bestanden aus einem einfachen Holzgestell und nur drei Rädern: dem Bodenrad mit dem Schnurzug mit Gewicht und Gegengewicht, dem Zwischenrad und dem Steigrad. Weil eine hölzerne Balkenwaag mit kleinen Bleigewichten als Gangregler diente, hießen die Uhren auch Waaguhren. Großherzog Friedrich war von einem ihm geschenkten Exemplar so begeistert, daß er Kopien davon anfertigen und an die Uhrmacherschulen und -fabriken zur Nachahmung verteilen ließ (Schaaf 1986, S. 148).
Schnell waren die neuen Waaguhren auch bei den ersten Touristen beliebt. Häufig wurden sie als alte Originale verkauft. Durch Räuchern im Rauchfang oder das Auftragen von Jahreszahlen aus dem 17. Jahrhundert sollte den Fälschungen ein möglichst authentisches Aussehen gegeben werden (Bender 1975, S. 330). Für den amerikanischen Markt wurde bevorzugt das Jahr der Entdeckung Amerikas durch Columbus 1492 eingeritzt. Auch wenn sie wie die vorliegende Uhr, die aus einem Haushalt aus der Nähe von Boston stammt, keine Jahreszahl enthielten, galten deshalb alle Schwarzwälder Waaguhren in den USA bald als „Columbus Clocks". Bis heute ist dieser Name bei amerikanischen Sammlern gebräuchlich.

Holzräder-Waaguhr („Columbus Clock")
Um 1870
Haus der Geschichte
Baden-Württemberg

Kuckuck-Wachtel-Uhr
Um 1890
Haus der Geschichte
Baden-Württemberg

Die ersten Kuckucksuhren aus dem Schwarzwald entstanden vermutlich um 1750. Ob die Schwarzwälder Uhrmacher den Kuckucksruf erfanden, ist nicht sicher, auf jeden Fall machten sie ihn aber schnell zu einem unverwechselbaren Wahrzeichen ihrer Uhren. Den großen Durchbruch schaffte die Schwarzwälder Kuckucksuhr erst nach 1850. Maßgeblichen Anteil daran hatte die neue Form der Uhrengehäuse: Der Karlsruher Hofrat Friedrich Eisenlohr übertrug die Grundform einer Hausfassade mit Giebelaufsatz auf die Uhrenkästen und erfand damit die in unendlichen Variationen bis heute prägende „Bahnhäusleform“ (Schaaf 1995, S. 190).
Auch die um 1890 entstandene und mit Rebenlaub und Vogel klassisch verzierte Kuckuck-Wachtel-Uhr geht unmittelbar auf das Vorbild des „Bahnwärterhäuschen“ zurück. Sie ist mit zwei Schlagwerken versehen: Die Viertelstunden werden von einer Wachtel, die aus dem linken Türchen kommt, über eine kleine hohe Pfeife verkündet, der Stundenschlag bleibt dagegen dem aus der rechten Tür ‚herausfliegenden‘ Kuckuck vorbehalten.

Gehäuse für Kuckucksuhren
Um 1930
Haus der Geschichte
Baden-Württemberg

Anfang der 1920er Jahre gründete Richard Schondelmaier in der Hornberger Leimattenstraße eine Schnitzerei für Schwarzwaldandenken. Zusammen mit einem Angestellten und mehreren freien Mitarbeitern, die meist zu Hause arbeiteten, produzierte er Souvenirs aller Art. Das Spektrum reichte von Kuckucksuhren bis hin zu geschnitzten Stühlen und Truhen mit Schwarzwaldmotiven. Neben den selbstgefertigten Produkten verkaufte Schondelmaier in seinem kleinen Laden auch Schwarzwaldfiguren oder -vasen, die im Allgäu, in Südtirol oder sogar in Süditalien hergestellt worden waren.
Neben den Wandbildern waren bei Schondelmaier die Kuckucksuhren das am meisten gefragte Erinnerungsstück. Sie gab es in allen möglichen Varianten. Für die schlichteren Modelle bekam er in hoher Stückzahl die Uhrengehäuse über die Schwarzwaldbahn aus Schonach und Triberg geliefert. In seiner Werkstatt erhielten die Uhren dann die selbst gesägten und geschnitzten Verzierungen wie etwa einen „Laubvogel“, der als obereres Schild am Dach der Uhrengehäuse angebracht wurde.
Bei den Bombenangriffen auf Hornberg am 8. und 9. Februar 1944, die der Schwarzwaldbahnbrücke galten, wurde die Werkstatt schwer beschädigt. Aus den Trümmern konnten noch einige der Rohlinge und Verzierungen gerettet werden.

Hörnerkappe
Um 1900
Haus der Geschichte
Baden-Württemberg

Trachten aus dem Schwarzwald (Markgräflerin)
Johann Karl Berberich
(?-1906)
Um 1900
Haus der Geschichte
Baden-Württemberg

Seit Anfang der 1890er Jahre entstand neues öffentliches Interesse an den Schwarzwälder Trachten. Zusammen mit dem Maler Wilhelm Hasemann forderte der Haslacher Schriftsteller und Pfarrer Heinrich Hansjakob 1892 die Landbevölkerung auf, „unsere Volkstrachten" wieder mit Stolz zu tragen. Mit ihnen könne der Verfall der Religion und das Aufkommen revolutionärer Ideen aufgehalten werden, hoffte Hansjakob. Sein Aufruf hatte eine enorme Wirkung. Vor allem in den Städten organisierten sich die Trachtenfreunde in eigenen Vereinen. In Freiburg fand 1895 der bis dahin größte Trachtenumzug statt, gefolgt von kaum kleineren Umzügen in Haslach (1899) und Wolfach (1912) (Schmitt 1988, S. 64–76). Neben den Malern entdeckten die Fotografen in der Trachteneuphorie ein sehr lohnendes Geschäft. So erstellte der Triberger Johann Karl Berberich Anfang des 20. Jahrhunderts eine umfangreiche Postkartensammlung von Trachten. Sein Angebot reichte von den Trachten aus dem mittleren Schwarzwald bis hin zur Darstellung einer Markgräfler Tracht, die von Lörrach bis Ottoschwanden und in Teilen auch am Kaiserstuhl getragen wurde. Die nachträglich kolorierten schwarz-weiß Aufnahmen wurden von Berberich teilweise an den Tübinger Metz-Verlag verkauft. Die Originalrequisiten von den Aufnahmen bewahrte das Nachfolgergeschäft von Berberich, Foto-Carle, bis in die Gegenwart auf.

Touristen mit Teilen der Gutacher Tracht
Um 1925

Dreisprachiges Werbeschild
Um 1900
Haus der Geschichte
Baden-Württemberg

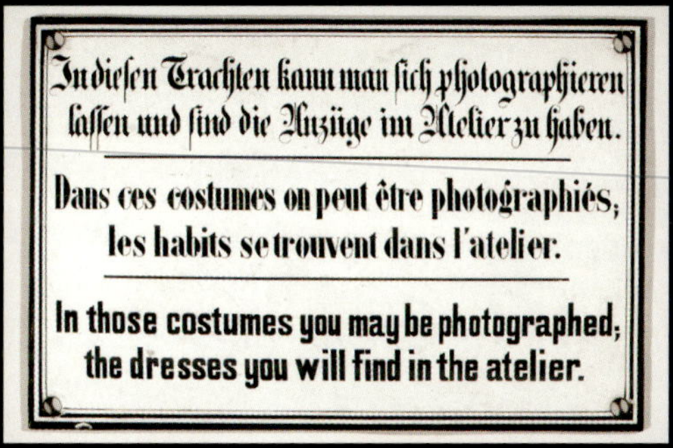

Leinwand mit Schwarzwaldmotiv
Um 1900
Haus der Geschichte
Baden-Württemberg

Besonders beliebt waren die Trachten bei den städtischen Touristen. Die malerisch bunte Kleidung entsprach ihrer Vorstellung von Heimatverbundenheit und ländlicher Idylle. In der Tracht gipfelte der Ferientraum von der Rückkehr in das vermeintlich einfache Landleben. Daß die Landflucht unvermindert weiterging und die Tracht trotz aller Trachtenvereine immer weniger getragen wurde, störte dabei wenig.
Im Fotogeschäft von Johann Karl Berberich konnten sich die Touristen ihren Wunsch erfüllen und endlich selbst zum ‚richtigen' Schwarzwälder werden. Für seine „Portrait-Aufnahmen in Schwarzwaldtrachten" hielt er eine große Auswahl an Originalkostümen bereit. Egal, ob Elztaler, St. Georgener oder die berühmte Gutacher Bollenhut-Tracht, jeder konnte sich hier aussuchen, was ihm oder ihr am besten gefiel. Für den passenden Hintergrund verfügte Berberich über mehrere Leinwände. Die gewünschte Schwarzwald-Atmosphäre stellte sich am besten bei einer idealisierten Waldlandschaft ein. Genauso wie die ebenfalls vorhandene Winterleinwand für die Skitouristen war sie vermutlich von Gustav Carle gemalt worden, der nach seiner Lehre bei Berberich auf Zeichenschulen in Dresden, Chemnitz und München gegangen war, bevor er im Juni 1906 selbst das Geschäft in Triberg übernahm. Für das internationale Publikum in Triberg warb Carle für die Trachtenaufnahmen auch in Englisch und Französisch. Nach dem Beginn des Zweiten Weltkriegs mußte Carle das Schild abnehmen: Der Reichsfremdenverkehrsverband in Berlin hatte seine Werbung als „einen groben Mißbrauch des Trachtengutes" gerügt (Schreiben vom Reichsfremdenverkehrsverband, 17.8.1940).

Leinwand mit Wintermotiv
Um 1900

Drei Wintertouristen
Um 1908
Haus der Geschichte
Baden-Württemberg

Rindenbild
Um 1925

Taschenmesser
Um 1925

Mokkalöffel
Um 1925

Tasse und Untertasse
Um 1950
Haus der Geschichte
Baden-Württemberg

In den 1920er Jahren blühte das Geschäft mit Andenken vom Triberger Wasserfall. Eine große Auswahl davon führte Hermann Trefzger in seinem Geschäft in der Triberger Hauptstraße. Sein Sortiment bestand überwiegend aus einfachen Alltagsgegenständen wie Tassen, Löffel oder Messer, die mit dem Wasserfallmotiv verziert waren. Im Angebot waren auch Rindenbilder, auf denen ein nachkolorierter Wasserfall abgebildet war.

Seine Produkte bezog Trefzger aus ganz Deutschland. Das für „sämtliche Badeplätze passende" Rindenbild kam vermutlich von der Chemnitzer „Reise-Andenken-Fabrik Walter Uhlmann" (Schreiben von Uhlmann, 20.10.1925). Der Mokkalöffel mit gemaltem Wasserfall auf der emailierten Laffe wurde von der laut Eigenwerbung ältesten Fabrik für Andenken-Löffel Max Fleischmann, Pforzheim, produziert.

Pendeluhr
Um 1950

Trachtenpaar als Seife
Um 1950

Flaschenöffner
Um 1950
Haus der Geschichte
Baden-Württemberg

Neben den Souvenirs vom Triberger Wasserfall bot Hermann Trefzger bis in die 1950er Jahre auch die klassischen Schwarzwaldandenken an. Absoluter Spitzenreiter waren alle Gegenstände, die in irgendeiner Form mit der Gutacher Tracht in Verbindung standen. Geschnitzte Bollenhutträger mußten als Flaschenöffner herhalten, und selbst als Seife wurde die Tracht vermarktet. Nicht fehlen durften natürlich auch die Uhren. Wer sich keine große Schwarzwalduhr leisten wollte, konnte mit einer kleinen Pendeluhr mit Zwergen Vorlieb nehmen.

„Das Schwarzwaldmädel“
Hans Deppe (1897-1969)
1950
Kirch Media

Das „Schwarzwaldmädel“ war ein Sensationserfolg. 16 Mio. Zuschauer wollten 1950 den ersten deutschen Farbfilm der Nachkriegszeit sehen. Die beiden Hauptdarsteller Sonja Ziemann und Rudolf Prack stiegen als „Bärbele“ und „Hans“ zum neuen Traumpaar des deutschen Kinos auf. Der Einfluß auf andere Produktionen war gewaltig. Zahlreiche weitere Heimatfilme versuchten das Erfolgsmodell „Schwarzwaldmädel“ zu kopieren.
Der Erfolg des Films beruhte im wesentlichen auf der Wirkung des Schwarzwaldes als perfekter Idylle. Im Gegensatz zu den verdorbenen Städten ist im ländlichen „St. Christoph“ die Welt noch geordnet und heil. Kein Klischee wurde dafür ausgelassen. Die Einheimischen sind zwar rauflustig, aber letztlich ehrlich und herzlich, die bunten Trachten sind allgegenwärtig und die Landschaft wirkt prachtvoll. Für diesen Eindruck hatten die Filmemacher keine Mühen gescheut: Aus dem ganzen Schwarzwald war Heimatkunst zum Drehort St. Peter gebracht wurden, und auch die Landschaftsaufnahmen stammten aus verschiedenen Teilen der Region. Der Schwarzwald war eine Erfindung der Filmindustrie geworden (Strobel 1990, S. 148–170).

Ansicht der „Schwarzwaldklinik“
Professor Brinkmann und Schwester Christa vor der „Schwarzwaldklinik“
1986
Cafe-Souvenirs Schill, Glottertal

Die Fernsehserie „Schwarzwaldklinik“ löste in den 1980er Jahren einen neuen Schwarzwaldboom aus. Die von 1985 bis 1989 gesendeten 71 Folgen mit „Professor Brinkmann“ und seinem Team sahen regelmäßig bis zu 25 Mio. Zuschauer. Was die Kritiker als weltfremden Kitsch verwarfen, verhalf dem Fremdenverkehr zu einem kräftigem Aufschwung. Die Drehorte im Glottertal wurden jahrelang von Ausflugsbussen bestürmt. Und auch im restlichen Schwarzwald stiegen die Übernachtungszahlen merklich an.
Entsprechend groß war die Nachfrage nach Souvenirs von dem Klinikgebäude und den Helden der Serie. Im nur wenige hundert Meter unterhalb der „Schwarzwaldklinik“ gelegenen Souvenirgeschäft Schill gab es eine riesige Auswahl. Zur eigenen Erinnerung hob sich Rolf-Fritz Schill die beiden in den 1980er Jahren sehr begehrten Bilder auf.

Tablett mit Mummelseemotiv
Um 2000

Schneekugel vom Mummelsee
Um 2000
Haus der Geschichte
Baden-Württemberg

Plastik-Bleistift mit Schwarzwaldmotiven
Um 2000
Haus der Geschichte
Baden-Württemberg

Der Mummelsee ist seit mehr als 100 Jahren eines der beliebtesten Ausflugsziele im Schwarzwald. Umrahmt von Tannen gilt der auf 1028 m Höhe gelegene See als das „dunkle Auge des Schwarzwaldes“. Seine Anziehungskraft besteht nicht nur aus der landschaftlichen Schönheit, sondern auch aus der Vielzahl von Geschichten und Sagen, die von dem geheimnisvoll wirkenden Wasser und dessen angeblichen Bewohnern handeln. Neben dem Bollenhut und dem Titisee ist der Mummelsee heute vermutlich das begehrteste Schwarzwaldmotiv bei den Andenkensammlern. In den Souvenirläden beim Berghotel Mummelsee läßt sich das Thema in allen erdenklichen Varianten finden. Auf Gläsern, Bierkrügen und Kugelschreibern ist der See ebenso gegenwärtig wie in Schneekugeln zum Schütteln oder auf großen Plastik-Bleistiften. Häufig tauchen dabei auch die Sagengestalten auf. Eine kuriose Darstellung zeigt ein in Polen hergestelltes Tablett: Ein riesiger Wassergeist versucht die friedfertigen Ruderer zu erschrecken.

Der Triberger Wasserfall
Friedrich Helmsdorf
(1783–1852)
Öl auf Leinwand,
1834–1836
Staatliche Kunsthalle
Karlsruhe

Als einer der ersten Künstler malte der badische Hofmaler Friedrich Helmsdorf 1834 den Triberger Wasserfall (Kat. Karlsruhe 1990, S. 196). Seine Darstellung zeigt den Schwarzwald als biedermeierliche Idylle. Mensch und Natur scheinen sich in Harmonie zu befinden. Selbst der wegen seiner Wildheit berühmte Wasserfall wirkt friedlich, die tosenden Wassermassen der Gutach plätschern als harmloser Sturzbach in das Tal. Allein der abgestorbene Baum und der abgebrochene Ast am linken Bildrand erinnern an die Vergänglichkeit der anheimelnden Sommeratmosphäre.

Für den Menschen ist diese Natur kein Schrecken mehr, sondern im Gegenteil zum attraktiven Ort der Erholung geworden. Ohne Gefahr läßt sich der Wasserfall von Spaziergängern auf einem Holzsteg überqueren. Umgekehrt ist auch der Mensch keine Gefahr für die Natur. Zumindest sind auf Helmsdorfs Gemälde keinerlei negative Auswirkungen durch die menschliche Nutzung zu erkennen. Die brombeerpflückende Ziegenhirtin und das weidende Vieh nutzen lediglich den verschwenderischen Überfluß der Natur. Von den zerstörerischen Folgen der Tritt- und Fraßschäden für den Wald ist keine Spur zu sehen. Die Realität des ausgebeuteten Waldes, der noch zu Anfang des 19. Jahrhunderts stark unter der hemmungslosen Viehweide zu leiden hatte, stand in scharfem Kontrast dazu.

Felspartie bei Langenbrand im Murgtal
Carl Ludwig Frommel
(1789–1863)
Öl auf Leinwand, 1840
Staatliche Kunsthalle
Karlsruhe

Majestätisch ragen die Felswände in Carl Ludwig Frommels Ansicht des Murgtals empor. Das auf den Hauptfelsen konzentrierte Licht betont bewußt die Schroffheit des Tals. Auch das selbst noch aus den Felsen hervorbrechende Grün der Vegetation und die imposanten Wolken über den Bergen zeugen von der ungebrochenen Macht der Natur.
Frommel beabsichtigte keine naturgetreue Darstellung des Murgtals. Ganz im Stile seiner Zeit sollte sein Gemälde vielmehr das Bild einer idealen Landschaft vermitteln. Im Schwarzwald fand der Karlsruher Galeriedirektor mit den Motiven von „lieblichen Thälern, Schlößern Waßerfälle (sic) bis zu den felsigsten und verlaßendsten Gegenden" reichlich Inspiration dafür. „Kaum glaube ich daß leicht ein Flek der Erde auf so kleinem Districte so viel manichfaltiges und anziehendes bieten kann", schwärmte er (zit. n. Theilmann 1989, S. 24–25).
Das bei einem seiner Ausflüge in den 1830er Jahren entdeckte Langenbrand bot alles, was Frommel für seine Vorstellung von der Natur brauchte. Aus Wasser, Wald und Felsen komponierte er einen romantischen Traumort, der einer möglichst ursprünglichen Landschaft entsprechen sollte. Der Mensch spielt darin nur eine Nebenrolle. Auf der Höhe ist ein kleines Haus zu erkennen, das sich jedoch fast ganz in die Umgebung einfügt.

Blühender Ginster
Wilhelm Hasemann
(1850–1913)
Öl auf Leinwand, um 1900
Augustinermuseum Freiburg
im Breisgau

Schwarzwaldlandschaft – Komposition
Wilhelm Kimmich
(1897–1986)
Mischtechnik auf Papier,
1986
Kunstverein „Wilhelm
Kimmich" e.V., Lauterbach

Wilhelm Hasemann wurde berühmt und populär durch seine Bollenhut-Bilder von der Gutacher Tracht. Neben den eher beschaulichen Bildern vom bäuerlichen Leben galt sein Interesse aber auch einer von den herkömmlichen Sichtweisen befreiten Landschaftsmalerei. An Stelle einer idealisierten Landschaft sollte endlich die Naturwirklichkeit gemalt werden. Damit der Betrachter die Natur möglichst unmittelbar nachempfinden konnte, verließ Hasemann das Atelier und ging mit seiner Staffelei in das Gutach-, Elz- und Kinzigtal hinaus. Vor Ort wollte er das Licht und die Farben direkt auf der Leinwand festhalten (Zimmermann-Degen 2000, S. 37–38).

Sein „Blühender Ginster" ist eine klare Absage an die Ateliermalerei. In intensiven Orange- und Gelbtönen leuchtet der Ginster, das starke Licht unterstreicht noch die strahlenden Farben. So kräftig ist der Pinsel geführt, daß die Ginsterbüsche fast zu brennen scheinen.
Hasemann verstand seine Werke auch als Beitrag zur Erhaltung der Landschaft. Die Naturnähe der Bilder sollte helfen, den Menschen auf die Schönheit der realen Natur aufmerksam zu machen.

Düster und alptraumhaft erscheint der Schwarzwald in einem der letzten Bilder des Lauterbacher Malers Wilhelm Kimmich. Bis auf ein schwaches rosa Leuchten am Horizont ist jede Farbigkeit verschwunden. Die Details der Landschaft lösen sich auf, die Bauernhöfe sind nur noch mit ihren Dächern skizzenhaft angedeutet. Der Blick des Betrachters wird in einen schwarzen Abgrund in der Bildmitte hinuntergezogen. Überall scheinen gespenstische Gesichter aus dem dunklen Wald zu schauen.
Kurz vor seinem Tod im Jahr 1986 hatte Kimmich mit seinem Werk „Schwarzwaldlandschaft" eine lange künstlerische Entwicklung fast zum Abschluß gebracht. Wie kein zweiter Maler hatte er im 20. Jahrhundert erfolgreich zunächst das Erbe der klassischen Schwarzwaldmaler Hans Thoma, Wilhelm Hasemann und Curt Liebich fortzusetzen versucht. Im mittleren Schwarzwald galt er als „der" Schwarzwaldmaler. Mit seinem Spätwerk konnte sich Kimmich endgültig von seinen Vorbildern lösen und die fast ausschließlich der Tradition verbundene Schwarzwaldmalerei mit einer eigenen Bildersprache an die moderne Kunst heranführen. Hatte sein Stil lange Zeit dem Spätimpressionimus nahe gestanden, zeichnete er nun zunehmend abstrakter. Anstelle der naturgetreuen Wiedergabe wurde der Schwarzwald immer mehr zu einer Phantasielandschaft (Rüth 1999, S. 7–10).

O. Schwarzwald o. Heimat!
Hermann Dischler
(1866–1935)
Öl auf Leinwand, 1921
Haus der Geschichte
Baden-Württemberg

Erst Anfang des 20. Jahrhunderts wurde auch der Winter im Schwarzwald zunehmend zu einem Motiv der Maler. Vor allem der Freiburger Hermann Dischler machte mit seinen Bildern den Reiz der verschneiten Winterlandschaft bekannt und populär. Nicht zu Unrecht sah er sich selbst als „erste(n) Schrittmacher zur Erschließung des winterlichen Hochschwarzwaldes im Bild“ (Dischler 1934, S. 90). Das 1921 entstandene Gemälde „O. Schwarzwald o. Heimat!“ war eines der Hauptwerke Dischlers. Stimmungsvoll ließ er das Morgenlicht rosa-violett auf der Schneefläche reflektieren. Die von den verschneiten Bäumen geworfenen Schatten stehen den Lichtpartien kontrastreich gegenüber. Wie Ludwig Auerbach in dem gleichnamigen Gedicht wollte Dischler mit seinem Bild die traumhafte Schönheit der Landschaft preisen. Gleichzeitig lieferte er auch eine fast exakte Wiedergabe der Landschaft. Der im Bild festgehaltene Blick vom Feldbergmassiv zwischen Grüble und Seebuck in Richtung Nordosten entsprach weitgehend einer Fotografie, die Dischler selbst aufgenommen hatte (Zimmermann 1992, S. 19–23).

Lange Zeit stand für Dischler der Feldberg im Mittelpunkt seines Werkes. Aber Anfang der 1930er Jahre war für ihn der immer stärker von Touristen besuchte Feldberg zu einem „Allerweltsberg“ geworden: „Die schöne Ruhe und Unberührtheit ist für immer verschwunden.“ (Dischler 1933, S. 37)

Wirtschafts-Wunder

Thomas Schnabel
Wirtschafts-Wunder

Der Export ist für Baden-Württembergs Wirtschaft von außerordentlicher Bedeutung. „Ein Welthandelsausfuhranteil dieser Grössenordnung ist nur noch bei Stadtstaaten wie Bremen oder Hamburg zu beobachten und wirkt sich vermutlich innovationssteigernd auf die gesamte Wirtschaft und Gesellschaft aus." (Bertelsmann 2001, S. 112)
So stieg der Wert der Ausfuhr aus Baden-Württemberg von 1950, damals wurden die drei Länder Baden, Württemberg-Baden und Württemberg-Hohenzollern zusammengerechnet, bis 2001 von 499 Mio. EUR auf 110,34 Mrd. EUR, also um das mehr als 200fache. Außerdem wuchs der Anteil der baden-württembergischen Ausfuhr an der bundesrepublikanischen Ausfuhr zwischen 1950 und 1990, also bis zur Wiedervereinigung, von 11,7% auf 17,4%; und selbst heute, nach der Wiedervereinigung, liegt dieser Anteil an der gesamtdeutschen Ausfuhr bei nahezu 16% im Jahre 2001 (Angaben des Statistischen Landesamtes Baden-Württemberg).
In den ersten zwölf Jahren des neuen Bundeslandes war die Schweiz das wichtigste Ziel baden-württembergischer Ausfuhren. 1964 wurde es von Frankreich überflügelt, das seinen Spitzenplatz erstmals 1984 an die USA abtreten mußte, ihn aber von 1988 bis 1996 noch einmal zurückerobern konnte. Seit 1997 sind die USA das wichtigste Ausfuhrland für Baden-Württemberg. Ihr Anteil lag 2001 bei knapp 14%, gefolgt von Frankreich (10,3%), Italien (7,3%), Großbritannien (6,9%), Schweiz (6,6%), Niederlande (4,4%) und Japan (2,9%). Etwa zwei Drittel der gesamten baden-württembergischen Ausfuhr gingen nach Europa, beinahe 18% nach Amerika und knapp 13%

nach Asien. Dagegen entfielen gerade einmal 2% der Ausfuhr auf Afrika (Statistisches Landesamt Baden-Württemberg).
Dieser große Exportanteil des Landes trug ganz wesentlich zu seinem hohen Wirtschaftswachstum und zu seinem Reichtum bei, verknüpft allerdings die wirtschaftliche Entwicklung in Baden-Württemberg in besonderem Maße mit der Weltkonjunktur und in den letzten Jahren vor allem mit der wirtschaftlichen Entwicklung in den USA.
Die besondere Bedeutung der Ausfuhr hängt mit dem überdurchschnittlich hohen Anteil des produzierenden Gewerbes zusammen. Mitte 2001 lag der Anteil der Erwerbstätigen im produzierenden Gewerbe in der gesamten Bundesrepublik bei etwas über 32% und in Baden-Württemberg bei über 40%. Dagegen waren in der Bundesrepublik über 65% der Erwerbstätigen im Dienstleistungsbereich tätig, während im Südwesten dort nicht einmal 58% arbeiteten (Angaben des Statistischen Bundesamts).
Innerhalb des Landes gibt es erhebliche Schwankungen. Das produzierende Gewerbe hat seinen Schwerpunkt im Regierungsbezirk Stuttgart. Dort lag der ‚Vorsprung' bei der Anzahl der sozialversicherungspflichtig Beschäftigten im Dienstleistungsbereich gegenüber dem produzierenden Gewerbe bei gerade einmal 7%. Nur unwesentlich größer ist der Abstand im Regierungsbezirk Tübingen. Im Regierungsbezirk Freiburg betrug der Abstand immerhin schon über 10% und im Regierungsbezirk Karlsruhe, der Dienstleistungshochburg im Land, mehr als 20% (Statistisches Landesamt Baden-Württemberg).
Allerdings ist die reale Bruttowertschöpfung in den Dienstleistungsbereichen zwischen

1995 und 2000 in Baden-Württemberg stärker als im Bundesdurchschnitt gewachsen, jedoch deutlich geringer als in Bayern, Brandenburg oder Hessen. Ähnlich sieht es bei den Erwerbstätigen in den Dienstleistungsbereichen aus. Auch hier legte das Land deutlich über dem Bundesdurchschnitt zu und wurde nur von Hessen und Nordrhein-Westfalen übertroffen. Trotzdem spielen die Dienstleistungsbereiche sowohl bei der Bruttowertschöpfung als auch bei den Erwerbstätigen unter allen Bundesländern in Baden-Württemberg die relativ geringste Rolle (Monitor Baden-Württemberg 2001, S. 23).

Dies spiegelt jedoch nicht nur die Schwäche der Dienstleistungsbereiche, sondern auch die außergewöhnliche Stärke des produzierenden Gewerbes wider. Die vier wichtigsten Branchen im Land sind mit großem Abstand der Maschinenbau, der Fahrzeugbau, die Elektrotechnik und die Herstellung von Metallerzeugnissen. 2001 zählte der Maschinenbau im Land knapp 274.000 Beschäftigte, der Fahrzeugbau etwa 234.000, die Elektrotechnik ca. 212.000 und die Herstellung von Metallerzeugnissen etwas mehr als 149.000. Dabei war beim Fahrzeugbau und bei der Herstellung von Metallerzeugnissen seit 1995 eine deutliche Zunahme der Beschäftigten zu verzeichnen, während es beim Maschinenbau und der Elektrotechnik zu einem leichten Rückgang kam.

Dagegen wuchsen in allen Wirtschaftszweigen die Umsätze deutlich, am stärksten beim Fahrzeugbau, der seinen Umsatz in sieben Jahren mehr als verdoppelte, während sich der Maschinenbau und die Elektrotechnik mit einer Steigerung um mehr als ein Drittel begnügen mußten. Bei der Herstellung von Metallerzeugnissen wuchs der Umsatz um 30%. Deshalb stand der Fahrzeugbau 2001 mit einem Umsatz von fast 60 Mrd. EUR deutlich vor dem Maschinenbau mit mehr als 47 Mrd. EUR, während die Reihenfolge 1995 noch umgekehrt war. Es folgen die Elektrotechnik mit etwa 39 Mrd. EUR und die Herstellung von Metallerzeugnissen mit ca. 20 Mrd. EUR. Die übrigen wichtigen Branchen folgen mit deutlichem Abstand: Chemische Industrie (14,9 Mrd. EUR Umsatz, 58.000 Beschäftigte), Papier-, Verlags- und Druckgewerbe (14,5 Mrd. EUR Umsatz, 81.000 Beschäftigte), Ernährungsgewerbe und Tabakverarbeitung (12,9 Mrd. EUR Umsatz, 63.000 Beschäftigte) sowie die Herstellung von Gummi- und Kunststoffwaren (9,4 Mrd. EUR Umsatz, 63.000 Beschäftigte) (Statistisches Landesamt Baden-Württemberg).

Die Textilindustrie, die bei der Gründung des Landes 1952 noch mit Abstand die meisten Beschäftigten zählte, allerdings beim Umsatz schon deutlich hinter Maschinenbau und Fahrzeugbau rangierte, spielt heute bei Beschäftigung und Umsatz nur noch eine nachgeordnete Rolle. Die früher für den Südwesten so wichtigen Branchen Uhrenbau, Unterhaltungselektronik oder Musikinstrumentenherstellung haben ihre Bedeutung fast völlig verloren, da sie der Konkurrenz auf dem Weltmarkt nicht gewachsen waren.

In den ersten beiden Dritteln des 19. Jahrhunderts mußten Hunderttausende den Südwesten verlassen, weil sie keine wirtschaftlichen Perspektiven hatten. Nach 1949 kamen Millionen Menschen aus Deutschland und aus dem Ausland nach Baden-Württemberg, und damit weit mehr als in jedes andere Bundesland, weil ihnen dieses Land wirtschaftliche Perspektiven bot, wie kaum ein anderes in der Bundesrepublik und dies schon nahezu ungebrochen seit über 50 Jahren.

Wichtigster Indikator für diesen Erfolg ist die ständig deutlich unter dem Bundesdurchschnitt liegende Zahl der Arbeitslosen. In vielen Jahren, so zuletzt 2001, wies Baden-Württemberg sogar die geringste Arbeitslosenquote in der Bundesrepublik auf, und dies bei einer „ebenfalls überdurchschnittlich hohen Erwerbstätigkeit" (Bertelsmann 2001, S. 110). Auch die Entwicklungen des Jahres 2002 auf dem Arbeitsmarkt zeigen keine wesentlichen Änderungen.

In einer Untersuchung über die „Bundesländer im Standortwettbewerb" über die neunziger Jahre, die für Baden-Württemberg außerordentlich schwierige Umstellungsprozesse erfordert hatten, wurden unter anderem zwei wesentliche Faktoren dafür verantwortlich gemacht. Zum einen der absolute Spitzenwert bei der Zahl der Ausbildungsplätze für Jugendliche, „der zeigt, dass es durch die mittelständisch geprägte Wirtschaftsstruktur gelingt, das duale Ausbildungssystem zu erhalten" (Bertelsmann 2001, S. 110). Zum anderen weist die relativ geringe Anzahl von Insolvenzen darauf hin, „daß es in Baden-Württemberg gelingt, jungen Unternehmen ausreichend Startkapital zur Verfügung zu stellen und die Firmen wohlwollend administrativ zu begleiten" (Bertelsmann 2001, S. 112).

Insgesamt gab es im Jahr 2001 knapp fünf Millionen Erwerbstätige in Baden-Württemberg, davon waren etwa 2,8 Millionen Männer und etwa 2,2 Millionen Frauen.

In der Landwirtschaft, in der noch 100 Jahre zuvor die Mehrzahl der Menschen im Südwesten gearbeitet hatte, gab es gerade noch 110.000 Beschäftigte; im produzierenden Gewerbe etwas über zwei Millionen und in den verschiedenen Dienstleistungsbereichen zusammen deutlich über 2,8 Millionen.
Der Anteil der ausländischen Beschäftigten an den sozialversicherungspflichtig Beschäftigten im Land hat sich absolut seit Mitte der siebziger Jahre wenig verändert, ist aber prozentual von 14,4% auf 12,5% gesunken (Statistisches Landesamt Baden-Württemberg).
Auch wenn die führenden Branchen des Landes, Fahrzeug- und Maschinenbau sowie Elektrotechnik, schon seit Jahrzehnten eine herausragende Rolle spielen, sind sie keine alten Industrien, da sie sich sonst auf dem Weltmarkt nicht so hätten behaupten können. Ein wichtiges Indiz für die Innovationsfähigkeit der baden-württembergischen Wirtschaft ist die Zahl der inländischen Patentanmeldungen je 100.000 Einwohner, bei der das ‚Land der Tüftler' nach wie vor an der Spitze in der Bundesrepublik liegt. Außer Bayern liegen alle anderen Bundesländer mit weitem Abstand zurück.
Der Anteil der Ausgaben für Forschung und Entwicklung am Bruttoinlandsprodukt im Land liegt nicht nur weit über dem Bundesdurchschnitt, sondern auch vor allen anderen Bundesländern. Bei den Erwerbstätigen in Hochtechnologiebranchen lag Baden-Württemberg 1999 nicht nur relativ (je 1000 Einwohner) weit vor allen anderen Bundesländern, sondern auch absolut, selbst gegenüber den bevölkerungsstärkeren Ländern Bayern und Nordrhein-Westfalen (Monitor Baden-Württemberg 2001, S. 26f).
Nach einer Untersuchung der Europäischen Union sind 10,6% aller Beschäftigten in der Gemeinschaft im zukunftsträchtigen Hochtechnologiebereich tätig. Den höchsten Anteil innerhalb der EU wies die Region Stuttgart mit 23,3% auf, gefolgt von der Region Karlsruhe mit 21,1%. Auf dem siebten Platz befand sich Tübingen mit 18% und auf dem 15. Platz Freiburg mit 15,4%. Alle baden-württembergischen Regierungsbezirke lagen damit weit über dem europäischen Durchschnitt.
In den neunziger Jahren hatte die baden-württembergische Wirtschaft nicht nur mit konjunkturellen, sondern auch mit strukturellen Problemen zu kämpfen. Dies zeigt sich auch bei der Entwicklung des Bruttoinlandsprodukts. Sieht man einmal von den Stadtstaaten Hamburg und Bremen ab, weist der Südwesten zwar 2001 hinter Hessen und Bayern das dritthöchste Bruttoinlandsprodukt unter den Bundesländern auf. Allerdings lag Baden-Württemberg 1991 noch vor Bayern und auch der Abstand zum führenden Hessen war deutlich geringer. Im internationalen Vergleich lag der Südwesten 1999 „etwa gleichauf mit der Schweiz. Besser schnitten Norditalien und die Lombardei ab, deutlich besser angelsächsische Konkurrenzregionen wie beispielsweise Massachusetts oder Kalifornien. Nach Baden-Württemberg rangieren Österreich und die französischen Regionen Rhone-Alpes und Ostfrankreich." (Cost/Körber-Weik 2002, S. 14)
So stellte die Bertelsmann-Stiftung 2001 auch fest, daß sich in einigen zukunftsträchtigen Bereichen, wie zum Beispiel der Medienbranche, andere Regionen als Zentren herausgebildet hätten. Allerdings hat das Land die Strukturkrise der neunziger Jahre bewältigt, selbst wenn es im Dienstleistungsbereich noch Defizite aufweist, vor allem gegenüber den Spitzenreitern unter den Bundesländern. Die Spitzenposition unter den Bundesländern bei den Existenzgründungen in Hochtechnologiebranchen (abzüglich der Betriebsschliessungen in diesem Bereich) läßt aber ebenso wie die außergewöhnlich hohe Zahl von Erwerbstätigen in diesen Branchen wieder auf eine dynamischere Wirtschaftsentwicklung in den nächsten Jahren hoffen.
Vor 200 Jahren hätte sich niemand träumen lassen, daß der Südwesten dereinst eine wirtschaftliche Spitzenposition in Europa einnehmen würde. Das Land war in Hunderte von Territorien aufgeteilt, von Zunftzwängen und Feudallasten eingeengt, ohne Markt und Kapital. Zwar wies der Südwesten um 1800 aufgrund der vorherrschenden Realteilung, d. h. das zumeist landwirtschaftliche Erbe wurde unter allen Erbberechtigten aufgeteilt, eine große Bevölkerungsdichte und einen hohen Gewerbebesatz auf, da viele Menschen von der Landwirtschaft allein nicht mehr leben konnten. Der Mangel an natürlichen Rohstoffen und die mit Ausnahme der Rheinebene schlechte Verkehrsanbindung verhinderten jedoch eine frühe Industrialisierung.
Die napoleonische Neuordnung im Südwesten, der Anschluß an den Zollverein, die Beseitigung der feudalen Agrarlasten, der Beginn des Eisenbahnzeitalters und die zögerliche Einführung der Gewerbefreiheit

schufen bis zur Reichsgründung 1870/71 die strukturellen Voraussetzungen für einen wirtschaftlichen Aufschwung. In dieser Anfangszeit profitierte vor allem Baden von der Nähe zu den viel weiter industrialisierten Nachbarn Schweiz und Frankreich (Elsaß), die neben der günstigeren Verkehrslage zu einem deutlichen Vorsprung gegenüber Württemberg führte. „Die natürlichen Grundlagen der gewerblichen Wirtschaft in Baden sind gekennzeichnet: negativ durch das weitgehende Fehlen von Bodenschätzen, insbesondere Kohle und Eisen, positiv durch mächtige Wasserkräfte, Holzreichtum, eine fruchtbare, wenn auch stark parzellierte Agrarwirtschaft mit bedeutenden Sonderkulturen (z.B. Wein und Tabak, T.S.) und eine günstige Verkehrslage an der Transportstraße des Rheins." (Schäfer 1983, S.7)
Trotzdem konnte auch Baden mit der Dynamik in den wirtschaftlichen Zentren des Reichs, im Rheinland, in Westfalen, in Sachsen oder im Gebiet um die neue Reichshauptstadt Berlin nicht Schritt halten. Dies zeigte sich auch darin, daß Baden und Württemberg bis Ende des Jahrhunderts deutliche Wanderungsverluste aufwiesen, zunächst vor allem in die USA, später auch innerhalb Deutschlands.
Erst um die Jahrhundertwende gewann die Industrialisierung auch im Südwesten an Fahrt. Zwischen 1895 und 1907 nahm die „Zahl der im Gewerbe Beschäftigten (...) in Baden um 45 vH (%, T.S.) und in Württemberg um fast 33 vH zu, im ganzen Reich betrug die Zunahme etwa 40 und in Sachsen 37 vH." Im gesamten Südwesten setzte sich aber „als wichtigstes Kennzeichen der Industrialisierung die Bildung von

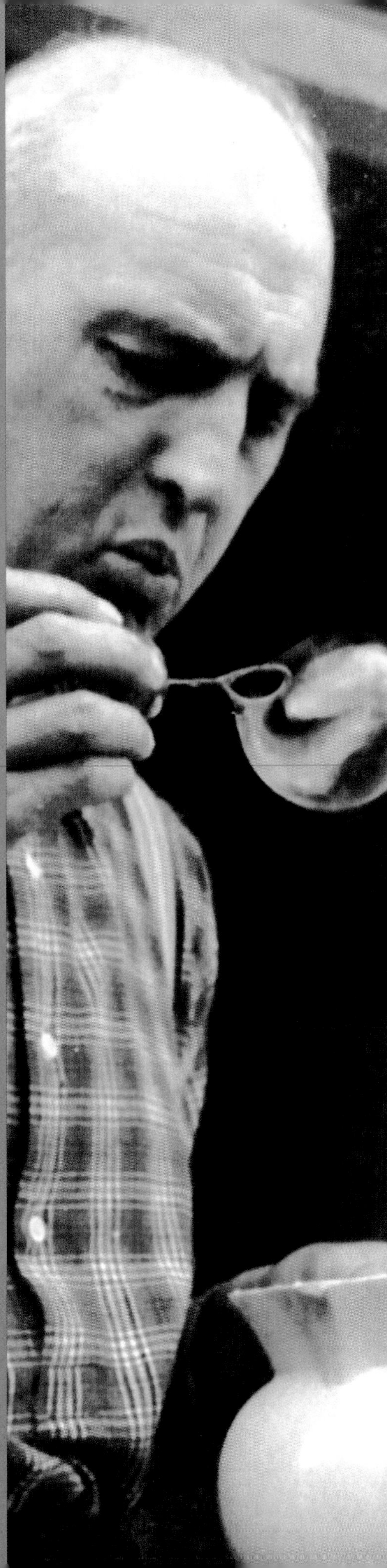

größeren und Großbetrieben in erhöhtem Maße fort." So stieg die Zahl der Beschäftigten in Betrieben mit mehr als 200 Beschäftigten im selben Zeitraum in Baden um über 103% und in Württemberg um über 93% (Griesmeier 1954, S.151). Die wichtigsten Branchen waren Nahrungs- und Genußmittel (vor allem in Baden), Textil und Bekleidung (vor allem in Württemberg), Metallverarbeitung und Maschinenbau sowie Holz- und Schnitzstoffe.
Als wesentliche Voraussetzung für diesen Industrialisierungsprozeß sah man zu Beginn des 20. Jahrhunderts zwei Faktoren, nämlich „die technische Revolution des Arbeitsprozesses durch die Maschine, die zur Massenproduktion führte (...), zum anderen der mit ihr Hand in Hand gehende Aufbau einer neuzeitlichen Verkehrsorganisation durch die Eisenbahnen, die die Ungunst der räumlichen Lage und den Mangel wertvoller eigener Roh- und Hilfsstoffe (...) wesentlich verminderte" (Klien 1916, S.804). Ein weiteres Moment war der Ausbau einer Qualitätsindustrie von erstaunlicher Mannigfaltigkeit, „denn je mehr es gelingt, ein Produkt zu veredeln und seinen Wert zu erhöhen, um so weniger vermag die höhere Frachtenrate beim Bezug der Rohstoffe und beim Absatz des fertigen Produkts ein entscheidendes Moment in der Konkurrenzfähigkeit zu bilden" (Klien 1916, S.808).
Erst 1907 lebten mehr Menschen von der Erwerbstätigkeit in Industrie und Handwerk als in Land- und Forstwirtschaft, und zwar sowohl in Baden als auch in Württemberg. Noch kurz vor Ausbruch des Zweiten Weltkriegs 1939 lebte mehr als ein Fünftel der Gesamtbevölkerung im Südwesten von

Erwerbstätigkeit in der Land- und Forstwirtschaft (Griesmeier 1954, S. 166). Die deutlich langsamere Industrialisierung im Südwesten, die hohe Bedeutung der Facharbeiter, der hohe Anteil von Nebenerwerbslandwirten aufgrund der Realteilung, die hohe Pendlerquote, teilweise aber auch die staatliche Politik führten zu einer relativ dezentralen Industriestruktur und erheblich geringerensozialen Verwerfungen in der Gesellschaft im Vergleich zu anderen Gebieten des Reichs.

So wurden Mitte der dreißiger Jahre des 20. Jahrhunderts die Ursachen für die Krisenfestigkeit der württembergischen Wirtschaft untersucht und dabei auch die wesentlichen Strukturbedingungen herausgearbeitet. „Die Realteilung hat zwar für das Bauerntum unbestreitbare Nachteile; gleichzeitig aber erzeugt sie den bodenständigen Arbeiter, der – ganz abgesehen von dem Vorteil einer größeren persönlichen Krisenfestigkeit – natürlich auch andere geistige und seelische Qualitäten mitbringt als der entwurzelte Großstadtproletarier. Als besonderes Kennzeichen dieser Verhältnisse erscheint so die Pendelwanderung oder, falls die Industrie dem Arbeiter nachzieht, die starke Dezentralisation des Gewerbes. Dichte Bevölkerung und geeignete Menschen, das sind die Entstehungsbedingungen der württembergischen Industrie." (Preiser 1937, S. 55) Diese wurde als „qualitativ arbeitsorientiert" bezeichnet. Die langsamere Industrialisierung, die geringere Entwurzelung der Arbeiterschaft, die Herkunft vieler Unternehmer aus der Schicht der Handwerker und Arbeiter sowie die größeren politischen Partizipationschancen auch der Arbeiter in Südwestdeutschland führten zu deutlich geringeren sozialen Konflikten als in Nord, Ost- und Westdeutschland. So fanden von etwa 200 sozialen Protesten, die zwischen 1882 und 1913 im Deutschen Reich gezählt wurden, gerade einmal zwei in Württemberg und drei in Baden statt (Hohorst/Kocka/Ritter 1978, S. 129). Die politische Vertretung der Arbeiterschaft wurde wegen ihrer Reformbereitschaft sogar als „großherzoglich-badische" und „königlich-württembergische" Sozialdemokratie bezeichnet (Weingärtner 1996, S. 155).

Die Folgen des Ersten Weltkriegs – Abtretung des Elsaß an Frankreich, eine fünfzig Kilometer breite entmilitarisierte Zone rechts des Rheins, die große Teile Badens umfaßte, die Besetzung des Gebietes um Kehl bis 1930 und von Offenburg und Appenweier 1923/24, zollfreie Einfuhren elsässischer Waren oder die Aufnahme von ausgewiesenen Deutschen aus dem Elsaß und der Schweiz – belasteten die badische Wirtschaft schwer. Allerdings gibt es einige Indizien dafür, daß die badische Wirtschaft schon vor 1914 gegenüber dem westlichen Nachbarn zurückgefallen war (Schäfer 1983, S. 27 f). Württemberg profitierte von seiner stärker auf Investitionsgüter ausgerichteten Industrie und einer konkurrenzfähigen Textil- und Bekleidungsindustrie. Das württembergische Volkseinkommen je Kopf der Bevölkerung übertraf deshalb 1928 bereits das badische Volkseinkommen deutlich und lag nahe beim Reichsdurchschnitt.

Württemberg überstand die Weltwirtschaftskrise der Jahre 1929 bis 1934/35 aufgrund seiner ausgewogenen Wirtschafts- und Sozialstruktur, seiner flexiblen, hochqualifizierten Industrie, seiner stabilen finanziellen und politischen Verhältnisse außergewöhnlich gut. Die Arbeitslosigkeit war die geringste im Reich, aber auch die badische lag noch deutlich unter dem Reichsdurchschnitt. Der Abschwung fiel in Württemberg am schwächsten aus. Zwar sank auch hier das Volkseinkommen zwischen 1928 und 1932 um beinahe ein Drittel. Damit lag das Land aber nun weit über dem Reichsdurchschnitt, aber auch vor den bisherigen Spitzenreitern Sachsen und der Rheinprovinz. Der Rückgang des badischen Volkseinkommens fiel dagegen nur wenig kleiner aus als im Reich. Mit seinem Maschinen- und Fahrzeugbau profitierte Württemberg dann auch in besonderem Maße von der nationalsozialistischen Wirtschafts- und Aufrüstungspolitik. So herrschte in Württemberg bereits 1935 wieder Vollbeschäftigung, während in Baden die Arbeitslosigkeit erst kurz vor Kriegsausbruch beseitigt war.

Der Krieg brachte auch im Südwesten schwere Zerstörungen. Zahlreiche Industriebetriebe und etwa jede zehnte Wohnung wurden zerstört, die Infrastruktur, vor allem Brücken, waren noch von den deutschen Truppen im Frühjahr 1945 schwer geschädigt worden. Trotzdem hatte der Südwesten unter allen Ländern der alten Bundesrepublik den geringsten Zerstörungsgrad aufzuweisen. Die Zerstörungen der südwestdeutschen Industrie vor allem in den letzten beiden Kriegsjahren waren insgesamt nicht wesentlich größer als die während des Krieges neu vorgenommenen Investitionen. Die Industrie stand somit 1945 nicht wesentlich schlechter da als 1939. Allerdings behinderte die Teilung der

Länder Baden und Württemberg auch die wirtschaftliche Entwicklung im Südwesten. Nach dem Zusammenschluß der beiden Länder 1952 machten sich im Zuge des rasanten wirtschaftlichen Aufschwungs in der Bundesrepublik die hervorragenden strukturellen Voraussetzungen in Baden-Württemberg besonders positiv bemerkbar. Der Südwesten wurde zeitweise zu einem der Wachstumsmotoren von Westdeutschland. Dazu trugen sowohl die Gründung und der Ausbau der Europäischen Gemeinschaft als auch der Ausbau des Welthandels ganz wesentlich bei. Die Produktions- und Exporterfolge führten jedoch zu einer Unterschätzung der wachsenden Bedeutung des Dienstleistungssektors.

Firmenportraits aus dem
deutschen Südwesten
von Marion Mienert

BBC-Generator des Wasserkraftwerks Itaipu in Brasilien
1984
Haus der Geschichte Baden-Württemberg

Polrad im Kraftwerk Ryburg-Schwörstadt am Oberrhein
Um 1930
Haus der Geschichte Baden-Württemberg

Kraftwerk Mannheim
Um 1900
Haus der Geschichte Baden-Württemberg

ABB

Die Anfänge
Gründungsjahr: 1900 (1891 in Baden/CH)
Firmenname: BBC Brown Boveri et Cie.; 1988 Fusion der BBC mit der schwedischen Asea zur ABB Asea Brown Boveri AG (Sitz in Zürich-Oerlikon)
Sitz: Mannheim
Firmengründer:
Charles E. L. Brown (1863–1924),
Walter Boveri (1865–1924)

Heute
Firmenname: ABB AG Deutschland
Hauptsitz: Mannheim
Struktur: Unternehmen im weltweit operierenden ABB Konzern: ABB Deutschland hat 30 Tochtergesellschaften deutschlandweit.

Beschäftigte 2001

Baden-Württemberg	7.455
Deutschland	19.266

Produkte. Produktionsbereiche

Hüftprothesen
1967, 2000
Aesculap AG, Tuttlingen

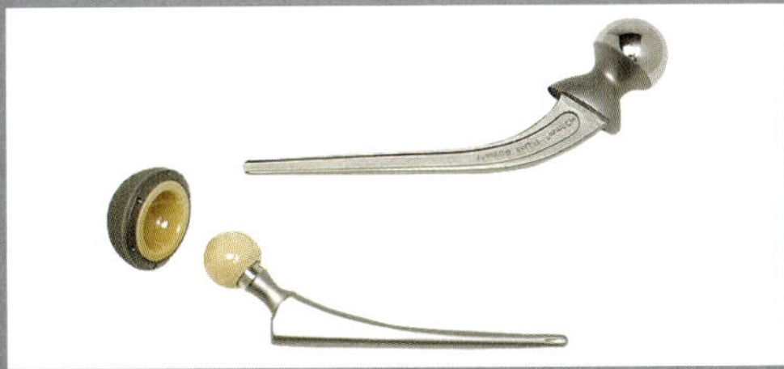

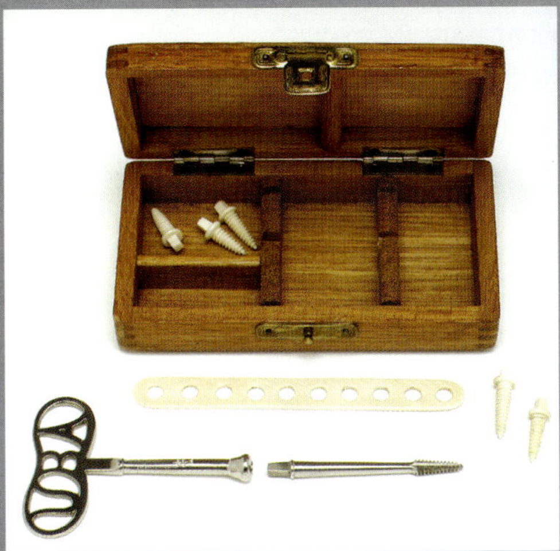

Elfenbeinimplantat für Knochenfraktur mit Bohrer, Schraubschlüssel und Schrauben
Um 1920
Aesculap AG, Tuttlingen

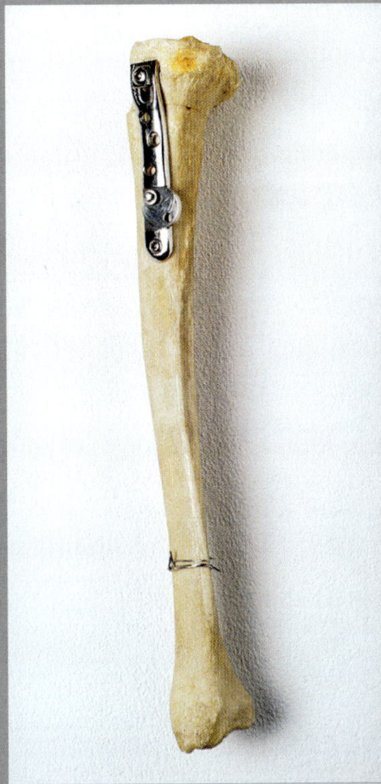

Stahlimplantat auf menschlichem Knochen
1940er Jahre
Aesculap AG, Tuttlingen

Aesculap

Die Anfänge
Gründungsjahr: 1867
Firmenname: Chirurgie-Mechanikerwerkstatt; um 1900 AG für Feinmechanik, vormals Jetter und Scherer, seit 1899 Markenname Aesculap
Sitz: Tuttlingen
Firmengründer: Gottfried Jetter (1838–1903)

Heute
Firmenname: Aesculap AG & Co. KG
Hauptsitz: Tuttlingen
Struktur: Unternehmen mit 15 Produktionsstätten weltweit, seit 1976 zu 98% Teil des B. Braun Konzerns

Beschäftigte 2001

Baden-Württemberg	2.100
Weltweit	6.500

Automatisierungstechnik, Energietechnik

Kraftwerkausrüstung (Kraftwerkbau bis 1999)

1940 1960 1980 2000

Bleyle

Die Anfänge
Gründungsjahr: 1889
Firmenname: Bleyle Garnhandlung mit Fabrikation und Verkauf
Sitz: Stuttgart
Firmengründer: Wilhelm Bleyle (1850–1915)

Im Jahr 1987
Firmenname: Bleyle KG
Hauptsitz: Ludwigsburg
Struktur: Firmengruppe mit mehreren Tochter- und Vertriebsgesellschaften weltweit; Produktionsschwerpunkt in Baden-Württemberg
Konkurs 1987

Beschäftigte April 1987

Baden-Württemberg	1.061
Weltweit	1.812

Emailschild
„Bleyle's Knaben-Anzüge"
1910–1920
Haus der Geschichte
Baden-Württemberg

Bleyle-Herrenstrickweste des Oberpostmeisters a. D. Albert Eberwein aus Merklingen
1914
Württembergisches
Landesmuseum Stuttgart

Produkte. Produktionsbereiche

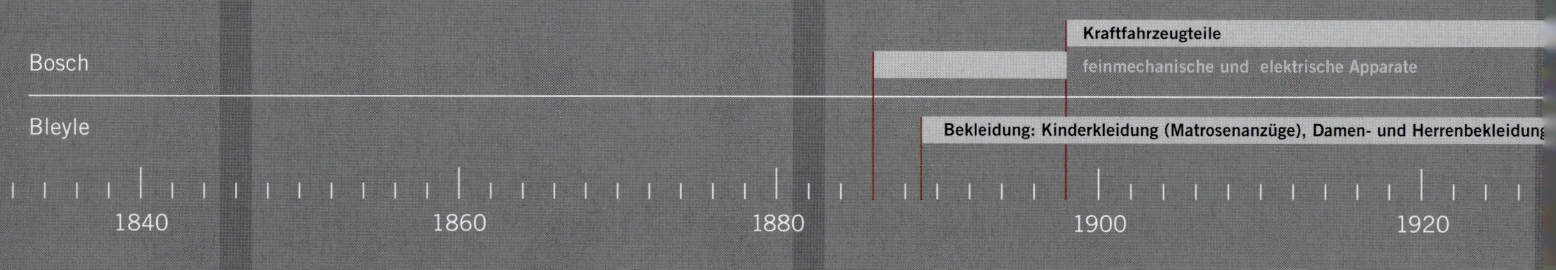

Bosch

Die Anfänge
Gründungsjahr: 1886
Firmenname: Werkstätte für Feinmechanik und Elektrotechnik
Sitz: Stuttgart
Firmengründer: Robert Bosch (1861–1942)

Heute
Firmenname: Robert Bosch GmbH
Hauptsitz: Stuttgart
Struktur: Firmengruppe mit 218 Tochtergesellschaften, davon 184 im Ausland

Beschäftigte 2001

Baden-Württemberg	43.059
Weltweit	221.000

Automatisches Bremssystem
Serie 2,
Steuergerät und Hydraulik
1978
Robert-Bosch GmbH,
Schwieberdingen

Automatisches Bremssystem
Serie 8
mit separatem Steuergerät
2002
Robert-Bosch GmbH,
Schwieberdingen

Automatisches Bremssystem
Serie 1,
Steuergerät und Hydraulik
1972
Robert-Bosch GmbH,
Schwieberdingen

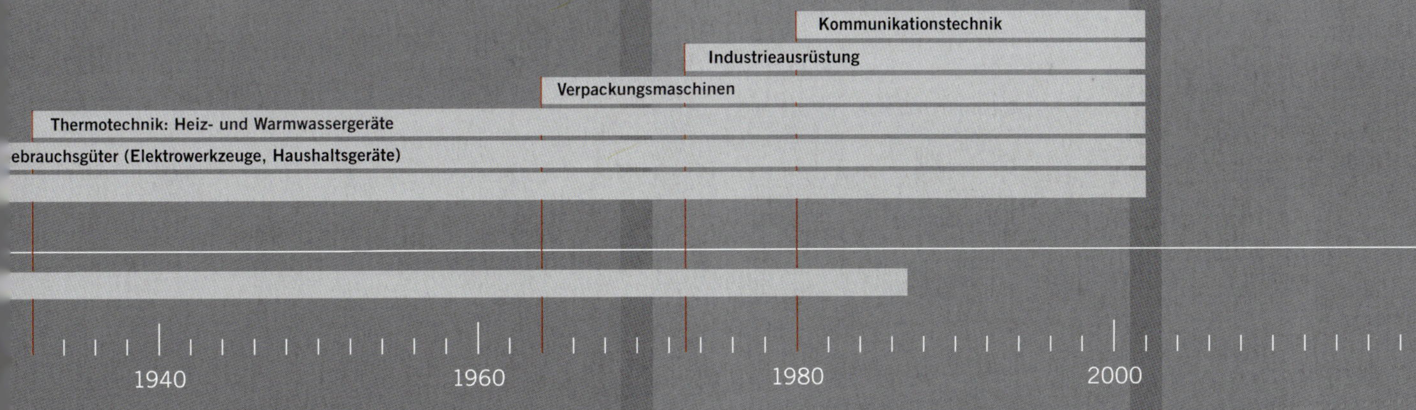

Daimler-Benz

Die Anfänge
Gründungsjahr: 1883/1890
Firmenname: Daimler-Benz AG;
1926 entstanden aus dem Zusammenschluß der 1890 gegründeten Daimler-Motoren-Gesellschaft (Canstatt bei Stuttgart) und der 1883 gegründeten Benz & Cie. (Mannheim)
Sitz: Berlin, Zentralverwaltung in Stuttgart-Untertürkheim
Firmengründer: Karl Benz (1844–1929), Gründer der Benz & Cie.
Gottlieb Daimler (1834–1900), Gründer der Daimler-Motoren-Gesellschaft

Heute
Firmenname: DaimlerChrysler AG (seit 1998)
Hauptsitz: Stuttgart
Struktur: Konzern mit Produktionsstätten in 37 Ländern

Beschäftigte Juni 2002

Baden-Württemberg	rd. 115.000
Weltweit	374.059

Werbefilm „Trick" mit Mika Häkkinen und Boris Becker
1997
DaimlerChrysler AG, Stuttgart

Werbefilm: „Wegbereiter des Fortschritts"
1954
DaimlerChrysler AG, Stuttgart

Werbefilm: „Familienausfahrt"
1978
DaimlerChrysler AG, Stuttgart

Produkte. Produktionsbereiche

EMCE — Trikotkleidung

Daimler-Benz — Motoren- und Automobilherstellung

1840 1860 1880 1900 1920

Herren-Einsatzhemden
Um 1930
Maschenmuseum
Albstadt-Tailfingen

EMCE

Die Anfänge
Gründungsjahr: 1860
Firmenname: Trikotweberei M. Conzelmann (M.C. = EMCE)
Sitz: Tailfingen
Firmengründer:
Martin Conzelmann (1835–1912)

Im Jahr 1977
Firmenname: M. Conzelmann KG
Struktur: Familienbetrieb;
Konkurs (Vergleich) 1977

Beschäftigte 1977
Baden-Württemberg 19

Die Trikotagenfabrik EMCE in Tailfingen
Um 1970
Haus der Geschichte
Baden-Württemberg

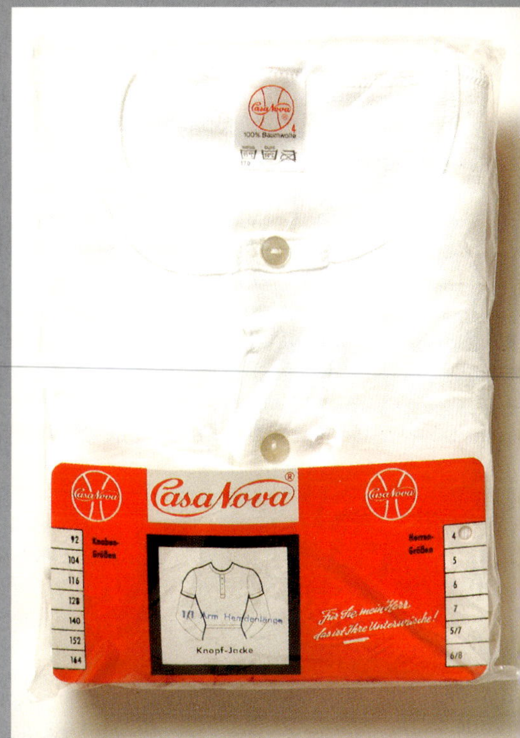

Jackenhemd „Casa-Nova“
Um 1950
Maschenmuseum,
Albstadt-Tailfingen

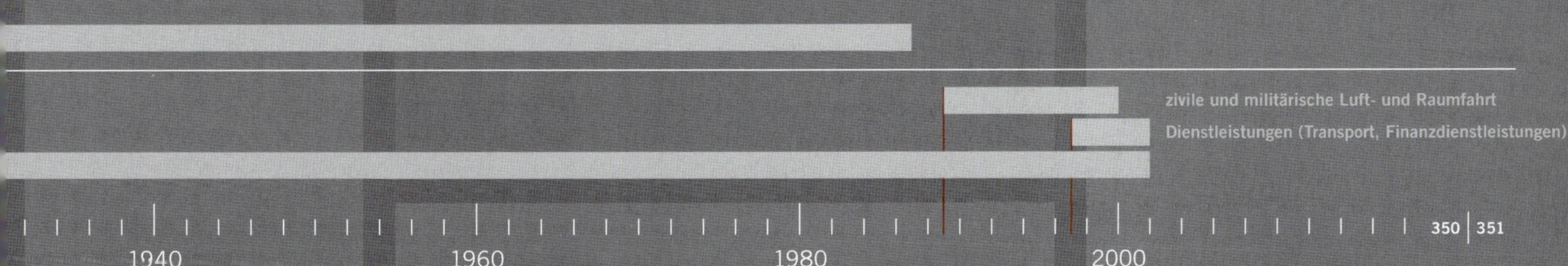

Werbeplakat
1911
Haus der Geschichte
Baden-Württemberg

Akku-Bohrschrauber
2001
C. & E. FEIN GmbH & Co.,
Stuttgart

Elektrische Handbohrmaschine
1897
C. & E. FEIN GmbH & Co.,
Stuttgart

FEIN

Die Anfänge
Gründungsjahr: 1867
Firmenname: C. & E. FEIN Mechanische Werkstatt
Sitz: Karlsruhe
Firmengründer: Wilhelm Emil Fein (1842–1898)

Heute
Firmenname: C. & E. FEIN GmbH & Co. KG
Hauptsitz: Stuttgart (seit 1870)
Struktur: Unternehmen mit neun Auslandsgesellschaften

Beschäftigte 2001
Baden-Württemberg rd. 750
Weltweit rd. 900

Produkte. Produktionsbereiche

Fischer

FEIN

Elektrowerkzeuge: Bohrmaschinen, Schleifgeräte, Sägen etc.
elektrische Fernsprech- und Meldeanlagen

1840 1860 1880 1900 1920

Fischer

Die Anfänge
Gründungsjahr: 1948
Firmenname: Artur Fischer Apparatebau (1950)
Sitz: Tumlingen/Waldachtal
Firmengründer: Artur Fischer (1919–heute)

Heute
Firmenname: Fischerwerke Artur Fischer GmbH & Co. KG
Hauptsitz: Waldachtal/Kreis Freudenstadt
Struktur: Unternehmensgruppe mit 21 Auslandsgesellschaften in 18 Ländern

Beschäftigte 2001

Baden-Württemberg	2.000
Weltweit	3.400

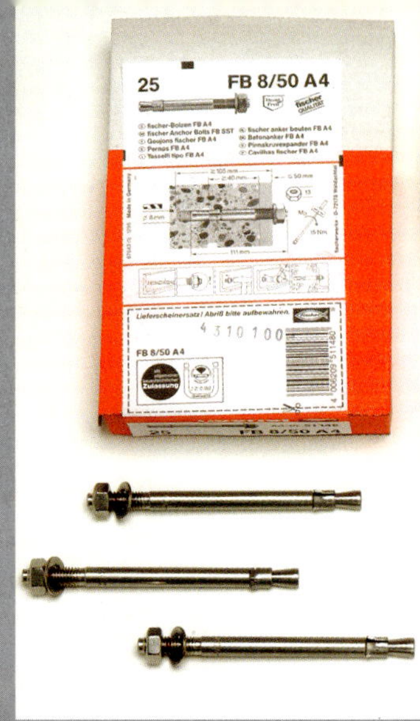

Fischerbolzen FB 8/50 in Edelstahl A4
1997
Fischerwerke Artur Fischer GmbH & Co. KG in Tumlingen/Waldachtal

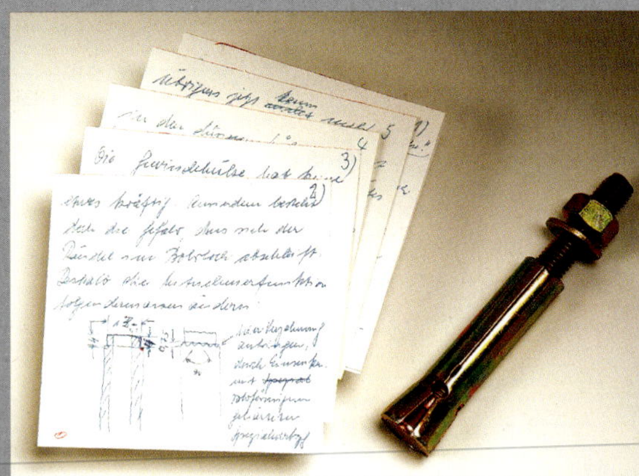

Zykon-System-Dübel mit technischen Zeichnungen und kleinen Notizzetteln von Artur Fischer
Um 1971
Fischerwerke Artur Fischer GmbH & Co. KG in Tumlingen/Waldachtal

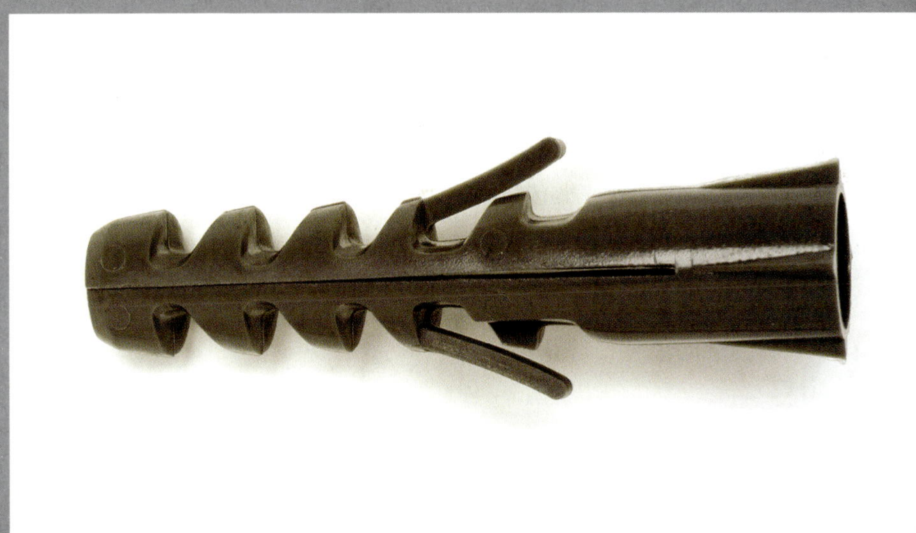

S-Dübel der ersten Generation
Um 1959
Fischerwerke Artur Fischer GmbH & Co. KG in Tumlingen/Waldachtal

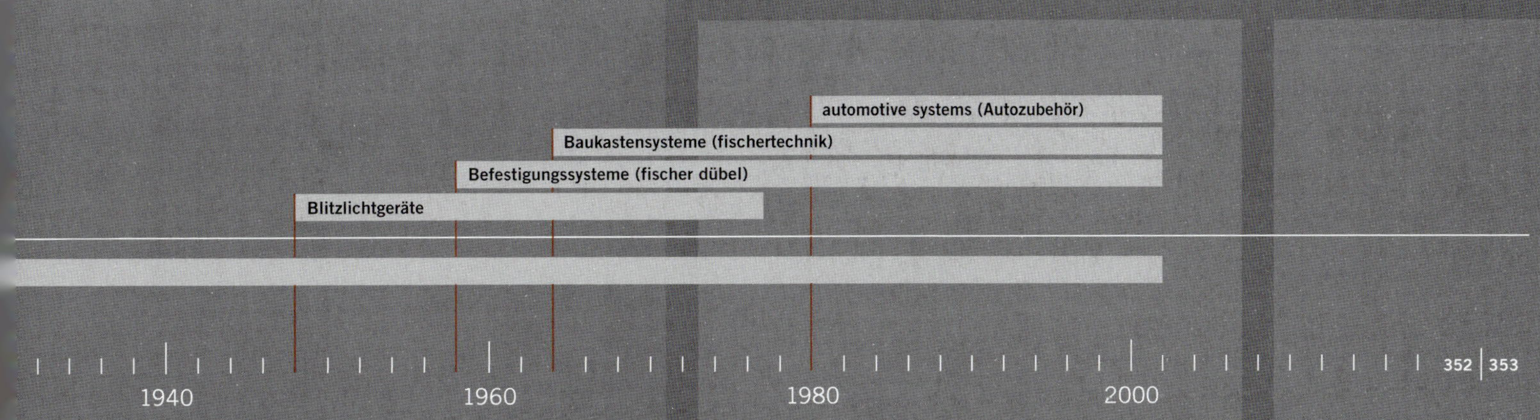

„Unsere Wirtschaft erleidet sichtlich schwere Nachteile. Gelingt aber der Südweststaat, so wird er sich den notwendigen Respekt verschaffen.“

Reinhold Maier
im Württemberg-Badischen Landtag
5. Dezember 1951

zerrissenes Land ? Nein
schwess + carle
SÜDWESTSTAAT JA!

„Der große Häfele“ in russisch
2000
Haus der Geschichte
Baden-Württemberg

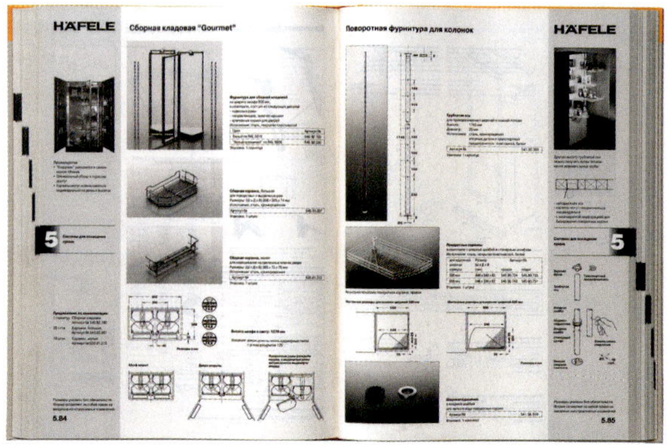

Sortimentskatalog
„Der große Häfele“
in elf Sprachen
1999–2001
Haus der Geschichte
Baden-Württemberg

Häfele

Die Anfänge
Gründungsjahr: 1923
Firmenname: Häfele Fachgeschäft für Schreinerbedarf
Sitz: Aulendorf
Firmengründer: Adolf Häfele (1897–1949)

Heute
Firmenname: Häfele GmbH & Co
Hauptsitz: Nagold (seit 1928)
Struktur: Unternehmen mit 26 Tochtergesellschaften weltweit

Beschäftigte 2001

Baden-Württemberg	528
Weltweit	2.650

Produkte. Produktionsbereiche

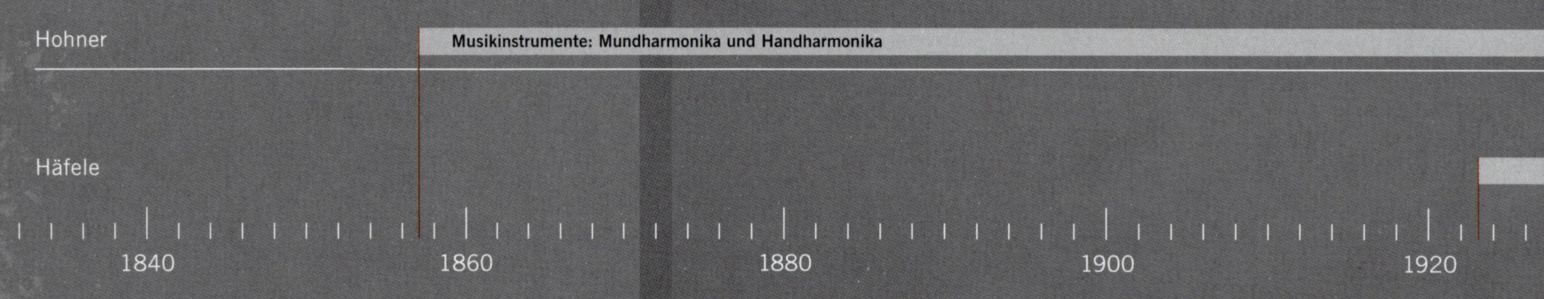

Hohner

Die Anfänge
Gründungsjahr: 1857
Firmenname: Mundharmonikafabrik Matthias Hohner
Sitz: Trossingen
Firmengründer: Matthias Hohner (1833–1902)

Heute
Firmenname: Matth. Hohner AG
Hauptsitz: Trossingen
Struktur: Unternehmen mit vier Tochtergesellschaften in der Schweiz, Frankreich und den USA

Beschäftigte 2001

Baden-Württemberg	226
Weltweit	426

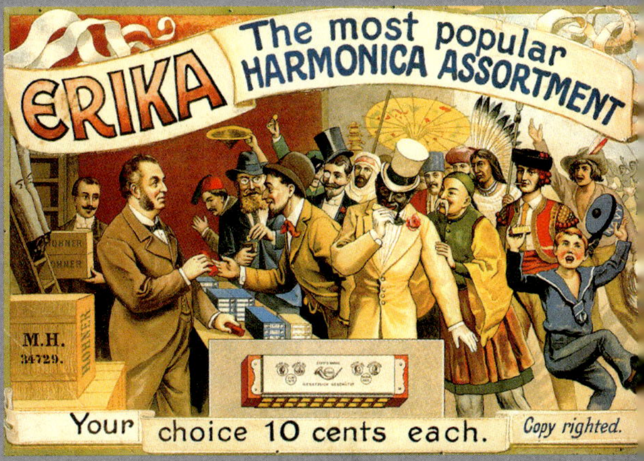

Werbeplakat „Erika“
Um 1900
Deutsches Harmonikamuseum
Trossingen

Akkordeon „Morino 5055“
1940
Erich Herkammer,
Schlierbach

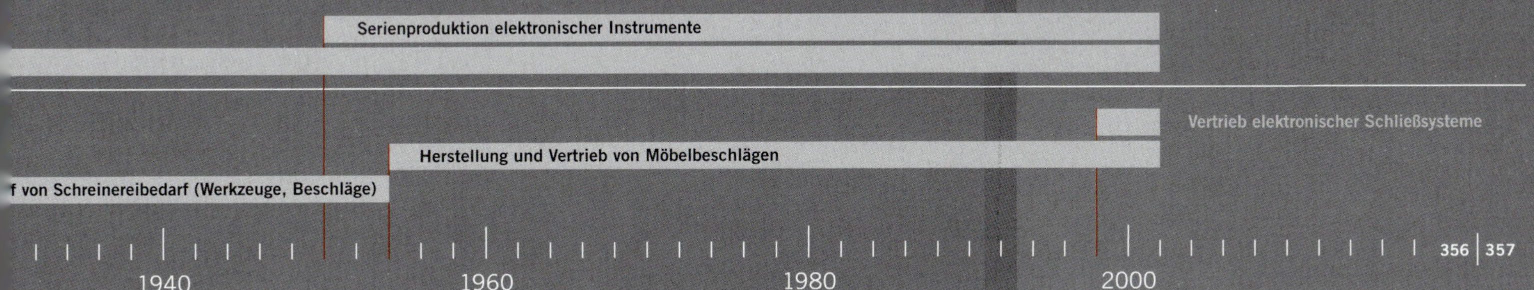

Küchenuhr mit Signal-Kurzzeitmesser
Entwurf: Max Bill
1950er Jahre
Stadtmuseum Schramberg

Quarz-Tischuhr „Astro Cron"
Um 1970
Stadtmuseum Schramberg

Junghans

Die Anfänge
Gründungsjahr: 1861
Firmenname: Uhrenfabrik Erhard Junghans und Zeller; seit 1866 Uhrenfabriken Gebrüder Junghans OHG
Sitz: Schramberg
Firmengründer:
Erhard Junghans (1823–1870)
Jacob Zeller-Tobler

Heute
Firmenname: Junghans Uhren GmbH
Hauptsitz: Schramberg
Struktur: Tochterunternehmen der Egana Goldpfeil Holding GmbH seit 2000

Beschäftigte 2001
Baden-Württemberg 275

Produkte. Produktionsbereiche

KBC
seit 1753 Textilveredelung, Textildruck und -färberei

Junghans
Uhrenherstellung

1840 1860 1880 1900 1920

Stoffmuster
Um 1935
Koechlin, Baumgartner & Cie.
GmbH, Lörrach

Stoffmuster
Um 1976
Koechlin, Baumgartner & Cie.
GmbH, Lörrach

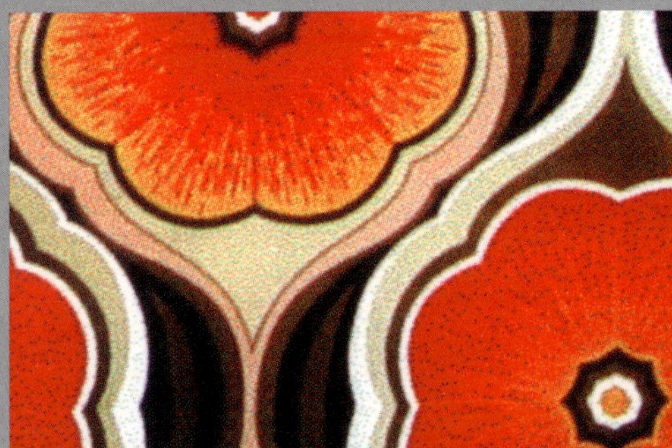

Stoffmuster
Um 1950
Koechlin, Baumgartner & Cie.
GmbH, Lörrach

Stoffmuster
Um 1920
Koechlin, Baumgartner & Cie.
GmbH, Lörrach

KBC

Die Anfänge
Gründungsjahr: 1753
Firmenname: Cotton- und Indienne-Fabrik, 1808 übernommen von Nikolaus und Peter Koechlin sowie Johann Jakob und Christian Merian
Sitz: Lörrach
Firmengründer:
Johann Friedrich Küpfer (1704–1766)

Heute
Firmenname: KBC Manufaktur Koechlin, Baumgartner & Cie. GmbH
Hauptsitz: Lörrach
Struktur: Unternehmen mit internationalen Vertriebsgesellschaften; Teil der Daun-Gruppe (seit 1999)

Beschäftigte 2002
Baden-Württemberg 650

Glockenwecker
Um 1910
Heimatmuseum/Uhrenmuseum
Schwenningen

Kienzle Taxameter T 4
1929
Heimatmuseum/Uhrenmuseum
Schwenningen

Produkte. Produktionsbereiche

Kienzle

Präzisionsmeß- und Registrie

seit 1822 Uhren

1840 1860 1880 1900 1920

Kienzle

Die Anfänge
Gründungsjahr: 1822
Firmenname: Uhrmacherwerkstatt,
ab 1883 Uhrenfabrik Schlenker & Kienzle;
ab 1897 Kienzle Uhrenfabriken;
1929 Gründung der Kienzle Apparate und Taxameter AG;
1931 Trennung von den Kienzle Uhrenfabriken;
ab 1981 Mannesmann Kienzle GmbH;
ab 1995 VDO Kienzle GmbH;
1998 Eingliederung in die Mannesmann VDO AG als Geschäftsbereich ‚Informationssysteme NFZ' (seit 2001 Siemens VDO Automotive AG) und Ausgliederung des Produktbereichs Taxameter in die heutige Kienzle Argo Taxi International GmbH
Sitz: Villingen
Firmengründer: Johannes Schlenker
Jakob Kienzle (1859–1935)

Heute
Firmenname:
Siemens VDO Automotive AG
Nutzfahrzeugbereich Villingen
Hauptsitz: Villingen-Schwenningen
Struktur: Teil der Siemens VDO Automotive AG (Tochtergesellschaft von Siemens)

Beschäftigte 2001

Baden-Württemberg	1.500
Weltweit	2.819

Heute
Firmenname:
Kienzle Argo Taxi International GmbH

Hauptsitz: Villingen-Schwenningen
Struktur: Mittelständisches Unternehmen

Beschäftigte 2001

Baden-Württemberg	6
Weltweit	17

Mechanischer Buchungsautomat Kienzle 200
1950er Jahre
Franziskanermuseum Villingen

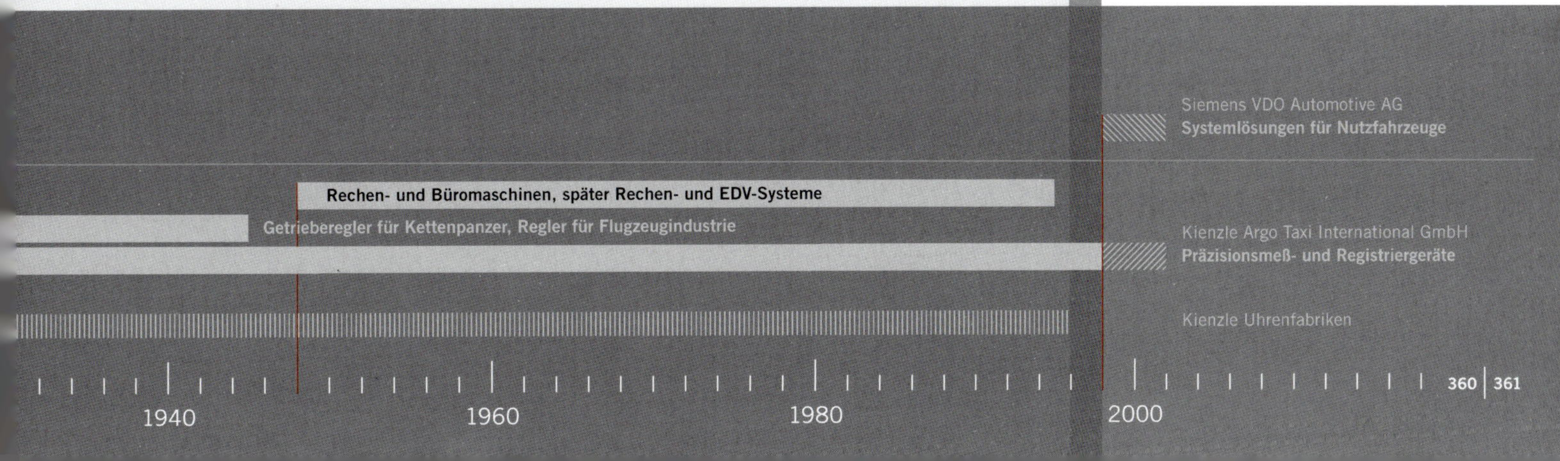

John Deere-Lanz Traktoren auf dem Weg nach Rußland
1981
Haus der Geschichte Baden-Württemberg

Traktorentransport nach Südafrika
1950
Haus der Geschichte Baden-Württemberg

Lanz

Die Anfänge
Gründungsjahr: 1859
Firmenname: Reparaturwerkstatt Heinrich Lanz, ab 1870 Heinrich Lanz & Co.; (weiteres Unternehmen: 1909–1925 Luftschiffbau Schütte-Lanz); 1956 übernahm John Deere & Company die Aktienmehrheit der Firma Lanz, seit 1960 hieß sie John Deere-Lanz AG
Sitz: Mannheim
Firmengründer: Heinrich Lanz (1838–1905)

Heute
Firmenname: John Deere Werke Mannheim (seit 1967)
Hauptsitz: Mannheim (Sitz des Deere & Company European Office)
Struktur: Eines von 57 Werken der Deere & Company

Beschäftigte 2001

Baden-Württemberg (Mannheim und Bruchsal)	2.550
Deutschland	4.360

Produkte. Produktionsbereiche

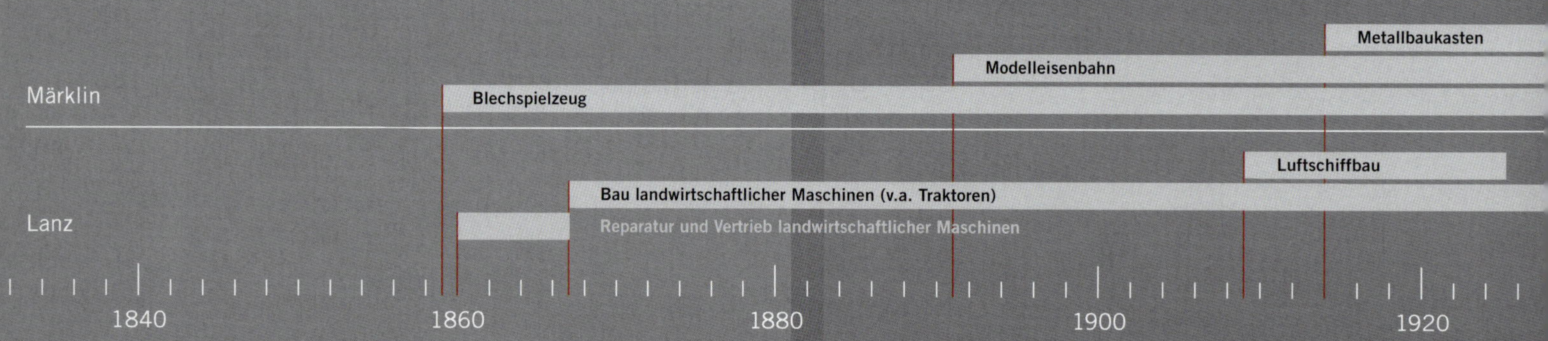

Märklin

Die Anfänge
Gründungsjahr: 1859
Firmenname: W. Märklin
Sitz: Göppingen
Firmengründer:
Theodor Friedrich Wilhelm Märklin (1817–1866)

Heute
Firmenname: Gebr. Märklin & Cie. GmbH
Hauptsitz: Göppingen
Struktur: Das Unternehmen ist Teil einer Holding mit drei Tochtergesellschaften, drei Produktionsstätten und fünf Vertriebsgesellschaften im Ausland

Beschäftigte 2001

Baden-Württemberg	rd.	1.200
Weltweit		2.137

Mini-club
Modelleisenbahn V 204
Um 1980
Gebr. Märklin & Cie. GmbH
Göppingen

Metallbaukasten
Um 1920
Gebr. Märklin & Cie. GmbH
Göppingen

1940 1960 1980 2000

Maggi Gewürzflasche
1980
Nestlé Deutschland AG,
Frankfurt

Maggi Gewürzflasche
2001
Nestlé Deutschland AG,
Frankfurt

Maggi Gewürzflasche
1959
Nestlé Deutschland AG,
Frankfurt

Maggi Gewürzflasche
1957
Nestlé Deutschland AG,
Frankfurt

Maggi Gewürzflasche
1948
Nestlé Deutschland AG,
Frankfurt

Maggi Gewürzflasche
1928
Nestlé Deutschland AG,
Frankfurt

Maggi

Die Anfänge
Gründungsjahr: 1897
Firmenname: Maggi Gesellschaft mbH (1886 KG Julius Maggi und Cie. in Kemptthal/CH, seit 1887 Niederlassung in Singen); Zusammenschluss von Maggi und Nestlé zur Nestlé Alimenta AG im Jahr 1947
Sitz: Singen
Firmengründer: Julius Maggi (1846–1912)

Heute
Firmenname: Maggi GmbH
Hauptsitz: Hauptwerk Singen, Zentrale Frankfurt
Struktur: Tochter der Nestlé Deutschland AG mit 3 Werken in Deutschland

Beschäftigte 2001

Baden-Württemberg	1.040
Weltweit	2.250

Produkte. Produktionsbereiche

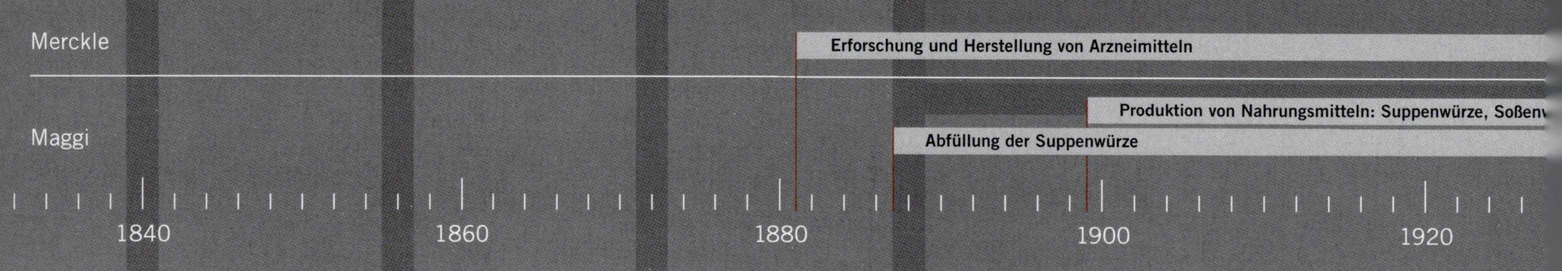

Merckle

Die Anfänge
Gründungsjahr: 1945
(1881 in Aussig/Böhmen)
Firmenname: Adolf Merckle GmbH
Sitz: Blaubeuren
Firmengründer:
Ludwig Merckle (1892–1982)

Heute
Firmenname: Merckle GmbH und ratiopharm GmbH & Co. (seit 1974)
Hauptsitze: Blaubeuren und Ulm
Struktur: Firmengruppe aus Merckle GmbH und den Tochtergesellschaften ratiopharm Deutschland und ratiopharm international

Beschäftigte 2001

Baden-Württemberg	1.500
Weltweit	2.936

Arzneimittel der Firmengruppe Merckle
2002
Haus der Geschichte Baden-Württemberg

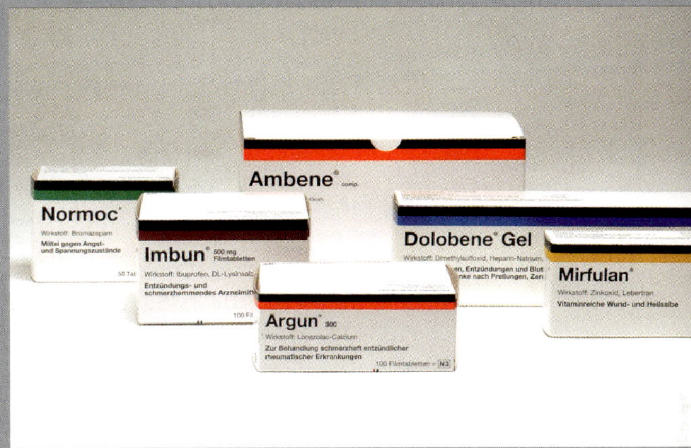

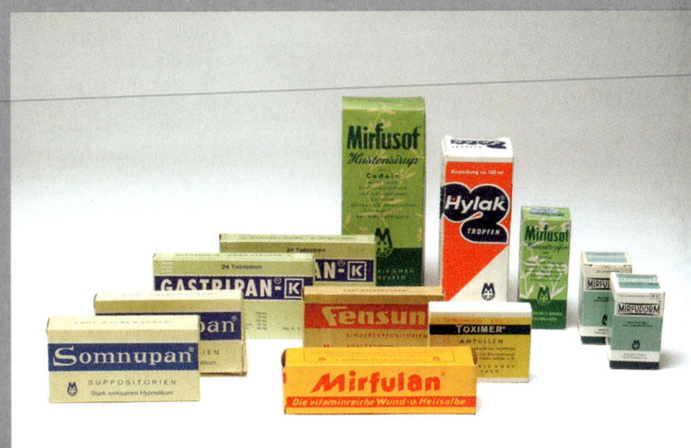

Arzneimittel der Firma Merckle
Um 1950
Merckle GmbH in Blaubeuren

Biotechnologie
Vertrieb von Generika (ratiopharm)
enwürfel, Fertiggerichte

1940 1960 1980 2000

MTU

Die Anfänge
Gründungsjahr: 1909
Firmenname: Luftfahrzeug-Motorenbau GmbH; 1969 MTU Motoren- und Turbinen-Union Friedrichshafen GmbH
Sitz: Bissingen/Enz
Firmengründer:
Wilhelm Maybach (1846–1929)
Karl Maybach (1879–1960)
Ferdinand Graf von Zeppelin (1838–1917)

Heute
Firmenname: MTU Friedrichshafen GmbH (seit 2001)
Hauptsitz: Friedrichshafen (seit 1912)
Struktur: Tochterunternehmen der DaimlerChrysler AG mit Vertriebsgesellschaften im Ausland

Beschäftigte 2001

Baden-Württemberg	5.679
Weltweit	6.200

Höhenmotor Mb IVa
Maybach Motorenbau GmbH
Um 1918
MTU Friedrichshafen GmbH

Schiffsmotor 6R 1000
2002
MTU Friedrichshafen GmbH

Produkte. Produktionsbereiche

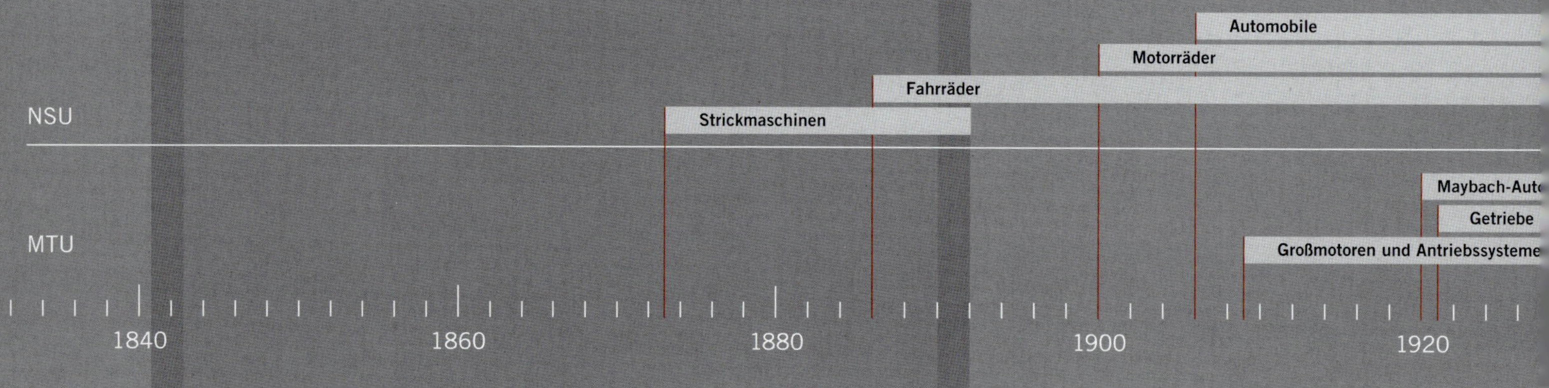

NSU RO 80
Um 1970
Haus der Geschichte
Baden-Württemberg

NSU

Die Anfänge
Gründungsjahr: 1873
Firmenname: Mechanische Werkstatt von Schmidt und Stoll; ab 1937 NSU Werke AG, ab 1969 AUDI NSU AUTO UNION AG; seit 1985 Trennung in AUDI AG und NSU GmbH
Sitz: Riedlingen/Donau
Firmengründer:
Christian Schmidt (1844–1884)
Heinrich Stoll (1847–1914)

Heute
Firmenname: AUDI AG und NSU GmbH (seit 1985)
Hauptsitz: Neckarsulm (seit 1880)
Struktur: Die NSU Werke sind 1969 komplett in der AUDI NSU AUTO UNION AG aufgegangen. NSU GmbH ist die Traditionsgesellschaft der AUDI AG mit 7 Beschäftigten.

Beschäftigte 2002

	AUDI AG
Baden-Württemberg	13.447
Weltweit	rd. 51.000

NSU Max
1950er Jahre
NSU-Schönhaar,
Unterensingen

Seifenblasenspiel Pustefix
2002
Dr. Rolf Hein KG
Tübingen-Kilchberg

Patenturkunde (Kopie)
27. September 1962
Haus der Geschichte
Baden-Württemberg

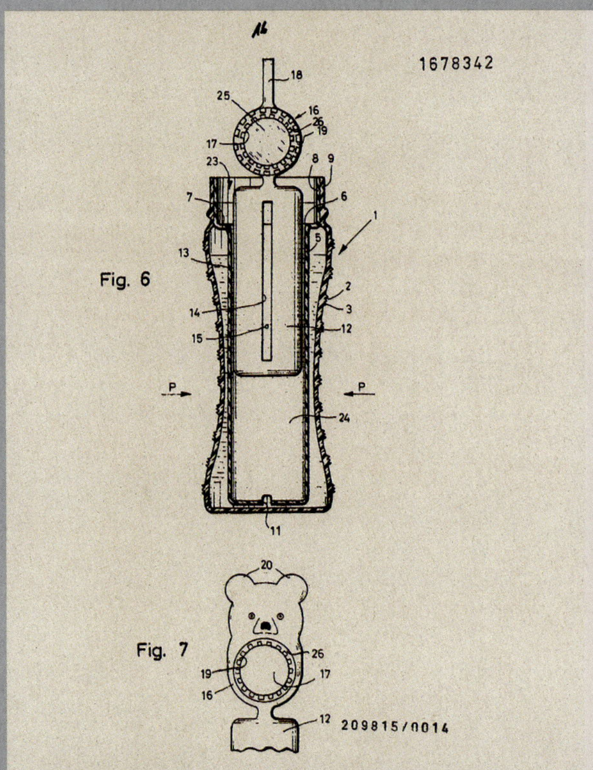

Pustefix

Die Anfänge
Gründungsjahr: 1948
Firmenname: Dr. Rolf Hein
Sitz: Kilchberg bei Tübingen
Firmengründer: Dr. Rolf Hein (1904–1974)

Heute
Firmenname: Dr. Rolf Hein Nachfolger KG (Pustefix)
Hauptsitz: Tübingen (Stadtteil Kilchberg)
Struktur: Familienunternehmen, Tochterunternehmen „Success" (Werbung)

Beschäftigte 2002
Baden-Württemberg 30
(plus Saisonaushilfen)

Produkte. Produktionsbereiche

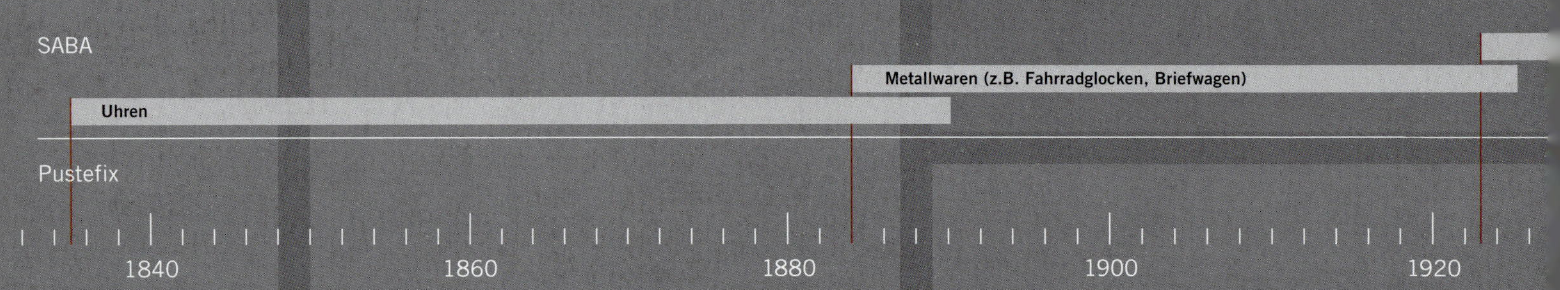

SABA

Die Anfänge
Gründungsjahr: 1835
Firmenname: Uhrmacherwerkstatt, ab 1865 August Schwer Söhne Metallwaren-Fabrik; ab 1923 SABA – Schwarzwälder Apparate-Bau-Anstalt
Sitz: Triberg
Firmengründer: Joseph Benedikt Schwer

Heute
Firmenname: Deutsche Thomson Brandt GmbH (seit 1980)
Hauptsitz: Villingen
Struktur: seit 1980 Teil des Thomson-Brandt-Konzerns. SABA existiert nur noch als Marke.

Beschäftigte 2001

Baden-Württemberg	490
Weltweit	600

Farbfernsehgerät T 3000
Telecommander E
Um 1970
Franziskanermuseum Villingen

Volksempfänger VE 301
1930er Jahre
Haus der Geschichte
Baden-Württemberg

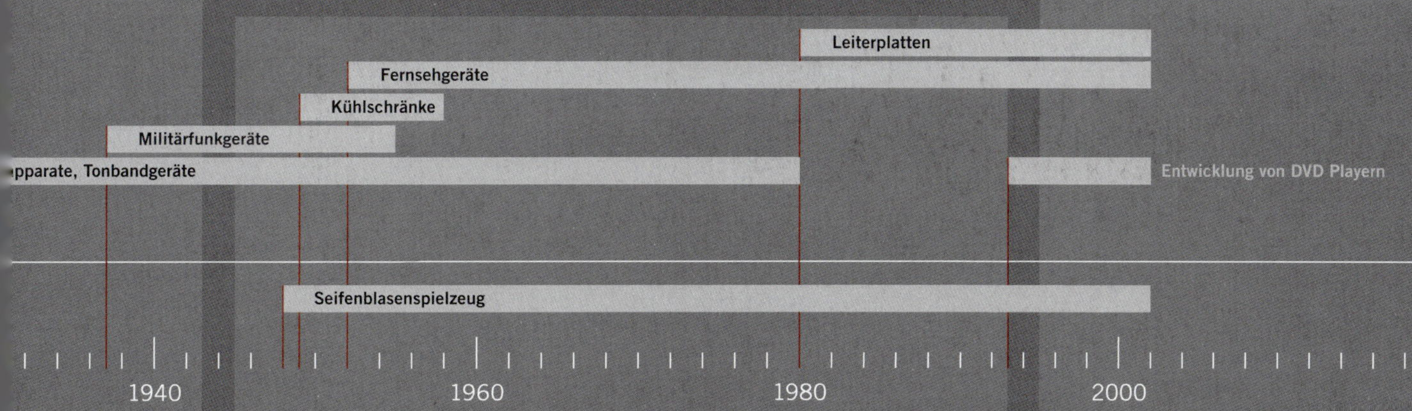

Damenschuhe
Salamander AG
1912–1970
Verein für Geschichte und
HeimatpflegeKornwestheim e.V.

Werbeplakat Salamander
Franz Weiss
1955
Haus der Geschichte
Baden-Württemberg

SALAMANDER

Die Anfänge
Gründungsjahr: 1885
Firmenname: J. Sigle und Cie. (Schuhmacherwerkstatt), seit 1905/06 SALAMANDER-Schuhvertriebsgesellschaft;
seit 1930 SALAMANDER AG
Sitz: Kornwestheim
Firmengründer: Jakob Sigle (1861–1935)
Max Levi (1868–1925)

Heute
Firmenname: SALAMANDER Konzern
Hauptsitz: Kornwestheim
Struktur: Internationaler Mischkonzern mit 14 Gesellschaften in den Bereichen Schuhproduktion, Einzelhandel, Dienstleistungen, Industrieprodukte; Haupteigner ist heute der Energiekonzern ENBW mit 95 %

Beschäftigte Juni 2002

Baden-Württemberg rd.	800
Weltweit	19.577

Produkte. Produktionsbereiche

SAP

SALAMANDER

Schuhe und Schuhpflegemittel

1840 1860 1880 1900 1920

SAP

Die Anfänge
Gründungsjahr: 1972
Firmenname: Systemanalyse Programmentwicklung GbR, seit 1976 SAP GmbH (Systeme, Anwendungen, Datenverarbeitungsprodukte)
Sitz: Weinheim
Firmengründer: Hans-Werner Hector, Dietmar Hopp, Hasso Plattner, Klaus Tschira, Claus Wellenreuther

Heute
Firmenname: SAP AG
Hauptsitz: Walldorf
Struktur: Internationales Unternehmen mit Tochterfirmen und Niederlassungen in mehr als 50 Ländern

Beschäftigte 2002

Baden-Württemberg	rd. 11.000
Weltweit	29.800

Softwareprogramm R/3
2001
Haus der Geschichte
Baden-Württemberg

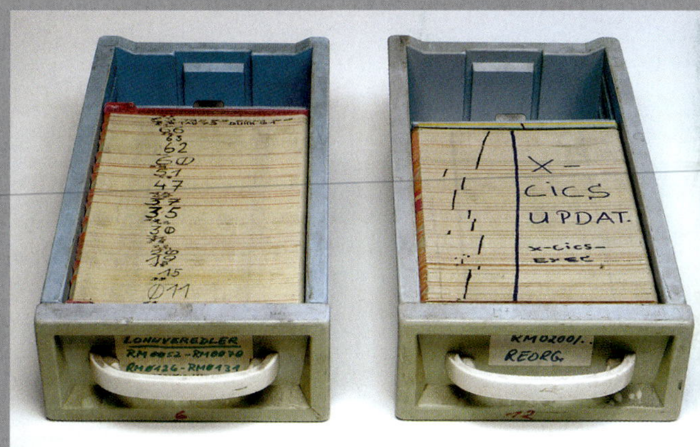

Schubladen mit Lochkarten
1970er Jahre
SAP AG, Walldorf

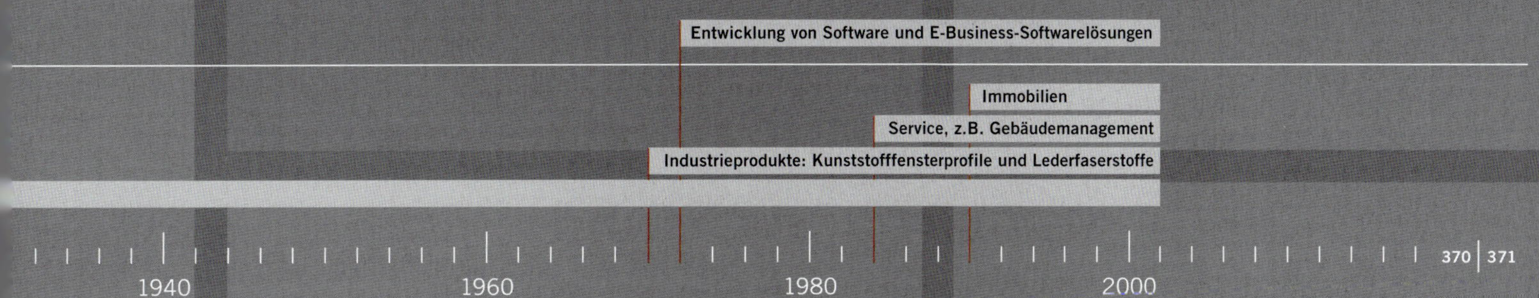

Spielpuppen Infanterist und Offiziere
1914
Margarete Steiff GmbH,
Giengen an der Brenz

Teddy-Bär „Petsy"
1984
Margarete Steiff GmbH,
Giengen an der Brenz

Teddy-Bär
Um 1910
Margarete Steiff GmbH,
Giengen an der Brenz

Steiff

Die Anfänge
Gründungsjahr: 1877
Firmenname: Filz-Versandt-Geschäft;
ab 1907 Spielwarenfabrik Margarete Steiff GmbH
Sitz: Giengen
Firmengründerin.
Margarete Steiff (1847–1909)

Heute
Firmenname: Margarete Steiff GmbH
Hauptsitz: Giengen
Struktur: Unternehmen mit Tochtergesellschaften im Ausland

Beschäftigte 2001
Baden-Württemberg ca. 420
Weltweit rd. 1.000

Produkte. Produktionsbereiche

TIPP-KICK

Steiff — **Spielwaren und Sammlerobjekte: Filzpuppen, Plüschtiere**

1840 1860 1880 1900 1920

Tipp-Kick-Spiel
des ehemaligen
VFB-Fußballspielers
Günter Schäfer
1970er Jahre
Haus der Geschichte
Baden-Württemberg

TIPP KICK

Die Anfänge
Firmenname: Edwin Mieg KG
Sitz: Schwenningen
Gründungsjahr: 1923
Firmengründer: Edwin Mieg (1890–1949)

Heute
Firmenname: EDWIN MIEG OHG (TIPP-KICK)
Hauptsitz: Villingen-Schwenningen
Struktur: Familienunternehmen

Beschäftigte 2001
Baden-Württemberg 15
(+ ca. 15 Heimarbeiter/innen)

pielwaren: Tischfußballspiel TIPP-KICK, in den 1960er und 70er Jahren auch Golf-, Crocket- und Bocciaspiele

1940 1960 1980 2000

Laptop eines Voith-Ingenieurs, der am Drei-Schluchten-Staudammprojekt in China beteiligt ist
Um 2000
J. M. Voith AG, Heidenheim

Voith-Wasserkraftanlage für ein Kraftwerk an den Niagarafällen in Kanada
1903
Haus der Geschichte Baden-Württemberg

Voith

Die Anfänge
Gründungsjahr: 1867
Firmenname: J.M. Voith
(zuvor seit 1825 Schlosserwerkstatt)
Sitz: Heidenheim/Brenz
Firmengründer:
Johann Matthäus Voith (1803–1874)

Heute
Firmenname: Voith AG
Hauptsitz: Heidenheim/Brenz
Struktur: Holdinggesellschaft mit rund 200 Produktionsstätten und Tochtergesellschaften weltweit

Beschäftigte 2002

Baden-Württemberg	11.100
Weltweit	24.000

Produkte. Produktionsbereiche

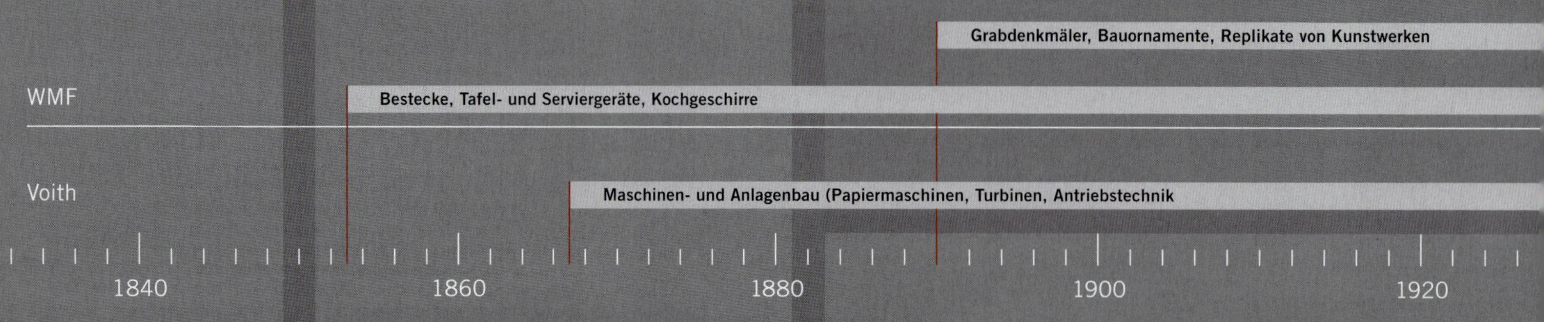

WMF-Musterbuch
1903
Wirtschaftsarchiv Baden-Württemberg, Stuttgart

WMF-Musterbuch
1925/26
Wirtschaftsarchiv Baden-Württemberg, Stuttgart

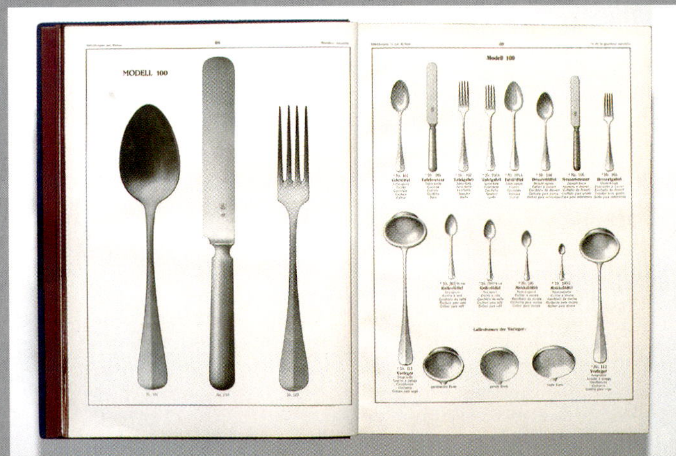

WMF

Die Anfänge
Gründungsjahr: 1853
Firmenname: Metallwarenfabrik Straub & Schweizer
Sitz: Geislingen/Steige
Firmengründer: Daniel Straub (1815–1898)
Friedrich Schweizer (1811–1896)
Ludwig Schweizer (1818–1866)

Heute
Firmenname: WMF
Württembergische Metallwarenfabrik AG (seit 1880)
Hauptsitz: Geislingen/Steige
Struktur: Konzern mit 20 Tochtergesellschaften und einem Filialnetz aus 150 Fachgeschäften weltweit

Beschäftigte 2001

Baden-Württemberg	2.883
Weltweit	5.500

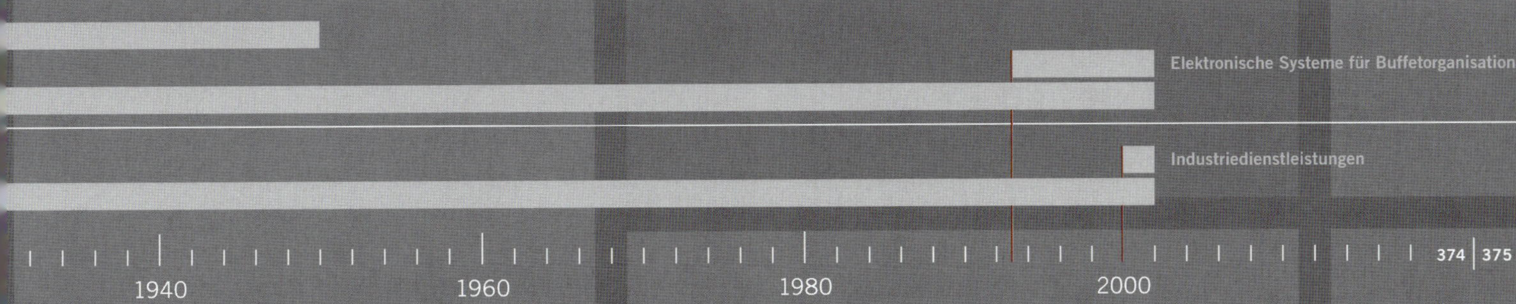

Städtelandschaft

Christina Klausmann

Städtelandschaft

Ein engmaschiges Städtenetz überspannt die Landkarte Baden-Württembergs. Es beruht in seiner Dichte und Vielfalt auf dem Städtenetz des 1806 aufgelösten Alten Reichs, das aus zahlreichen Reichsstädten, mehreren Residenzstädten weltlicher und geistlicher Herrschaften und alten Universitätsstädten gewoben war.
An diese Struktur knüpfte die weitere Entwicklung des Städtewesens im 19. und 20. Jahrhundert in Württemberg und Baden an. Einige, wenige Städte entwickelten sich zu Großstädten, die meisten blieben Klein- und Mittelstädte. Darunter sind einige, denen die Funktion eines regionalen Zentrums zukommt, sei es in der Verwaltung, sei es auf kulturellem Gebiet oder im Bildungswesen, sei es in der Industrie.
Zwei beispielhafte Ausschnitte aus dem Städtenetz bieten das im Schwarzwald gelegene Kinzigtal und das Neckartal. Durch das Kinzigtal führte seit Jahrhunderten einer der wichtigsten internationalen Handelswege, der von Frankreich über Straßburg, Offenburg bis zum Bodensee und von dort weiter durch die Schweiz bis nach Italien oder entlang der Donau bis nach Wien führte. Im späten 19. Jahrhundert ergänzte eine Eisenbahnlinie bis zum Bodensee die Bedeutung dieser Verkehrsachse. An der Kinzig liegen die ehemaligen Reichsstädte Offenburg und Gengenbach. Offenburg zählt mit 57.455 Einwohnern zu den Mittelstädten, Gengenbach ist eine Kleinstadt geblieben. Entlang der Kinzig reihen sich mit Haslach, Hausach, Wolfach, Schiltach und Alpirsbach weitere Kleinstädte aneinander, deren Stadtbild durch ihr historisches Erbe unverwechselbar geprägt ist.
Am Neckar liegen die traditionsreichen Universitätsstädte Heidelberg und Tübingen. Die ehemaligen Reichsstädte Heilbronn und Esslingen haben sich seit dem 19. Jahrhundert zu Industriestädten entwickelt. Esslingen gehört zum Industriegebiet im mittleren Neckarraum, in dem von der ehemaligen württembergischen Residenz Ludwigsburg bis zur Kleinstadt Plochingen mit der Landeshauptstadt in der Mitte die Orte fast lückenlos ineinander zu wachsen scheinen. Abseits dieses Ballungsraums fließt der Neckar an zahlreichen Kleinstädten mit je eigener historischer Tradition vorbei.
Es sind vor allem drei Aspekte, die die Entwicklung und Erweiterung der Städte in den letzten 200 Jahren in markanter Weise beeinflußt haben: die Industrialisierung im 19. Jahrhundert, die Ansiedlung von Flüchtlingen und Heimatvertriebenen nach dem Zweiten Weltkrieg sowie die Gemeindereform der siebziger Jahre des 20. Jahrhunderts.
Von der zweiten Hälfte des 19. Jahrhunderts bis zum Ersten Weltkrieg führte die Industrialisierung zu einer starken Ausdehnung vieler Städte. Durch die Ansiedlung von Industrien stieg die

Zahl der Einwohner, aber auch durch die Eingemeindungen benachbarter Orte, deren Gebiete für weitere Industrieansiedlungen am Rande der Stadt gebraucht wurden. In Baden und Württemberg entstanden zwei industrielle Ballungsräume: Der mittlere Neckarraum um Stuttgart und der Rhein-Neckar-Raum um Mannheim.
In beiden Städten nahm die Zahl der Einwohner durch Binnenwanderung und Eingemeindungen deutlich zu. In Stuttgart wuchs die Zahl der Einwohner zwischen 1871 und 1900 um fast das Doppelte. Waren es bei der Volkszählung 1871 139.578 Einwohner, so erfaßte die Volkszählung 1900 schon 268.969. Nach den Eingemeindungen beispielsweise der Orte am Neckar bis Untertürkheim einschließlich der Stadt Cannstatt wurden 1910 356.727 Einwohner gezählt (Gemeindeverzeichnis 1965, S.6).
In Mannheim erhöhte sich die Zahl der Einwohner zwischen 1871 und 1900 fast um das Dreifache von 56.204 auf 160.964 Einwohner (ebd., S.32).
Nach dem Zweiten Weltkrieg nahm die Bevölkerung durch die Ansiedlung von Flüchtlingen und Heimatvertriebenen zu, freilich weniger in den Städten, die im Krieg stark zerstört wurden, sondern in kleineren Städten, in denen es weniger Bombenschäden gab. Ein Beispiel hierfür ist Esslingen am Neckar. Die Stadt zählte 1939 49.377 Einwohner und war 1950 auf eine Einwohnerschaft von 70.633 angewachsen, was nicht zuletzt eine Folge der Ansiedlung von Flüchtlingen und Heimatvertriebenen war. Städte wie Mannheim und Stuttgart dagegen waren zerstört, und die Bevölkerung Mannheims nahm in diesem Zeitraum sogar ab (Gemeindeverzeichnis 1965, S.11, S.32).
Die bis 1975 abgeschlossene Gemeindereform wirkte sich ebenfalls auf das Städtewesen aus. Es wurden durch Zusammenlegung neue Städte geschaffen, andere verloren bei dieser Reform ihre Selbständigkeit. Ein Beispiel für die Neuschöpfung ist die auf der Südwestalb gelegene Stadt Albstadt, bei der neun Gemeinden, darunter die Städte Ebingen und Tailfingen, zu einem Mittelzentrum im Zollernalbkreis zusammengeführt wurden. Die ehemals selbständigen Gemeinden sind nun Stadtteile von Albstadt. Diese Reform wurde auch in anderen Bundesländern durchgeführt, aber in Baden-Württemberg war ein wesentliches Ziel, das Zusammenwachsen der Landesteile zu befördern, weshalb alte Landesgrenzen bewußt überschritten wurden. Ein Beispiel dafür ist die Zusammenlegung der württembergischen Industriestadt Schwenningen und der badischen Stadt Villingen zu Villingen-Schwenningen.

Seit Ende des 19. Jahrhunderts entwickelte sich in den wenigen Großstädten Badens und Württembergs wie beispielsweise in Mannheim und Stuttgart die Innenstadt zur ‚City', zu einem modernen Verwaltungs- und Konsumzentrum sowie einem kulturellen Zentrum mit Museen und Theatern. Baulich schlug sich die verstärkte Bedeutung als Ort des Konsums in den Warenhäusern nieder, die seit Beginn des 20. Jahrhunderts entstanden sind. In Mannheim beeindruckte beispielsweise das Kaufhaus Kander ab 1900 durch seine Glasfronten und seine aufwendige Innenarchitektur die Zeitgenossen (Caroli 1999, S. 20). Die ersten Lichtspieltheater oder Kinos ergänzten das großstädtische Unterhaltungsangebot. In Stuttgart entstanden die ersten Kinos zwischen 1900 und 1906 (Sauer 1988, S. 309), Mannheims erstes Kino wurde 1906 eröffnet (Caroli 1999, S. 46). Dieser Wandel im Stadtbild, im städtischen Lebensstil, in der städtischen Kultur und Kommunikationsweise veränderte auch die Mentalität des (Groß-)Städters.

Die Versorgung der anwachsenden Bevölkerung mit Energie und Wasser sowie die Abwasser- und Abfallentsorgung wurde zu einer Hauptaufgabe der Stadtverwaltungen. Die Elektrifizierung wurde zu einem Zeichen der Moderne. 1896 nahm das erste Elektrizitätswerk in Stuttgart seinen Betrieb auf, 1899 in Mannheim. Die Zahl der Hausanschlüsse war anfangs noch gering, doch wurden die Pferdestraßenbahnen nun elektrifiziert, in Stuttgart 1896, in Mannheim 1906 (Sauer 1988, S.139; Caroli 1999, S. 30). Die Straßenbahn als innerstädtisches Verkehrsmittel zeigt beispielhaft die größere räumliche Mobilität der Stadtgesellschaft, und die Elektrizität sorgte in den folgenden Jahrzehnten für einen neuen innerstädtischen Lichterglanz.

Im Laufe des 20. Jahrhunderts sorgte die zunehmende Mobilität durch Verkehrsmittel wie schnellere und bessere Anbindung ans Eisenbahnnetz für eine veränderte Verflechtung von Stadt und (Um-)Land. Der erweiterte Bewegungsraum ermöglichte einen anderen Bezug zur Stadt. Arbeiten in der Stadt, Wohnen auf dem Land sind Beispiele für die partielle Nutzung der Stadt. Das Pendlerwesen ist allerdings in Südwestdeutschland kein Phänomen des (späten) 20. Jahrhunderts, sondern kennzeichnet hier schon die Anfänge der Industrialisierung. Denn ein Teil der Arbeiterschaft bestand aus Wochenpendlern, die ihre Bindung „an die Scholle" nicht aufgaben. Mit dem Ausbau der Verkehrsmittel und -wege nahm dann die Zahl der Tagespendler zu.

„Das Auto und die ‚Grüne Wiese' sind die

Feinde der altstädtischen Urbanität." Zu diesem Urteil kommt der ehemalige Tübinger Oberbürgermeister Erich Schmidt (Schmidt 1999, S. 214) angesichts der Schwerpunktverlagerung vieler Funktionen der Stadt an die Peripherie und ins Umland, die die weitergehende städtische Entwicklung charakterisieren. Der Bau von Einkaufszentren bedroht die Stadt in ihrer Funktion als Handels- und Konsumzentrum und der Bau von Kinozentren oder Musicalhäusern in der Peripherie auch als kulturelles Zentrum. Die verstärkte Zentrumsbildung charakterisierte den Urbanisierungsprozeß im 19. Jahrhundert, im späten 20. Jahrhundert war dagegen eher die Dezentralisierung kennzeichnend. Die Attraktivität der Stadt als Wohn- und Arbeitsort zurückzugewinnen, die Umnutzung von Gewerbegebieten, die Bebauung von innerstädtischen Brachen, die Verdichtung und die Einhaltung ökologischer Standards sind Stichworte der zeitgenösschen Stadtplanung. Und noch ist offen, wie sich die neuen Medien und Kommunikationsmittel auf die Funktionen der Stadt, auf die urbanen Lebensformen und das urbane Lebensgefühl auswirken werden.

Die Stadt Gengenbach im Kinzigtal gehört mit ihren 11.000 Einwohnern zu den Kleinstädten im Land. Die Bewohner sind stolz auf die reichsstädtische Tradition (1360–1803) und nutzen das historische Erbe als Touristenmagnet. Die Stadt wirbt für sich mit dem Motto: „Stadt der Türme, der mittelalterlichen Mauern und der Fachwerkhäuser". Auf allen Luftbildern ist deutlich die von Mauern umgebene Altstadt zu erkennen, die seit 1955 unter Denkmalschutz steht.
Das Luftbild von 1945 entstand bei einem Aufklärungsflug des amerikanischen Militärs. Im Januar und Februar 1945 wurde die Bahnlinie, die südlich an der Stadt vorbeiführt, zum Ziel von Bombenangriffen. Dabei wurden die Bahngleise, der Bahnhof und einige Häuser im Südwesten der Stadt getroffen. Auch das Rathaus in der Innenstadt wurde halb zerstört.
Das Luftbild zeigt nur eine geringe Besiedlung außerhalb der Stadtmauern wie beispielsweise die im Süden Richtung Bahnhofsgebiet liegende Kinzigvorstadt. Die Kinzig, die schon in der zweiten Hälfte des 19. Jahrhunderts reguliert worden ist, um Hochwasserschäden zu verhindern, fließt südlich an der Stadt vorbei. Es gibt nur eine Straßenverbindung über den Fluß, und an der nach Osten führenden Straße liegen

Gengenbach
Luftbild, 27. Februar 1945
Landesvermessungsamt
Baden-Württemberg

Gengenbach
Luftbild, 28. März 1968
Landesvermessungsamt
Baden-Württemberg

wenige vereinzelte Bauernhöfe. Das Gebiet südlich der Kinzig wird landwirtschaftlich genutzt. Nach dem Krieg wuchs die Zahl der Einwohner von 3.589 1939 auf 4.326 1950 (Gemeindeverzeichnis 1965, S.60) wozu die Ansiedlung von Flüchtlingen und Heimatvertriebenen beigetragen hat. Die Eingemeindung von Dörfern führte in den folgenden Jahrzehnten zu einer weiteren Zunahme. Das Luftbild von 1968 zeigt die Zunahme der Bebauung um den Ring der Stadtmauer und südlich des Kinzigufers. Im Westen der Stadt erstreckt sich das Firmengelände des Möbelherstellers HUKLA, des größten Arbeitgebers in Gengenbach. Auch in der Kinzigvorstadt ist Gewerbe angesiedelt worden. Außerdem wird das Gebiet als Sportgelände genutzt.

Auf dem Luftbild aus dem Jahr 2000 wird deutlich, daß die Bebauung südlich der Kinzig und im Westen der Stadt auf Kosten der landwirtschaftlich genutzten Flächen ausgeweitet worden ist. Das Sportgelände ist nun aus der Kinzigvorstadt an das südliche Kinzigufer verlegt worden. Die verkehrsberuhigte und denkmalgeschützte Altstadt mit dem Strassenkreuz im Zentrum und der Stadtmauer läßt sich nach wie vor deutlich von der sie umgebenden Bebauung unterscheiden.

Gengenbach
Luftbild, 19. Juni 2000
Landesvermessungsamt
Baden-Württemberg

Gengenbach
Heinz Ehrhardt
Um 1999
Kultur- und Tourismus GmbH
Gengenbach

Hausach
Luftbild, 20. April 1945
Landesvermessungsamt
Baden-Württemberg

Hausach
Luftbild, 17. April 1968
Landesvermessungsamt
Baden-Württemberg

Hausach im Kinzigtal, als Stadt 1259 in einer Urkunde erstmals erwähnt, ist mit ihren derzeit beinahe 6.000 Einwohnern eine Kleinstadt, die aufgrund ihrer Stellung als Industrie-, Bahn- und Schulstadt eine zentrale Funktion für die Wirtschaft der Region hat. Hausach ist ein wichtiger Bahnknotenpunkt, denn hier verzweigen sich seit 1866 die von Offenburg kommende Schwarzwaldbahn, die seit 1873 über Villingen zum Bodensee führt, und die Kinzigtalbahn, mit der man seit 1886 nach Freudenstadt gelangt. Die seit dem 19. Jahrhundert östlich und inzwischen auch westlich der Stadt liegenden Industriegebiete bieten Arbeitsplätze, und nach dem Zweiten Weltkrieg hat sich Hausach zu einem Schulzentrum für die Region entwickelt. Das Luftbild, das bei einem Aufklärungsflug des amerikanischen Militärs im April 1945 gemacht wurde, zeigt die unterhalb und rechts des Kreuzbergs gelegene Stadt. An der nordöstlichen Spitze des Kreuzbergs liegt die Ruine der ehemals fürstenbergischen Burg. Zwischen der Stadt und dem Gewerbegebiet östlich von ihr gibt es noch landwirtschaftliche Nutzflächen. Auch westlich des Kreuzberges gibt es Äcker und Streuobstwiesen, und nur an der (heutigen) Bundesstraße, die aus der Luft wie ein weißes Band aussieht, das sich entlang der Eisenbahnlinie durch den Ort schlängelt, sind Häuser zu erkennen. Richtung Südwesten, weit entfernt vom Zentrum liegen die bis 1892 als Stadtkirche genutzte Dorfkirche, der Friedhof sowie wenige Häuser von Hausach-Dorf. Am nördlichen Ufer der Kinzig, über die nur eine Brücke führt, erstrecken sich Äcker und Streuobstwiesen. Deutlich hebt sich die im Dreißigjährigen Krieg zerstörte Sternschanze vom Umfeld ab. Fliegerangriffe entlang der Bahnlinie zerstörten im Frühjahr 1945 Häuser im Bahnhofsgebiet, das östlich der Stadt liegt. Angegriffen, aber nicht zerstört wurde auch das Anfang 1938 vom jüdischen Eigentümer an Mannesmann verkaufte Blechwalzwerk im Osten, das gegen Kriegsende eine der Produktionsstätten für Teile der V1 war. Das Luftbild von 1968 zeigt, daß in den beiden Jahrzehnten nach Kriegsende ein neues Wohngebiet westlich des Kreuzbergs entstanden sowie das Industriegebiet Hausach-Ost größer geworden ist und an die Stadt heranrückt. Auch südlich des Friedhofs reihen sich entlang der Hauserbachstraße Häuser. Nördlich der Kinzig Hegerfeld und ein Freibad gebaut worden. Ausserdem verbindet weiter im Osten eine neue (Fußgänger-) Brücke die Wohngebiete an beiden Ufern. Die landwirtschaftlichen Nutzflächen sind zurückgegangen. Die Bewaldung des Kreuzbergs wirkt etwas lichter. Hausach gehörte zur französischen Zone, und auf dem Kreuzberg dem Krieg Wald gerodet worden. Auf dem Luftbild ist die Wiederaufforstung zu erkennen.

Hausach
Luftbild, 8. Juni 2000
Landesvermessungsamt
Baden-Württemberg

Auf dem Luftbild aus dem Jahr 2000 dominiert der Kreuzberg mit Tannen- und Mischwald das Bild. Beim Industriegebiet Hausach-Ost ist ein Sportgebiet erschlossen worden. Außerdem ist die Wohnbebauung westlich des Kreuzbergs stark erweitert worden und wächst den Berghang hinauf. Das Hegerfeld nördlich der Kinzig ist nach Westen und Norden angewachsen, und weiter östlich ist das Wohngebiet Hinterhof erschlossen worden. Eine markante Veränderung zeigt die Straßenführung. Die Bundesstraße zweigt im Westen der Stadt ab und führt nördlich der Kinzig an der Stadt vorbei und dann in einen Tunnel. Dadurch werden die westlichen Stadtgebiete und die Innenstadt Hausachs vom Durchgangsverkehr entlastet. Seit Dezember 1995 mündet eine weitere Brücke über die Kinzig in die Straße, die am Wohngebiet Hegerfeld vorbei ins Einbachtal führt.
Die Ausdehnung der Stadt, die das wirtschaftliche Wachstum, die gestiegene Zahl von Einwohnern und die zunehmende Bedeutung als regionales Zentrum, erforderlich machten, ging auf Kosten von wertvoller, aber finanziell nicht mehr ertragreicher landwirtschaftlicher Nutzfläche. Auf der anderen Seite werden die Waldgebiete größer, auch das auf Kosten von Landwirtschaftsflächen in den schwer zugänglichen Hanglagen. Stadt und (Schwarz-)Wald verdrängen Acker und Streuobstwiesen.

Hausach
2002
Stadt Hausach

Esslingen am Neckar
Luftbild, 5. September 1944
Landesvermessungsamt
Baden-Württemberg

Esslingen am Neckar
Luftbild, 25. März 1968
Landesvermessungsamt
Baden-Württemberg

Die Stadt Esslingen am Neckar, 1298 als Reichstadt erstmals urkundlich erwähnt und ab 1803 württembergisch, entwickelte sich seit dem frühen 19. Jahrhundert zu einem bedeutenden Industriestandort und trägt bis heute zum wirtschaftlichen Erfolg der Neckarregion bei.

Am 22. April 1945 wurde Esslingen den Amerikanern übergeben. Die Stadt hatte den Krieg fast unbeschadet überstanden. Es blieb bei kleineren Schäden durch Tieffliegerangriffe in Randbezirken kurz vor Kriegsende. Auf dem Luftbild, das von einem amerikanischen Aufklärungsflug stammt, sieht man, daß die Bebauung schon weit über die Altstadt hinausreicht. Westlich des Neckars liegt die Vorstadt Pliensau, die mit der Stadt durch die Pliensaubrücke über den noch nicht kanalisierten Fluß verbunden ist. In südlicher Richtung, hoch über dem Fluß liegt das Dorf Berkheim, das 1974 nach Esslingen eingemeindet wurde. Ein Waldgebiet am Hang, das auf dem Luftbild wie ein Wolkengebilde wirkt, breitet sich vom Dorf hinab zum Neckar aus.

Nach Kriegsende wuchs die Zahl der Einwohner durch Flüchtlinge und Heimatvertriebene, und mehr als 20.000 zusätzliche Bewohner mußten mit angemessenem Wohnraum versorgt werden (Gemeindeverzeichnis 1965, S.11).

In den fünfziger Jahren wurden neue Siedlungen auf dem Zollberg errichtet. Die abgezirkelte Form des neuen Bebauungsgebiets ist auf dem Luftbild von 1968 zwischen Pliensau und Berkheim gut zu erkennen. Seit 1967 führt

Esslingen am Neckar
Luftbild, 25. Mai 1998
Landesvermessungsamt
Baden-Württemberg

Blick auf Esslingen am Neckar von der Burg
Rainer Fieselmann
Um 2000
Rainer Fieselmann

eine zweite Brücke, die Adenauerbrücke, über den Neckar ins Gewerbegebiet beim Stadtteil Oberesslingen. In den sechziger Jahren wurde der Neckar bis Plochingen kanalisiert. Die Bundesstraße 10 verläuft entlang des westlichen Ufers, ein kurzes Stück allerdings auch durch Pliensau, denn um und unter der Pliensaubrücke waren die Bauarbeiten noch nicht beendet.
Wie sich das verändert hat, zeigt das Luftbild aus dem Jahr 1998. Die Bundesstraße folgt durchgehend dem westlichen Neckarufer. Unweit der Pliensaubrücke führt seit 1970 die Vogelsangbrücke über den Neckar und mündet in den Straßenring um die Altstadt. Die Pliensaubrücke wurde zu einer Fußgängerbrücke und führt durch die Pliensaustraße hinein in die verkehrsberuhigte Altstadt. Die Bebauung der Stadtteile Zollberg und Berkheim hat zugenommen. Unterhalb von Berkheim, direkt am Neckar, liegt der Stadtteil Sirnau, der sich nach Norden ausgedehnt hat, denn auf dem Luftbild von 1968 ist diese Zunahme noch nicht zu sehen. Auf der Neckarinsel auf der Höhe von Sirnau befindet sich der Tierpark „Nymphaea“.
Einer weiteren Ausdehnung der Stadt setzen die Bestimmungen des Wasser-, Boden-, und Landschaftsschutzes Grenzen. Die Stadtplaner sehen ihre Aufgabe nun darin, die Umnutzung alter Gewerbeflächen und die Verdichtung der Bebauung unter Einhaltung heutiger Umweltstandards zu erreichen.

Tübingen, als Stadt unterhalb der Burg Hohentübingen seit Anfang des 13. Jahrhunderts urkundlich erwähnt, ist seit 1477 Universitätsstadt. Die Universität prägt bis heute Leben und Arbeiten in der Stadt und die Struktur der Einwohnerschaft, zu deren ca. 85.000 Einwohnern gut 19.000 Studierende zählen.
Das Luftbild eines amerikanischen Aufklärungsflugs ist auf den 18. April 1945 datiert, einen Tag später besetzten französische Truppen die Stadt. Südlich des Neckars liegt das 1934 eingemeindete Derendingen mit der Thiepval-Kaserne (1872/75), in der heute das Zollamt einen Teil des Gebäudes einnimmt. Der Güterbahnhof und die zu ihm führenden Gleise östlich des Hauptbahnhofs sind zerstört worden, doch außer etlichen zerstörten oder beschädigten Häusern ist die Stadt glimpflich davongekommen. Die Stadt war seit der ersten Hälfte des 19. Jahrhunderts über die Altstadt hinausgewachsen, und ein neues Stadtquartier und Universitätsviertel waren an der nach Osten Richtung Lustnau führenden Wilhelmstraße und im Norden der Stadt entstanden. Tübingen war Lazarettstadt, und im Klinikgebiet nördlich des Alten Botanischen Gartens sind Gebäude mit dem Roten Kreuz gekennzeichnet, ebenso die Universitätsbibliothek an der Wilhelmstraße.
Das Luftbild von 1968 zeigt, daß sich die Stadt nach Norden hin ausgedehnt hat. Neue Institute und Wohnviertel sind entstanden. Im westlichen Stadtgebiet wurde das neue Klinikviertel auf dem Schnarrenberg angesiedelt, und im Norden in der Nähe der Sternwarte wurden das

Tübingen
Luftbild, 18. April 1945
Landesvermessungsamt
Baden-Württemberg

Tübingen
Luftbild, 18. April 1968
Landesvermessungsamt
Baden-Württemberg

„Bundesforschungsinstitut für Viruskrankheiten der Tiere“ sowie die Max-Planck-Institute gebaut. Südlich und östlich der Institute liegen Wohngebiete. Auch die Bebauung am Österberg östlich der Altstadt ist etwas dichter geworden. Der gleiche Ausschnitt von 1998 zeigt, daß die Wohnbebauung weiter zugenommen hat und weitere Institute gebaut worden sind. Nördlich des Klinikums Schnarrenberg ist ein Teil der Naturwissenschaftlichen Institute zu sehen, darüber erstreckt sich der Neue Botanische Garten und das Wohngebiet Wanne, von dem auf dem Luftbild nur ein kleiner Teil zu sehen ist. Weiter östlich ragt gerade noch die Südspitze des Wohngebiets Waldhäuser mit den Studentenwohnheimen ins Bild. Unter diesem Wohngebiet verläuft ein breites Straßenband, der Nordring, der nach Süden an weiteren Wohngebieten vorbei in die Wilhelmstraße mündet.
Die Stadt hat in den Jahrzehnten nach dem Krieg enorme Gebiete nach Norden hin erschlossen, ist quasi den Berg hinauf gewachsen, was einen enormen Landschaftsverbrauch bedeutete. Die aktuellen Leitziele der Stadtplanung sind die Verdichtung auf Stadtbrachen und die Umnutzung von Gebäuden unter der Berücksichtigung ökologischer Aspekte. Der Abzug des französischen Militärs aus den Kasernen und Wohnsiedlungen im Süden der Stadt, bot die Möglichkeit, ein neues Quartier nach dieser Maßgabe zu gestalten.

Tübingen
Luftbild, 15. Mai 1998
Landesvermessungsamt
Baden-Württemberg

Tübingen
Rainer Fieselmann
2002
Rainer Fieselmann

Die Württembergische Feuerversicherungs AG (gegr. 1828) ließ 1934 diese topographische Ansicht von Stuttgart mit seinen Ortsteilen entlang des Neckars anfertigen, die vermutlich als Werbegeschenk diente. Der Betrachter blickt von Norden auf die württembergische Landeshauptstadt, die ihr Stadtgebiet und auch die Einwohnerzahl durch die Eingemeindung von Cannstatt, Gaisburg, Wangen und Untertürkheim zwischen 1901 und 1905 beträchtlich vergrössert und eine Vielzahl von Industrien sowie Gebiete zum weiteren Ausbau der industriellen Infrastruktur entlang des Neckars hinzugewonnen hat. Der 1930 vom städtischen Gaswerk in Betrieb genommene Gaskessel in Gaisburg überragt deutlich die übrige Bebauung. Ihm gegenüber am östlichen Neckarufer erstreckt sich der Cannstatter Wasen, und etwas südlich davon erhebt sich der Württemberg. Nördlich des Wasens liegt Cannstatt, der Stadt gegenüber am nördlichen Ufer liegen die Wilhelma und der Rosensteinpark, der in den nach Westen sich erstreckenden Schloßgarten mündet. Auf dem sich im Norden der Stadt erhebenden Killesberg sind noch wenige Häuser zu sehen. Auch die Besiedlungs- und Industriestruktur entlang des Neckars Richtung Süden ist noch weniger dicht als heute, und die ehemals selbständigen Gemeinden sind noch nicht zusammengewachsen.

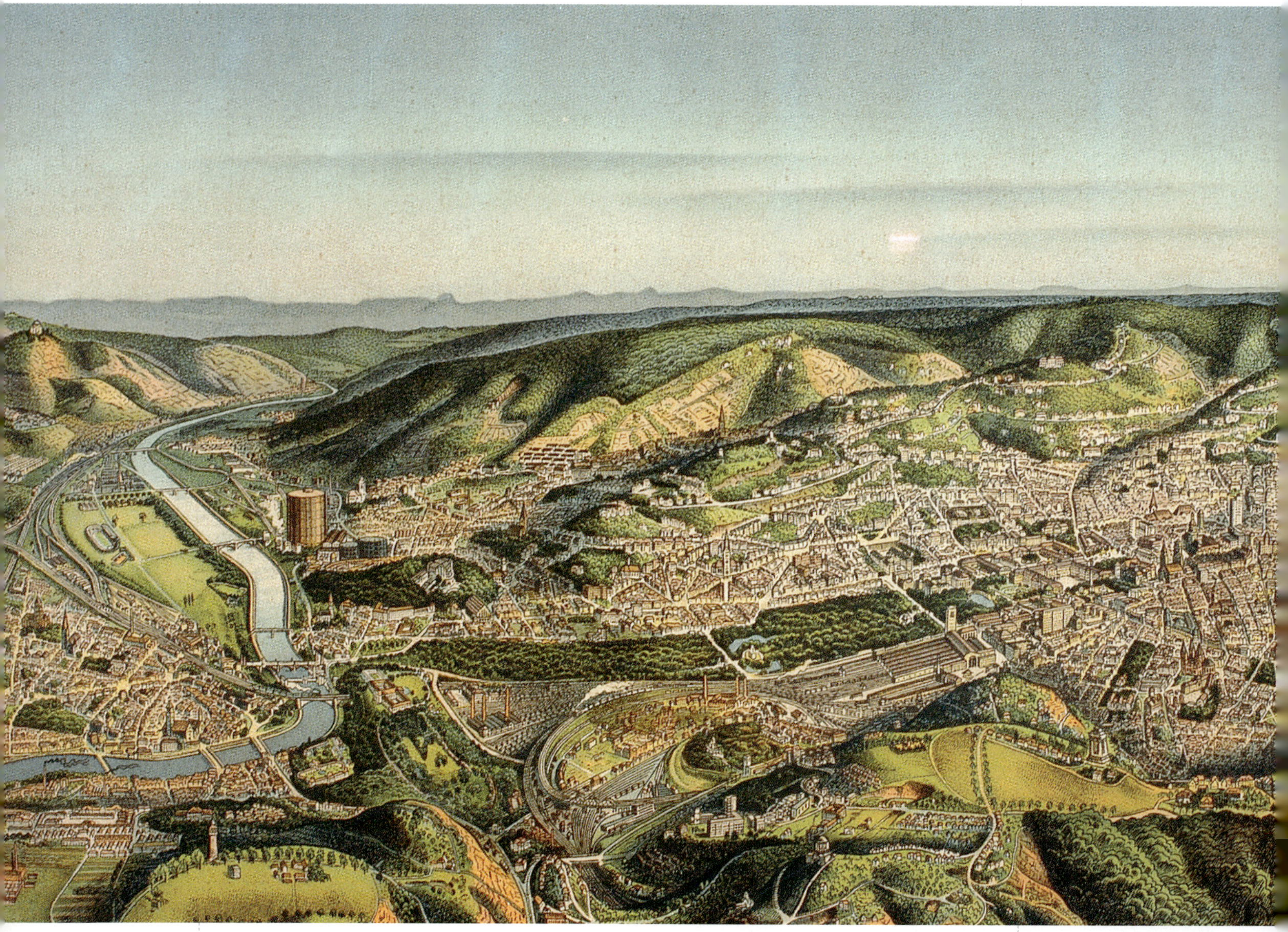

Stuttgart
Lithographie, 1934
Haus der Geschichte
Baden-Württemberg

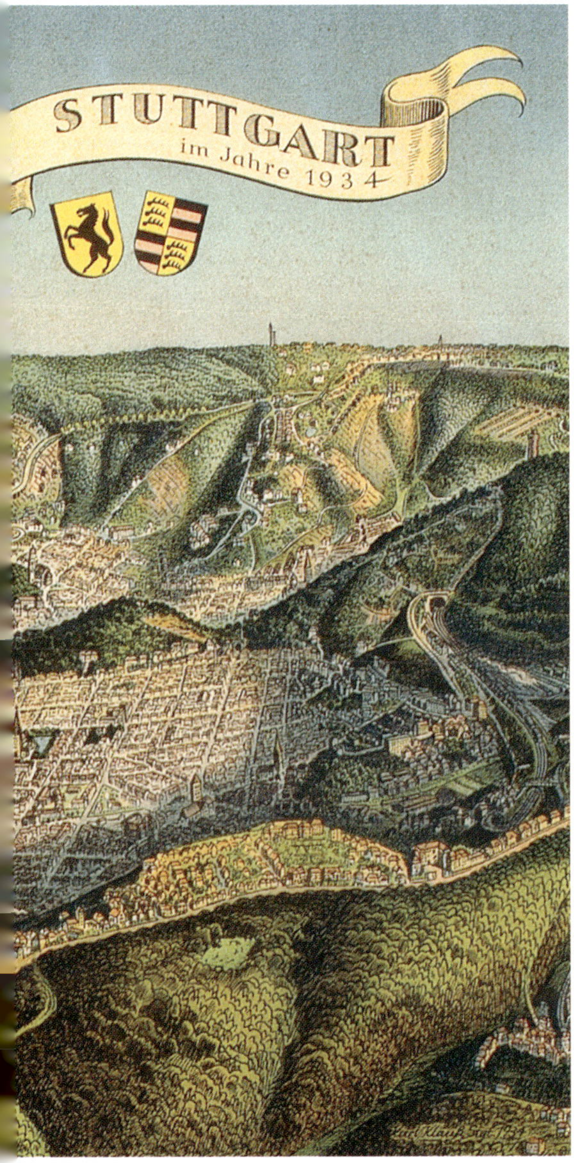

Straßentheaterfestival i
Pforzheim
Günter Beck
1992
günter beck Fotoverlag

Die Szenekneipe.
Der Palast der Republik.
Achim Zweygarth
1997
Achim Zweygarth

Die Nacht der Museen.
Staatsgalerie Stuttgart
Uli Kraufmann
2000
Pressefoto Kraufmann &
Kraufmann

Konzert auf dem Schloßplatz
in Stuttgart
Achim Zweygarth
1997
Achim Zweygarth

Arena of Sound auf de
Schloßplatz in Stuttga
Uli Kraufmann
2000
Pressefoto Kraufmann
Kraufmann

Übertragung der
Fußballweltmeisterschaft auf
dem Schloßplatz in Stuttgart
Thomas Hoerner
1998
Pressefoto Kraufmann &
Kraufmann

Karlsruher Pyramide
2000
Presse- und Informationsamt
der Stadt Karlsruhe

Antifaschismus-Demonstration in Tübingen
Rainer Fieselmann
2001
Rainer Fieselmann

Freilichtspiele in Schwäbisch Hall
Wilhelm Pabst
1988
Stadt Schwäbisch Hall, Touristik Information

Zum städtischen Leben gehören die Straßen und Plätze, öffentliche Räume, die in vielfältiger Weise von den Menschen in Besitz genommen werden können, von den Stadtbewohnern ebenso wie von Auswärtigen oder von Touristen. Diese Orte machen einen Teil der Attraktivität städtischen Lebens aus, ermöglichen gleichermaßen Nähe und Distanz, die Erfahrung von Differenz und Fremdheit wie der Gleichgestimmtheit. Einst begründete das Marktrecht das Stadtrecht vieler Städte, und bis heute ist der Markt ein immer noch attraktiver, wenn auch nicht mehr der wichtigste Ort zur Versorgung. Häufig befindet sich auch das Rathaus, das politische Zentrum der Stadt, am Marktplatz, allerdings werden die größer gewordene Stadtverwaltungen oder Teile davon heute oft in neuen Bauten außerhalb des Zentrums untergebracht. Seit den siebziger Jahren wird versucht, durch verkehrsberuhigte Fußgängerzonen – sieht man vom öffentlichen Nahverkehr ab – die Attraktivität der Innenstadt als Ort des Konsums zu verstärken und die Abwanderung in die peripheren Einkaufszentren zu verhindern. Die Straßencafés und Szenekneipen sind ebenso Treffpunkte des Stadtmenschen wie das Weinfest am zentralen Platz einer Kleinstadt. Auch für kulturelle Aktivitäten bietet der städtische Raum vielfältige Möglichkeiten, für selbstorganisierte, eher spontane Aktionen wie der Straßenmalerei oder der Straßenmusik ebenso wie für die organisierten Open-Air-Veranstaltungen oder Events. Daneben gehören selbstverständlich auch Institutionen wie Museen, Oper, Theater und Konzerthaus zur kulturellen Öffentlichkeit der Städte. Und nicht zuletzt sind auch die politischen Manifestationen ein Aspekt städtischer Lebensform und Urbanität.

Fußgängerzone in Karlsruhe
2002
Presse- und Informationsamt
der Stadt Karlsruhe

Weinfest in Gengenbach
Heinz Ehrhardt
Um 1999
Kultur und Tourismus GmbH
Gengenbach

Open-Air-Konzert in Karlsruhe
2001
Presse- und Informationsamt
der Stadt Karlsruhe

Tübinger Bücherfest
Rainer Fieselmann
2002
Rainer Fieselmann

Markt in Esslingen am Neckar
Rainer Fieselmann
Um 2000
Rainer Fieselmann

Rathaus und Marktplatz in Tübingen
Rainer Fieselmann
2001
Rainer Fieselmann

Das Konzerthaus in Freiburg
Rüdiger Buhl
Um 1997
Freiburg Wirtschaft und
Touristik GmbH & Co KG

Ostermarsch-Demonstration auf dem Schloßplatz in Stuttgart
Frank Eppler
2002
Pressefoto Kraufmann & Kraufmann

Straßencafé in Karlsruhe
2001
Presse- und Informationsamt der Stadt Karlsruhe

Fußgängerzone in Esslingen am Neckar
Rainer Fieselmann
Um 2000
Rainer Fieselmann

Straßenmusikanten in Freiburg
Rainer Fieselmann
2000
Rainer Fieselmann

Circus auf dem Münsterplatz in Freiburg
Karl-Heinz Raach
Um 1997
Freiburg Wirtschaft und Touristik GmbH & Co KG

Das Zelt-Musik-Festival in Freiburg
Karl-Heinz Raach
Um 2000
Freiburg Wirtschaft und Touristik GmbH & Co KG

Der um 1930 entstandene Amateurfilm ist ein anschauliches Beispiel für die subjektive Wahrnehmung der Großstadt. Der aus Radolfzell stammende Paul Moriell machte Anfang der zwanziger Jahre in Stuttgart eine Lehre als Buchhändler und arbeitete einige Jahre in Verlagen und Buchgroßhandlungen. 1929 übernahm er die väterliche Buchbinderei und Schreibwarenhandlung in Radolfzell. Er richtete ein Fotostudio ein und erweiterte den Handel mit Büchern und Schreibwaren um das Angebot von Foto- und Filmaufträgen. Der Film von Stuttgart entstand anläßlich eines privaten Ausflugs. Moriells Blick richtet sich nicht nur auf die Sehenswürdigkeiten wie Schloß und Marktplatz. Ihn fasziniert das Neue, die Bewegung in der Stadt, die durch Autos, Straßenbahnen und die Hast der Passanten entsteht. Er hält das ebenso fest wie die damals noch neuen Lichtreklamen und die moderne Architektur der Weißenhofsiedlung. Den Vetter, der ihn begleitet hat, nimmt er als Cafébesucher auf. Er ist allein und doch unter Menschen. Auch dies ist ein Kennzeichen großstädtischen Lebens, das die Kleinstadt Radolfzell kaum bieten konnte. Gerhard Stahl hat den Weg Paul Moriells in und durch die Stadt mit der Kamera nachvollzogen und festgehalten, wie sich die Stadt dem Blick des zeitgenössischen Betrachters darbietet. Das Verkehrsgewühl am Hauptbahnhof ist nicht nur stärker geworden, es hat auch an Faszination verloren. Bewegung und Mobilität gelten nicht mehr nur als positive Aspekte des modernen Lebens, sondern im negativen Sinne auch als Hektik, die der Lärm des Verkehrs verstärkt. Sichtbar werden auch die Veränderungen im Stadtbild durch Krieg und die Nachkriegszeit. So bieten Rathaus, Marktplatz oder Stiftskirche heute ein anderes Bild, und das im Krieg beschädigte Kaufhaus Schocken, vom Architekten Erich Mendelsohn in den zwanziger Jahren erbaut, mußte Anfang der sechziger Jahren einem Neubau der Firma Horten weichen. Heute ist hier der Kaufhof. Der gegenüberliegende Tagblatturm hat die Abrißwut der Nachkriegszeit überstanden, und die Weißenhofsiedlung blieb fast unverändert erhalten.

Stuttgart
Paul Moriell (1900–1959)
16mm s/w Film, um 1930
Haus der Geschichte
Baden-Württemberg

Stuttgart
Gerhard Stahl
Digital Video, 2002
Haus der Geschichte
Baden-Württemberg

„Das ‚amerikanische‘ Stuttgart“
Robert Holder (1908–1987)
1931
Haus der Geschichte
Baden-Württemberg

Die Tänzerin Marcia Haydée
Eva Zippel
Bronze, 1988
Haus der Geschichte
Baden-Württemberg

Robert Holder ordnete die Fotografien des Kaufhaus' Schocken, des Tagblatturms und des Kaufhaus' Tietz im Album wie zu einem dreiflügeligen Altarbild und gab diesem Arrangement den Titel „Das ‚amerikanische‘ Stuttgart“. Die Gebäude sind kunstvoll beleuchtet und heben sich dadurch von der Umgebung ab, was ihre Modernität, sei es der Architektur wie beim Tagblatturm und beim Kaufhaus Schocken, sei es der noch immer neuen, großstädtischen Einrichtung Kaufhaus – hier das Kaufhaus Tietz in der Königstraße – verstärkt. Die Anordnung der Fotografien zu einem Triptychon hat vermutlich rein ästhetische Gründe – der als Hochformat aufgenommene Tagblatturm wird in der Mitte plaziert – aber dieses Arrangement der im Lichterglanz erstrahlenden Gebäude und der Titel zeigen, daß das moderne Erscheinungsbild einer Großstadt begeisternd, aber noch fremd ist.
Robert Holder lebte in der Kleinstadt Urach, kam wie Paul Moriell aus der ‚Provinz‘. Vielleicht faszinierte ihn die Großstadt aus dieser Sicht als Ausdruck von Moderne und Weltläufigkeit.
Robert Holder war von 1927 bis 1939 als Kaufmanns-Gehilfe in verschiedenen Firmen und zuletzt als Prokurist tätig. Nebenbei betrieb er seit 1928 einen Foto-Verlag. Im Zweiten Weltkrieg war er Bildberichterstatter der Deutschen Luftwaffe. 1947 legte er die Meisterprüfung ab, machte den Nebenberuf zum Hauptberuf und baute einen Pressefoto-Verlag auf.

Die von der Stuttgarter Bildhauerin Eva Zippel geschaffene Porträtbüste vermittelt die charakteristischen Merkmale der legendären Primaballerina des Stuttgarter Balletts: Das schmale Gesicht mit dem entschlossenen Zug um den Mund, die hohe, runde Stirn und der aufmerksame Blick drücken Disziplin und Konzentration aus.
Marcia Haydée (geb. 1937) kam 1961 an das Stuttgarter Ballett. Unter der Leitung der Choreographen John Cranko, John Neumeier und Maurice Béjart feierte sie Triumphe als Primaballerina des klassischen Tanztheaters. 1976 trat sie die Nachfolge John Crankos als Direktorin des Stuttgarter Ballettensembles an und blieb bis 1996 Direktorin des Balletts. Als Tänzerin beendete sie ihr festes Engagement 1995, trat aber weiterhin in einigen Inszenierungen außerhalb des Opernhauses auf.

gemeinsam glauben …

Bernd Holtwick

gemeinsam glauben ...

Religion ist Privatsache – und ist es doch auch wiederum nicht, denn Menschen schließen sich zu Glaubensgemeinschaften zusammen, und ihr religiöses Reden und Handeln wirkt über den Kreis der Gleichgesinnten hinaus: Das Stück „Corpus Christi", das im Frühjahr 2000 am Stadttheater Heilbronn aufgeführt wurde, löste heftige Auseinandersetzungen aus, weil darin Christus und seine Jünger als Homosexuelle dargestellt wurden. Die muslimische Lehrerin Fereshta Ludin unterlag Anfang Juli 2002 vor dem Bundesverwaltungsgericht in Berlin mit ihrer Klage gegen das Bundesland Baden-Württemberg, das ihr verweigert hatte, im Unterricht das Kopftuch zu tragen. Am 10. Mai 2002 fand der traditionelle „Blutritt" in Weingarten statt und mobilisierte etwa 3.000 Reiter und Zehntausende von Gläubigen und Schaulustigen zu Fuß.

„Privat" ist die Religion insofern, als es jedem Menschen freisteht zu entscheiden, woran er glaubt und ob er zu einer Religionsgemeinschaft gehören möchte. Diese individuelle Wahlfreiheit ist größer als je zuvor, der Druck, der vom gesellschaftlichen Umfeld auf den Einzelnen in dieser Hinsicht ausgeübt wird, verschwindend gering. Man kann geradezu von einem ‚Markt der Möglichkeiten' sprechen, und es ist wohl kein Zufall, daß der Begriff ein beliebtes Element evangelischer Kirchentage, wie z. B. in Stuttgart im Jahr 1999, bezeichnet. Dabei handelt es sich um eine Art Forum, auf dem sich viele Gruppen in kleinen Abteilungen, die Messeständen ähneln, präsentieren. Ebenso gut kann man den ‚Markt der Möglichkeiten' auch metaphorisch verstehen, und zwar als einen Verweis auf Individualität, ein vielseitiges, wählbares Angebot und die Fluktuation von religiösen ‚Kunden'. Von den Anbietern wird erwartet, daß sie sich an bestimmte Regeln halten: Störend – peinlich oder ärgerlich – werden hier vor allem solche empfunden, die diese Offenheit und Unverbindlichkeit gefährden, wie z. B. Fundamentalisten aller Couleur, aber auch solche, die ihre privaten religiösen Überzeugungen öffentlich herausstellen und damit anstößig wirken.

Noch immer gehört zwar die weitaus größte Zahl der Baden-Württemberger zu einer der christlichen Kirchen, aber diese verzeichnen seit Jahren einen kontinuierlichen Mitgliederschwund. 1999 verließen fast 23.000 Protestanten und fast 22.000 Katholiken in Baden-Württemberg ihre Kirche. Unter denen, die bleiben, wächst die Zahl derer, die nur noch einzelne ‚Dienstleistungen' wie Trauungen und Beerdigungen nutzen wollen. Auch sind in den letzten Jahrzehnten immer mehr konkurrierende Religions-‚Anbieter' aufgetreten, die spezifische Bedürfnisse zu befriedigen versprechen. Ebenso bringen Migranten ihre Religionen mit nach Baden-Württemberg. Dazu gehören orthodoxe Christen, Muslime oder Hindus.

Die Grenzen eines friedlichen Wettbewerbs werden deutlich, wenn z. B. Pläne zum Bau einer Moschee – die erste im Land Baden-Württemberg wurde 1992 in Pforzheim eingeweiht – Proteste hervorrufen. Es sind nicht die direkten Glaubensinhalte, die dazu den Anstoß geben, sondern vielmehr die diffuse Furcht vor einer angeblichen ‚Überfremdung', vor der Etablierung von als fremd und bedrohlich begriffenen Subkulturen. Der individualisierte Pluralismus beseitigt also nicht das Problem mangelnder Toleranz, die sich bei der Ablehnung bestimmter Formen der Religion immer wieder zeigt.

Angesichts der veränderten Lage muß auch der Staat seine Position zu den Religionen neu bestimmen. Bislang konnten die christlichen Kirchen auf eine relativ große staatliche Unterstützung zählen, die sich z. B. im Religionsunterricht an staatlichen Schulen oder bei der Einziehung der Kirchensteuer zeigen läßt. Das bedurfte kaum einer besonderen Rechtfertigung, solange andere Religionen nicht viele Anhänger hatten und deshalb wenig Ansprüche anmeldeten. Das ändert sich, wie die Bestrebungen zur Ein-

führung eines islamischen Religionsunterrichts zeigen, der möglicherweise ab dem Jahr 2003 als Pilotprojekt in einzelnen baden-württembergischen Schulen beginnt.
Der Staat muß ebenso darauf reagieren, wenn Menschen aus ihrer religiösen Überzeugung heraus oder unter dem Deckmantel der Religionsfreiheit Ziele verfolgen, die der freiheitlich-demokratischen Grundordnung zuwiderlaufen. Das Landesamt für Verfassungsschutz Baden-Württemberg beobachtet deshalb z. B. islamistische Gruppen – zu deren Mitgliedern nur 0,7% aller Ausländer in Baden-Württemberg gerechnet werden – und die „Scientology"-Organisation. Der ‚Markt der Möglichkeiten' ist nicht einfach eine harmlose Spielwiese, weder für den Einzelnen noch für die Gesellschaft insgesamt.
Die Situation der Religionsgemeinschaften hat sich in den letzten fünfzig Jahren erheblich verändert. Dazu trugen die Folgen des Zweiten Weltkriegs bei, weil sich die konfessionellen Milieus, die die religiösen Deutungsmuster abgestützt hatten, durch die enormen Bevölkerungsbewegungen abschliffen. Die Bedeutung dieser konfessionellen Durchmischung läßt sich an der Frage der „Gemeinschaftsschule" aufzeigen. Es ging darum, daß protestantische und katholische Kinder an einer Schule unterrichtet und nur im Religionsunterricht getrennt werden sollten. In Baden war diese Schulform bereits 1876 eingerichtet, in Württemberg 1936 verordnet worden, aber mit den neuen Verfassungen nach 1945 stellte sich die Frage, ob sie beibehalten oder wieder abgeschafft werden sollte. Die SPD brachte das Argument vor, die Gemeinschaftsschulen dienten zur Integration einer Gesellschaft, die die Flüchtlingsströme konfessionell sehr durcheinandergewirbelt hätten. Die katholische Kirche führte ihren Kampf für die Wiedereinführung der Bekenntnisschule mit großem Aufwand, unterlag aber 1967, als die Gemeinschaftsschule in der baden-württembergischen Verfassung verankert und damit auch in Süd-württemberg-Hohenzollern eingeführt wurde, wo bisher die Eltern hatten abstimmen können, ob die Schule ihrer Kinder konfessionell gemischt sein sollte oder nicht.
Der kulturelle Wandel seit den 1960er Jahren und die Veränderungen der Familienstruktur trugen gleichfalls dazu bei, den Weg zum heutigen individualisierten Pluralismus zu ebnen. Die christlichen Kirchen verloren massiv an Bindekraft und Einfluß. Sie blieben zwar von ihrem eigenen Anspruch her „Volkskirchen", die Menschen nutzten aber in wachsendem Maße ihre Entscheidungsfreiheit, und das hieß: Viele entschieden sich gegen die Kirchenmitgliedschaft. Damit steht der heutige ‚Markt der Möglichkeiten' in deutlichem Kontrast zu den ‚festen Burgen' der Religionen, wie sie bis in die erste Hälfte des 20. Jahrhunderts hinein bestanden.
Um die Entstehung und Funktion der Strukturen, die hier zugespitzt als ‚feste Burgen' bezeichnet werden, zu verstehen, muß man bis zum Ende des 18. Jahrhunderts zurückblicken. In dieser Zeit durchbrach erstens die Aufklärung den christlichen Anspruch auf eine alleinige und verbindliche Deutung der Welt und stellte damit die Religion vor das grundsätzliche Problem, wie sie ihrerseits mit den Ansprüchen einer emanzipierten Wissenschaft umgehen sollte. Zweitens führte die Neubildung der Territorien, die „territoriale Revolution" um die Wende zum 19. Jahrhundert, in großem Umfang verschiedene christliche Konfessionen in einem Territorium, unter einem gemeinsamem Herrscher und mit den gleichen Gesetzen für alle, zusammen. Bisher hatte das Prinzip „cuius regio eius religio" – der Herrscher bestimmt die Religion seiner Untertanen – im Regelfall nur für einen latenten Pluralismus gesorgt, da jeder Staat zumindest theoretisch nur eine christliche Konfession beheimatet hatte. Im deutschen Südwesten verschoben sich nun die Gewichte zwischen den Konfessionen nachhaltig. In Baden kehrte sich das Verhältnis von Katholiken und Protestanten um. Ende des 18. Jahrhunderts stellten die Protestanten die große Mehrheit, nach den Gebietsveränderungen waren zwei Drittel aller Badener Katholiken. Das Herrscherhaus aber blieb protestantisch. In Württemberg war nun jeder dritte Einwohner katholisch, während es bislang fast ausschließlich Protestanten gegeben hatte. Den Juden blieben die vollen Staatsbürgerrechte allerdings zunächst vorenthalten, für sie galt weiterhin ein gesonderter Status als bestenfalls „geduldete Ausheimische" (Marum Samuel Mayer 1827).
Es zeichnete sich, ganz allgemein gesprochen, zu Beginn des 19. Jahrhunderts also eine pluralistische Situation ab, in der erstens plötzlich mehrere Religionsgemeinschaften nebeneinander standen und sie zweitens gleichzeitig untereinander und mit nicht-religiösen Deutungsangeboten konkurrierten. Eine Monopolstellung konnte keine der christlichen Kirchen mehr erringen. Diese Veränderungen stellten zunächst den Staat vor das Problem, wie er sich dieser Pluralität gegenüber verhalten sollte. Er beanspruchte eine Aufsichtsfunktion, die gewissermaßen oberhalb der Religion angesiedelt war und jeder Religionsgemeinschaft ihre Rechte und Pflichten zuwies – und strebte somit ein „Staatskirchentum" an. In Baden und Württemberg wurden deshalb entsprechende Verwaltungsstrukturen aufgebaut, die jeweils für Katholiken, Protestanten und Juden zuständig waren. Von katholischer Seite regte sich dagegen Widerstand, der zumindest teilweise erfolgreich war. Der Konflikt wurde aber letztlich nicht prinzipiell entschieden, sondern durch ein pragmatisches Arrangement entschärft, das der katholischen Kirche eine erhebliche Autonomie sicherte. Dieses Modell unterschied sich von dem der Französischen Revolution, wo der Staat möglichst vollständig von der Kirche getrennt worden war und sich so neutral, ja indifferent wie möglich verhalten

sollte. Das Christentum befand sich allerdings stets in einer privilegierten Position, selbst wenn die rechtliche Benachteiligung der Juden in Baden und Württemberg 1862 endete.
Diese Bevorzugung schützte die christlichen Kirchen nicht vor einem allmählichen Bedeutungsverlust: Im Verlauf des 19. Jahrhunderts, mit einer deutlichen Beschleunigung im letzten Drittel, wurden immer mehr Bereiche einer direkten religiösen Einflußnahme entzogen. Das ging teilweise mit heftigen Konflikten einher, die vor allem von katholischer Seite, aber auch von den Liberalen mit großer Leidenschaft geführt wurden. Ein kritisches Thema war etwa die Schule, die bisher unter kirchlicher Aufsicht gestanden hatte. Mit der Auseinandersetzung darum begann 1862 der badische Kulturkampf (1862 Einsetzung eines staatlichen „Oberschulrates"; 1876 wurden protestantische und katholische Schüler obligatorisch in einer Schule zusammengefaßt). Ebenso heftig umstritten war die Eheschließung. Die Frage, wie sich die katholische Kirche zu gemischtkonfessionellen Ehen verhalten würde, führte seit 1838 in Baden zu Konflikten. 1869 wurde dort die Zivilehe eingeführt (reichsweit 1875), was dazu beitrug, die Religion auf den Bereich der individuellen Überzeugungen zu beschränken: Für das rechtlich Bindende war der Standesbeamte zuständig. Die Revolution 1918/19 beendete dann das Staatskirchentum, d. h. der Staat gab im Prinzip seine Kontrolle über die christlichen Kirchen auf, die er im Falle des Protestantismus sehr weitgehend ausgeübt, im Falle des Katholizismus zumindest beansprucht, wenn auch nicht völlig durchgesetzt hatte. Das stellte die Weichen in Richtung einer Trennung von Staat und Religionen und damit letztlich auch zur völligen staatlichen Neutralität gegenüber allen Religionsgemeinschaften, also auch der nichtchristlichen oder -jüdischen.

Betrachtet man das gesamte 19. und frühe 20. Jahrhundert, stellte sich letztlich die Frage, wie sich die Religion in der Moderne einrichten konnte, wobei die zweite wesentliche Herausforderung – neben den dargelegten Ansprüchen des Staates – von der Aufklärung ausging, die die ‚Vernunft' an die Stelle des ‚Glaubens' stellen wollte. Ihren Angriffen gegenüber gab es dabei zwei grundlegende Möglichkeiten, nämlich zum einen gewissermaßen den Vorrang der Wissenschaft anzuerkennen und die Religion in ein „vernünftiges" Fahrwasser zu bringen oder zum anderen die Aufklärung massiv zu bekämpfen und ihr die eigenen Ansprüche offensiv entgegenzustellen. Im ersten Fall drohte die Degeneration zur bloßen Restgröße (Religion ist das, was die Wissenschaft (noch) nicht erklären kann), im zweiten die sektiererische Abschottung, falls nötig um den Preis der Lächerlichkeit. Im Verhältnis zum Staat galt das ganz ähnlich: Unterordnung oder Konflikt. Beide Wege wurden beschritten, und zwar von Katholiken, Protestanten und Juden in jeweils eigenständiger, aber vergleichbarer Weise.
In geradezu idealtypischer Weise verwirklichte der Katholizismus das Modell der Abgrenzung gegenüber den Ansprüchen der Aufklärung, was sich vor allem in Baden mit größter Deutlichkeit zeigte. Das war Teil eines sehr komplexen Prozesses, zu dem nicht zuletzt die Durchsetzung einer strengen Hierarchie mit dem Papst an der Spitze, vor allem aber die dauerhafte Bindung der Gläubigen an die Kirche gehörten. Man bezeichnet die Entwicklung auch als „Ultramontanisierung", wobei der Begriff auf Vorläufer aus dem frühen 19. Jahrhundert zurückgeht, als man damit diejenigen abwerten wollte, die sich „ultramontan" orientierten, also ‚jenseits der Berge' nach Rom und auf den Papst blickten. Die ‚Ultramontanisierung' begann massiv in den 1830er Jahren und wurde weitgehend von der katholischen Bevölkerung mitgetragen. Sie traf aber durchaus auch immer wieder auf interne Widerstände und mußte z. B. gegen den aufgeklärten Konstanzer Generalvikar von Wessenberg durchgesetzt werden.
Letztlich wurde eine Neuausrichtung der Kirche erreicht, sichtbar etwa am Neuzuschnitt der Bistümer und am Aufbau einer hierarchischen und bürokratischen Kirchenorganisation. Zur erfolgreichen Mobilisierung der Katholiken für die Kirche trugen nicht zuletzt moderne Mittel wie Presse und Vereinswesen bei. Auch die Anfeindungen von außen, der Kampf von Vertretern des Staatskirchentums oder nach 1848 des politischen Liberalismus gegen die katholische Kirche, sorgten für einen Schulterschluß der Katholiken. Der Kulturkampf gab der katholischen ‚Burg' dann die nötige Festigkeit, z. B. durch die Anteilnahme am Schicksal von Inhaftierten, und sorgte auch für die dauerhafte Verbindung mit dem politischen Katholizismus.
Die Auseinandersetzungen zwischen Staat und katholischer Kirche waren in Baden extrem heftig und setzten bereits in den 1860er Jahren ein, also etwa zehn Jahre vor dem Kulturkampf auf Reichsebene. Zur Härte des Konfliktes trugen sicher auch die Mehrheits- und Machtverhältnisse bei: Zum Katholizismus gehörten zwei Drittel der Badener, die politische und kulturelle Vormacht übten aber die – antikatholischen – Liberalen aus. Die württembergischen Katholiken dagegen, mit einem Drittel ein klare Minderheit, nahmen zwar sehr wohl regen Anteil an den Vorgängen im Nachbarland und im Reich, mögliche Streitpunkte wurden aber von Regierung und Bischof entschärft. Selbst die Gründung der Zentrumspartei zog sich hier bis 1894 hin, gelang also erst nach dem Tode des Bischofs Hefele, der dem stets ablehnend gegenübergestanden hatte. Das bedeutete aber nicht, daß der Katholizismus in Württemberg in Widerspruch

zur ‚Ultramontanisierung' gestanden hätte. Auch hier bewegten sich Klerus und ‚Kirchenvolk' in diese Richtung, wie sich z. B. am Weingartener Blutritt zeigte. Es galt in Württemberg wie in Baden: Denjenigen, die mit dieser religiösen Ausrichtung nicht einverstanden waren, blieben nur die Möglichkeiten, sich anzupassen oder die Kirche zu verlassen. Diesen Schritt vollzogen z. B. nach 1870 die Alt-Katholiken, aber sie blieben eine kleine Minderheit.

Auf diese Weise stabilisierte sich ein katholisches Milieu, das sich z. B. im häufigen Gottesdienstbesuch oder auch in der Wahl des Zentrums als Partei des politischen Katholizismus manifestierte. Katholische Vereine boten Geselligkeit, und der Pfarrer begleitete das Leben von der Wiege bis zur Bahre. Vor allem in ländlichen Gegenden blieb dieses Milieu bis nach dem Zweiten Weltkrieg erhalten – und konstituierte sich nicht selten in einer scharfen Abgrenzung auch gegen die Protestanten, die bis hinein in alltägliche Angelegenheiten reichte.

Der Protestantismus fand keine eindeutige Antwort auf die Herausforderungen der Moderne, sondern spaltete sich in eine liberale und in eine aufklärungskritische Richtung. Diese Spaltung überlagerte die Unterschiede zwischen der badischen und der württembergischen Landeskirche und ebenso die möglichen Streitpunkte zwischen Lutheranern und Reformierten. Die protestantischen Aufklärungskritiker kamen in Württemberg weitgehend aus dem Umfeld des Pietismus, der sich hier seit dem späten 17. Jahrhundert verbreitet hatte. Zu Beginn des 19. Jahrhunderts wandelte sich die bis dahin in diesen Kreisen vorherrschende eher kontemplative Frömmigkeit zu einer offensiven Anstrengung, Menschen zu „erwecken", d. h. bei ihnen den Glauben zu wecken. Zwar blieben unter dem Etikett „Pietisten" weiterhin viele Gruppen und Vereinigungen nebeneinander bestehen, die unterschiedliche Ziele verfolgten und verschiedene Frömmigkeitsstile praktizierten. Diese Vielfalt läßt sich geradezu als ein Kennzeichen des Protestantismus in Württemberg bezeichnen. Weite Verbreitung fand in diesen Kreisen aber die Vorstellung einer weltweiten Gegenoffensive, die in Gestalt der inneren und der äußeren Mission, durch viele, individuelle Bekehrungen, den ‚zerstörerischen Kräften' der Moderne entgegentreten sollte. Dem wissenschaftlichen Aufklärungsanspruch stellte die Erweckungsbewegung etwa die Überzeugung von der buchstäblichen Wahrheit der Bibel entgegen. Ebenso gehörte ein dualistisches Weltbild mit den Polen „Heil" und „Verdammnis" zu ihrem Vorstellungsrepertoire, das im verbreiteten Bild des „breiten und schmalen Weges" seinen Ausdruck fand. Charakteristisch – und neu – war aber auch hier der Einsatz moderner Mittel wie Vereine und Presse, wie sie sich in Württemberg etwa bei den Missionsvereinen oder den Bibelgesellschaften zeigten. In Baden fanden sich ebenfalls Pietisten und ‚erweckte' Christen, aber ihre Zahl und ihr Einfluß blieben viel geringer als im Nachbarland.

Der Gegenpol läßt sich mit dem Begriff des Kulturprotestantismus charakterisieren, dem es darum ging, das Christentum in Einklang mit den Erkenntnissen der modernen Wissenschaft zu bringen. Theologisch steht etwa der Tübinger David Friedrich Strauß und sein historisch-kritisches Buch „Das Leben Jesu" (1835) für diese Richtung. Strauß' Entlassung signalisierte die staatliche Repression solcher Positionen. Sie darf aber nicht darüber hinwegtäuschen, daß der Kulturprotestantismus im Bürgertum die einflußreichere Variante darstellte und seine Position gegen Ende des Jahrhunderts dort noch ausbaute. Die bildungsbürgerlichen Ressentiments gegen eine Popularisierung verhinderten allerdings, daß eine Massenunterstützung gewonnen werden konnte.

Beide Seiten, ‚Kulturprotestanten' und ‚Pietisten', distanzierten sich übrigens aus teils unterschiedlichen Gründen von den Katholiken: Während sie den einen als ‚ungebildet' erschienen, tadelten die anderen den ‚Aberglauben', der sich angeblich in Praktiken wie der Marien- oder Heiligenverehrung niederschlug.
Ganz unabhängig davon schritt vor allem seit dem letzten Drittel des 19. Jahrhunderts die Entkirchlichung der Protestanten, bedingt durch Industrialisierung und Urbanisierung, voran: Die Zahl der Kirchenbesucher sank rapide, und die Pfarrer klagten über ihren schwindenden Einfluß auf die Kirchenmitglieder, besonders in den großen Städten, weniger auf dem Lande. Allerdings wurden bei wichtigen Ereignissen im Lebenslauf wie Geburt, Eheschließung und Tod weiterhin die kirchlichen Rituale in Anspruch genommen.
Das Judentum mußte sich im 19. Jahrhundert insofern in einem besonders komplexen Problemfeld bewegen, als es sich nicht nur mit den aufklärerischen Herausforderungen konfrontiert sah, sondern gleichzeitig die rechtliche und soziale Diskriminierung zu überwinden hatte. Konzentriert man sich zunächst auf die Position zur Aufklärung, zeigt sich eine analoge Spaltung wie im Protestantismus und im Katholizismus. Im Judentum trennte sich eine liberale Reformbewegung von der Orthodoxie. Die liberale Position erfreute sich massiver staatlicher Unterstützung. Sie war trotzdem zunächst auf das jüdische Bürgertum in den großen Städte beschränkt und dehnte erst in der zweiten Hälfte des 19. Jahrhunderts allmählich ihren Einfluß aus. Auch kam es nur in wenigen Fällen und erst gegen Ende des 19. Jahrhunderts zur wirklichen Spaltung in reformorientierte und orthodoxe Gemeinde mit der Errichtung eigener Synagogen – Karlsruhe ist ein Beispiel dafür. Die meisten Landgemeinden legten eher Wert auf die Beibehaltung der Traditionen, sie übernahmen die vorgeschriebenen Neuerungen.

Die modernen Staaten wie Baden und Württemberg griffen nachhaltig in die religiösen Belange der Juden ein. Sie setzten eine letztlich am Modell des Protestantismus entwickelte staatskirchliche Struktur durch, indem sie im ersten Drittel des 19. Jahrhunderts bisherige Autonomierechte der jüdischen Gemeinden, wie z. B. eine eigene Rechtsprechung für bestimmte Fälle, beseitigten und eine staatliche Aufsicht, eine israelitische „Oberkirchenbehörde" in Württemberg und einen israelitischen „Oberrat" in Baden, einsetzten. Dem lag der Anspruch zugrunde, das Judentum als Religion zu ‚verbessern' – indem z. B. bestimmte aus dem christlichen Kontext übernommene Vorstellungen eines ‚angemessenen' Gottesdienstes vorgeschrieben wurden – und parallel dazu die Juden zu ‚guten Staatsbürgern' zu ‚erziehen'. So formulierte der württembergische Minister Schmidlin 1828: „Mögen die Juden glauben, was sie wollen, solange sie nur tun, was sie sollen."
Für die Juden war die Existenz des Katholizismus oder Protestantismus kein Problem. Sie litten aber unter der rechtlichen Diskriminierung, die bis 1862 in Baden, bis 1864 in Württemberg bestand, und unter antijüdischen, seit dem späten 19. Jahrhundert zunehmend antisemitischen Vorurteilen ihrer ‚christlichen' Umwelt. Insofern ist die jüdische ‚Burg' nicht nur im Sinne der religiösen Abgrenzung, sondern auch als Ausdruck der Ausgrenzung der Juden zu verstehen.
Es wäre kurzsichtig, den ‚Bau' religiöser ‚Burgen' gegen die Moderne nur als Widerstand gegen einen heilsamen Fortschritt zu begreifen und zu verurteilen. Der Nationalsozialismus demonstrierte in brutaler Weise die zerstörerischen Potentiale der Moderne, und ein Blick auf das Verhältnis der Religion zum „Dritten Reich" zeigt, daß gerade die antiaufklärerische Verschanzung von Katholiken und ‚erweckten' Protestanten auch für Konflikte mit dem Regime sorgte. Die

zumindest teilweise erfolgreiche Verteidigung schuf Schutzräume und Rückzugsmöglichkeiten gegenüber den nationalsozialistischen Ansprüchen. Allerdings darf dabei nicht übersehen werden, daß daneben auch ausgeprägte ideologische Affinitäten zwischen Katholizismus, Protestantismus und Nationalsozialismus bestanden: Der unerbittliche Kampf gegen die angebliche Bedrohung ungläubiger Sozialisten wurde beispielsweise aus Kirchensicht ganz überwiegend begrüßt, und auch der Antisemitismus stieß dort keineswegs auf einhellige Ablehnung. Bei den „Deutschen Christen" sorgte nicht zuletzt die Hoffnung auf eine Wiederbelebung der Volkskirche – als Umkehr der fortschreitenden Entkirchlichung – dafür, daß sie die Nationalsozialisten unterstützten.

Für die Juden gab es im „Dritten Reich" keine Rückzugsräume. Hatte ihnen der alte, religiös geprägte Antijudaismus trotz aller Diskriminierung zumindest noch ein Existenzrecht und in Gestalt der Taufe auch ein Entkommen ermöglicht, hemmte nichts dergleichen mehr den rassistischen und wissenschaftlich verbrämten Vernichtungswillen der Nationalsozialisten und den modernen, bürokratischen und industriellen Vernichtungsapparat.

Nach dem Zweiten Weltkrieg verloren, wie bereits erwähnt, die religiösen ‚Burgen' an Bedeutung, was sich z. B. darin zeigt, daß die Frage, ob jemand Protestant oder Katholik ist, seit den 1970er Jahren kaum noch eine Rolle spielt. Die bis dahin in Baden und Württemberg mit aller Kraft betonte Konfessionsgrenze – und die Anstrengungen, einen konfessionellen Proporz zu wahren – verschwanden weitgehend aus dem Bewußtsein oder sind zur bloß anekdotischen Erinnerung verwandelt. Aber auch der ‚Markt der Möglichkeiten' bringt Probleme und Konflikte mit sich.

Hinweisschild auf die Autobahnkirche St. Christophorus, Baden-Baden
Nach 1978
Haus der Geschichte Baden-Württemberg

Anliegenbücher aus der Autobahnkirche St. Christophorus
1997–2001
Autobahnkirche St. Christophorus, Baden-Baden

1978 wurde als Geschenk der Erzdiözese Freiburg zum Katholikentag in Freiburg die Autobahnkirche errichtet. Der Hochbau wurde von Friedrich Zwingmann, Karlsruhe, entworfen und ausgeführt. Das Bildprogramm, das sowohl die Glasfenster als auch die Betonreliefs umfaßt, erarbeitete Emil Wachter, Karlsruhe.
Dem Architektenentwurf lag zunächst eher die Idee eines Zeltes zugrunde, das an das „Wandernde Gottesvolk“ erinnerte – den vierzig Jahre dauernden Zug des Volkes Israel aus Ägypten nach Palästina, wie er im Alten Testament erzählt wird. Die Ausgestaltung sorgte dafür, daß das Provisorische und Leichte des ursprünglichen Entwurfs zurücktrat und sich eher der Eindruck einer massiven Pyramide aufdrängt.
Jedes Jahre besuchen 250.000 bis 300.000 Menschen das Gotteshaus, das über die Autobahnraststätte Baden-Baden erreichbar ist. Die Gottesdienste am Sonntag haben eine eigene kleine ‚Gemeinde' angezogen. Darunter sind viele, die sich nicht an ihre Heimatgemeinden binden möchten, sondern die Möglichkeit suchen, je nach Bedarf in das Gotteshaus zu kommen, ohne sich weitergehenden Ansprüchen ausgesetzt zu sehen.

Persönliche Gedanken oder Gebete in der Autobahnkirche zu hinterlassen ist vielen Menschen wichtig. Pro Jahr werden etwa vier solcher Anliegenbücher mit den Texten der Besucher gefüllt. Manchmal bestehen die Eintragungen nur aus wenigen Worten – „Herr hilf“ – manchmal sind es ausführlichere Darstellungen von persönlichen Wünschen und Problemen. Oft beziehen sich die Anliegen auf die Reise, die den Schreibenden noch bevor steht oder hinter ihnen liegt. Aber das Spektrum umfaßt alle Bereiche des Lebens.
Die Anliegenbücher bieten die Möglichkeit, Dinge ganz persönlich – in der eigenen, unverwechselbaren Handschrift – zu äußern und als Gebet zu Gott zu formulieren. Gleichzeitig werden sie damit auch für andere Menschen sichtbar, die Anteil nehmen können. Wahrscheinlich ist das der Grund, warum meistens nicht der vollständige Name oder die Adresse eingetragen werden.
Bemerkenswert ist es, daß sich nur selten Schmierereien in den Büchern finden. Die Autobahnkirche mit ihrer eindrucksvollen Raumwirkung und die ehrlichen und persönlichen Anliegen gebieten wohl einen respektvollen Umgang.

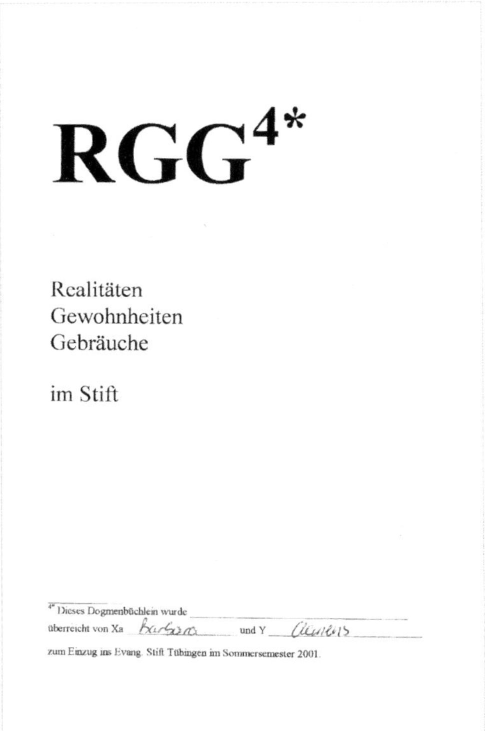

RGG[4*]

Realitäten
Gewohnheiten
Gebräuche

im Stift

[4*] Dieses Dogmenbüchlein wurde
überreicht von Xa Barbara und Y Clemens
zum Einzug ins Evang. Stift Tübingen im Sommersemester 2001.

„RGG. Realitäten, Gewohnheiten, Gebräuche im Stift“
Evangelisches Stift
Tübingen, 2001
Haus der Geschichte
Baden-Württemberg

„Religion in Geschichte und Gegenwart“
Mohr Siebeck, Tübingen
1998–2001
Haus der Geschichte
Baden-Württemberg

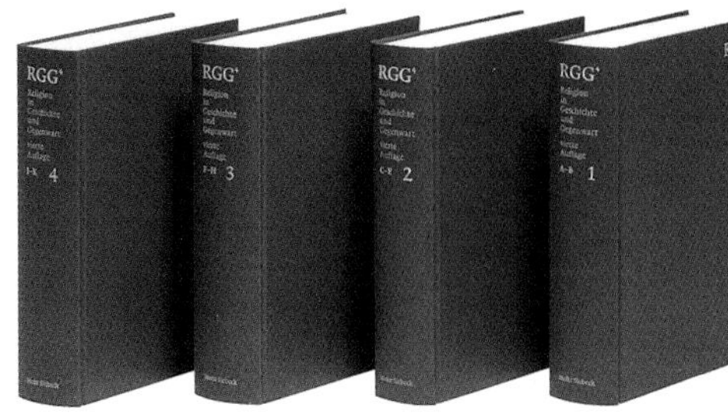

Das Evangelische Stift wurde bereits 1536 gegründet und gewährt seitdem württembergischen Theologen – und seit Herbst 1969 auch Theologinnen – Unterstützung im Studium. Die „Stiftler“ werden während des Semesters kostenlos verpflegt und dürfen in dieser Zeit auch unentgeltlich im Stift wohnen. Außerdem gibt es zusätzliche Studien- und Freizeitangebote, z. B. auch einen eigenen Musikunterricht. Über die Aufnahme in das Stift entscheidet eine Prüfung, die nach dem Abitur zu absolvieren ist.

Das Stift ist in erster Linie eine theologische Ausbildungsstätte, das Zusammenleben von ca. 100 Studierenden auf engem Raum entwickelt aber eine eigene Dynamik. Es müssen Probleme geklärt werden, Freizeitaktivitäten werden organisiert und auch die persönliche religiöse Praxis, wie Andacht oder Bibellektüre, fließt in die Gemeinschaft ein.

Seit 1960 sind die „Stiftler“, d. h. also die Stipendiaten, offziell an der Verwaltung des Stiftes beteiligt. Sie wählen einen „Y“ und eine „Xa“, die ihre Angelegenheiten im Stiftsrat vertreten. Dort wirken auch Vertreter der „Repetenten“ – wissenschaftliche Mitarbeiter, die die Stiftler in wissenschaftlicher und seelsorgerischer Hinsicht beraten – mit. Nach außen vertreten wird das Stift durch den „Ephorus“, wörtlich übersetzt „Aufseher“. Seit 1987 bekleidet dieses Amt der Tübinger Theologe Prof. Eberhard Jüngel.

Der Titel „RGG“ spielt auf ein wichtiges theologisches Fachlexikon „Religion in Geschichte und Gegenwart“ an. Das Heft liefert den Neuankömmlingen eine – manchmal augenzwinkernde – Einführung in die vielen besonderen Regeln und Gepflogenheiten, die das Zusammenleben bestimmen.

Ephorus Prof. Eberhard Jüngel gehört zu den Herausgebern des wissenschaftlichen Lexikons „Religion in Geschichte und Gegenwart“ – abgekürzt „RGG“. Die erste Auflage des Lexikons erschien von 1909 bis 1913. Ziel war es, einen Überblick über den Forschungsstand von Theologie, Religionswissenschaft und verwandten Teildisziplinen zu geben. Die Herausgeber der aktuellen, vierten Auflage beschreiben ihr Ziel unter anderem so: „In Auseinandersetzung mit der evangelischen Mitte des christlichen Glaubens soll ‚Religon in Geschichte und Gegenwart‘ so dargestellt werden, daß die Leserinnen und Leser in der gebotenen Kürze optimal informiert und ihnen eine sachliche Urteilsbildung gerade auch im Blick auf andere und fremde religiöse Wirklichkeiten ermöglicht wird.“ Das Lexikon verkörpert einen rein rationalen Zugang zu „Religion und Religionen“ (Verlagsprospekt), bei dem persönliche Glaubens- oder Transzendenzerfahrungen nüchtern – und gewissermaßen von außen – betrachtet werden sollen und religiöse Zusammenhänge in einzelne Schlagworte fragmentiert werden.

Eberhard Jüngel hat seit 1969 eine Professur für Systematische Theologie und Religionsphilosophie an der Universität Tübingen inne. Vorher lehrte er bereits in Ost-Berlin und Zürich.

Theologische Fachbücher
Haus der Geschichte
Baden-Württemberg

Am 13. September 1987 wurde das jüdische Gemeindezentrum in Mannheim eingeweiht. Es liegt direkt neben dem Gelände, auf dem die 1938 zerstörte Mannheimer Synagoge stand. Das Gemeindezentrum umfaßt neben der Synagoge u. a. noch einen großen Gemeindesaal, einen Gymnastiksaal und Wohnungen. Die Anlage umschließt einen Innenhof, in dem die Sukka, die Laubhütte, für das jährliche Laubhüttenfest aufgestellt wird. Der Architekt Karl Schmucker war bei seinen Planungen an einen engen finanziellen Rahmen gebunden, der nur etwa zwei Drittel der sonst bei einem solchen Komplex üblichen Herstellungskosten deckte. Die Synagoge hat eine quadratische Grundfläche. Eine flache Kuppel mit einem Lichtdurchlaß und dem Davidstern in der Mitte überwölbt den Raum. Die Kuppel innen ist mit einer blau-weißen Wolltapisserie versehen, die den Himmel von Jerusalem symbolisiert. Der Thoraschrein befindet sich auf der Seite, die nach Jerusalem ausgerichtet ist (Schmucker 1987). Die Sitze unten im Raum sind den Männern vorbehalten, die Empore steht den Frauen zur Verfügung oder auch den Männern, die mit ihnen zusammen den Gottesdienst feiern möchten.
Die jüdische Gemeinde versteht ihr Zentrum als ein „Haus der offenen Tür“ und stellt die Räumlichkeiten für viele unterschiedliche Zwecke zur Verfügung. Auf Sicherheitsmaßnahmen kann zwar nicht verzichtet werden, das mutige Konzept der Offenheit hat der Gemeinde aber Anerkennung und Wertschätzung weit über die Stadtgrenzen Mannheims hinaus eingetragen.

Die theologischen Fachbücher sind gewissermaßen das alltägliche ‚Handwerkszeug‘ der Stiftler. Sie dienen der wissenschaftlichen Auseinandersetzung mit der christlichen Religion. Das wiederum soll die Studierenden in die Lage versetzen, später als evangelische Pfarrer Antworten auf religiöse Fragen und Probleme ihrer Gemeindemitglieder zu finden. Bereits seit den späten 1960er Jahren wurde aber immer wieder das „gebrochene Verhältnis zwischen wissenschaftlicher Theologie und kirchlicher Wirklichkeit“ (Mayer 1985, S. 140) beklagt – konkret also das Mißverhältnis zwischen Ausbildung und Arbeitsalltag der Pfarrer. Außerdem bietet die Theologie nicht unbedingt Hilfestellungen für den persönlichen Glauben, sondern beruht auf wissenschaftlichen Standards und nimmt deshalb keine Rücksicht auf individuelle Überzeugungen oder Gefühle. Das Studienangebot und die selbstorganisierten Veranstaltungen und Treffen innerhalb des Stiftes bieten hier Ergänzungen zu den universitären und damit wissenschaftlich geprägten Veranstaltungen.
Die Bücher stammen aus dem Besitz von Clemens Staub, Stuttgart, und Maja Hack, Hildrizhausen. Maja Hack übernahm am Ende des Sommersemsters 2001 das Amt der „Xa“ für ein Semester. Clemens Staub amtierte als „Y“ im Sommersemester 2001.

Modell des Innenraums der neuen Synagoge in Mannheim
Karl Schmucker, Mannheim
Um 1986
Karl Schmucker u. Partner, Mannheim

Gebetskette
1960er Jahre
Riad Ghalaini, Stuttgart

Die Gebetskette ist ein Hilfsmittel zum Zählen von Gebetsformeln, die meditativ wiederholt werden. Die Sätze „Sübhanallah" (Allah ist vollkommen), „Elhamdulillah" (Allah sei Dank) und „Allahu Ekber" (Allah ist allmächtig) werden nach Abschluß des rituellen Gebets je 33 mal gesprochen. Das kann laut in der Gruppe oder auch still für sich geschehen.
Die Gebetskette gehört Riad Ghalaini. Er wurde 1936 im Libanon geboren, kam 1957 nach Deutschland und arbeitete in Stuttgart als Bautechniker. Die Kette wurde ihm von Herrn Raafat, einem engen Freund, geschenkt. Raafat arbeitete als Übersetzer bei einer Firma, die die Gebetsketten zum Export nach Saudi-Arabien herstellte. Er erkrankte in den siebziger Jahren an Muskelschwund, ging dann, als die Krankheit fortschritt, zu seiner Familie in den Libanon zurück und starb dort. Die Kette stellt so auch eine Erinnerung an diesen Freund dar.
Riad Ghalaini gründete schon in seiner Studentenzeit eine islamische Vereinigung, gehörte 1960 auch zu den Mitbegründern der „Islamischen Gemeinschaft" in Deutschland. Als er 1991 seine Einbürgerung beantragte, wurde ihm diese zunächst verweigert, da man ihm verfassungsfeindliche Aktivitäten vorwarf. Prozesse vor dem Verwaltungsgericht Stuttgart und beim Verwaltungsgerichtshof in Mannheim, die er beide gewann, erwiesen aber, daß diese Anschuldigungen haltlos waren, so daß Ghalaini im Jahr 2000 deutscher Staatsbürger wurde. Seit der Gründung des Zentralrats der Muslime in Baden-Württemberg, die sich von 1994 bis 1996 hinzog, ist Riad Ghalaini dessen Vorsitzender. Es handelt sich um einen Dachverband, der muslimische Vereine vieler Nationalitäten zusammenschließt. Das ist insofern eine Besonderheit, als die meisten Muslime in Deutschland Türken sind und sich schon wegen der Sprache eher national organisieren. Ein wesentlicher Zweck ist die Mitarbeit bei der Einrichtung des islamischen Religionsunterrichts in baden-württembergischen Schulen. Der Verein residiert in einem Raum, der von der türkischen islamistischen Vereinigung Milli Görüs zur Verfügung gestellt wird. Milli Görüs wird vom Landesamt für Verfassungsschutz Baden-Württemberg beobachtet.

Plexiglasröhren
1999
Haus der Geschichte
Baden-Württemberg

Bau der Fatih-Moschee in Pforzheim
1992
Fatih Camii, Pforzheim

1999 wurde auf dem evangelischen Kirchentag in Stuttgart von der Gesellschaft für christlich-islamische Begegnung und Zusammenarbeit (CIBZ) e.V. ein Stand aufgebaut, der sich mit dem Dialog der beiden Religionen befaßte. Ein zentrales Element waren zwei Plexiglasröhren, in die die Besucher Tennisbälle werfen konnten, um über aktuelle Streitfragen abzustimmen. Gefragt wurde etwa, ob es einen islamischen Religionsunterricht geben sollte, ob Moscheen in Wohngebieten stehen dürften oder ob das Kopftuch eine Gefahr für die deutsche Kultur darstellen könnte. Riad Ghalaini ist der muslimische Vorsitzende der CIBZ, der christliche Vorsitzende ist Dr. Reinhold Gestrich. Die Satzung gewährt beiden gleiche Rechte.

1974 gründeten türkische Gastarbeiter in Pforzheim eine muslimische Gemeinde. Die wachsende Zahl der Mitglieder ließ in den achtziger Jahren den Wunsch entstehen, eine eigene Moschee zu errichten. Es folgten langwierige Verhandlungen mit der Stadt, bis eine Baugenehmigung schließlich für ein Grundstück im Industriegebiet erteilt wurde. 1989 wurde der Grundstein gelegt, am 26. September 1992 konnte die Moschee eingeweiht werden.
Spenden türkischer Muslime und Zuschüsse der türkischen Regierung deckten die Baukosten von etwa 5 Millionen DM. Einen geringen symbolischen Beitrag leistete auch die Stadt Pforzheim. Christliche Gemeinden aus Pforzheim und dem Enzkreis stifteten einen Kronleuchter in der Moschee, den sogenannten „Jesus-Leuchter“, der daran erinnert, daß Jesus auch im Islam eine wichtige Bedeutung hat – allerdings nicht als Gottes Sohn wie im Christentum, sondern als Prophet.
Der türkische Name „Fatih Camii“, bedeutet wörtlich „Eroberer-Moschee“ und verweist auf den Sultan Mehmet II., der 1453 das christliche Konstantinopel, das heutige Istanbul, eroberte (Spuler-Stegemann 1998, S. 154).
Der türkische Staat bezahlt den Imam, der die Gemeinde betreut. Er wird für nicht länger als sechs Jahre nach Deutschland geschickt und kehrt dann in die Türkei zurück. Auf der einen Seite verhindert der türkische Staat so, daß islamistische Einflüsse sich ausbreiten können. Auf der anderen Seite aber sorgt der regelmäßige Wechsel dafür, daß sich die Imame kaum in die deutschsprachige Umwelt integrieren können.

Krug
Ton, 1980er Jahre
Haus der Geschichte
Baden-Württemberg

Irmgard Weth und
Kees de Kort:
„Neukirchener Kinder-Bibel"
Kalenderverlag des
Erziehungsvereins
Neukirchen-Vluyn, 1988
Haus der Geschichte
Baden-Württemberg

Der Krug stammt aus dem Besitz von Hanspeter und Bärbel Wolfsberger. Hanspeter Wolfsberger ist Direktor der Liebenzeller Mission, das Ehepaar gehört außerdem dem Liebenzeller Gemeinschaftsverband an.
Der Krug wurde der Familie von Freunden geschenkt, weil sie der Meinung waren, das Motiv paße zu ihnen. Die Wolfsbergers haben heute neun Kinder, jede Figur auf dem Krug entspricht einem Kind. Für die Eltern sind Kinder ein Geschenk Gottes. Sie vertrauten darauf, daß sie auch alles erhalten würden, was sie brauchten, um ihre Kinder versorgen und großziehen zu können. Der Krug symbolisiert für Bärbel Wolfsberger den Zusammenhalt und die Gemeinschaft der Familie untereinander.

Für das Ehepaar Wolfsberger war es selbstverständlich, ihre Kinder im christlichen Glauben zu erziehen. Sie versuchten, mit den ersten beiden Kindern regelmäßig eine kindgerechte Hausandacht durchzuführen. Das endete aber Mitte der siebziger Jahre nach der Geburt des dritten Kindes, das durch sein Temperament und Geschrei die Andacht störte. Von da an lasen die Eltern den Kindern beim Schlafengehen Bettgeschichten vor und griffen dabei auch auf die Kinderbibel zurück. Die Kinder waren dann aufmerksamer und konnten auch über das sprechen, was sie am Tag beschäftigt hatte. Alle neun Kinder engagieren sich heute als Christen.

Modell des Hauses der Liebenzeller Gemeinschaft in Wiesloch
Traugott Schlecht
Traugott Schlecht, Kraichtal

Das Gemeinschaftshaus wurde am 4. November 2000 fertiggestellt. Es enthält die räumlichen Möglichkeiten, die für die Arbeit der Liebenzeller Gemeinschaft Wiesloch erforderlich sind. Dazu gehört ein großer Saal, in dem Gottesdienste gefeiert werden. Außerdem sind Räume erforderlich, in denen verschiedene kleinere Veranstaltungen, vor allem regelmäßige Gruppenstunden stattfinden können. Das Angebot reicht von Kinder- und Jugendgruppen bis hin zu Bibelkreisen. Der Architekt Traugott Schlecht ist selbst in der Liebenzeller Gemeinschaft aktiv. Schon seine Eltern arbeiteten darin mit. Traugott Schlecht besuchte christliche Jugendgruppen, leitete sie anschließend auch selber. Während seines Studiums gründete er eine christliche Rockband. Es ist ihm wichtig, die vielen Kontakte, die er als Architekt hat, zu nutzen, um den Menschen seinen Glauben zu zeigen.

Der Liebenzeller Gemeinschaftsverband, zu dem auch die Gemeinschaft in Wiesloch gehört, wurde 1933 von Pfarrer Heinrich Coerper als Zusammenschluß von Unterstützern der Liebenzeller Mission, die Missionare in alle Welt entsandte, gegründet. Seine Tätigkeit und die der angeschlossenen Gemeinschaften richtete sich aber von Beginn an auf die Evangelisation und Gemeinschaftspflege im eigenen Land, nicht in erster Linie auf die Missionsgebiete. Der Verband besteht im Jahr 2001 aus 430 lokalen Gemeinschaften, die in ca. 40 Bezirke gegliedert sind. Die Schwerpunkte liegen in Baden-Württemberg, Bayern, Hessen und Rheinland-Pfalz. Es werden 110 hauptberufliche Mitarbeiter beschäftigt. Die Arbeit finanziert sich ausschließlich durch Spenden.

Unterhemd mit Aufdruck
Januar 2001
Haus der Geschichte
Baden-Württemberg

Der Fußballer Ferreira de Camargo Neto (geb. 1972), alias „Adhemar", wurde im Januar 2001 vom VfB Stuttgart verpflichtet. Er hatte schon in Brasilien ein Unterhemd mit einer ähnlichen Aufschrift getragen. Als die Vertragsverhandlungen in Stuttgart abgeschloßen waren, flog er noch einmal nach Brasilien zurück, ließ dort das Unterhemd bedrucken und brachte es nach Deutschland mit. Adhemar ist weder katholisch noch evangelisch, sondern bezeichnet sich einfach als „Christ". Er trägt das Unterhemd aus Dankbarkeit gegenüber Gott.
Da der VfB Stuttgart die Verpflichtung hat, den Sponsor auf der Sportkleidung der Spieler zu nennen, sind für Adhemar jetzt neue Unterhemden bedruckt worden, die eine schwarze Aufschrift und den Aufdruck „adidas" tragen. Das alte Unterhemd wurde deshalb ausrangiert.

Adhemar nach einem Tor
Bernd Weissbrod
3. März 2001
dpa

Der Künstler Bruno Demattio wurde 1938 in Friedrichshafen geboren und lebte nach einigen Auslandsreisen von 1966 bis 1971 in Stuttgart. 1973 ging er nach London und kam dort in Kontakt zu Angehörigen der Bhagwan-Sekte, den sog. „Sanyasin". 1980 lebte Demattio in Poona in Indien. Er kam im nächsten Jahr nach Baden-Württemberg zurück. Seit Ende der achtziger Jahre verlor er allmählich das Interesse an der Bhagwan-Sekte und gab den Kontakt auf. Bis dahin aber trug er die abgebildete orangefarbene Kleidung der Sanyasin. Orange galt ihnen als die Farbe der aufgehenden Sonne. Die Kleidung verstärkte das Zusammengehörigkeitsgefühl der Mitglieder untereinander.
Der Inder Chandra Mohan Rajneesh, genannt „Bhagwan", sammelte seit Anfang der siebziger Jahre Schüler um sich und gründete 1974 den „Ashram" im indischen Poona als Zentrum des gemeinsamen Lebens der Sanyasin. Deren Religiosität war geprägt von den Begriffen Selbsterfahrung und Selbstverwirklichung. Experimentierfreude und Ablehnung konventioneller Lebensmuster prägten die Suche nach der „Erleuchtung". Wesentliche Elemente dabei waren die Lehren des Bhagwan, die Meditation einzeln und in Gemeinschaft oder auch das kreative Gestalten. Die Bindungen an die Sekte konnten so stark werden, daß Sanyasin hohe finanzielle Belastungen in Kauf nahmen und auch psychisch in ein Abhängigkeitsverhältnis gerieten. Man kann die Bhagwan-Sekte als ein religiöses Angebot verstehen, das mit Elementen und Strukturen, die aus fernöstlichen Religionen wie Hinduismus oder Buddhismus entlehnt waren, auf Bedürfnisse und Interessen von Menschen in den westlichen Industrienationen reagierte (Süss 1994, S.288).

Hemd, Umhängetasche und Schuhe
Zwischen 1975 und 1990
Haus der Geschichte Baden-Württemberg

Mala
Zwischen 1975 und 1980
Haus der Geschichte
Baden-Württemberg

Objekt „Die Suche“
Bruno Demattio (geb. 1938)
Metall, Glas, Wachs,
Um 1990
Haus der Geschichte
Baden-Württemberg

Als Sanyasin trug Bruno Demattio immer die „Mala“, eine Kette mit Holzperlen und dem Bild des Bhagwan. Das Verhältnis der Sanyasin zu Rajneesh war nicht eindeutig. Auf der einen Seite stand er deutlich im Mittelpunkt der gesamten Sekte, seine Lehren stellten die entscheidende Grundlage dar, und er selbst genoß als Bhagwan, d.h. „Gesegneter“ oder „Erleuchteter“, allerhöchste Verehrung, die sich nicht zuletzt im Tragen der Mala mit seinem Bild niederschlug. Auf der anderen Seite aber betonte er selbst immer wieder, daß es ihm darum gehe, seine Anhänger zu befähigen, selbständig nach Heil und Erleuchtung zu suchen (Karow 1990, S. 24; Süss 1994, S. 276). Seit 1989 nannte sich Rajneesh nicht mehr Bhagwan, sondern „Osho“ (Meister). Er starb am 19. Januar 1990. Der Umgang mit dem Tod des Sektengründers stellte ein Problem für die Sanyasin dar. Er wurde zum einen als Ansporn begriffen, nun die individuellen Anstrengungen zu steigern. Zum anderen entwickelten die Sanyasin die Vorstellung, ihr Meister sei nicht verschwunden, sondern lediglich in eine andere Form des Daseins übergetreten. Seine Worte sind weiterhin als Bücher oder Videoaufzeichnungen präsent.

Bruno Demattio arbeitet seit 1965 als Künstler und kann auf ein umfangreiches Œuvre und eine Vielzahl von Ausstellungen verweisen. Das Werk läßt sich weder in Form noch in Inhalt auf einen einfachen Nenner bringen, aber die Suche nach Sinn, nach dem woher, wohin und warum des Menschen, stellt eines der leitenden Motive dar und wird ernsthaft, aber auch immer wieder ironisch gebrochen und spielerisch verfolgt. Dieses Objekt entstand, als die Faszination der Bhagwan-Bewegung allmählich erlosch. Es stellen sich bei der Betrachtung Assoziationen von Begriffen wie Licht, Erleuchtung und Tor, Durchgang ein. Das Foto, das verarbeitet ist, scheint einen Flak-Scheinwerfer zu zeigen – auch ein Suchgerät, aber für den Kampf gegen Feinde. Das Objekt nimmt dem Betrachter die Suche nicht ab, es gibt keine fertige Antwort, sondern inspiriert bestenfalls das Nachdenken darüber.

E-Meter
Vor 1998
Landesamt für
Verfassungsschutz
Baden-Württemberg

Baden-Württemberg stellt einen regionalen Schwerpunkt der Scientology-Organisation in Deutschland dar. Sie verfügt hier über etwa 1.200 Mitglieder. „Missionen", scientologische Basisorganisationen, befinden sich in Ulm, Karlsruhe, Göppingen, Heilbronn und Reutlingen, ein regionales Zentrum in Stuttgart. Seit 1997 werden die Aktivitäten der Organisation, die sich selbst als „Kirche" bezeichnet und damit den Status einer Religionsgemeinschaft beansprucht, vom Landesamt für Verfassungsschutz beobachtet. Im Rahmen dieser Beobachtung wurde auch das „E-Meter" über einen Mittelsmann gekauft. Das Gerät mißt Veränderungen in der Leitfähigkeit der Haut. Es wird als Lügendetektor eingesetzt, um bei intensiven Befragungen der Mitglieder, sogenannten „Auditings", deren Antworten überprüfen und daraus auf angebliche „Therapie"-Notwendigkeiten oder -Möglichkeiten schließen zu können.

Die Scientology-Organisation beansprucht, Menschen durch Anwendung einer ausgefeilten Methode, zu der eben u.a. die „Auditings" gehören, von angeblichen geistigen ‚Blockaden' zu befreien und zu einer höheren Bewusstseinsstufe zu führen. Die Kurse, die dazu angeboten werden, sind sehr teuer und bei den ‚Therapien' werden intimste Geheimnisse erfragt und aufgezeichnet. Gleichzeitig aber verfolgt Scientology das Ziel einer neuen Gesellschaftsordnung, die frei von Konflikten ist und in der alle Menschen reibungslos funktionieren. Damit würden aber gleichzeitig individuelle Freiheit und Selbstbestimmung verschwinden, und auch für eine Demokratie, die ja nicht zuletzt auf der freien Meinungsäußerung beruht und das geregelte Austragen von Meinungsverschiedenheiten erfordert, wäre kein Platz mehr. Dieses Fernziel will Scientology durch den Ausbau der eigenen Organisation und die Unterwanderung bestehender Einrichtungen in Politik und Wirtschaft erreichen. Dazu gehört auch, gegen Kritiker massiv juristisch und publizistisch vorzugehen (Verfassungsschutzbericht 1999, S.202–229).

Die Abbildungen in den Scientology-Broschüren verweisen auf zwei Kernbereiche der Scientology-Organisation. Erstens ist darauf eine idealisierte „Auditing"-Situation zu sehen. Derjenige, der die Fragen stellt, kann auf die Meßskala des „E-Meters" blicken. Der Befragte berührt die Metallkontakte mit den Händen. Auffällig ist die Sonnenaufgangsdarstellung im Hintergrund, die wohl auf die angeblich durch die Sitzung erlangte persönliche ‚Klarheit' oder auf den Durchbruch der scientologischen Ideen verweisen soll. Die heiteren Mienen der beteiligten Personen suggerieren ebenfalls die positiven Auswirkungen. Die Gesprächssituation scheint geprägt von Harmlosigkeit und Vertraulichkeit. Die Ergebnisse der „Auditings" werden aber gespeichert und können später verwendet werden. Darin sind dann auch sehr intime Details, z. B. zur Sexualität oder über die finanzielle Lage des Befragten, enthalten (Verfassungsschutzbericht 1999, S. 212–214). Die Abbildung der vier Uniformierten mit Säbel verweist darauf, daß Scientology sich nicht nur auf die ‚Therapie' einzelner Interessierter konzentriert, sondern eine sehr komplexe Organisation darstellt, die auch eine klar aggressive Strategie verfolgt. Es handelt sich um eine, wiederum idealisierte, Darstellung von Mitgliedern der „Sea-Organization". Diesen Teil von Scientology kann man als Kader-Truppe bezeichnen. Die Angehörigen der „Sea-Org" tragen Uniformen und sind berechtigt, alle anderen Scientology-Organisationen zu kontrollieren und die Mitglieder zu maßregeln. Sie verpflichten sich zu höchstem Einsatz und bedingungslosem Gehorsam. Die Broschüren werden vom Landesamt für Verfassungsschutz Baden-Württemberg gesammelt, um sie auszuwerten oder auch als Anschauungsmaterial zu verwenden, da das Landesamt auch die Aufgabe hat, Informationen z. B. in Vorträgen weiterzugeben.

Selbstdarstellungen der Scientology-Organisation
1999
Landesamt für Verfassungsschutz Baden-Württemberg

Joseph (v.) Maier:
Israelitische Gebetordnung in zwei Bänden
J.B. Metzlersche Buchhandlung, Stuttgart
1861
Haus der Geschichte Baden-Württemberg

Blick auf den Thora-Schrein der neuen Synagoge in der Karlsruher Kronenstraße
1896
Generallandesarchiv Karlsruhe

Der später vom württembergischen König geadelte Joseph Maier verfaßte eine im liberalen Sinne reformierte Gebetordnung, die Elemente des Talmud wegließ, einige Gebete verkürzte und zusätzlich zu den hebräischen auch deutsche Lieder und Gebete aufnahm. Das stellte einen massiven Bruch mit der jüdischen Tradition dar. Maier wollte so den jüdischen Gottesdienst ‚veredeln', es ging ihm um „Einfachheit und Würde" (S. V). Auch wollte er den Gottesdienst ‚lebendig', d. h. abwechslungsreich gestalten, und ihm schien, „wenn der Gottesdienst nicht in einen todten Mechanismus ausarten soll, neben dem stehenden hebräischen Gebet ein Element notwendig, das wechselt, was nur deutsches Gebet und deutsches Lied sein kann" (S. VII).
Er stieß aber in vielen Gemeinden auf Ablehnung, manchmal auf heftigen Widerstand, was er in seinem Vorwort nur andeutet, wenn er darauf hinweist, die deutschsprachigen Teile des jüdischen Gottesdienstes würden noch immer wie ein „Fremdling" betrachtet (S. VII). In diesem Widerstand spiegelte sich sicher nicht zuletzt der Wunsch wider, die eigenen religiösen Angelegenheiten selbst zu regeln und sich nicht der Bevormundung des württembergischen Staates zu beugen, als dessen Vertreter Maier auftrat und in dessen Sinne er handelte.

Die von dem bekannten Architekten Friedrich Weinbrenner entworfene und ab 1798 erbaute Karlsruher Synagoge brannte im Jahre 1871 durch ein Unglück ab. Schon vorher hatte es innerhalb der jüdischen Gemeinde Meinungverschiedenheiten über den Ablauf des Gottesdienstes und die damit verbundene Gestaltung der Synagoge gegeben. Bereits seit 1819 trafen sich einige Familien zu einem eigenen, im liberalen Sinne reformierten Gottesdienst. Zum liberalen und reformorientierten Judentum rechneten sich vor allem die Wohlhabenderen und Gebildeten. Es war in den Städten sehr viel stärker vertreten als auf dem Lande (Paulus 1990).
Von 1873 bis 1875 wurde an der Stelle der abgebrannten eine neue Synagoge nach Entwürfen des Architekten Josef Durm errichtet. Das Bild stammt aus einer Sammlung von zwanzig großformatigen Fotografien, die dem badischen Großherzog am 9. September 1896 von Mitgliedern des badischen Oberrats der Israeliten zum 70. Geburtstag überreicht wurde. Sie befand sich in einer aufwendigen Schatulle.

Bei dem Neubau verwirklichte der Architekt Josef Durm das Programm der liberalen, reformorientierten Gemeindemitglieder. Das bedeutete etwa, daß die Innenausstattung sich an der einer katholischen Kirche orientierte und auch – erstmals in Baden bei einem Neubau – eine Orgel enthielt. Zum Gottesdienst gehörten sehr viele Elemente, bei denen nicht Hebräisch, sondern Deutsch gesungen und gesprochen wurde. Andere Juden in Karlsruhe akzeptierten diese Ausrichtung nicht, und die Konflikte spitzten sich um die Zeit des Neubaus herum zu. Seit 1869 wurden orthodoxe Gottesdienste in Privaträumen abgehalten, und 1881 entstand eine eigene Synagoge dafür (Everke 1990).

Wie die meisten Synagogen in Deutschland wurde auch das Gebäude in der Karlsruher Kronenstraße in der Nacht vom 9. auf den 10. November 1938 von den Nationalsozialisten verwüstet und angezündet. Allerdings mußte das Feuer rasch gelöscht werden, da sich in der Nähe das Benzinlager einer Autofirma befand. Die jüdische Gemeinde wurde dann gezwungen, die Synagoge auf eigene Kosten abreißen zu lassen.

Blick auf die Orgel
Nach 1875
Stadtarchiv Karlsruhe

Abbruch der zerstörten Synagoge
Anfang 1939
Stadtarchiv Karlsruhe

Orgelpfeife aus der Synagoge in Ludwigsburg
Fa. Walcker u. Cie,
Ludwigsburg, 1884
Stadtarchiv Ludwigsburg

Im Umfeld des herzoglichen Hofes in Ludwigsburg lebten seit Anfang des 18. Jahrhunderts einzelne jüdische Kaufleute, obwohl in Württemberg die Ansiedlung von Juden seit 1498 offiziell verboten war. Nach 1800 nahmen einige jüdische Familien in Ludwigsburg ihren Wohnsitz. Zwar gelangten durch die „territoriale Revolution" zu Beginn des 19. Jahrhunderts Juden in den Rechtsbereich des neuen Königreichs Württemberg. Erst 1828 durften sie sich dort niederlassen, wo bereits andere Juden lebten und von christlicher Seite kein Einspruch erhoben wurde. Um die völlige Freiheit in der Wahl des Wohnortes zu erhalten, mußten die Juden noch bis 1864 warten.
Im 18. Jahrhundert wurden die jüdischen Gottesdienste in Ludwigsburg noch nicht in einer richtigen Synagoge, sondern in einer einfachen Kammer eines Hauses gefeiert.
Die Synagoge entstand 1824 und wurde allmählich weiter ausgebaut. In den 1870er Jahren war das Gebäude aber zu klein geworden, so daß die Gemeinde einen Neubau beschloß.
Die neue Ludwigsburger Synagoge wurde 1884 errichtet. Sie war von Beginn an mit einer Orgel ausgestattet, die von der jüdischen Familie Elsas gestiftet worden war. Die Verwendung einer Orgel war das Kennzeichen einer liberalen, reformorientierten Gemeinde (Hahn 1998).
Die Ludwigsburger Synagoge wurde am Morgen des 10. November 1938 zunächst geplündert und dann demoliert. Kurz nach 13.00 Uhr wurde sie in Brand gesteckt. Zuvor hatte ein Hitlerjunge noch die Pfeife aus den Trümmern der Orgel geholt und sie eingesteckt. Seine Familie übergab sie nach dem Krieg dem Stadtarchiv.

Hebräisches Gebetbuch
PKC Ehemalige Synagoge Freudental

Das Gebetbuch befand sich auf dem Dachboden der Synagoge Freudental. Diese war 1770 errichtet worden. Im Novemberpogrom 1938 wurde die Inneneinrichtung demoliert, und die Kultgegenstände wurden auf dem Sportplatz in der Nähe verbrannt. Das Gebäude blieb aber stehen. Bei der Renovierung seit 1980 stieß man auf dem Dachboden auf eine „Geniza". Eine Geniza ist eine Ruhestätte für jüdische Schriften, in denen der Name Gottes genannt wird, und die aus diesem Grunde nicht einfach fortgeworfen werden dürfen. Sie wurden unter dem Fußboden des Dachbodens abgelegt.
Das Gebetbuch besitzt die traditionelle Form, gegen die sich die Gebetbuchentwürfe Joseph von Maiers richteten. In Freudental entwickelte sich im Verlauf des 19. Jahrhunderts ein blühendes jüdisches Gemeindeleben. Wie viele Landgemeinden stand die Gemeinde in Freudental den Reformern in Stuttgart ablehnend gegenüber. Ein wortgewandter Vertreter dieser Position war der Lehrer Ludwig Stern, der von 1861 bis 1863 in Freudental unterrichtete und wütende Protestschriften gegen Joseph v. Maier veröffentlichte. Sie erschienen teilweise unter dem Pseudonym Gabiah ben Psisah (Jeggle 1999, S. 124).

Die orthodoxe Synagoge in Karlsruhe wurde 1881 eingeweiht. In ihr wurde der Gottesdienst nach dem traditionellen Ritus gefeiert. Das bedeutete, daß keine Orgel verwendet wurde, keine deutschen Lieder im Gottesdienst vorkamen und daß die Predigt keine Rolle spielte. Baulich fällt darüber hinaus auf, daß sich das Vorlesepult, der Almemor, eher in der Mitte des Raumes befindet und nicht wie in der reformierten Synagoge nach hinten gerückt ist (Everke 1990, S. 242 ff.). Die Spaltung innerhalb der Karlsruher jüdischen Gemeinde in Liberale und Orthodoxe ging so weit, daß sogar getrennte Friedhöfe angelegt wurden.

Für den 9. und 10. November 1938 wurde von der nationalsozialistischen Führung die Zerstörung der Synagogen in Deutschland angeordnet. Die der orthodoxen Karlsruher Gemeinde gehörte zu der großen Mehrzahl, die daraufhin verwüstet und angezündet wurden. Die Feuerwehr rückte erst an, nachdem sie den Brand der Synagoge in der Kronenstraße gelöscht hatte. Der Holzbau brannte aber bereits lichterloh, so daß keine Löschversuche mehr unternommen wurden (Werner 1988, S. 184 f.).

Blick auf den Thora-Schrein der Karlsruher Synagoge an der Karl-Friedrich-Straße
Nach 1881
Stadtarchiv Karlsruhe

Innenraum der zerstörten Synagoge
10. November 1938
Landesbildstelle Baden

Bücher aus dem Besitz
Ignaz Heinrich von Wessenbergs
Universitätsbibliothek Konstanz

Im Jahre 1802 wurde Ignaz Heinrich von Wessenberg Generalvikar und damit Stellvertreter des Bischofs im Bistum Konstanz. Er setzte sich für kirchliche Reformen ein und wollte auch eine aufklärerische Bildung im ganzen Volk verbreiten. Wessenberg beteiligte sich sowohl als Leser wie auch als Autor an der literarischen Öffentlichkeit. Er hinterließ der Stadt Konstanz seine Bibliothek mit mehr als 12.000 Bänden. Einige seiner Bücher illustrieren seine Interessen und seine reformerischen Ziele. In „Das Zölibat ist aufgehoben. Ein Lustspiel in fünf Aufzügen", Speyer 1790, verleiht ein anonymer Autor seinem Anliegen in komödiantischer Form Nachdruck. Das Stück schließt mit den Worten: „Hoch sei Gott Jehova gepriesen. Die menschlichen Rechte werden wieder gültig. Der Geist der Menschlichkeit ist aus einem tausendjährigen Schlummer erwacht. Der Zölibat ist aufgehoben. Nun dürfen doch die Pfarrer Väter werden, um gute Menschen zu seyn."
Der Reutlinger J. J. Fetzer veröffentlichte unter dem Pseudonym Antiromanus eine harsche Kritik an der römischen Kirche – „Das Pabstthum im Widerspruch mit Vernunft, Moral und Christentum", 3 Bände, Stuttgart 1838. Er schreibt u. a.: „Das Papstthum, eine rein menschliche, nicht von Gott, sondern vom Vater der Lügen gepflanzte, durch seine List und Täuschung emporgekommene, den Grundlehren des Evangeliums ganz entgegengesetzte, mit Moral und Vernunft im grellsten Widerspruch stehende Anstalt hätte schon längst aufhören müssen, wenn das Volk von wahren christlichen Lehrern umgeben wäre" (S. 16).
Das von Philipp Joseph Brunner herausgegebene „Gebetbuch für aufgeklärte katholische Christen", Heilbronn 1803, soll den Lesern die richtige, d. h. aufgeklärte Einstellung zum Gebet nahe bringen, denn „ein recht großer Theil der Christen hat von den wichtigsten und wohlthätigsten Lehren des Christenthums sehr schiefe, ganz falsche Vorstellungen. (...) Hierin liegt der Hauptgrund, warum der gute Saame christlicher Religionswahrheiten so oft erstickt wird, so oft keine oder doch nicht so reiche und schöne Früchte bringt, als man von ihrer innern Güte erwarten sollte" (S. IV–V).
Wessenberg selbst gab einige seiner früheren Reden und Aufsätze als „Mittheilungen über die Verwaltung der Seelsorge nach dem Geiste Jesu und seiner Kirche", Augsburg 1832, heraus. In einem darin veröffentlichten, bereits 1805 von ihm geschriebenen Brief finden sich programmatische Sätze: „Ein Volk zu guten Christen zu bilden, ist allerdings eine schwere Aufgabe. Es darf und soll uns aber keine Mühe gereuen, dasselbe dadurch dem Reiche Gottes näher zu bringen, daß wir seine Ueberzeugung von den göttlichen Wahrheiten erhöhen, sein Herz von Eigennutz und seine Begriffe von Aberglauben reinigen, und seiner Andacht eine edlere Richtung und eine reinere Nahrung verschaffen" (S. 50). Die Vernunft sollte zum Vehikel der persönlichen Weiterentwicklung im christlichen Glauben werden.

Brieftasche
Ignaz Heinrich von Wessenbergs
Wessenberg-Galerie, Konstanz

Hermelin-Umhang des Generalvikars
Ignaz Heinrich von Wessenberg
Um 1817
Wessenberg-Galerie, Konstanz

1817 starb der Konstanzer Bischof Carl von Dalberg, und das Domkapitel wählte Ignaz Heinrich von Wessenberg zu dessen Nachfolger. Der Vatikan verweigerte aber die Ernennung zum Bischof und erklärte die Wahl für ungültig, weil man ihn für unzuverlässig und allzu liberal hielt. Die badische Landesregierung dagegen forderte seine Einsetzung zum Bischof. Die Verhandlungen zogen sich beinahe zehn Jahre hin, und erst 1827 stimmte die badische Regierung einem der Kurie genehmen Kandidaten zu. Gleichzeitig vollzog sich eine erhebliche Umstrukturierung innerhalb der katholischen Kirchenorganisation. Das Bistum Konstanz wurde aufgelöst und durch die neuen Bistümer Rottenburg und Freiburg, die sich an den Landesgrenzen Badens und Württembergs orientierten, ersetzt (Gründig 1997, S. 19–36). Hohenzollern kam zur Erzdiözese Freiburg.

Ein Hermelin-Umhang, die sogenannte Mozetta, gehörte zur Amtstracht eines Bischofs. Wessenberg bekleidete lediglich das Amt eines Generalvikars, so daß ihm dieses Ornat nicht zustand. Wahrscheinlich ließ er den Hermelin 1817 fertigen, als ihn das Konstanzer Domkapitel wählte. Trotz der gescheiterten Ernennung zum Bischof bewahrte Wessenberg die bischöfliche Amtstracht bis zu seinem Tode auf. In Wessenbergs Brieftasche ist zwischen Notizen und persönlichen Unterlagen ein Stich im Visitenkartenformat überliefert, der ihn im vollen Bischofsornat zeigt.

Heilig-Blut-Fahne
18./19. Jahrhundert
Katholische
Kirchengemeinde
St. Martin, Weingarten

Man geht davon aus, daß die Heilig-Blut-Reliquie im Jahr 1094 von Herzog Welf IV. dem Kloster Weingarten geschenkt worden ist. Es handelte sich um den Teil eines Fundstücks, das in Mantua 1048 entdeckt worden war. Der Legende nach war ein Rest von dem Blut, das Christus am Kreuz vergossen hatte, von dem römischen Soldaten Longinus, der der Kreuzigung zugesehen und sich später zum Christentum bekehrt hatte, nach Mantua gebracht und dort versteckt worden. Im Jahre 804 war es schon einmal aufgefunden worden, danach aber wieder in Vergessenheit geraten (Kruse/Rudolf 1994). Die Verehrung der Reliquie schwankte in ihrer Intensität über die Jahrhunderte hinweg, im 17. Jahrhundert war sie besonders ausgeprägt. Die Aufklärung im 18. Jahrhundert kritisierte dagegen den Kult. Nach der Säkularisierung des Klosters Weingarten 1803 verbot der aufgeklärte Konstanzer Generalvikar Ignaz Heinrich von Wessenberg die Prozession der Heilig-Blut-Reliquie zu Pferde, die später auch von der ‚weltlichen' Regierung untersagt wurde (Schmid 1994). Erst am 18. Mai 1849 wurde der Heilig-Blut-Ritt wieder aufgenommen und erlebte einen raschen Aufschwung. 1867 nahmen etwa 2.000 Reiter daran teil (Lutz 1994, S. 160).
Das Motiv auf der Vorderseite der Fahnen stellt das Heilig-Blut-Reliquar dar. Es ist umgeben von einem Strahlenkranz und wird geschmückt von verschiedenfarbigen Glassteinen. Die übrigen Ornamente zeigen stilisierte Ranken mit Blättern und Weinreben. Das verweist auf den in der Bibel überlieferten Ausspruch Jesu: „Ich bin der Weinstock, ihr seid die Reben" (Johannes-Evangelium 15,5), der die enge Verbindung zwischen ihm und seinen Anhängern zum Ausdruck bringen soll. Die Fahnen wurden zu Fuß vor dem Priester, der die Heilig-Blut-Reliquie zu Pferde trug, dem sogenannten „Heilig-Blut-Reiter", hergetragen.

Pontifikalschuhe aus dem Freiburger Domschatz
19. Jahrhundert
Erzbischöfliches Ordinariat Freiburg

Pontifikalhandschuhe aus dem Freiburger Domschatz
19. Jahrhundert
Erzbischöfliches Ordinariat Freiburg

Die herausgehobene Stellung eines Bischofs drückte sich in der katholischen Kirche in verschiedener Weise aus. Dazu gehören besondere Kleidungsstücke, die er während eines Gottesdienstes trug und die ihn gegenüber den Priestern und Diakonen auszeichneten (Lesage 1959, S. 104–159). So legte er beispielsweise seine Straßenschuhe ab und zog Zelebrationsschuhe in der jeweils passenden liturgischen Farbe an. Das aufgestickte Eichenlaub und die Eicheln sind ein eher ungewöhnliches Symbol für liturgische Gewänder und Schuhe. Die Eiche spielte in der vorchristlichen Religion der germanischen Stämme eine große Rolle. Das Christentum verdrängte diesen Kult. Das Eichenlaub gewann im 19. Jahrhundert in ‚weltlichen' Zusammenhängen eine große Bedeutung als Siegeszeichen. Hier liegt eine Verbindung zum Sieg Christi nahe, der in christlicher Sicht durch seine Auferstehung den Tod besiegt hat. Die Stickereien dürften darauf Bezug nehmen. Die vier Blätter, die zu einer Kreuzform zusammengefügt sind, kombinieren dann die Siegessymbolik mit dem christlichen Kreuzeszeichen. Die Schuhe wurden wohl von mehreren Freiburger Erzbischöfen verwendet.

Die bischöflichen Handschuhe waren farblich dem übrigen Ornat angepaßt. Charakteristisch war die lange, mit Goldlitze bestickte Manschette, hier aus Seide gearbeitet, die über den Ärmel des Gewandes ging.
Die Handschuhe, die ausschließlich den Bischöfen vorbehalten waren, stellten insofern eine wichtige Besonderheit dar, als die Kirche sonst die bloßen Hände als ein Zeichen der Ehrerbietung und Achtung begriff. So war es den Gläubigen etwa streng verboten, die Messe mit Handschuhen zu besuchen. Selbst der Bischof mußte seine Handschuhe ablegen, wenn er das Abendmahl vorbereitete und feierte.

Der Bischofsstab drückte die Würde seines Trägers aus und verwies gleichzeitig auf dessen Regierungsgewalt – „er ist zugleich Marschallstab, Königszepter und Hirtenstab, mit dem der Schäfer die Herde zusammenhält und notfalls die widerspenstigen Tiere züchtigt" (Lesage 1959, S. 112). Waren mehrere Bischöfe anwesend, durfte immer nur einer den Stab tragen. Ein Bischofsstab wurde gerade auch bei Prozessionen mitgeführt, wobei ihn der Bischof immer in der linken Hand trug und die abschließende obere Spirale den Gläubigen zuwandte.

Bischofsstab aus dem Freiburger Domschatz
Spätes 18./
frühes 19. Jahrhundert
Erzbischöfliches Ordinariat Freiburg

Die Mitra eines Bischofs wurde als eine Art ‚Wehrhelm' begriffen, die den Schutz und das Heil ihres Trägers in der Auseinandersetzung mit den „Feinden der Wahrheit" (Lesage 1959, S. 112) symbolisierte. Bischöfe hatten in der Regel drei Formen der Mitra – die „mitra pretiosa", die mit Edelsteinen geschmückt war und bei den feierlichsten Handlungen getragen wurde; die hier abgebildete „mitra auriphrygiata" für die übrigen Teile des Gottesdienstes und schließlich die „mitra simplex", die mit weißem Futter (nicht mit rotem wie die übrigen) versehen war und bei Bußtagen und Trauergottesdiensten verwendet wurde.
Die Bischöfe waren in mehrfacher Hinsicht Schlüsselfiguren beim Neuaufbau der katholischen Kirchenorganisation nach der Säkularisierung. Zum einen wurde ihre Eigenständigkeit gegenüber dem Papst in Rom immer weiter beschnitten. Gleichzeitig gewannen sie zum anderen erheblich an Macht und Autorität gegenüber den Gläubigen und den Priestern in ihrer Diözese (Ebertz 1993). 1827 wurde der erste Freiburger Erzbischof, Bernhard Boll, eingesegnet. Damit wurde ein neues Bistum aus Teilen der alten Diözesen Konstanz, Straßburg, Speyer, Worms und Würzburg geschaffen (Lauer 1908, S. 138). Nachfolger Bolls wurde 1836/37 Ignaz Anton Demeter, dann 1843 Hermann von Vicari, den die badische Regierung 1836 noch abgelehnt hatte. Vicari erlangte im Kulturkampf große Popularität in der katholischen Bevölkerung, weil er trotz massiver staatlicher Repressalien unbeugsam blieb (Lauer 1908, S. 269). Hier fiel dann die theologisch begründete Würdigung und charismatische Aufladung des Amtes, wie sie die erzbischöflichen Sakralgewänder demonstrierten, mit der volkstümlichen Verehrung zusammen.

Mitra aus dem Freiburger Domschatz
19. Jahrhundert
Erzbischöfliches Ordinariat Freiburg

„Christus an der Geißelsäule“
K. Baumeister, München
Öl auf Leinwand, 1870
Bischöfliches Ordinariat
Rottenburg-Stuttgart

Das Bild hing in im Priesterseminar der Diözese Rottenburg-Stuttgart, das seit 1817 im ehemaligen Karmeliterkloster in Rottenburg eingerichtet war und der Ausbildung der angehenden Priester diente. Das Motiv des unschuldig gequälten Christus läßt sich als Ausdruck der katholischen Sicht in der Zeit des Kulturkampfes verstehen, wobei die katholische Kirche mit dem unschuldig verfolgten und gequälten Christus gleichgesetzt wurde. Die Bildumschrift nach dem 68. Psalm, Vers 5, aus der Bibel lautet „Mehr denn meines Hauptes Haare sind, die mich hassen ohne Ursach! Stark sind meine Feinde; die mich ungerecht verfolgen; was ich nicht gesündigt, musste ich büssen“. Während das Bild das Leiden in den Blick rückt, verweist der Text auf dem Rahmen auf die Ursache dafür – die Stärke und Bösartigkeit der Feinde. Der Kulturkampf spielte für die katholische Kirche eine entscheidende Rolle, und zwar selbst dort, wo von einer Verfolgung der Katholiken eigentlich keine Rede sein konnte, wie im Königreich Württemberg. Der von 1869 bis 1893 amtierende Bischof Carl Joseph Hefele achtete stets auf gute Beziehungen zur württembergischen Regierung, was für diese umgekehrt genauso galt. Hefele versuchte sogar, das Dogma der päpstlichen Unfehlbarkeit auf dem ersten Vatikanischen Konzil 1869/70 zu verhindern, und reiste vorzeitig ab, als sich ein Scheitern seines Vorhabens abzeichnete, um an der entscheidenden Abstimmung nicht teilnehmen zu müssen (Deifel/Kruttschnitt 1988, S. 86–87). Der von der katholischen Kirche 1870 schließlich als verbindlich festgelegte Lehrsatz, wonach der Papst sich in Glaubens- und Lebensfragen nicht irren könne, stieß auf scharfe Kritik, lieferte den Gegnern des Katholizismus wichtige Argumente und bot den Anlaß zur Abspaltung der Alt-Katholiken.

Nur eine kleine Minderheit der Katholiken aber wandte sich von ihrer Kirche ab. Die bei weitem größere Mehrheit – darunter schließlich auch Bischof Hefele – unterstützte den Papst und den Klerus, so daß der Kulturkampf das katholische Milieu eher festigte. Das Gefühl, ungerechtfertigt verfolgt zu werden, trug zum Zusammenhalt untereinander bei.

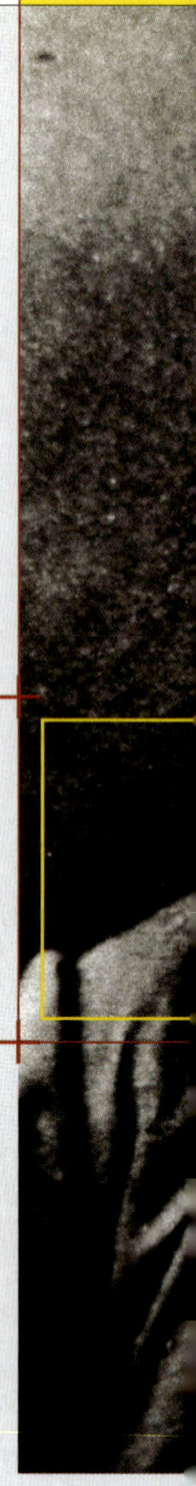

„Ihr Vorgehen gegen die katholische Kirche beweist, wie wenig Sie den Namen Liberale, d.h. freisinnige Männer, verdienen!"

Heinrich Hansjakob
Stellungnahme zum Kulturexamensgesetz
im Badischen Landtag, 1874

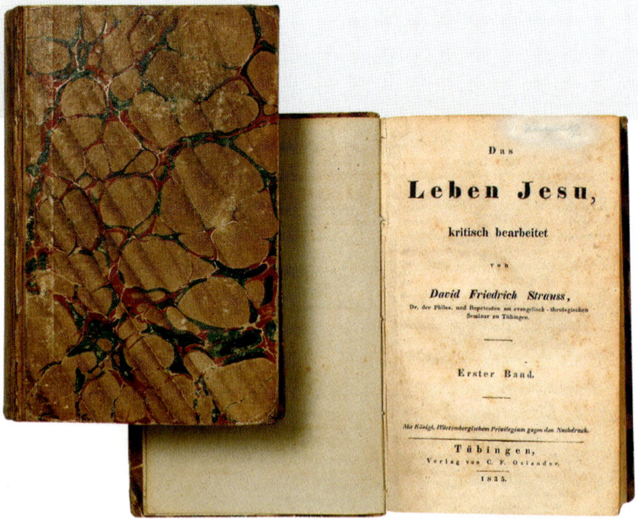

David Friedrich Strauß:
„Das Leben Jesu", 2 Bände
Osiander, Tübingen
1835 und 1836
Haus der Geschichte
Baden-Württemberg

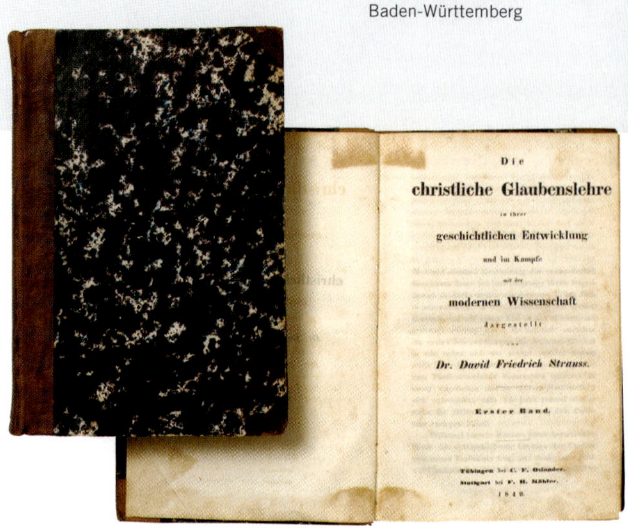

David Friedrich Strauß:
„Die christliche Glaubenslehre in ihrer geschichtlichen Entwicklung und im Kampfe mit der modernen Wissenschaft", 2 Bände
Osiander, Tübingen
1840 und 1841
Haus der Geschichte
Baden-Württemberg

Strauß schreibt im Vorwort über sein Werk: „Den (...) Theologen fehlt in unserer Zeit (...): die innere Befreiung des (...) Denkens von gewissen religiösen (...) Voraussetzungen, und diese (Befreiung) ist dem Verfasser durch philosophische Studien frühe zu Teil geworden. Mögen die Theologen diese Voraussetzungslosigkeit seines Werkes unchristlich finden: er findet die gläubigen Voraussetzungen der ihrigen unwissenschaftlich." (VI)
Strauß kommt in seinem Buch zu dem Schluß, daß die Evangelien in der Bibel „Mythen" berichten und nicht Ereignisse, die sich tatsächlich ereignet haben. Die Evangelien liefern in dieser Sichtweise zwar noch wichtige philosophische Denkanstöße, sie bezeugen aber kein reales göttliches Handeln mehr. Strauß entfernte sich in den folgenden Jahren innerlich immer weiter vom Glauben der evangelischen Kirche und wurde schließlich zum Atheisten.
Auch beruflich hatte sein Werk Konsequenzen für Strauß: Während er das Buch schrieb, lehrte er als Repetent im Evangelischen Stift Tübingen. Er wurde aber nach dem Erscheinen des „Leben Jesu" entlassen und erhielt eine Stelle an der Ludwigsburger Lateinschule. Diese gab er bereits nach einem Jahr auf und lebte seitdem als freier Schriftsteller.
Die jahrelangen Debatten um sein Buch „Das Leben Jesu" machten Strauß zu einem der bekanntesten Theologen seiner Zeit. Viele Intellektuelle schätzten seine radikalen, aufklärerischen Schriften. Die meisten Protestanten, vor allem die pietistisch geprägten, empfanden seine Äußerungen aber als unerträgliche Provokation.
Bei den Wahlen zur deutschen Nationalversammlung 1848 spitzten sich die theologischen Gegensätze auch politisch zu: David Friedrich Strauß trat gegen Christoph Hoffmann an, den Sohn des Begründers der pietistischen Brüdergemeinde in Korntal. Strauß unterlag.
Strauß stellt den Gegensatz zwischen „Glauben" und „Wissenschaft" heraus und rechnet sich der Seite der Wissenschaft zu. In einer handschriftlichen Widmung aus dem Jahr 1848 schreibt er: „Der Glaubende lasse den Wissenden, wie dieser jenen, ruhig seine Straße ziehen; wir lassen ihnen ihren Glauben, so lassen sie uns unsere Philosophie; und wenn es den Überfrommen gelingen sollte, uns aus ihrer Kirche auszuschließen, so werden wir dieß für Gewinn achten: falsche Vermittlungsversuche sind jetzt genug gemacht; nur Scheidung der Gegensätz kann weiterführen." Die lateinische Überschrift der Widmung heißt übersetzt: „Über so große Dinge soll man nur unter Weisen reden." Strauß demonstrierte mit diesen Worten eine Selbstgewißheit und ein Überlegenheitsgefühl, ja sogar Arroganz, die allzu leicht vergessen läßt, daß er unter den Anfeindungen und der Intoleranz, der er begegnete, sehr gelitten hat (Berger-Fix 1998, S. 79).

Zwei Jahre nach David Friedrich Strauß' hundertstem Geburtstag (1908) wurde in den Ludwigsburger Schloßanlagen ein Denkmal für ihn errichtet. Die Büste gestaltete der Bildhauer Ludwig Habich, den Pavillon, in dem sie aufgestellt wurde, entwarf der Architekt Paul Bonatz. Die Stadt Ludwigsburg ehrte damit einen ihrer bekanntesten, aber auch umstrittensten Bürger.

Probebüste für das Ludwigsburger Strauß-Denkmal
Ludwig Habich
Gips, vor 1910
Schiller-Nationalmuseum Marbach

„Der breite und der schmale Weg“
Jakob Heinrich Renz
Lithographie,
zwischen 1820 und 1868
Haus der Geschichte
Baden-Württemberg

Das Bild stellt eine Interpretation eines Verses aus der Bergpredigt dar, in dem Jesus sagt: „Gehet ein durch die enge Pforte. Denn die Pforte ist weit und der Weg ist breit, der zur Verdammnis abführet; und ihrer sind viele, die darauf wandeln. Und die Pforte ist eng, und der Weg ist schmal, der zum Leben führet; und wenige sind ihrer, die ihn finden“ (Matthäus-Evangelium 7, 13 u. 14). Die Textstelle findet sich im Bild auszugsweise jeweils über den beiden Durchgängen im Vordergrund.

Der schmale Weg, der fast zwei Drittel des Bildes einnimmt, führt von der „schmalen Pforte“ bis zum „himmlischen Jerusalem“. Damit ist die Aufnahme in Gottes Reich, in den Himmel, gemeint. Diese Belohnung wird aber nicht erst den Toten zuteil, sondern kann bereits von den Lebenden erreicht werden. Entlang des Weges sind Tugenden und gute Werke aufgeführt, an denen jeder Betrachter überprüfen kann, ob er selber auf dem ‚rechten Weg‘ ist. Den breiten Weg auf der linken Bildseite säumen dagegen Laster und Sünden, und er führt letztlich in einen brennenden Abgrund, die Hölle. Es gibt aber immer wieder Möglichkeiten, vom breiten auf den schmalen Weg zu wechseln und damit der ewigen Verdammnis zu entgehen – allerdings können die Menschen auch in die andere Richtung laufen und damit ihr Seelenheil verlieren.

Das Motiv des breiten und des schmalen Weges, das in unterschiedlichen Varianten existierte, diente als Meditations- und Hausandachtsbild und wurde vor allem von protestantischen Christen pietistischer Prägung verwendet. Sie selbst strebten sicher nach dem ‚schmalen Weg‘ und sahen sich dementsprechend in der Rolle einer Minderheit, die den Anspruch und die Aufgabe hatte, Vorbild für die übrigen Menschen zu sein (Scharfe 1968, S.263–270).

„Alte und neue Kinder-Lieder“
Friedrich Gutsch, 3. Auflage, Karlsruhe 1866
Ev. Diakonissenhaus Nonnenweier

Alte und neue

Kinder- Lieder.

Dritte umgearbeitete und vermehrte Auflage.

Eigenthum der Mutteranstalt für Kinderpflege zu Nonnenweier bei Lahr.

Druck von Friedrich Gutsch in Karlsruhe.
1866.

1841 gründete Regine Jolberg in Leutesheim bei Kehl eine ‚Arbeitsschule‘, in der Kinder betreut wurden, während ihre Eltern (vor allem in der Landwirtschaft) arbeiteten. Die Kinder lernten dort verschiedene Fertigkeiten, es wurden fromme Lieder gesungen und biblische Geschichten erzählt. 1843 wurde die Einrichtung zur „Klein-Kinderbewahranstalt“ umgewandelt, d.h. man betreute nun auch Kinder, die noch nicht das Schulalter erreicht hatten. 1844 wurde eine Ausbildungsstätte eingerichtet, um Diakonissen für die Kinderarbeit vorzubereiten, und Ende des Jahres wurde die erste Frau als Diakonisse aufgenommen. Ende 1845 begann die Gründung von Bewahranstalten an verschiedenen anderen Orten. Am 16. Mai 1849 wurden die Diakonissen vom (revolutionären) Bürgermeister aus dem Ort vertrieben und gingen zunächst nach Langenwinkel. Im Juni 1851 bezogen sie das „Mutterhaus“ in Nonnenweier. Am 5. März 1870 starb Regine Jolberg in Nonnenweier und wurde auch dort beerdigt. Die Geschichten und Lieder für die Kinder erschienen auch in gedruckter Form und standen so den Diakonissen stets zur Verfügung. Das kleine Format erlaubte es, die Büchlein in die Tasche zu stecken, um sie stets griffbereit zu haben.

Die betreuten Kinder wurden von den Diakonissen auch verpflegt. Die Lebensmittel wurden zum Teil in der Umgebung gesammelt und in solchen Mehlsäcken wie dem abgebildeten ins Mutterhaus gebracht.
Von Regine Jolberg wird eine Geschichte erzählt, die ihr Gottvertrauen angesichts der oft prekären wirtschaftlichen Situation des Diakonissenhauses illustrieren soll: Sie „sah wohl, wo es fehlte. Doch sie befahl mit ihrer Schar diese Not im Gebet dem Geber aller Güter, und die Antworten blieben nicht aus! So hat sie zum Beispiel als die Küchenschwester ihr eines Tages voll Schrecken sagte, es sei kein Brot und auch kein Mehl mehr da, die schlichte Antwort gegeben: ‚Laßt uns warten, es wird schon etwas kommen!‘ Und wirklich: Als noch einmal eine Schwester hinunterging, um einen Ausweg in der Küche zu beraten, hing dort schon an der Tür ein Sack mit Mehl, und das Brotbacken konnte beginnen“ (Lejeune 1965, S. 97).
In dieser Geschichte findet sich das im Pietismus verbreitete Motiv, sich ganz auf Gott zu verlassen und alle eigenen Planungen und Überlegungen dem göttlichen Ratschluß unterzuordnen. Dazu gehörte auch der Verzicht auf Reichtümer und die Sicherheiten, die diese gewährten. Regine Jolberg notierte während ihres Bekehrungserlebnisses 1840 in ihr Tagebuch: „Wähle, sprach Christus, hier ist die Welt – sie bietet dir ihre Schätze, hier bin ich – ich biete dir meine Armut“ (Bornhak, S. 24).

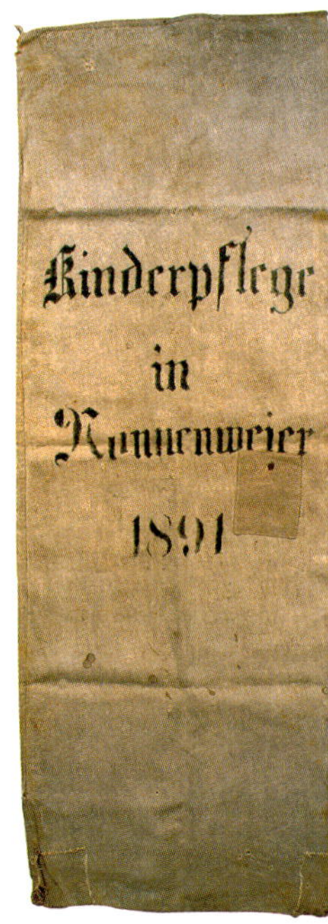

Mehlsack
1891
Ev. Diakonissenhaus Nonnenweier

Besitzerin der Haube war Schwester Anna Wagner (1912–1999). Schwester Anna trat am 17. September 1934 in die Schwesternschaft Nonnenweier ein, sie wurde im Diakonissenhaus Karlsruhe-Bethlehem in der Kinderpflege ausgebildet. Ihr Examen legte sie 1941 ab. Durch den Krieg verzögerte sich die Einsegnung bis zum 22. Juli 1947. Schwester Anna arbeitete in verschiedenen Kindergärten, u. a. im Johannes-Falk-Haus, Heidelberg-Rohrbach, dann im Kinderheim in Lörrach. Das Stövchen diente dazu, die Brennscheren anzuheizen, mit denen die Diakonissen ihre Hauben in Form brachten.

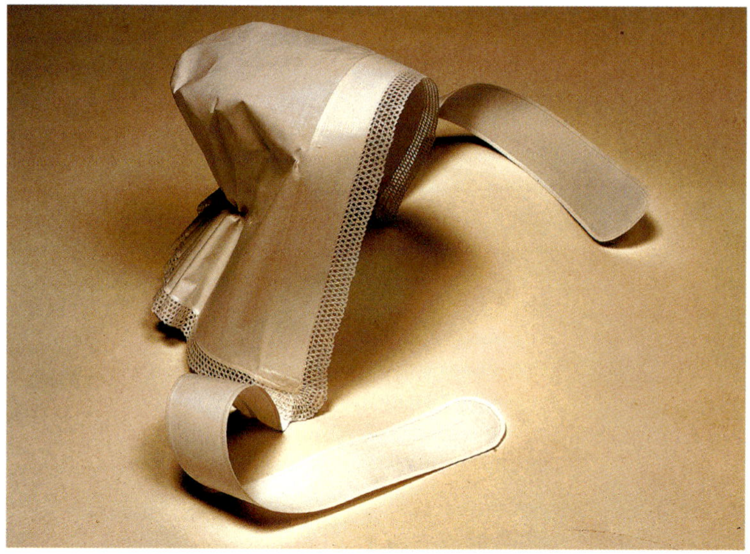

Diakonissenhäubchen
Brennschere
Stövchen
Um 1920
Ev. Diakonissenhaus
Nonnenweier

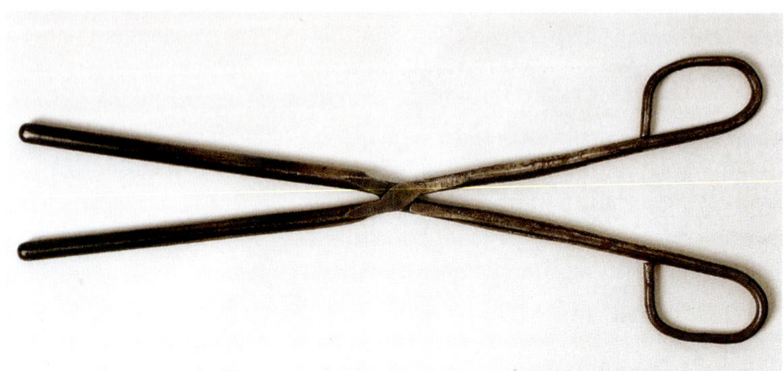

Heinrich Coerper (1863–1936) war der Gründervater der Liebenzeller Mission. Er stammte aus Meisenheim am Glan und wurde von seinen Eltern auf ein Gymnasium in Köln geschickt. Coerper studierte Theologie, unterrichtete auf der Evangelistenschule Johanneum in Bonn und trat dann in Heidelberg als Prediger in den Dienst einer freikirchlichen Gemeinde. Er wechselte als Stadtpfarrer nach Essen und wurde dann Pfarrer am Diakonissenhaus in Straßburg. 1899 ging er nach Hamburg, um dort in Zusammenarbeit mit englischen Missionaren eine Missionsgesellschaft aufzubauen. Schon drei Jahre später mußte die Missionsgesellschaft sich einen neuen Standort suchen und fand sie im selben Jahr in Bad Liebenzell (Steinhilber 1979, S. 19–37).

Als die Liebenzeller Missionsgesellschaft gegründet wurde, bestanden schon viele andere. Bereits 1819 war die Basler Mission als eine der ersten im deutschsprachigen Raum gegründet worden. Viele württembergische Pietisten gingen als Missionare über Basel ins Ausland. Die Liebenzeller Mission grenzte sich bewußt von den älteren, größeren und oft recht bürokratischen Missionsgesellschaften ab. Sie wollte sich nicht auf eine starke Organisation verlassen, sondern ganz im Vertrauen auf Gott die Arbeit beginnen. Die Mission wurde finanziell von den Anhängern der neupietistischen Erweckungsbewegung getragen, die Ende des 19. Jahrhunderts in Württemberg an Boden gewann (Steinhilber 1974, S. 32–41).

Pfarrer Heinrich Coerper
Um 1925
Liebenzeller Mission

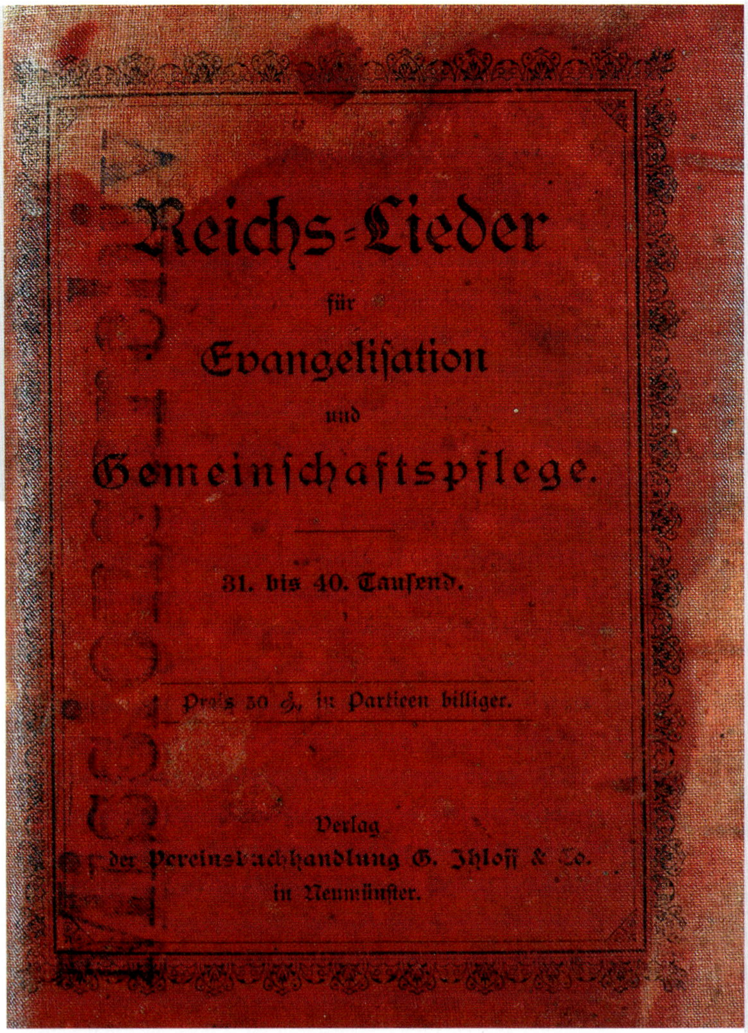

„Reichs-Lieder für Evangelisation und Gemeinschaftspflege“
Vereinsbuchhandlung G. Ihloff & Co., Neumünster 1895
Liebenzeller Mission

Von 1890 bis 1894 war Coerper Prediger an der Freien Kapellengemeinde in Heidelberg. Die Gemeinde schenkte ihm das Liederheft zum Andenken.
In Lied 25 heißt es programmatisch:
„Seele, was ermüdst du dich in den Dingen dieser Erden, // die doch bald verzehren sich // und zu Staub und Asche werden? // Suche Jesum und sein Licht; // alles andre hilft dir nicht!
(...) Geh einfältig stets einher, // laß dir nichts das Ziel verrücken! Gott wird aus dem Liebesmeer // dich, den Kranken wohl erquicken. // Suche Jesum und sein Licht; // alles andre hilft dir nicht!“
Hinter diesen Versen steht der Anspruch, sich in seiner gesamten Lebensplanung und -führung ganz auf die göttliche Leitung zu verlassen. Damit verbindet sich auch eine Absage an jede Form historisch-kritischer Theologie und ein deutliches Bekenntnis zur ‚Einfältigkeit‘, zum einfachen Glauben ohne allzu weitgehende Reflexion. Pfarrer Coerper beschrieb ein prägendes Erlebnis aus seiner Heidelberger Zeit, das Zusammentreffen mit dem Erweckungsprediger Georg Müller rückblickend folgendermaßen: „Ich selbst hatte noch manche Fragezeichen in meiner Bibel von der Universität her. Aber ich ging beschämt nach Hause und strich die Fragezeichen restlos aus. Ich hatte eine neue Bibel und einen neuen Mut zum Gebet bekommen“ (Steinhilber 1974, S. 27).

„Two Ways“
1930er Jahre
Liebenzeller Mission

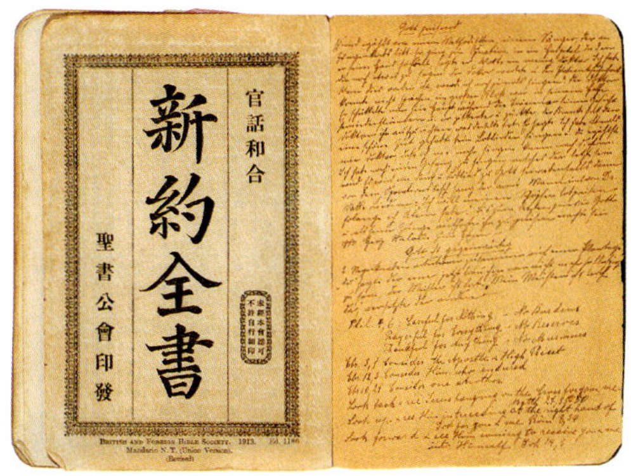

Mandarin Bibel
British and Foreign Bible Society, London 1913
Liebenzeller Mission

Die Liebenzeller Mission firmierte zunächst als „deutscher Zweig“ der englischen „China Inland Mission“. Zwar mußte sie sich unter dem Druck einer nationalistischen Öffentlichkeit schon bald als eigenständige, deutsche Vereinigung präsentieren, trotzdem blieben die Kontakte zu den englischen und amerikanischen Missionaren in China sehr eng. Das bedeutete auch, daß man auf gemeinsame Arbeitsmaterialien zurückgreifen konnte. Die Missionare verwendeten für ihren Unterricht und ihre Predigten einfache bildhafte Darstellungen, mit denen sie ihren Glauben der chinesischen Bevölkerung erklärten.
Das Bild variiert das Motiv des breiten und des schmalen Wegs: Der breite Weg, im Vordergrund rechts, steht für das Leben ohne christlichen Glauben, das in den Abgrund führt. Einen Ausweg erlaubt nur die kleine, mit dem Kreuz gekennzeichnete Pforte, die die Erlösung durch den Glauben symbolisiert. Die Figuren unten können ausgeschnitten und in dem Bild neu platziert werden, um die theologischen Zusammenhänge zu verdeutlichen. Christen sind jeweils in weiß, die ‚unerlösten‘ „Heiden“ in blau dargestellt. Die Figuren symbolisieren in der Reihenfolge von rechts nach links einen Menschen, der unter der Last seiner Sünden leidet; einen Hochmütigen, der seine Sünden nicht beachtet; einen Nachdenklichen, der überlegt, ob er durch die ‚schmale Pforte‘ gehen soll; einen lesenden Christen, der sich auf dem rechten Weg befindet; einen faulen Christen, der nicht weitergeht, sondern schläft; einen Menschen, der unter der Last seiner Sünden in den Abgrund stürzt, nachdem er die Gelegenheit zur ‚Umkehr‘ ausgeschlagen hat; einen Menschen, der vergeblich versucht, auf einem anderen Weg als durch die ‚Pforte‘ die Mauer zu überwinden; und schließlich einen erlösten Christen, der die göttliche Rüstung trägt.

Zur Mission gehörte im pietistischen Verständnis immer, den „Heiden“ die Möglichkeit zu geben, selber in der Bibel zu lesen. Es mußten also Bibeln in die jeweilige Landessprache übersetzt und Schulen eingerichtet werden, in denen das Lesen gelehrt wurde. Die Missionstätigkeit in China wurde immer wieder von Kriegen und inneren Unruhen behindert. Die Gebäude wurden zerstört, und die Missionare mußten fliehen. Sie konnten aber stets ihre Arbeit noch in Teilen Chinas fortsetzen. Erst 1950/51 unterbanden die Kommunisten jede Mission, und die letzten Missionare mußten das Land endgültig verlassen. Die Liebenzeller Mission konzentrierte sich von da an auf ihre anderen „Felder“, vor allem in der Südsee.
Die Bibel enthält handschriftliche Eintragungen eines Liebenzeller Missionars, die sich vor allem auf spezielle Ausdrücke und Vokabeln beziehen. Vorn und hinten sind Stichworte für Ansprachen oder Predigten notiert.

Morteza Edalat-Pour. Ahmet Akca. Koc Fikret. Özbagur Ugur. Giovanni B
Hong Tao. Juana Campo. Ingrid Kassabji. Amit Baid. Pelit Aldoma. Xpeh
Malgorzata Stelmach-Diddams. Rosio Figuerova. Johannes Greßing. Ther
Johann Martin Müller. Katharina Oster. Renata Waszkie
Lydya Konoplin. Michael Schnierle. Gottlieb Schöck.
Lydia Popov. José Antonio Mari. Gregory Rampaly. Wioletta Kornowska. V
Michael Zinser. Johannes Dengler. Lilo Levine. Joha
Andreas Heinrich Gotthilf Schaber. Sophie Karoline Weisser.
Theresia Schmidt. Fabien Kusadzovi. In
Gottlieb Bauer. Tatiana Visnakova.
Johann Georg Bauer. Wilhelm Friedrich

ella. Karl Herzog. Ofaria Gourneris. Najoua Skandrani. Mir Mohammac
Castro Lima-Narcilia. Ajlaidi Abdelfettah. Barbara Seßler. Joseph Eberle
reßing. Barbara Haaga. Karolina Haaga. Johann Jakob Haar. Barbara
Ute Nikolaus. Horst Gross. Karl Roth. Rosa Gottfried. Kemal Polat.
Elisabethe Kußmaul. Anna Maria Theurer.
Gross. Johann Friedrich Trescher. Johann Martin Weil. Anna
kob Hauser. Anna Maria
Nadja Seiz.
t Singh. Elsa Kocetova. Johann Georg Sattler.
r. Johannes Layer.

Ein-Wandererland

Sediq. Mir Mohammad. Zoran Mihajlovic. Ayse Özkul. Chiha Sautner. The
Johann Georg Eipper. Konrad Epple. Wilhelm Friedrich Fleck. Martin Gauß
Hechler. Regan Oetomo Karli. Mi-Sook Hwang. Natalia Maximov
Johann Michael Scheffelt. Utz Janik.
Friederike Trescher. Galina Sokolov.
Maria Vetter. Eva Dorothea Widmayer. Kathar
ner. Johann Friedrich Herold. Ambrosius Wieshofer. Andreas Braun.
Nikolaj Belakov. Eduardo Migue
Johann Sautter. Paul Emil Mohl. Johanne
Julia Weber.
Akexandr Moser. Pater Ambrosius Ros

Rainer Schimpf

Ein-Wandererland

Wieviel Zuwanderung ist nötig? Kaum eine andere Frage ist so heftig umstritten, wie die über den Zuzug von Fremden. Das Thema löst tiefe Ängste aus. In Zeiten von wirtschaftlicher Unsicherheit sind viele beunruhigt über zusätzliche Konkurrenz um Arbeitsplätze. Andere Gegner der Zuwanderung haben Sorge vor unbekannten Kulturen, die ihnen als Bedrohung ihrer vertrauten Lebensweise vorkommen. Meldungen über Kriminalität oder soziale Brennpunkte wirken auf sie wie eine Bestätigung ihrer Befürchtungen. Mangels einer gemeinsamen Sprache gelingt es kaum, Kontakte zwischen Einheimischen und Neuankömmlingen aufzubauen. Umgekehrt wird von den Befürwortern keine Gefährdung, sondern im Gegenteil eine willkommene Bereicherung der eigenen Kultur gesehen. In einer Gesellschaft mit einem wachsenden Anteil älterer Menschen halten sie die Zuwanderung sogar für unumgänglich, wenn die wirtschaftliche Leistungsfähigkeit des Landes erhalten bleiben soll. Zumindest hochqualifizierte Fachleute sollten gezielt umworben werden.
Tatsächlich ist Baden-Württemberg den Zahlen zufolge ein Zuwanderungsland. Nicht weniger als zwei Drittel des Bevölkerungswachstums seit Gründung des Bundeslandes ist auf Zuzug aus anderen Bundesländern und dem Ausland zurückzuführen. Seit 1952 sind 14,2 Mio. Menschen nach Baden-Württemberg gezogen, während im gleichen Zeitraum nur 11,3 Mio. Menschen das Land verlassen haben. Aus dem Ausland zogen in den vergangenen fünf Jahrzehnten rund 2 Mio. Menschen mehr hierher als aus Baden-Württemberg dorthin fortgingen. Von dem Zuwachs für das gesamte Bundesgebiet entfiel ein Fünftel allein auf Baden-Württemberg. Fast immer lagen hier die Zuwanderungsgewinne höher als im Bundesdurchschnitt. Neben den zugezogenen Deutschen aus dem Ausland leben heute knapp 1,3 Mio. ausländische Staatsangehörige in Baden-Württemberg. Ihr Anteil an der Gesamtbevölkerung beträgt etwa 12% (Cornelius 2002, S. 38–39). Damit liegt Baden-Württemberg in der Spitzengruppe der Bundesländer.
Zuwanderung ist nichts Neues für den Südwesten. Besonders im 17. Jahrhundert hatten sich vertriebene österreichische Protestanten, französische Waldenser oder Italiener hier angesiedelt. Aber schon seit dem 18. Jahrhundert überstieg die mehrere zehntausend Menschen umfassende Auswanderung nach Rußland, Ungarn oder Polen den Zuzug bei weitem (Maier 2002, S. 31–129). Zum eigentlichen „Jahrhundert der Auswanderung" wurde das 19. Jahrhundert. Die Württemberger, Badener und Hohenzoller machten von der in den Verfassungen garantierten Auswanderungsfreiheit in einem beispiellosen Ausmaße Gebrauch. Schätzungsweise mehr als 800.000 Menschen brachen auf. Zumindest in der ersten Jahrhunderthälfte war der Südwesten das Hauptauswanderungsgebiet im Deutschen Bund.
Nur die allerwenigsten von ihnen gingen aus bloßer Abenteuerlust. Religiöse Ursachen, wie sie im 18. Jahrhundert häufig anzutreffen gewesen waren, spielten ebenfalls kaum noch eine Rolle. Der Iptinger Pietist Georg Rapp, der 1803 in Pennsylvania eine urchristliche Gemeinde aufbauen wollte, blieb ein Außenseiter. Statt dessen waren es hauptsächlich wirtschaftliche Gründe, die zur Auswanderung führten. Tatsächliche oder auch nur befürchtete materielle Not bewegte die Menschen zum Aufbruch. Dem hohen Bevölkerungswachstum stand kein vergleichbarer Zuwachs an Ernährungs- und Erwerbsmöglichkeiten gegenüber. Die Handwerker waren unterbeschäftigt und die erbrechtliche Güterteilung sorgte für eine unwirtschaftliche Zersplitterung des bäuerlichen Besitzes. In den durch die schlechte Witterung ausgelösten Hungerjahren gab es dann kein Halten mehr. Auf den drastischen Anstieg der Getreidepreise in den Krisen von 1816/17, 1831/32, 1846/47 und 1852/53 folgten jeweils massive Auswanderungsbewegungen (von Hippel 1984, S. 148–150). Erst als die beginnende Industrialisierung in der zweiten Jahrhunderthälfte genügend Chancen bot, der Armut auch zu Hause zu entkommen, ließ die Auswanderung langsam nach. In Wirtschaftskrisen stiegen die Zahlen zwar jeweils immer wieder an, ohne aber noch einmal das Rekordniveau der Zeit zwischen 1846 und 1855, als allein aus Württemberg rund 150.000 Menschen auswanderten, erreichen zu können.
Die Hoffnung auf eine Flucht vor dem Elend war zwar oft ausschlaggebend, wurde aber nicht selten noch durch andere Motive ergänzt. Eine 1817 von Friedrich List im Auftrag der württembergischen Regierung durchgeführte Befragung von Auswanderern offenbarte neben den wirtschaftlichen auch politische Überlegungen. „Ich wandere aus, weil ich keinen Verdienst habe und weil man unter dem Druk ist", beschwerte sich der Egolsheimer Zimmermann Johann Jakob Strähle über die streng herrschende Bürokratie: „Wir mögen klagen, wo wir wollen, so finden wir kein Recht. Die Abgaben sind eben zu groß." (Moltmann 1989, S. 131) Fast alle anderen von List Befragten führten ebenfalls die Unterdrückung durch die Beamten und die hohe

Zoller. Johann Gottfried Bauer. Zacharias Biesinger. Johannes Braun.
y Ann McDonald. Juan Felipe Prada. Ritta Apfelbach. Sarah McBride.
iana Dubortsera. Sultan Tekin.
Barbara Oster. Andreas Rall. Brigitte Mraas. Simon Ruoff. Constantin
'iesenfarth. Andrey Reynik. Annetta Wedrick.
Henry Froehlich.
ıammed Bendouma.
ɔer. Elsa Walldorf. Johannes Arnold.
Sergej Gajs. Irina Konoplina. Sergej Frikkel.
ıa Mozer. Julia Sagorski.

Last von vielfältigen Abgaben an Staat und Adel als wichtige Gründe für das Verlassen ihrer Heimat an. Kein Zufall war es deshalb auch, daß die Auswanderung in den Hungerjahren unmittelbar nach der gescheiterten Revolution von 1848/49 ihren Höhepunkt erreichte. Dem großen Elend zu Hause stand der Traum von einem besseren Leben andernorts gegenüber. Weltweit suchten die Auswanderer nach ihrem Glück. Egal, ob in Algerien, Australien oder Brasilien, fast überall lockte die Aussicht auf eigenes Land, ausreichend Arbeit und ein freies Leben. Die von Agenten gemachten Versprechungen oder in Briefen von Bekannten und Verwandten geschilderten paradiesischen Zustände hielten der nüchternen Realität jedoch meist nicht stand. Die etwa 2.300 Badener und die rund 100 Württemberger, die zum Beispiel nach Algerien gegangen waren, litten unter dem ungewohnten Klima und verzweifelten an der schlechten Bodenqualität. Viele starben an Krankheiten oder kehrten bald wieder zurück (Baier 1937, S.79). Auch das lange Zeit so begehrte Osteuropa stellte sich zunehmend als schwieriges Terrain heraus. Im Frühjahr 1846 brach zum letzten Mal eine nennenswerte Zahl von württembergischen Familien donauabwärts auf. Nach ihren schlechten Erfahrungen – das versprochene Land fehlte und die einheimische Bevölkerung reagierte mit Ablehnung – wollte niemand mehr ihnen so schnell folgen.

Das mit weitem Abstand beliebteste Einwanderungsland der Südwestdeutschen waren seit dem Anfang des 19. Jahrhunderts die Vereinigten Staaten von Amerika. Die gewaltige Anziehungskraft der „Neuen Welt“ stellte alle anderen Zielorte in den Schatten. Die anscheinend grenzenlos große USA beflügelte die Phantasie der Auswanderer. Schon List hatte bei seinen Befragungen gehört, daß in Amerika „alles genug sey“ (Moltmann 1989, S.149). Daß dem keineswegs so war, mußten die meisten erst schmerzlich selbst erfahren. Märchenhafte Aufstiege blieben in der ersten Generation die große Ausnahme. Nicht wenigen erging es dagegen so ähnlich wie dem Stuttgarter Karl Herzog, der nach vielen Abenteuern und nachdem er sich jahrelang mühsam durchgekämpft hatte, ohne eine große Erfolgsgeschichte geschrieben zu haben, spurlos in der Wüste von Kalifornien verschwand. Wer die von Einwanderern überfüllten Städte verließ und in den „Wilden Westen“ vorstieß, mußte harte Entbehrungen und zahllose Rückschläge hinnehmen. Der Heilbronner Turnpionier Wilhelm Pfänder erlebte beispielhaft die Mühen des Aufbaus einer neuen Siedlung. Die Träume von einer Musterstadt für Turner scheiterten am Streit untereinander und der Westen war auch nicht so menschenleer wie gedacht: Die Sioux-Indianer überfielen das auf ihrem Land gegründete „New Ulm“.

Nicht alle verließen ihre Heimat aus freien Stücken. In den Jahren nach der Revolution 1848/49 erkannten viele Gemeinden in der Auswanderung eine hervorragende Gelegenheit, sich armer oder straffällig gewordener Gemeindeangehöriger dauerhaft zu entledigen. Die Betroffenen wurden mehr oder weniger deutlich gedrängt, das ‚großzügige‘ Angebot anzunehmen und auf Gemeinde- oder Staatskosten auszuwandern. Jede Verantwortung für deren weiteres Schicksal wiesen die Gemeindeväter und Behörden von sich. Nachdem bei ihm ein Opfer der Abschiebung aus Bühlertal ‚gestrandet‘ war, schrieb der Pfarrer Otto Fair aus Louisville, Kentucky, seinem Bühlertäler Kollegen empört seine Meinung: „Ich kann mir gar nicht erklären, wie es sich, ich will nicht sagen mit der Religion und dem Gewissen, sondern mit der natürlichen Menschlichkeitsliebe verträgt, über 300 Menschen, Bürger und Gemeindekinder zum Theil krüppelhaft, unfähig aller Arbeit aus der Heimath zu jagen, sie auf ein Schiff zu setzen (...) und halbverhungert nach Amerika zu schicken, in ein Land, wo das Vieh mehr Werth hat, und dafür besser gesorgt wird, als für einen Menschen, besonders für einen Ausländer“ (Schreiben vom 9.6.1855, GLA 346/101).

Ebensowenig freiwillig verließen viele aktive Teilnehmer der Revolution von 1848/49 Württemberg, Baden oder Hohenzollern. Verurteilte Revolutionäre wie der Gaildorfer Glasfabrikant Gottlieb Rau oder der Reutlinger Redakteur Gustav Heerbrandt kamen nur durch ihr Versprechen frei, nach der Entlassung umgehend auszuwandern. Viele hatten sich dem Zugriff der Behörden durch Flucht in die Schweiz oder das Elsaß noch rechtzeitig entziehen können. Einer der ersten USA-Flüchtlinge war Friedrich Hecker, der am 5. Oktober 1848 in New York begeistert begrüßt wurde und sich nach seiner gescheiterten Rückkehr im Juli 1849 endgültig als Farmer in Illinois niederließ. Die etwa 5.000 anderen nach Amerika geflohenen Revolutionäre hatten es bedeutend schwerer. Ihnen eilte kein großer Ruf voraus, niemand empfing sie mit offenen Armen.

Fast 100 Jahre später war die USA noch einmal der wichtigste Zufluchtsort für Württemberger, Badener und Hohenzoller.

Johannes Eberle. Fidel Eberle. Angelo Moscagiura. Seser Solmaz. Biral
Anaharedo Dean. Ese Rume. Sawsen Arfaoui. Jose Antonio Puello. Miha
Ya Liu Friederike Hoch. Christoph Maier.
Sailer. Barbara Schneider. Christian Schneider. Zuhal Polat. Erik Doktor.
Pietro Busato.
Valentina Fischer. Adolf Wirt. Maria Loboda. Marjam Schira

Charlotte Gerlach. Wilhelm Pfänder. Seyoum Habtemakiam.
Anton Schaible.

Gewalt, Boykott und Enteignung zwangen zwischen 1933 und dem Beginn der systematischen Deportation und Ermordung 1941 etwa zwei Drittel der rund 30.000 Juden zur Ausreise. Es war ein bitterer Abschied. Das Vermögen wurde größtenteils beschlagnahmt, viele Verwandte und Freunde blieben zurück, die später meist ermordet wurden. Bis 1941 stellte weniger das Ausreisen, als vielmehr das Finden eines Aufnahmelandes das größte Problem dar. Die meisten Grenzen waren für die deutschen Flüchtlinge geschlossen. Wer nicht zu den Glücklichen gehörte, die eines der viel zu wenigen Visa für die USA bekamen, mußte froh sein, wenn er es irgendwie bis nach England, Palästina, Shanghai, Südafrika oder Südamerika schaffte. Erst nach dem Krieg konnten viele in die Vereinigten Staaten weiterreisen.
Der Zweite Weltkrieg wurde zum Wendepunkt der Wanderung. Die bis dahin noch immer vorherrschende Auswanderung drehte sich um in eine Zuwanderungsbewegung. So wie die Ausreise der Juden und anderer Verfolgter des nationalsozialistischen Regimes nicht aus freiem Willen geschah, erfolgte auch der Zuzug nur selten aufgrund einer selbständigen Entscheidung. Den Anfang bildeten die zum Ausgleich für die eingezogenen Männer massenhaft nach Deutschland geholten Fremdarbeiter. Neben einigen Freiwilligen wurden mehrere hunderttausend Kriegsgefangene und Zivilisten aus den besetzten Gebieten, Männer wie Frauen, zur Arbeit im Südwesten gezwungen. Weltweit bekannte Unternehmen, die Gemeinden, die Kirchen und fast jeder Bauernhof hatte ‚seine' Polen, Russen, Ukrainer oder auch Franzosen. Der Umgang mit ihnen konnte sehr unterschiedlich sein. Eine vergleichsweise gute Behandlung konnte es im Einzelfall genauso geben wie eine völlig menschenunwürdige Ausbeutung. Die Rückführung nach dem Krieg erwies sich als schwieriges Unterfangen.
Die von den Alliierten als „Displaced Persons" bezeichneten ehemaligen Zwangs- und Fremdarbeiter fürchteten die Rückkehr in den sowjetischen Einflußbereich. Einige von ihnen schafften es, entweder weiterzureisen oder gar als Staatenlose in Deutschland zu bleiben.
Bereits während des Krieges hatten die deutschen Behörden damit begonnen, „volksdeutsche Gruppen" in Osteuropa umzusiedeln. Dies war jedoch nur der Auftakt zu einer in Europa beispiellosen gewaltsamen Bevölkerungsverschiebung. Als die Ostfront immer näher rückte, flüchteten Millionen Deutsche vor der Roten Armee. Da es innerhalb der von den Siegermächten gezogenen neuen Grenzen keine deutschen Minderheiten geben sollte, wurden danach nahezu alle Deutschen aus den unter polnischer und sowjetischer Verwaltung stehenden Ostgebieten sowie aus der Tschechoslowakei und Ungarn vertrieben. In Jugoslawien wurden die Deutschen solange verfolgt, bis sie ausreisten. Insgesamt wurden in den vier Besatzungszonen rund 10 Mio. Vertriebene und Flüchtlinge gezählt. Zusätzlich verloren 2 Mio. Menschen meist auf der Flucht ihr Leben (Benz 1992, S. 381).
Im Herbst 1945 trafen die ersten Eisenbahntransporte mit Vertriebenen im Südwesten ein. Die meisten von ihnen kamen in das amerikanisch besetzte Württemberg-Baden. Das französisch kontrollierte (Süd)-Baden und Württemberg-Hohenzollern nahmen bedeutend weniger Menschen auf. Um den großen Unterschied etwas zu mildern, mußten in der französischen Zone 1948 rund 35.000 Menschen, die aus Ostpreußen, Danzig und Westpreußen geflohen und danach in Dänemark interniert gewesen waren, untergebracht werden (Eberl 1993, S. 115).
Bei der Volkszählung von 1950 ergab sich für den ganzen Südwesten eine Zahl von 861.526 Vertriebenen und Flüchtlingen, was einem Bevölkerungsanteil von 13,5% entsprach. Zehn Jahre später war der Anteil deutlich auf 20,9% gestiegen (Walla 1992, S. 21).
Der Empfang fiel selten freundlich aus. Nur die Hälfte der einheimischen Bevölkerung sah die Vertriebenen als gleichberechtigte Deutsche an. Die fast besitzlosen Neuankömmlinge galten oft als störende Konkurrenten um Arbeitsplätze und Wohnraum. Für deren unterschiedliche Konfessionen, Traditionen oder politischen Einstellungen bestand wenig Verständnis. Von den Neubürgern wurde vielmehr ein völliges Einfügen und Anpassen erwartet (Grosser 1996, S. 49–67). Erst allmählich wurde die Aufnahme zu einer Erfolgsgeschichte, die dem Land entscheidend half, bisherige politische und soziale Grenzen zu überwinden.
Wegen der kulturellen Unterdrückung und der aussichtslosen wirtschaftlichen Lage begannen die in Rumänien, Polen und der Sowjetunion verbliebenen Deutschen in den 1980er Jahren in wachsender Zahl auszureisen. Nach dem Zerfall des Ostblocks verstärkte sich die Auswanderung deutlich. Mit fast 380.000 Menschen allein zwischen 1988 und 1999 nahm Baden-Württemberg überdurchschnittlich viele Spätaussiedler auf. Auch sie sahen sich vielen Vorbehalten und Unverständnis ausgesetzt. Umgekehrt sind viele hochgesteckte Erwartungen enttäuscht worden. Die bundesdeutsche Wirklichkeit sieht anders aus als viele dachten. Nicht dauerhaft bleiben wollten dagegen die aus-

Elena Ehrmanntraut. Dabbye Janeth Feger-Gil.
chev.
Anna Barbara Mann. Güler Aydin. Ludwig Marquardt.
lle Dahan-Feucht. Ruth Lauterstein. Lina Wist. Artur

Amalia Gekkel. Vladimir Kocetov.

malia Lening.

ländischen „Gastarbeiter“, die Ende der 1950er und in den 1960er Jahren in Südeuropa und der Türkei angeworben wurden. Wie bereits im Kaiserreich, als vor allem italienische Bauarbeiter geholt worden waren, sollten sie nur kurzfristig helfen, den Arbeitskräftemangel zu beheben. Aber bei vielen wurde der Termin der endgültigen Rückkehr immer wieder verschoben. Statt dessen zogen die Familienangehörigen nach. Heute leben rund 40% aller Ausländer seit mehr als 20 Jahren im Inland. Inzwischen ist ein Viertel der Inhaber eines ausländischen Passes in Baden-Württemberg oder in einem anderen Bundesland geboren worden. Mit zuletzt annähernd 30.000 Einbürgerungen pro Jahr nimmt seit der Mitte der 1990er Jahren die Zahl derjenigen zu, die die deutsche Staatsbürgerschaft erwerben (Cornelius 2002, S. 42–44). Die Neubürger leben meist schon seit längerem in Deutschland und haben im Gegensatz zu der ersten Generation von Ausländern, die mit offener Ablehnung und Ausgrenzung zu kämpfen hatte, oft einen Platz in der Gesellschaft gefunden. Wie beim Bau von Moscheen oder bei der Frage nach Einführung von Islamunterricht an den Schulen deutlich wird, besteht aber nach wie vor auch ein hohes Maß an Konfliktpotential.
Seit den 1980er Jahren versuchten zunehmend Menschen Asyl in Deutschland zu finden. Nach einem Höhepunkt zu Beginn der 1990er Jahre stabilisierte sich ihre Zahl in Baden-Württemberg bei etwa 10.000 Menschen pro Jahr. Wirtschaftliche Motive mögen auch bei ihnen eine Rolle spielen, im Vordergrund steht jedoch meist die politische Verfolgung in ihren Heimatländern. Die Hauptherkunftsländer der 1990er Jahre, Jugoslawien, Türkei, Irak, Afghanistan, Sri Lanka und Iran, waren bekannt für ihre schweren Menschenrechtsverletzungen.
Eine neue Gruppe Zuwanderer kommt seit dem Sommer 2000 in das Land. Aus Sorge um die wirtschaftliche Wettbewerbsfähigkeit wurde für eine kleine Gruppe von Fachleuten der Anwerbestopp für Ausländer aus Nicht-EU-Staaten aufgehoben: Fachkräfte der Informations- und Kommunikationstechnologie können mit der „Green Card“ eine Aufenthaltserlaubnis von zunächst fünf Jahren erhalten. Die hochbegehrten Experten sind äußerst mobil. Sie gehen weltweit dorthin, wo die Voraussetzungen für Karriere, Verdienst und Wissenserwerb am vielversprechendsten sind. Mit rund 2.100 erteilten Arbeitserlaubnissen entfielen in den ersten 18 Monaten der neuen Regelung etwa 20% aller Green Cards auf Baden-Württemberg. Die erste Bilanz fällt positiv aus: Jede Einstellung eines Green-Card-Spezialisten führte zur Schaffung von 2,5 weiteren Arbeitsplätzen (Wort und Zahl 2002, S. 15). Die „Green Card“ ist damit zu einem Beispiel dafür geworden, welche Chancen Zuwanderung für das Land bedeuten kann.

Wilhelm Pfänder

6. Juli 1826, Heilbronn
bis 11. August 1905, New Ulm, Minnesota, USA

Als knapp Neunzehnjähriger gehörte Wilhelm Pfänder im April 1845 zu den Gründungsmitgliedern der Heilbronner „Turngemeinde". Nachdem der Kaufmann im September nach Ulm umgezogen war, beteiligte er sich im April 1846 auch an der Entstehung der dortigen „Turngemeinde" (heute SSV Ulm). Die Wirtschaftskrise veranlaßte ihn aber bereits ein Jahr später, den Beschluß zu fassen, Württemberg den Rücken zu kehren. Selbst die Revolution konnte ihn nicht mehr davon abhalten, am 26. März 1848 endgültig aufzubrechen. Nach einem kurzen Besuch bei seinem Bruder Carl in London, bei dem er Karl Marx kennenlernte, fuhr er weiter nach New York (Müller 1999, S. 81–84).
Auch in Amerika ließ Pfänder das Turnen nicht los. Er hatte maßgeblichen Anteil daran, die deutsche Turnerbewegung jenseits des Atlantiks zu verbreiten. Zusammen mit Friedrich Hecker und einer Reihe ehemaliger 48er Revolutionäre aus Württemberg rief er im November mit der „Cincinnati Turngemeinde" einen der ersten amerikanischen Turnvereine ins Leben (Hofmann 2001, S. 114–115). In Cincinnati wurde auch einige Jahre später die Idee geboren, eine eigene, an sozialistischen Idealen orientierte „Turner-Stadt" im Westen aufzubauen. Pfänder übernahm die Planungen und fand 1856 in dem fast noch unbesiedelten Minnesota einen passenden Ort: das im Jahr zuvor von einigen Auswanderern aus Erbach bei Ulm gegründete New Ulm (Tolzmann 1997, S. 1–9). Die angestrebte Gleichheit aller Siedler ließ sich nicht lange verwirklichen, aber das Turnen behielt höchste Wichtigkeit: Eines der ersten Gebäude in New Ulm war eine Turnhalle (Hofmann 2001, S. 142–148).
Zum 50. Jahrestag der Gründung der Heilbronner „Turngemeinde" kehrte Wilhelm Pfänder zu einem Besuch noch einmal in seine Geburtsstadt zurück (Neckar-Zeitung, 10.4.1895). Vor dem großen Jubiläumsfest vom 18. bis 20. Mai 1895, von dem er eine Erinnerungsschleife mitnahm, wurde er auf einer eigenenVeranstaltung bereits am 6. April 1895 geehrt. Vermutlich bekam er damals den von der Silberfabrik „P. Bruckmann & Söhne" hergestellten Silberkelch mit einer Darstellung der Heilbronner Kilianskirche überreicht. Warum der Kelch die Inschrift „Juli 1889" hatte, ist unklar. Das Motiv mit der Kilianskirche war ursprünglich für einen Pokal für das Landesschützenfest im Juli 1888 geprägt worden. Für Pfänders neuen Kelch war die damalige Widmung einfach entfernt und die letzte „8" in eine „9" umgeändert worden.

Silberkelch aus Heilbronn
Peter Bruckmann & Söhne, Heilbronn
Um 1895
Richard P. Runck, New Ulm, Minnesota, USA

Erinnerungsband an die Heilbronner „Turngemeinde“
1895
Richard P. Runck, New Ulm, Minnesota, USA

Wilhelm Pfänder
Um 1900
Richard P. Runck, New Ulm, Minnesota, USA

Obwohl Wilhelm Pfänder nicht mehr aktiv an der Revolution hatte teilnehmen können, sah er sich ganz in der Tradition der 48er Revolutionäre. Unter seiner Führung wandte sich der „Ansiedlungsverein des sozialistischen Turnerbundes“ gegen die wachsende Fremdenfeindlichkeit der Amerikaner, die Wiederbelebung puritanischer Sitten und die große soziale Not im „Adoptiv-Vaterland“ (Erklärung des Ansiedlungsvereins, New Ulm, August 1856). Genauso entschieden lehnte Pfänder die Versuche der Südstaaten ab, die Sklaverei auszudehnen. Als einer der vier gewählten Wahlmänner des Staates Minnesota stimmte er daher auch 1860 für den Präsidentschaftskandidaten der Republikaner, Abraham Lincoln.

Nach Ausbruch des Bürgerkrieges ergriff Pfänder die Waffen für Lincoln und die Nordstaaten. In der Schlacht von Shiloh am 6. und 7. April 1862 erwarb er sich militärischen Ruhm, als unter seinem Befehl die „First Minnesota Battery“ den entscheidenden Ansturm der Südstaaten-Armee abwehrte. Nach mehreren Angriffen ausgehungerter Sioux-Indianer auf New Ulm, bei denen die Stadt fast komplett zerstört worden war, wurde Pfänder zum Schutz der Stadt nach Fort Ridgely versetzt (Müller 1999, S. 88–90).
Eines der letzten Porträts von Pfänder erhielt einen mit der US-Fahne und dem US-Adler verzierten Goldrahmen, der bei den Veteranen des Bürgerkrieges sehr beliebt war.

Constantin Bilharz. Kenzingen, 18. Mai 1820. Teilnahme an der Revo

Josef Fries. Konstanz, 31. Mai 1829. Teilnahme an der Revolution. Captain 1861–1863

Ehrhardt Kirchberger. Schwenningen, 24. November 1834. Sergeant 1861–1864, bei Memphis gefallen am 21. F

Karl Wilhelm Streissgut. Offenburg, 2. März 1829. Teilnahme an der Revolution. 1. Lieutenant 1861–1862

Albert Schäfer.
Heidenheim, 7. August 1837. Corporal 1861–1862, desertiert am 10. November 1862

-eo Fischbach. Niederschopfheim, 12. April 1835. Corporal 1861–1864

Friedrich Wolf. Hechingen, 17. Juli 1832. Soldat 1861–1862

-anz Gottselig. Neckarsulm, 27. April 1825. Soldat 1862–1862, desertiert am 7. Dezember 1862

Konrad Wahrenberger. Balingen, 29. Januar 1822. Soldat 1861–1862

1861–1862

Johann Leser.
Lahr, 4. August 1813. Haft wegen Revolutionsteilnahme. Soldat 1863, gestorben am 9. Mai 1863

Thomas Heiss. Bisingen, 18. April 1830. Sergeant 1861–1864, bei Dallas gefallen am 28. Mai 1864

Karl Herzog

24. Oktober 1819, Stuttgart
bis nach 1862

Am 3. Mai 1847 geriet der 27 Jahre alte Schriftsetzer Karl Herzog in die Stuttgarter Hungerkrawalle. Obwohl seine Tatbeteiligung ungeklärt blieb, mußte er für 14 Wochen ins Gefängnis. Nach der Entlassung stand sein Entschluß zur Auswanderung fest. Anfang November schiffte er sich in Bremen auf der „Anna" ein, nach einer stürmischen Überfahrt kam er am 8. Januar 1848 im Hafen von New York an.

Sechs Monate nach seiner Ankunft schilderte Herzog in seinem ersten Brief an die in Stuttgart zurückgebliebenen Eltern den schwierigen Neuanfang in Amerika. New York sei überlaufen von arbeitslosen Einwanderern: „Es thut einem in der Seele weh, wenn man die Masse von Deutschen sieht, welche täglich hier landen." Er selbst habe vergeblich bei allen Druckereien nachgefragt, auch seine Absicht, am Mexiko-Krieg teilzunehmen, sei gescheitert. „Jetzt habe ich im Sinne nach den westlichen Staaten zu gehen", kündigte er seinen neuerlichen Aufbruch an.

Was folgte, war ein Abenteuer nach dem anderen. Beim Untergang seines Schiffes von New York nach Kalifornien entging Charles am Heiligabend 1853 nur knapp dem Tod. Als Soldat war er danach jahrelang im glühendheißen Fort Yuma am Colorado River stationiert. Er begleitete Vermessungsexpeditionen in die Wüste, kämpfte in Nevada gegen die Paiute-Indianer und versuchte sich glücklos als Goldgräber.

Den letzten seiner insgesamt zehn Briefe an die Eltern schickte er am 7. November 1861 von der Festungsinsel Alcatraz vor San Francisco, kurz bevor seine Kompanie in den Bürgerkrieg geschickt wurde.

In einem alten Koffer fand Bert Heinrich 1994 das Bündel der zehn Briefe seines längst vergessenen Urgroßonkels Karl Herzog. Zusammen mit seinem Sohn suchte er in den USA die Spuren seines Vorfahren. Ihre Forschung ergab, daß Charles nach tagelangen Gewaltmärschen durch die Wüste Anfang Mai 1862 desertiert war. Was danach aus ihm geworden war, ließ sich nicht mehr aufklären. Als Andenken an ihn nahmen sie einen abgebrochenen Pfeifenkopf mit, den sie mitten in der Wüste bei Maricopa Wells an einem der Lagerplätze von Charles gefunden hatten.

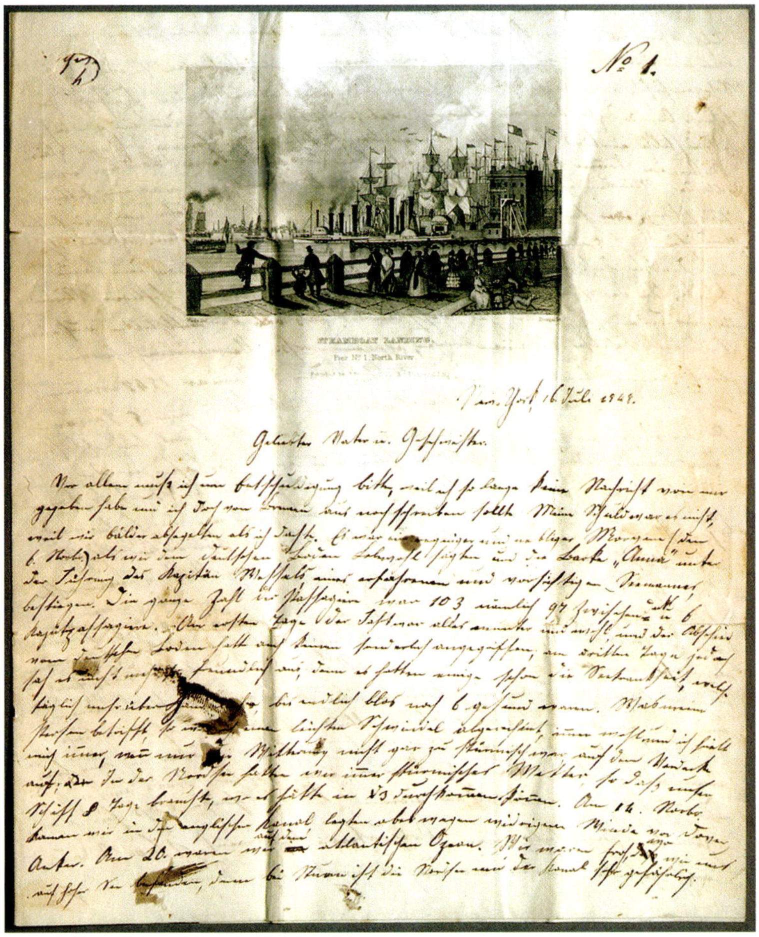

No 1.

STEAMBOAT LANDING.

Pier No 1. North River

New York, 16 Juli 1848.

Geliebter Vater u. Geschwister.

Brief aus New York
16. Juli 1848
Bert Heinrich, Seehausen

Pfeifenkopf „Weil & co"
Bert Heinrich, Seehausen

Johann Michael Scheffelt

14. April 1795, Mundingen
bis 13. November 1853, Cheektowaga, New York, USA

Schon früh übernahm Johann Michael Scheffelt politische Verantwortung. Im Alter von 27 Jahren wurde der Besitzer einer großen Land- und Gastwirtschaft zum Gemeindevorsteher im südbadischen Steinen gewählt. Aufgrund seiner guten Familienbeziehungen und Wohlhabenheit gelang ihm 1835 eine Kandidatur für die Zweite Kammer, in der er zunächst bis 1842 den Wahlkreis Schopfheim-Kandern und dann seit 1846 den Wahlkreis Lörrach vertrat.
Scheffelts großes politisches Vorbild war der Marquis de Lafayette. Den Helden aus dem Amerikanischen Unabhängigkeitskrieg verehrte er so sehr, daß er sogar eine Schnupftabakdose besaß, auf der Lafayette als Kommandeur der Pariser Nationalgarde in der Französischen Revolution zu sehen war. Das Motiv hatte prägende Bedeutung für ihn. Lafayettes Versuch, die Radikalisierung der Revolution zu verhindern, blieb für Scheffelt beispielhaft.
Bevor er sich in der Revolution 1848 zum Demokraten wandelte, hatte er selbst zunächst versucht, politische Fortschritte durch Reformen zu erzielen. Als sich nach der Flucht des Großherzogs die Situation zuspitzte, wollte er sich nicht der Verantwortung entziehen und ließ sich in den ersten demokratischen Wahlen Deutschlands am 3. Juni 1849 in die neue Verfassunggebende Versammlung wählen. Bei den Abstimmungen erwies sich Scheffelt als gemäßigter Republikaner, der weiterhin das Schwarz-Rot-Gold der Reichsverfassung gegenüber dem radikalen Rot bevorzugte (Bauer 1991, S. 110, S. 149). Gleichwohl drohte ihm nach dem Einmarsch der Preußen eine Anklage wegen Hochverrats. Der Verhaftung konnte er sich nur durch Flucht nach Basel entziehen. Nach der Beschlagnahme seines Vermögens wurde er in Abwesenheit zu einer siebenjährigen Zuchthausstrafe verurteilt (Ecker 1997, S. 291–300).
Auf der „Hannah Brooker" segelte er zusammen mit einem seiner Söhne noch im August 1849 von Le Havre nach Amerika. Im Gepäck hatte er neben seiner Schnupftabakdose und einer schwarz-rot-goldenen Kokarde auch eine Brezel aus Kandern mitgenommen. Auf seiner kleinen Farm Cheektowaga bei Buffalo am Erie See erinnerte sie ihn an die Heimat. Nach Scheffelts frühem Tod schickte seine Magd „Bäbele" die persönlichen Gegenstände an seine Familie zurück.

Schnupftabakdose mit einem Porträt des Marquis de Lafayette
Um 1791
Familie Dr. Straube-Scheffelt, Badenweiler

Kokarde
Um 1848

Brezel aus Kandern
Um 1849

Wegen der schlechten wirtschaftlichen Lage ergriff die Gemeinde Bühlertal 1854 drastische Maßnahmen: Alle Personen, die kein ausreichendes Auskommen nachweisen konnten, wurden aufgefordert, auf Kosten der Gemeinde auszuwandern. Aus Sicht der Gemeindeväter machte diese Lösung Sinn. Die Finanzierung der Auswanderung war langfristig kostengünstiger als die dauerhafte Unterstützung aus der Gemeindekasse.

Eine der Betroffenen war die 42jährige Theresia Schmidt. Ohne nennenswerten Besitz konnte ihr Ehemann die Familie mit acht Kindern kaum ernähren. Vor die Wahl gestellt, in bitterer Armut weiterzuleben oder aber vielleicht doch noch eine Perspektive in Amerika zu bekommen, gab die Familie dem Druck nach. Am 29. September 1854 erschien Theresia Schmidt auf dem Bühlertaler Rathaus und gab ihre schriftliche Einwilligung zur Auswanderung der Familie (GLA 346/101). Nur den ältesten Sohn meldete sie nicht an. Zusammen mit 299 anderen Männern, Frauen und Kindern verließen Theresia Schmidt und ihre Familie am 11. Januar 1855 Bühlertal. Nach 76tägiger Fahrt erreichten sie auf dem Schiff „Desdemona" den Hafen von New Orleans. Bevor der badische Konsul sie zu einem Mississippi-Dampfer nach St. Louis brachte, händigte er jedem Familienoberhaupt noch ein Kopfgeld im Wert von 20 Gulden und für jedes Familienmitglied weitere 10 Gulden aus (Duffner/Fritz 1991, S. 64). Danach waren sie in dem fremden Land sich selbst überlassen. Bereits am 10. Dezember 1855 starb Theresias Ehemann. Ihr eigenes weiteres Schicksal ist unbekannt.

Für Bühlertal lohnte sich die Auswanderung. Zur Deckung der Kosten hatte sich die Gemeinde zunächst die Aufnahme eines Kredites von 26.000 Gulden genehmigen lassen müssen. Allein das Mannheimer Auswanderungsbüro Renner stellte 24.034 Gulden in Rechnung. Gemeinderechner Konrad Kern notierte zusätzliche Ausgaben für Schreiner, Schuhmacher, Schneider und Metzger, die allesamt an der Ausstattung der Armen gut verdienten. Letztlich profitierte aber vor allem die Gemeindekasse. Die Sozialausgaben gingen zurück und durch stärkere Holzhiebe konnten bis Ende der 1850er Jahre die Kosten wieder ausgeglichen werden (Duffner/Fritz 1991, S. 65).

Theresia Schmidt

5. November 1811, Bühlertal
bis nach 1856

Gemeinderechnungsbuch Bühlertal
Konrad Kern
1854/55
Museum Geiserschmiede
Bühlertal

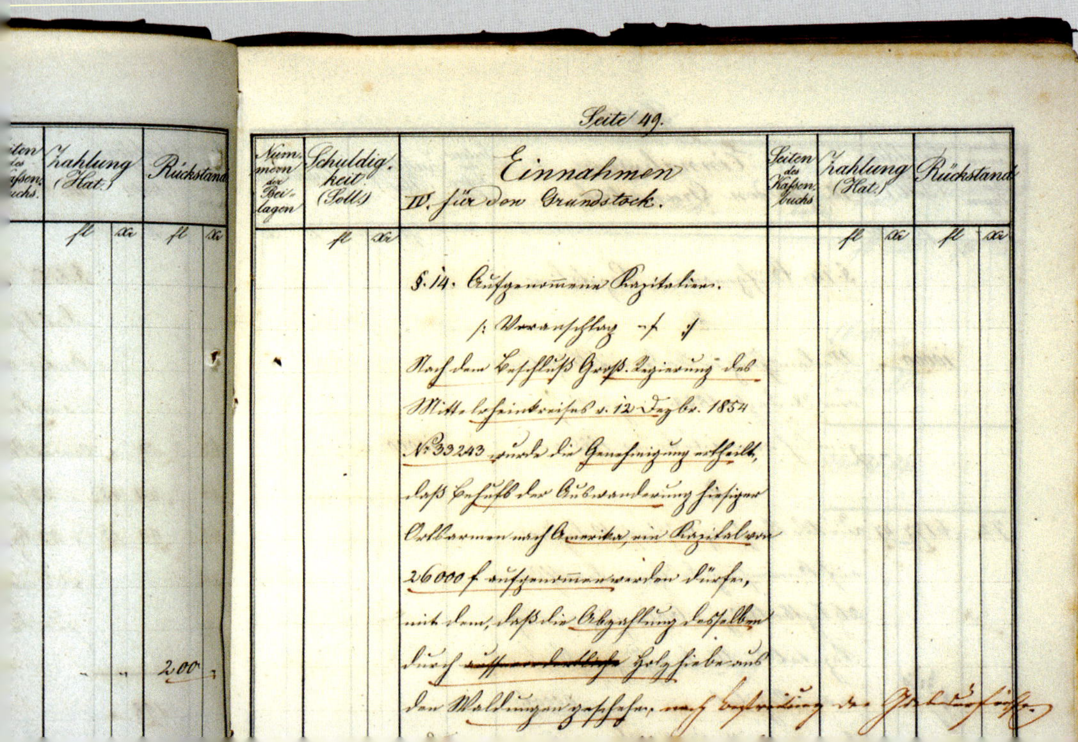

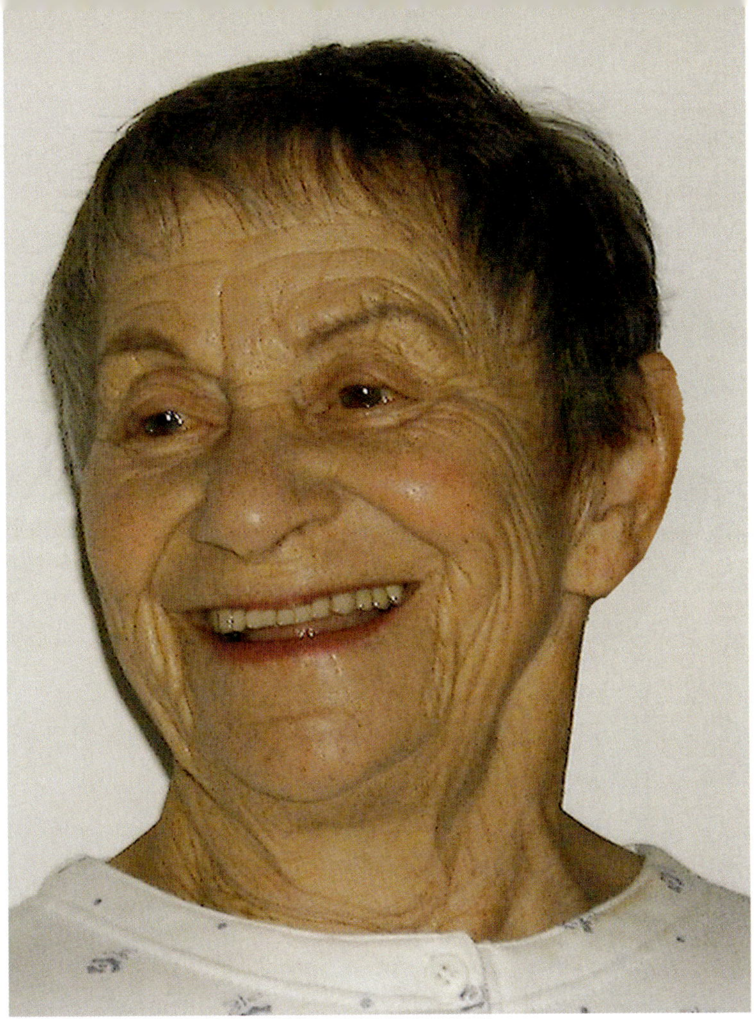

Handtuch aus der Aussteuer
1939
Haus der Geschichte
Baden-Württemberg

Pauline Guggenheim bereitet die Aussteuer für Lilo vor
1939
Lilo Levine, Saranac Lake, New York, USA

Lilo Levine

9. Mai 1921, Göppingen

Am 3. August 1939 erhielt Lilo Guggenheim die Ausreiseerlaubnis nach England. Richtig freuen konnte sie sich jedoch nicht: Sie wußte, daß sie ihre Eltern in Stuttgart zurücklassen mußte. Aber sie hatte keine andere Wahl. Die durch Reisebekannte glücklich gefundene Anstellung als Haushaltshilfe auf der Isle of Wight bot vielleicht die letzte Chance, aus Deutschland herauszukommen.
Lilo war in Göppingen wohlbehütet aufgewachsen. Ihr Vater Julius, Vorsteher der Jüdischen Gemeinde, war Besitzer des Geschäfts „Einstein und Guggenheim" sowie der Kaufhäuser „Wohlwert" in Göppingen, Aalen und Ravensburg. Bis zur notgedrungenen Aufgabe seiner Geschäfte 1937 hatte er rund 200 Angestellte beschäftigt. In Göppingen war für Lilo das Leben bis zuletzt ohne größere Schwierigkeiten verlaufen. Erst nach dem Umzug nach Stuttgart verschlechterte sich die Lage zusehends.
Der wochenlange Aufenthalt des Vaters und des Bruders Leopold im Konzentrationslager Dachau nach dem 9. November 1938 beseitigte die letzten Illusionen. Danach stand fest, daß jede Gelegenheit zum Verlassen des Landes genutzt werden mußte.
Kurz vor Lilos Abreise bereitete ihre Mutter Pauline einige Teile der Aussteuer vor und stickte Lilos Monogramm in Handtücher. Sie sollten ihr über die Schweiz zugeschickt werden. Am 13. August nahmen sie Abschied voneinander. Noch hatten sie Hoffnung, sich bald wiederzusehen. Aus Angst, im Ausland völlig mittellos zu sein, versuchte Julius Guggenheim einige Silberteile außer Landes zu schaffen. Aber der Zoll fand die unerlaubten Wertsachen und Guggenheim wurde am 30. November verhaftet. Seine verzweifelte Frau nahm sich daraufhin am 8. Dezember das Leben. Überraschenderweise wurde Guggenheim freigesprochen und konnte doch noch in die USA auswandern (Guggenheim 1991, S. 57–92).
In England bekam Lilo nur erzählt, ihre Mutter sei an einem Herzschlag gestorben, vom Freitod erfuhr sie erst Jahre später. Das Handtuch bekam sie erst zu ihrer Hochzeit am 31. Dezember 1950 in Saranac Lake, USA. Sie hat es nie benutzt.

Henry Froehlich

7. August 1922, Rottweil

Brieftasche des Vaters
Um 1925
Henry Froehlich, Larchmont, New York, USA

STUTTGARTER JÜDISCHE KUNSTGEMEINSCHAFT
IM REICHSVERBAND DER JÜDISCHEN KULTURBÜNDE IN DEUTSCHLAND
MITGLIEDS-KARTE
bei Veranstaltungen mit der Saalkarte vorzuweisen
Nathan Fröhlich
Vor- und Zuname
Rosenbergstrasse 119
Wohnung
Nathan Fröhlich
Unterschrift
Die Mitgliedskarte ist unübertragbar. Verlust sofort anzeigen. Ersatzkarte 50 Pfg.

Mitgliedskarte von Nathan Fröhlich in der Stuttgarter Jüdischen Kunstgemeinschaft
1938

Porträt der Mutter Liesl Fröhlich
1918

Auf seinen Geschäftsreisen hatte sich Hans Fröhlichs Vater Nathan in die Stadt Rottweil ‚verliebt' und deswegen dort ein Schuhgeschäft eröffnet. In Rottweil fühlte sich die jüdische Familie bis 1933 sehr wohl. Wie sein Vater sang Hans im katholischen Kirchenchor mit und beteiligte sich selbstverständlich an der Fastnacht. Erste negative Erfahrungen machte er 1933 in der Schule, wo ihn sein Turnlehrer gezielt wegen seiner jüdischen Herkunft schikanierte. Weil sein Vater das Geschäft nicht mehr länger halten konnte, zog die Familie schließlich nach Stuttgart.

Auf dem Weg zu seiner Lehrstelle als Installateur sah er am 9. November 1938 die Stuttgarter Synagoge brennen und überall Lastwagen mit festgenommenen Juden. Sofort kehrte er in die Rosenbergstraße 119 um und warnte seinen Vater. Dieser konnte noch schnell mit dem Zug nach Frankfurt entkommen und sich dort bei seiner Schwester verstecken. Als am 12. November die Lastwagen verschwunden waren, gab ihm die Familie mit dem vereinbarten Paßwort telefonisch das Zeichen zur Heimkehr. Aber kurze Zeit nach seiner Ankunft kamen zwei schwarz uniformierte Männer, um ihn abzuholen. Vergeblich zeigte er seinen Militärausweis aus dem Ersten Weltkrieg vor. „Paß auf Deine Mutter auf", waren seine letzten Worte zu Hans, mit denen er ihm seine Brieftasche mit Fotos und Papieren übergab. Am 12. Dezember bekam die Familie telefonisch die knappe Todesnachricht aus dem Konzentrationslager Dachau übermittelt: Wenn die Leiche nach München überführt werden solle, müßten 500 Mark gezahlt werden. Kurz danach beerdigte Hans seinen Vater in München.

Nach der Ermordung seines Vaters mußte Hans Fröhlich die Versorgung seiner Familie übernehmen. Als Bürojunge fand er eine neue Arbeit beim Jüdischen Oberrat, der für die Verwaltung der württembergischen Juden zuständig war. Die wichtigste Aufgabe des Oberrats war die Organisation der Auswanderung geworden. Aus ganz Süddeutschland kamen Juden angereist, um auf dem amerikanischen Konsulat die rettende Einreiseerlaubnis in die USA zu bekommen. Verzweifelt versuchte der Oberrat bei der Vergabe der wenigen Visa zu helfen. Meistens mußte er sich aber damit begnügen, die Vorgeladenen auf das entscheidende Gespräch auf dem Konsulat vorzubereiten.

Auf die eigene Auswanderung mußte Hans Fröhlich lange warten. Dank eines entfernten amerikanischen Verwandten war er an das notwendige Affidavit gelangt, einem Papier, mit dem eidesstattlich versichert wurde, daß

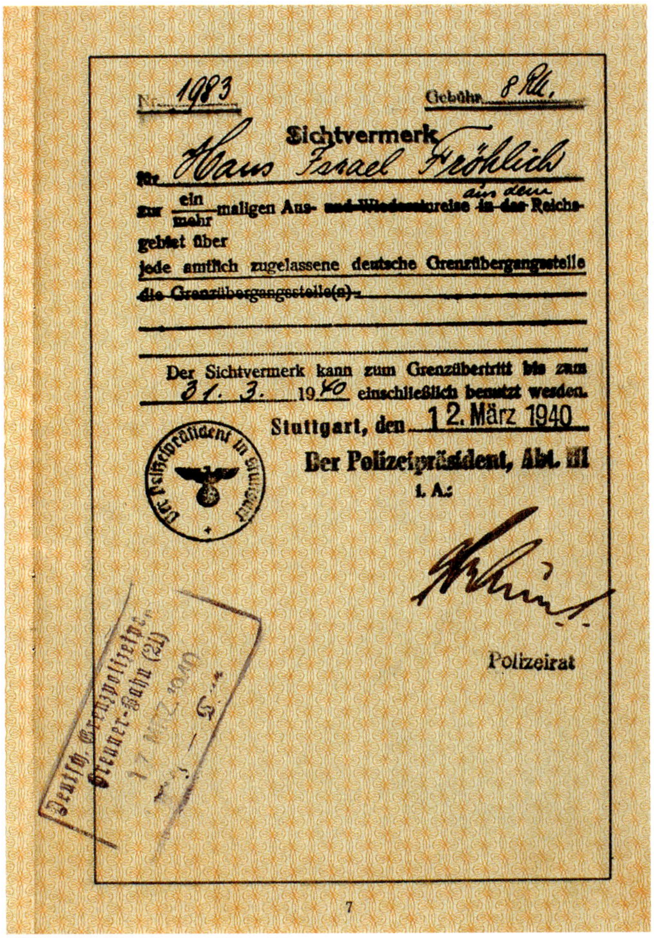

Reisepaß von Hans Fröhlich
1940
Henry Froehlich, Larchmont,
New York, USA

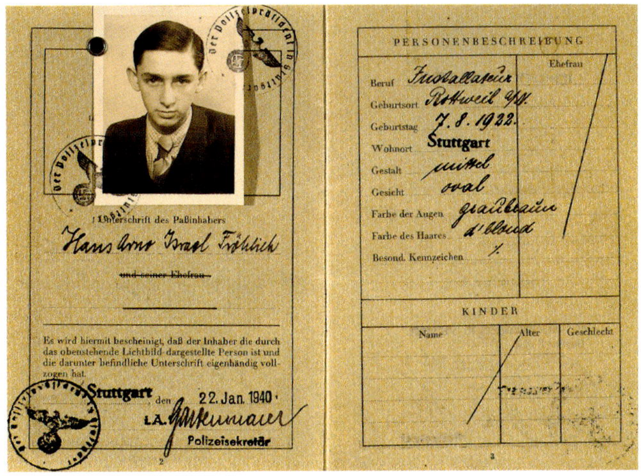

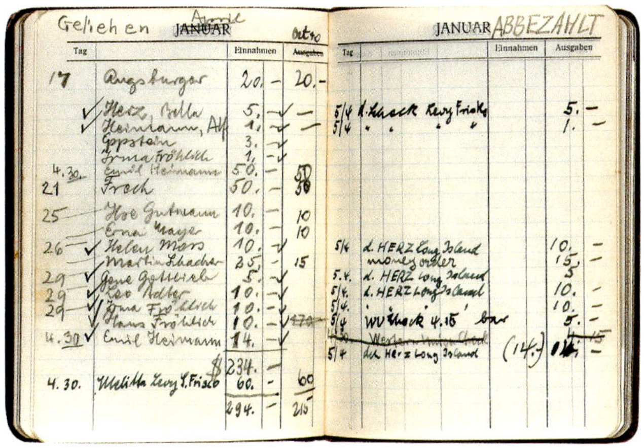

Taschenkalender
1940
Henry Froehlich, Larchmont,
New York, USA

für ihn in den USA gebürgt würde. Aber erst Anfang 1940 traf die Zusage des Visums ein. Am 22. Januar konnte er den deutschen Reisepaß in Empfang nehmen, der ihn ausdrücklich nur zu einer einmaligen Ausreise ohne Wiedereinreise ermächtigte. Das auf die erste Seite gestempelte „J" und der zwangsweise angenommene zusätzliche Vorname „Israel" wiesen ihn sofort als Juden aus. Von seinem Vermögen durfte er für die Ausreise lediglich 10 Reichsmark mitnehmen. Am 20. März legte sein Schiff in Genua ab.

Fröhlichs Visum galt auch für seine Mutter, die bald nachkommen sollte. Aber seinen körperlich behinderten Bruder Albert mußte er zurücklassen. Seine Mutter brachte ihn in einem katholischen Heim unter. Im Dezember 1940 wurde Albert im Zuge des nationalsozialistischen „Euthanasieprogramms" vermutlich in Grafeneck ermordet.

Nach seiner Ankunft in New York begann Hans Fröhlich sofort damit, Geld für das Schiffsticket seiner Mutter zu sammeln. Durch seine Arbeit beim Oberrat kannte er in New York genügend Auswanderer, die er um Hilfe bitten konnte. Zunächst fragte er ohne großen Erfolg. Niemand konnte den gesamten Betrag von 294 Dollar aufbringen, alle versicherten ihm aber, die letzten noch fehlenden Dollar beisteuern zu wollen. Hans Fröhlich lernte schnell daraus. Er machte noch einmal die Runde und sagte jedem, es würden ihm jetzt nur noch 10 Dollar fehlen. Der Trick funktionierte. Jeder wollte die entscheidende Hilfe leisten und gab die ‚letzten' Dollar. Am 30. April hatte er das Geld zusammen, am 18. Mai konnte die Mutter in Genua abfahren.

In seinem aus Deutschland mitgebrachten Taschenkalender, auf dessen hinteren Seiten alle Parteiabzeichen der NSDAP abgedruckt waren, notierte Hans Fröhlich jede geliehene Summe. Von dem Verdienst seines ersten Jobs, den er kurz danach in Berlin, New Hampshire, annahm, konnte er bereits ab dem 4. Mai die ersten Rückzahlungen leisten.

Pietro Busato

21. September 1879, Lonigo, Italien
bis 9. März 1955, Trochtelfingen

Halstuch
mit Karte von Italien
Um 1920
Ilse Hotz, Trochtelfingen

Armut zwang Pietro Busato 1900 dazu, den elterlichen Bauernhof im norditalienischen Montecello di Lonigo zu verlassen. Während sein Bruder bis nach Hamburg ging, hatte Pietro bei seiner Arbeitssuche schon in Hohenzollern mehr Glück. Beim Bau der Hohenzollerischen Landesbahn bekam er in Trochtelfingen eine Anstellung als Gleisarbeiter. Nach der Fertigstellung der Bahnstrecke mußte er nach Mayen (Rheinpfalz) ziehen, um neue Arbeit zu finden. Wenige Jahre danach kehrte er aber mit seiner Frau nach Trochtelfingen zurück. Seit 1909 arbeitete Peter, wie er nun genannt wurde, in der Landwirtschaft des Onkels seiner Frau mit. Zusätzlich mußte er als Taglöhner bei anderen Bauern aushelfen. Häufig sah man ihn unterwegs mit einem Fuhrwerk. Er selbst erbte 1941 eine eigene kleine Waldparzelle.

Pietro Busato war unglücklich über sein Leben in Deutschland. Das Verhältnis zu den Trochtelfingern litt unter Verständnisschwierigkeiten. Oft wurde er wegen seines italienisch-schwäbischen Sprachgemisches verspottet. Um so größer war die Sehnsucht nach Italien. Doch nicht einmal ein einziger Besuch war mehr möglich. Als Trost für sein Heimweh verblieb ihm nur ein Halstuch mit einer Landkarte von Italien, das ihm vermutlich seine Tante Agnese nach dem Ersten Weltkrieg geschickt hatte.

Durch ihre Heirat mit Pietro Busato verlor Franziska Vogel 1906 ihre deutsche Staatsangehörigkeit. Als Staatenlose benötigte sie eine Aufenthaltsgenehmigung. Ein Fremdenpaß diente als Ausweispapier. Einmal im Jahr mußte sie sich auf dem Landratsamt in Sigmaringen melden, um dort den Paß verlängern zu lassen. Die entwürdigende Staatenlosigkeit endete erst durch die freiwillige Meldung des 27 Jahre alten Sohnes Johann zur Wehrmacht im Jahr 1940. Kurz darauf, am 10. November 1940, erhielt das Ehepaar Busato seine Einbürgerungsurkunde auf dem Bürgermeisteramt Trochtelfingen überreicht.

Peter Busato auf einem Pferdekarren in Trochtelfingen
Um 1946
Ilse Hotz, Trochtelfingen

Fremdenpaß für Franziska Busato
1936
Ilse Hotz, Trochtelfingen

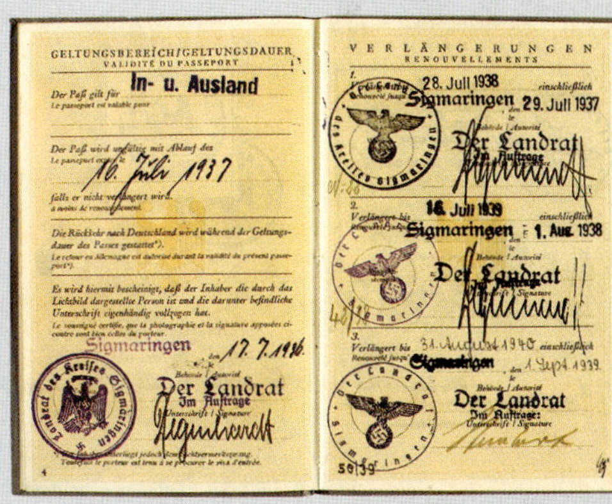

Im Herbst 1942 mußte auch das kleine ukrainische Dorf Wozyliw Menschen zur Arbeit nach Deutschland schicken. Nach den ersten schlechten Erfahrungen wollte niemand mehr freiwillig gehen. Unter dem Druck der deutschen Besatzungsmacht bestimmte der Ortsvorsteher den Bauern Wassyl Pawluk als einen der nächsten Zwangsarbeiter. Für die arme achtköpfige Familie hätte das Fehlen des Ernährers eine Katastrophe bedeutet, daher bot die 16jährige Tochter Anastasija („Nastja") an, für den Vater zu gehen. Als sie sich am 6. Dezember verabschiedete, hoffte sie auf eine sofortige Rückkehr. Aber obwohl sie so jung war, wurde sie genommen. Nach einer einwöchigen Fahrt in Viehwaggons traf sie in Schwäbisch Gmünd ein und kam auf einen Bauernhof bei Hintersteinenberg.
Nastja hatte Glück. Die Familie Schneider, die sie „Anna" nannte, nahm sie auf wie ein eigenes Kind. Sie mußte zwar auf dem Hof hart mitarbeiten, wurde aber im Vergleich zu anderen Zwangsarbeitern in der Umgebung gut behandelt. Als Lohn bekam sie jedoch nur die Briefmarken für ihre Heimatbriefe und abgelegte Kleider. Immerhin konnte sie so die wenigen eigenen mitgebrachten Stücke wieder umgehend an ihre notleidende Familie zurückschicken (Seiz 1997, S. 50–65).

Nadja Seiz

9. September 1926, Wozyliw, Ukraine

Blusenkleid mit Filzweste
Um 1940
Haus der Geschichte
Baden-Württemberg

Letztes Foto der Familie Pawluk
1942
Nadja Seiz, Korntal

Fußball von Dynamo Kiew
Um 1989
Haus der Geschichte
Baden-Württemberg

Als der Krieg zu Ende war, wußte Nastja nicht, was sie machen sollte. Die meisten anderen ehemaligen Zwangsarbeiter versuchten wieder nach Hause zu kommen. In seinem letzten Brief hatte ihr Vater aber geraten, mit der Heimkehr zu warten, bis sich die Verhältnisse in der Westukraine nach dem Einmarsch der Roten Armee wieder beruhigt hätten. Schnell verbreiteten sich Gerüchte, daß viele der ehemaligen Zwangsarbeiter von den neuen sowjetischen Machthabern als politisch unzuverlässig angesehen und nach Sibirien gebracht würden. Unversehens kehrte Nastja aus einem Sammellager wieder zu ihrem Bauernhof zurück und arbeitete zwei weitere Jahre auf diesem, bevor sie zu einer Bäckerei nach Stuttgart wechselte (Seiz 1997, S. 75–95).

Von ihrer Familie hörte sie nichts mehr. Während des Krieges waren noch Briefe ausgetauscht worden, jetzt unterband Stalin jeden Kontakt mit dem Westen. Nastja blieb nur noch das letzte gemeinsame Foto, das kurz vor der Trennung aufgenommen worden war und das sie nach Deutschland mitgenommen hatte. Umgekehrt hielten ihre Eltern sie für tot. Sie hatten keine Ahnung davon, daß ihre Tochter 1951 heiratete und als Nadja Seiz deutsche Staatsbürgerin wurde.

Noch bis Weihnachten 1955 mußte Nadja Seiz auf einen Brief warten. Mit ihrer ersten Heimfahrt dauerte es noch viel länger. Erst 1971 konnte sie in die Ukraine reisen und ihre Mutter wiedersehen. Ihr Vater war bereits am Ende des Krieges umgekommen (Seiz 1997, S. 127–139).

Auf der Stuttgarter Königstraße traf Nadja Seiz Mitte der 1980er Jahre zufällig die Fußballspieler von Dynamo Kiew. Der vielfache sowjetische Landesmeister und Gewinner des Europacups der Pokalsieger 1986 kam seit 1984 jeweils im Januar in die Sportschule Ruit in Ostfildern zum Training. Trotz eines Verbots besuchte Nadja Seiz die ukrainische Mannschaft in ihrem Quartier. In den nächsten Jahren gab es regelmäßige Treffen mit Erfolgstrainer Waleri Lobanowski und seinen Stars in Ruit und bei Nadja Seiz in Korntal. Vermutlich im Januar 1989 bekam sie einen Fußball mit den Unterschriften der damaligen Spieler um Mannschaftsführer Anatoli Demjanenko.

Elsa Walldorf

6. April 1903, Mewe an der Weichsel
bis 6. Dezember 1996, Bad Pyrmont

Am 24. Januar 1945 mußte Elsa Walldorf zusammen mit ihren Eltern vor der immer näher rückenden Front aus ihrer westpreußischen Heimatstadt Mewe fliehen. Im eisigen Winter versuchte sich die Familie in Richtung Westen durchzuschlagen. In einem mit Verwundeten und Flüchtlingen überfüllten Viehwagon kam sie zunächst bis Kolberg. Mit knapper Not konnten die Walldorfs noch aus der brennenden Stadt entkommen und ein Schiff nach Swinemünde besteigen. Dort mußten sie am 12. März vom Hafen aus den verheerenden Luftangriff auf die Stadt miterleben. Nach ein paar Wochen Erholungspause in Pommern ging die Flucht unvermindert dramatisch weiter. Mit einem Auto gelangten sie nach Lübeck, nur um von dort aus sofort wieder auf ein Schiff gebracht zu werden. Mit der Landung in Dänemark am 5. Mai war die Familie vor dem Krieg in Sicherheit. Aber sie konnte nicht mehr nach Deutschland zurück. Sie wurde für mehr als drei Jahre mit anderen Flüchtlingen im Lager Oksböl interniert. Erst am 25. November 1948 durften Elsa und ihre Mutter Elisabeth Dänemark verlassen, ihr Vater Emil war im Lager gestorben (Walldorf 2002, S. 288–290).
Als sie in Biberach an der Riß 1948 wieder das erste Weihnachtsfest in Freiheit feiern konnten, durfte der „3 Engeln Zwerg" nicht fehlen, den Elsa Walldorf im Lager Oksböl als einfachen Weihnachtsschmuck aus Kiefernzapfen, Packpapier und Watte gebastelt hatte. Auch in den folgenden 22 Jahren, die sie in Gammertingen lebte, wurde der Zwerg immer zu Weihnachten aufgestellt. Noch eine andere Erinnerung an Weihnachten hatte Elsa Walldorf mitgenommen. Vier angebrannte Tafellichter waren „über die Flucht gerettet" worden. Nur bei der Konfirmation ihres Neffen Meinhard 1957 wurden sie noch einmal angezündet. Unter Tränen erzählte sie, daß die Kerzen zuletzt an Weihnachten 1944 im Salon ihres Hauses in Mewe gebrannt hatten. Nach der Konfirmation brannten sie nie wieder.

Vier Kerzen
1944
Haus der Geschichte
Baden-Württemberg

Weihnachtszwerg aus Kiefern
Um 1946
Haus der Geschichte
Baden-Württemberg

Als Leiter der Pfarrei gehörte Pater Ambrosius zu den wenigen vom Kriegsdienst in der Wehrmacht befreiten Benediktinerbrüdern der schlesischen Abtei Grüssau. Dafür mußte er ohnmächtig mitansehen, wie das nach mehr als hundertjähriger Verödung 1919 von den Benediktinern wiederbesiedelte Kloster durch die SS größtenteils beschlagnahmt und erst mit umgesiedelten Buchenland- und Karpatendeutschen belegt wurde, bevor es zwischen 1941 und 1943 als Internierungslager für schlesische Juden diente (Lob 2000, S. 267).
Auch nachdem Abt Albert vor den anrückenden sowjetischen Truppen geflohen war, blieb Pater Ambrosius vor Ort. Unter der neuen polnischen Verwaltung verschlimmerten sich ab Mai 1945 die Bedingungen immer stärker. Die deutschen Bewohner der umliegenden Gemeinden wurden mißhandelt, verhaftet und ausgeplündert.
Auch das Kloster blieb davon nicht verschont. Seit Anfang Mai 1946 häuften sich die Ausweisungen der Deutschen. An einem Sonntagmorgen, dem 12. Mai, begann die Vertreibung der Einwohner des Dorfes Grüssau, um 14 Uhr 30 folgte der Befehl, „daß alle Reichsdeutschen sofort das Kloster zu verlassen hätten“ (Rose 1974, S. 207). Binnen einer Stunde waren die letzten 16 noch verbliebenen deutschen Mönche vertrieben, in Güterwagons wurden sie umgehend in die britische Besatzungszone gebracht. Bis auf Handgepäck durften sie nichts mitnehmen.

Pater Ambrosius Rose

29. Januar 1911, Thorn
bis 7. Juni 2002, Altshausen

Einige Tage vor der bereits befürchteten Vertreibung klebte Pater Ambrosius einige der aus dem 18. Jahrhundert stammenden goldenen Madonnentaler des Klosters zwischen Hostien ein. Seine Hoffnung ging auf: In einer Keksdose konnte er die „Hostien“ ungehindert durch die intensiven Kontrollen der polnischen Behörden bringen. Als Pater Ambrosius am 25. August 1947 in das neue Kloster der Grüssauer Benediktiner, das seit der Säkularisation von 1803 leer stehende ehemalige Ritterstift St. Peter in Bad Wimpfen, kam, hatte er die Münzen mit dabei. Erst dort wurden sie aus den Hostien gelöst und in einen Meßkelch aus dem Jahr 1937 eingearbeitet.

Münzen-Kelch
Um 1950
Klosterverwaltung Grüssau,
Bad Wimpfen

Brigitte Mraas

27. Dezember 1952, Agnetheln, Rumänien

Unter Tränen nahm der Urahne von Brigitte Mraas, Johannes Bahmüller, am 2. April 1846 Abschied von seinem Haus in Plüderhausen. Er folgte einem Aufruf des Siebenbürger Pfarrers und Pädagogen Stephan Ludwig Roth, der zur Anwerbung von Bauern nach Württemberg gekommen war (Maier 2002, S. 102–107). Wie die rund 400 anderen Familien, die sich auf den 2000 km langen Weg machten, sah auch der 35 Jahre alte Schmied wegen der schweren Wirtschaftskrise im Land keine Zukunft mehr für sich und seine neun Kinder.
Für seine Auswanderung benötigte Bahmüller eine staatliche Genehmigung. Auf seinem am 20. März 1846 vom Oberamt Welzheim ausgestellten Auswanderungspaß ließ er sich alle nötigen Stempel des Innen- und Außenministeriums sowie der österreichischen Gesandtschaft geben. Die Reise verlief zunächst planmäßig. Auf der Donau kam die Familie am 9. April an Passau vorbei, zwei Tage später erreichte sie Wien. Bei Budapest entging sie jedoch nur mit knapper Not einem Raubüberfall. Nach einer mühsamen Fahrt durch die ungarische Pußta kam sie in ihrem Bestimmungsort Agnetheln an. Dort war der Anfang viel schwieriger als gedacht. Zwei Überschwemmungen zerstörten das Haus und bereits 1848 fiel Johannes Bahmüller im Bürgerkrieg zwischen Deutschen, Ungarn und Rumänen.
Als kleines Mädchen hatte sich Brigitte Mraas immer die abenteuerliche Ausreise ihrer Vorfahren vorgestellt. Nie hätte sie daran gedacht, selbst einmal auszuwandern. Doch 1986 folgte sie dem Beispiel des Johannes Bahmüller und kam nach Württemberg zurück.

Paß-Register Nro. 46.

Nur zur Hinreise gültig.

Auswanderungs-Paß.

Königreich Württemberg.

Kreis. Oberamt Welzheim

Beschreibung der Person:

Alter:
Größe:
Statur:
Gesichtsform:
Gesichtsfarbe:
Haare:
Augbraunen:
Augen:
Nase:
Mund:
Wangen:
Zähne:
Beine:
Verheirathet:
ledig:
Besondere Kennzeichen:

Alle inn- und auswärtige Civil- und Militär-Behörden werden ersucht, Vorzeiger dieses ... Johannes Bahnmüller ... gebürtig bisher wohnhaft ... welcher den ... von ... ab- und durch ... nach Siebenbürgen in der Absicht ... reist, und bei ... das Königreich verläßt, frei und ungehindert an den Bestimmungs-Ort gelangen zu lassen.

Gefertigt zu Welzheim den 20. Merz 1846.

Benennung der Begleiter, deren Alter und Geschlecht:

Unterschrift d. Reisenden:

Königl. Württemberg. Oberamtmann.

Preis: Stempel 45 kr. Druck und Papier 4 kr.

Stuttgart, zu haben bei den Gebrüdern Mäntler.

Auswanderungspaß von Johannes Bahmüller
1846
Harald Bahmüller, Wolfschlugen

Urzelnmaske
Um 1970
Brigitte Mraas, Sachsenheim

Die Entscheidung zur Auswanderung aus Siebenbürgen fiel Brigitte Mraas und ihrer Familie 1986 sehr schwer. Seit dem Zweiten Weltkrieg waren die Lebensbedingungen für die Siebenbürger Sachsen in Rumänien äußerst wechselhaft gewesen. Als einziges osteuropäisches Land waren in Rumänien die Deutschen zwar nicht vertrieben, aber zunächst sehr schlecht behandelt worden. Die Häuser und Bauernhöfe wurden enteignet, mehrere zehntausende Deutsche, darunter auch die Mutter von Brigitte Mraas, mußten zur jahrelangen Zwangsarbeit in die Sowjetunion. Aus außenpolitischen Gründen erleichterte die kommunistische Regierung später das Leben der Deutschen wieder. Eigene Schulen ermöglichten den Erhalt von Sprache und Kultur. Seit Anfang der 1980er Jahre verschärfte sich jedoch wieder die Lage. Verstärkt versuchte Diktator Nicolae Ceausescu eine einheitliche rumänische Nation zu formen, gleichzeitig verschlechterte sich die Versorgungslage rapide. Eine wachsende Zahl von Banater Schwaben und Siebenbürger Sachsen reagierte mit Ausreiseanträgen. Auch die Familie Mraas verlor immer mehr Freunde. Die jahrhundertealte deutsche Geschichte von Siebenbürgen schien keine Zukunft mehr zu haben.

In die vom rumänischen Staat vorgeschriebene Umzugskiste, die nicht schwerer als 70 kg sein durfte, packte Brigitte Mraas zwei Urzelnkostüme. Das Urzelnlaufen war als ‚Mummenschanz' der Agnetheler Zünfte erstmals 1689 erwähnt worden. Im kommunistischen Rumänien waren die Urzeln zu einem Symbol der deutschen Selbstbehauptung in Agnetheln geworden. Nach einem jahrzehntelangen Verbot hatte erst ab 1969 wieder der jährliche Umzug Ende Januar stattfinden dürfen. Ausgewanderte Agnetheler waren in Sachsenheim bereits 1965 als erste Urzeln zu sehen gewesen. Daraus war in den Jahren ein so großer Umzug geworden, daß 1987 die protestantische Urzelnzunft Sachsenheim sogar Mitglied der Schwäbisch-Alemannischen Narrenzünfte werden durfte. Die mit Kuhglocken und Peitschenknallen lautstark umherziehenden Urzeln sind zum Zeichen der Integration geworden.

Marjam Schirasi

22. Mai 1978, Teheran, Iran

Als fünfjähriges Kind mußte Marjam Schirasi mitansehen, wie ihr Vater auf offener Straße in Teheran verhaftet wurde. Fast drei Jahre lang konnte sie ihn nur bei kurzen Besuchen im Gefängnis sehen. Nachdem er 1986 wegen seines durch anhaltende Folterungen schlechten Gesundheitszustandes auf Zeit entlassen worden war, begannen sofort die Vorbereitungen für eine Flucht aus dem Iran. Im Oktober 1987 bot sich endlich eine Gelegenheit, der ständigen Überwachung zu entkommen. Damit sie nichts unwissentlich verraten konnte, blieb Marjam bis zuletzt ahnungslos. Erst als die Familie über die Berge mühsam die Grenze zur Türkei überquerte, erkannte sie, daß es sich um keinen Ausflug mehr handelte. Nach ihrer Ankunft in Frankfurt wurde die Familie in ein Aufenthaltsheim nach Konstanz gebracht und dort als asylberechtigt anerkannt.

Für die Flucht hatte Marjam nur das Allernötigste mitnehmen können. Sofort nach ihrer Ankunft bat sie ihre Eltern, ihre Lieblingsmusikkassette mit der aserbaidschanischen Oper „Kör-oghly" nachschicken zu lassen. Die Geschichte des gerechten Freiheitshelden Kör-oghly, „Sohn des Blinden", der den Armen und Leidenden Schutz bietet und die in Reichtum lebenden Fürsten bekämpft, war im Iran ein beliebtes Stück der Opposition gegen den Schah und das darauf folgende Chomeini-Regime. Schon als kleines Kind hatte Marjam die Kassette immer und immer wieder gehört. Nach der Verhaftung des Vaters bekam der Kampf von Kör-oghly eine neue Bedeutung für sie. Mit Hilfe der Oper versuchte die Mutter, Marjam das Verschwinden des Vaters zu erklären.

Kassette der Oper „Kör oghly"
Uzer Hajibekov
Um 1975
Marjam Schirasi, Konstanz

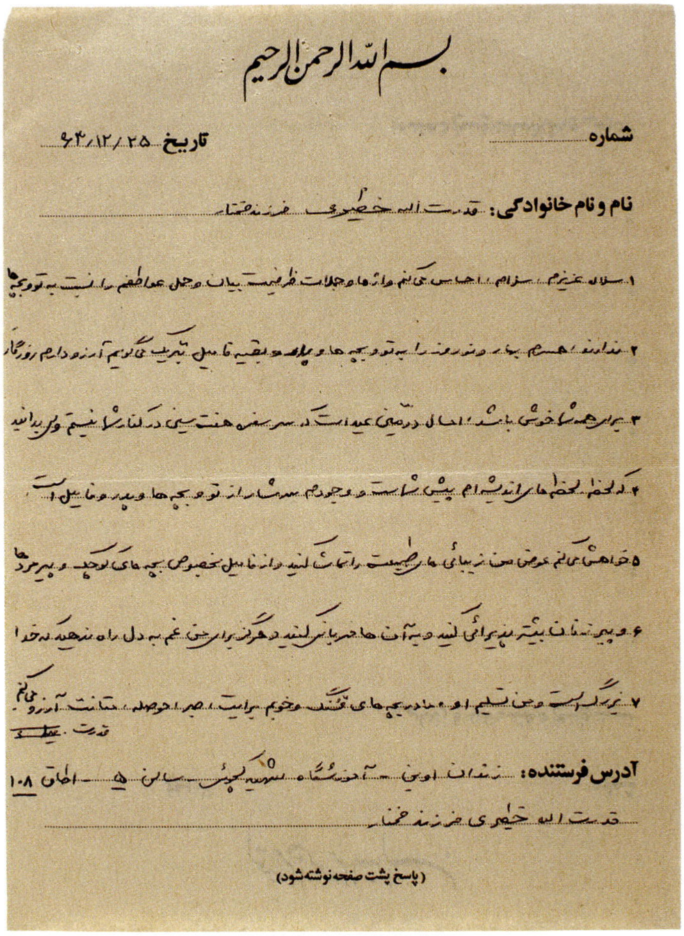
بسم الله الرحمن الرحیم

شماره .... تاریخ ۶۴/۱۲/۲۵

نام و نام خانوادگی:

آدرس فرستنده:

(پاسخ پشت صفحه نوشته شود)

Brief von Ali Schirasi an seine Familie
März 1985
Ali Schirasi, Konstanz

Als Gegner des Schahs war Ali Schirasi bereits für insgesamt fast drei Jahre inhaftiert worden. Nachdem er sich auch der Opposition gegen das neue Chomeini-Regime angeschlossen hatte, kam er im Dezember 1983 in das Teheraner Ewin-Gefängnis, das von den Machthabern als „Islamische Hochschule" bezeichnet wurde. Da sich Schirasi der ‚Umerziehung' widersetzte, wurde er regelmäßig schwer gefoltert (Schirasi 2002).
Auf vorgefertigtem Briefpapier durfte Schirasi seiner Familie kurze Nachrichten schreiben. Zum persischen Neujahrsfest 1985 schickte er Grüße an seine Frau: „Guten Tag, liebe Solale, ich habe das Gefühl, daß die Worte und Sätze nicht reichen, meine Zuneigung zu Dir und den Kindern auszudrücken und zu vermitteln. Meine liebe Frau, ich sende Dir, den Kindern, meinem Vater und den übrigen Familienmitgliedern meine Glückwünsche zum Frühling und zum Neuen Jahr, ich wünsche mir, daß die Zukunft Euch allen Gutes bringt. (...) Ich bitte darum, an meiner Stelle die Schönheiten der Natur zu betrachten und Euch um die Familie, besonders um die kleinen Kinder und die alten Männer und alten Frauen zu kümmern und lieb zu ihnen zu sein und nie zuzulassen, daß wegen mir Trauer Euer Herz befällt, denn Gott ist groß und ich bin ihm ergeben. Mutter meiner schönen und guten Kinder, ich wünsche Dir Geduld, Ausdauer und Standhaftigkeit."
Zwischen den Zeilen distanzierte sich Schirasi deutlich vom Regime. Grüße zum vorislamischen Neujahrsfest waren bei den Geistlichen verpönt. Systematisch vermeidet er die Erwähnung Gottes, nur am Schluß nennt er ihn einmal, um nicht Gefahr zu laufen, als gottlos eingestuft zu werden. Jedes Bekenntnis zu Chomeini fehlt, statt dessen empfiehlt er seiner Frau demonstrativ die Betrachtung der Natur.

Güler Aydin

10. April 1968, Ankara, Türkei

In der Vorstellung der sechsjährigen Güler sah Deutschland wie der Mond aus. Wenn ihre Eltern aus dem fernen Gengenbach in Ankara anriefen, war immer nur von Arbeit, Arbeit und noch einmal Arbeit die Rede. Als sie dann selbst nachkommen durfte, staunte sie, daß auch in Deutschland Bäume wuchsen. Dennoch waren die Unterschiede riesig. Das ruhige Gengenbach wirkte häufig wie ausgestorben, selten standen die Menschen wie in Ankara auf den Straßen und unterhielten sich miteinander. Sie wollte nicht bleiben. Das Gefühl, nicht dazu zu gehören, war erdrückend. Sie war anders angezogen als die deutschen Kinder.
In der Schule konnte sie mit ihrem bruchstückhaften Deutsch dem Unterricht nicht folgen. Ihre Eltern kamen von der Arbeit erst spät nach Hause, niemand konnte ihr richtig helfen. Zum größten Problem wurde die Unsicherheit, wie lange die Familie noch in Deutschland bleiben würde. Immer hieß es, „Nächstes Jahr gehen wir zurück", nur um dann doch wieder ein weiteres Jahr zu bleiben. Irgendwann zog Güler die Konsequenzen für sich. Ohne die türkische Kultur aufzugeben, entschied sie sich für ein Leben in Deutschland. Sie lernte perfekt Deutsch und beantragte schließlich die deutsche Staatsbürgerschaft: Sie wollte nicht mehr länger von den vollen demokratischen Rechten ausgeschlossen sein.
Wie wichtig politische Freiheit ist, weiß Güler Aydin aus eigener Erfahrung am besten. Bei einem ihrer ersten Türkei-Besuche bekam sie von ihrem Lieblingsonkel Turan Dursun eine mit anatolischen Motiven verzierte Puppenwiege geschenkt. Mehrfach schrieb sie „Turans größtes Geschenk" auf das Holz. Am 4. September 1990, wurde Dursun mit sieben Kugeln von mehreren Attentätern vor seiner Wohnung in Istanbul ermordet. Der prominente Religionswissenschaftler war islamistischen „Fundamentalisten" zum Opfer gefallen, die ihn für seine aufklärerische Haltung gegenüber dem Islam haßten. Aus Trauer für den Onkel schrieb Güler noch einmal seinen Namen auf die Wiege.

Puppenwiege
Um 1976
Güler Aydin, Baden-Baden

Amit Baid

22. November 1976, Bikaner, Rajasthan, Indien

Viele seiner indischen Freunde rieten Amit Baid 1999 davon ab, in das ihnen hauptsächlich als ausländerfeindlich bekannte Deutschland zu gehen. Amit Baid entschloß sich dennoch, das Angebot des Softwareunternehmens SAP anzunehmen und nach Walldorf zu kommen. Für den gut ausgebildeten Informationstechnologie-Experten (IT) gaben die in Aussicht gestellte Projektmitarbeit und die Möglichkeit zur Weiterbildung den Ausschlag. Die fremde Kultur schreckte Amit Baid nicht ab. Bereits in Indien war er mehrfach umgezogen und hatte dabei ständig neue Kulturen und Sprachen kennengelernt. Deutsch brauchte er nicht lernen, die Geschäftssprache bei SAP ist Englisch. An den deutschen Kollegen erstaunte ihn am meisten das geplante und strukturierte Vorgehen, umgekehrt versuchte er ihnen mehr Flexibilität in unerwarteten Situationen zu vermitteln. Als Amit Baid von SAP angeworben wurde, konnte er nur mit einem für 18 Monate gültigen Visum einreisen. Bei der anstehenden Verlängerung des Visums im August 2000 profitierte er als einer der ersten von der neuen „Green Card". Walldorf war zwar immer nur als befristete Zwischenstation gedacht, aber jeder Abbau von Beschränkungen erleichtert ihm die für seinen Beruf dringend notwendige Mobilität.

Auf seinen Reisen begleiten Amit Baid immer mehrere Bilder und Statuen von Göttern und Heiligen aus Indien. Seine Mutter hat ihm besonders Parswanath, den 23. Tirthankara (Göttlichen Botschafter) des Jainismus, empfohlen. Parswanath soll vor allem Inspiration bei dem für den Jainismus grundlegenden Prinzip der Gewaltlosigkeit („Ahimsa") verkörpern.

Vor schwierigen Entscheidungen wendet sich Amit Baid auch an die im Hinduismus verehrten Göttinnen Saraswati und Lakshmi sowie Ganesha. Der mit einem Elefantenkopf dargestellte Ganesha symbolisiert die alle Hindernisse beseitigende göttliche Kraft, während Saraswati für Wissen und Lakshmi für materiellen und spirituellen Reichtum angebetet werden.

Ganesha und die Göttinnen Saraswati und Lakshmi
Um 2000

Glasbild von Parswanath
Um 2000
Haus der Geschichte Baden-Württemberg

Privat-Ansichten

Sabrina Müller

Privat-Ansichten

Privates ist in. Die Themen Partnerschaft, Ehe und Familie stehen im Mittelpunkt von Politik und Medien. Im Fernsehen, in den Zeitungen und im Rundfunk wird über private Lebensformen diskutiert. Ist eine gleichgeschlechtliche Partnerschaft mit einer Ehe gleichzusetzen? Lassen sich Beruf und Familie vereinbaren? Wie sieht die Familie der Zukunft aus?

Mit dieser Diskussion rücken auch Bilder in den Blick, die vergangene und heutige Lebensformen veranschaulichen. Fotografien zeigen, wie Frauen und Männer zu unterschiedlichen Zeiten als Braut und Bräutigam, Vater und Mutter in Szene gesetzt und welche Bilder von Paaren und Familien dadurch vermittelt wurden. Gleichzeitig teilen Fotografien auch zahlreiche Informationen über den sozialen und politischen Kontext mit, in dem sich das private Leben abspielte: Sie geben Hinweise auf Kleidung, Uniformen und politische Symbole und gewähren zum Teil auch Einblick in Wohnräume. In diesem Spannungsfeld zwischen Dokumentation und Inszenierung des Privaten sind Fotografien eine anschauliche Quelle für den Wandel des privaten Lebens in Baden und Württemberg seit über 150 Jahren.

Im 19. Jahrhundert bildeten Fotografien hauptsächlich bürgerliche Familien ab. Bilder von bäuerlichen oder Arbeiterfamilien sind seltener. In der Frühzeit der Fotografie von 1839 bis 1860 konnten sich nur der Adel und das wohlhabende Bürgertum die teueren Aufnahmen leisten. Mit der Weiterentwicklung und Vereinfachung der fotografischen Verfahren wurden Fotografien billiger und populärer. In den sechziger Jahren des 19. Jahrhunderts stieg die Zahl der Fotoateliers auch im Südwesten an. Sie konzentrierten sich jedoch auf die Städte und wurden hauptsächlich von bürgerlichen Familien besucht. Familien auf dem Land waren auf Wanderfotografen angewiesen. Ab 1880 gab es handlichere Kameras und industriell vorgefertigte Glasplatten zu kaufen. Die Belichtungszeiten verringerten sich auf weniger als eine Sekunde. In den folgenden Jahren setzten immer mehr Amateurfotografen sich und ihre Familie in Szene. Familien legten Fotoalben mit den selbstgemachten Bildern an. Gleichwohl zählte die Fotografie auch nach der Einführung der Kodak-Kamera mit Rollfilm ab 1888 noch nicht zum Freizeitvergnügen breiter Schichten. Die Amateurfotografen stammten in der Regel aus dem mittleren und höheren Bürgertum. Zu ihnen gehörten Kaufleute, Ingenieure, Pfarrer und Apotheker, wie der Apotheker Bernhard Welsch aus Konstanz oder der Pfarrer Emil Lechler aus Öllingen bei Ulm. Den Amateurfotografen, die sich auf Motivsuche in ihrer Umgebung machten, verdanken wir zahlreiche Aufnahmen von nichtbürgerlichen Familien aus der Zeit zwischen 1880 und 1914. Der Pfarrer Wilhelm Paret fotografierte beispielsweise die Bauern- und Handwerkerfamilien in Wittendorf im Schwarzwald. Ab Ende des 19. Jahrhunderts nutzten Sozialwissenschaftler und städtische Behörden die Fotografie für die Dokumentation sozialer Verhältnisse. Mit den Bildern von Arbeiterwohnungen und städtischen Elendsquartieren rückten auch ärmere Familien ins Blickfeld der Fotografie. Seit dem Beginn des Fotojournalismus ab Ende des 19. Jahrhunderts existieren neben den Aufnahmen der Atelier- und Amateurfotografen überdies auch Pressefotos, die ein bestimmtes Familienbild verbreiteten. Im 20. Jahrhundert entwickelte sich die Fotografie zum Massenmedium. Heute ist es in allen Teilen der Gesellschaft üblich, die einzelnen Stationen des privaten Lebens durch fotografische Bilder zu dokumentieren. Fotografien sind Teil der privaten Chronik jeder Familie und in ihrer Gesamtheit eine Art kollektives Gedächtnis unserer Gesellschaft.

Die ausgewählten Bilder stammen aus Familienbesitz und aus den Nachlässen von Atelier-, Amateur- und Pressefotografen. Die unterschiedliche Herkunft der Fotografien erlaubt es, nicht nur aktuelle und historische Bilder von Paaren, Hochzeiten und Familien aus verschiedenen Regionen Baden-Württembergs zu vergleichen, sondern auch die Inszenierungsformen von Berufs- und Amateurfotografen, die sich gegenseitig beeinflußten. Die Atelierfotografen richteten ihre Studios im 19. Jahrhundert wie private Salons ein. Möbel sowie Attrappen von Säulen und Balustraden konnten per Katalog

bestellt werden. In den Ateliers standen zudem Schaukelpferde, größeres Spielzeug und Bücher für die unterschiedlichen Arrangements bereit. Einige Amateurfotografen ahmten diese Atmosphäre nach. Auf neueren Atelierbildern hingegen versuchen Fotografen, eine möglichst spontane, private Stimmung zu erzeugen.
Die Arrangements der Fotografen geben jeweils Einblick in die zeitgenössischen gesellschaftlichen Vorstellungen und Normen. Neben dem Wandel der Inszenierungsformen seit 150 Jahren zeigen die Fotografien auch den unterschiedlichen sozialen und politischen Kontext, in dem die Fotografien entstanden.

Die Konstanzer Apothekerfamilie Welsch, mit dem Selbstauslöser fotografiert
Bernhard Welsch
Vor 1910
Gert Zang, Reichenau

Die Familie des Maurers Johann Georg Schmid aus Wittendorf
Pfarrer Wilhelm Paret
1899
Sammlung Bernd Stöffler, Kornspeicher Loßburg-Wittendorf

Brautpaar in Schramberg
1972
Foto Kasenbacher,
Schramberg

Brautpaare

Bis zum Ende des Ersten Weltkrieges überwiegen Hochzeitsbilder, auf denen Braut und Bräutigam mit ernstem Gesicht in die Kamera blicken. Obwohl sich die Belichtungszeiten seit 1880 auf weniger als eine Sekunde verringert hatten, waren die eher steifen Posen aus der Frühzeit der Fotografie geblieben, als die Belichtung noch bis zu einer halben Minute dauerte. Die Fotografen forderten die Brautleute offenbar nicht auf, sich zärtlich anzusehen oder in die Kamera zu lächeln. Dieses Arrangement verweist auch darauf, daß die gegenseitige Zuneigung bis nach dem Ersten Weltkrieg nur einer von vielen Faktoren war, die bei der Partnerwahl den Ausschlag gaben. Bei der Wahl des Ehepartners mußten lange Zeit die Interessen der Familie berücksichtigt werden – nicht nur in Bauernfamilien, sondern auch in bürgerlichen und Handwerkerfamilien.
Auf älteren Bildern sind die Brautleute in ihrer schlichten dunklen Kleidung kaum von den übrigen Hochzeitsgästen zu unterscheiden. Bis Ende der zwanziger Jahre heirateten viele Frauen in dunklen Brautkleidern, die sie auch nach der Hochzeit weiterhin als Festkleid tragen konnten. Blumen oder ein weißer Schleier bildeten den einzigen Schmuck am Hochzeitstag. Weiße Kleider wurden zunächst hauptsächlich von Frauen aus wohlhabenderen bürgerlichen Familien getragen. Erst in den dreißiger Jahren setzte sich das weiße Brautkleid in allen Schichten durch. Auf einem Hochzeitsbild aus Mannheim von 1945 ist ein weißes Brautkleid zu sehen, das aus Vorhangspitze genäht wurde. Eine Braut aus Reutlingen, eine gelernte Schneidermeisterin, ließ sich für ihre Hochzeit 1954 ein Kleid nach einem Schnitt von Dior anfertigen. Auch wenn Kleidung und Frisuren in den folgenden Jahrzehnten immer individueller wurden, so gehorchten sie doch weiterhin bestimmten Moden. Die Fotografien aus den sechziger Jahren zeigen knielange Brautkleider. In den achziger Jahren waren lange romantische Brautkleider beliebt. Heute reicht die Spannbreite vom weißen Kleid über das Kostüm bis hin zu Jeans.

Der Schäfer und Bauer Josef Schweitzer und Anna Maria Kuhn als Brautpaar, Kösingen bei Neresheim
1865
Familie Härle,
Königseggwald

Das Brautpaar Honey aus Mannheim
E. Rettig
Um 1920
Stadtarchiv Mannheim

Karl Holder und seine Braut
Robert Holder
1929
Haus der Geschichte
Baden-Württemberg

Hochzeit während des Zweiten Weltkrieges in Mannheim
1945
Maria Roden,
Mannheim

Hochzeit in Dettingen bei Reutlingen
1988
Privatbesitz

Karlsruher Paar bei der Hochzeit in Weimar, mit den Kindern aus den früheren Ehen der beiden Partner
2000
Privatbesitz

Stuttgarter Brautpaar, nach der standesamtlichen Trauung im Paßbildautomaten fotografiert
2000
Privatbesitz

Brautpaare in Hödingen am Bodensee
Alexander Lauterwasser
Um 1912
Fotoarchiv Lauterwasser, Überlingen

Der Straßenwart Friedrich Scheuerle mit seiner Braut, Wittendorf im Schwarzwald
Pfarrer Wilhelm Paret
Um 1900
Sammlung Bernd Stöffler, Kornspeicher Loßburg-Wittendorf

Brautpaar nach der standesamtlichen Trauung in Gingen an der Fils bei Göppingen
1960
Privatbesitz

Ilsbeth Obermaier und Erwin Vogt als Brautpaar, Horkheim bei Heilbronn
Pfarrer Theodor Zimmermann
1942
Stadtarchiv Heilbronn

Brautpaar aus Reutlingen
1954
Heimatmuseum Reutlingen

Michael und Ralf Nagel nach der Eintragung ihrer Lebenspartnerschaft auf dem Landratsamt Böblingen
2001
Familie Nagel, Neuhausen auf den Fildern

Tanja und Sandra Schnell nach der Eintragung ihrer Lebenspartnerschaft auf dem Landratsamt Waiblingen
2001
Privatbesitz

Hochzeitszug des Brautpaares Moosmann in Aichhalden bei Schramberg
1934
Foto Kasenbacher, Schramberg

Hochzeit als öffentliches Ereignis

Fotografien von Hochzeitszügen aus Dörfern und kleineren Städten vermitteln, daß die Hochzeit ein öffentliches Ereignis war, an dem die Dorfbevölkerung oder ein Teil der städtischen Gesellschaft teilnahm. Der Zug der Hochzeitsgäste begleitete auch die Feierlichkeiten zur goldenen oder diamantenen Hochzeit. Die Fotografien von Brautwagen, auf denen die Aussteuer der Braut zur Schau gestellt wurde, dokumentieren die Bedeutung, die wirtschaftliche Kriterien und die soziale Herkunft lange Zeit für die Partnerwahl hatten. Das Hab und Gut, das die Braut mit in die Ehe brachte, war öffentlich überprüfbar. Auf vielen Hochzeitsbildern sind auch politische und militärische Symbole zu sehen. Der Bräutigam auf einem Hochzeitsbild aus Weinsberg von 1907 trägt Pickelhaube. Ein Hochzeitszug in Schramberg von 1933 wird von Männern in nationalsozialistischen Uniformen begleitet. Die standesamtliche Hochzeit findet unterm Hakenkreuz statt.

Heute rücken bei Hochzeiten andere Formen der Öffentlichkeit in den Blick: Hochzeitszüge oder Fahrten mit der Kutsche, die öffentliche Aufmerksamkeit erregen, sind Teil eines großen Events, das von Agenturen nach individuellen Wünschen organisiert wird. Ausgefallene Programmpunkte, wie der Fallschirmspringer, der den Champagner einschenkt, sollen jedem Brautpaar ein „unverwechselbares Ereignis" garantieren. Auch die Eintragung der Lebenspartnerschaften von schwulen und lesbischen Paaren im August 2001 geriet zum öffentlichen Ereignis. Die Beurkundung durch den Standesbeamten, der Ringwechsel und der erste Kuß fanden im Blitzlicht der Pressefotografen statt. Kameraleute und Rundfunkreporter mit Mikrofon in der Hand umringten das erste schwule Paar, das sich am 1. August 2001 auf dem Landratsamt in Böblingen eintragen ließ. Das große öffentliche Interesse an der Frage, ob Schwule oder Lesben gleiche Rechte wie heterosexuelle Paare haben sollen, zeigt auch, wie politisch das Private ist.

Hochzeitszug in Schramberg
1933
Foto Kasenbacher,
Schramberg

Standesamtliche Trauung des Pressefotografen Hermann Weishaupt in Stuttgart
1940
Haus der Geschichte
Baden-Württemberg

Diamantene Hochzeit von David und Rosine Hess in Hengen auf der Schwäbischen Alb
Robert Holder
1966
Haus der Geschichte
Baden-Württemberg

Brautwagen in Setzingen bei Ulm
Pfarrer Emil Lechler
1908
Wilma Lechler,
Ammerbuch-Poltringen

Hochzeit in Weinsberg bei Heilbronn
1907
Haus der Geschichte
Baden-Württemberg

Presseaufgebot bei der ersten Eintragung einer gleichgeschlechtlichen Lebenspartnerschaft auf dem Landratsamt Böblingen
2001
Familie Nagel, Neuhausen
auf den Fildern

Hochzeit als Event auf der Schwäbischen Alb
1995
Rent a Butler,
Veranstaltungsmanagement,
Stuttgart

Familienbilder

In den Fotografien von Familien spiegeln sich die vielfältigen sozialen und regionalen Unterschiede im Südwesten seit 150 Jahren wider. Um 1900 finden sich Fotografien von großbürgerlichen Familien neben den Bildern wohlhabender Bauern und Handwerkerfamilien. Einige Bilder geben auch Einblick in die Wohnräume ärmerer Familien: Eine Aufnahme des Überlinger Fotografen Alexander Lauterwasser von 1899 zeigt eine vierköpfige Familie in einem Zimmer, das gleichzeitig als Wohn- und Schlafraum dient. Das Interesse des Fotografen, der um 1918 eine Mutter mit Kindern in einer Mansarde aufnahm, galt den Wohnungsverhältnissen in Mannheim. Der Blick der Kamera richtet sich auf die vielen Möbel, die sich in dem Raum befinden: Betten, Stühle und ein Kinderwagen. Auf dem Tisch in der Mitte liegen Kohlköpfe, wodurch auch die Ernährung ärmerer Familien in den Blick kommt.

Familie in Waldrems bei Backnang
1959
Familie Rieger, Backnang

Bäuerin aus Wittendorf mit Kindern und Schwieger-eltern, für den Mann an der Front fotografiert
Pfarrer Wilhelm Paret
1914
Sammlung Bernd Stöffler
Kornspeicher Loßburg-Wittendorf

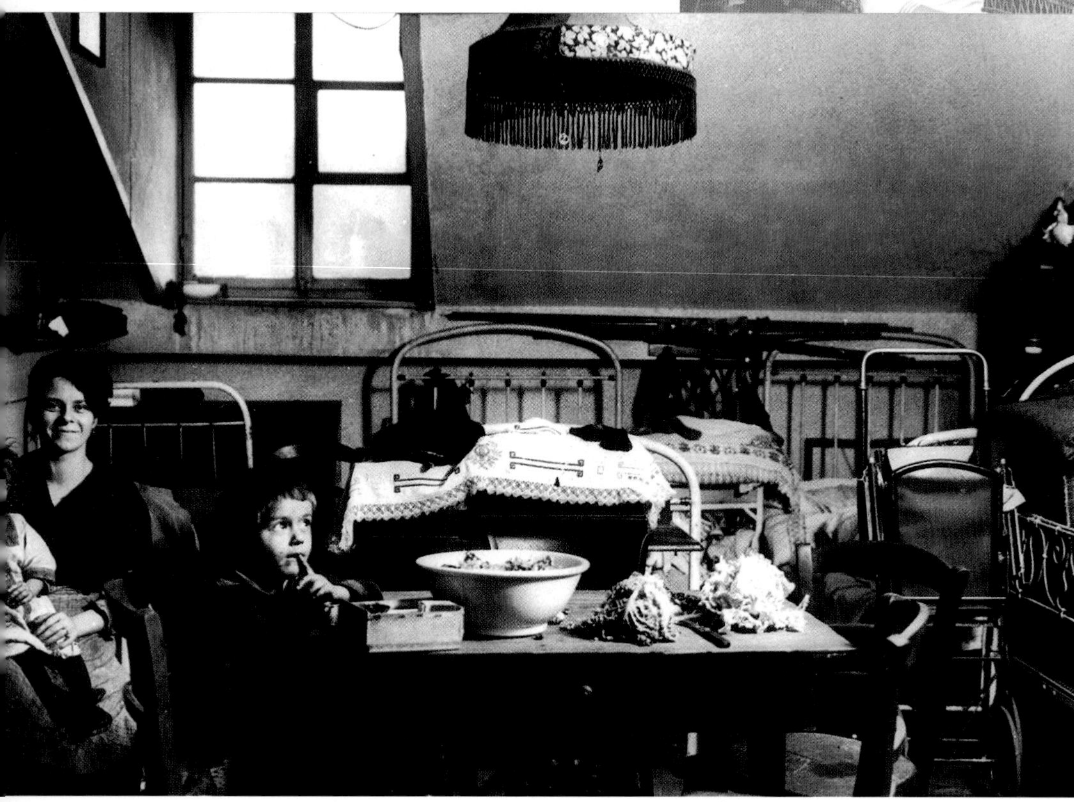

Mutter und Kinder in einem Mannheimer Arbeiterviertel
Um 1918
Stadtarchiv Mannheim

Während des Ersten und Zweiten Weltkrieges entstanden zahlreiche Fotografien mit Vätern in Uniform. Paare und Familien machten ein Foto zum Abschied, bevor der Vater eingezogen wurde, oder sie nutzten den Heimaturlaub für ein Erinnerungsbild. Die Fotografien zeugen nicht von Kriegsbegeisterung, sondern vermitteln vielmehr eine gedrückte Stimmung und Sehnsucht. Viele Frauen ließen sich auch gemeinsam mit ihren Kindern fotografieren, um dem abwesenden Mann ein Bild an die Front zu senden. Eine Aufnahme von 1914 zeigt eine Bäuerin aus Wittendorf mit Kindern und Schwiegereltern. Die Fotografie einer Mutter mit Kindern aus Isny entstand 1941, während die Kinder Briefe an den Vater schrieben. An der Wand hängt ein Hitlerbild.

Die Familienbilder aus den letzten Jahrzehnten rücken die soziale und kulturelle Vielfalt der Gesellschaft im Südwesten in den Blick: Neben den Bildern der Familien, die schon lange hier leben, finden sich unter anderem Fotografien von Flüchtlingsfamilien und türkischen Familien. Die Aufnahmen dokumentieren auch den Wandel der Familiengrößen. Bis Ende der fünfziger Jahre gibt es neben den Bildern von Familien mit zwei bis drei Kindern viele Bilder von Eltern, die mehr Kinder haben. Seit einigen Jahrzehnten sind Fotografien kinderreicher Familien selten geworden. Auf früheren Bildern beschränkt sich das Bild auch nicht immer auf die Kernfamilie aus Eltern und Kindern. Auf einer Fotografie der Pfarrersfamilie Lechler von 1912 steht das Dienstmädchen neben der Familie.

Die Pfarrersfamilie Lechler mit ihrem Dienstmädchen (rechts), Öllingen bei Ulm
1912
Wilma Lechler, Ammerbuch-Poltringen

Johann Christian und Karoline Magdalene Bauer mit ihren Kindern, im Atelier fotografiert, Horkheim bei Heilbronn
Um 1888
Stadtarchiv Heilbronn

Der Bauer Andreas Burkhart mit Frau und Kindern, Wittendorf im Schwarzwald
Pfarrer Wilhelm Paret
1896
Sammlung Bernd Stöffler, Kornspeicher Loßburg-Wittendorf

Eberhard und Hedwig Sander mit ihren Kindern Erika und Lotte, Horkheim bei Heilbronn
Um 1917
Stadtarchiv Heilbronn

Der Überlinger Fotograf Alexander Lauterwasser mit seiner dritten Frau und Kindern
Um 1910
Fotoarchiv Lauterwasser, Überlingen

Familie Brons, Überlingen
Alexander Lauterwasser
Um 1910
Fotoarchiv Lauterwasser, Überlingen

Überlinger Familie, in einem Wohnraum fotografiert
Alexander Lauterwasser
1899
Fotoarchiv Lauterwasser, Überlingen

Der Braumeister Fridolin Härle und Berta Härle mit ihren neun Kindern, Königseggwald bei Saulgau
Um 1897
Familie Härle, Königseggwald

Saul und Dora Schwarzkachel mit ihren Kindern Leopold, Fanny-Cläre, Willi und Toni in Mannheim
1905
Stadtarchiv Mannheim

Clara und Alexander Lauterwasser mit Kind beim Hühnerfüttern, Überlingen
Um 1913
Fotoarchiv Lauterwasser, Überlingen

Albert und Jona Pfeiffer mit ihrer Tochter Joana bei einem Spaziergang in Ulm
1940
Studio Albert Pfeiffer, Ulm

Schramberger Familie
Um 1926
Foto Kasenbacher, Schramberg

Olga und Friedrich Römer zum Abschied vor dem Eintritt in die Armee fotografiert
1940
Haus der Geschichte Baden-Württemberg

Karl und Lina Pfennig mit Kindern, Horkheim bei Heilbronn
Pfarrer Theodor Zimmermann
1942
Stadtarchiv Heilbronn

Emma und Wilhelm Härle mit Kindern bei einem Heimaturlaub des Vaters
1940
Familie Härle, Königseggwald

Kellerwohnung einer Arbeiterfamilie in Heilbronn
Foto-Ruff
Nach 1945
Stadtarchiv Heilbronn

Fritz und Elisabeth Römer mit ihrem Sohn Friedrich, Stuttgart
1914
Haus der Geschichte Baden-Württemberg

Familie Fleischer in Isny. Die Kindern schreiben Briefe an den Vater
1941
Haus der Geschichte Baden-Württemberg

Flüchtlingsfamilie im Lager Schlotwiese bei Stuttgart, für die Presse fotografiert
Hermann Weishaupt
1947
Haus der Geschichte
Baden-Württemberg

Familie Spätling in Friedrichshafen
1955
Privatbesitz

Türkische Familie in Schramberg
1970
Foto Kasenbacher,
Schramberg

Das Lehrerehepaar Albert und Ilse Bäumer mit ihren Kindern, im Atelier fotografiert
1974
Foto Kasenbacher,
Schramberg

Familie Kagel in ihrer Freiburger Wohnung
1966
Familie Kagel, Kirchzarten

Familie Pfeiffer in Ulm, Abschiedsbild nach der Einberufung Albert Pfeiffers zum Militär
1940
Studio Albert Pfeiffer, Ulm

Hans Ludwig Scheffold und Familie, für den Bürgermeister-wahlkampf fotografiert
Hermann Weishaupt
1964
Haus der Geschichte
Baden-Württemberg

Familie in Backnang, Ortsteil Waldrems
1990
Familie Rieger, Backnang

Bilder von Vätern und Müttern

Geht man der Frage nach, welche Bilder von Vätern und Müttern durch Fotografien vermittelt werden, so findet man zunächst zahlreiche Aufnahmen, die vertraute Vorstellungen von der Rollenverteilung bestätigen. Auf Atelierfotografien aus dem 19. Jahrhundert ist die Familie oft um einen Tisch gruppiert. Während die Mutter neben dem Tisch sitzt und eines der Kinder hält, steht der Vater als Haupt und Beschützer der Familie im Hintergrund. Mit der Verbreitung der Amateurfotografie ab 1880 mehren sich Fotografien, die Familien im Freien oder beim Spiel im Wohnzimmer zeigen. Die Arrangements auf diesen Bildern orientieren sich häufig an den Atelierbildern. Auch bei einer Fotografie, die der Konstanzer Apotheker Bernhard Welsch von sich und seiner Familie im Garten aufnahm, sind Eltern und Kinder um einen Tisch gruppiert. Der Vater steht im Hintergrund. Die Mutter mit der Handarbeit ist ein vertrautes Bild, das sich auf vielen Fotografien findet. Auf einer Aufnahme der Familie des Autokonstrukteurs Wilhelm Maybach um 1902 sitzt die Familie um den Wohnzimmertisch. Die Mutter näht, der älteste Sohn liest und der Vater spielt mit dem jüngeren Sohn Halma. Die Tochter sieht mit der Puppe im Arm zu. Mit dem Bild der Mutter, die näht oder stickt, ihre Kinder wäscht oder die Windeln wechselt, korrespondieren Bilder, die den Vater als Lehrer zeigen, der mit seinen Kindern Bücher liest oder ihnen handwerkliche Fertigkeiten vermittelt. Solche Fotografien finden sich sowohl in privaten Fotoalben als auch im Nachlaß von Berufsfotografen. Auf einem Familienfoto, das der Pressefotograf Hermann Weishaupt 1964 für den Wahlkampf aufnahm, hat die Mutter ebenfalls eine Stickarbeit in der Hand. Vor dem Vater liegt ein Buch.

Mehrere Fotografien veranschaulichen bestimmte Männlichkeitsideale. Ein Heilbronner Fotograf setzte 1914 einen Vater in Uniform neben seinen Söhnen in Szene. Andere Aufnahmen zeigen Väter auf dem Motorrad oder mit dem Auto neben ihren Kindern. Zugleich gibt es jedoch viele Bilder mit Arrangements, die Schlaglichter auf andere mögliche Rollen werfen. Auf einer Foto-

Der Autokonstrukteur Wilhelm Maybach und Bertha Maybach mit ihren Kindern in ihrer Wohnung in Cannstatt
Um 1902
Stadtarchiv Heilbronn

Pfarrer Wilhelm Paret und Tochter Elisabeth in Gnadental bei Schwäbisch Hall, mit dem Selbstauslöser fotografiert
1893
Sammlung Bernd Stöffler, Kornspeicher Loßburg-Wittendorf

Frau Neidig und Kinder bei einer Autofahrt im Neckarauer Waldpark bei Mannheim
Gaillard
1903
Stadtarchiv Mannheim

Wilhelmine Pfeiffer (rechts) mit ihren Kindern und ihrer Schwägerin in Ulm
1907
Studio Albert Pfeiffer, Ulm

grafie, die Alexander Lauterwasser um 1908 von seiner Familie machte, steht die Frau im Hintergrund am Weihnachtsbaum, während Lauterwasser und zwei Kinder eine kleine Gruppe bilden. Fotografien von Vätern mit Kinderwagen finden sich schon im 19. Jahrhundert und auch in den dreißiger Jahren. Zum Teil sind es Amateurfotografen, die sich mit ihren Kindern vor der Kamera in Szene setzen. Der Pfarrer Wilhelm Paret fotografierte sich 1893 mit Selbstauslöser, während er den Kinderwagen mit seiner Tochter Elisabeth schob. Ein Vater aus Oberschwaben wagte 1959 den Gang mit dem Kinderwagen auf der Dorfstraße, was Erzählungen zufolge den Protest seiner Mutter hervorrief.
Bilder, die unkonventionelle Rollen von Vätern und Müttern zeigen, wurden nicht selten Gegenstand von Presseberichten: Frau Neidig, die 1903 ihre Kindern mit dem Auto im Neckarauer Waldpark bei Mannheim spazierenfuhr, widmete die Zeitschrift „Automobilist" einen Bericht (Lindemann 1988, S. 170–171). Der Pressefotograf Robert Holder aus Bad Urach betitelte Fotografien mit Vätern und Kinderwagen in den sechziger Jahren mit „moderne Vaterpflichten". Heute sind Fotografien von Vätern mit Baby im Wickeltuch und Kinderwagen selbstverständlich geworden. Sie finden nur noch den Weg in die Zeitung, wenn sie so originell sind wie das Pressefoto eines Freiburger Vaters mit Doppelkinderwagen. Auch wenn die Fotografien von Vätern, die ihre Kinder füttern oder im Wickeltuch tragen, noch nicht die reale Aufgabenteilung in allen Familien widerspiegeln, so ebnen sie doch den Weg für ein neues Vaterbild. „Gleichheit braucht zuallererst andere Bilder in den Köpfen", schreibt die Volkskundlerin Christel Köhle-Hezinger (Köhle-Hezinger 2002, S. 83).

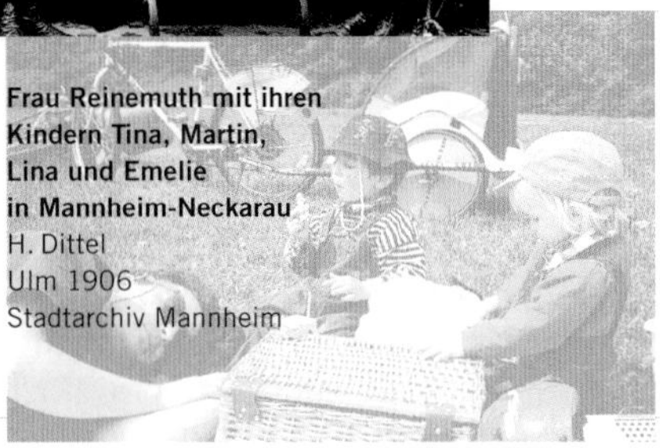

Frau Reinemuth mit ihren Kindern Tina, Martin, Lina und Emelie in Mannheim-Neckarau
H. Dittel
Ulm 1906
Stadtarchiv Mannheim

Elisabeth Römer mit ihrem Sohn Friedrich, Stuttgart
1912
Familie Roemer, Esslingen

Clara Lauterwasser mit ihrem Sohn Siegfried, Überlingen
Alexander Lauterwasser
1913
Fotoarchiv Lauterwasser, Überlingen

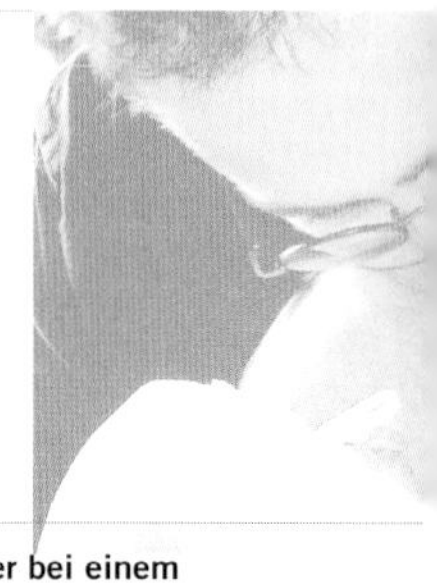

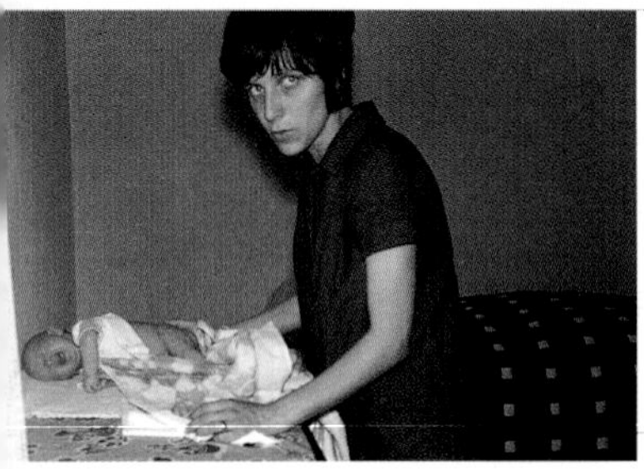

Gudrun Engelhardt mit ihrer Tochter
1962
Familie Engelhardt, Ludwigsburg

Rita Rohrer bei einem Spaziergang mit ihren Freundinnen in Stuttgart
1963
Privatbesitz

Mutter mit Tochter und Freundin auf dem Stuttgarter Schloßplatz
2001
Haus der Geschichte Baden-Württemberg

Vater und Sohn, in einem der ersten Stuttgarter Ateliers fotografiert
Georg Friedrich Brandseph
1859
Haus der Geschichte Baden-Württemberg

Frau Holzherr mit
ihren Kindern
1945
Foto Kasenbacher,
Schramberg

Sofie Geprägs mit ihren
Kindern Babette und Fritz in
Markbronn bei Ulm
1916
Gemeindearchiv Blaustein

Christel Fritz mit ihrer
Tochter in Weil am Rhein
Um 1975
Familie Fritz, Weil am Rhein

Karlsruher Studentin mit
ihrem Sohn vor der Rückfahrt
zur Kindertagesstätte
1995
Privatbesitz

Maria Agathe Tritscheller
aus Lenzkirch im Schwarz-
wald mit ihren Kindern
Pauline, Otto und Adolf
1856
Haus der Geschichte
Baden-Württemberg

Georg Reinemuth mit
seinen Söhnen Georg,
Adam und Ludwig
in Mannheim-Neckarau
H. Dittel
1906
Stadtarchiv Mannheim

Hermann Hesse und sein Sohn Bruno in Gaienhofen am Bodensee
1908
Schiller-Nationalmuseum / Deutsches Literaturarchiv, Marbach am Neckar

Der Trossinger Harmonikafabrikant Wilhelm Koch mit seinen Töchtern
1903
Heimatmuseum Trossingen

Herr Jegglin mit dem Kinderwagen in Schramberg
1932
Foto Kasenbacher, Schramberg

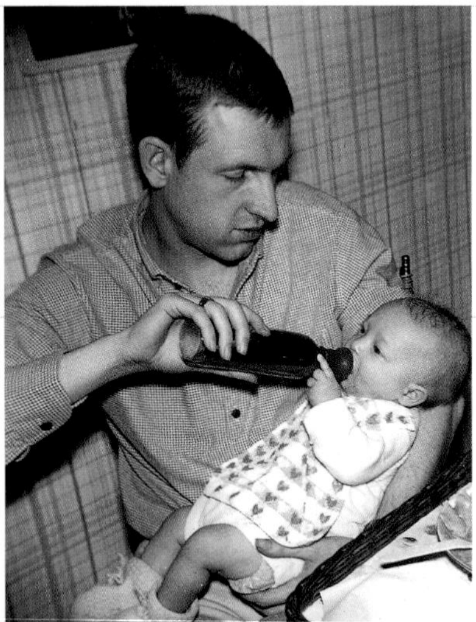

Karlheinz Engelhardt mit seiner Tochter
1962
Familie Engelhardt, Ludwigsburg

Fridolin Härle mit Kinderwagen und Bruder, Königseggwald bei Saulgau
1959
Familie Härle, Königseggwald

Ronald Nachbauer mit seinen Kindern Leonie und Mathis auf dem Weg zum Kindergarten in Gundelfingen-Wildtal bei Freiburg
1993
Privatbesitz

Karlsruher Architekt mit seinen Kindern bei der Mittagspause in einer Parkanlage
1995
Privatbesitz

Karl Eggensperger mit seinen Söhnen Wilhelm und Richard, in einem Heilbronner Atelier fotografiert
Chr. Brandt
1914
Stadtarchiv Heilbronn

Anton Bier mit seinen Söhnen Julius und Heinz, Kirchhausen bei Heilbronn
1938
Stadtarchiv Heilbronn

Heinrich Götz mit seinen Töchtern in der Stuttgarter Wohnung der Familie
Um 1959
Haus der Geschichte
Baden-Württemberg

Der Heizungsbaumeister Anton Baur mit seinem Sohn, Stuttgart
1975
Familie Baur, Stuttgart

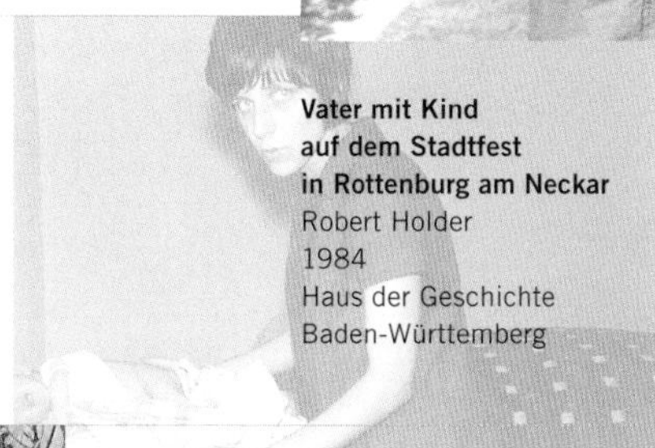

Vater mit Kind auf dem Stadtfest in Rottenburg am Neckar
Robert Holder
1984
Haus der Geschichte
Baden-Württemberg

Ein Vater in einem Freiburger Park, für die Presse fotografiert
2001
dpa

Thomas Ikrat mit seiner Tochter Lara Charlotte
2001
Familie Ikrat, Leonberg

Denk-Räume

Immo Wagner-Douglas

Denk-Räume

Die Einheit von Forschung und Lehre, wie sie zu Beginn des 19. Jahrhunderts in dem Anspruch von „Bildung durch Wissenschaft" formuliert wurde, ist auch heute noch Programm staatlicher Förderung der Wissenschaften. An den neun Landesuniversitäten in Baden-Württemberg studierten im Wintersemester 2000/2001 insgesamt 114.924 Studentinnen und Studenten (Statistisches Landesamt 2001, S. 108). Größe und Vielfalt des modernen Wissenschaftsbetriebes, zu dem noch die hier zahlreichen Institute der überregionalen Forschungsförderung zu zählen sind, verdeutlichen den Anspruch des Landes, eine Forschungsregion auch im internationalen Vergleich zu sein. Zugleich dokumentieren die Zahlen einen Aufstieg von Wissenschaft und Forschung aus bescheidenen Anfängen. Um 1830 studierten an den drei Landesuniversitäten in Heidelberg (gegr. 1386), Freiburg (gegr. 1457) und Tübingen (gegr. 1477) zusammen 2.300 Studenten. Noch eine Generation zuvor, um 1800, waren es nur ca. 500 Studenten. Als Lehr- und Ausbildungsstätten staatsnaher Eliten in Verwaltung, Militär und Politik gegründet, entwickelten sich die Hochschulen im 19. Jahrhundert erst allmählich zu Forschungszentren, die wissenschaftliche Fragestellungen in den Vordergrund rückten.

Aspekte der Wissenschaftsgeschichte Baden-Württembergs lassen sich in Gestalt wissenschaftlicher Einzelleistungen darstellen. An den Anfang solcherlei „Denk-Räume" seien aktuelle Forschungen in der Biotechnologie, Genforschung und Robotik gestellt. In einem zweiten Schritt soll diesen naturwissenschaftlich-technischen Forschungsfeldern, denen heute ein Schwerpunkt in der Forschungsförderung gilt, das philosophisch-universalistische Wissenschaftsideal der Zeit um 1800 gegenübergestellt werden. Damals wurden die gedanklichen Voraussetzungen für die Einheit und den Aufstieg der Wissenschaften in der Universität geschaffen.

Der moderne, international ausgerichtete Wissenschaftsbetrieb – das gilt in einem besonderen Maß für das industriell geprägte Baden-Württemberg – ist heute stärker denn je mit wirtschaftlichen Interessen verbunden. Der Abstand zwischen der Forschung und ihrer ökonomischen Nutzung hat sich derart verkürzt, daß wirtschaftliche Interessen eine immer grössere Rolle spielen und Themen der Wissenschaft, die hiervon ausgeklammert sind, zunehmend an den Rand gedrängt werden. Die im Südwesten, im sprichwörtlichen Land der „Tüftler und Erfinder", stark vertretenen Ingenieurwissenschaften sind ein Beispiel dafür, wie sich unter dem Eindruck neuer Technologien und veränderter wirtschaftlicher Prämissen auch Fächergrenzen in der Wissenschaft verschieben. Neue Studiengänge wie das Fach Mechatronik entstanden auf der Grundlage von Maschinenbau, Elektrotechnik und Informatik. Die „Karlsruher Hand 2" als Grundlagenforschungsprojekt des Institutes für Prozeßrechentechnik, Automation und Robotik in Karlsruhe gehört in diesen Zusammenhang. In bewußter Anlehnung an eine menschliche Hand wurde in ihr ein flexibles Greifinstrument geschaffen, das in der Lage ist, über Sensoren Signale aus seiner Umgebung aufzunehmen und zu interpretieren. Der Wunsch, möglichst universelle, vielseitig anwendbare Systeme zu schaffen und entsprechende Lösungen der Natur abzuschauen, kann als ganz allgemeiner Trend in den Ingenieurwissenschaften bezeichnet werden. In Zukunft sollen humanoide – menschenähnliche – Robotersysteme in der Industrie, aber auch im Haushalt, etwa bei der Altenpflege, eingesetzt werden. So hoffen die Wissenschaftler, zukünftigen Problemen in einer überalterten Gesellschaft begegnen zu können.

Eine zentrale Stellung in den Wissenschaften nicht nur in Baden-Württemberg nimmt heute die Genforschung ein. Christiane Nüsslein-Volhard am Max-Planck-Institut für Entwicklungsbiologie in Tübingen ist eine der exponiertesten Vertreterinnen dieses Fachs. Gemeinsam mit dem Amerikaner Eric Wieschaus, mit dem sie von 1978 bis 1981 am Europäischen Laboratorium für Molekularbiologie in Heidelberg tätig war, und Edward Lewis vom California Institute of Technology erhielt sie für ihre Forschungen zur Wirksamkeit von Genen in der frühen Embryonalentwicklung von Taufliegen den Nobelpreis für Medizin. Erkenntnisse der Genforschung, die zu großen Teilen noch reine Grundlagenforschung ist, sollen schon in naher Zukunft in die Herstellung von Medikamenten einfließen.

Medizinische Fragen stehen auch im Mittelpunkt der viel diskutierten Bio- oder Lebenswissenschaften. Viele sehen in diesem Forschungszweig eine neue Leitdisziplin der Naturwissenschaften, die in Zukunft einen Forschungsschwerpunkt des Bundeslandes bilden sollte. Themen der Biowissenschaften wie Präimplantationsdiagnostik (PID), die Bestimmung erblicher Anlagen des Kindes vor dem Einsetzen in den Mutterleib, und Forschungen mit embryonalen Stammzellen rühren gleichwohl an ethische Normen, die schließlich in der Einsetzung eines Ethikrates durch die Bundesregierung mündeten. Forscher und Pharmakonzerne dagegen versprechen sich von Erkenntnissen im Bereich der Biotechnologie revolutionäre Erfolge. Schon heute ist die kommerzielle Biotechnologie mit 3.800 Beschäftigten ein Wirtschaftsfaktor in Baden-Württemberg, den die Landesregierung durch Schaffung von informellen Netzen aus Politik, Wirtschaft und Forschung zu unterstützen sucht. ‚Tissue Engineering', wie es Heinrich Planck und Michael Doser am Institut für Textil- und Verfahrenstechnik (ITV) in Denkendorf entwickeln, ist ein Beispiel. Die Wissenschaftler, die dem Zentrum für Biomaterialien und Organersatz (BMOZ) angehören, beschäftigen sich mit der Möglichkeit nachwachsender menschlicher Organe. Eine ganze Palette von Ersatzorganen für kranke Patienten ist in Zukunft auf der Basis von ,Tissue Engineering' denkbar und wird erprobt. Neben Blutgefäßen sind es Herz und Herzklappen, Gelenkknorpel, Knochen, Haut und Bauchspeicheldrüse. Charakteristisch auch für Forschungen im Bereich der kostenaufwendigen Biotechnologie ist die Kooperation verschiedener Fachrichtungen. Dem Zentrum für Biomaterialien und Organersatz, das 1997 mit Mitteln des Bundesministeriums für Bildung und Forschung und dem Land Baden-Württemberg sowie Beteiligungen der Industrie gegründet wurde, sind neben dem ITV das naturwissenschaftlich-medizinische Institut in Reutlingen, das Fraunhofer Institut für Grenzflächen und Bioverfahren in Stuttgart, das Institut für Pharmakologie in Tübingen sowie das Marienhospital in Stuttgart angeschlossen. Textiltechnologen, Chemiker, Verfahrenstechniker, Maschinenbauer, Biologen und Mediziner arbeiten hier eng zusammen. Erst der Dialog verschiedener Fachrichtungen und Institute auch auf internationaler Ebene ermöglichte diese Forschungen.

Interdisziplinarität und Jointventure, wie sie im Bereich der Bio- und Ingenieurwissenschaften gepflegt werden, sind zu entscheidenden Schlagwörtern eines modernen Wissenschaftsdiskurses geworden. Wenn, so darf man schlußfolgern, die Verselbständigung und Verästelung der Fach- und Forschungsrichtungen einer der Motoren für den Aufstieg der Wissenschaften im 19. und 20. Jahrhundert war, so ist heute, umgekehrt, deren Vernetzung wieder Ziel. Dies geschieht vielleicht auch aus einer kritischen Haltung gegenüber einer abgehobenen, sich selbst genügenden Wissenschaft. Ein Stichwort in diesem Zusammenhang ist das der „Risikogesellschaft", wie es der Soziologe Ulrich Beck 1986 noch im Jahr der Tschernobyl-Katastrophe formulierte. Beck sah das Phänomen von Problem-Lösungs-Problem-Erzeugungsketten und Machbarkeitswahn in der Spezialisierung wissenschaftlicher Erkenntnispraxis begründet. Eine überspezialisierte Wissenschaft bezeichnete er als „Verschiebebahnhof" für Probleme mit immer neuen, ungeahnten Risiken für die Gesellschaft. Kernenergie und deren Nutzung – in den sechziger und siebziger Jahren auch in Baden-Württemberg eines der engagiertesten Forschungsprojekte – ist ein Beispiel. Heute werden Windenergie und Solartechnik stärker gefördert und Hoffnungen in die Brennstoffzellen-Technologie gesetzt. Wissenschaft, so die Forderung, müsse wieder stärker in das Spannungsfeld von Gesellschaft und Natur eingebunden werden.

Gleichsam wie in einem fernen Spiegel lassen sich die Fragen heutiger Wissenschaft – Freiheit und Unabhängigkeit einerseits und Einbindung in die gesellschaftliche Wirklichkeit andererseits – an der philosophisch geprägten Debatte um Bildung und Wissenschaft um 1800 problematisieren. Vor dem Hintergrund der Französischen Revolution formulierte Friedrich Schiller ein neues, ganz allgemeines Bildungsideal: Aufgabe wäre es, so schrieb er in seinen Briefen „Über die ästhetische Erziehung des Menschen" (1795), den herrschenden Antagonismus von Natur und Geist zu überwinden. Der Übergang von einem absolutistischen „Naturstaat" in einen freiheitlichen „Vernunftstaat" dürfe nicht, wie in Frankreich, an der mangelnden moralischen Qualifikation der Bürger scheitern. Ein Grundübel liege in der kulturgeschichtlich zwar notwendigen, wenngleich in ihren Folgen zu beklagenden Spezialisierung menschlicher Fähigkeiten begründet. Natur und Geist, Körper und Seele, Sinn- und Sittlichkeit stünden notwendigerweise in einem unauslöschlichen Konflikt zueinander. Bildung und Erziehung aber müßten Verständnis für beide Bereiche lehren und einen Ausgleich der divergierenden Interessen schaffen. Wie im schönen Schein der Kunst, in dem Sensualität und Rationalität in vollkommener Wechselwirkung aufgehoben seien, solle die Wissenschaft Zusammenhänge erklären. Für den akademischen Betrieb formulierte diesen philosophisch-universalistischen Gedanken Friedrich Wilhelm Joseph Schelling. Der in Leonberg geborene Pfarrerssohn erhielt auf Vermittlung Goethes und Schillers schon als 23-jähriger einen Ruf als außerordentlicher Professor nach Jena. In seinen „Vorlesungen über die Methode des academischen Studium" von 1803 sagt er, wahre Erkenntnis könne nur aus dem wirklichen und lebendigen Zusammenhang aller Wissenschaften hervorgehen (Schelling 1803, S. 14). Diesen Zusammenhang zu schaffen, sei Aufgabe der Universität. Schelling, der in Leipzig und Jena in enge Berührung mit den aufblühenden Naturwissenschaften kam, erkannte in Abgrenzung zu Johann Gottlieb Fichte und dessen Wissenschaftslehre Natur nicht als Produkt des Geistes, sondern umgekehrt, den Geist als Produkt der Natur. Natur und Geist, Reales und Ideales seien im tiefsten Innern identisch. Können Schelling und die idealistische Naturphilosophie als eine der Voraussetzungen für ein gewachsenes und bald gleichberechtigtes Interesse an empirischer, naturwissenschaftlicher Forschung gesehen werden, eben weil auch sie letztlich Philosophie ist, so darf Georg Wilhelm Friedrich Hegel neben Wilhelm von Humboldt als einer der Gründungsväter der geisteswissenschaftlich-philosophisch ausgerichteten deutschen Universität gelten. Zugleich ist die Tatsache, daß Hegel und Schelling zusammen mit Johann Christian Friedrich Hölderlin im Evangelischen Stift in Tübingen studierten und dort Freundschaft schlossen, beredtes Zeugnis für die These, die moderne Wissenschaft wachse aus dem Geist des protestantischen Pfarrhauses. Im Kontext der Wissenschaftsgeschichte des Landes Baden-Württemberg gilt es zu bemerken, daß all diese schon in ihrer Zeit berühmten Gelehrten außerhalb des Landes lehren und ihr Geld verdienen mußten.

Die Universitäten Freiburg (bis 1805 vorderösterreichisch), Heidelberg (bis 1803 kurpfälzisch) und Tübingen wuchsen im 19. Jahrhundert erst allmählich aus ihrer Rolle als Landesuniversitäten von Baden und Württemberg heraus. Die Studenten kamen zum größten Teil aus dem bürgerlichen Stand, der erst in und vermittels der Universitätsausbildung seine zentrale Stellung im Staatswesen erlangte. Zunächst standen die Naturwissenschaften an den Universitäten, was Einfluß und Anerkennung anlangte, noch im Schatten der geisteswissenschaftlichen Fächer. Bis Mitte des 19. Jahrhunderts emanzipierten sie sich nur mühsam innerhalb der Philosophischen Fakultät, der sie angehörten. Der bedeutende Physiker und Physiologe Hermann von Helmholtz – er lehrte von 1858 bis 1871 in Heidelberg – äußerte sich anläßlich einer akademischen Festrede 1862 über das Verhältnis der Naturwissenschaften zur Gesamtheit der Wissenschaften. Er empfand den durch Schelling und Hegel begründeten Einfluß der Philosophie auf die Naturwissenschaft nicht nur als unnütz, sondern als geradezu schädliche Träumerei (Helmholtz 1865, S. 8). In Heidelberg stieg die Zahl der naturwissenschaftlichen Institute und Ordinarien zwischen 1847 und 1879 von 9 auf 13, während die Geisteswissenschaften mit 21 Ordinarien konstant blieben. Neben Mathematik, Physik, Mineralogie, Zoologie und Botanik wurden Lehrstühle für Chemie, Geologie und Paläontologie eingerichtet. Selbständig wurden die Naturwissenschaften in Heidelberg erst 1890. Im Wintersemester 1899/1900 waren an der Philosophischen Fakultät 240 Studenten eingeschrieben, während es an der Naturwissenschaftlichen Fakultät schon 354 waren. Der seither dominierende Einfluß naturwissenschaftlicher und medizinischer Forschung an den Universitäten wurde gegen Ende des 19. Jahrhunderts noch durch die Polytechnischen Schulen in Stuttgart und Karlsruhe verstärkt. Sie wurden 1879 und 1885 in den Rang Technischer Hochschulen erhoben. Promotionsrecht erhielten nach dem Ersten Weltkrieg auch die Handelsschule in Mannheim (1929) und die Landwirtschaftsschule Hohenheim (1918). Die Flexibilität und Modernität gerade der Technischen Hochschulen im Südwesten verdeutlichen sich auch in der weltweit wohl ersten Professur für Luftschiffahrt, die Alexander Baumann seit 1911 an der TH Stuttgart wahrnahm. Die Höhere Landwirtschaftsschule Hohenheim darf sich ihrerseits rühmen, 1923 in Margarete von Wrangell die deutschlandweit erste Ordinaria, also prüfungsberechtigte, ordentliche Professorin, berufen zu haben.

Die Erneuerung und ein Stück weit Rehabilitation der Philosophie als strenge Wissenschaft in Abgrenzung zur Lebensphilosophie etwa Friedrich Nietzsches gelang Anfang des 20. Jahrhunderts Edmund Husserl in Freiburg. Die lange Kette bedeutender Philosophen im Südwesten setzten nach ihm Martin Heidegger in Freiburg, Karl Jaspers und Hans Georg Gadamer in Heidelberg sowie Ernst Bloch in Tübingen fort. Die besondere Stellung der Philosophie und der daran anknüpfende öffentliche Anspruch hat diese Wissenschaftler zu Personen der Zeitgeschichte werden lassen, ihnen voran Martin Heidegger und Karl Jaspers. Im Jahr der Machtübernahme der Nationalsozialisten 1933 wurde Heidegger zum Rektor der Universität Freiburg ernannt, während Karl Jaspers, der mit einer Jüdin verheiratet war, seit 1937 mit einem Berufsverbot belegt wurde. Der Neubeginn nach 1945, wie er dann von Jaspers in Heidelberg vorangetrieben wurde, stand im Zeichen einer demokratischen Öffnung der Universität. Zu einem politischen Thema wurde Philosophie und Philosophiegeschichte auch in der Zeit der Studentenproteste. Der 76-jährige Ernst Bloch kehrte nach dem Mauerbau 1961 nicht mehr in die DDR zurück und nahm bis zu seinem Tod 1977 eine Gastprofessur in Tübingen wahr. Sein dreibändiges Hauptwerk „Das Prinzip Hoffnung“ erschien zunächst im Aufbau-Verlag in Ostberlin, 1959 dann auch im Suhrkamp Verlag in Frankfurt am Main. Es wurde zu einem Kultbuch der Studentenbewegung.

Nach dem Zweiten Weltkrieg wurden in Baden-Württemberg im Zuge der Bildungsreform noch einmal zwei Universitäten gegründet: 1967 die medizinisch-naturwissenschaftliche Hochschule in Ulm und ein Jahr zuvor, 1966, die Universität Konstanz. Letztere stellte auch bildungs- und wissenschaftspolitisch eines der engagiertesten Hochschulprojekte dieser Zeit dar. Ralf Dahrendorf, einer der aktivsten Mitglieder des Gründungsausschusses, sah in der Verbindung der empirisch-theoretischen Wissenschaften von Natur und Gesellschaft einen neuen Gedanken der Einheit moderner Wissenschaft. An die Stelle der klassischen Geisteswissenschaften und ihres Zentrums, der Philosophie, sollten die Gesellschafts- und Erfahrungswissenschaften treten. Dahrendorf, der sich in dieser Konzeption auf die London School of Economics bezog, konnte sich auch auf Max Webers Überzeugung stützen, daß sich Wissenschaft ganz allgemein nur in der Spezialisierung und Intellektualisierung fortentwickeln könne. Webers in Heidelberg entstandene epochemachende Werke zur Religionssoziologie, zu Wirtschaft und

Gesellschaft etablierten eine neue, hochspezialisierte, empirische Erfahrungswissenschaft und zugleich einen neuen Anspruch von Professionalität und nachvollziehbarer Logik in den Sozialwissenschaften. Sein Bekenntnis zur „Wissenschaft als Beruf" (1919) steht dem Postulat von „Wissenschaft als Bildung", wie es die Generation Schillers formulierte, als gewissermaßen erwachsene Variante gegenüber und fordert Spezialisierung, Werturteilsfreiheit und Ideologiekritik in historischer und geistesgeschichtlicher Forschung. Wie wenige Wissenschaftler seiner Zeit hat Weber Fragen der Zeit zum Thema seiner Forschungen gemacht und politische Konsequenzen gefordert.
Die Sinnentleerung und Auflösung traditioneller Familienstrukturen, die Überalterung der Gesellschaft, werfen Fragen für die Geistes- und Sozialwissenschaften heute auf. Neben dem technisch-wissenschaftlichen Fortschritt scheint manchmal eine politisch-gesellschaftliche Regression deutlich zu werden, die sich in politischem und religiösem Extremismus äußern kann. Die Globalisierung und Entgrenzung kommunikativer Möglichkeiten via Internet, die gestiegene Medienpräsenz und ihre Bilderflut verändern kulturelle Leitbilder immer schneller. Ein engagiertes Projekt im Bereich der Kunst und Kulturwissenschaften ist das Graduiertenkolleg „Bild-Körper-Medium" der Hochschule für Gestaltung in Karlsruhe und der Universität Heidelberg unter Leitung von Hans Belting. Altertumswissenschaftler, Kunsthistoriker und Sinologen, aber auch Medientheoretiker und Künstler fragen nach ästhetischen und psychischen Konstanten in Umgang und Wahrnehmung von Bildern des Körpers. Wo liegen die historischen und psychischen Hintergründe für die besondere Rolle, die das Bild des Körpers in den heutigen Medien einnimmt, und die etwa in Videoanimationen und Medienkörpern zum Ausdruck kommt? Eine erst zu begründende Bild-Anthropologie soll historische Erfahrung auf aktuelle Fragen im Mediendiskurs anwenden.
Es gehört eher zur Kehrseite der Wissenschaftsgeschichte Baden-Württembergs, daß heute einzelne Wissenschaftsbereiche gegeneinander ausgespielt werden und Einsparungen im Wissenschaftshaushalt meist zu Lasten der Geisteswissenschaften gehen. Der Blick auf den Ausgangspunkt von Wissenschaft und Bildung im Südwesten um 1800 belegt die Notwendigkeit, einen, wie Schiller formuliert, Ausgleich der divergierenden Interessen von Geist und Natur zu finden.

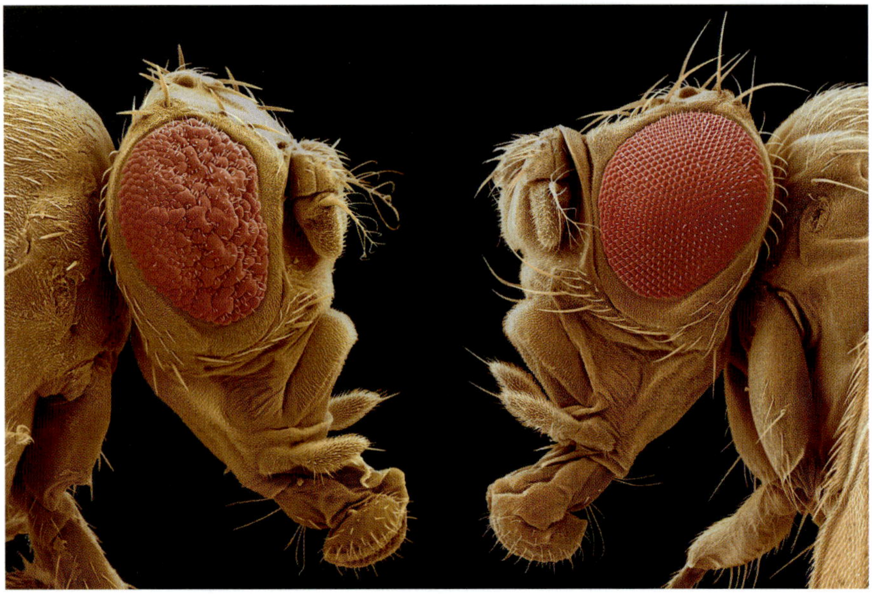

Zwei Taufliegen der Art ‚drosophila melanogaster'
1995
Haus der Geschichte
Baden-Württemberg

Die Taufliege „drosophila melanogaster" ist so etwas wie ein Haustier der Vererbungslehre. Für Entwicklungsbiologen und Genetiker ist das Insekt eine Art Modellorganismus. Für fast jedes Detail ihrer Erbanlagen, die in etwas mehr als 13.600 Genen enthalten sind, wurde recherchiert, welche Aufgaben es innerhalb der Entwicklung vom Embryo zum ausgewachsenen Tier hat. Die exakte Bestimmung der Wirksamkeit einzelner Gene ist deshalb schwierig, weil sie oft mehrere Funktionen ausüben und andersherum einzelne Eigenschaften des Organismus zumeist von mehreren Genen beeinflußt werden. In der Gegenüberstellung zweier Taufliegen, rechts einem normalen Wildtyp und links einem „mutierten", gentechnisch veränderten Tier mit unvollkommen entwickelten Augen, wird die Auswirkung von Manipulationen in der genetischen Steuerung anschaulich.

Warum die Erkenntnisse genetischer Steuerung an Taufliegen eine so große Rolle in der Wissenschaft spielen, erklärt sich aus der zunächst paradox anmutenden Verwandtschaft zum Menschen. Vergleichende Untersuchungen haben ergeben, daß etwa die Hälfte menschlicher Gene Ähnlichkeiten mit solchen der Fliege aufweist. Die Wissenschaftler am Institut für Entwicklungsbiologie in Tübingen können an den Versuchstieren nicht nur die Zusammenhänge genetischer Steuerung erfassen, sondern auch die Wirksamkeit von Medikamenten erforschen und so beispielsweise Erbkrankheiten beim Menschen vorbeugen.

Nobelpreisurkunde und Medaille für Christiane Nüsslein-Volhard
1995
Christiane Nüsslein-Volhard

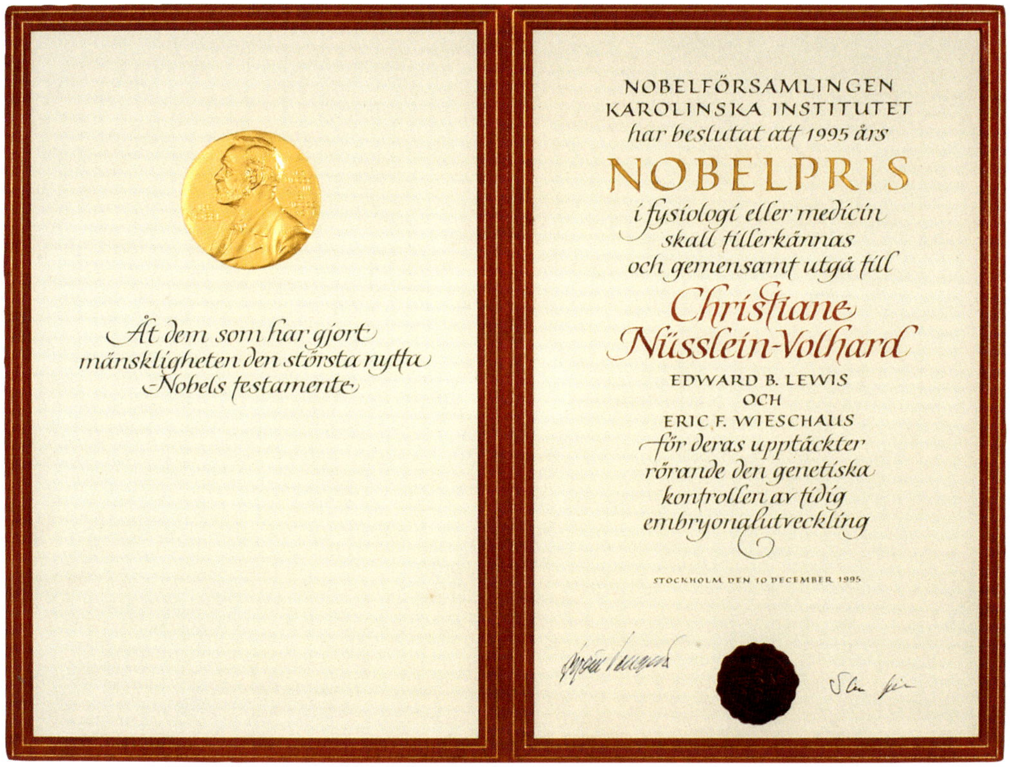

Für ihre Forschungen auf dem Gebiet der genetischen Steuerung in der frühen embryonalen Entwicklung eines Organismus erhielt Christiane Nüsslein-Volhard gemeinsam mit Edward Lewis und Eric Wieschaus, mit dem sie von 1978 bis 1981 am Europäischen Laboratorium für Molekularbiologie in Heidelberg tätig war, den Nobelpreis für Medizin überreicht. Ihr war es gelungen, vier genetisch gesteuerte Substanzen zu bestimmen, die so etwas wie einen Fahrplan für die Zellentwicklung der Taufliege darstellen und das Oben und Unten, Hinten und Vorne der Larve, ihre Segmentbildung, bestimmen. Christiane Nüsslein-Volhard war die erste Frau in Deutschland, die mit dieser höchsten internationalen Ehrung für Wissenschaftler ausgezeichnet wurde. Die Nobelpreismedaille zeigt auf der Vorderseite den Stifter des Stockholmer Wissenschaftspreises Alfred Nobel (1833–1896). Der Erfinder des Dynamits hinterließ sein Vermögen der Nobelstiftung, die seit 1901 jährlich die begehrten Auszeichnungen in Physik, Chemie, Physiologie oder Medizin und Literatur am Todestag Nobels, dem 10. Dezember, vergibt. Der Preis in Medizin wird vom Karolinska Medikokirurgiska Institutet in Stockholm vergeben.

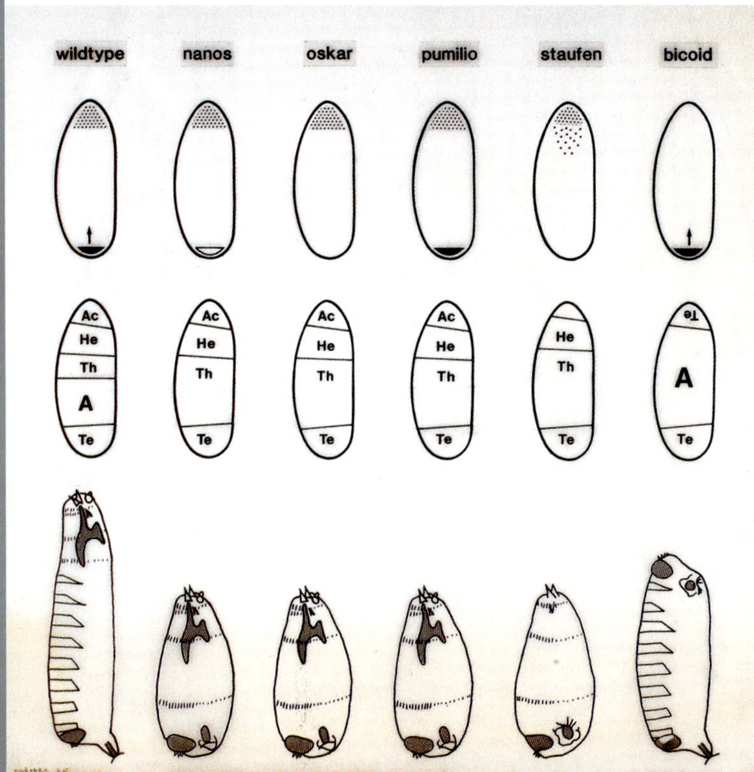

Maternale Mutanten
Christiane Nüsslein-Volhard
1995
Christiane Nüsslein-Volhard

Im Kontext von Publikationen und Seminaren erstellte Christiane Nüsslein-Volhard eine ganze Reihe von Zeichnungen, die die komplexen Zusammenhänge genetischer Steuerung erklären helfen. Die schematische Darstellung zeigt sechs Taufliegen-Mutanten, bei denen sich während der Embryonalentwicklung verschiedene Körperregionen nicht normal ausbilden. In der oberen Reihe ist die Verteilung wichtiger Signalmoleküle im Ei der Fliege dargestellt. Oben – am vorderen Ende des Eis – gepunktet ein Signalmolekül (bicoid RNA), das zur Bildung der vorderen Regionen des Körpers führt: Kopfspitze (Ac: Acron), Kopf (He: Head) und Brustbereich (Th: Thorax). Unten – am hinteren Ende des Eis – in schwarz das Polplasma (nanos RNA), das die Bildung der hinteren Regionen des Körpers steuert: Hinterleib (A: Abdomen) und Hinterleibsende (Te: Telson). Im normalen Fliegenembryo (Wildtyp links) bilden sich alle fünf Bereiche aus (siehe schematische Darstellung in der mittleren Reihe). Bei den Mutanten ist in den Eiern jeweils ein bestimmtes Signal ganz oder teilweise ausgefallen. In der Folge werden bestimmte Bereiche nicht mehr gebildet. Dies schlägt sich in den Larven, die aus diesen Eiern schlüpfen, nieder (siehe Zeichnungen in der unteren Reihe). Bei den Mutanten ‚nanos' (vom spanischen Wort für „Zwerge"), ‚oskar' (nach Oskar Mazerath aus Günther Grass' Roman „Die Blechtrommel") und ‚pumilio' (das lateinische Wort für „Zwerg") bildet sich beispielsweise der Hinterleib (A) nicht mehr aus, und die Larven sind kleiner als die Larven vom Wildtyp. Bei ‚Staufen'-Larven ist der Kopf reduziert. Larven der ‚bicoid' Mutante hingegen bilden weder Kopf- noch Brustbereich aus.

Ralf Dahm

Bioreaktor
1989
Institut für Textil- und Verfahrenstechnik
Denkendorf

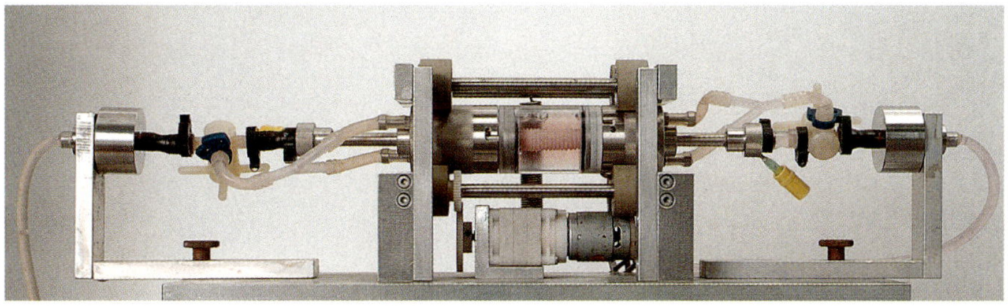

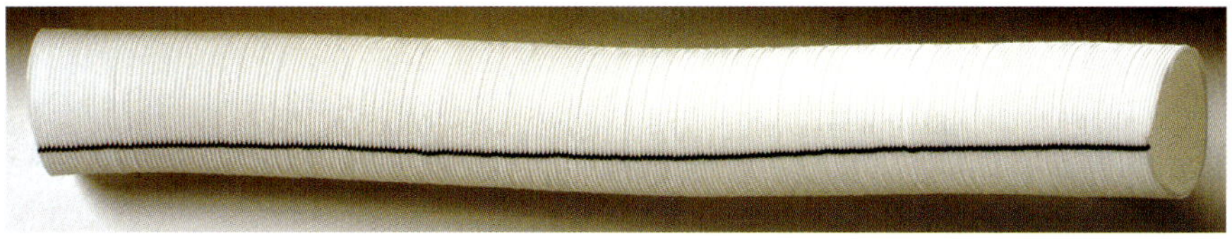

Der Versuchsaufbau aus dem Institut für Textil- und Verfahrenstechnik in Denkendorf, bestehend aus einem Bioreaktor und einer Besiedlungseinheit mit einer textilen Gefäßprothese, ermöglicht das Nachwachsen eines menschlichen Blutgefäßes auf Basis von Tissue Engineering. Er stellt eines der wichtigsten Projekte des Zentrums für Biomaterialien und Organersatz (BMOZ) dar. Für die Zukunft erhoffen sich Wissenschaftler um Heinrich Planck und Michael Doser einen medizinischen Durchbruch. Es wird möglich sein, Organe nachwachsen zu lassen und körpereigene Zellen auf textilen Trägern zu kultivieren. Herkömmlichen Implantaten sind nachwachsende Organe überlegen, da die Zellen direkt beim Patienten entnommen werden und versucht wird, das geschädigte Organ weitgehend zu regenerieren. Abnutzung und Abwehrreaktionen, wie bei künstlichen oder gespendeten Organen, entfallen. Man unterscheidet bei den eingesetzten Textilfasern zwischen resorbierbaren, im Körper abbaubaren und nicht resorbierbaren, dort verbleibenden Geweben. Letztere verwachsen im Körper zu einem biohybriden Organ. Da es heute im Bereich der Herzkranzgefäße noch keine geeigneten Prothesen gibt – sie würden auf Grund ihres kleinen Durchmessers sofort zugehen – bahnt sich hier eine medizinische Revolution an. Noch allerdings wurde keinem Patienten ein „nachgewachsenes" Organ eingesetzt.

Gefäßimplantat
Um 1968
Aesculap AG & Co. KG,
Tuttlingen

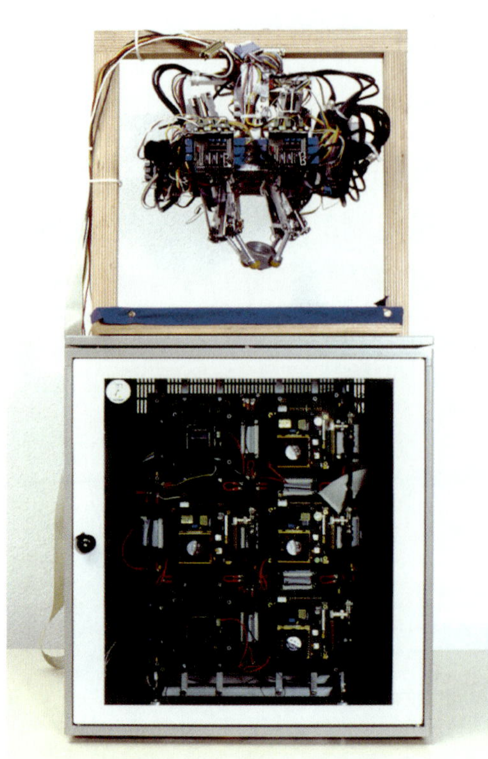

Karlsruher Hand 2
1995–2000
Universität Karlsruhe,
Institut für Prozeßrechentechnik und Robotik

Automation und Robotik bilden einen Forschungsschwerpunkt in Baden-Württemberg. Im Rahmen eines Grundlagenforschungsprojektes der Deutschen Forschungsgemeinschaft wurde 1995/1996 zunächst unter Leitung von Ulrich Rembold, dann unter Heinz Wörn ein vierfingeriger Greifer entwickelt, der auch Umgreifoperationen ermöglicht. Beim Umgreifen wird ein festgehaltenes Objekt zeitweise lediglich von drei Fingern gehalten, während sich der vierte Finger neu positioniert. Das programmier- und rechentechnisch anspruchsvolle Projekt, das eine Analogie zur menschlichen Hand aufweist, kann über Sensoren in den Gelenken und Fingerspitzen exakt die Lage des Objektes und die Kraft zwischen Objekt und Umwelt bestimmen. Für eine Vielzahl möglicher Anwendungen, wie beispielsweise in der Kranken- und Altenpflege bis hin zur klassischen Prothetik, sollen in der Karlsruher Hand die rechentechnischen Voraussetzungen geschaffen werden. Auch in der Chirurgie erhoffen sich Ärzte durch den Einsatz intelligenter, multimodaler Robotersysteme Fortschritte für operative Eingriffe. Automation und Robotik, wie sie in Stuttgart und Karlsruhe betrieben werden, stehen in der bedeutenden Tradition der Feinmechanik und haben ihre Wurzeln im Apparat- und Uhrenbau.

Metallisches Glas
1997
Universität Ulm,
Kompetenzzentrum Werkstoffe der Mikrotechnik
Forschungszentrum Karlsruhe,
Institut für Nanotechnologie

Metallische Gläser, die unter der Leitung von Hans-Jörg Fecht und Ulrich Herr in Ulm und Karlsruhe hergestellt und erforscht werden, bestehen aus Legierungen auf Zirkonium-Basis. Sie zeichnen sich gegenüber herkömmlichen Metallen durch eine amorphe Atomstruktur aus. Die Atome sind hier wie bei Gläsern und Flüssigkeiten dichter nebeneinander gepackt und liegen nicht in einer kristallinen Struktur vor. Gerade aus der kristallinen Anordnung der Atome in herkömmlichen Materialien leiten sich eine ganze Reihe Nachteile auch festester Metalle wie beispielsweise Titan ab. An den Grenzen der Kristalle kommt es unter Belastung zu Rissen, auch Korrosion tritt hier auf. Problematisch ist das vor allem dort, wo eine Miniaturisierung des Materials wie in der Mikroelektronik und Nanotechnologie gefragt ist. Metallische Gläser mit ihrer homogenen Materialstruktur erlauben Verkleinerungen bis auf Schichten, die nur drei Atome dick sind. Diese Eigenschaft macht das Material zu einem idealen Werkstoff für Integrierte Schaltkreise und Mikroprozessoren. Hans-Jörg Fecht wurde für seine Forschungen zu Metallischen Gläsern 1998 der Leibnizpreis der Deutschen Forschungsgemeinschaft, der höchstdotierte deutsche Wissenschaftspreis, verliehen.

Tempus-Untersystem „HF-Modul 1" der Spacelab-Mission MSL–1
1997
Deutsches Zentrum für Luft- und Raumfahrt e.V. (DLR) mit freundlicher Unterstützung des Bundesministeriums für Bildung und Forschung und der Astrium GmbH

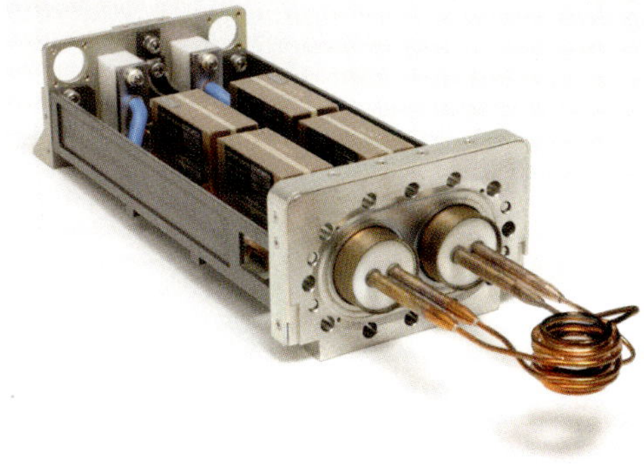

Die Experimentieranlage TEMPUS (Tiegelfreies Elektromagnetisches Prozessieren Unter Schwerelosigkeit) wurde vom 1. bis 17. Juli 1997 im Rahmen der Spacelab-Mission „Microgravity Science Laboratory 1" (MSL–1) eingesetzt. Die siebenköpfige Crew der Raumfähre „Columbia" benutzte sie für Experimente mit Metallischem Glas im Weltraum. Das TEMPUS Hochfrequenz (HF) Modul diente innerhalb der Anlage der Erhitzung und elektromagnetischen Aufladung von Materialproben. Im Ganzen wurden mit dieser Anlage 18 Proben in der Schwerelosigkeit aufgeschmolzen und wieder erstarrt. Dies geschah behälterfrei, ohne einen Kontakt der Proben mit einem anderen Material. Bedingt durch die solchermaßen reine Prozeßatmosphäre erstarrten die Proben metallischen Glases weit unterhalb des eigentlichen Schmelzpunktes. Neben der Erzielung solcher „Unterkühlungen" bestand ein Schwerpunkt der Experimente darin, die Temperaturabhängigkeit der thermophysikalischen Eigenschaften von Dichte, Oberflächenspannung, spezifischer Wärme und elektrischer Leitfähigkeit zu bestimmen.
Sechs Experimentatorengruppen aus Deutschland – unter ihnen Hans-Jörg Fecht vom Kompetenzzentrum für Mikrotechnik in Ulm – und vier Teams aus den USA konnten im NASA-Bodenkontrollzentrum in Huntsville die Tests über Bildschirm verfolgen und anhand von Messungen auswerten.

Niedrigtemperatur-Brennstoffzellen-Laborteststand
1999
Siemens AG

Im Rahmen der Erforschung und Entwicklung alternativer Energieumwandlungssysteme nimmt die Brennstoffzellentechnologie in Baden-Württemberg einen herausragenden Stellenwert ein. In einer Brennstoffzelle wird ein „Brennstoff", zum Beispiel Wasserstoff, mit dem in der Luft enthaltenen Sauerstoff zur Reaktion gebracht. In diesem Vorgang, den die Wissenschaftler als „kalte Verbrennung" bezeichnen, wird chemische Energie mit einem hohen Wirkungsgrad in elektrische Energie umgesetzt. Ähnlich wie in einer Batterie, so das Prinzip der Brennstoffzelle, wird eine elektrochemische Reaktion dadurch ausgelöst, daß die Moleküle des Brennstoffs elektrokatalytisch in ihre Bestandteile, in Protonen und Elektronen, aufgespalten werden. Die einzelnen Elemente werden auf getrennten Wegen dem Reaktionspartner Sauerstoff zugeführt. Die Protonen, die Wasserstoffkerne, werden durch eine Separatormembrane geleitet, während die Elektronen durch einen äußeren Stromkreis geleitet werden und dort beispielsweise einen Elektromotor betreiben können. Ein neben dem hohen Wirkungsgrad entscheidender Vorteil der Stromerzeugung durch Brennstoffzellen liegt in der Umweltverträglichkeit begründet. Bei der Reaktion von Wasserstoff und Sauerstoff entsteht lediglich Wasser und eine gewisse Restwärme. An einem von der Siemens AG in Erlangen entwickelten Laborteststand wurden vom Max-Planck Institut für Festkörperforschung in Stuttgart Elektroden im Verbund mit speziellen protonenleitenden Membranen getestet, die die Wissenschaftler gemeinsam mit der Firma Fumatech in Vaihingen/Enz entwickelten. Die beiden zylindrischen Gefäße oben auf der Brennstoffzelle enthalten Wasser, das zur Befeuchtung konventioneller Membranen notwendig ist.

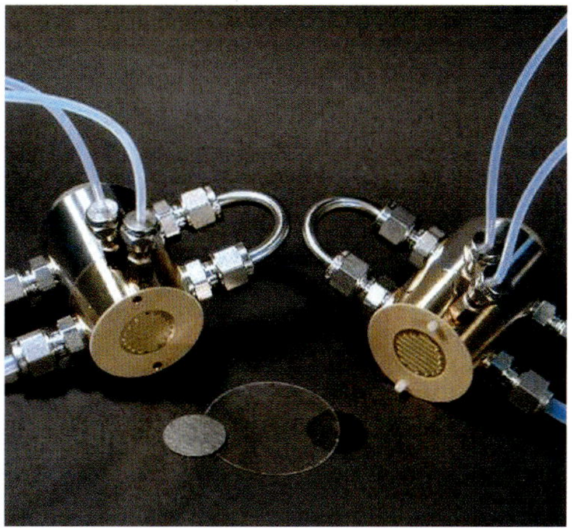

Protonenleitende Membranen für Brennstoffzellen
1999
Max-Planck-Institut für Festkörperforschung, Stuttgart

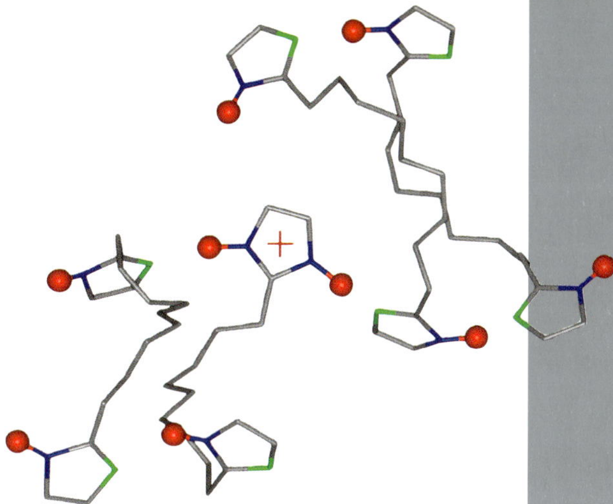

Bewegung von Protonen in festen Kristallgittern
Computersimulation, 2002
Max-Planck-Institut für Festkörperforschung, Stuttgart

Die protonenleitende Membran ist bildlich gesprochen das Herz einer jeden Niedrigtemperatur-Brennstoffzelle. Konventionelle Membranen bestehen aus hydrophoben (wasserabweisenden) z. B. teflonartigen Polymeren, die saure, hydrophile (wasserliebende) Gruppen tragen. Diese lagern sich zusammen, so daß ein zusammenhängendes Netzwerk aus hydrophilen Nano-Kanälen in einer hydrophoben Matrix entsteht. Die Membran wird erst dann protonenleitend, wenn sie befeuchtet ist. Erst dann können sich die Protonen von einem Wassermolekül zum nächsten oder zusammen mit ihnen durch das hydrophile Kanalsystem bewegen. Die notwendige Befeuchtung, die damit verbundene maximale Betriebstemperatur und der oft sehr hohe Wassertransport durch die Membran sind allerdings mit Gründe für die Komplexität und die hohen Kosten heutiger Brennstoffzellen-Systeme. Die Optimierung der Nano-Struktur hat in einem gemeinsamen Projekt des Max-Planck-Instituts in Stuttgart-Büsnau und dem Membranhersteller Fumatech in Vahingen/Enz die Probleme des Wassertransports bereits deutlich reduziert. Doch wird bereits an völlig neuartigen Membranmaterialien gearbeitet, die im trockenen Zustand und bei höheren Temperaturen hohe Protonenleitfähigkeit zeigen.

Klaus-Dieter Kreuer

Aktuelle Forschungen des Max-Planck-Institutes in Stuttgart zielen auf Membranmaterialien, die im trockenen Zustand und bei hohen Temperaturen optimale Protonenleitfähigkeit ermöglichen. Diese könnten beispielsweise, so beschreiben es die Wissenschaftler am Max-Planck-Institut, „aus einem stabilen Polymerrückgrad mit daran gebundenen weichen Seitenketten bestehen, die ihrerseits Endgruppen tragen, welche sich zu einem dynamischen Wasserstoffbrückennetzwerk hoher Protonenleitfähigkeit zusammenlagern". Hohe Protonenleitung wird als Eigenschaft bestimmter Systeme im Übergang von festkörperartiger Ordnung zu flüssigkeitsartiger Unordnung beschrieben. Bei aller Unterschiedlichkeit im Detail wird dabei die Existenz dynamischer Wasserstoffbrücken als Schlüssel für das gewünschte Auftreten hoher Protonenbeweglichkeit identifiziert.
Die hier beschriebenen, der Protonenleitung zugrundeliegenden Leitmechanismen wurden für eine Vielzahl von Systemen erforscht. Die Computersimulationen (animierte „ab initio"-Rechnungen) zeigen die komplexen Bewegungsabläufe einzelner Protonen in typischen festen Protonenleitern: einem Salz ($CsHSO_4$), einem Oxid ($SrTiO_3$) und dem Oligomer Imi-2, das von Wissenschaftlern der Max-Planck-Institute für Festkörperforschung in Stuttgart und für Polymerforschung in Mainz als Modelverbindung für wasserfreie Brennstoffzellenmembranen untersucht wird.

Alexander Baumann
Um 1908
Privatbesitz

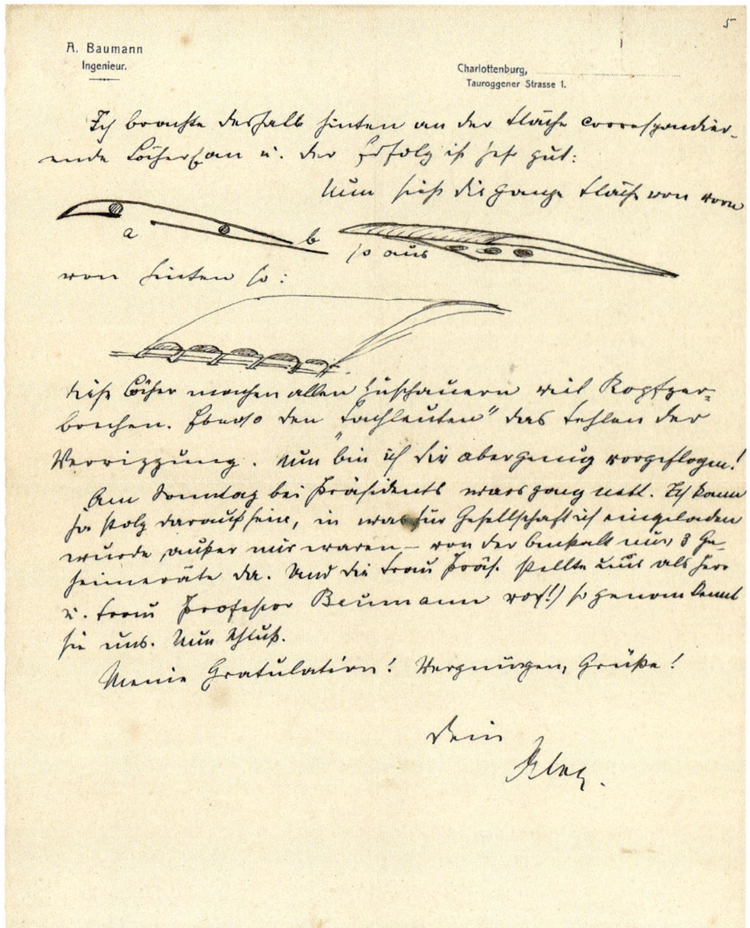

A. Baumann
Ingenieur.

Charlottenburg,
Tauroggener Strasse 1.

Alexander Baumann, 1875 in Heilbronn geboren, studierte an der Technischen Hochschule Stuttgart Maschinenbau. Seit 1907 beschäftigte er sich mit der Konstruktion von Flugzeugen. Berechnungen zum Wirkungsgrad von Luftschrauben und Luftwiderständen folgte 1913 die Konstruktion eines kompletten Motorflugzeuges, dem Baumann-Freytag-Doppeldecker. Schon 1911 arbeitete Baumann für den Grafen Zeppelin als Gutachter. Seine „Mechanischen Grundlagen des Flugzeugbaues" – erschienen 1913 – sind ein frühes Standardwerk zum Flugzeugbau. Dieses wissenschaftliche Interesse an Flugzeugen trug ihm 1911 auch die wohl weltweit erste Professur für „Luftschiffahrt, Flugtechnik und Kraftfahrzeuge" an der Technischen Hochschule in Stuttgart ein. Bis 1925 hielt Baumann an der TH Stuttgart Vorlesungen zu Themen wie „Luftschiffe und Flugmaschinen", „Flugmaschinen und ihre konstruktiven Einzelheiten" sowie „Fahrzeugmotoren". 1925 ließ er sich von der Universität beurlauben und übernahm in Japan einen Konstruktionsauftrag für drei Flugzeuge des Unternehmens Mitsubishi. Alexander Baumann starb 1928 in Stuttgart.

Seit 1907 war Alexander Baumann mit der Idee, ein „Flugschiff" zu bauen, befaßt und meldete hierzu 1908 gemeinsam mit dem Fabrikanten Ernst Emil Freytag ein Patent an. 1909 war er mit dem Bau dieses Motorflugzeuges beschäftigt und berichtete hierüber seinem Bruder Richard. Die Zeichnungen zeigen die Konstruktion der Tragflächen im Querschnitt. Sie haben die Besonderheit, daß es hier Schlitze gibt, durch die Luft hindurchströmen kann.
1912 wurden fünf Exemplare des Baumann-Freytag-Doppeldeckers gebaut. Er wurde mit einem Argus-Motor und später mit einem Daimler-Sechs-Zylinder-Motor betrieben. In Stuttgart und Johannisthal wurden diese Flugzeuge getestet, bis es im Juni 1913 zu dem tödlichen Unfall des Piloten Hans Krastel und des Werkmeisters Gerbitz kam.

Skizze zum Entwurf einer Flugzeugtragfläche
Alexander Baumann
21. Oktober 1909
Privatbesitz

Riesenflugzeuge der Zeppelinwerke in Staaken
Messterfilm, 12 min.
Um 1920
Bundesfilmarchiv Berlin

Die Postkarte vom 2. September 1912, die Alexander Baumann an seinen Bruder Richard nach Silvaplana schrieb, zeigt, so steht es auf der Rückseite, „Die auf dem Cannstatter Wasen im Bau begriffene Halle des Württembergischen Flugsport-Klubs". Vor dem Hangar des 1911 gegründeten Württembergischen Flugsport-Klubs steht ein Flugzeug, eine Rumpler „Taube". Ein solches Flugzeug besaß der Stuttgarter Flugpionier Hellmuth Hirth, der es für die damals populären Flugwettbewerbe, so den „Ersten Deutschen Zuverlässigkeitsflug Oberrhein" und den „Schwabenflug", beide 1911, einsetzte. Rechts auf dem Bild, dem ein Aquarell als Vorlage diente, sieht man die „Rumpler- Taube" noch einmal im Steigflug. Vor dem Ersten Weltkrieg war Stuttgart und sein „Flugplatz" auf dem Cannstatter Wasen ein Zentrum der noch jungen, durch die Gebrüder Wright erst im Jahr 1903 begründeten Motorfliegerei. Berühmt wurden auch die ersten Flüge des jungen Ernst Heinkel. Als er 1911 mit seinem ersten, selbstgebauten Flugzeug abstürzte, veröffentlichte das Stuttgarter Tageblatt einen Sammelaufruf für Spenden.

„Württembergischer Flugsport-Klub"
1912
Privatbesitz

Eines der eindrucksvollsten Projekte Alexander Baumanns waren die damals so bezeichneten ‚Riesenflugzeuge' mit einer Flügelspannweite von 42 Metern. Die Idee zum Bau dieser Flugzeuge stammte von dem Stuttgarter Flugpionier Hellmuth Hirth und dem damaligen Direktor der Firma Bosch, Gustav Klein. Sie konnten den Grafen Zeppelin für die Idee gewinnen, mit einem solchen Flugzeug den Atlantik zu überqueren und zur Weltausstellung 1915 nach San Francisco zu fliegen. Baumann konstruierte und baute zunächst in Gotha und dann in Berlin-Staaken 16 dieser Riesenflugzeuge für die Unternehmen Zeppelin und Bosch – freilich nicht für den Besuch der Weltausstellung, sondern, seit 1914, für den Kriegseinsatz. Auftraggeber war die Marine.

Der Film, nach dem Ersten Weltkrieg um 1920 produziert, wirbt für einen möglichen zivilen Einsatz der Riesenflugzeuge. Die Szenen, in denen Passagiere mit ihren Koffern in das Flugzeug einsteigen, sind gestellt. Alexander Baumann und die Staakener Zeppelinwerke bemühten sich vergeblich, die Flugzeuge vor der Vernichtung durch die alliierten Siegermächte zu bewahren. Als Rüstungsgüter wurden sie allesamt beschlagnahmt und zerstört. Der Film der Firma Messter ist ein großartiges Dokument früher Luftfahrtgeschichte. Mit Kameras, die am Rumpf und auf den Flügeln montiert waren, wurde ein Flug von Staaken über Potsdam gefilmt. Gut zu erkennen sind die Glienicker Brücke und das Neue Palais.

Die Ernennung Margarete von Wrangells zur ersten prüfungsberechtigten ordentlichen Professorin Deutschlands datiert auf den 19. Februar 1923. Von Wrangell, deren Familie aus Reval stammte, kam nach dem Ersten Weltkrieg nach Hohenheim und befaßte sich mit Düngemittelforschung. Ihre Studienjahre verbrachte sie in Tübingen, Straßburg und Paris (bei Marie Curie). 1920 wurde sie vom Lehrerkonvent der Landwirtschaftlichen Hochschule in Hohenheim mit der Arbeit „Phosphorsäure und Bodenreaktion" habilitiert. Es war die erste in Hohenheim angenommene Habilitation. Im Zentrum der Forschungen stand die damals zentrale Frage der Phosphordüngung. Phosphat mußte im Ausland eingekauft werden. Deshalb entwickelte Margarete von Wrangell eine Düngemethode, die die im Boden enthaltenen Phosphorsäure aktivierte. Die im Ernennungsschreiben ausgesprochene Bedingung der ordentlichen Professur, nämlich die „erforderlichen Mittel für den Ausbau des Pflanzenernährungs-Instituts", wurde dank einer Initiative der Düngemittelindustrie und des Reichsernährungsministers erfüllt. Die Errichtung des Instituts war damals ganz ausdrücklich an die Person Margarete von Wrangells und ihre Forschungen geknüpft.

„Die Ernennung der Abteilungsvorsteherin Dr. von Wrangell zum ordentlichen Professor" an der Höheren Landwirtschaftsschule Hohenheim
19. Februar 1923
Universität Hohenheim,
Archiv der Universität

Die im Jahr 1928 publizierte Fotografie zeigt Margarete von Wrangell im Gewächshaus ihres Pflanzenernährungsinstitutes in Hohenheim. Neben der Phosphorsäurefrage galten Forschungen des Institutes unter ihrer Leitung dem allgemeinen Nährstoffzustand des natürlichen Bodens. Ihr gelang unter anderem der Nachweis, daß die Pflanze die Bodennährstoffe nicht aus dem Boden direkt, sondern aus der die Wurzeln unmittelbar umgebenden Bodenflüssigkeit entnimmt (Fellmeth 1998, S. 17). Aktualität gewannen die Arbeiten der Wissenschaftlerin noch einmal unter den Bedingungen des ökologischen Landbaus in den achtziger Jahren des 20. Jahrhunderts.
Seit 1997 schreibt das Ministerium für Wissenschaft, Forschung und Kunst in Baden Württemberg zur Förderung des Hochschullehrerinnennachwuchses das „Margarete von Wrangell-Habilitationsprogramm für Frauen" aus.

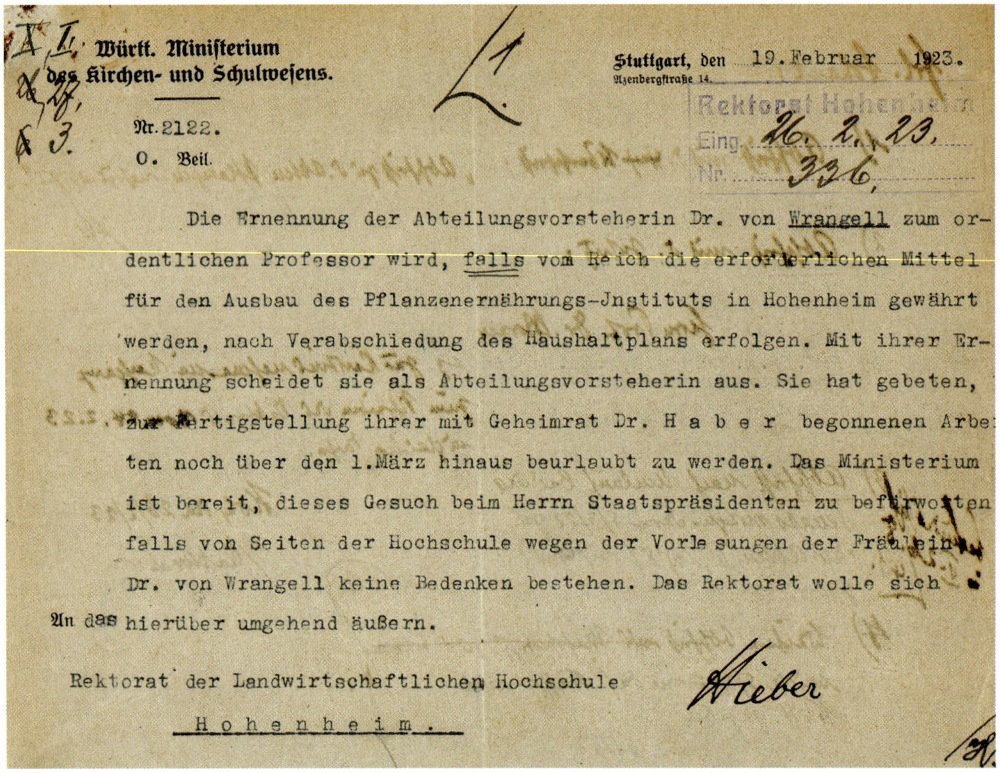
Württ. Ministerium des Kirchen- und Schulwesens.
Nr. 2122.
O. Beil.

Stuttgart, den 19. Februar 1923.
Azenbergstraße 14.

Rektorat Hohenheim
Eing. 26. 2. 23.
Nr. 336.

Die Ernennung der Abteilungsvorsteherin Dr. von Wrangell zum ordentlichen Professor wird, falls vom Reich die erforderlichen Mittel für den Ausbau des Pflanzenernährungs-Instituts in Hohenheim gewährt werden, nach Verabschiedung des Haushaltplans erfolgen. Mit ihrer Ernennung scheidet sie als Abteilungsvorsteherin aus. Sie hat gebeten, zur Fertigstellung ihrer mit Geheimrat Dr. H a b e r begonnenen Arbeiten noch über den 1. März hinaus beurlaubt zu werden. Das Ministerium ist bereit, dieses Gesuch beim Herrn Staatspräsidenten zu befürworten falls von Seiten der Hochschule wegen der Vorlesungen der Fräulein Dr. von Wrangell keine Bedenken bestehen. Das Rektorat wolle sich hierüber umgehend äußern.

An das
Rektorat der Landwirtschaftlichen Hochschule
H o h e n h e i m.

Hieber

Margarete von Wrangell im Gewächshaus des Pflanzenernährungsinstitutes in Hohenheim
1928
Universität Hohenheim,
Archiv der Universität

Friedrich Schiller
Johann Heinrich Dannecker
(1758–1841)
Gipsabguß, um 1805
Staatsgalerie Stuttgart

Friedrich Schiller formulierte in seinen Briefen „Über die ästhetische Erziehung des Menschen", die 1795 in der Zeitschrift „Die Horen" erschienen, ein neues Bildungsideal. Aufgabe wäre es, den herrschenden Widerstreit von „Geist" und „Natur" in den Wissenschaften zu überwinden. Nach dem Vorbild der Künste, in denen Sensualität und Rationalität – Sinn- und Sittlichkeit – in vollkommener Wechselwirkung aufgehoben seien, müsse die Wissenschaft Verständnis für beide Bereiche menschlicher Existenz wecken und einen Ausgleich schaffen. Der Bildhauer Johann Heinrich Dannecker, Schillers Freund noch von der gemeinsamen Schulzeit an der Hohen Karlsschule in Stuttgart her, schuf die Büste im Todesjahr des Dichters 1805. Berühmt wurde sein Ausspruch: „(...) ich will Schiller lebig machen, aber der kann nicht anders lebig sein, als colossal." (von Holst 1987, S. 463) Schillers Physiognomie wird in Danneckers Büste bewußt ins Metaphysische, ins überindividuell Schöne gehoben und der Anspruch an die Kunst, Ideales und Reales miteinander zu versöhnen, unmittelbar anschaulich.

Der Abguß vom Originalentwurf Danneckers stammt aus dem Besitz der Verlegerfamilie Cotta und ist, so jedenfalls legt es ein Brief Cottas an Dannecker nahe, von der Hand des Künstlers selbst. Der Verleger verwendete die Büste als Vorbild für ein gestochenes Frontispiz im fünften Band einer ersten Sammelausgabe der Theaterstücke Schillers, der 1807 erschien.

„Das evangelische Seminar in Tübingen“
Adam Gatternicht
Lithographie, um 1850
Württembergische Landesbibliothek, Stuttgart

Zwischen 1792 und 1803 wurde das 1536 gegründete Evangelische Stift in Tübingen in klassizistischem Stil umgebaut. Dieser Umbau der aus dem 15. Jahrhundert stammenden Klosteranlage dokumentiert ein Stück weit den neuen freiheitlichen Geist der Französischen Revolution, der in der Generation der Schüler Schelling, Hegel und Hölderlin begeisterte Aufnahme fand. Zugleich steht das Stift und die lange Reihe seiner berühmten Schüler für den hohen Stellenwert philosophischer Bildung in der protestantischen Lehre. Mittelbar wurde das Studium der Theologie und der Protestantismus so zu einer der Motoren wissenschaftlicher und künstlerischer Neugier.

Die Daguerreotypie des Hamburger Fotografen Hermann Biow zeigt den Philosophen Schelling im Alter von 74 Jahren, fünf Jahre vor seinem Tod. Seit 1841, berufen durch König Friedrich Wilhelm IV. von Preußen, lehrte Schelling an der Humboldt-Universität in Berlin. Die berühmte Aufnahme des Gelehrten dokumentiert keinen sorgfältig drapierten Greis, sondern einen entschlossenen, tatkräftig wirkenden Schelling, dem es offensichtlich nicht schwerfällt, die damals notwendige lange Belichtungszeit stillzuhalten. Sein fester Blick gilt der Kamera und zeigt sein Interesse an der sich damals schnell etablierenden Erfindung ‚Fotografie'. Vielleicht war er sich bewußt, daß dieser Blick auch kommenden Generationen standhalten mußte. Die Aufnahme kam auf Initiative Biows wahrscheinlich in Berlin zustande. In einem Antwortbrief Schellings vom 11. September 1848 unterrichtet dieser ihn, daß es ihm nach einer Krankheit wieder besser ginge und er nunmehr um einen neuen Termin bittet. Geplant war das Bild für eine Porträtserie, für die Biow in ganz Deutschland herumreiste und berühmte Persönlichkeiten fotografierte. Porträts wie diejenigen des Königs Friedrich Wilhelm IV. von Preußen, Alexander von Humboldts und des Bildhauers Christian Rauch wurden 1847 in Berlin angefertigt und zählen heute zu den Inkunabeln der frühen Fotografie in Deutschland. Biow publizierte sie später als Kupferstiche in einem 1850 erschienenen Mappenwerk „Deutsche Zeitgenossen". Für dieses Werk war wahrscheinlich auch Schellings Porträt geplant.

Friedrich Wilhelm Joseph Schelling
Hermann Biow (1804–1850)
Daguerreotypie, um 1849
Nachlaß von Walter Robert Corti, Winterthur, Philosoph und Gründer des Kinderdorfes Pestalozzi in Trogen/Schweiz

Friedrich Wilhelm Joseph Schelling: „Vorlesungen über die Methode des academischen Studium"
J.G. Cotta'sche Buchhandlung, Tübingen 1803
Haus der Geschichte Baden-Württemberg

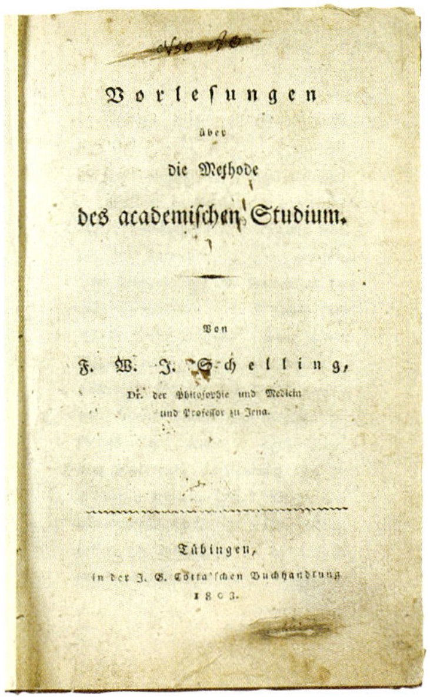
Vorlesungen über die Methode des academischen Studium. Von F. W. J. Schelling, Dr. der Philosophie und Medicin und Professor zu Jena. Tübingen, in der J. G. Cotta'schen Buchhandlung 1803.

Auf Empfehlung Goethes kam Schelling im Oktober 1798 nach Jena. Intensiv setzte er sich mit der Wissenschaftslehre Johann Gottlieb Fichtes auseinander und stellte ihr seine Naturphilosophie entgegen, die sich als Synthese von Natur und Geist begreift. Unmittelbar für die akademische Praxis schlugen sich seine Ideen in den „Vorlesungen über die Methode des academischen Studium" nieder, die er im Sommer 1802 hielt und 1803 in einem Buch publizierte. Sein Kapitel „Über die Naturwissenschaft im Allgemeinen" leitete er mit dem Satz ein: „Wenn wir von der Natur absolut reden wollen, so verstehen wir darunter das Universum ohne Gegensatz, und unterscheiden nur in diesem wieder die zwey Seiten: die, in welcher die Ideen auf reale Weise gebohren werden, und die, in welcher sie auf ideale Weise gebohren werden." (S. 239) Das gleichberechtigte Interesse an den aufblühenden Naturwissenschaften, „den realen Ideen", zeichnet Schellings Methodenlehre aus und schuf die Voraussetzungen für deren Integration in die klassische Universitätsausbildung.

Friedrich Wilhelm Joseph Schelling: „System des transcendentalen Idealismus"
J.G. Cotta'sche Buchhandlung, Tübingen 1800
Haus der Geschichte Baden-Württemberg

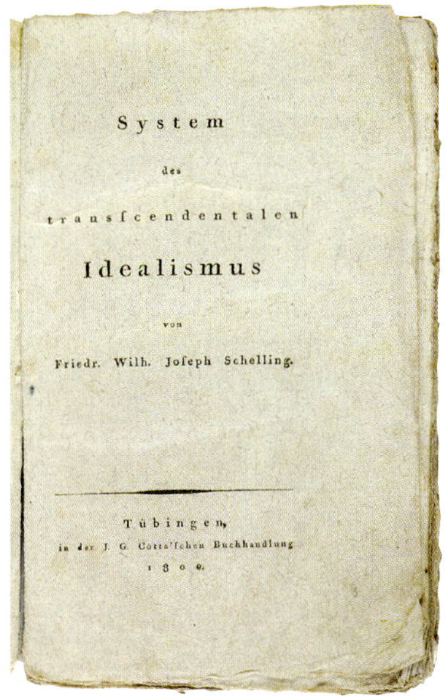
System des transscendentalen Idealismus von Friedr. Wilh. Joseph Schelling. Tübingen, in der J. G. Cotta'schen Buchhandlung 1800.

Schelling verkehrte in seinen Jenaer Jahren um 1800 mit Goethe und Schiller, aber auch mit den Frühromantikern, den Brüdern August Wilhelm und Friedrich Schlegel, Ludwig Tieck und Novalis. Sein philosophisches Hauptwerk aus der zweiten Phase seines Schaffens, das „System des transcendentalen Idealismus", gliedert sich in Abschnitte zum theoretischen und praktischen Bewußtsein. Ersteres definiert den Erkenntnisvorgang, letzteres die philosophische Herleitung der Fundamentalbegriffe von Ethik, Recht und Geschichte. Den dritten Abschnitt des Buches widmete Schelling der Philosophie der Kunst. Die Wirkungsgeschichte gerade dieses dritten Hauptteils, in dem es um das Zusammenwirken von Bewußtem und Unbewußtem, von, wie er formuliert, theoretischem und praktischem Ich im Kunstwerk geht, begründete eine für die deutsche Philosophie eigene Bestimmung der Kunst als höchster Ausdrucksform auch vorbewußter Erkenntnis. Ästhetik wird zur philosophischen Disziplin. Dieser Anspruch wurde auch für die Kunst selbst zu einem Maßstab.

Georg Wilhelm Friedrich Hegel: „System der Wissenschaft. Erster Theil, die Phänomenologie des Geistes“
Joseph Anton Goebhardt, Bamberg und Würzburg 1807
Haus der Geschichte Baden-Württemberg

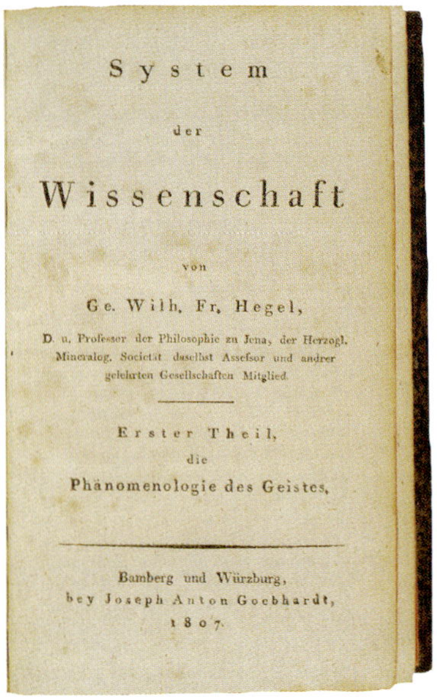
System der Wissenschaft von Ge. Wilh. Fr. Hegel, D. u. Professor der Philosophie zu Jena, der Herzogl. Mineralog. Societät daselbst Assessor und andrer gelehrten Gesellschaften Mitglied.

Erster Theil, die Phänomenologie des Geistes.

Bamberg und Würzburg, bey Joseph Anton Goebhardt, 1807.

Hegel kam auf Vermittlung des Freundes Schelling 1801 nach Jena. Eine Erbschaft nach dem Tod seines Vaters ermöglichte es ihm, seine Arbeit als Hauslehrer in Frankfurt und Bern aufzugeben und seinen Studien nachzugehen. Die Jahre zwischen 1801 und 1807 waren zu großen Teilen seinem ersten Hauptwerk, dem „System der Wissenschaft. Erster Theil, die Phänomenologie des Geistes“ gewidmet. In Vorlesungen in Jena kündigte er dieses Buch immer wieder an, bis er 1806 endlich den ersten Teil zur Niederschrift brachte. Um die letzte Lieferung an den Verlag mußte er noch bangen, weil französische Truppen nach der Niederlage der Preußen in Jena einmarschierten.

Hegels „Phänomenologie des Geistes“ zählt zu den bedeutendsten und schwierigsten Werken der philosophischen Weltliteratur. Dennoch gab es wohl keinen philosophischen Text mit einer vergleichbaren Wirkmächtigkeit. Die Dialektik von Herrschaft und Knechtschaft wurde zum Schlüsseltext der marxistischen Theorie. Edmund Husserls Phänomenologie und Heideggers Existenzanalyse in „Sein und Zeit“ bis hin zu Jean-Paul Sartres Existentialismus verdanken sich einer Auseinandersetzung mit Hegels „Phänomenologie des Geistes“.

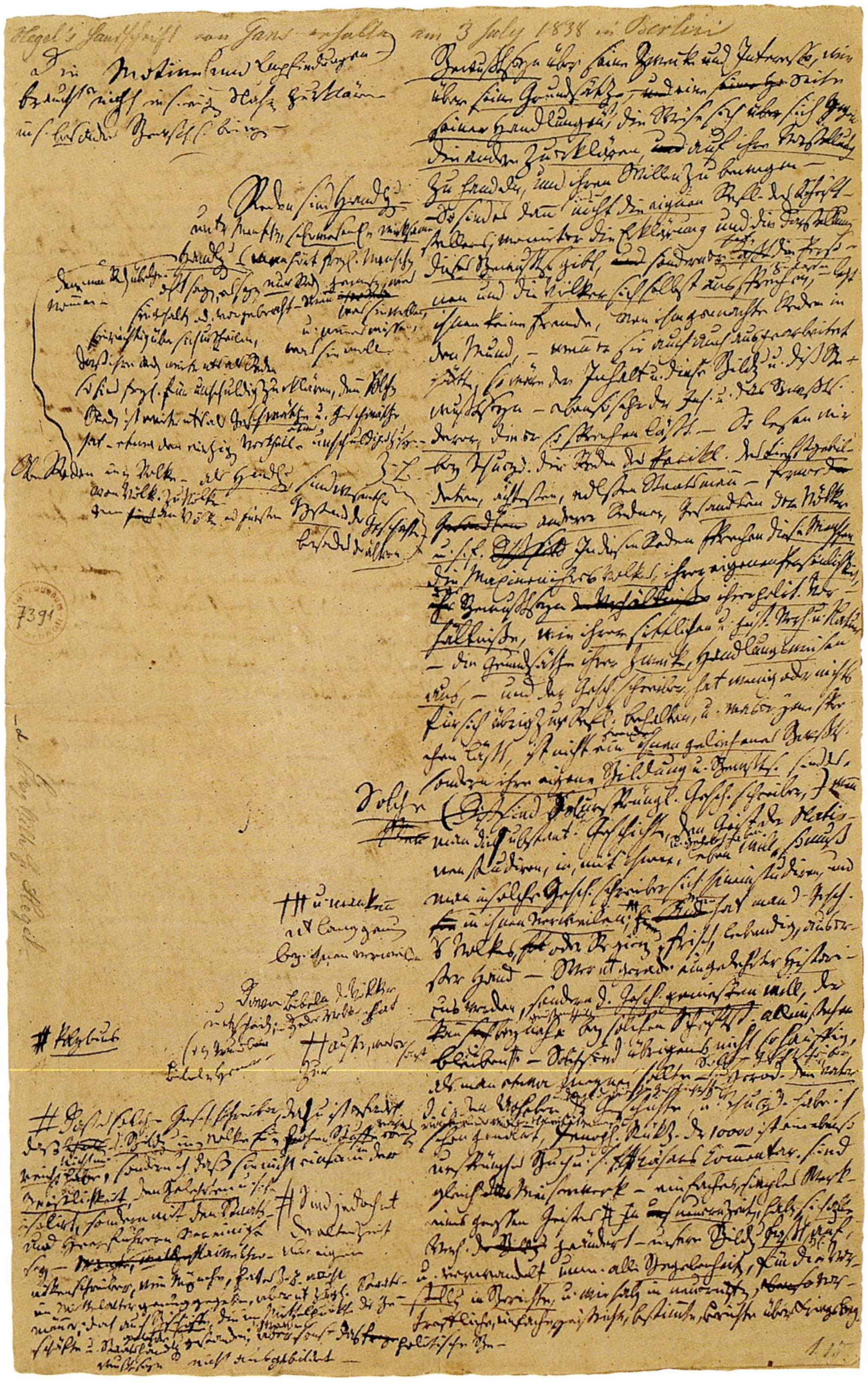

Georg Wilhelm Friedrich Hegel: Manuskript „Vorlesung über die Philosophie der Weltgeschichte“
Berlin 1822–28
Deutsches Literaturarchiv,
Schiller-Nationalmuseum,
Marbach

Im Wintersemester 1822/23 las Hegel an der Berliner Humboldt-Universität zum ersten Mal seine Vorlesung über die Philosophie der Weltgeschichte. Alle zwei Jahre, im ganzen fünfmal, referierte er diesen Text in stets überarbeiteter Form vor Studenten. Dies erklärt auch die vielen Zusätze und Einschübe auf dem Manuskript. Publiziert wurde diese Vorlesung wie auch seine berühmte Ästhetik erst nach seinem Tod 1831. Das erhaltene Manuskript gehört zur Einleitung. Hegel erklärt hier die Notwendigkeit ausführlichen Quellenstudiums: „Wenn man die substantielle Geschichte, den Geist der Nationen studiren, in, mit ihnen, leben und gelebt haben will, so muß man in solche Geschichtsschreiber sich hineinstudiren, und in ihnen verweilen und man kann nicht lang genug bey ihnen verweilen; hier hat man die Geschichte eines Volkes, oder Regierung, frisch, lebendig, aus erster Hand“, heißt es im Text (Hegel 1995, S. 127). Es gehört zu den großen Verlusten der Philosophiegeschichte, daß von Hegels schriftlichem Nachlaß nur wenig erhalten blieb. Wichtige Papiere wurden aufgrund religionskritischer Äußerungen schon von der Familie vernichtet. Von Hegels Vortragsstil ist überliefert, daß er schwerfällig und schleppend war: „... jede Sylbe lös'te sich nur widerwillig los, um von der metalleeren Stimme dann in Schwäbisch breitem Dialekt, als sey jedes das Wichtigste, einen wundersam gründlichen Nachdruck zu erhalten“, berichtet sein Schüler und späterer Herausgeber seiner Werke Heinrich Gustav Hotho (Hotho 1835, S. 20).

Georg Wilhelm Friedrich Hegel
Julius Ludwig Sebbers
(1804 – nach 1837)
Lithographie, um 1828
Deutsches Literaturarchiv,
Schiller-Nationalmuseum,
Marbach

Julius Ludwig Sebbers, Porzellanmaler am Hof in Braunschweig, schuf das Porträt Hegels vielleicht auf Anregung Johann Wolfgang Goethes, den er 1826 in Weimar porträtierte. Es zeigt den Gelehrten im Alter von 58 Jahren im Talar und mit dem Barett auf dem Kopf, der offiziellen Amtsrobe des Professors für Philosophie. Auf dem Schreibtisch des sitzend dargestellten Hegel liegt ein Band mit den Werken Platos, unten am Tischbein lehnt ein Foliant „Aristoteles“. Sebbers zeigt Hegel im Redefluß, die rechte Hand zum Sprechen erhoben. Der Künstler bedient sich in seinem Hegel-Porträt des Topos' eines klassischen Gelehrtenbildnisses, wie es zu dieser Zeit auch von anderen Wissenschaftlern, etwa Wilhelm von Humboldt, geschaffen wurde. Hegel steht Ende der zwanziger Jahre auf dem Höhepunkt seines Ruhms. Im Studienjahr 1829/30 wurde er zum Rektor der Berliner Humboldt-Universität gewählt.

Martin Heidegger:
„Sein und Zeit“
Max Niemeyer, Halle 1927
Haus der Geschichte
Baden-Württemberg

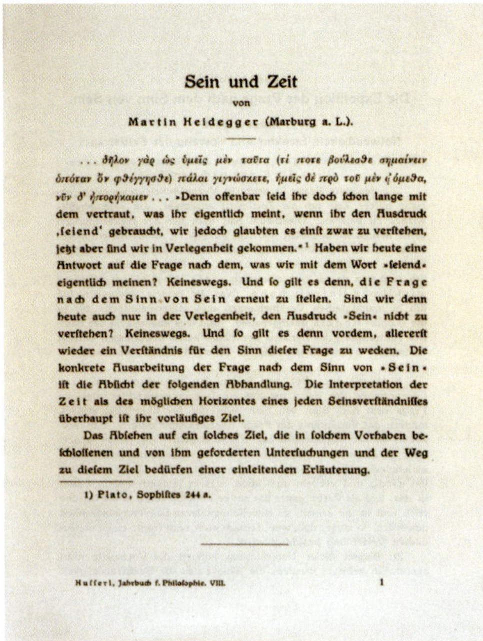

Sein und Zeit

von

Martin Heidegger (Marburg a. L.).

... δῆλον γὰρ ὡς ὑμεῖς μὲν ταῦτα (τί ποτε βούλεσθε σημαίνειν ὁπόταν ὂν φθέγγησθε) πάλαι γιγνώσκετε, ἡμεῖς δὲ πρὸ τοῦ μὲν ᾠόμεθα, νῦν δ' ἠπορήκαμεν ... »Denn offenbar ſeid ihr doch ſchon lange mit dem vertraut, was ihr eigentlich meint, wenn ihr den Ausdruck ‚ſeiend' gebraucht, wir jedoch glaubten es einſt zwar zu verſtehen, jetzt aber ſind wir in Verlegenheit gekommen.«[1] Haben wir heute eine Antwort auf die Frage nach dem, was wir mit dem Wort »ſeiend« eigentlich meinen? Keineswegs. Und ſo gilt es denn, die Frage nach dem Sinn von Sein erneut zu ſtellen. Sind wir denn heute auch nur in der Verlegenheit, den Ausdruck »Sein« nicht zu verſtehen? Keineswegs. Und ſo gilt es denn vordem, allererſt wieder ein Verſtändnis für den Sinn dieſer Frage zu wecken. Die konkrete Ausarbeitung der Frage nach dem Sinn von »Sein« iſt die Abſicht der folgenden Abhandlung. Die Interpretation der Zeit als des möglichen Horizontes eines jeden Seinsverſtändniſſes überhaupt iſt ihr vorläufiges Ziel.

Das Abſehen auf ein ſolches Ziel, die in ſolchem Vorhaben beſchloſſenen und von ihm geforderten Unterſuchungen und der Weg zu dieſem Ziel bedürfen einer einleitenden Erläuterung.

1) Plato, Sophiſtes 244 a.

Huſſerl, Jahrbuch f. Philoſophie. VIII. 1

„Die konkrete Ausarbeitung der Frage nach dem Sinn von ‚Sein‘ ist die Absicht der folgenden Abhandlung. Die Interpretation der Zeit als des möglichen Horizontes eines jeden Seinsverständnisses überhaupt ist ihr vorläufiges Ziel.“ Martin Heideggers philosophisches Hauptwerk „Sein und Zeit“, 1927 im „Jahrbuch für Philosophie und phänomenologische Forschung“ als „Erste Hälfte“ eines auf zwei Bände angelegten Werkes erschienen, beschreibt mit diesen Worten nicht nur die Fragestellung des Buches, sondern zugleich den Ansatz zu einer neuen Philosophie. Der Mensch, sein Dasein, wird nicht in Abgrenzung zum Tier oder zu einem Gott beschrieben, sondern als existentielle Erfahrung definiert, die aus den individuellen Seinsstrukturen erst herausgearbeitet werden muß. Zugang zu seinem eigentlichen Selbst gewinnt das Dasein für Heidegger in der Angst vor dem Tod, die er als Möglichkeit erkennt, offen für das Gegenwärtige zu sein. „Die in ‚Sein und Zeit‘ durchgeführte Analytik des Daseins blieb eine, wie immer auch existentiell verwurzelte, Theorie des ‚In-der-Welt-Seins‘ überhaupt“, formulierte Jürgen Habermas (Habermas 1989, S. 16).

„Sein und Zeit“ machte Heidegger berühmt. 1928 wurde er auch dank dieses Textes als Nachfolger seines Lehrers Edmund Husserl auf den Lehrstuhl für Philosophie in Freiburg berufen. Weltweit, vor allem in Frankreich, erfuhr Heideggers Werk – trotz seiner schwer zugänglichen Sprache – seine Würdigung als philosophisches Haupwerk des 20. Jahrhunderts.

„Die Selbstbehauptung der deutschen Universität“, Heideggers Rede anläßlich seiner Ernennung zum Rektor der Universität Freiburg 1933, markiert eines der schwierigsten und bis heute umstrittensten Kapitel seiner Lehrtätigkeit. Schon das Titelblatt mit dem Namen des Autors Heidegger in der modernen, serifenlosen Bauhaus-Schrift und der weiß auf dunkelblau gedruckte Titel „Die Selbstbehauptung der deutschen Universität“ in der damals als spezifisch deutsch empfundenen Grotesk-Schrift macht die Widersprüchlichkeit des Textes und seines Autors deutlich. ‚Selbstbehauptung‘ war in Heideggers Text nicht im Sinne einer Abgrenzung der Universität gegenüber einer Einflußnahme durch den nationalsozialistischen Staat gemeint. „Gemeinhin sieht man den vorwaltenden Wesenscharakter der Universität in ihrer ‚Selbstverwaltung‘, die soll erhalten bleiben“ (S. 5), heißt es im Text. Doch Heidegger fährt fort: „Selbstverwaltung heißt doch: uns selbst die Aufgabe setzen und selbst Weg und Weise ihrer Verwirklichung bestimmen, um darin selbst zu sein, was wir sein sollen.“ (S. 6) An anderer Stelle, in einem Vortrag über die deutsche Universität im August 1934, formulierte Heidegger seine Ideen zur Rolle der Universität im Nationalsozialismus noch einmal deutlicher: „Erziehung des Volkes durch den Staat zum Volk – das ist der Sinn der nationalsozialistischen Bewegung, das ist das Wesen der neuen Staatsbildung. Solche Erziehung zum höchsten Wissen ist die Aufgabe der neuen Universität.“ (Heidegger 2000, S. 307) Nach zehn Monaten schon trat Heidegger vom Amt des Rektors zurück, Konflikte innerhalb der Universität und gegenüber dem Ministerium veranlaßten ihn zu diesem Schritt. Bis heute hält die Debatte um Heideggers Rektoratsrede und die Hintergründe seines Rücktritts an.

Martin Heidegger:
„Die Selbstbehauptung der deutschen Universität".
Wilh. Gottl. Korn, Breslau
1933
Haus der Geschichte
Baden-Württemberg

Talar und Barett
Martin Heideggers
Dr. Hermann Heidegger,
Stegen-Wittental

Nach dem Krieg, am 19. Januar 1946, wurde Martin Heidegger durch den Senat der Universität Freiburg die Lehrerlaubnis entzogen. Der Senat stützte sich in diesem Urteil auf das Gutachten der sogenannten ‚Bereinigungskommission', die die Universität auch gegenüber der französischen Militärregierung vertrat. Ein Mitglied dieses Gremiums, der spätere Rektor der Freiburger Universität, Friedrich Oehlkers, bat Karl Jaspers um eine politische Beurteilung Martin Heideggers in der Zeit des Nationalsozialismus. Im entscheidenden Satz sprach sich Karl Jaspers gegen eine unmittelbare Lehrerlaubnis Heideggers aus: „Heideggers Denkungsart, die mir ihrem Wesen nach unfrei, diktatorisch, kommunikationslos scheint, wäre heute in der Lehrwirkung verhängnisvoll" (Heidegger/Jaspers 1990, S. 272).
Erst 1951, nach Aufhebung des Lehrverbots und Emeritierung, hielt Heidegger in Freiburg und später auch auf Einladung seines Schülers Hans-Georg Gadamer in Heidelberg wieder Seminare für einen kleinen Kreis von Studenten ab. Zurückgezogen arbeitete er an seinem philosophischen Werk, das zum Teil erst nach seinem Tod 1976 erschien. Wie wichtig für Heidegger trotz der Konflikte die Zugehörigkeit zur Universität Freiburg war, zeigt sich in Talar und Barett, die er bei akademischen Feiern wie der 500-Jahr-Feier der Universität Freiburg 1957 getragen hat. Der grüne Besatz des Talars weist auf die Zugehörigkeit zur Philosophischen Fakultät hin.

Martin Heidegger
in Todtnauberg
Digne M. Marcovicz
1968
Haus der Geschichte
Baden-Württemberg

Schon 1922 baute Heidegger sich im Schwarzwald, in Todtnauberg, eine Hütte. In diese einsam gelegene, mit Schindeln verkleidete Unterkunft ohne Strom zog er sich immer wieder zurück, um konzentriert zu arbeiten. Schon in den dreißiger Jahren und in der Zeit des Lehrverbots nach 1945 verbrachte er einen Großteil seiner Zeit hier. Der Zugang zur Natur, das Gespräch mit Bauern und Handwerkern, die Verwurzelung in der Heimat und das Wandern und Skifahren im Schwarzwald ziehen sich als Themen auch durch sein philosophisches Werk. Heidegger, der vor dem Krieg einen Ruf nach Berlin ablehnte, sah seinen Platz nicht in der Großstadt.
Im September 1966 luden der zurückgezogen lebende Heidegger und seine Frau den „Spiegel"-Herausgeber Rudolf Augstein und einen Kreis von Journalisten nach Freiburg zu einem Gespräch und zur Besichtigung der damals schon berühmten Hütte nach Todtnauberg ein. Erst nach seinem Tod, so der Wunsch Heideggers, sollten das Gespräch und die zwei Jahre später entstandenen Fotografien publiziert werden.

Hut des Philosophen
Karl Jaspers
Um 1935
Deutsches Literaturarchiv,
Schiller-Nationalmuseum,
Marbach

Karl Jaspers:
„Die Idee der Universität"
Springer-Verlag, Berlin und
Heidelberg 1946
Haus der Geschichte
Baden-Württemberg

SCHRIFTEN DER UNIVERSITÄT HEIDELBERG
HEFT 1

DIE IDEE
DER UNIVERSITÄT

VON

KARL JASPERS
PROFESSOR DER PHILOSOPHIE
AN DER UNIVERSITÄT HEIDELBERG

BERLIN UND HEIDELBERG
SPRINGER-VERLAG
1946

Die Universität Heidelberg hatte sich in der Zeit von 1933 bis 1945 den Ruf der radikalsten Universität des Nationalsozialismus erworben (Leonhard 1983, S. 145). Baden verordnete seinen Universitäten als erstes Land das Führerprinzip und löste damit das Selbstbestimmungsrecht der Hochschulen auf. Der Rektor, nunmehr „Führer" der Universität, wurde direkt vom Kultusministerium bestimmt. In Heidelberg wurde, nachdem der NS-Pädagoge Ernst Krieck 1938 sein Amt aus Gesundheitsgründen aufgab, der Militärhistoriker Paul Schmitthenner „Führer" der Universität. Seit 1940 war er zugleich Kultusminister des Landes. Karl Jaspers, der mit einer Jüdin verheiratet war, wurde aufgrund des Paragraphen 6 des „Gesetzes zur Wiederherstellung des Berufsbeamtentums" am 19. Juni 1937 in den Ruhestand versetzt.

Eine berühmte Fotografie zeigt den Gelehrten in den Jahren seines Berufs- und Publikationsverbots. Die Krempe seines Hutes hat er tief ins Gesicht gezogen, schnellen Schrittes bewegt er sich durch die Straßen. Das Bild dokumentiert die verzweifelte, einsame Situation kritischer Intellektueller im Nationalsozialismus. Versuche des Ehepaares Jaspers, Deutschland zu verlassen, scheiterten, und bis zum Ende des Krieges lebten sie isoliert und in der Angst vor Deportation in Heidelberg.

Am 1. April 1945 wurde die Universität Heidelberg von amerikanischen Militärbehörden geschlossen. Der Rektor Paul Schmitthenner wurde abgesetzt. Neben amerikanischen Universitätsoffizieren waren zwei unbelastete Heidelberger Professoren mit dem Programm einer Erneuerung und Wiedereröffnung der Universität befaßt: der spätere Rektor, der Chirurg Karl Heinrich Bauer, und der Philosoph Karl Jaspers. Noch im April 1945 wurde auf Einladung von Jaspers in dessen Haus mit Genehmigung des Counter Intelligence Corps der 7. US-Armee ein Ausschuß von 14 Personen gebildet, der an einer Verfassung der Heidelberger Universität unter demokratischen Vorzeichen arbeiten sollte.

Mitgeprägt wurde diese Verfassung von Jaspers Schrift „Die Idee der Universität". Diese umfaßte einen Themenkreis, mit dem er sich seit 1923 immer wieder beschäftigt hatte und den er nun unter dem Eindruck des Nationalsozialismus und der hier erfolgten Gleichschaltung von Universität und Politik noch einmal zuspitzte. „Politik gehört an die Universität nicht als Kampf, sondern nur als Gegenstand der Forschung. Wo politischer Kampf an der Universität stattfindet, leidet die Idee der Universität Schaden", heißt es im Text (S. 111). Jaspers stellt sich mit dieser Formulierung gegen Heideggers Rektoratsrede, die er 1933 allerdings nicht abgelehnt, sondern diesem gegenüber in einem Brief vom 23. August 1933 sogar begrüßt hatte (Heidegger/Jaspers 1990, S. 155).

Hans Georg Gadamer:
„Wahrheit und Methode. Grundzüge einer philosophischen Hermeneutik“
J.C.B. Mohr (Paul Siebeck),
Tübingen 1960
Nachlaß Hans-Georg Gadamer

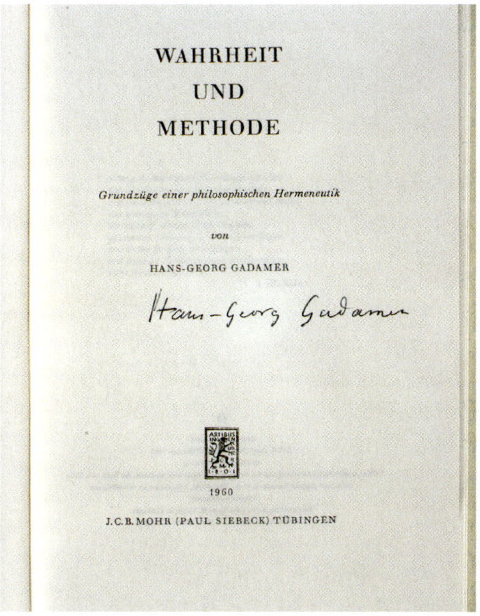
WAHRHEIT
UND
METHODE

Grundzüge einer philosophischen Hermeneutik

von

HANS-GEORG GADAMER

Hans-Georg Gadamer

1960

J.C.B. MOHR (PAUL SIEBECK) TÜBINGEN

„Wahrheit und Methode“, das Hauptwerk des Heidelberger Philosophen Hans-Georg Gadamer, macht nicht nur in der Formulierung des Titels Anleihen bei „Sein und Zeit“, dem Hauptwerk seines Lehrers Martin Heidegger. Gadamers Studie fußt auf Heideggers Legitimierung der Hermeneutik als philosophischer Erkenntnismethode. War mit Hermeneutik ursprünglich die Lehre von der Textauslegung und hier gemeinhin der Auslegung der Bibel gemeint, so erkannte der seit 1949 in Heidelberg lehrende Gadamer in ihr ein Modell für den Prozeß des Verstehens überhaupt. In einer viel beachteten Debatte mit Jürgen Habermas (Habermas 1968) Ende der sechziger Jahre wurde das Buch breit diskutiert. Das Problem der Wahrheit untersucht Gadamer in drei Abschnitten: an der Erfahrung der Kunst, dem Verstehen in den Geisteswissenschaften und schließlich im Medium der Sprache, dem Gespräch. In der Schlußfolgerung erneuert das Buch den Anspruch der Geisteswissenschaften: „Es hat sich im Ganzen unserer Untersuchung gezeigt, daß die Sicherheit, die der Gebrauch wissenschaftlicher Methoden gewährt, nicht genügt, Wahrheit zu garantieren. Das gilt in besonderen Maße von den Geisteswissenschaften, bedeutet aber nicht eine Minderung ihrer Wissenschaftlichkeit, sondern im Gegenteil die Legitimierung des Anspruchs auf besondere humane Bedeutung, den sie seit alters erheben.“ (S. 465)

Hans-Georg Gadamer,
Hegel und Heraklit
1982
Nachlaß Hans-Georg Gadamer

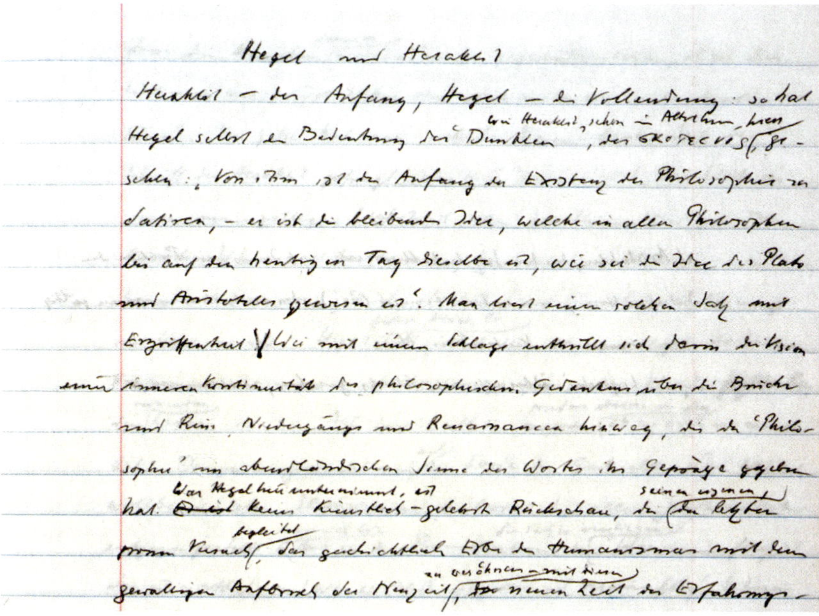
Hegel und Heraklit
Heraklit – der Anfang, Hegel – die Vollendung: so hat
Hegel selbst die Bedeutung des „Dunklen“, des σκοτεινός, ge-
sehen: „Von ihm ist der Anfang der Existenz der Philosophie zu
datiren, – er ist die bleibende Idee, welche in allen Philosophen
bis auf den heutigen Tag dieselbe ist, wie sie die Idee des Plato
und Aristoteles gewesen ist“. Man liest einen solchen Satz mit
Ergriffenheit. Wie mit einem Schlage enthüllt sich darin die Vision
einer inneren Kontinuität des philosophischen Gedankens über die Brüche
und Risse, Niedergänge und Renaissancen hinweg, die der „Philo-
sophie“ im abendländischen Sinne des Wortes ihr Gepräge gegeben
hat. Was Hegel hier unternimmt, ist keine künstlerisch-gelehrte Rückschau, die seinen eigenen letzten
großen Versuch begleitet, das geschichtliche Erbe des Humanismus mit dem
gewaltigen Aufbruch der Neuzeit zu versöhnen – mit dieser neuen Zeit der Erfahrungs-

„Hegel und Heraklit“ lautet das Thema eines Vortrages, den Hans-Georg Gadamer 1982 in Neapel in italienischer Sprache hielt. Das Manuskript in deutscher Sprache wurde erstmals 1991 in Band 7 der Gesammelten Werke veröffentlicht. Heraklit, der um 500 vor Christus in Ephesus lehrte und dessen Werk „Über die Natur“ nur in Fragmenten und Sinnsprüchen überliefert ist, wurde von Hegel besonders geschätzt und neu bewertet. Aus Heraklits Begriff des Logos und der Lehre vom Zusammengehören und Zusammenwirken auch des Gegensätzlichen leitete er seine dialektische Entwicklungslehre ab. Gadamer analysiert in seinem Vortrag Ähnlichkeit und Widersprüchlichkeit der philosophischen Überzeugungen Heraklits und Hegels und stellt ihnen Martin Heideggers Deutung des Denkens „als sich ereignendes Sein“ gegenüber.

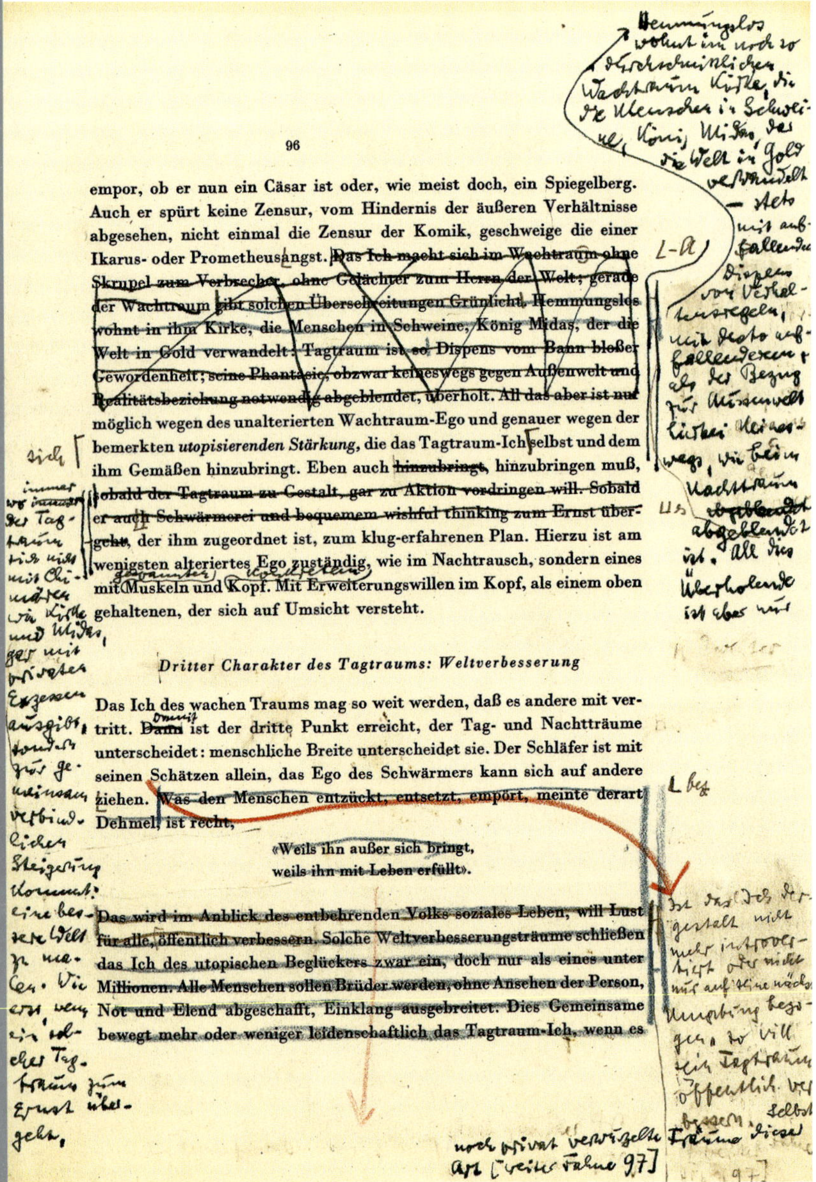
96

empor, ob er nun ein Cäsar ist oder, wie meist doch, ein Spiegelberg. Auch er spürt keine Zensur, vom Hindernis der äußeren Verhältnisse abgesehen, nicht einmal die Zensur der Komik, geschweige die einer Ikarus- oder Prometheusangst. Das Ich macht sich im Wachtraum ohne Skrupel zum Verbrecher, ohne Gelächter zum Herrn der Welt; gerade der Wachtraum gibt solchen Überschreitungen Grünlicht. Hemmungslos wohnt in ihm Kirke, die Menschen in Schweine, König Midas, der die Welt in Gold verwandelt: Tagtraum ist so Dispens vom Bann bloßer Gewordenheit; seine Phantasie, obzwar keineswegs gegen Außenwelt und Realitätsbeziehung notwendig abgeblendet, überholt. All das aber ist nur möglich wegen des unalterierten Wachtraum-Ego und genauer wegen der bemerkten *utopisierenden Stärkung*, die das Tagtraum-Ich selbst und dem ihm Gemäßen hinzubringt. Eben auch hinzubringt, hinzubringen muß, sobald der Tagtraum zu Gestalt, gar zu Aktion vordringen will. Sobald er auch Schwärmerei und bequemem wishful thinking zum Ernst übergeht, der ihm zugeordnet ist, zum klug-erfahrenen Plan. Hierzu ist am wenigsten alteriertes Ego zuständig, wie im Nachtrausch, sondern eines mit Muskeln und Kopf. Mit Erweiterungswillen im Kopf, als einem oben gehaltenen, der sich auf Umsicht versteht.

Dritter Charakter des Tagtraums: Weltverbesserung

Das Ich des wachen Traums mag so weit werden, daß es andere mit vertritt. Damit ist der dritte Punkt erreicht, der Tag- und Nachtträume unterscheidet: menschliche Breite unterscheidet sie. Der Schläfer ist mit seinen Schätzen allein, das Ego des Schwärmers kann sich auf andere ziehen. Was den Menschen entzückt, entsetzt, empört, meinte derart Dehmel, ist recht,

«Weils ihn außer sich bringt,
weils ihn mit Leben erfüllt».

Das wird im Anblick des entbehrenden Volks soziales Leben, will Lust für alle, öffentlich verbessern. Solche Weltverbesserungsträume schließen das Ich des utopischen Beglückers zwar ein, doch nur als eines unter Millionen. Alle Menschen sollen Brüder werden, ohne Ansehen der Person, Not und Elend abgeschafft, Einklang ausgebreitet. Dies Gemeinsame bewegt mehr oder weniger leidenschaftlich das Tagtraum-Ich, wenn es

Blochs Arbeiten an seinem philosophischen Hauptwerk „Das Prinzip Hoffnung“ gehen in die Jahre 1938 bis 1948 zurück. Zu dieser Zeit lebte Bloch in den USA, und dort auch sollte der Text als „Dreams of a better life“ erscheinen. 1948 nahm Bloch jedoch einen Ruf an die Universität Leipzig an, und erarbeitete nunmehr eine deutsche Ausgabe, deren drei Bände zwischen 1954 und 1959 im Ostberliner Aufbau-Verlag erschienen. Die Korrekturfahne aus den Jahren 1950–52 zeigt das Kapitel zum Tagtraum, einen wichtigen Abschnitt des Buches, in dem Bloch in Abgrenzung zu Sigmund Freuds Nachttraum, dem „Nicht-Mehr“, sein Verständnis einer positiven Utopie herleitet. Den Tagträumen, dem „Noch-Nicht“, rechnet der Philosoph das utopische Denken, die Produktivität der Künste und Weltverbesserungswünsche der Jugend, die Revolutionen zu. Als 1959 in Ostberlin endlich der dritte Band des „Prinzip Hoffnung“ in kleiner Auflage erschien, war Bloch wegen kritischer Äußerungen zur doktrinären Erstarrung des Marxismus in der DDR bereits zwangsemeritiert. Erst die Ausgabe im Frankfurter Suhrkamp Verlag 1959 verhalf dem Buch zum Durchbruch. Bloch nahm 1961 eine Gastprofessur in Tübingen an und kehrte nach dem Mauerbau nicht mehr in die DDR zurück.

Ernst Bloch:
„Das Prinzip Hoffnung“
1950–1952
Ernst-Bloch-Zentrum,
Ludwigshafen

Ernst Bloch und Rudi Dutschke, der Studentenführer und Kopf der außerparlamentarischen Opposition, lernten sich 1968 auf einer Tagung der Evangelischen Akademie in Bad Boll kennen. Als Freundschaft auf den ersten Blick bezeichnete Karola Bloch später die Bekanntschaft ihres Mannes mit Dutschke. Sie dokumentiert ein gegenseitiges Interesse. Dutschkes Vortrag in Bad Boll überzeugte Bloch vor allem hinsichtlich seiner Glaubwürdigkeit und Toleranz. Dutschke stand für ihn für einen neuen Ton in der Revolution, für eine neue Etappe von Aufklärung. In seinem letzten Buch „Experimentum mundi", erschienen 1975, schrieb der 90-jährige Bloch, man müsse vor den Träumen seiner Jugend Achtung haben. Andersherum setzte sich Dutschke erneut mit dem Werk des Philosophen auseinander. Der späte Bloch wurde so zu einer wichtigen Integrationsfigur der Studentenbewegung. Zwei Monate nach der Tagung in Bad Boll wurde Dutschke in Berlin durch ein Attentat schwer verletzt. Die Aufnahme zeigt Karola und Ernst Bloch mit Rudi Dutschke im Sommer 1971 im dänischen Aldershvile. Dort besuchten sie die Dutschkes.

Ernst Bloch und Rudi Dutschke im Sommer in Dänemark
Helga Reidemeister
1971
Ernst-Bloch-Zentrum, Ludwigshafen

Totenmaske Max Webers
Reproduktion des Gipsabgusses von 1920, 2002
Haus der Geschichte Baden-Württemberg

Max Weber, Jahrgang 1864, wurde 1894 Professor für Nationalökonomie in Freiburg. Zwei Jahre später, 1896, nahm er einen Ruf als Nachfolger Karl Knies' auf den Lehrstuhl für Nationalökonomie und Finanzwissenschaften in Heidelberg an. Aus gesundheitlichen Gründen – einer psychischen Erkrankung – gab er seine Lehrtätigkeit 1903 jedoch auf. Seine Publikations- und Vortragstätigkeit, nicht zuletzt aber auch der intellektuelle Freundeskreis, der in der Wohnung der Webers in der Ziegelhäuser Landstraße 17 zusammenkam, bestimmten das Geistesleben in Heidelberg vor dem Ersten Weltkrieg. 1909 gehörte Weber neben Ferdinand Tönnies und Werner Sombart zu den Gründern der Deutschen Gesellschaft für Soziologie. Mit seiner Definition der Soziologie als Lehre vom „sozialen Handeln" schuf er eine der Voraussetzungen für die Etablierung des Fachs an der Universität (Weber 1922, S. 11–30).

Nach dem Krieg, im März 1919, übernahm Weber nach einem Probesemester in Wien eine Professur an der Universität München. In dieser Zeit angestrengtester Arbeit und öffentlicher Aufmerksamkeit, starb er im Juni 1920 im Alter von 56 Jahren an einer Lungenentzündung. Große Teile seines Werkes, so der Band „Wirtschaft und Gesellschaft", blieben Fragment und erschienen unabgeschlossen erst nach seinem Tod.

Max Weber: „Wissenschaft als Beruf“. Sonderheft der Reihe: „Geistige Arbeit als Beruf. Vier Vorträge vor dem Freistudentischen Bund“
Duncker & Humblot,
München und Leipzig 1919
Haus der Geschichte Baden-Württemberg

Max Weber: „Politik als Beruf“. Sonderheft der Reihe: „Geistige Arbeit als Beruf. Vier Vorträge vor dem Freistudentischen Bund“
Duncker & Humblot,
München und Leipzig 1919
Haus der Geschichte Baden-Württemberg

Im November 1917 hielt Max Weber auf Einladung des „Freistudentischen Bundes“ in München zwei Vorträge über geistige Arbeit als Beruf, die nach dem Krieg, 1919, erschienen. Neben dem vielbeachteten zweiten Vortrag über „Politik als Beruf“ widmete sich der Soziologe im ersten Vortrag dem Thema „Wissenschaft als Beruf“. Wissenschaft, sagte Weber, könne eines nicht leisten, nämlich Antwort darauf geben, was der letzte Sinn des Lebens ist: „Wissenschaft (ist) heute ein fachlich betriebener ‚Beruf‘ (...) im Dienst der Selbstbestimmung und der Erkenntnis tatsächlicher Zusammenhänge, und nicht eine Heilsgüter und Offenbarungen spendende Gnadengabe von Sehern, Propheten oder ein Bestandteil des Nachdenkens von Weisen und Philosophen über den Sinn der Welt“ (Weber 1922, S. 551). Die Objektivität auch sozialwissenschaftlicher Erkenntnis verteidigte Weber gegen jede politische Einflußnahme. Alleinige Aufgabe der Wissenschaft sei die Suche nach der Wahrheit. Weber forderte eine Entideologisierung und Werturteilsfreiheit der Wissenschaft: „Es ist das Schicksal unserer Zeit, mit der ihr eigenen Rationalisierung und Intellektualisierung, vor allem: Entzauberung der Welt, daß gerade die letzten und sublimsten Werte zurückgetreten sind aus der Öffentlichkeit, entweder in das hinterweltliche Reich mystischen Lebens oder in die Brüderlichkeit unmittelbarer Beziehungen der Einzelnen zueinander.“ (Weber 1922, S. 554) Der Wissenschaftler habe sich in dieser Situation mit einer schlichten intellektuellen Rechtschaffenheit zu bescheiden.

In der Situation der sich abzeichnenden Niederlage Deutschlands im Ersten Weltkrieg wurde Max Weber, der 1918 der neugegründeten Deutschen Demokratischen Partei beitrat, zum vielgefragten Wissenschaftler für politische Kreise. Auf Einladung des Verlegers Eugen Diederichs nahm er aber schon zuvor, 1917, zweimal an Tagungen auf Burg Lauenstein in Thüringen teil und traf dort mit Intellektuellen wie den späteren Mitgliedern des Zentralrats der Münchner Räterepublik, Erich Mühsam und Ernst Toller, zusammen. Noch im gleichen Jahr erschien die Broschüre „Wahlrecht und Demokratie in Deutschland“. Im Sommer 1918 publizierte er, aufbauend auf diesem Text, „Parlament und Regierung im neugeordneten Deutschland“ (Weber 1971). Weber sprach sich für eine Direktwahl des Reichspräsidenten durch das Volk aus und gehörte zu den Sachverständigen, die an den Friedensverhandlungen in Versailles beteiligt wurden. Aufsehen erregte auch der 1919 in erweiterter Form publizierte Vortrag „Politik als Beruf“, in dem Weber die ethische Verantwortung des Politikers zwischen „Gesinnung“ und „Verantwortung“ beschreibt und seine Skepsis gegenüber den idealistischen Zielen der Revolution vom Winter 1918/19 zum Ausdruck bringt: „Nur wer sicher ist, daß er daran nicht zerbricht, wenn die Welt, von seinem Standpunkt aus gesehen, zu dumm oder zu gemein ist für das, was er ihr bieten will (...), nur der hat den ‚Beruf‘ zur Politik“ (Weber 1971, S. 560).

Die Hand der Heiligen Anna
Frühes 18. Jh.
Sammlung der Erzdiözese Freiburg

Die Deutsche Forschungsgemeinschaft bewilligte im April 2000 einen Antrag der Staatlichen Hochschule für Gestaltung in Karlsruhe für ein Graduiertenkolleg unter dem Titel „Bild-Körper-Medium. Eine anthropologische Perspektive". Beteiligt an diesem Kolleg, dessen Sprecher Hans Belting ist, sind die Universitäten Basel und Heidelberg. Ein Schwerpunkt des interdisziplinären und interkulturellen Kollegs, an dem u. a. Sinologen, Altertumswissenschaftler und Medientheoretiker teilnehmen, befaßt sich mit der Frage von Bild und Tod. Der Reliquienkult, die Verehrung der sterblichen Überreste eines Heiligen in der christlichen Kirche, offenbart einen Vorbehalt gegenüber Bildern in kultischem Zusammenhang (2. Gebot: Du sollst dir kein Gottesbild machen). Statt des Bildes oder einer Skulptur wie in der Götterverehrung der Antike übernimmt im frühen Mittelalter der Körper selbst dessen Funktion als Objekt der Verehrung und Anbetung. Ein Beispiel für eine solche Reliquienverehrung ist die Hand der Heiligen Anna, der Mutter Mariens. Sie wurde unter anderem als Schutzpatronin der Mütter, Ehefrauen und Witwen verehrt. Im frühen 18. Jahrhundert erfuhr der Annenkult noch einmal eine Blüte, nachdem es dem Haus Habsburg 1678 gelungen war, die mumifizierte Handreliquie in Konstantinopel zu erwerben. Aus dieser Zeit stammt auch die Nachbildung in Wachs, die als Berührungsreliquie verehrt und individuell in einem Kästchen eingerahmt wurde. Der Gläubige war hier aufgefordert, das Kästchen zu berühren und über diese Berührung mit der originalen Hand der Heiligen Anna in Kontakt zu treten.

Eine heute weitgehend vergessene und vielleicht auch verdrängte Aufgabe der frühen Fotografie war die Abbildung Verstorbener. Sehr häufig waren es Kinder, von denen auf diese Weise überhaupt erste Bilder gemacht wurden. Aus Gründen der Pietät sind viele dieser so bezeichneten Postmortem-Bilder später vernichtet worden.
Die Daguerreotypie aus der Mitte des 19. Jahrhunderts stammt aus dem Bundesstaat Connecticut in den USA. Sie zeigt ein verstorbenes Mädchen. Typisch für solche Bilder ist der Eindruck des Schlafs, des Lebendigen, der hier auch in der Kolorierung zum Ausdruck kommt. Gerahmt ist das Bild in ein verschließbares Lederetui. So wurde der „Schatten des Körpers", wie die frühe Fotografie gelegentlich bezeichnet wurde, auch sinnbildlich geschützt und in eine Sphäre des Intimen gehoben. Das Graduiertenkolleg „Bild-Körper-Medium" sieht im Totenkult die Motive für eine spezifische Bildpraxis deutlich hervortreten: Im Medium Bild empfinge der Verstorbene einen Tauschkörper, mit dem er im Bild zurückblieb. Aus dieser Ineinssetzung des Körpers und seines Bildes erklärt sich auch der vielfach zu beobachtende Umgang mit Bildern, die geliebt und manchmal auch gehaßt und zerstört werden.

Postmortem-Bild
Daguerreotypie, um 1850–1855
Sammlung Hans Gummersbach, Drensteinfurt

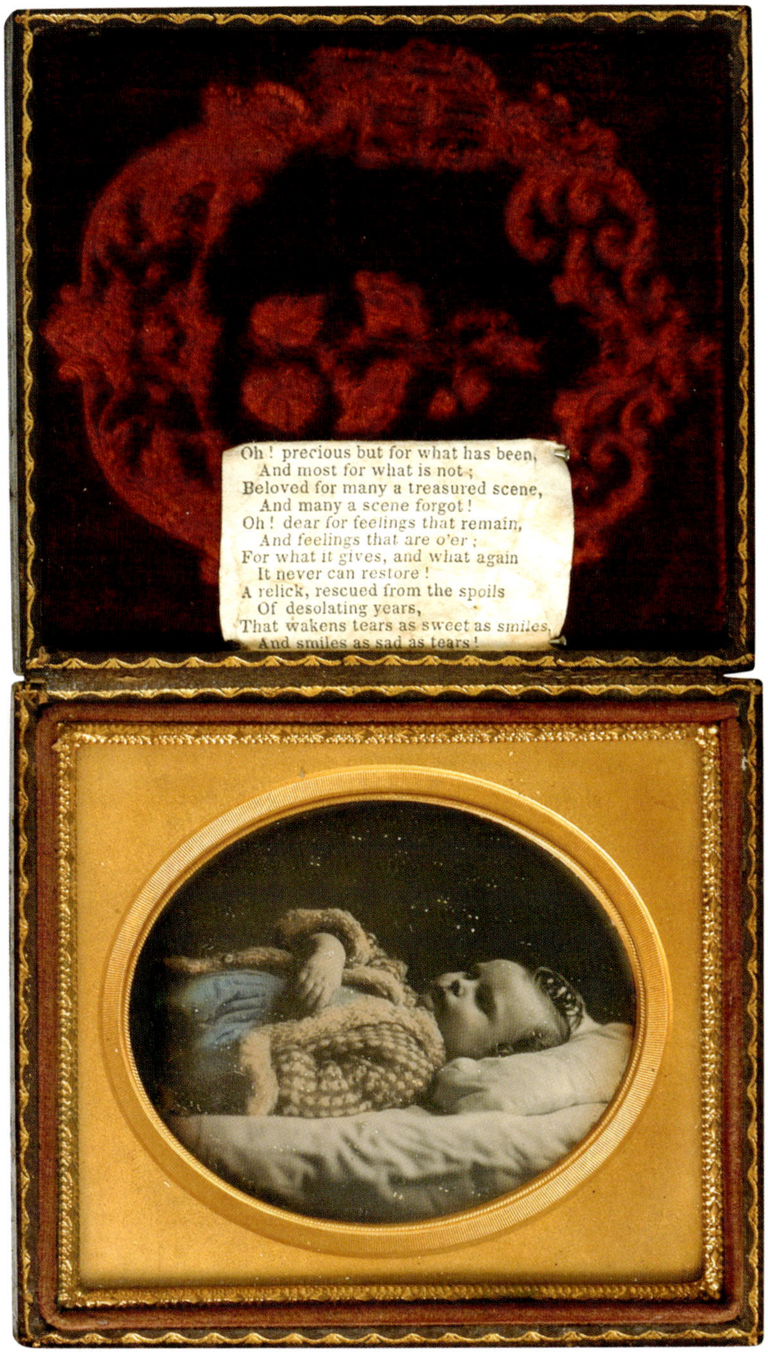

In der Schlußeinstellung des Künstler-Videos „Incidence of Catastrophe" (Ereignis einer Katastrophe) liegt ein Körper zusammengekrümmt und nackt auf dem Boden. Hinter ihm ragt groß ein aufgeschlagenes Buch auf, das ihn wie ein geschlossener Raum umschließt. In diesem Bild fokussiert der amerikanische Videokünstler Gary Hill einen Konflikt zwischen Körper und Geist. Die Lektüre des Romans „Thomas l'obscur" von Maurice Blanchot, so die Handlung des Films, erschüttert die Hauptfigur bis hin zum physischen Zusammenbruch. Wie das in der Eingangssequenz gezeigte Wasser unterspült der Inhalt des Buches seinen Leser und zerstört ihn am Ende.

Hill beschreibt den Körper, die physische Existenz des Menschen, als eine verlorengegangene Einheit, in der ganzheitliches Erleben und Handeln unmöglich geworden ist. Das Medium Video, mit dem der Künstler bevorzugt arbeitet, zeichnet diesen Konflikt nach. Inneres und äußeres Erleben, Zivilisation und Natur, treten hier immer weiter auseinander. Im Graduiertenkolleg „Bild-Körper-Medium" steht Gary Hills philosophisch inspirierte Videokunst für einen modernen, reflektierten Mediendiskurs. ‚Simulation' und ‚Virtuelle Realität' beschreiben eine gewollte oder ungewollte Loslösung vom Körper, die in den neuen Medien geradezu propagiert wird.

Incidence Of Catastrophe
Gary Hill (geb. 1951)
Video, 44 min, 1987/88
(Ausschnitt)
Haus der Geschichte
Baden-Württemberg

Bad Schönborn
Niederbronn-les-Bains

Brackenheim-Neippe
Marsan

Linkenheim-Hochstetten
Jarny

Bruchsal
Sainte-Marie-aux-Mines
Sainte-Menehould

Gondelsheim
Droué

Bönningheim
Rouffach

Besigheim
Ay-Champagne

Weingarten (Baden)
Liverdun

Bietigheim-Bissingen
Sucy-en-Brie

Bretten-Neibsheim
Neuflize

Bretten
Bellegarde-sur-Valserine
Longjumeau

Ettlingen-Bruchhausen
Fère-Champenoise

Ettlingen-Oberweier
Étoges

Waldbronn
Esternay
Saint-Gervais-les-Bains

Bad Wildbad
Cogolin

Sindelfingen
Corbeil-Essonnes

Ettlingen-Schluttenbach
Soudron

Weil der Stadt
Riquewihr

Aichtal
Ligny-en-Barro

Rastatt
Orange

Kuppenheim
Raon-l'Étape

Gaggenau
Annemasse

Sinzheim
Pignan

Gernsbach
Baccarat

Baden-Baden
Menton

Altensteig
Bourg-Saint-Maurice

Bermersbach
Andilly

Bühl
Villefranche

Herrenberg
Tarare

Herrenberg-Gültstein
Amplepuis

Jettingen
Senones

Bühlertal
Faverges

Sasbach/Ortenau
Marmoutier

Neckarsulm
Carmaux

Brackenheim
Charnay-lès-Mâcon

Obersulm
Beaumont-le-Roger

Leingarten
Lésigny

Lauffen am Neckar
La Ferté-Bernard

Kirchheim am Neckar
Piolenc

Untergruppenbach
Chazelles-sur-Lyon

Neckarwestheim
Ceton

Weissach im Tal
Marly

Freiberg-am-Neckar
Soisy-sous-
Montmorency

Mundelsheim
La Motte-Servolex

Asperg
Lure

Marbach am Neckar
L'Isle-Adam

Winnenden
Albertville

Kornwestheim
Villeneuve-Saint-Georges

Korntal-Münchingen
Mirande

Remseck am Neckar
Meslay-du-Maine

Waiblingen
Mayenne

Steinenbronn
Quinsac

Ostfildern
Montluel

Denkendorf
Meximieux

Böblingen
Pontoise

Filderstadt
Dombasle-sur-Meurthe
La Souterraine

Grenz-Fall Frankreich

Wendlingen am Neckar
Saint-Leu-la-Forêt

Grafenberg
Puiseux-en-France

Weidenstetten
Roise

Gerstetten
Cébazat

Altdorf
Nanteuil-le-Haudouin

Geislingen an der Steige
Montceau-les-Mines

Tübingen
Aix-en-Provence

Tübingen-Hirschau
Kingersheim

Metzingen
Noyon

Lonsee
Chabris

Reutlingen
Roanne

Laichingen
Ducey

Stefan Feucht

Grenz-Fall Frankreich

Wie soll die Zukunft aussehen? Wer heute für Baden-Württemberg diese Frage stellt, muß über den Tellerrand der Landesgrenzen hinausschauen. Als Land, dessen Wohlstand wesentlich vom Export der hier produzierten Waren abhängt, war und ist Baden-Württemberg auch künftig auf Verständigung und Zusammenarbeit mit seinen Partnern im In- und Ausland angewiesen. Wirtschaft und Kommunikation sind global ausgerichtet. Viele staatliche Aufgaben lassen sich außerdem heute nur noch auf übernationaler Ebene bewältigen. Die Grenzen verlieren ihre Bedeutung. Sprachliche und kulturelle Unterschiede bleiben aber weiter bestehen. Im Gegenteil: in den letzten Jahren läßt sich eine verstärkte Verunsicherung und eine vermehrte Rückbesinnung auf regionale und nationale Eigenheiten beobachten. Wird es vor diesem Hintergrund weiterhin gelingen, ein großes Maß an Offenheit zu bewahren?

Europa heißt das Zauberwort, das für die Zukunft viel verspricht, mit dem aber viele Menschen in der Gegenwart kaum etwas anfangen können. Auf der einen Seite nimmt ein europäischer Staat immer konkretere Formen an: seit 1992 offene Binnengrenzen, seit Anfang 2002 mit dem Euro eine gemeinsame Währung, und nun tagt ein Konvent für eine europäische Verfassung, in dem Baden-Württemberg durch seinen Ministerpräsidenten als Repräsentant des deutschen Bundesrates vertreten ist. Auf der anderen Seite werden viele Entscheidungen auf europäischer Ebene als bürgerfern wahrgenommen. Damit verbunden ist die Kritik an zunehmender Bürokratisierung und Demokratiedefiziten. Hinzu kommt die wachsende Furcht vor den Folgen einer Erweiterung der Gemeinschaft nach Osten.

Wenn es gelingen soll, einen Weg in Richtung einer europäischen Zukunft zu finden, vermag ein Blick in die Vergangenheit Orientierung zu geben. Die Entwicklung der Beziehungen des Landes zu Frankreich ist hier ein ausgezeichnetes Fallbeispiel, das zeigt, wie Grenzen gefallen sind – und wie aus Feindschaft Wege zur Zusammenarbeit gefunden wurden.

Seit dem 17. Jahrhundert, der Zeit Ludwigs XIV., war das Verhältnis zu Frankreich für den deutschen Südwesten in politischer Hinsicht stets von außerordentlicher Bedeutung. Immer wieder wurde das Land zum Schauplatz militärischer Auseinandersetzungen, in denen Frankreich eine Hauptrolle spielte. Bis heute in Erinnerung ist die Zerstörung Heidelbergs durch die Truppen Mélacs im Jahr 1689. Im Bündnis mit Frankreich begann in der Zeit Napoleons der Aufstieg Württembergs und Badens zu bedeutenden Territorialstaaten. Der Preis war die Teilnahme an den Kriegen Napoleons und vor allem am verlustreichen Rußlandfeldzug von 1812. Als Napoleon 1815 endgültig von der historischen Bühne abtrat, waren Baden und Württemberg schon ins Lager seiner Gegner gewechselt. 1813 hatte man durch einen Wechsel der Bündnisse in letzter Minute den Grundstein dafür gelegt, das bisher Erreichte zu bewahren. Der Sieg der deutschen Staaten unter Führung Preußens im Krieg 1870/71 über Frankreich brachte für Württemberg und Baden das Ende ihrer Souveränität. Das Kaiserreich wurde gegründet. Hüben wie drüben machte sich in den Köpfen eine Form von Nationalismus breit, die Deutschland und Frankreich zu „Erbfeinden“ werden ließ. Auch Hunderttausende von Württembergern, Badenern und Hohenzollern ließen dafür in zwei Weltkriegen ihr Leben. Beide Male ging es gegen Frankreich. Nationalistische Propaganda hatte zuvor die entsprechenden Feindbilder konstruiert und gepflegt.

1945 brachte der totale Krieg die vollständige Niederlage des Nationalsozialismus', der radikal-

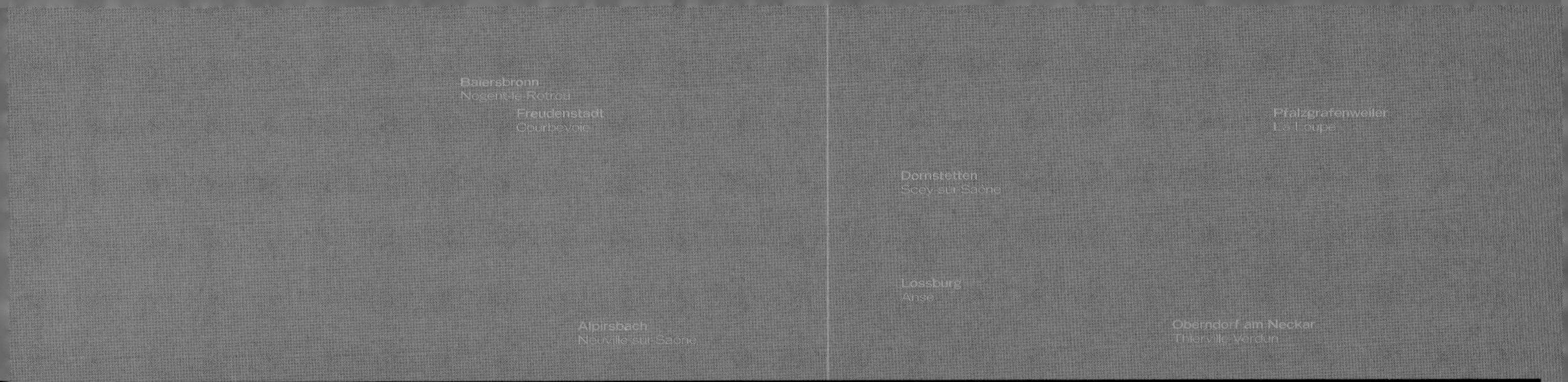

sten Ausdrucksform des deutschen Nationalismus. Frankreich wurde im deutschen Südwesten wieder – wie schon 1919 – Besatzungsmacht. Aber anders als früher wurden nun aus der Vergangenheit Lehren gezogen. Wie man heute weiß, war selbst die für die Bevölkerung harte Zeit der Besatzung von französischer Seite mit dem Willen verbunden, eine konstruktive Politik zu betreiben, Reformen und Demokratisierung voranzubringen (Wolfrum 1995, S. 575 f.).
Auch auf deutscher Seite war die Bereitschaft vorhanden, der Feindschaft ein Ende zu setzen. Die führenden Politiker des 1952 neu gegründeten Bundeslandes Baden-Württemberg verstanden ihr Land ausdrücklich als „Motor" einer deutsch-französischen Verständigung. Aus der Besatzungsmacht wurde allmählich der Bündnispartner Frankreich. Dieser Prozeß wurde sicherlich auch durch den Kalten Krieg und die gemeinsame Frontstellung gegen den Kommunismus erleichtert. Heute beherbergt Baden-Württemberg die erste binationale Militäreinheit von Deutschen und Franzosen: die Deutsch-Französische Brigade, die zu einem Symbol der Aussöhnung zwischen beiden Ländern geworden ist.
Die Lehre, die man aus den zahlreichen Kriegen zog, nämlich nie mehr gegeneinander Krieg führen zu wollen, ist jedoch nur ein Gesichtspunkt – allerdings ein wichtiger –, wenn es um die Zukunft geht. Das gute Verhältnis zu dem französischen Nachbarn entspricht zweifellos auch den wirtschaftlichen Interessen Baden-Württembergs, bestehen doch traditionell enge Handels- und Wirtschaftsverbindungen nach Frankreich und insbesondere zum Elsaß. Schon im 19. Jahrhundert gab es am Oberrhein eine enge Vernetzung der Textilindustrie, in die auch die Schweiz einbezogen war. Nach der Annexion von Elsaß-Lothringen durch das Deutsche Reich (1871) entstand entlang des Rheins ein Verbundnetz für elektrischen Strom. Schon vor dem Ersten Weltkrieg produzierten bedeutende Firmen aus dem deutschen Südwesten, wie Bosch oder Daimler und Benz, in großem Umfang für den französischen Markt. Auf der anderen Seite waren auch französische Firmen in Baden und Württemberg präsent, teilweise wurde auch hier produziert. Im Falle der Firma Hutchinson (Mannheim) einem bedeutenden Zulieferer von Gummiprodukten für die Automobilindustrie, blickt diese Verbindung inzwischen auf eine 150 Jahre alte Tradition zurück.
In der Zwischenkriegszeit litt besonders die in Baden ansässige Industrie unter der Feindschaft mit Frankreich. Die enge Verflechtung mit dem nun wieder französischen Elsaß wurde aufgelöst, die Zollfreiheit zwischen Baden und Elsaß aufgehoben. Zahlreiche Absatzgebiete fielen weg. Im „Dritten Reich" wurde die Rheinebene zum Aufmarschgebiet gegen Frankreich. Kriegswichtige Betriebe hatte man verlagert oder durften dort erst gar nicht angesiedelt werden.
Nach dem Zweiten Weltkrieg gelang es, alte Verbindungen wieder aufleben zu lassen. Schon zu Beginn der fünfziger Jahre waren baden-württembergische Produkte wieder in großem Umfang in Frankreich präsent. In manchen Fällen war der Einstieg in den französischen Markt gleichbedeutend mit dem Einstieg in den Weltmarkt. Mit der Gründung der Europäischen Wirtschaftsgemeinschaft (EWG) im Jahre 1958 wurden dann die Wirtschaftsbeziehungen mit Frankreich auf ein dauerhaftes Fundament gestellt.
Heute ist Frankreich nach den USA der wichtigste Handelspartner Baden-Württembergs (Wort und Zahl 2002, S. 7). Die führenden Exportbranchen nach Frankreich sind die Automobilindustrie, der Maschinenbau und die chemische Industrie. Aus Frankreich werden hingegen vorwiegend Produkte der Nahrungsmittelindustrie, der Automobilindustrie und der chemischen Industrie

Waldkirch
Sélestat

Merdingen
Sainte-Croix-en-Plaine

Freiburg im Breisgau
Besançon

Denzlingen
Saint-Cyr-sur-Mer

Merzhausen
Dardilly

Wittnau
Saint-André-d'Apchon

Hardheim
Suippes

Staufen im Breisgau
Bonneville

Bad Krozingen
Esparron-de-Verdon
Gréoux-les-Bains

Zell im Wiesental
Embrun

importiert. Die wirtschaftliche Vernetzung ist heute so eng wie niemals zuvor.
Wie die Kooperation mit Frankreich in Zukunft aussehen könnte, zeigt bereits jetzt das Beispiel „MCC Smart". Die Tochterfirma von DaimlerChrysler fertigt seit 1998 im lothringischen Hambach den Kleinwagen Smart. Trotz heftigen Widerstands der Betriebsräte der damaligen Daimler-Benz AG, die die Produktion des Kleinwagens im Lande haben wollten, fiel die Entscheidung für Lothringen. Dort ist das Lohnniveau erheblich niedriger und die Arbeitslosigkeit wesentlich größer. Zusätzlich half der französische Staat mit Subventionen. Zentrale, Vertrieb und Entwicklung von MCC wurden jedoch in Renningen bei Stuttgart angesiedelt. Heute befindet sie sich in Böblingen. Die in „Smartville" verwirklichte Produktionsmethode, bei der die Zulieferer vor Ort mit ihrer eigenen Produktion vertreten sind, gilt als europaweit zukunftsweisend. Jeder einzelne Wagen kann „just in time" auf Bestellung gefertigt werden.
Aber alle Bemühungen, auf politischer und wirtschaftlicher Ebene Konfrontation durch Kooperation zu ersetzen, wirken nur an der Oberfläche, wenn es nicht auch zu menschlichen Kontakten zwischen Deutschen und Franzosen kommt.
Ein Weg, dies zu erreichen, sind Städtepartnerschaften. Baden-württembergische Gemeinden pflegen heute rund 460 solcher Partnerschaften mit französischen Gemeinden.
In den fünfziger Jahren, der Frühphase ihrer Entstehung, wurden sie ganz bewußt als Symbole der deutsch-französischen Aussöhnung gegründet. In vielen Fällen förderten ehemalige Kriegsgefangene – auf französischer Seite oftmals sogar vormalige Résistancekämpfer und KZ-Insassen – die Aufnahme solcher Partnerschaften.
Inzwischen wurden die deutsch-französischen Städtepartnerschaften zu einem Modell für die Beziehungen zu Gemeinden aus anderen Ländern, insbesondere seit 1989 für Partnerschaften mit Gemeinden aus Osteuropa (Rat der Gemeinden 1995, S. 5 f.).
Nicht alle Beziehungen überdauerten, und nicht alle Partnerschaften waren durch einen intensiven Austausch gekennzeichnet. In den meisten Fällen überließen es die Gemeinden und Städte Vereinen und privaten Organisationen, den ihnen vorgegebenen Rahmen einer offiziellen Partnerschaft mit Leben zu füllen. Daß dies gelingen kann, zeigt die Geschichte der ersten deutsch-französischen Städtepartnerschaft überhaupt, jener zwischen Montbéliard und Ludwigsburg.
Bereits 1950 wurde diese Verbindung ins Leben gerufen, damals unterstützt von der Internationalen Bürgermeister-Union und dem erst kurz zuvor gegründeten Deutsch-Französischen Institut in Ludwigsburg. Indem man in einer Zeit, in der die Schrecken des Krieges noch in lebendiger Erinnerung waren, sich auf das Gemeinsame besann und zunächst unangenehme Fragen ausklammerte, wurden Kontakte dieser Art erst möglich. Der gemeinsame Anknüpfungspunkt lag in der Geschichte Ludwigsburgs als ehemaliger württembergischer Residenzstadt und der jahrhundertelangen Zugehörigkeit von Montbéliard zu Württemberg. Im ehemaligen Mömpelgard sind die Spuren dieser Beziehung bis heute lebendig geblieben.
Die Beziehungen zwischen beiden Städten verliefen jedoch nicht immer harmonisch. Sie ruhten für einige Jahre und wurden dann 1958 neu belebt. Als 1966 der ehemalige SS-General Sepp Dietrich unter erheblicher Beteiligung ehemaliger Nationalsozialisten in Ludwigsburg beigesetzt wurde, kam es sogar zu erheblichen Irritationen im beiderseitigen Verhältnis (Mirek 1984, S. 221 f.). Insgesamt betrachtet, ist die Geschichte der Partnerschaft zwischen Ludwigsburg und Montbéliard aber eine Erfolgs-

Murg
Mehun-sur-Yèvre

Badenweiler
Vittel

Müllheim
Gray

Auggen
Chateauneuf-du-Pape

Schopfheim
Poligny

Bad Bellingen
Petit Landau

Kandern
Soufflenheim

Maulburg
Saint-Loup-sur-Semouse

Schwörstadt
Aillevillers

Weil am Rhein
Huningue

Bad Säckingen
Sanary-sur-Mer

Schönau im Schwarzwald
Villersexel

Titisee-Neustadt
Coulommiers

Schönwald
Bourg-Achard

Hinterzarten
Eguisheim

Hüfingen
Ornans

Bonndorf im Schwarzwald
Bains-les-Bains

Herrischried
Le Castellet

Lenzkirch
Jugon-les-Lacs

Höchenschwand
Arradon

Steinen
Cornimont

Grafenhausen
Combrit

Ühlingen-Birkendorf
Machecoul

story, die mehrfach ausgezeichnet wurde. Tausende haben in den inzwischen mehr als fünfzig Jahren der gegenseitigen Beziehungen die jeweils andere Stadt besucht. Die Austauschprogramme erreichen alle Altersklassen, selbst die Senioren und die Grundschulen beider Städte sind in das Netzwerk der Partnerschaft eingebunden.

In vielen anderen Bereichen unterhalten baden-württembergische Einrichtungen ebenfalls enge Beziehungen zu Frankreich – man denke nur an die zahlreichen Austauschprogramme der Universitäten und Forschungseinrichtungen oder die engen kulturellen Beziehungen, die sich in den vielen Französischen Wochen spiegeln, die Jahr für Jahr im Land stattfinden. Diese mannigfaltigen Verbindungen sind ein wichtiges Fundament und in manchen Bereichen auch Vorbild für die Gestaltung einer gemeinsamen europäischen Zukunft.

Sie werden ergänzt durch die Kooperationen des Landes mit französischen Regionen, wie etwa im Rahmen der Oberrheinkonferenz oder der sogenannten „Vier Motoren für Europa". Die Oberrheinkonferenz als Zusammenschluß der Regierungsvertreter von zwei französischen Départements (Bas-Rhin und Haut-Rhin), fünf Kantonen der Schweiz sowie den Bundesländern Rheinland-Pfalz und Baden-Württemberg koordiniert die grenzüberschreitende Zusammenarbeit in der Oberrheinregion in den Bereichen Umwelt, Wirtschaft, Verkehr, Kultur, Raumordnung und Katastrophenhilfe, um nur die wichtigsten zu nennen (Oberrheinkonferenz 2000, S. 9). Der Zusammenschluß der „Vier Motoren" umfaßt neben Baden-Württemberg die Partnerregionen Rhône-Alpe (Frankreich), Lombardei (Italien) und Katalonien (Spanien). Dabei handelt es sich um vier Regionen, die sich aufgrund ihrer Gemeinsamkeiten (herausgehobene Wirtschaftskraft, geringe Arbeitslosenquote, überdurchschnittliche Exportorientierung, große Potentiale im Bereich der Hochtechnologie) zu einer Interessengemeinschaft zusammengeschlossen haben. Ihr Ziel ist das Mitgestalten europäischer Politik im Sinne einer gemeinsamen Standortsicherung (Fischer/Frech 2001, S. 9f.). Darüber hinaus arbeiten sie auch auf vielen anderen Gebieten eng zusammen und tauschen gegenseitig ihre Erfahrungen aus.

In den Beziehungen zwischen Baden-Württemberg und Frankreich ist heute „Normalität" erreicht. Ein Zeichen dafür ist sicherlich, daß in den letzten Jahren die Bereitschaft, die Sprache des Nachbarn zu lernen, hüben wie drüben erheblich abgenommen hat. Die heftige Debatte um die kürzlich erfolgte Einführung des Französischunterrichts in den Grundschulen am Oberrhein liefert hierfür ein Beispiel. Die zwischen Baden-Württemberg und seinen französischen Partnern geschaffenen Strukturen sind jedoch so vielfältig und beruhen auf so vielfältigen emotionalen Bindungen zwischen den Menschen, daß sie ein sicheres Fundament für die Bewältigung der anstehenden Probleme auf europäischer Ebene sein können.

Laufenburg
Le Croisic

Dachsberg
Sixt

Weilheim
Baden

Klettgau
Clisson

Dogern
Le Grand Lemps

Waldshut-Tiengen
Blois

Lauchringen
Saint-Pierre-de-Chandieu

Französische Uniform der Deutsch-Französischen Brigade
2001
Deutsch-Französische Brigade, Müllheim/Breisgau

Deutsche Uniform der Deutsch-Französischen Brigade
2001
Deutsch-Französische Brigade, Müllheim/Breisgau

Die Deutsch-französische Brigade gilt als ein Symbol für die Überwindung der jahrhundertealten „Erbfeindschaft“ zwischen Deutschen und Franzosen. Die Wurzeln der Brigade liegen in Baden-Württemberg.
Mit ihrer Aufstellung wurde 1988 in Böblingen begonnen. Heute umfaßt sie etwa 4.600 Mann. Die Brigade untersteht nicht der NATO, sondern direkt dem multinationalen Eurokorps in Straßburg. Die Kampfeinheiten der Brigade sind nach wie vor rein nationale Verbände – zwei Bataillone der Bundeswehr und zwei französische Regimenter. Die Führungs- und Versorgungseinheiten sind gemischt.
Die Deutsch-Französische Brigade gilt auch als Keimzelle einer europäischen Armee. Aber noch gibt es keine gemeinsame Uniform für deutsche und französische Soldaten. Die Angehörigen dieser Einheit haben lediglich ein gemeinsames Abzeichen an den Ärmeln und auf den Baretts der jeweiligen nationalen Uniform.

„Devoir d'excellence" –
„Dem Besten verpflichtet"
2000
Haus der Geschichte
Baden-Württemberg

„Dem Besten verpflichtet!" – unter diesem Wahlspruch stellt die Deutsch-Französische Brigade in einer Broschüre ihre Standorte vor. In Friedenszeiten ist die Brigade ausschließlich in Baden-Württemberg stationiert. Ihre Kampfeinheiten befinden sich in Donaueschingen und Immendingen. Das Kommandozentrum, der Stab der Brigade, liegt in Müllheim.
Alle Garnisonen sind von je einer deutschen und französischen Einheit bzw. im Falle Müllheims von gemischten Verbänden belegt. Über den Dienst hinaus soll auch die gemeinsame Belegung der für die Familien der Soldaten zur Verfügung gestellten Wohngebäude die Integration und das gegenseitige Kennenlernen fördern.
Für die Kinder der Brigade-Angehörigen stehen binationale Schulen und Kindergärten zur Verfügung.

Im Frühjahr 1945, kurz vor Ende des Zweiten Weltkriegs, wurde das letzte dunkle Kapitel der jüngeren deutsch-französischen Geschichte geschrieben. Ende März überschritt die 1. französische Armee bei Germersheim den Rhein. Ein Teil der Truppen rückte entlang des Rheins nach Süden, ein anderer Richtung Stuttgart, ein dritter über Freudenstadt in Richtung Bodensee vor (Ueberschär 1985, S. 62–68).
Mitte April besetzten die Franzosen auch das Dorf Wurmlingen in der Nähe von Tuttlingen. Aus Angst vor der Rache der Sieger hinterlegte Otto Kaufmann in seinem Haus einen Zettel in französischer Sprache mit folgender Nachricht: „Nehmen Sie, was Sie wollen, ich lasse Ihnen freie Hand, aber tun Sie mir nichts. Durchsuchen Sie das Haus, es gehört Ihnen. Den 22.4.45".
So wie Kaufmann fürchteten viele Menschen im deutschen Südwesten die Vergeltung der Franzosen für die Verbrechen der deutschen Besatzung in Frankreich. Nicht ohne Grund: Neben einer Fülle von Übergriffen und Plünderungen kam es im Südwesten zu zahlreichen Vergewaltigungen durch französische Soldaten (Thies/von Daak 1979, S. 19–28).

„Prenez ce que vous voulez..."
(„Nehmen Sie was Sie wollen...")
1945
Haus der Geschichte
Baden-Württemberg,
Sammlung Kaufmann

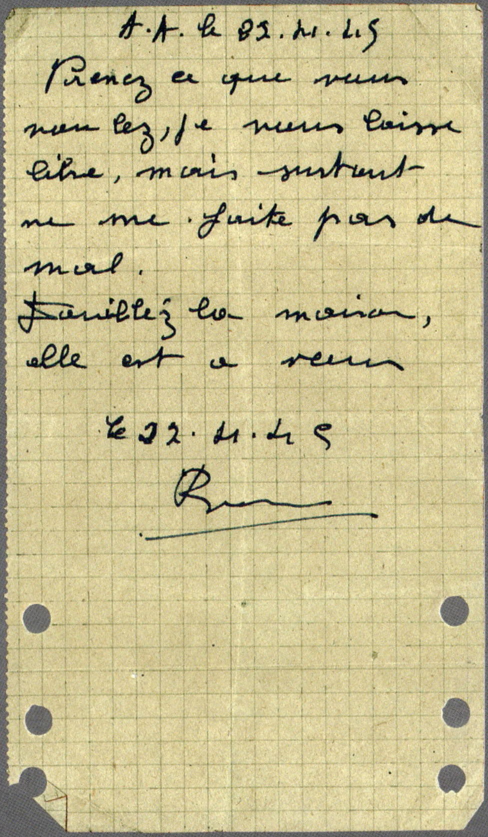
A.A. le 22.4.45
Prenez ce que vous voulez, je vous laisse libre, mais surtout ne me faite pas de mal.
Fouillez la maison, elle est a vous
le 22.4.45

Gallische Hähne
1940–1945
Haus der Geschichte
Baden-Württemberg

Willi Kapp aus Mannheim erlebte 1940 als Angehöriger der Feldartillerie den Frankreichfeldzug. Später war Kapp als Besatzungssoldat in Südwestfrankreich stationiert. Seine fotografischen Erinnerungen an diese Zeit hielt er in einem Album fest.
Die deutschen Truppen waren im Zweiten Weltkrieg innerhalb weniger Wochen tief nach Frankreich vorgerückt und hatten die französische Armee entscheidend geschlagen. Stolz präsentierte Kapp den erfolgreichen Vormarsch seiner Truppeneinheit durch Nordfrankreich über Paris nach Blois an der Loire. Die gegenüberliegende Seite verdeutlicht das Bild, das er sich vom französischen Feind machte: Ein karikierter schwarzer Kolonialsoldat erscheint als Verteidiger der Werte der französischen Revolution (Freiheit, Gleichheit, Brüderlichkeit), die auf der kleinen Trikolore zu lesen sind.
Kapps Album spiegelt die nationalsozialische Propaganda jener Zeit wider. „Nach Frankreich hinein“ – so lautete der Titel eines NS-Militärmarschs und eines 1941 zu Hitlers Geburtstag erschienenen Sonderhefts der Soldatenzeitung „Der Durchbruch“. Dort ist zu lesen: „Frankreich hatte – wie im Weltkriege – seine gesamten Kolonialvölker unter die Trikolore gerufen. (...) Wie die Affen saßen sie im Laub der Bäume, schossen und hielten dabei das Buschmesser in den Zähnen...“ (Nach Frankreich hinein 1941, S. 67).

Nach dem Sieg über Frankreich im Jahr 1940 wurden über 1.850.000 französische Soldaten von der deutschen Wehrmacht gefangengenommen. Etwa 750.000 davon kamen in Kriegsgefangenenlager nach Deutschland, wo sie zum Arbeitseinsatz herangezogen wurden. 37.000 Franzosen starben in deutscher Kriegsgefangenschaft, davon allein die Hälfte in den Jahren 1944 und 1945 durch Unterernährung, Epidemien oder alliierte Bombenangriffe (Azéma 1979, S. 176 f.).
Das Schicksal der Gefangenen hing vor allem vom Verhältnis zu den Wachmannschaften ab.
Daß es auch gelang, die Gräben der Feindschaft zu überwinden, zeigt das Spielzeug in den Farben der Trikolore. Es wurde von französischen Kriegsgefangenen für den Sohn eines Wachoffiziers angefertigt: Werner Rebstock aus Entringen erhielt die „Gallischen Hähne“, als er seinen Vater im Lager besuchte.

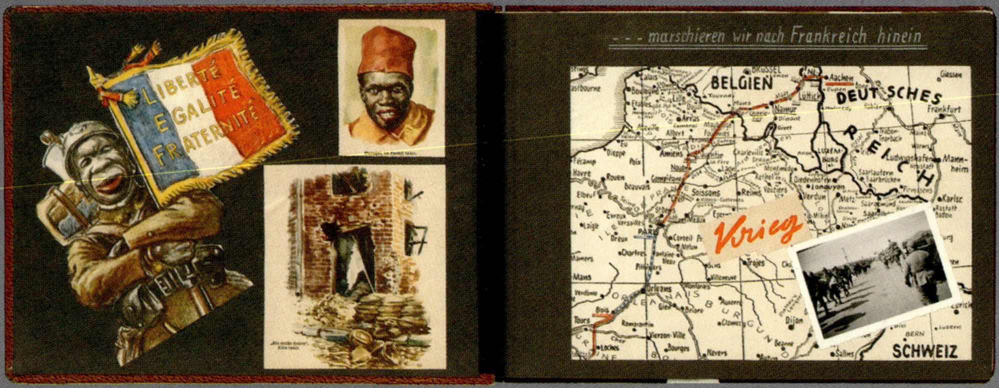

„...marschieren wir nach Frankreich hinein“
Willi Kapp
1940–1944
Haus der Geschichte
Baden-Württemberg

Tintenfaß in Form eines Panzers
Um 1924
Haus der Geschichte Baden-Württemberg

Der Erste Weltkrieg brachte unter Einsatz modernster Technik auf den Schlachtfeldern in Frankreich Millionen Menschen den Tod. Zum ersten Mal in der Militärgeschichte wurden Panzer eingesetzt. Franzosen und Engländer waren hier den Deutschen in technischer Hinsicht weit überlegen.
In der Erinnerung an diesen Krieg liegen Schrecken und Faszination eng beieinander. Das Modell eines französischen Panzers vom Typ „Renault FT-17“ stammt aus dem Besitz von Theodor Sproesser. Als Kommandeur des „Württembergischen Gebirgs-Regiments“ war Major Sproesser am Ende des Kriegs in Frankreich schwer verwundet worden. In der Weimarer Republik diente er bis 1925 als Oberst in der Reichswehr. Außerdem war Sproesser Mitglied im revanchistisch-völkischen Tannenbergbund, einem Verband ehemaliger Frontkämpfer. Geführt wurde dieser Verband von General Erich Ludendorff, jenem General, der im Ersten Weltkrieg die deutsche Kriegsführung maßgeblich bestimmt und der am 9. November 1923 zusammen mit Hitler in München einen Putschversuch unternommen hatte.
Das in Frankreich hergestellte Panzermodell mit seinem integrierten Tintenfaß in Form eines Granattrichters mag den an seinem Schreibtisch sitzenden Sproesser an den verlorenen Krieg erinnert haben: ein ständiger Appell zur Revanche gegen Frankreich.

„Kehl, den 29. Januar 1919. Die Besetzung durch französische Truppen“
1919
Haus der Geschichte Baden-Württemberg

Frankreich hatte den Ersten Weltkrieg gewonnen. Deutschland war militärisch besiegt, blieb aber aus französischer Sicht wegen seiner wirtschaftlichen und demographischen Stärke eine potentielle Gefahr für die Sicherheit des Landes.
Der 1919 in Versailles geschlossene Friedensvertrag sollte Frankreich die erhoffte Sicherheit bringen. Er sah die Entmilitarisierung eines 40 km breiten Streifen rechts des Rheins und die Einrichtung eines französischen Brückenkopfes um Kehl vor.
Französische Truppen marschierten am 29. Januar 1919 mit klingendem Spiel in Kehl ein (Hornung 1983, S. 76 f.). Die Franzosen blieben über 10 Jahre lang – bis 1930. Erst, als sich die Beziehungen zwischen Deutschland und Frankreich Mitte der zwanziger Jahre entspannt hatten, zogen sie wieder ab. Die französische Besetzung deutschen Territoriums hatte aber die Feindschaft und den gegenseitigen Haß nach den Schrecken des Weltkriegs noch vertieft.

„Beim Kugelspiel / Französische Bücherei“
Druckgraphik nach Zeichnungen von M. Cayla, 1918
Haus der Geschichte Baden-Württemberg

Im Ersten Weltkrieg nahmen die deutschen Armeen knapp 550.000 Franzosen gefangen (Cochet 1998, S. 69). Ein großer Teil der Gefangenen wurde nach Deutschland gebracht, auch nach Baden und Württemberg.
Zwischen September 1914 und Februar 1915 wurde das Kriegsgefangenenlager Münsingen errichtet. Schon zuvor waren französische Gefangene in Zelten auf dem Gelände des Truppenübungsplatzes untergebracht worden. Das Lager bestand aus 42 Gebäuden, davon waren 24 Wohnbaracken für die Gefangenen mit einer Kapazität von je 140 Mann, hinzu kamen zwei große Stallbaracken für 275 Mann, die man nur bei großer Belegung nutzte. Das Lager konnte rund 3.900 Mann aufnehmen. Diese Zahl wurde jedoch nur Anfang 1915 erreicht. Von diesem Zeitpunkt an sank die tatsächliche Belegungszahl im Lager ständig. Die Zahl der Gefangenen, die offiziell zum Münsinger Stammlager gehörten, verdreifachte sich dagegen, da die meisten Gefangenen außerhalb, an ihren Arbeitsstellen, untergebracht wurden.
Die französischen Gefangenen bekamen Pakete von zu Hause. Sie konnten in ihrer Freizeit typisch französischen Sport treiben und eine eigene Bibliothek unterhalten. Die Zeichnungen des französischen Gefangenen Cayla vermitteln ein nahezu idyllisches Bild, ganz im Sinne der deutschen Propaganda. Sie stammen aus einer Bildermappe zu dem Buch „Hinter dem Stachel-Draht“. Der Verfasser war der Leutnant des Landsturms Imanuel Fischer, Adjutant des Kommandanten des Münsinger Lagers. Buch und Mappe wurden nach dem Krieg in erster Linie an entlassene Gefangene verkauft. Damit versuchte die deutsche Seite, alliierten Vorwürfen hinsichtlich einer schlechten Behandlung der Gefangenen entgegenzuwirken.

Pickelhaube
1914
Haus der Geschichte Baden-Württemberg

Die Pickelhaube wurde zum Symbol des preussisch-deutschen Militarismus. Mit einer solchen Kopfbedeckung zogen auch die meisten württembergischen Soldaten in den Ersten Weltkrieg. Im Verlaufe des Grabenkriegs wurde sie vom Stahlhelm abgelöst, der einen besseren Splitterschutz bei Granatbeschuß bot.
Diese Pickelhaube befand sich im Besitz von Karl Josef Flinspach, einem Tagelöhner aus Binswangen bei Neckarsulm. Flinspach trat im November 1914 als Freiwilliger ins württembergische Landwehr-Infanterie-Regiment Nr. 121 ein. Seine Einheit war ab Februar 1915 als Teil der 7. Landwehrdivision in der Gegend um den Hartmannsweilerkopf im Oberelsaß stationiert, wo eine der blutigsten Schlachten des Ersten Weltkriegs geschlagen wurde.
Als einfacher Soldat überlebte Flinspach den Krieg, aber etwa 140.000 Soldaten aus Württemberg, Baden und Hohenzollern verloren ihr Leben – die meisten davon in Frankreich (von Moser 1927, S. 106; Müller-Loebnitz 1935, S. 492a; Bumiller 1927, S. 22). Im Ersten Weltkrieg, der „Urkatastrophe des 20. Jahrhunderts“, starben insgesamt zirka 1,8 Millionen Deutsche und etwa 1,38 Millionen Franzosen (Becker/ Berstein 1990, S. 148).

„Unsere Feinde – Ein Kriegsbilderbuch in Verwandlungsfiguren“
Zeichnungen von Leo Kainradl, J. F. Schreiber Verlag 1914
Haus der Geschichte Baden-Württemberg

Der Erste Weltkrieg mobilisierte die Massen. Dies gelang, weil die Feindbilder seit langem fest im Bewußtsein der Bevölkerung verankert waren. „Der Franzos“ war der Haupt- und „Erbfeind“. Auf der Titelseite dieses Kriegsbilderbuchs für Kinder sieht man einen französischen Soldaten, der die Maske mit Gesichtern eines russischen und eines englischen Soldaten in den Händen hält. Jede Seite des Buchs enthält eine Karikatur eines feindlichen Soldaten. Die Seiten sind in drei Teile zerschnitten. Kopf, Rumpf und Füße der Soldaten lassen sich umklappen. Immer neue entstellende und verzerrende Kombinationen entstehen so, jede ein fratzenhaftes Feindbild. Die im Vorwort enthaltene Gebrauchsanweisung ist durchaus im doppelten Sinne zu verstehen – nicht nur in bezug auf den Umgang mit diesem Buch, sondern auch mit dem Feind:

„Ihr seht in diesem Bilderbuch
Der bösen Feinde wohl genug. –
Sie sind zerschnitten in drei Teile;
Und wenn ihr blättert ohne Eile,
So ändern diese argen Tröpfe
Sowohl die Beine wie die Köpfe. –
Doch trotz dieses Wechsels im Gewande
Bleibt's immer eine rechte Bande,
Und alle wünschen wir zerschnitten
Von unsrem Schwerte durch die Mitten.“

„Ankunft der französischen Gefangenen“
W. Roth
Kolorierte Lithographie,
Verlag L. Andreä & Umgelter,
Stuttgart 1870
Haus der Geschichte
Baden-Württemberg

„Karlsruher Friedenskreuzer“
1871
Haus der Geschichte
Baden-Württemberg

Der Sieg über Frankreich 1871 führte zur Gründung des Deutschen Reiches. Überall im neuen Kaiserreich wurde gefeiert. Zur Erinnerung an dieses Ereignis prägte man auch in Baden und Württemberg zahlreiche Gedenkmedaillen.
Die Stadt Karlsruhe ließ im März 1871 von der großherzoglichen Münzanstalt 58.380 sogenannte „Friedenskreuzer“ herstellen. Sie wurden zunächst an die Karlsruher Schüler verteilt. Die Inschrift der Medaille lautete: „Karlsruhe – Der Jugend zur Erinnerung“; auf der Rückseite steht: „An des vereinten Deutschlands Krieg, Sieg und Frieden 1870 1871“.
Bis zu 40.000 Medaillen gingen an andere badische Gemeinden. Die Nachfrage war so groß, daß eine zweite Auflage von 20.000 weiteren Exemplaren geplant war. Weil die Medaille auf ihrer mit dem badischen Wappen geschmückten Rückseite dem gängigen Kreuzer, einem offiziellen Zahlungsmittel, ähnlich sah, wurde davon jedoch Abstand genommen (Lorenz 1971, S. 1233 f.).

Für die deutschen Staaten begann der Krieg gegen Frankreich erfolgreich. Die Franzosen wurden in mehreren Schlachten entscheidend geschlagen. Am 1. September 1870 geriet Kaiser Napoleon III. bei Sedan in deutsche Gefangenschaft. Mit ihm teilten mehrere französische Armeen dieses Schicksal. Bis zu 380.000 französische Gefangene wurden nach Deutschland gebracht.
Nach der Schlacht bei Woerth im Elsaß am 6. August 1870 kamen auch nach Stuttgart französische Gefangene. Der Stuttgarter Bahnhof bot ein schillernd buntes Bild. Die feindlichen Gefangenen wurden von der Bevölkerung wie Trophäen eines erfolgreichen Feldzugs bestaunt. Viele Kriegsgefangene hatten jedoch kein so leichtes Los, wie es diese farbenprächtige Bahnhofsszene nahelegt. Man schätzt, daß bis zu 17.000 Franzosen in der Gefangenschaft umkamen (Bodart 1916, S. 151).

Badische Artillerie auf dem Rheindamm vor Straßburg
1870
Haus der Geschichte
Baden-Württemberg

Bei Ausbruch des Deutsch-Französischen Kriegs im Sommer 1870 kämpften badische und württembergische Truppen an der Seite Preußens und der anderen deutschen Staaten gegen Frankreich. Eines der blutigsten Kapitel dieses Kriegs war die Belagerung und Beschießung der französischen Festungsstadt Straßburg. Während der 46 Tage des Bombardements wurden große Teile der Stadt verwüstet und viele wertvolle Kulturgüter zerstört. Mehr als 4.000 Menschen fanden dabei den Tod oder wurden verwundet. Etwa 8.000 Straßburger verloren ihre Wohnungen (Borbstaedt 1872, S. 550 f.).
Zwei Batterien der badischen Festungsartillerie hatten mit 28 Geschützen südlich und nördlich von Kehl am Rheindamm Stellung bezogen (Goll 1871, S. 123–126, 144). Ihre Kanonen waren auf die Zitadelle von Straßburg gerichtet. Meist wurde nachts gefeuert, tagsüber hatten die Soldaten Zeit, um für Fotografen zu posieren. Die Franzosen antworteten auf den Belagerungsbeschuß mit heftiger Gegenwehr. Als einzige deutsche Stadt wurde Kehl während des deutsch-französischen Kriegs schwer zerstört.

„Abschied der Einberufenen im badischen Schwarzwalde"
Fritz Reiß (1857–1916)
Druckgraphik, 1880.
Haus der Geschichte
Baden-Württemberg

Der von Bismarck geschickt inszenierte Ausbruch des Kriegs gegen Frankreich im Juli 1870 führte auch in Baden zu einer Welle nationaler Begeisterung. Mit Jubel und Freude zogen die Freiwilligen in den Krieg gegen das Frankreich Napoleons III.
Das nationale Gedankengut wurde später von Zeitschriften wie der in Stuttgart herausgegebenen „Illustrirten Welt" verbreitet. Das Bild aus dem Jahr 1880 wirft einen verklärenden Blick auf die patriotische Kriegsstimmung jener Zeit. Der Wagen, auf dem die einberufenen Schwarzwälder fahren, ist mit badischen und mit den Fahnen des deutschen Reiches geschmückt. Die Landbevölkerung jubelt den Rekruten zu. Rechts am Wegesrand steht ein Veteran der Freiheitskriege mit ordensgeschmückter Brust und Freikorpsmütze. Stolz betrachtet er den Auszug der Freiwilligen, zugleich einer alten Frau Trost spendend, die einen kleinen Jungen am Arm hält. Hier wird an die Bevölkerung appelliert, dem Vaterland die Kinder zu schenken. Nur weil er noch zu klein ist, hält die Großmutter den Jungen davon ab, mit den Freiwilligen gegen Frankreich ins Feld zu ziehen.

„Übergabe der Stadt Ulm im Jahr 1805“
Um 1812
Haus der Geschichte
Baden-Württemberg

„Empfang Napoleons am 2. Oktober 1805 im Schloß zu Ludwigsburg durch den Herzog von Württemberg“
Louise Pannier
Stahlstich nach einem Gemälde von Louis-Etienne Watelet (1780–1866), 1838
Haus der Geschichte
Baden-Württemberg

Am Anfang war das Bündnis mit Napoleon. Es brachte den Aufstieg, Baden wurde Großherzogtum, Württemberg Königreich. Für diesen politischen und territorialen Zugewinn war ein hoher Preis zu zahlen: die Teilnahme an den Feldzügen des Kaisers, die 1812 mit der katastrophalen Niederlage seiner Armee in Rußland ihren Tiefpunkt fand.
Die französische Tabaksdose erinnert an den Beginn dieses Bündnisses. Am 17. Oktober 1805 errangen die Franzosen bei Ulm ihren ersten Sieg im Krieg gegen Österreich und Rußland. Badische und württembergische Truppen mußten die Franzosen unterstützen. 60.000 Österreicher gerieten in Gefangenschaft. Am 20. Oktober übergaben die Ulmer Stadtoberen den französischen Generälen mit respektvoller Geste die Schlüssel zur Stadt.

Im Herbst des Jahres 1805 standen französische Truppen in Württemberg. Napoleon drängte zum Bündnis gegen Österreich und Rußland. Am 2. Oktober wurde der Kaiser der Franzosen von Kurfürst Friedrich im Ludwigsburger Schloß empfangen. Drei Tage später unterzeichnete Friedrich unter Druck und mit Versprechen gelockt einen Vertrag mit Frankreich (Sauer 1986, S. 224 f.).
Die französische Perspektive des Stichs aus der Reihe „Galerie Historique de Versailles“ nach einem Ölgemälde von Louis-Etienne Watelet stellt Napoleon in das Zentrum und ins Licht (Kat. Stuttgart 1987, Bd. 1, S. 264). Die dynamische Darstellung seines berittenes Gefolges unterstreicht die überlegene Macht der französischen Armee. Der württembergische Kurfürst tritt respektvoll aus dem Kreis seines Hofstaats und damit symbolisch auf die Bühne der Weltgeschichte.

„Empfang Napoleons am 1. Oktober 1805 in Ettlingen durch den Kurfürsten von Baden“
Doherty
Stahlstich nach einem Gemälde von Jean-Victor Bertin (1767–1842), 1838
Haus der Geschichte Baden-Württemberg

Am 1. Oktober 1805 wurde Kaiser Napoleon vor dem Schloß in Ettlingen vom greisen badischen Kurfürsten Karl Friedrich und von Kurprinz Karl empfangen. Napoleon kam als offizieller Verbündeter Badens.
Schon am 5. September 1805 hatte Kurfürst Karl Friedrich wohl oder übel einen Koalitionsvertrag mit Frankreich unterzeichnen müssen (Zollner 1989, S. 31). Dagegen erhob sich in Baden durchaus Widerstand. Kurprinz Karl, der später die Adoptivtochter Napoleons, Stephanie Beauharnais, heiratete, weigerte sich zwar erfolgreich, am Feldzug gegen Österreich teilzunehmen. Letztlich war jedoch Napoleon der Stärkere. Baden hatte 3.000 Mann Hilfstruppen für das französische Heer zu stellen. Anders als in Württemberg, wo der Aufstieg zum Königreich lediglich mit Kriegsdiensten für Frankreich und außenpolitischer Abhängigkeit erkauft wurde, mischte sich Napoleon später auch immer wieder in die badische Innenpolitik ein.
Der Stahlstich aus der Reihe „Galerie Historique de Versailles“ nach einem Ölgemälde von Jean-Victor Bertin (Kat Stuttgart 1987, Bd.1, S. 141) zeigt das Ereignis aus französischer Perspektive: Im Zentrum der Kaiser der Franzosen, gerade seiner Kutsche entstiegen. Ehrfurchtsvoll nähern sich ihm der badische Kurfürst und sein Kurprinz. Die jubelnde Ettlinger Bevölkerung empfängt Napoleon mit Neugier und Bewunderung – beinahe wie ihren eigenen Herrscher.

Territoriale Revolution
1790–1815

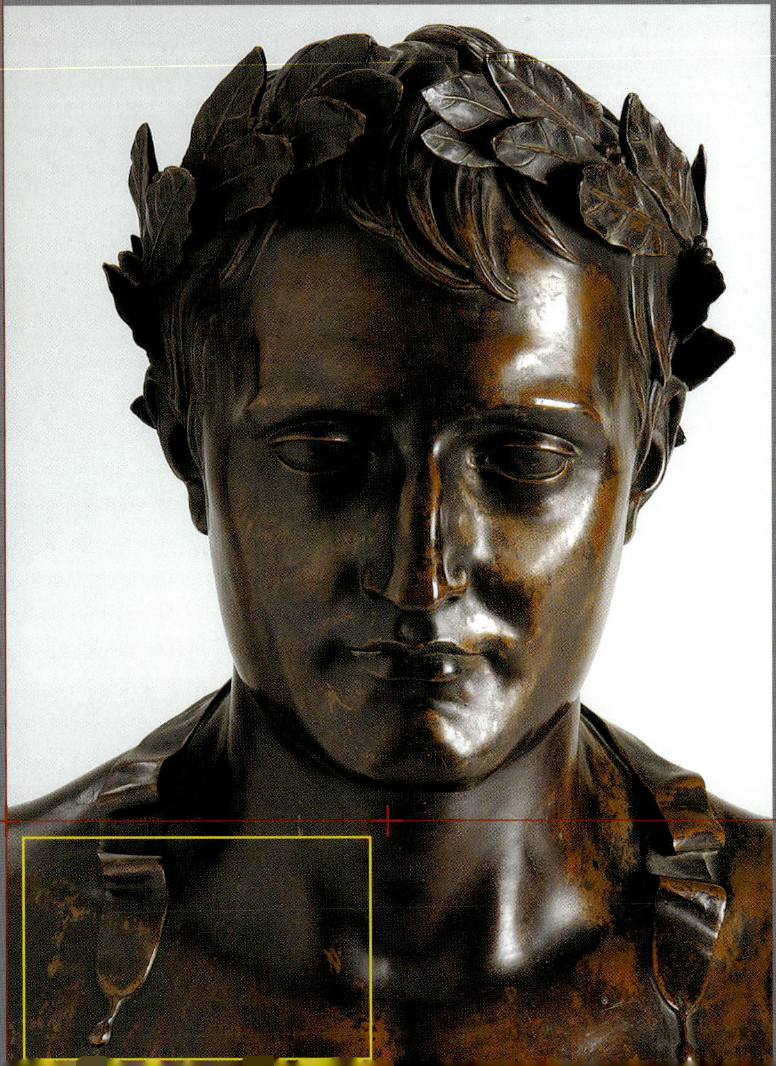

„... die Verbindungen, die ehemals Franzosen und Süddeutsche einander näherbrachten, müssen nun wieder entstehen, um ‚unser' Europa aufzubauen ...“

Charles de Gaulle
in einer Rede in Freiburg
4. Oktober 1945

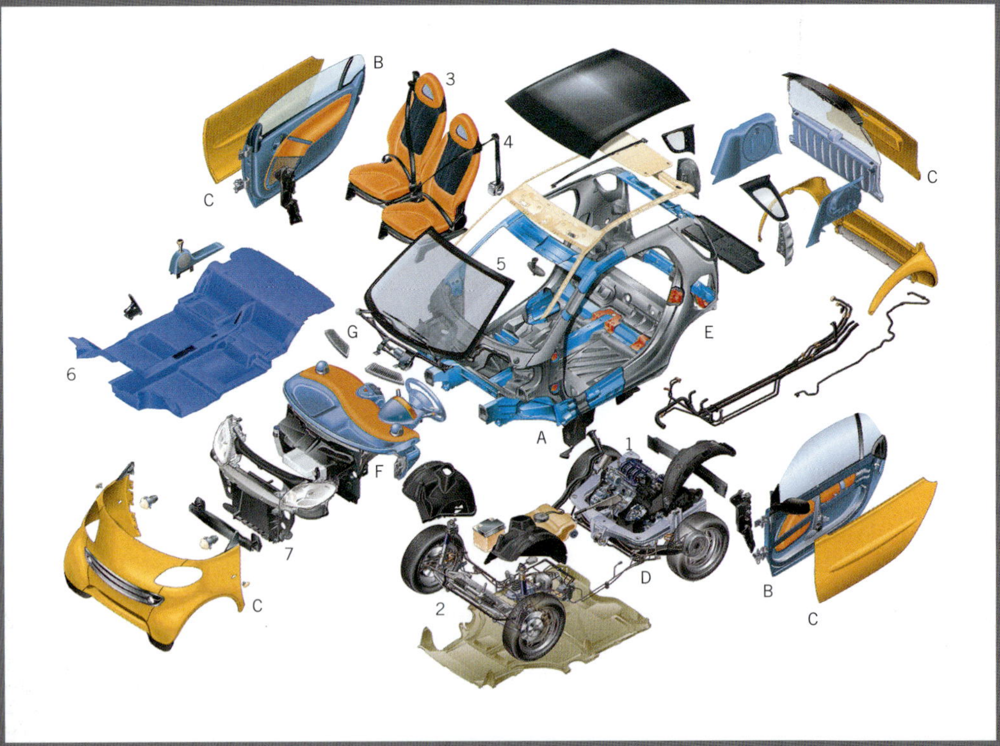

Explosionszeichnung eines Smart
2002
MCC Smart, Böblingen

Die Eröffnung von Smartville
1997
Presse- und Informationsamt der Bundesregierung, Berlin

Auf etwa 70 ha Fläche entstand 1997 im lothringischen Hambach eines der modernsten Automobilwerke. Rund um das kreuzförmige Fertigungswerk von „MCC Smart" sind die Produktionsstätten einer großen Zahl von Zulieferern angesiedelt. Ihre Produkte werden als vorgefertigte Module je nach Bedarf „just in time" angeliefert und sofort in die Endmontage integriert.
In „Smartville" sind etwa 2.000 Personen beschäftigt, davon etwa 750 bei MCC und zirka 1.250 bei den sogenannten „Systempartnern". Der Anteil von MCC an der Gesamtproduktion des Autos liegt bei lediglich 8 Prozent. Diese Produktionsweise gilt als zukunftsweisend für Europa. Die Zulieferer für den Smart sind weltweit agierende Firmen aus ganz Europa und teilweise auch aus Übersee.

Folgende Teile bzw. Fertigungsprozesse stammen von den MCC Systempartnern bzw. werden vor Ort hergestellt:

A. Sicherheitszelle. **Magna Body & Chassis Systems**
B. Türen. **Magna Doors Systems**
C. Body-Panels (Front-, Heck- und Seitenverkleidung). **Dynamit Nobel**
D. Heckmodul. **Krupp Hoesch Automotive**
E. Lackierung. **Surtema Eisenmann**
F. Cockpitmodul. **Mannesmann VDO**
G. Oberflächenverzierung von Kunststoffteilen. **Cubic Europe**

Folgende Hauptmodule für den Smart werden angeliefert:

1. Motor. **DaimlerChrysler, Berlin**
2. Vorderachsmodul. **DaimlerChrysler, Hamburg**
3. Sitze. **Faurecia, Frankreich**
4. Sicherheitsgurte. **TRW, Polen**
5. Verglasung. **Splintex, Tschechische Republik**
6. Verkleidung/Akkustik. **Stankiewicz, Deutschland**
7. Kühlmodul. **Behr, Frankreich**

„Hochtechnologie made in Europa" lobte Alt-Bundeskanzler Kohl den Kleinwagen „Smart", als er am 27. Oktober 1997 gemeinsam mit dem französischen Staatspräsidenten Chirac den Industriepark „Smartville" eröffnete. Kohl stellte den neuen Kleinwagen in eine Reihe mit den europäischen Spitzenprojekten „Airbus" und „Ariane".
Massive Finanzhilfen durch den französischen Staat sowie das niedrige Lohnniveau in der Region hatten den Ausschlag für die Wahl dieses Standortes gegeben. Die Firma Micro Compact Car – eine hundertprozentige Tochter von DaimlerChrysler – begann dort im Sommer 1998 mit der Produktion des Smart. Inzwischen wurden mehr als 350.000 Fahrzeuge hergestellt.
Der Firmensitz von MCC ist heute in Böblingen. Dort befindet sich auch die Entwicklung.

Schon seit 1912 exportierte der 1883 vom Buchhändler Otto Robert Maier gegründete Ravensburger Verlag seine Gesellschaftsspiele und Kinderbücher nach Rußland, Österreich-Ungarn und ins westeuropäische Ausland, vor allem nach Frankreich.
Heute ist die Firma Ravensburger mit zahlreichen Gesellschaftsspielen, Puzzles und mit rund 150 Kinderbuchtiteln auf dem französischen Markt vertreten. Das Buch „Charger – Décharger" ist hierfür ein Beispiel. Die Übersetzung eines deutschsprachigen Kinderbuchs erschien im Mai 1999 in Frankreich. Das Thema des Buches, Bauen und Technik, fasziniert Kinder in Deutschland wie in Frankreich.

Bereits vor dem Ersten Weltkrieg war die Firma Bosch eine Weltfirma. Seit 1899 war sie auch in Frankreich vertreten. Ihr Gründer, Robert Bosch, hatte sich aus Überzeugung vehement für die deutsch-französische Aussöhnung eingesetzt. Nach dem Zweiten Weltkrieg gelang es Bosch schnell wieder, auf dem französischen Markt Fuß zu fassen. Bereits 1950 präsentierte sich die Firma auf dem Pariser „Salon de l'automobil" (Merkle 1995, S. 21). Bis in die 1980er Jahre hinein – als er vom US-amerikanischen Markt überholt wurde – blieb Frankreich der wichtigste Exportmarkt für Bosch (Herdt 1986, S. 123). 1955 warb man auf einem Plakat mit der Verleihung einer Auszeichnung für den meistverkauften Kühlschrank in Europa durch einen offiziellen Vertreter Frankreichs. Zehn Jahre nach dem Ende des Zweiten Weltkriegs präsentierte eine deutsche Firma, die zudem noch durch ihren Namen bei vielen Franzosen Assoziationen an das französische Schimpfwort für die Deutschen („les boches") weckt, stolz die wiedergewonnene Anerkennung. Der wirtschaftliche Austausch stellte auf diese Weise auch einen wichtigen Fortschritt auf dem Weg zur Normalisierung der Beziehungen zwischen Deutschen und Franzosen dar.
Heute beschäftigt Bosch in Frankreich an 16 Standorten über 10.000 Mitarbeiter. Die Firma erzielte dabei im Jahr 2000 einen Umsatz von 2,9 Milliarden Euro.

„Charger – Décharger (Beladen – Entladen)"
Wolfgang Metzger
Ravensburger Verlag, 1999
Haus der Geschichte
Baden-Württemberg

„Für Sie Kühlschrank Bosch. Die Palme für den Verkaufsrekord in Europa"
Paul Colin
Affiche Gaillard 1955
Haus der Geschichte
Baden-Württemberg

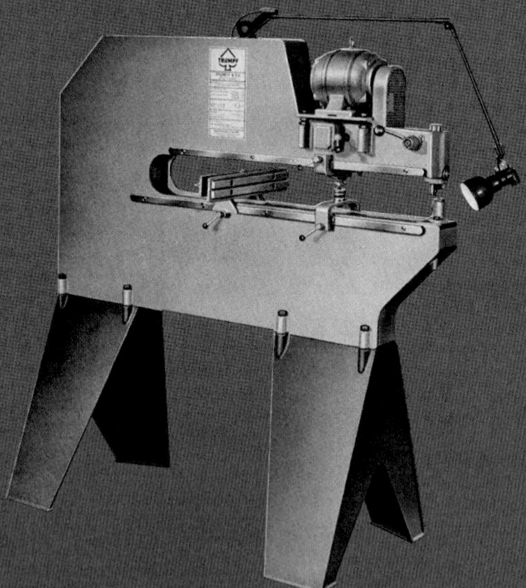

Trumpf TAS 2,5a
1953
Trumpf GmbH & Co,
Ditzingen

Eine der größten Exportbranchen Baden-Württembergs ist – neben der Automobil- und der Chemieindustrie – traditionell der Maschinenbau. Schon Anfang der fünfziger Jahre begann die Firma Trumpf, damals noch in Stuttgart-Weilimdorf, für den französischen Markt zu produzieren.
Mit der stationären Aushauschere vom Typ „TAS 2,5a“ gelang Trumpf auf der internationalen Messe in Lyon 1953 der Einstieg in den französischen Markt. Die Maschine verfügt über verschiedene Optionen zur Blechbearbeitung: das Einfassen, das Kantensetzen, das Öffnen von Luftschlitzen und das Ziselieren von Blechen. Die Aushauschere wurde ein Verkaufserfolg – nicht nur in Frankreich. Um die Nachfrage zu befriedigen, mußte die Firma 1955 ein zweites Werk in Hettingen auf der Schwäbischen Alb errichten. Seit 1985 produziert Trumpf auch in Frankreich. Einige Zweige der Produktion wurden von Ditzingen und Hettingen nach Haguenau im Elsaß verlagert. Das dortige Werk mußte bislang schon zweimal erweitert werden und beschäftigt heute über 100 Mitarbeiter. In Roissy bei Paris befindet sich außerdem das Verkaufszentrum von Trumpf für den französischen Markt. Durch stetige technische Innovationen konnte sich Trumpf erfolgreich auf den Märkten behaupten (Boelke 1987, S. 620). Heute ist die Firma weltweiter Branchenführer im Bereich Werkzeugmaschinen für die Bearbeitung von Blechen.

Valeo Scheibenwischer
2002
Haus der Geschichte
Baden-Württemberg

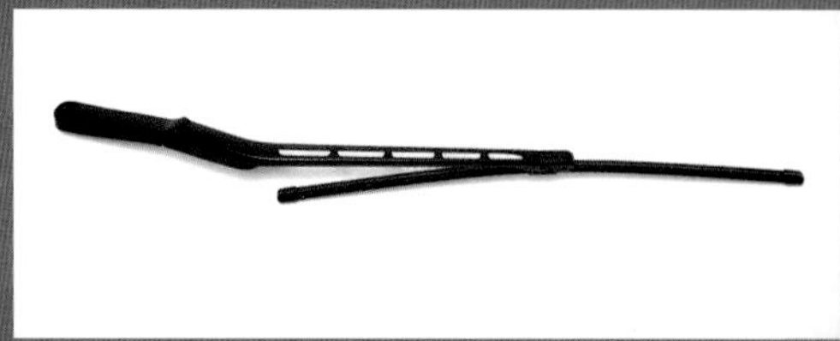

Die „Valeo Auto-Electric Wischer und Motoren GmbH“ in Bietigheim-Bissingen gehört – neben Alcatel und Michelin – zu den drei größten französischen Arbeitgebern in Baden-Württemberg. In den Bietigheimer Werken werden Schalter, Leuchten, Motoren, Sensoren und Wischanlagen für Audi, Porsche und DaimlerChrysler entwickelt und produziert.
Valeo Bietigheim gehört zur weltweit tätigen Valeo-Gruppe mit Hauptsitz in Paris, die unter den zehn größten Herstellern von Autozubehör rangiert. In 25 Ländern arbeiten 70.000 Menschen für Valeo. Im Jahr 2001 betrug der Umsatz 10,2 Milliarden Euro.
Bei Valeo Bietigheim handelt es sich um die vormalige „Spezialwerkzeugfabrik Feuerbach“ (SWF), die 1972 an die amerikanische Firma ITT verkauft wurde. Im September 1998 übernahm Valeo die Produktionsanlagen in Bietigheim. Noch immer ist auf den dort gefertigten Produkten der Markenname SWF eingestanzt, da die SWF-Produkte auf dem deutschen Markt einen guten Ruf genießen. So steht auch auf dem neuen Wischerblatt für die E-Klasse von Mercedes-Benz das Logo von SWF. Diese Neuentwicklung ist um die Hälfte leichter als die bisherigen Wischerblätter. Zwei gebogene Federschienen ersetzen die bislang nötige Halterung und sorgen für eine gleichmäßige Verteilung der Anpreßkraft.

„Hutchinson –
Pneus pour Vélo, Vélomoteur,
Moto-Scooter"
1925
Landesmuseum für Technik
und Arbeit, Mannheim

Eine der traditionsreichsten Verbindungen einer französischen Firma mit dem Land ist Hutchinson, Mannheim. Im Jahr 1850 gründete der US-Amerikaner Hiram Hutchinson in Montargis bei Paris die gleichnamige Firma. Kurz darauf erwarb Hutchinson die Mannheimer Gummifabrik Schalk & Co.
Zunächst wurden dort Gummischuhe hergestellt. Etwa ab 1900 produzierte man dann auch Vollgummireifen für die Firma Benz. Die in Mannheim gefertigten Produkte wurden beiderseits des Rheins verkauft. Das Emailleschild aus dem Jahr 1925 wirbt in französischer Sprache für die Reifen von Hutchinson.
Nachdem in den sechziger Jahren die Schuh- und Reifenproduktion eingestellt wurde, stellt die Firma heute vorwiegend technische Kautschukartikel für die Automobilindustrie her. Hutchinson ist gegenwärtig der viertgrößte Hersteller technischer Gummiartikel der Welt und gehört zur französischen TotalFinaElf-Gruppe.

„Mezzapellos" auf dem Ludwigsburger Sternplatz
Alfred Drossel
2001
Ludwigsburger Kreiszeitung, Archiv

Begegnungen
2000
Michael Fuchs, Remseck

Städtepartnerschaft ist gegenseitige Anregung durch Austausch auf vielen Gebieten: Montbéliard und Ludwigsburg pflegen seit 1998 ein solches Austauschprogramm für den Bereich der städtischen Grünflächengestaltung. Seither gestalteten die französischen Gartenbauexperten in Ludwigsburg den zentral gelegenen Sternplatz abwechselnd mit Skulpturen von überlebensgroßen Kühen, Ameisen, Sonnenblumen oder Pinguinen. Ihre deutschen Kollegen zeigten zum 50jährigen Bestehen der „Jumelage" im Jahr 2000 an einem Kreisverkehr in Montbéliard großflächige Plakatwände mit Bildern des Ludwigsburger Schlosses.

Im Juni 2001 präsentierte Montbéliard auf dem Sternplatz 14 Fabelfiguren des französischen Künstlers François Mezzapelle (im Bild). Einige der sogenannten Mezzapellos waren zuvor schon in Montbéliard in der ganzen Stadt verteilt gezeigt worden. Die grotesken Figuren aus Mezzapelles inszeniertem „Bestiarium" sollten den Betrachtern einen Spiegel vorhalten, denn sie stellen nach dem Willen des Künstlers, das Zusammenleben verschiedenartiger Wesen dar. Mezzapelles Inszenierung sorgte bei den Ludwigsburgern für heftige Diskussionen. Die Meinungen waren recht deutlich geteilt zwischen Begeisterung und entschiedener Ablehnung.

Zahlreiche Begegnungen zwischen den Menschen aus Ludwigsburg und Montbéliard fanden seit der Aufnahme der Städtepartnerschaft im Jahr 1950 statt. Von Anfang an besonders aktiv waren Sport- und Musikvereine. Städtische Bedienstete nahmen ab den 1970er Jahren in regelmäßigen Abständen am Austausch teil (Mirek 1984, S. 222 f.).

Seit 1993 haben auch die Ludwigsburger Kinder bereits in der Grundschule die Gelegenheit zur Begegnung mit Gleichaltrigen aus Montbéliard. Grundschulklassen aus beiden Städten treffen sich seither jährlich für eine Woche zu gemeinsamen Schullandheimaufenthalten in Frankreich und in Deutschland.

Am 16. Mai 2000 brach die Klasse 4c der Anton-Bruckner-Schule aus Ludwigsburg zu einen Besuch ihrer Partnerschule „Saint Maimboeuf" nach Montbéliard auf. Voller Stolz zeigten die Kinder die Europafahne, umrahmt von den Nationalflaggen Deutschlands und Frankreichs.

„8. Mai 1945 – 8. Mai 1995, Montbéliard: Symbol der deutsch-französischen Aussöhnung“
1995
Stadtarchiv Ludwigsburg

Frankreich ist das Land der großen symbolischen Gesten: Ein wichtiger französischer Feiertag ist der 8. Mai, der Tag, an dem die Franzosen des Endes des Zweiten Weltkriegs und des Sieges über Hitler-Deutschland gedenken.
Zum 50. Jahrestag dieses Ereignisses stellte die Stadt Montbéliard die Aussöhnung mit dem ehemaligen Feind in den Vordergrund. In den Straßen der Stadt verkündete dieses Plakat voller Stolz, daß Montbéliard zum „Symbol der deutsch-französischen Aussöhnung“ geworden war. Als Beleg verweist das Plakat auf die Verleihung des Adenauer-de Gaulle-Preises an die beiden Partnerstädte Ludwigsburg und Montbéliard fünf Jahre zuvor.

Adenauer-De Gaulle Preis
1990
Stadtarchiv Ludwigsburg

„In Anerkennung der herausragenden Verdienste um die Versöhnung, die Zusammenarbeit und die Freundschaft zwischen der Bundesrepublik Deutschland und Frankreich“ wurden die Partnerstädte Ludwigsburg und Montbéliard am 17. September 1990 mit dem „Adenauer-De-Gaulle-Preis“ ausgezeichnet.
Die Verleihung fand im Rahmen der 56. deutsch-französischen Konsultationen im Festsaal der Bayerischen Akademie der Schönen Künste in München statt (LKZ, 19.9.1990). Die Außenminister von Frankreich und Deutschland, Roland Dumas und Hans-Dietrich Genscher, überreichten den Oberbürgermeistern aus Ludwigsburg, Hans Jochen Henke, und Montbéliard, Louis Souvet, diese Urkunde.
Der Preis wurde 1989 von den Regierungen Frankreichs und Deutschlands gestiftet und war mit 10.000 ECU (10 453,87 Euro) dotiert.
Er ist nach dem französischen Staatspräsidenten Charles de Gaulle und dem ersten Bundeskanzler der Bundesrepublik Konrad Adenauer benannt, jenen beiden Staatsmännern, deren Namen aufs engste mit der deutsch-französischen Aussöhnung verbunden sind.

Prix France-Allemagne
1974
Stadtarchiv Ludwigsburg

„La Paix" (der Frieden) heißt das Relief des französischen Bildhauers Galtie, das den "Prix France-Allemagne" ziert. Der Preis wird seit Mitte der sechziger Jahre an Personen oder Institutionen verliehen, die sich um die Aussöhnung zwischen Deutschen und Franzosen verdient gemacht haben. Zu den Preisträgern zählen neben Carlo Schmid und Konrad Adenauer auch Herbert von Karajan und das Deutsch-Französische Jugendwerk.
1974 wurde der von der „Association France-Allemagne" gestiftete Preis 42 deutschen und französischen Städten verliehen, die schon seit mehr als 20 Jahren eine Partnerschaft im Sinne der Völkerverständigung betrieben. Eine besondere Rolle nahm hier die Partnerschaft zwischen Ludwigsburg und Montbéliard ein.
Die Überreichung des Preises fand am 20. März 1975 im Pariser Palais du Luxembourg statt (LKZ, 22.3.1975). Der Präsident des französischen Senats, Alain Poher, der zugleich auch Präsident der Vereinigung der französischen Bürgermeister war, nahm die Ehrung vor. Dabei hob er hervor, daß die beiden Städte als „echte Pioniere im Sinne einer fairen Freundschaft" zwischen Deutschland und Frankreich wirkten.

PARTNERSCHAFTSURKUNDE

Zur Bekräftigung der Städtepartnerschaft zwischen Montbéliard und Ludwigsburg, die von den Vertretern der beiden Städte beschlossen wurde, tauschen die unterzeichneten Stadtvorstände anlässlich eines Freundschaftsbesuches in Ludwigsburg diese Urkunde aus. Sie erklären feierlich, zu ihrem Teil mitzuhelfen, dass die Bürger der beiden Städte sich verstehen und schätzen lernen und somit das Band der Freundschaft sich mehr und mehr festigen möge. Sie sind fest davon überzeugt, dass diese Freundschaft zwischen einer französischen und einer deutschen Stadt auch dazu beitragen wird, das gute Verhältnis zwischen Frankreich und Deutschland zu vertiefen. Durch ihre Unterschrift bekunden die Oberbürgermeister der beiden Partnerstädte den festen Willen zu einem in Frieden und Freiheit geeinten Europa.

Der Oberbürgermeister der Stadt Ludwigsburg — Ludwigsburg, den 7. Mai 1962 — Der Oberbürgermeister der Stadt Montbéliard

En confirmation du jumelage de Montbéliard et de Ludwigsburg décidé par les représentants des deux villes, les responsables soussignés échangent ce document à l'occasion d'une visite d'amitié à Ludwigsburg. – Ils déclarent solennellement vouloir faire de leur mieux afin que les habitants des deux villes apprennent à se connaître et à s'estimer et qu'ainsi les liens d'amitié deviennent de plus en plus solides. Ils sont fermement convaincus que cette amitié entre une ville francaise et allemande contribuera aussi à approfondir les bonnes relations entre la France et l'Allemagne.
Par leur signature, les maires des deux villes témoignent de leur ferme volonté d'aboutir à une Europe unie dans la paix et la liberté.

ACTE DE JUMELAGE

Partnerschaftsurkunde / Acte de Jumelage
1962
Stadtarchiv Ludwigsburg

Anläßlich des Stadtjubiläums von Ludwigsburg unterzeichneten die Oberbürgermeister Saur aus Ludwigsburg und sein Kollege Tuefferd aus Montbéliard am 7. Mai 1962 eine Partnerschaftsurkunde, obwohl die Verbindung der Städte schon seit 1950 bestand. Zwischen 1951 und 1958 war die Partnerschaft allerdings zum Erliegen gekommen. Erst allmählich wurden die Beziehungen wiederaufgenommen. In einer feierlichen Zeremonie im Ludwigsburger Rathaus bekräftigten nun beide Seiten durch eine zweisprachige Urkunde ihren gemeinsamen Willen zur Verständigung und Freundschaft (LKZ, 7.5.1962). Die Bürger beider Städte sollten sich verstehen und schätzen lernen. Man verstand dies als Beitrag zur Vertiefung des guten Verhältnisses zwischen Deutschen und Franzosen. Ausdrücklich wurde der gemeinsame Wille zu einem „in Frieden und Freiheit geeinten Europa" in den Text der Urkunde aufgenommen.
In der Folge wurden die Beziehungen intensiviert. Die Stadtverwaltungen verstanden sich dabei in erster Linie als „Initiatoren" für Begegnungen von Schulen und Vereinen, pflegten aber auch selbst einen regen Austausch auf allen Ebenen.

Das Verbindende allein soll man betonen

„Diese Sorgen kenne ich auch" — Die Gäste aus Montbéliard begrüßen alte Bekannte

r.- Bei der Begrüßung der Gäste aus der Stadt Montbéliard im „Bürgerstüble "kam im Gespräch ein Gedanke zum Ausdruck, den man stets über solche internationalen Treffen einzelner Persönlichkeiten schreiben sollte: Man soll nicht das Trennende, sondern nur das Verbindende betonen. Eine These, die sich bei einem deutsch-französischen Zusammenfinden leicht ausspricht, die jedoch praktisch auf einige Hindernisse stößt, die aus der Mentalität der beiden Völker und aus ihrer Vergangenheit erwachsen. Man darf hier ruhig das Wort „Ueberwindung" setzen, die es beide Partner kostet, unvoreingenommen ein Gespräch zu beginnen, das so viel fruchtbare Anregungen bringt wie dieser Besuch der französischen Gäste in unserer Stadt. Manches muß auf beiden Seiten vergessen werden und es beweist die tolerante und menschliche Einstellung der Gäste, wie auch der deutschen Gesprächspartner, wenn dieser erste Kontakt so gut verlief.

„Wir fühlen uns hier wie zu Hause", meinte Dr. Duvernoy beim Gang durch die Portrait-Galerie der württembergischen Herzöge im Schloß. „Diese Herren sind größtenteils bei uns auch bekannt." Als das Bild des Herzogs Friedrich Eugen von Württemberg/Teck, Graf von Mömpelgard, auftauchte, der 20 Jahre seines Lebens in Mömpelgard verbrachte, da gab es eine kleine, freudig bewegte Wiedersehens-Zeremonie bei den Gästen aus Montbéliard.

In den Gesprächen, die im Verlauf dieses Besuches im Staatsarchiv, in den Schulen, im Schloß und beim abendlichen Beisammensein geführt wurden, kamen eine Vielzahl kleiner, bis jetzt nicht beachteter Gemeinsamkeiten zum Vorschein. So stellte ein Mitglied der Delegation fest, daß die Bauern des Mömpelgarder Gebietes dem schwäbischen Bauern nicht unähnlich sind. „Auch sie haben dies schwere Blut und hängen an Geschichte und Tradition. Man darf von ihnen eine schnelle Umstellung, auch in ihrem Verhältnis zum Nachbarvolk, nicht erwarten." Die Unterhaltung der beiden Stadtoberhäupter am Mittwoch brachte manch gegenseitige Zustimmung. „Die Sorgen hab ich in meiner Stadt auch", diese Feststellung zog sich als roter Faden durch das ganze Gespräch. Eine kleine Episode, die sich jedoch leicht auf die große Ebene der Politik, der Völkerverständigung übertragen läßt. Gleiche Sorgen diesseits und jenseits der Grenzen, im häuslichen Kreis, wie in den Kabinetten. Madame Blazer vom historischen Verein in Montbéliard äußerte den Wunsch, einen Teil der Ausstellung, die während des Bürgermeistertreffens in Stuttgart gezeigt wurde, nämlich „Württemberg und Mömpelgard", dort zu zeigen.

Von links nach rechts: Dr. Schenk, Ludwigsburg, Dr. Duvernoy, Stadtrat Professor Denivelle, Montbéliard, und Professor für die deutsche Sprache, Monsieur Orssaud, Laon.

Die ersten Begegnungen zwischen Deutschen und Franzosen nach dem Zweiten Weltkrieg kosteten Überwindung. Die Wunden des Krieges waren noch zu frisch. Unangenehme Themen wurden ausgeklammert. Man suchte ganz bewußt das Gemeinsame. So auch bei der ersten Kontaktaufnahme zwischen den Städten Ludwigsburg und Montbéliard im September 1950, aus der die erste deutsch-französische Städtepartnerschaft erwuchs.

Der Artikel der „Ludwigsburger Kreiszeitung" berichtet über den Besuch einer sechsköpfigen Delegation aus Montbéliard vom 21. bis 24. September 1950 in Ludwigsburg. Ein gemeinsames Thema war die historische Verbindung zwischen der ehemaligen württembergischen Residenzstadt und dem vormaligen Mömpelgard, das von 1397 bis 1793 zu Württemberg gehörte. Daneben wurde vor allem über die alltäglichen Probleme einer Stadt gesprochen.

Einen wichtigen Beitrag für das Zustandekommen dieser Städtepartnerschaft leistete das 1948 gegründete Deutsch-Französische Institut mit Sitz in Ludwigsburg (Schmierer 1999, S. 460). Das Foto zeigt seinen Leiter, Fritz Schenk (links), zusammen mit drei Mitgliedern der französischen Delegation bei ihrem historischen Besuch in Ludwigsburg.

„Das Verbindende allein soll man betonen"
Ludwigsburger Kreiszeitung vom 23.9.1950
Deutsch-Französisches Institut, Ludwigsburg

Jettingen
Senones

Nagold
Longwy

Horb am Neckar
Salins-les-Bains

Sulz am Neckar
Montendre-les-Pins

Villingen-Schwenningen
Pontarlier

Bad Dürrheim
Enghien-les-Bains

Donaueschingen
Saverne

Singen
La Ciotat

Gottmadingen
Champagnole

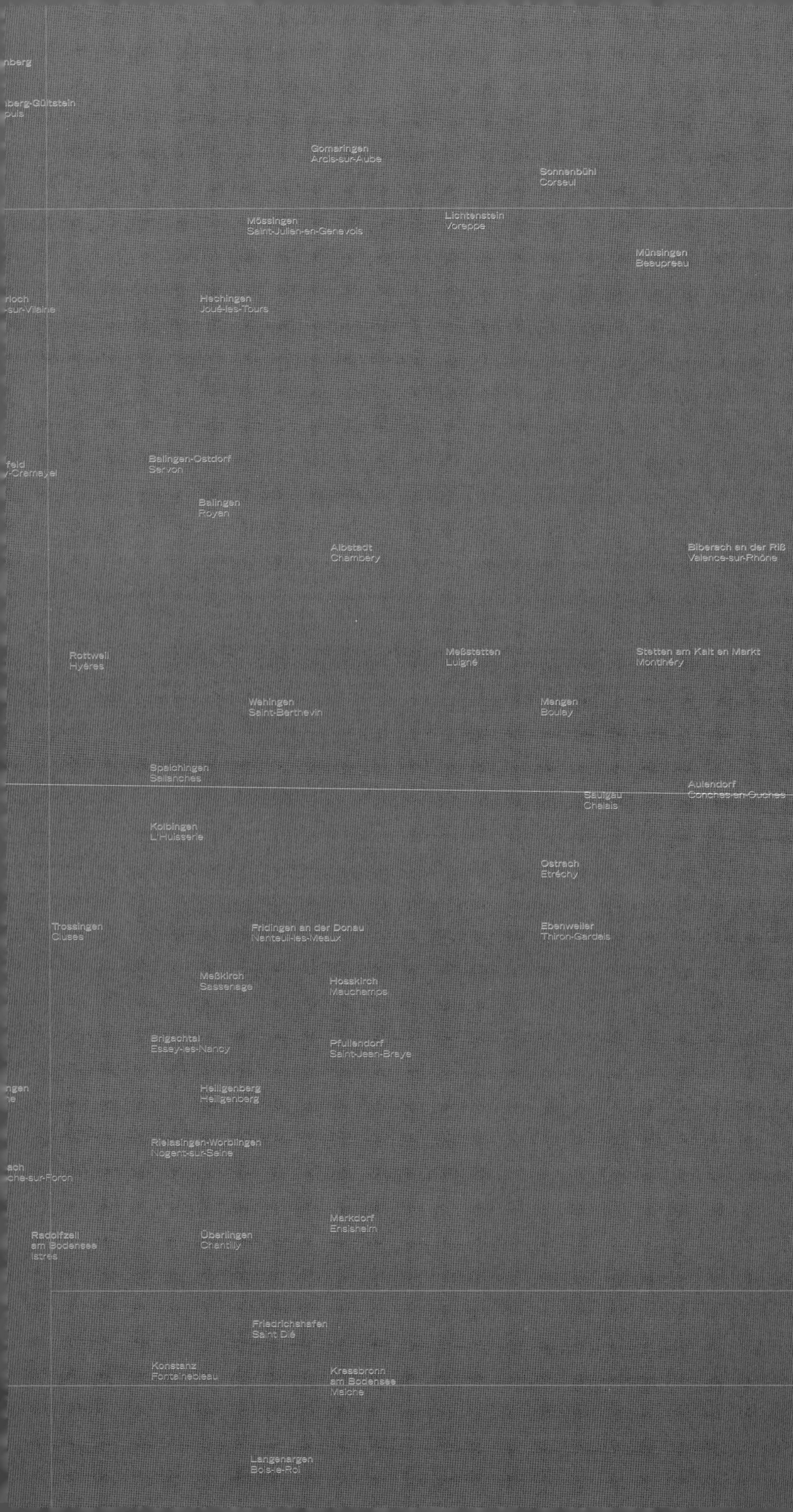

Im Jahr 2002 gibt es 465 Partnerschaften zwischen baden-württembergischen und französischen Gemeinden und Städten. Das sind 22% der etwas mehr als 2100 deutsch-französischen kommunalen Partnerschaften. Während die überwiegende Anzahl der heute bestehenden Verbindungen mit Leben erfüllt sind und einen intensiven Austausch pflegen, gab es in der Vergangenheit auch einige wenige Partnerschaften, die wieder erloschen sind. Meist war dies die Folge eines Führungs- oder Generationswechsels in einer der Partnergemeinden. Entscheidend für gute Beziehungen ist neben der Neugier und dem Interesse für den Nachbarn vor allem der Wille zum persönlichen Kontakt.

Der Boom der Partnerschaften begann Ende 1950er Jahre nach der Gründung der „Europäischen Wirtschaftsgemeinschaft“ und war eine mittelbare Folge der von Konrad Adenauer betriebenen Politik einer eindeutigen Bindung der Bundesrepublik an den Westen. Zuvor gehörten nur wenige Kommunen zu den Vorreitern der deutsch-französischen Aussöhnung. Ludwigsburg, Ettlingen, Böblingen und Karlsruhe spielten hier eine besondere Rolle. Zwischen 1958 und 1974 schlossen 183 baden-württembergische Gemeinden Partnerschaften mit französischen Kommunen ab, die bis heute noch bestehen. Die Unterzeichnung des deutsch-französischen Freundschaftsvertrags am 22. Januar 1963 sorgte hier für einen zusätzlichen Schub.

Nach einer Phase der Stagnation seit 1975 wurden gegen Ende der 1980er Jahre die Partnerschaftsgründungen neu belebt. Am Ende des Ost-West-Konflikts erschien die deutsch-französische Aussöhnung nun als Vorbild für die Öffnung nach Osten, auch auf kommunaler Ebene. Wer sich jetzt noch nicht dem Osten öffnen wollte, holte in den Jahren 1988–1989 bzw. 1991–1992 womöglich die Öffnung nach Westen nach. Seither gingen die Gründungen der „Jumelage“ auf niedrigerem Niveau durchaus weiter. Bald wird jede zweite der 1.110 baden-württembergischen Gemeinden eine französische Partnergemeinde besitzen. Die Pflege dieser intensiven Beziehungen ist die Herausforderung der Zukunft.

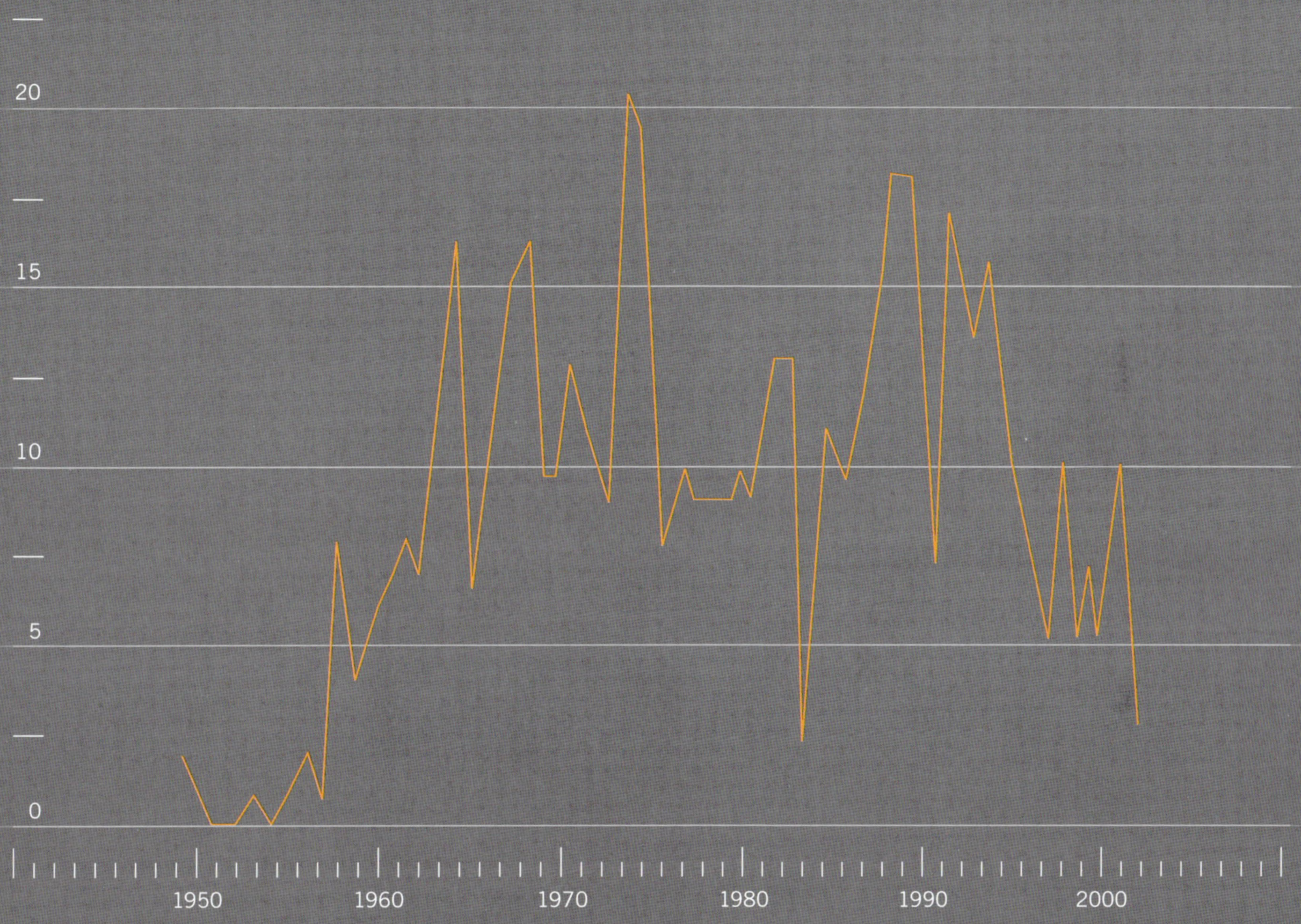

Städte- und Gemeindepartnerschaften zwischen Baden-Württemberg und Frankreich

Epilog

Stefanie Lucci

Anja Luithle: Der Lauf der Geschichte

Im Haus der Geschichte auszustellen, ist eine Herausforderung. Stehen wir doch den „Zeitzeugen“ der Geschichte, den Artefakten der Vergangenheit und vor allem der geschriebenen Geschichte im allgemeinen, wenn schon nicht mit Ehrfurcht, so doch mit Respekt gegenüber. Gesetzte Geschichte wird als Fakt behandelt, ist Leitfaden und Erklärung, Begründung und Orientierung, nimmt Einfluß und bestimmt zuweilen vermeintlich den Lauf der Geschichte selbst. Eine ernste Geschichte also.
Anja Luithle hat diese Herausforderung angenommen. Vielschichtig und sensibel wirft sie in ihrer Installation „Der Lauf der Geschichte“ Fragen auf und eröffnet so ein Forum der Reflexion. Welche Orte im Haus der Geschichte wären dazu besser geeignet als die Dachterrasse und der sich anschließende transparente Ausstellungsraum mit seinen großen Panoramafenstern. Beide Orte suggerieren Überblick, was in diesem Kontext den Installationen „Die Gratwanderin“ und „Gesichter der Zeit“, welche die Gesamtinstallation „Der Lauf der Geschichte“ ausmachen, einen geradezu brisanten Standort verleiht.
Nach einem Gang durch das Haus der Geschichte betritt der Besucher das „Hier und Jetzt“ der Dachterrasse, den Kopf und das Herz voll der Geschichten, die sich vor seinen Augen ereignet haben. Doch kaum hat er die Dachterrasse betreten, sieht er sich zwei Schuhen, einem Koffer und einem Damenkleid gegenüber. Die Schuhe laufen langsam, Schritt für Schritt, an dem Koffer vorbei, halten in ihrem Lauf inne, um dann rückwärts dieselbe Wegstrecke zurückzulegen. Fortschritt und Rückschritt und wieder Fortschritt und... – und ohne Unterlaß dasselbe, das immer Wiederkehrende, ein und dieselbe Geschichte. Was mit diesen sich bewegenden Schuhen visualisiert wird, legt ein bewußtes Erleben von Zeit, von Zeitabläufen, von Zeitreisen nahe, ein Erleben von Geschichte und Geschichtlichkeit, von überpersonalen Konstrukten und individueller Geschichte. Und gerade dieser individuelle Aspekt wirft den Betrachter jäh auf sich selbst zurück. Denn werden diese Schuhe nicht ganz spontan mit einer imaginären Person gefüllt, die der Betrachter gar mit

sich selbst identifizieren kann? Und unverhofft mag er sich selbst gegenüber stehen, mit all den vermeintlichen Sicherheiten, mit denen er sich gewöhnlich umgibt, ob psychisch oder materiell, um das Leben zu meistern. Doch mag er auch gleichzeitig all den Fragen gegenüberstehen, die er nicht beantworten kann und die ihn so aus der gewohnten Bahn reißen, so daß sein Leben nicht ein kontinuierliches Fortschreiten ist, sondern auch aus Rückschritt besteht, dem Lauf der Schuhe gleich. Und schon ist man voll der eigenen Erinnerungen, der Reisen, die man unternommen hat, vor allem der innerlichen Reisen, die wohl jeder kennt. Und genau da kommt der Koffer als weiterer Protagonist ins Spiel. Denn steht nicht der Koffer als Zeichen für das Reisen schlechthin? Ist nicht auch er gefüllt mit Erinnerungen und Geschichten, mit Geschichte? Kommen und Gehen, Werden und Vergehen, das Erleben von Neuem und das sich stetig Wiederholende, damit scheint der Koffer gepackt zu sein. Das Leben als Reise. Zeit und Geschichte als Zeitgeschichte.

Doch sind die Schuhe wie auch der Koffer nicht ohne das eitle, rote Damenkleid zu denken. Es bewegt sich gegenläufig zu den Schuhen auf der Brüstung der Terrasse. Am Ende der Wegstrecke dreht es sich kokett und nimmt seine „Wanderung" wieder auf, immer am Rande des Abgrundes. Und wie oft haben wir nicht selbst das Gefühl, uns konträr zu dem Lauf der Dinge zu bewegen. Gar zu eitel tänzeln wir in unserer vermeintlichen Sicherheit, der „Gratwanderin" gleich, am Rande unserer eigenen Abgründe. Und reflektiert nicht die räumliche Trennung dieser beiden körperlosen Hüllen, die doch so viel zu sagen vermögen, nicht eine bestimmte Art von innerer Befindlichkeit, die dem Zustand von innerer Zerrissenheit gleichkommt? Ein Phänomen, das wir allzugut kennen und zumeist auch fürchten. Denn sind wir nicht ein Leben lang auf der Suche nach Harmonie, Kontinuität und Stabilität, und überkommt uns dabei nicht allzuoft eine eigenartige Verlorenheit, welche auch die „Gratwanderin" auf der hohen Brüstung zu umwehen scheint? Was könnte besser dieses menschliche Phänomen der eigenen Gespaltenheit, vielleicht eine Grundkonstante der menschlichen Psyche überhaupt, ausdrücken als die Installation der „Gratwanderin".

Und so steht die einsame „Gratwanderin" den vielen „Köpfen" gegenüber, die, an langen Stangen abgehängt, durch die großen Glasfenster des anschließenden Ausstellungsraumes zu sehen sind. Und wieder mag sich der Betrachter gespiegelt sehen, denn stehen wir nicht auch des öfteren den „Anderen" gegenüber, die zunächst nichts mit uns zu tun zu haben scheinen, nichts mit unserer persönlichen Geschichte. Und wie bei der „Gratwanderin" mag einen ein leicht ungutes Gefühl überkommen, die sich bewegenden Perücken zu betrachten. Eine illustre Gesellschaft scheint sich dort zusammengefunden zu haben. Die nur scheinbar chaotische Choreographie evoziert Bilder von Kommunikation, Aktion und Reaktion, Verbundenheit und Isolation. Und wieder füllt der Betrachter mehr unwillkürlich als bewußt die „Köpfe" mit Gesichtern, mit Typen und auch individuellen Personen, sinniert über die Geschichten, die sich die „Gesichter der Zeit" erzählen mögen, reflektiert über das Gestern, das Jetzt und das hoffentlich kommende Morgen. Und immer wieder die Frage, wer denn eigentlich diese Personen sind, die dort so kontinuierlich agieren. Sind es berühmte Zeitzeugen, Leute von Heute oder Leute, die Geschichte machten, oder ist es ein Heer, sich rüstend zum Angriff oder zur Verteidigung, ist es eine aufgeregte Menschenmenge, sind es Jasager oder Demonstranten? Oder sind es einfach nur schwatzende Grüppchen oder Außenseiter, weggesperrt und getrennt durch die Glasfenster? Die „Gesichter der Zeit" geben darauf keine Antwort, sie schütteln die Köpfe, sie nicken in vermeintlicher Zustimmung.

„Köpfe bestimmen den Lauf der Dinge, und der Betrachter wird selbst zum Kopf der Zeit", schreibt Anja Luithle in ihrer Projektbeschreibung zum „Lauf der Geschichte". Wie ist das zu verstehen? Etwa so, daß wir selbst Geschichte sind, indem wir selbst Geschichte machen? Ihre Installationen „Die Gratwanderin" und „Gesichter der Zeit" legen das nahe, ist der Betrachter doch selbst Teil der Installationen, sobald er es zuläßt, sich auf diese einzulassen und seinen eigenen Gedanken freien Bewegungsraum zuzugestehen, seine eigene Phantasie mit ins Spiel zu bringen.

Anja Luithles Installationen geben auf diese Frage keine definitive Antwort. Anja Luithle hinterfragt, legt Fragen offen und bringt diese zugespitzt auf den Punkt. Sie überläßt es dem Betrachter, sich in seinen eigenen Reflexionen zu ergehen. Gerade diese Offenheit macht die Qualität ihrer Arbeiten aus, die auch und vor allem ein Nachdenken über Geschichte sind.

Anja Luithle

1968. geboren in Offenbach am Main.
1988–95. Studium an der Staatlichen Akademie der bildenden Künste Stuttgart, bei den Professoren Dieter Groß, Sotirios Michou und Joseph Kosuth.
1990. Gaststudium in Barcelona, Facultad de Bellas Artes bei Prof. Pijuán.
1993. Preis der Kunstakademie Stuttgart. Rombach Preis der Stadt Bietigheim-Bissingen.
1995. Atelierförderung des Landes Baden-Württemberg. Stipendium der Kunststiftung Baden-Württemberg.
1996. DAAD-Jahresstipendium für Wien.
1998. Kunst am Bau, Stadtbahnhaltestelle Stuttgart Ruit, seit September 2000, mit Joachim Fleischer.
2001. Austauschstipendium des Landes Baden-Württemberg mit Budapest.

Die Gratwanderin
2002
Stahl, GFK, Stoff, u.a.
Höhe ca. 180 cm.
(Ansicht im Atelier)

Detail der Installation „Gesichter der Zeit"
2002
bestehend aus 16 Köpfen. Jeder Kopf läßt sich ansteuern und kann sich in drei Richtungen bewegen.
Die Geschwindigkeit ist ebenfalls variabel, so daß eine Vielzahl von Bewegungsabläufen entsteht.

Joachim Baur

Depot in den Köpfen

Die Baden-Württemberg-Lounge

„Ein Land zur Erschließung seines Wesens und seiner Strukturen zu ‚entdecken' bedeutet, nach und nach dessen Hüllen und Schichten abzulösen; dazu empfiehlt es sich, das Land (die Landschaft) in Bilder (‚Einbildung') umzusetzen, denn es wird nur durch die Darstellung sichtbar und zeigt sich unserem Blick nur ikonisiert in Form einer (photographischen) Aufnahme. ... Jetzt erst kann man über das Land in Form seiner ‚Übersetzung' in Bilder verfügen." (Grivel 1994, S. 66)

Bilder. Kommend, gehend. Schwebend, wolkig, diffus. Sie breiten sich aus, nehmen den Raum, verdichten sich, werden zum Bild. Scharf stehen sie vor Augen, nur um sich wegzudehnen vor der fixierenden Betrachtung, der einen und einzigen Sicht.
Dinge fallen uns auf. Blitz. Fallen uns ein. Gedanken fallen uns an, nehmen uns ein. Konzentration, Versuche, sie zu fassen. Sie lassen sich nicht halten, treiben weg, flüchtig, auf der Flucht – „Sie fliegen vorbei wie nächtliche Schatten..."

Wie Schatten aus Licht
fliegen die Bilder
im „Depot in den Köpfen".

Depot [depo; *lat.-fr.*] *das;*
a) Aufbewahrungsort für Sachen; b) Abteilung einer Bank, in der Wertsachen und -schriften verwahrt werden;
c) aufbewahrte Gegenstände;
d) Ablagerung.

Lounge [laundsch; *engl.*] *die;* Gesellschaftsraum (in Hotels o.ä.); Wohnzimmer; Warteraum; Ort zum Ausruhen und Entspannen.

Einer atmenden Masse gleich liegt der Raum. Beim Eindringen in die Struktur werden die Konturen schärfer, die Bilder klarer. Schichten transparenter Gazen zeigen traumhafte Ansichten. Überlappende Szenen, projizierte Fetzen, Fraktale der Illusion. Dazwischen wir. Im gleichmäßigen Rhythmus, im endlosen Loop. Wir sitzen und schauen. Lounge.

Es sind Bilder von Kunst und Kultur. Ein Orchester beim Stimmen, Schauspieler im Rampenlicht, schlanke Ballerinenarme, die in Zeitlupe über die Wände wischen, tanzende Füße, schreibende Hände, ein Meer aus Buchstaben, Pinselstriche. Oper, Theater, Ballet, Bildende Kunst, Literatur, Musik. – Die Kunst sei ein Mittel, „die Starre der politischen Institutionen aufzulösen und uns an die Vielfalt unsrer Wahrnehmungen zu erinnern", heißt es bei Peter Weiss (Weiss, S. 63). Die Starre ist aufgelöst, die Vielfalt der Wahrnehmungen führt zur Wahrnehmung der Vielfalt. „Volkskultur" kommt in den Blick. Narrenumzüge in der schwäbisch-alemannischen Fastnacht, Volkstanzgruppen, Fischerstechen.

Und immer wieder umfängt uns die Landschaft. Sie breitet sich aus zu Panoramen von 360°. Dicht über den Wipfeln des Schwarzwalds kreisend, hoch über den Hängen der Schwäbischen Alb, ins Blau getaucht des Bodensees. Ungewöhnliche Blicke, geweitete Perspektiven, wechselnde Atmosphären. Inszeniertes Kontinuum.

Dazwischen, auf der Bühne der Bilder, die Protagonisten. Poeten und Musiker, Schauspieler und Tänzer, Maler und Gestalter, bekannt und unbekannt. Sie kommentieren, illustrieren, interpretieren. Kultur-Landschaft Baden-Württemberg.

Natur und Kultur, Gegebenes und Gewordenes, Gewordenes und Gegebenes treten in Verbindung, verwickeln sich, entwickeln sich. Es entsteht ein Eindruck, eine Ahnung, eine Vorstellung, eine Einbildung; eine Abbildung niemals. Nichts ist authentisch, nichts wird natürlich, die Bilder bleiben Simulation. Jenseits der Repräsentation läßt sich nichts zeigen. Es findet statt.

Nur der Betrachter ist echt.
Von hier wird er entlassen in seine Realität.
Er sieht, was er sieht.
Identi-Fiktion.

„Depot in den Köpfen – Die Baden-Württemberg-Lounge" ist eine multimediale Installation. Sechs Beamer projizieren Filmsequenzen in einem Winkel von 360°. Die Projektionsfläche besteht aus zahlreichen kreisförmig angeordneten Gazen, die in einzelnen Bahnen neben- und hintereinander geschichtet sind. Vom Zentrum der Installation nach außen werden die Bilder unschärfer, verzerrter, abstrakter. Um ins Zentrum zu gelangen, muß der Besucher die Gazen und damit die projizierten Bilder selbst durchschreiten. Dort laden Sitzgelegenheiten zum Verweilen ein und zu einer entspannenden und assoziativen Auseinandersetzung mit der Kultur-Landschaft Baden-Württemberg.

Literatur

Abt 2001
Karlheinz Abt: Von der Entdeckung zur Erhaltung von Natur und Landschaft. In: Schwarzwaldverein e. V. (Hg.): Der Schwarzwald. Naturvielfalt in einer alten Kulturlandschaft. Karlsruhe 2001, 36–41.

Allgaier 1982
Rudi Allgaier: Grenzland in der Krise. Die badische Wirtschaft 1928–1933. In: Thomas Schnabel (Hg.): Die Machtergreifung in Südwestdeutschland. Das Ende der Weimarer Republik in Baden und Württemberg 1928–1933. Stuttgart 1982, 150–183.

Alt-Freiburg 1989
Alt-Freiburg. Bilder einer Stadt. Text: Hans Schadek. Tübingen 1989.

Althausen 1989
Oscar Althausen im Gespräch mit Wilhelm Kreutz: Den Holocaust auf abenteuerliche Weise überlebt. In: Alfred Hans Kuby (Hg.): Juden in der Provinz. Beiträge zur Geschichte der Juden in der Pfalz zwischen Emanzipation und Vernichtung. Neustadt a. d. Weinstrasse 1989, 177–194.

Althausen 1990
Oskar Althausen: Die Deportation und Camp de Gurs überlebt. In: Erhard R. Wiehn (Hg.): Oktoberdeportation 1940. Die sogenannte „Abschiebung" der badischen und saarländischen Juden in das französische Internierungslager Gurs und andere Vorstationen von Auschwitz. Konstanz 1990, 343–374.

Andreas 1934
Willy Andreas (Hg.): Briefe Heinrich von Treitschkes an Historiker und Politiker vom Oberrhein. Berlin 1934.

Arbeiterbewegung 1982
Arbeiterbewegung und Wiederaufbau. Stuttgart 1945–49. Materialsammlung und Katalog zur Ausstellung in der „Galerie im Lichthof" des DGB-Hauses Stuttgart. DGB-Kreis Stuttgart. Stuttgart 1982.

Azéma 1979
Jean-Pierre Azéma: De Munich à la Libération. 1938–1944. Paris 1979.

Badischer Sängerbund 1992
Badischer Sängerbund von 1962 bis 1992. Hg. vom Badischen Sängerbund. Karlsruhe [1992].

Baier 1937
Hermann Baier: Badische Gräber in Algerien. In: Mein Heimatland 24 (1937) 74–80.

Ballangé 1998
Guy Ballangé: Luftschiffe in Frankreich. Eine Leidenschaft, ein Leidensweg. In: Wolfgang Meighörner (Hg.): Szenen einer Haßliebe. Zeppelin und Frankreich. Friedrichshafen 1998, 65–88.

Balle 1999
Theo Balle: Gegenwart und Zukunft des Chorgesangs. In: 150 Jahre Schwäbischer Sängerbund 1849 e. V. Vergangenheit – Gegenwart – Zukunft. Tübingen 1999, 263–271.

Balzert 1999
Monika Balzert: Die Weltgeschichte hat es in sich. Schulgeschichte im Licht unserer Schulbibliothek. In: 100 Jahre Hölderlin-Gymnasium Stuttgart. [Hg. vom Hölderlin-Gymnasium Stuttgart]. Stuttgart 1999, 48–62.

Bassler 1987
Siegfried Bassler: Georg Bassler (1857–1900). In: Siegfried Bassler (Hg.): Mit uns für die Freiheit. 100 Jahre SPD in Stuttgart. Stuttgart, Wien 1987, 182–184.

Bauer 1991
Sonja-Maria Bauer: Die Verfassunggebende Versammlung in der Badischen Revolution von 1849. Darstellung und Dokumentation. Düsseldorf 1991.

Baumgärtner 1996
Walter Baumgärtner: Spare, spare, Häusle baue? In: In Baden-Württemberg 4 (1996) 10–12.

Bayer 1966
Dorothee Bayer: O gib mir Brot. Die Hungerjahre 1816 und 1817 in Württemberg und Baden. Ulm 1966.

Beck 1986
Ulrich Beck: Risikogesellschaft. Auf dem Weg in eine andere Moderne. Frankfurt am Main 1987.

Beck 1990
Rainer Beck: 1915. Schlaglichter auf den Alltag im Ersten Weltkrieg. In: Heinz Schmitt, Ernst Otto Bräunche (Hg.): Alltag in Karlsruhe. Vom Lebenswandel einer Stadt durch drei Jahrhunderte. Karlsruhe 1990, 197–228.

Becker 1995
Otto Becker [u. a.] (Bearb.): Preußen in Hohenzollern. Begleitband zur Ausstellung Sigmaringen 1995. Hg. vom Haus der Geschichte Baden-Württemberg und dem Staatsarchiv Sigmaringen. Sigmaringen 1995.

Becker/Berstein 1990
Jean-Jacques Becker, Serge Berstein: Victoire et frustrations. 1914–1929. Paris 1990.

Beller 1977
Ulrich Beller: Bürgerproteste am Beispiel Wyhl und die Volkshochschule Wyhler Wald. In: Heiko Haumann (Hg.): Vom Hotzenwald bis Wyhl. Demokratische Traditionen in Baden. Köln 1977, 269–290.

Bender 1975
Gerd Bender: Die Uhrenmacher des hohen Schwarzwaldes und ihre Werke. Bd. 1. Villingen/Schwarzwald 1975.

Benz 1992
Wolfgang Benz: Fremde in der Heimat. Flucht – Vertreibung – Integration. In: Klaus J. Bade (Hg.): Deutsche im Ausland – Fremde in Deutschland. Migration in Geschichte und Gegenwart. München 1992, 374–386.

Berger-Fix 1998
Andrea Berger-Fix: Menschen aus Ludwigsburg. Justinus Kerner, Eduard Mörike, Friedrich Theodor Vischer, David Friedrich Strauß. Ludwigsburg 1998.

Berghahn 1966
Volker R. Berghahn: Der Stahlhelm. Bund der Frontsoldaten 1918–1935. Düsseldorf 1966.

Berghahn 1993
Sabine Berghahn: Frauen, Recht und langer Atem – Bilanz nach über 40 Jahren Gleichstellungsgebot in Deutschland. In: Gisela Helwig, Hildegard Maria Nickel (Hg.): Frauen in Deutschland 1945–1992. Berlin 1993, 71–138.

Bertelsmann 2001
Bertelsmann Stiftung (Hg.): Die Bundesländer im Standortwettbewerb. Gütersloh 2001.

Binder 1995
Hans-Otto Binder (Hg.): Ritterkreuz und Judenstern. Rommel und das jüdische Landschulheim Herrlingen. Tübingen 1995.

Bloch 1959
Ernst Bloch: Das Prinzip Hoffnung. 3 Bde. Berlin 1954–1959.

Bodart 1916
Gaston Bodart: Losses of Life in Modern Wars. Austria-Hungary, France. Oxford 1916.

Boelke 1987
Willi A. Boelcke: Wirtschaftsgeschichte Baden-Württembergs von den Römern bis heute. Stuttgart 1987.

Borbstaedt 1872
Adolf Borbstaedt: Der deutsch-französische Krieg 1870 bis zu der Katastrophe von Sedan und der Kapitulation von Straßburg. Berlin 1872.

Borcherdt 1985
Christoph Borcherdt: Landwirtschaft als Erwerbszweig in der ersten Hälfte des 19. Jahrhunderts. In: Christoph Borcherdt [u. a.]: Die Landwirtschaft in Baden und Württemberg. Veränderungen von Anbau, Viehhaltung und landwirtschaftlichen Betriebsgrößen 1850–1980. Stuttgart 1985, 35–59.

Bornhak o.J.
Helmut Bornhak: Regine Jolberg. Die Gründerin des Mutterhauses Nonnenweier. Stuttgart-Sillenbuch.

Borst 1966
Otto Borst: Karl Pfaff. Der deutsche Sängervater. Esslingen 1966.

Brandt 1987
Hartwig Brandt: Parlamentarismus in Württemberg 1819–1870. Anatomie eines deutschen Landtags. Düsseldorf 1987.

Brandt/Rürup 1991
Peter Brandt, Reinhard Rürup:Volksbewegung und demokratische Neuordnung in Baden 1918/19. Zur Vorgeschichte und Geschichte der Revolution. Sigmaringen 1991.

Breloer 1997
Heinrich Breloer: Todesspiel. Von der Schleyer-Entführung bis Mogadischu. Eine dokumentarische Erzählung. 3. Auflage. Köln 1997.

Brezelgeschichte(n) 1993
Brezelgeschichte(n). Witzig und wissenswert. Text: Irene Fröhlich. Reutlingen 1993.

Brüggemeier 1998
Franz-Josef Brüggemeier: Tschernobyl, 26. April 1986. Die ökologische Herausforderung. München 1998.

Bumiller 1927
Anton Bumiller: Die Hohenzoller im Felde. In: Hohenzollerisches Gedenkbuch 1914–1918. Hechingen 1927, 1–38.

Caroli 1999
Michael Caroli: Fin de siècle oder Aufbruch zu neuen Ufern. In: Michael Caroli, Friedrich Teutsch: Mannheim im Aufbruch. Die Stadt an der Wende vom 19. zum 20. Jahrhundert. Mannheim 1999, 11–62.

Caroli/Pich 1997
Michael Caroli, Sabine Pich: „Machtergreifung". In: Jörg Schadt, Michael Caroli (Hg.): Mannheim unter der Diktatur [1933–1939]. Ein Bildband. Mannheim 1997, 13–30.

Castle 1982
H.G. Castle: Fire over England. The German Air Raids of World War I. London 1982.

Chickering 2002
Roger Chickering: Das Deutsche Reich und der Erste Weltkrieg. München 2002.

Christ-Gmelin 1979
Maja Christ-Gmelin: Die württembergische Sozialdemokratie 1890–1914. In: Jörg Schadt, Wolfgang Schmierer (Hg.): Die SPD in Baden-Württemberg und ihre Geschichte. Von den Anfängen der Arbeiterbewegung bis heute. Stuttgart [u. a.] 1979, 107–131.

Chronik 1903
Chronik der Haupt- und Residenzstadt Stuttgart 1902. Hg. vom Gemeinderat. Stuttgart 1903.

Cochet 1998
François Cochet: Soldats sans armes. La captivité de guerre: une approche culturelle. Brüssel, Paris 1998.

Cordes 1978
Günter Cordes (Bearb.): Krieg, Revolution, Republik. Die Jahre 1918 bis 1920 in Baden und Württemberg. Eine Dokumentation. Ulm 1978.

Cornelius 2002
Ivar Cornelius: Zuwanderungen von Ausländern nach Baden-Württemberg. In: Baden-Württemberg in Wort und Zahl 50 (2002) 38–45.

Cost/Körber-Weik 2002
Hilde Cost, Margot Körber-Weik: Wirtschaftlicher Wohlstand in Baden-Württemberg. Herausforderungen, Strategien, Perspektiven im Überblick. In: Hilde Cost, Margot Körber-Weik (Hg.): Die Wirtschaft von Baden-Württemberg im Umbruch. Stuttgart 2002, 9–23.

Dahrendorf 1965a
Ralf Dahrendorf: Bildung ist Bürgerrecht. Plädoyer für eine aktive Bildungspolitik. Bramsche/Osnabrück 1965.

Dahrendorf 1965b
Ralf Dahrendorf: Arbeiterkinder an deutschen Universitäten. Tübingen 1965.

Dahrendorf 1977
Ralf Dahrendorf: Kalifornien der Bundesrepublik? In: Theodor Eschenburg, Ulrich Frank-Planitz (Hg.): Republik im Stauferland. Baden-Württemberg nach 25 Jahren. Stuttgart 1977, 49–61.

Dahrendorf 1981
Ralf Dahrendorf (Hg.): Trendwende. Europas Wirtschaft in der Krise. Wien [u. a.] 1981.

Dahrendorf 2002
Ralf Dahrendorf: Die Krisen der Demokratie. Ein Gespräch mit Antonio Polito. München 2002.

Deifel/Kruttschnitt 1988
Barbara Deifel, Elke Kruttschnitt: Die Bischöfe der Diözese Rottenburg-Stuttgart 1828 bis heute. In: Hans Georg Tiefenbacher, Wolfgang Urban (Red.): Das katholische Württemberg. Die Diözese Rottenburg-Stuttgart. Zeiten, Zeichen, Zeugen. Ulm 1988, 81–97.

Denkwürdigkeiten 1906
Denkwürdigkeiten des Markgrafen Wilhelm von Baden. Bd. 1: 1792–1818. Hg. von der Badischen Historischen Kommission. Heidelberg 1906.

Dinkel 1992
Lothar Dinkel: Hedwig Dinkel und die Frauenbildung in Württemberg. In: Jahrbuch für schwäbisch-fränkische Geschichte 32 (1992) 265–278.

Dischler 1933
Hermann Dischler: Hotzenwälder Eindrücke und Erinnerungen eines Malers. In: Der Schwarzwald. Monatsblätter des Badischen Schwarzwaldvereins 3 (1933) 37–39.

Dischler 1934
Hermann Dischler: Aus dem Leben eines alten Feldbergmalers. In: Der Schwarzwald. Monatsblätter des Schwarzwaldvereins 5 (1934), 90–92.

Doll 2001
Hans-Jürgen Doll: Der organisierte Rechtsextremismus. In: Thomas Fliege (Hg.): Rechtsextremismus in Baden-Württemberg. Verborgene Strukturen der Rechten. Freiburg im Breisgau 2001, 43–68.

Droysen 1977
Johann Gustav Droysen: Historik. Textausgabe von Peter Leyh. Stuttgart-Bad Cannstatt 1977.

Duffner/Fritz 1991
Alfons Duffner, Gerhard Fritz: Heimatbuch der Gemeinde Bühlertal. Bühlertal 1991.

Eberl 1993
Immo Eberl (Bearb.): Flucht, Vertreibung, Eingliederung. Baden-Württemberg als neue Heimat. Begleitband zur Ausstellung. Hg. vom Innenministerium Baden-Württemberg. Sigmaringen 1993.

Ebertz 1993
Michael N. Ebertz: „Ein Haus voll Glorie, schauet." Modernisierungsprozesse der römisch-katholischen Kirche im 19. Jahrhundert. In: Wolfgang Schieder (Hg.): Religion und Gesellschaft im 19. Jahrhundert. Stuttgart 1993, 62–85.

Ecker 1997
Ulrich P. Ecker: „Nein, lieber will ich in einem Land wohnen, wo man die Freiheit als das höchste menschliche Glück betrachtet!" Die Korrespondenz des badischen Republikaners Johann Michael Scheffelt zwischen 1849 und 1853. In: Zeitschrift des Breisgau-Geschichtsvereins „Schau-ins-Land" 116 (1997) 291–360.

Eisele 1994
Klaus Eisele: Die „Aktion Goerdeler". Mitverschwörer des 20. Juli 1944 im deutschen Südwesten. In: Rudolf Lill, Michael Kißener (Hg.): 20. Juli 1944 in Baden und Württemberg. Konstanz 1994, 155–207.

Eiselen 1985
Hermann Eiselen: Die Hungersnot 1816/17 in Baden und Württemberg. In: Arbeitsgemeinschaft der Heimatmuseen im Alb-Donau-Kreis (Hg.): Die Hungerjahre 1816/17 auf der Alb und an der Donau. Ehingen 1985, 9–16.

Eisermann 2000
Thilo Eisermann: Pressephotographie und Informationskontrolle im Ersten Weltkrieg. Deutschland und Frankreich im Vergleich. Hamburg 2000.

Elben 1931
Otto Elben: Lebenserinnerungen 1823–1899. Stuttgart 1931.

Ensslin 1997
Christiane Ensslin: Die Todesnacht im 7. Stock in Stammheim. In: taz-Journal 1/97: Die RAF, der Staat und die Linke. 20 Jahre Deutscher Herbst. Analysen, Recherchen, Interviews, Debatten, Dokumente von 1977 bis 1997. Berlin 1997, 14–16.

Eppe 1987
Claus Eppe: Aus der Verfolgung in den Wartesaal 1. Klasse. In: Siegfried Bassler (Hg.): Mit uns für die Freiheit. 100 Jahre SPD in Stuttgart. Stuttgart, Wien 1987, 46–73.

Everke 1990
Gerhard Everke: Synagogen in Karlsruhe. Von Friedrich Weinbrenner zu Josef Durm und Gustav Ziegler. In: Heinz Schmitt [u. a.] (Hg.): Juden in Karlsruhe. Beiträge zu ihrer Geschichte bis zur nationalsozialistischen Machtergreifung. Karlsruhe 1990, 221–246.

Fanck 1959
Arnold Fanck: Freiburg – die Wiege des Bergfilms. In: Freiburger Almanach. Zehntes illustriertes Jahrbuch. Freiburg 1959, 136–150.

Faulstich 1998
Heinz Faulstich: Hungersterben in der Psychatrie 1914–1949. Mit einer Topographie der NS-Psychiatrie. Freiburg im Breisgau 1998.

Fautz 1938
Hermann Fautz: Bei den Rindenschälern und Reutebrennern im mittleren Schwarzwald. In: Mein Heimatland 25 (1938) 81–89.

Fehrenbach 1983
Elisabeth Fehrenbach: Traditionale Gesellschaft und revolutionäres Recht. Die Einführung des Code Napoléon in den Rheinbundstaaten. 3. Auflage. Göttingen 1983.

Fehrenbach 1986
Elisabeth Fehrenbach: Die territoriale Neuordnung des Südwestens. In: Reiner Rinker, Wilfried Setzler (Hg.): Die Geschichte Baden-Württembergs. Stuttgart 1986. 211–219.

Fellmeth 1998
Ulrich Fellmeth (Hg.): Margarete von Wrangell und andere Pionierinnen. Die ersten Frauen an den Hochschulen in Baden und Württemberg. Begleitbuch zur Ausstellung. St. Katharinen 1998.

Fenske 1981
Hans Fenske: Der liberale Südwesten. Freiheitliche und demokratische Traditionen in Baden und Württemberg 1790–1933. Stuttgart [u. a.] 1981.

Fischer/Frech 2001
Thomas Fischer, Siegfried Frech: „Vier Motoren für Europa" – Baden-Württembergs Partnerregionen. In: Thomas Fischer, Siegfried Frech (Hg.): Baden-Württemberg und seine Partnerregionen. Stuttgart [u. a.] 2001, 9–15.

Franzen 1979
Hans Joachim Franzen: Die SPD in Baden 1900–1914. In: Jörg Schadt, Wolfgang Schmierer (Hg.): Die SPD in Baden-Württemberg und ihre Geschichte. Stuttgart [u. a.] 1979, 88–101.

Fraser 1995
David Fraser: Rommel. Die Biographie. Berlin 1995.

Freitag 1997
Werner Freitag (Hg.): Das Dritte Reich im Fest. Führermythos, Feierlaune und Verweigerung in Westfalen 1933–1945. Begleitbuch zur Wanderausstellung des Westfälischen Museumsamtes. Bielefeld 1997.

Frevert 1986
Ute Frevert: Frauen-Geschichte. Zwischen Bürgerlicher Verbesserung und neuer Weiblichkeit. Frankfurt am Main 1986.

Fürst 2000
Ansgar Fürst: Geburt aus dem Geist des Protests. In: Badische Zeitung vom 24.06.2000.

FVA 2001
FVA (Hg.): Waldzustandsbericht 2001 der Forstlichen Versuchs- und Forschungsanstalt Baden-Württemberg. Freiburg 2001.

Gaehtgens 1990
Thomas W. Gaehtgens: Anton von Werner. Die Proklamation des Deutschen Kaiserreichs. Ein Historienbild im Wandel preußischer Politik. Frankfurt am Main 1990.

Gassen 1975
Richard W. Gassen: Georg Scholz – ein Beitrag zur Diskussion realistischer Kunst. Karlsruhe 1975.

Gast 1997
Wolfgang Gast: Der Staat bombt mit. In: taz-Journal 1/97: Die RAF, der Staat und die Linke. 20 Jahre Deutscher Herbst. Analysen, Recherchen, Interviews, Debatten, Dokumente von 1977 bis 1997. Berlin 1997, 50–51.

Geinitz 1995
Christian Geinitz: Der vergessene Krieg. Strategische Bombenangriffe auf Freiburg im Ersten Weltkrieg. In: Christian Geinitz [u. a.] (Hg.): Kriegsgedenken in Freiburg. Trauer, Kult, Verdrängung. Freiburg 1995, 89–130.

Geinitz 1998
Christian Geinitz: Kriegsfurcht und Kampfbereitschaft. Das Augusterlebnis in Freiburg. Eine Studie zum Kriegsbeginn 1914. Essen 1998.

Gemeindeverzeichnis 1965
Statistisches Landesamt (Hg.): Historisches Gemeindeverzeichnis. Bevölkerungszahlen der Gemeinden von 1871 bis 1961 auf dem Gebietsstand vom 6. Juni 1961. Stuttgart 1965.

Gidal 1997
Nachum T. Gidal: Die Juden in Deutschland von der Römerzeit bis zur Weimarer Republik. Köln 1997.

Glaser 1992
Edith Glaser: Hindernisse, Umwege, Sackgassen. Die Anfänge des Frauenstudiums an der Universität Tübingen (1904–1934). Weinheim 1992.

Goldbeck 1964
Gustav Goldbeck: 100 Jahre im Dienste des Brandschutzes. Geschichte des Werkes Magirus, Ulm 1864–1964. Ulm 1964.

Goll 1871
Heinrich Goll: Aus den Kriegstagen 1870–71. Gedenkbuch für das badische Volk und seine Krieger. Karlsruhe 1871.

Graf 1998
Angela Graf: J. H. W. Dietz (1843–1922). Verleger der Sozialdemokratie. Bonn 1998.

Griesmeier 1954
Josef Griesmeier: Die Entwicklung der Wirtschaft und der Bevölkerung von Baden und Württemberg im 19. und 20. Jahrhundert. Ein statistischer Rückblick auf die Zeit des Bestehens der Länder Baden und Württemberg. In: Jahrbücher für Statistik und Landeskunde von Baden-Württemberg 1 (1954) 2, 121–242.

Grivel 1994
Charles Grivel: Identitätsräume. In: Georg Bossong [u. a.] (Hg.): Westeuropäische Regionen und ihre Identität. Beiträge aus interdisziplinärer Sicht. Mannheim 1994, 62–84.

Grosser 1996
Thomas Grosser: Ankunft, Aufnahme und Integration aus der Sicht der Einheimischen. In: Haus der Heimat des Landes Baden-Württemberg (Hg.): Angekommen! – Angenommen? Flucht und Vertreibung 1945 bis 1995. Stuttgart 1996, 49–67.

Großkinsky 1987
Manfred Großkinsky: Das Karlsruher Kaiser-Wilhelm I.-Denkmal. Bemerkungen zu Ikonographie und Stil. In: Gerlinde Brandenburger [u. a.] (Hg.): Denkmäler, Brunnen und Freiplastiken in Karlsruhe 1715–1945. Karlsruhe 1987, 41–47.

Gründig 1997
Maria E. Gründig: „Zur sittlichen Besserung und Veredelung des Volkes“. Zur Modernisierung katholischer Mentalitäts- und Frömmigkeitsstile im frühen 19. Jahrhundert am Beispiel des Bistums Konstanz unter Ignaz H. von Wessenberg. Tübingen 1997.

Guggenheim 1991
Julius u. Lini Guggenheim: Auch das geht vorüber. Frankfurt am Main 1991.

Habermas 1968
Jürgen Habermas: Erkenntnis und Interesse. Frankfurt am Main 1968.

Habermas 1989
Victor Farías: Heidegger und der Nationalsozialismus. Mit einem Vorwort von Jürgen Habermas. Frankfurt am Main 1989.

Häffner 1991
Martin Häffner: Harmonicas. Die Geschichte der Branche in Bildern und Texten. Trossingen 1991.

Hahn 1981
Wilhelm Hahn: Ich stehe dazu. Erinnerungen eines Kultusministers. Stuttgart 1981.

Hahn 1998
Joachim Hahn: Jüdisches Leben in Ludwigsburg. Geschichte, Quellen und Dokumentation. Karlsruhe 1998.

Härtling 1974
Peter Härtling: Die Kehrwoche. Vier Hintergründe einer Leidenschaft. In: Schwäbische Curiosa. Gesammelt von Georg Kleemann. 2. Auflage. Tübingen 1974, 63–70.

Hartmann 1981
Wolfgang Hartmann: Karl Hubbuch. Leben und Werk. In: Helmut Goettl [u. a.] (Hg.): Karl Hubbuch 1891–1979. Karlsruhe 1981, 8–38.

Haug 1998
Brigitte Haug: „ … auf dem neuen Turnplatz der Politik …“. Turnvereine in Baden und Württemberg in der Revolution 1848/49. Schorndorf 1998.

Haupt 1934
Herman Haupt: Sartorius, Karl Christian Wilhelm. Politiker, Dichter, mexikanischer Farmer und Schriftsteller, 1796–1872. In: Herman Haupt (Hg.): Hessische Biographien. Bd. 3. Darmstadt 1934, 69–76.

Hauser-Hauswirth 1999
Angelika Hauser-Hauswirth: 1918–1933: Der Schwäbische Sängerbund in der Weimarer Republik. In: 150 Jahre Schwäbischer Sängerbund 1849 e. V. Vergangenheit – Gegenwart – Zukunft. Tübingen 1999, 123–147.

Hauser-Hauswirth 2001
Angelika Hauser-Hauswirth: Die Entscheidung für Karlsruhe. Diskussion und „Spionage“. In: Schlösser Baden-Württemberg (2001) 4, 23–24.

Hegel 1995
Georg Wilhelm Friedrich Hegel: Gesammelte Werke. Bd. 18: Vorlesungsmanuskripte II (1816–1831). Hg. von Walter Jaeschke. Hamburg 1995.

Heidegger 2000
Hermann Heidegger (Hg.): Martin Heidegger. Gesamtausgabe. I. Abteilung: Veröffentlichte Schriften 1910–1976. Bd. 16: Reden und andere Zeugnisse eines Lebensweges. Frankfurt a. M. 2000.

Heidegger/Jaspers 1990
Martin Heidegger, Karl Jaspers: Briefwechsel 1920–1963. Hg. von Walter Biemel und Hans Saner. Frankfurt am Main 1990.

Heimbrecht/Molck 1987
Jörg Heimbrecht, Jochen Molck: Rheinalarm. Die genehmigte Vergiftung. Köln 1987.

Hein 1995
Dieter Hein: Die bürgerlich-liberale Bewegung in Baden 1800–1880. In: Lothar Gall, Dieter Langewiesche (Hg.): Liberalismus und Region. Zur Geschichte des deutschen Liberalismus im 19. Jahrhundert. München 1995, 19–40.

Helmholtz 1865
Hermann Helmholtz: Populäre wissenschaftliche Vorträge. Braunschweig 1865.

Herbert 1998
Günther Herbert: Die Einsatzdoktrin der deutschen Militärluftschiffahrt im Ersten Weltkrieg. In: Wolfgang Meighörner (Hg.): Szenen einer Haßliebe. Zeppelin und Frankreich. Friedrichshafen 1998, 89–122.

Herdt 1986
Hans Konradin Herdt: Bosch. 1886–1986. Porträt eines Unternehmens. Stuttgart 1986.

Hermann/Schwegler-Rohmeis 1989
Winne Hermann, Wolfgang Schwegler-Rohmeis (Hg.): Grüner Weg durch schwarzes Land. 10 Jahre Grüne in Baden-Württemberg. Stuttgart 1989.

Herwegh 1849
[Emma Herwegh]: Zur Geschichte der deutschen demokratischen Legion aus Paris. Von einer Hochverräterin. Grünberg 1849.

Herzog 1996
Dagmar Herzog: Intimacy and Exclusion. Religious Politics in Prerevolutionary Baden. Princeton 1996.

Heuss 1975
Theodor Heuss: Robert Bosch. Leben und Leistung. München 1975.

Heydt 1980
Werner P. Heydt: Graf, Gottfried. Grafiker, Maler, Akademieprofessor, Philosoph 1881– 1938. In: Robert Uhland (Hg.): Lebensbilder aus Schwaben und Franken, Bd. 14. Stuttgart 1980, 528–549.

Hildebrand 2001
Ernst E. Hildebrand: Neuartige Waldschäden: Legende oder Realität? In: Landeszentrale für politische Bildung Baden-Württemberg (Hg.): Der Bürger im Staat. Bd. 51,1: Der deutsche Wald. Stuttgart 2001, 46–50.

Hildebrandt 1991
Dietrich Hildebrandt: „...und die Studenten freuen sich!" Studentenbewegung in Heidelberg 1967–1973. Heidelberg 1991.

Hildenbrand 2000
Manfred Hildenbrand: Heinrich Hansjakob – Rebell im Priesterrock. Haslach 2000.

Hinderberger 2001
Philip R. Hinderberger: The Western Turner Rifles Story. o.O. 2001.

Hobsbawm 1995
Eric J. Hobsbawm: Das Zeitalter der Extreme. Weltgeschichte im 20. Jahrhundert. München, Wien 1995.

Hockenjos 2000
Wolf Hockenjos: Waldpassagen. Gesammelte Versuche über Baum, Wald und Flur. Vöhrenbach 2000.

Hofmann 2001
Annette R. Hofmann: Aufstieg und Niedergang des deutschen Turnens in den USA. Schorndorf 2001.

Hohorst/Kocka/Ritter 1978
Gerd Hohorst, Jürgen Kocka, Gerhard A. Ritter: Sozialgeschichtliches Arbeitsbuch. Bd. 2: Materialien zur Statistik des Kaiserreichs 1870–1914. 2. Auflage. München 1978.

Horak 1997
Jan-Christopher Horak: Dr. Arnold Fanck: Träume vom Wolkenmeer und einer guten Stube. In: Jan-Christopher Horak (Hg.): Berge, Licht und Traum. Dr. Arnold Fanck und der deutsche Bergfilm. München 1997, 15–68.

Hörner 1987
Manfred Hörner: Die Wahlen zur Badischen Zweiten Kammer im Vormärz (1819–1847). Göttingen 1987.

Hornung 1983
Klaus Hornung: Kehl 1840–1940. 2. Auflage. Kehl 1983.

Hotho 1835
Heinrich Gustav Hotho: Vorstudien für Leben und Kunst. Stuttgart, Tübingen 1835.

Hubert/Ledoux-Lebard 1999
Gérard Hubert, Guy Ledoux-Lebard: Napoléon. Portraits contemporains, bustes et statues. Paris 1999.

Hug 1992
Wolfgang Hug: Geschichte Badens. Stuttgart 1992.

Hug 2001
Wolfgang Hug: Priester vor Gericht. Politische Gefangene im Kulturkampf. In: Haus der Geschichte Baden-Württemberg (Hg.): Politische Gefangene in Südwestdeutschland. Tübingen 2001, 145–165.

Huhndorf 1984
Günter Huhndorf: Wurzeln des Wohlstands. Bilder und Dokumente südwestdeutscher Wirtschaftsgeschichte. Stuttgart 1984.

ID-Verlag 1997
ID-Verlag (Hg.): Rote Armee Fraktion. Texte und Materialien zur Geschichte der RAF. Berlin 1997.

Janz 2001
Oliver Janz: Das evangelische Pfarrhaus. In: Etienne François, Hagen Schulze (Hg.): Deutsche Erinnerungsorte. Bd. 3. München 2001, 221–238.

Jeggle 1999
Utz Jeggle: Judendörfer in Württemberg. 2., erw. Neuauflage. Tübingen 1999.

Jenne 1988
Hans-Jörg Jenne: Die Amtsstadt Emmendingen während der Revolution 1848/49. In: „s Eige zeige". Jahrbuch des Landkreises Emmendingen für Kultur und Geschichte 2 (1988) 115–130.

Jooss 1999
Birgit Jooss: Lebende Bilder. Körperliche Nachahmung von Kunstwerken in der Goethezeit. Berlin 1999.

Kallenberg 1996
Fritz Kallenberg: Die Sonderentwicklung Hohenzollerns. In: Fritz Kallenberg (Hg.): Hohenzollern. Stuttgart 1996, 129–154.

Kaller 1992
Gerhard Kaller: Mädchenbildung und Frauenstudium. Die Gründung des ersten deutschen Mädchengymnasiums in Karlsruhe und die Anfänge des Frauenstudiums an badischen Universitäten (1890–1910). In: Zeitschrift für die Geschichte des Oberrheins 140 (NF 101) (1992), 361–375.

Kandler 1996
Udo Kandler: Die Schwarzwaldbahn. Fürstenfeldbruck 1996.

Karow 1990
Yvonne Karow: Bhagwan–Bewegung und Vereinigungskirche. Religions- und Selbstverständnis der Sannyasins und der Munies. Stuttgart 1990.

Kat. Karlsruhe 1990
Staatliche Kunsthalle Karlsruhe (Hg.): Kunst in der Residenz. Karlsruhe zwischen Rokoko und Moderne. Karlsruhe 1990.

Kat. Speyer 2001
Adolf Leisen, Maria Leitmeyer (Hg.): Mathilde Vollmöller-Purrmann (1876–1943). Lebensbilder einer Malerin. Katalog zur Ausstellung der Stadt Speyer. Speyer 2001.

Kat. Stuttgart 1987
[Württembergisches Landesmuseum (Hg.)]: Baden und Württemberg im Zeitalter Napoleons. Ausstellung anläßlich des 125jährigen Bestehens des Württembergischen Landesmuseums. 3 Bde. Stuttgart 1987.

Kat. Stuttgart 1995
[Württembergisches Landesmuseum (Hg.)]: Schwäbische Tüftler: Der Tüftler ein Schwabe? Der Schwabe ein Tüftler? Begleitbuch zur Ausstellung im Württembergischen Landesmuseum Stuttgart. Stuttgart 1995.

Kat. Tübingen 1975
[Kunsthalle Tübingen (Hg.)]: Georg Friedrich Zundel (1875–1975). Ausstellung der Kunsthalle Tübingen. Tübingen 1975.

Kaufmann 2000
Uri R. Kaufmann: Das Judentum. Neue „Staatskirche" und Produktivierungsinstrument in Südwestdeutschland 1809–1870. In: Hans Ammerich, Johannes Gut (Hg.): Zwischen „Staatsanstalt" und Selbstbestimmung. Kirche und Staat in Südwestdeutschland vom Ausgang des Alten Reiches bis 1870. Stuttgart 2000, 295–329.

Kirchberg 1991
Peter Kirchberg: Horch, Audi, DKW, IFA. 80 Jahre Geschichte der Autos aus Zwickau. 3. Auflage. Berlin, Stuttgart 1991.

Kirchherr 1979
Roland Kirchherr: Die Verfassung des Fürstentums Hohenzollern-Sigmaringen vom Jahre 1833. Zu den Auswirkungen der Verfassungstheorien der Zeit des Deutschen Bundes auf das Fürstentum Hohenzollern-Sigmaringen. Köln, Wien 1979.

Klaus 1998
Martin Klaus: Mädchen im 3. Reich. Der Bund Deutscher Mädel. 3. Auflage. Köln 1998.

Klausmann 1989
Christina Klausmann: Louise Dittmar (1807–1884): Ergebnisse einer biographischen Spurensuche. In: Ruth-Ellen Boetcher Joeres, Marianne Burkhard (Hg.): Out of Line/Ausgefallen: The Paradox of Marginality in the Writings of Nineteenth-Century German Women. Amsterdam 1989, 17–39.

Klien 1916
Ernst Klien: Industrie und Handel. Bergbau. In: Viktor Bruns (Hg.): Württemberg unter der Regierung König Wilhelms II. Stuttgart 1916, 801–862.

Kock 1994
Lisa Kock: „Man war bestätigt und man konnte was!" Der Bund Deutscher Mädel im Spiegel der Erinnerungen ehemaliger Mädelführerinnen. Münster 1994.

Koegler 1996
Horst Koegler: John Cranko (1927–1973), Marcia Haydée (geb. 1937). In: Erwin Teufel (Hg.): Große Stuttgarter. Gestalten aus fünf Jahrhunderten. Stuttgart 1996, 341–349.

Köhle-Hezinger 2002
Christel Köhle-Hezinger: „Mit 22 heiraten, 4 Kinder, rote Fingernägel". Der Wandel im Frauenleben zwischen 1952 und heute. In: Momente. Beiträge zur Landeskunde von Baden-Württemberg 1 (2002) 82–83.

Köhler 1985
Joachim Köhler (Hg.): Christentum und Politik. Dokumente des Widerstands. Zum 40. Jahrestag der Hinrichtung des Zentrumspolitikers und Staatspräsidenten Eugen Bolz am 23. Januar 1945. Sigmaringen 1985.

Krause 1998
Albrecht Krause: Frauen machen Politik. Amalie Zephyrine von Hohenzollern-Sigmaringen und Elisabeth von Fürstenberg. In: Otto Borst (Hg): Frauen bei Hof. Tübingen 1998, 125–164.

Krause 2001
Heike Krause: „... ob nicht der langersehnte Frieden kommt". Das Kriegstagebuch der Diakonisse Marie Stier 1914–1918. Schwäbisch Hall 2001.

Kraushaar 2000
Wolfgang Kraushaar: Der Griff nach der Notbremse im Zug der Geschichte. Der Umschlag von Fortschrittsglauben in Zukunftspessimismus im Gefolge der 68er-Bewegung. In: Haus der Geschichte Baden-Württemberg (Hg.): Fortschrittsglaube und Zukunftspessimismus. Tübingen 2000, 210–228.

Krausnick 1995
Michail Krausnick: Wo sind sie hingekommen? Der unterschlagene Völkermord an den Sinti und Roma. Gerlingen 1995.

Kretschmer 1929
Ernst Kretschmer: Geniale Menschen. Berlin 1929.

Krüger 1998
Michael Krüger: Von Klimmzügen, Aufschwüngen und Riesenwellen. 150 Jahre Gymnastik, Turnen, Spiel und Sport in Württemberg. Tübingen 1998.

Kruse/Rudolf 1994
Norbert Kruse, Hans Ulrich Rudolf (Hg.): 900 Jahre Heilig-Blut-Verehrung in Weingarten 1094–1994. Katalog zur Jubiläumsausstellung. 3 Bände. Sigmaringen 1994.

Kuhn 1996
Elmar L. Kuhn: Revolution und Räte 1918/19 in Oberschwaben. In: Reinhard Baumann, Paul Hoser: Die Revolution von 1918/19 in der Provinz. Konstanz 1996, 103–120.

Kustermann 1992
Peter Kustermann: Stationen 1952–1992. Baden-Württemberg und sein Landtag. Stuttgart 1992.

Laduch u. a. 1990
Manfred Laduch [u. a.]: Mutlanger Heide. Ein Ort macht Geschichte. Schwäbisch Gmünd 1990.

Landtag BW 1993
Landtag von Baden-Württemberg (Hg.): Jahresspiegel 93 des Landtags von Baden-Württemberg. Thema des Jahres 1993: Wirtschaftsstandort Baden-Württemberg. Stuttgart 1993.

Landtag BW 2001
Landtag von Baden-Württemberg. 13. Wahlperiode. Drucksache 13/478. Beschlussempfehlungen und Berichte des Petitionsausschusses zu verschiedenen Eingaben. 4. Petition 13/435 betr. Zulassung einer Beschneiungsanlage am Feldberg/Seebuck. [Stuttgart 2001].

Lange 1991
Herbert Lange: Wald – mehr als eine Ansammlung von Bäumen. In: Hartwig Haubrich [u. a.]: Das große Buch vom Schwarzwald. Stuttgart 1991, 48–51.

Langewiesche 1991
Dieter Langewiesche: Liberale Traditionen im deutschen Südwesten. In: Hans Georg Wehling (u. a.) (Hg.): Baden-Württemberg. Eine politische Landeskunde. Teil II. Stuttgart 1991, 27–42.

Langewiesche 1993
Dieter Langewiesche: Die schwäbische Sängerbewegung in der Gesellschaft des 19. Jahrhunderts – ein Beitrag zur kulturellen Nationsbildung. In: Zeitschrift für Württembergische Landesgeschichte 52 (1993) 257–301.

Lauer 1908
Hermann Lauer: Geschichte der katholischen Kirche im Großherzogtum Baden. Von der Gründung des Großherzogtums bis zur Gegenwart. Freiburg i. Br. 1908.

Lauterwasser 1986
Erwin Lauterwasser: Die Ausbeutung und die Wiederkultivierung des Schwarzwaldes. In: Hermann Lübbe, Elisabeth Ströker (Hg.): Ökologische Probleme im kulturellen Wandel. München 1986, 35–46.

Lauterwasser 1995
Erwin Lauterwasser, Rainer Mülbert, Fritz Wagnerberger (Hg.): Faszination Skilauf. Vor hundert Jahren fing es an. Heidelberg 1995.

Lejeune 1965
Lina Lejeune: ... dass nicht vergessen werde. Leben und Werk der Regine Zimmern, genannt Mutter Jolberg. Lahr-Dinglingen 1965.

Leon 1841
Friedrich Leon (Bearb.): Dr. Karl von Rotteck's Ehren-Tempel. Eine Skizze seiner Verdienste als Gelehrter und Volksvertreter. Freiburg 1841.

Leonhard 1981
Yvonne Leonhard: Erinnerungen einer zerstückelten Welt. In: Helmut Goettl [u. a.] (Hg.): Karl Hubbuch 1891–1979. Karlsruhe 1981, 47–49.

Leonhard 1983
Joachim-Felix Leonhard: Neubeginn und Weggang. Karl Jaspers in Heidelberg von 1945 bis 1948. In: Joachim-Felix Leonhard (Hg.): Karl Jaspers in seiner Heidelberger Zeit. Dokumentationsband zur Ausstellung in der Universitäts-Bibliothek Heidelberg vom 9. Juni bis 27. August 1983. Heidelberg 1983.

Lerch 1978
Karl Lerch: Schwaben Eure Spätzle. Ein Brevier in die schwäbische Leibspeise in allen Variationen. Frankfurt am Main 1978.

Lersch 1993
Edgar Lersch: Die Auseinandersetzungen um den Neubau des Landtags für Baden-Württemberg 1952–1958. Zum Gedenken an Hans Bausch. In: Zeitschrift für Württembergische Landesgeschichte 52 (1993) 401–428.

Lesage 1959
Robert Lesage: Liturgische Gewänder und Geräte. Aschaffenburg 1959.

Limberger-Andris 2001
Stefan Limberger-Andris: Ein Stück Frauengeschichte im Forstrevier Hubertshofen. In: Schwarzwälder Hausschatz 2002. Schwäbisch-alemannischer Heimat- und Geschichtskalender. Oberndorf a. N. 2001, 113–116.

Lindemann 1988
Anna-Maria Lindemann: Mannheim im Kaiserreich. 2. Auflage. Mannheim 1988.

Lion 1997
Sigmund Lion: Meine Jugend in Ettenheim – und danach. In: Historischer Verein für Mittelbaden e. V., Mitgliedergruppe Ettenheim (Hg.): Schicksal und Geschichte der jüdischen Gemeinden. Ettenheim, Altdorf, Kippenheim, Schmieheim, Rust, Orschweier 1938–1988. Ettenheim 1997, 274–280.

Lob 2000
Brigitte Lob: Albert Schmitt O.S.B., Abt in Grüssau und Wimpfen. Sein kirchenpolitisches Handeln in der Weimarer Republik und im Dritten Reich. Köln [u. a.] 2000.

Lorenz 1971
Herbert Lorenz: Die badischen Gedenkkreuzer 1832 bis 1960. In: Der Münzen- und Medaillensammler. Berichte aus allen Gebieten der Geld-, Münzen- und Medaillenkunde 11 (1971) Nr. 65, 1231–1237.

Ludemann 1992
Thomas Ludemann: Im Zweribach – Vom nacheiszeitlichen Urwald zum „Urwald von morgen". Die Vegetation einer Tallandschaft im Mittleren Schwarzwald und ihr Wandel im Lauf der Jahreszeiten und der Jahrhunderte. Karlsruhe 1992.

Lutz 1994
Alfred Lutz: Zwischen Verbot und Wiederbelebung – der Heilig-Blut-Kult in der ersten Hälfte des 19. Jahrhunderts. In: Norbert Kruse, Hans Ulrich Rudolf (Hg.): 900 Jahre Heilig-Blut-Verehrung in Weingarten. Sigmaringen 1994, 151–161.

Mädchen-Gymnasium 1993
Stadt Karlsruhe (Hg.): 100 Jahre Mädchen-Gymnasium in Deutschland. Karlsruhe 1993.

Mai 1979
Günther Mai: „Aufklärung der Bevölkerung" und „vaterländischer Unterricht" in Württemberg 1914–1918. In: Zeitschrift für württembergische Landesgeschichte 36 (1977), 199–235.

Maier 2002
Ulrich Maier: „Fremd bin ich eingezogen ...". Zuwanderung und Auswanderung in Baden-Württemberg. Gerlingen 2002.

Mann 1970
Wenzel Ritter von Mann: Planungsbericht 1970 des Universitätsbauamtes. In: Konstanzer Blätter für Hochschulfragen 29 (1970) 12–66.

Mann/Burckhardt 1968
Golo Mann, Andreas Burckhardt (Hg.): Max Prinz von Baden. Erinnerungen und Dokumente. Stuttgart 1968.

Mathis 1997
Hollister Mathis: John Cranko und das Stuttgarter Ballettwunder. In: Schwabenbilder. Zur Konstruktion eines Regionalcharakters. Begleitband zur Ausstellung. Tübingen 1997, 211–218.

Maurer 1999
Susanne Maurer: Zwischen Opposition, Separatismus und „Mainstreaming" – oder: Was bedeutet eigentlich „Frauenbewegung"? In: Roswitha Degenhard (Bearb.): In Bewegung. 30 Jahre Neue Frauenbewegung in Tübingen. Tübingen 1999, 17–21.

Mayer 1985
Hans Mayer: „... zu mehrem Fleiß eifrig erinnern und excitieren". Lehren und Lernen im Evangelischen Stift. In: Joachim Hahn, Hans Mayer: Das Evangelische Stift in Tübingen. Geschichte und Gegenwart – Zwischen Weltgeist und Frömmigkeit. Stuttgart 1985, 103–160.

Meier 2000
Maurice Meier: Briefe an meinen Sohn. Mit Ergänzungen. Hg. von Robert Krais. Ettenheim 2000.

Meister-Scheufelen 2002
Gisela Meister-Scheufelen: Die Altersstruktur der Bevölkerung ändert sich in den nächsten Jahrzehnten gravierend – eine Herausforderung für die Kommunen. Vortrag auf der Messe „Zukunft Kommune 2002". Karlsruhe, 19. Juni 2002.

Merkle 1995
Hans L. Merkle: Ein deutsches Unternehmen in Frankreich. Die Bosch-Gruppe und der Neubeginn in den deutsch-französischen Beziehungen ab 1945. Bonn 1995.

Mezger 1999
Werner Mezger: Das große Buch der schwäbisch-alemannischen Fasnet. Ursprünge, Entwicklungen und Erscheinungsformen organisierter Narretei in Südwestdeutschland. Stuttgart 1999.

Mienert 2000
Marion Mienert: „Zum bleibenden Gedächtnis des großen Zeitgenossen". Die Geschichte der Zeppelinstraßen. In: Der Graf. 1838–1917. [Hg. von Wolfgang Meighörner u. a.] Friedrichshafen 2000, 229–235.

Mietzner 1998
Thorsten Mietzner: (K)ein Michel unterm Storchenturm. Lahr im Vormärz und während der Revolution von 1848/49. Lahr 1998.

Mirek 1984
Holger Mirek: Deutsch-Französische Gemeindepartnerschaften. Ein Leitfaden für Praktiker. Kehl, Straßburg 1984.

MLR 1991
Ministerium für Ländlichen Raum, Ernährung, Landwirtschaft und Forsten Baden-Württemberg (Hg.): Allmendweiden im Südschwarzwald – eine vergleichende Vegetationskartierung nach 30 Jahren. Stuttgart 1991.

Moltmann 1989
Günter Moltmann (Hg.): Aufbruch nach Amerika. Die Auswanderungswelle von 1816/17. Neuausgabe. Stuttgart 1989.

Monitor Baden-Württemberg 2001
Statistisches Landesamt Baden-Württemberg (Hg.): Monitor Baden-Württemberg. Baden-Württemberg im Ländervergleich. Stuttgart 2001.

Moser 1986
Dietz-Rüdiger Moser: Fastnacht, Fasching, Karneval: das Fest der „Verkehrten Welt". Graz 1986.

Moser 1997
Arnulf Moser: Die Napola Reichenau. Von der Heil- und Pflegeanstalt zur nationalsozialistischen Eliteerziehung (1941–1945). Konstanz 1997.

Müller 1983
Roland Müller: Die Machtergreifung im Stuttgarter Rathaus. In: Karlheinz Fuchs (Red.): Die Machtergreifung. Von der republikanischen zur braunen Stadt. Eine Ausstellung des Projekts Zeitgeschichte „Kultur unterm Turm". Stuttgart 1983, 331–350.

Müller 1992
Roland Müller: Judenfeindschaft und Wohnungsnot. Zur Geschichte der jüdischen Altersheime in Stuttgart. In: Stuttgarter Osten Lokalzeitung (Hg.): Der jüdische Frisör. Auf Spurensuche: Juden in Stuttgart-Ost. Stuttgart 1992, 61–80.

Müller 1999
Sabrina Müller: „Nationalität trennt, Freiheit verbindet". Kampf für die Demokratie in der badischen Grenzregion 1848. In: Zeitschrift des Breisgau-Geschichtsvereins „Schauins-Land" 118 (1999) 79–92.

Müller-Loebnitz 1935
Wilhelm Müller-Loebnitz (Bearb.): Die Badener im Weltkrieg 1914–1918. Karlsruhe 1935.

Nach Frankreich hinein 1941
„Nach Frankreich hinein". Gedenkausgabe zum 20. April 1941. Sonderheft der Soldatenzeitung an der Westfront „Der Durchbruch". o. O. 1941.

Nachtmann 1983
Walter Nachtmann: Von der Splitterpartei zur Staatspartei. Zur Entwicklung des Nationalsozialismus in Stuttgart von 1925 bis 1933. In: Karlheinz Fuchs (Red.): Die Machtergreifung. Von der republikanischen zur braunen Stadt. Stuttgart 1983, 128–157.

Naujoks 1986
Eberhard Naujoks: Die Einbindung des Südwestens ins Deutsche Reich 1866–1918. In: Reiner Rinker, Wilfried Setzler (Hg.): Die Geschichte Baden-Württembergs. Stuttgart 1986, 237–253.

Naujoks 1992
Eberhard Naujoks: Württemberg 1864 bis 1918. In: Hansmartin Schwarzmeier, Hans Fenske: Handbuch der baden-württembergischen Geschichte. Bd. 3: Vom Ende des alten Reiches bis zum Ende der Monarchien. Stuttgart 1992, 333–432.

Neuschl 1983
Sylvia Neuschl: Geschichte der USPD in Württemberg oder Über die Unmöglichkeit, einig zu bleiben. Esslingen 1983.

Nolte 1994
Paul Nolte: Gemeindebürgertum und Liberalismus in Baden 1800–1850. Tradition – Radikalismus – Republik. Göttingen 1994.

Nössler/de Witt 1976 und 1981
Bernd Nössler, Margret de Witt (Hg.): Wyhl. Kein Kernkraftwerk in Wyhl und auch sonst nirgends. Betroffene Bürger berichten. Freiburg 1976 und 1981.

Nuissl u. a. 1973
Ekkehard Nuissl [u. a.]: Scheitert die Hoch-schulreform? Heidelberg zum Exempel. Reinbek bei Hamburg 1973.

Oberrheinkonferenz 2000
Deutsch-französisch-schweizerische Oberrheinkonferenz. Gemeinsames Sekretariat (Hg.): 25 Jahre Deutsch-französisch-schweizerische Regierungskommission und Oberrheinkonferenz 1975–2000. Kehl 2000.

Obert 1905
Karl Obert: Kleiner Führer durch das Wutachtal. Von Bad Boll bis Wutachmühle. Löffingen 1905.

Oeffinger 1900
Hermann Oeffinger: Die Kurorte und Heilquellen des Grossherzogtums Baden für Aerzte und Heilbedürftige. Baden-Baden 1900.

Oesterle 2002
Kurt Oesterle: „Nur für Stammheim spreche ich". In: tazmag vom 27./28.04.2002, 1–7.

Oltmanns 1922
Friedrich Oltmanns: Das Pflanzenleben des Schwarzwaldes. Bd. 2: Bilder und Karten. Freiburg 1922.

Opfermann 1997
Immo Opfermann (Hg.): Das Unternehmen „Wüste". Ölschieferwerke und Konzentrationslager entlang der Bahnlinie Tübingen-Rottweil 1944/45. Leitfaden und Materialien zur Ausstellung in der ehemaligen Baracke auf dem Gelände des Oberschulamtes Tübingen. Schömberg 1997.

Oppelt o. J.
Werner Oppelt: Die Triberger Wasserfälle. Vöhrenbach o. J.

Ose 1989
Dieter Ose: Erwin Rommel. In: Rudolf Lill, Heinrich Oberreuter (Hg.): 20. Juli – Porträts des Widerstands. München 1989, 253–268.

Paulus 1990
Jael B. Paulus: Jüdischer Kultus im Widerstreit unterschiedlicher innerjüdischer Gruppierungen. In: Heinz Schmitt [u. a.] (Hg.): Juden in Karlsruhe. Beiträge zu ihrer Geschichte bis zur nationalsozialistischen Machtergreifung. Karlsruhe 1990, 247–257.

Peisert 1967
Hansgert Peisert: Soziale Lage und Bildungschancen in Deutschland. München 1967.

Pfahl-Traughber 2002
Armin Pfahl-Traughber: Die NPD in der zweiten Hälfte der neunziger Jahre. Ideologie, Strategie und Organisation. In: Claus Leggewie, Horst Meier (Hg.): Verbot der NPD oder mit Rechtsradikalen leben? Frankfurt am Main 2002, 30–43.

Preiser 1937
Erich Preiser: Die württembergische Wirtschaft als Vorbild. Die Untersuchung der Arbeitsgruppe Ostpreußen-Württemberg. Stuttgart 1937.

Probst 1997
Hansjörg Probst: Mannheim. In: Alexander Schweickert (Hg.): Kurpfalz. Stuttgart 1997, 300–325.

Pütter 2001
Norbert Pütter: Teilnahme und Staatsbürgertum. Von der Etablierung und Verwandlung des „politischen Bürgers". Das Beispiel Württemberg. Münster 2001.

Raab 1998
Heinrich Raab: Revolutionäre in Baden 1848/49. Biographisches Inventar für die Quellen im Generallandesarchiv Karlsruhe und im Staatsarchiv Freiburg. Stuttgart 1998 (CD-ROM).

Rat der Gemeinden 1995
Rat der Gemeinden und Regionen Europas. Deutsche Sektion (Hg.): Deutsch-Französische Städtepartnerschaften. Beispiele zur Entwicklung der Partnerschaften. Partner in den neuen Bundesländern und in Mittel-/Osteuropa. Düsseldorf 1995.

Regierungsblatt 1811
Königlich Württembergisches Staats- und Regierungs-Blatt vom Jahr 1811. Stuttgart 1811.

Reuber 1999
Paul Reuber: Villingen-Schwenningen – eine Vernunftehe? Gedanken zur kommunalen Gebietsreform. In: Villingen und Schwenningen. Geschichte und Kultur. Hg. von der Stadt Villingen-Schwenningen aus Anlaß des Jubiläums 1000 Jahre Münz-, Markt- und Zollrecht Villingen im Jahre 1999. Villingen-Schwenningen 1999, 494–517.

Rieber 1987
Christof Rieber: J. H. W. Dietz (1843–1922). In: Siegfried Bassler (Hg.): Mit uns für die Freiheit. 100 Jahre SPD in Stuttgart. Stuttgart, Wien 1987, 164–167.

Riepl-Schmidt 1999
Mascha Riepl-Schmidt: Die ersten 40 Jahre des Hölderlin-Gymnasiums – einst Württembergs erstes „Mädchengymnasium". In: 100 Jahre Hölderlin-Gymnasium Stuttgart. [Hg. vom Hölderlin-Gymnasium Stuttgart]. Stuttgart 1999, 21–47.

Rings 1993
Hanspeter Rings: Oppositionelle Regungen. In: Jörg Schadt, Michael Caroli (Hg.): Mannheim im Zweiten Weltkrieg. Ein Bildband. Mannheim 1993, 51–54.

Roellecke 2001
Gerd Roellecke: „Karlsruhe". In: Etienne François, Hagen Schulze (Hg.): Deutsche Erinnerungsorte. Bd. 2. München 2001, 549–566.

Rohe 1964
Karl Rohe: Das Reichsbanner Schwarz Rot Gold. Ein Beitrag zur Geschichte und Struktur der politischen Kampfverbände zur Zeit der Weimarer Republik. Düsseldorf 1964.

Röhrig 1993
Tilman Röhrig: Sand oder Der Freiheit eine Gasse. Roman. Bergisch Gladbach 1993.

Rombach 1981
Rüdiger Rombach: Magdalene Neff – erste deutsche Apothekerin. Selbstbiographien in den Rundbriefen der ersten deutschen Pharmazeutinnen. In: Deutsche Apotheker Zeitung 7 (1981) 343–345.

Rommel 1979
Hans-Otto Rommel: Aufbau und Zusammenbruch der Demokratie in Württemberg. In: Paul Rothmund, Erhard R. Wiehn (Hg.): Die FDP/DVP in Baden-Württemberg und ihre Geschichte. Liberalismus als politische Gestaltungskraft im deutschen Südwesten. Stuttgart 1979, 131–164.

Rose 1974
Ambrosius Rose: Kloster Grüssau. OSB 1242–1289, S ORD CIST 1292–1810, OSB seit 1919. Stuttgart, Aalen 1974.

Rose 1999
Romani Rose (Hg.): „Den Rauch hatten wir täglich vor Augen". Der nationalsozialistische Völkermord an den Sinti und Roma. Katalog zur ständigen Ausstellung im Dokumentations- und Kulturzentrum Deutscher Sinti und Roma. Heidelberg 1999.

Rotteck 1841
Hermann von Rotteck (Hg.): Dr. Carl von Rotteck's gesammelte und nachgelassene Schriften mit Biographie und Briefwechsel. Bd. 2: Kritische Aufsätze. Vermischte Reden und patriotische Phantasien. Pforzheim 1841.

Rowan 2000
Steven Rowan: Die zweite badische Revolution: Missouri 1861. In: Wolfgang Hochbruck, Ulrich Bachteler, Henning Zimmermann (Hg.): Achtundvierziger / Forty-Eighters: Die deutschen Revolutionen von 1848/49, die Vereinigten Staaten und der amerikanische Bürgerkrieg. Münster 2000, 101–115.

Rueß 1992
Karl-Heinz Rueß (Hg.): Jüdisches Museum Göppingen in der Alten Kirche Jebenhausen. Weißenhorn 1992.

Rusinek 2001
Bernd-A. Rusinek: Wyhl. In: Etienne François, Hagen Schulze (Hg.): Deutsche Erinnerungsorte. Bd. 2. München 2001, 652–666.

Rüth 1999
Bernhard Rüth: Wilhelm Kimmich – Maler des Schwarzwalds. In: Kunstverein „Wilhelm Kimmich" (Hg.): Wilhelm Kimmich. Werkverzeichnis. Bd. 1, Teil 1. Lauterbach 1999, 7–10.

Sajak 2001
Clauß Peter Sajak: Handlungsorientiert für das Leben lernen – Das Projekt "Schule als Staat". In: Landeszentrale für politische Bildung (Hg.): „Elevia, ... man denkt fast an Utopia!" „Schule als Staat" – Handlungsorientiert Demokratie lernen? Heilbronn, Stuttgart 2001, 7–10.

Sauer 1986
Paul Sauer: Der schwäbische Zar. Friedrich – Württembergs erster König. 2. Auflage. Stuttgart 1986.

Sauer 1987
Paul Sauer: Napoleons Adler über Württemberg, Baden und Hohenzollern. Südwestdeutschland in der Rheinbundzeit. Stuttgart [u. a.] 1987.

Sauer 1988
Paul Sauer: Das Werden einer Großstadt. Stuttgart zwischen Reichsgründung und Erstem Weltkrieg 1871–1914. Stuttgart 1988.

Schaaf 1986
Berthold Schaaf: Holzräderuhren. München 1986.

Schaaf 1995
Berthold Schaaf: Schwarzwalduhren. Karlsruhe 1995.

Schäfer 1983
Hermann Schäfer: Regionale Wirtschaftspolitik in der Kriegswirtschaft. Staat, Industrie und Verbände während des Ersten Weltkrieges in Baden. Stuttgart 1983.

Scharfe 1968
Martin Scharfe: Evangelische Andachtsbilder. Studien zu Intention und Funktion des Bildes in der Frömmigkeitsgeschichte vornehmlich des schwäbischen Raumes. Stuttgart 1968.

Scheck 1995
Manfred Scheck (Hg.): Das KZ vor der Haustüre: Augenzeugen berichten über das Lager „Wiesengrund" bei Vaihingen an der Enz. Vaihingen an der Enz 1995

Schelling 1803
Friedrich Wilhelm Joseph Schelling: Vorlesungen über die Methode des academischen Studium. Tübingen 1803.

Scherff 2001
Klaus Scherff: Die Schwarzwaldbahn. Stuttgart 2001.

Schirasi 2002
Ali Schirasi: Steinregen. Münster 2002.

Schlauch 1956
Rudolf Schlauch: Langenburg. Das Herz des Hohenloher Landes. 2. Auflage. Gerabronn 1956.

Schlauch 1964
Rudolf Schlauch: Hohenlohe Franken. Landschaft, Geschichte, Kultur, Kunst. Nürnberg 1964.

Schmid 1994
Bruno Schmid: Katholische Aufklärung und Heilig-Blut-Verehrung. Das Anliegen Wessenbergs. In: Norbert Kruse, Hans Ulrich Rudolf (Hg.): 900 Jahre Heilig-Blut-Verehrung in Weingarten. Sigmaringen 1994, 501–518.

Schmidt 1987
Susanne B. Schmidt: Julius Maggi. Singens würziger Weg zur Industriestadt. In: Alfred G. Frei (Hg.): Habermus und Suppenwürze. Singens Weg vom Bauerndorf zur Industriestadt. Konstanz 1987, 111–143.

Schmidt 1994
Fritz Schmidt (Hg.): tusk. Versuche über Eberhard Koebel. [Heidenheim] 1994.

Schmidt 1995
Jürgen Schmidt: Die Flächenerwerbungen der Staatsforstverwaltung im Badischen Schwarzwald von 1806–1936. Freiburg 1995.

Schmidt 1998
Uwe Schmidt: Die Schwäbische Legion – Württemberger kämpfen im Sommer 1849 für die badische Revolution. In: Schwäbische Heimat 49 (1998) 212–218.

Schmidt 1999
Erich Schmidt: Altstädtische Urbanität heute und morgen. In: Die Alte Stadt 26 (1999) 210–218.

Schmierer 1999
Wolfgang Schmierer: Die Städtepartnerschaft zwischen Mömpelgard und Ludwigsburg nach dem Zweiten Weltkrieg. In: Sönke Lorenz, Peter Rückert (Hg.): Württemberg und Mömpelgard. 600 Jahre Begegnung. Leinfelden-Echterdingen 1999, 459–465.

Schmitt 1988
Heinz Schmitt: Volkstracht in Baden. Ihre Rolle in Kunst, Staat, Wirtschaft und Gesellschaft seit zwei Jahrhunderten. Karlsruhe 1988.

Schmoll 1995
Friedemann Schmoll: Verewigte Nation. Studien zur Erinnerungskultur von Reich und Einzelstaat im württembergischen Denkmalkult des 19. Jahrhunderts. Tübingen, Stuttgart 1995.

Schmucker 1987
Karl Schmucker: Das neue jüdische Gemeindezentrum in F3. In: Oberrat der Israeliten Badens, Jüdische Gemeinde Mannheim (Hg.): Jüdisches Gemeindezentrum Mannheim F3. Festschrift zur Einweihung am 13. September 1987. Mannheim 1987, 107–113.

Schnabel 1982
Thomas Schnabel: Die NSDAP in Württemberg 1928–1933. Die Schwäche einer regionalen Parteiorganisation. In: Thomas Schnabel (Hg.): Die Machtergreifung in Südwest-deutschland. Das Ende der Weimarer Republik in Baden und Württemberg 1928–1933. Stuttgart 1982, 49–81.

Schnabel 2001
Thomas Schnabel: Geschichte von Baden-Württemberg 1952–2002. Stuttgart, Berlin, Köln 2001.

Schoch 1991
Oswald Schoch: Die kriegsbedingte Harznutzung an Forche (Kiefer) und Fichte in den Staatswaldungen des württembergischen Schwarzwalds von 1915 bis 1920. Stuttgart 1991.

Schönberger 1999
Klaus Schönberger: Die „Schwäbische Legion" in der badischen Revolution 1849. In: Geschichtswerkstatt (Hg.): Die Revolution hat Konjunktur. Soziale Bewegung, Alltag und Politik in der Revolution von 1848/49. Münster 1999, 59–86.

Schöttle/Pfeil/Sauter 1997
Roland Schöttle, Christian Pfeil, Fridolin Sauter: Vollmechanisierte Holzernte am Steilhang. In: Forstliche Versuchs- und Forschungsanstalt Baden-Württemberg (Hg.): Versuchsberichte der Forstlichen Versuchs- und Forschungsanstalt Baden-Württemberg, Abteilung Waldnutzung. Heft 2. Freiburg 1997, 1–40.

Schriewer 2001
Klaus Schriewer: Waldbewusstsein und Waldnutzung: eine ökologische Wende. In: Landeszentrale für politische Bildung Baden-Württemberg (Hg.): Der Bürger im Staat. Bd. 51,1: Der deutsche Wald. Stuttgart 2001, 24–29.

Schurmann 1994
Heinz Schurmann: Sigismund von Reitzenstein. In: Helmut Engler (Hg.): Große Badener. Gestalten aus 1200 Jahren. Stuttgart 1994, 134–147.

Schüßler 1979
Beate Maria Schüßler: Das Schicksal der jüdischen Bürger von Ludwigsburg während der Zeit der nationalsozialistischen Verfolgung. Ludwigsburg 1979.

Schuster-Schmah 1995
Sigrid Schuster-Schmah: Lass Dich gelüsten nach der Männer Bildung, Kunst, Weisheit und Ehre. 200 Jahre Geschichte des höheren Mädchenschulwesens in Mannheim. In: Zeiten Wandel. Frauengenerationen in der Geschichte Mannheims. Hg. von der Frauenbeauftragten der Stadt Mannheim. Mannheim 1995, 168–183.

Schwarz 1993
Edith Maria Schwarz: Erinnerungen eines Rucksackkindes. In: Peter Assion, Robert Hollerbach (Hg.): Zweite Heimat Walldürn. Zur Geschichte der Heimatvertriebenen und Flüchtlinge. Walldürn 1993, 5–77.

Schwarzwaldverein 1901
Monatsblätter des Badischen Schwarzwaldvereins 4 (1901).

Schwarzwaldverein 1902
Monatsblätter des Badischen Schwarzwaldvereins 5 (1902).

Sebald 1996
Oskar Sebald [u. a.] (Hg.): Die Farn- und Blütenpflanzen Baden-Württembergs. Bd. 6: Spezieller Teil (Spermatophyta, Unterklasse Asteridae), Valerianaceae bis Asteraceae. Stuttgart 1996.

Seeger 2000
Christoph Seeger: Württemberg – Stammland der Bausparer. In: Schwäbischer Heimatkalender 111 (2000) 85–88.

Seiz 1997
Nadja Seiz: Lebenswege zwischen Ost und West. Lviv 1997.

Sellin 1986
Volker Sellin: Die Universität Heidelberg in der Geschichte der Gegenwart 1945–1985. In: Ruprecht-Karls-Universität Heidelberg (Hg.): Die Geschichte der Universität Heidelberg. Vorträge im Wintersemester 1985/86. Heidelberg 1986, 217–235.

Seubert 1989
Josef Seubert: Von Auschwitz nach Calw. Jüdische Frauen im Dienst der totalen Kriegs-führung. Eggingen 1989.

Sommer 1992
Joachim Sommer: Christian Ferdinand Öchsle (1774–1852). Der gute Geist des Weines. In: Jörg Baldenhofer (Hg.): Badische Tüftler und Erfinder. Stuttgart 1992, 11–16.

Sproesser 1933
Theodor Sproesser [u. a.] (Bearb.): Die Geschichte der Württembergischen Gebirgsschützen. Stuttgart 1933.

Spuler-Stegemann 1998
Ursula Spuler-Stegemann: Muslime in Deutschland. Nebeneinander oder Miteinander? Freiburg 1998.

Statistisches Landesamt 2001
Statistisches Landesamt Baden-Württemberg (Hg.): Das Bildungswesen. Stuttgart 2001.

Statistisches Landesamt 1999
Statistisches Landesamt Baden-Württemberg (Hg.): Baden-Württemberg 2000. Der Neue Atlas für das ganze Land. Stuttgart 1999.

Statistisches Landesamt 2002
Statistisches Landesamt Baden-Württemberg (Hg.): Einnahmen der Gemeinden/Gv. Baden-Württembergs 1953 bis 2000 nach Einnahmearten. Stuttgart 2002.

Stehling 1976
Jutta Stehling: Weimarer Koalition und SPD in Baden. Ein Beitrag zur Geschichte der Partei- und Kulturpolitik in der Weimarer Republik. Frankfurt am Main 1976.

Stein 2002
Ulrich Stein: Regionale „Internetaktivität" in Baden-Württemberg. In: Baden-Württemberg in Wort und Zahl 50 (2002) 199–202.

Steinbach/Tuchel 1997
Peter Steinbach, Johannes Tuchel: „Ich habe den Krieg verhindern wollen". Georg Elser und das Attentat vom 8. November 1939. Eine Dokumentation. Berlin 1997.

Steinhilber 1974
Wilhelm Steinhilber: In aller Welt am Netz. Festschrift zum 75. Jubiläum der Liebenzeller Mission. Bad Liebenzell 1974.

Steinhilber 1979
Wilhelm Steinhilber: Der feuerspeiende Berg. Aus der Frühzeit der Liebenzeller Mission mit einem Überblick über die gegenwärtige Arbeit dieses Werkes. 3. Auflage. Bad Liebenzell 1979.

Straus 1961
Rahel Straus: Wir lebten in Deutschland. Erinnerungen einer deutschen Jüdin 1880 – 1933. Stuttgart 1961.

Strauß 2000
Strauß, Daniel [u. a.] (Hg.): ... weggekommen. Berichte und Zeugnisse von Sinti, die die NS-Verfolgung überlebt haben. [Berlin 2000].

Strobel 1990
Ricarda Strobel: Heimat, Liebe und Glück: „Schwarzwaldmädel" (1950). In: Werner Faulstich, Helmut Korte (Hg.): Fischer Filmgeschichte. Bd. 3: Auf der Suche nach Werten 1945–1960. Frankfurt am Main 1990, 148–170.

Süss 1994
Joachim Süss: Zur Erleuchtung unterwegs. Neo-Sannyasin in Deutschland und ihre Religion. Berlin 1994.

Tänzer 1988
Aaron Tänzer: Die Geschichte der Juden in Jebenhausen und Göppingen. [Nachdruck der Ausgabe 1927]. Mit erweiternden Beiträgen über Schicksal und Ende der Göppinger Judengemeinde 1927–1945 neu hg. von Karl-Heinz Rueß. Weißenhorn 1988.

Teutsch/Wennemuth 1997
Friedrich Teutsch, Udo Wennemuth: Ausgrenzung und Verfolgung der Juden. In: Jörg Schadt, Michael Caroli (Hg.): Mannheim unter der Diktatur [1933–1939]. Ein Bildband. Mannheim 1997, 141–152.

Theilmann 1989
Rudolf Theilmann: Carl Ludwig Frommel. Eine Lebenschronik. In: Staatliche Kunsthalle Karlsruhe (Hg.): Carl Ludwig Frommel: 1789–1863. Zum 200. Geburtstag. Aquarelle, Zeichnungen und Druckgraphik aus dem Kupferstichkabinett der Staatlichen Kunsthalle Karlsruhe. Ausstellung. Karlsruhe 1989, 7–56.

Thies/von Daak 1979
Jochen Thies, Kurt von Daak: Südwestdeutschland Stunde Null. Die Geschichte der französischen Besatzungszone 1945–1948. Ein Bild/Text-Band. Düsseldorf 1979.

Tirard 1930
Paul Tirard: La France sur le Rhin; douze années d'occupation rhénane. Paris 1930.

Tolzmann 1997
Don Heinrich Tolzmann (Hg.): New Ulm in Word and Picture. J. H. Strasser's History of a German-American Settlement (1892). Indianapolis 1997.

Troll 1991
Thaddäus Troll: Der Entaklemmer. Luststück in fünf Aufzügen. Stuttgart 1991.

Trotter 1937
Karl Trotter: Aus der Fertigung des Infanterie-Gewehrs Modell Mauser 98. Berlin 1937.

Trunk 1996
Rainer Trunk: 50 Jahre Vertreibung. Zur Klinge-Gedenkfeier. Erster Teil. In: Klinge-Zeitung 2 (1996) 7–9.

Ueberschär 1985
Gerd R. Ueberschär: Krieg auf deutschem Boden – Der Vormarsch der Alliierten im Südwesten. In: Rolf-Dieter Müller [u. a.]: Wer zurückweicht wird erschossen! Kriegsalltag und Kriegsende in Südwestdeutschland 1944/45. Freiburg 1985, 59–69.

Unseld 1997
Werner Unseld: Schaffensparenputzen. In: Schwabenbilder. Zur Konstruktion eines Regionalcharakters.Begleitband zur Ausstellung. Tübingen 1997, 79–88.

Verfassungsschutzbericht 1993
Innenministerium Baden-Württemberg (Hg.): Verfassungsschutzbericht Baden-Württemberg 1993. Stuttgart 1994.

Verfassungsschutzbericht 1999
Innenministerium Baden-Württemberg (Hg.): Verfassungsschutzbericht Baden-Württemberg 1999. Stuttgart 2000.

Verfassungsschutzbericht 2001
Innenministerium Baden-Württemberg (Hg.): Verfassungsschutzbericht Baden-Württemberg 2001. Stuttgart 2002.

von Dewitz 1989
Bodo von Dewitz: „So wird bei uns der Krieg geführt!" Amateurfotografie im Ersten Weltkrieg. München 1989.

von Dosky 1987
Doris von Dosky: Untersuchungen zu Auswirkungen der Kernkraftwerke Obrigheim, Stade, Goesgen. Karlsruhe 1987.

von Hippel 1984
Wolfgang von Hippel: Auswanderung aus Südwestdeutschland. Studien zur württembergischen Auswanderung und Auswanderungspolitik im 18. und 19. Jahrhundert. Stuttgart 1984.

von Hippel 1998
Wolfgang von Hippel: Revolution im deutschen Südwesten. Das Großherzogtum Baden 1848/49. Stuttgart 1998.

von Holst 1987
Christian von Holst: Johann Heinrich Dannecker. Der Bildhauer. Stuttgart 1987.

von Moser 1927
Otto von Moser (Bearb.): Die Württemberger im Weltkriege. Ein Geschichts-, Erinnerungs- und Volksbuch. Stuttgart 1927.

von Treskow 1992
Rüdiger von Treskow: Erlauchter Vertheidiger der Menschenrechte! Die Korrespondenz Karl von Rottecks. Bd. 2: Regesten. Freiburg i. Br., Würzburg 1992.

Wagner 1937
Hermann Wagner: „Ferdinand Oechsle – Christian Oechsle". In: Mein Heimatland 24 (1937) 282–284.

Waibel 1992
Raimund Waibel: Frühliberalismus und Gemeindewahlen in Württemberg (1817–1855). Das Beispiel Stuttgart. Stuttgart 1992.

Waibel 1999
Barbara Waibel: Die „Zeppeliner" – Arbeiter im Luftschiffbau. In: Wolfgang Meighörner (Hg.): Zirkel, Zangen und Cellon – Arbeit am Luftschiff. Friedrichshafen 1999, 27–53.

Walla 1992
Wolfgang Walla: Eine Völkerwanderung ohnegleichen. In: Max Wingen, Rudolf Stadler (Hg.): Baden-Württemberg im Wandel. 40 Jahre in Wort und Zahl. Stuttgart 1992, 19–30.

Walldorf 2002
Botho Walldorf: Lebenswelt um 1900 Geborener in Gammertingen. Wannweil 2002.

Watzinger 1995
Karl Otto Watzinger: Ludwig Frank. Ein deutscher Politiker jüdischer Herkunft. Ludwig Frank im Spiegel neuer Quellen. Sigmaringen 1995.

Weber 1919
Max Weber: Wissenschaft als Beruf. Sonderheft der Reihe: Geistige Arbeit als Beruf. Vier Vorträge vor dem Freistudentischen Bund. München 1919.

Weber 1922
Max Weber: Wirtschaft und Gesellschaft. (Grundriss der Sozialökonomik, 3). Tübingen 1922.

Weber 1971
Max Weber: Gesammelte politische Schriften. Hg. von Johannes Winckelmann. 3. Auflage. Tübingen 1971.

Weber 1988
Max Weber: Die „Objektivität" sozialwissenschaftlicher und sozialpolitischer Erkenntnis. In: Max Weber: Gesammelte Aufsätze zur Wissenschaftslehre. Hg. von Johannes Winckelmann. 7. Auflage. Tübingen 1988, 146–214.

Weber 1999a
Edwin Ernst Weber: Hohenzollern wurde vor 150 Jahren preußisch. Ein „Gewaltstreich" gegen Volk und Verfassung. In: Hohenzollerische Heimat 49 (1999) 34–37.

Weber 1999b
Edwin Ernst Weber: Erbhuldigung der Hohenzollernschen Lande für König Friedrich Wilhelm IV. von Preußen 1851. In: Hohenzollerische Heimat 49 (1999) 49–50.

Weinbau 2001
Der Weinbau in Baden-Württemberg. In: Baden-Württemberg in Wort und Zahl 49 (2001) 413–420.

Weingärtner 1996
Karl Weingärtner: Die Großherzoglich-Badischen und die Königlich-Württembergischen Sozialdemokraten. In: Otto Borst (Hg.): Ein Jahrhundert beginnt. Baden und Württemberg 1900 bis 1914. Stuttgart 1996, 155–179.

Weiss 1978
Peter Weiss: Die Ästhetik des Widerstands. Bd. 2. Frankfurt am Main 1978.

Werner 1988
Josef Werner: Hakenkreuz und Judenstern. Das Schicksal der Karlsruher Juden im Dritten Reich. Karlsruhe 1988.

Wette 2001
Wolfram Wette: Zwischen Untergangspathos und Überlebenswillen. Die Deutschen im letzten halben Kriegsjahr 1944/45. In: Wolfram Wette [u. a.] (Hg.): Das letzte halbe Jahr. Stimmungsberichte der Wehrmachtpropaganda 1944/45. Essen 2001, 9–37.

Wette 2002
Wolfram Wette: Die Wehrmacht. Feindbilder, Vernichtungskrieg, Legenden. 2. Auflage. Frankfurt am Main 2002.

Wildermuth 1992
Ottilie Wildermuth: Schwäbische Pfarrhäuser. 2. Auflage der Neuausgabe 1990. Tübingen 1992.

Wolfrum 1995
Edgar Wolfrum: Die Besatzungsherrschaft der Franzosen 1945 bis 1949 in der Erinnerung der Deutschen. In: Geschichte in Wissenschaft und Unterricht 46 (1995) 10, 567–582.

Wölker 1992
Thomas Wölker: Entstehung und Entwicklung des Deutschen Normenausschusses 1917 bis 1925. Berlin, Köln 1992.

Wort und Zahl 2002
Baden-Württemberg in Wort und Zahl 50 (2002).

Württ.-Bad. Landtag 1952
Verhandlungen des 2. Württemberg-Badischen Landtags. Wahlperiode 1950–1954. Protokoll-Band 3. Stuttgart 1952.

Ziegler/Dörr 2002
Christl Ziegler, Bea Dörr: 50 Jahre Frauenpolitik in Baden-Württemberg. In: Frauen Aktiv in Baden-Württemberg 2 (2002) 16, 3–5.

Zier 1986
Hans Georg Zier: Karl Friedrich, Markgraf, Kurfürst und Großherzog von Baden. In: Reiner Rinker, Wilfried Setzler (Hg.): Die Geschichte Baden-Württembergs. Stuttgart 1986, 177–187.

Zimmermann 1992
Margret Zimmermann: Kunst als Dokumentation – Hermann Dischler: Maler und Fotograf. In: Augustinermuseum Freiburg (Hg.): „O. Schwarzwald o. Heimat!" Verlust oder Anpassung. Hermann Dischler. Maler und Fotograf (1866–1935). Freiburg 1992, 13–38.

Zollner 1989
Hans Leopold Zollner: Das Ettlinger Schloß als Kulisse Napoleonischer Geschichte. In: Badische Heimat 69 (1989) 29–38.

Leihgeber

Wir danken den folgenden Personen und Institutionen, die mit großzügigen Leihgaben die Ausstellung ermöglicht haben.

Aalen-Unterkochen
Antonie Mettmann

Aichstetten
Familie Willburger

Albstadt-Tailfingen
Stadt Albstadt

Altshausen
Familie Schmid

Ammerbuch
Familie Fleck
Wilma Lechler

Andernach
Regina Pickel-Bossau

Backnang
Familie Rieger

Arnhem, Niederlande
Dr. Angelika Berlis

Baden-Baden
Autobahnkirche
St. Christophorus
Güler Aydin

Badenweiler
Familie Dr. Straube-Scheffelt

Bad Liebenzell
Liebenzeller Mission-Archiv

Bad Peterstal-Griesbach
Ortsverwaltung
Bad Griesbach

Bad Urach
Familie Flamm

Bad Wimpfen
Bär und Knell
Klosterverwaltung Grüssau
TV Wimpfen

Baiersbronn-Obertal
Familie Haist

Balingen
Landratsamt Zollernalbkreis,
Kreisarchiv

Beilstein
Mara von Frankenberg

Berlin
Bundesarchiv
Kienzle Argo Taxi
International GmbH

Bernau im Schwarzwald
Walter Strohmeier

Bernstadt
Familie Mayer

Biberach
Familie Manecke

Bisingen
Gemeinde Bisingen

Blaustein
Gemeindearchiv

Böblingen
MCC Smart

Bonn
Deutsches Zentrum für Luft- und Raumfahrt e. V. (DLR)
Walter Sand

Braunsbach
Katholische Kirchengemeinde
St. Sebastian

Braunschweig
Braunschweigisches
Landesmuseum

Bühl-Neusatz
Museum Geiserschmiede

Burladingen
Familie Heim

Cleebronn
Silke Zapf

Crailsheim
Familie Kohr

Denkendorf
Institut für Textil-
und Verfahrenstechnik

Ditzingen
Trumpf GmbH

Dossenbach
Irmgard Klemm
Walter Köpfer
Edi Meyer

Drensteinfurt
Dr. Hans Gummersbach

Dußlingen
Gemeinde Dußlingen

Ehingen
Dr. Rüdiger Rombach
Familie Weber

Elzach
Hubert Mäntele

Emmendingen
Stadt Emmendingen
Zentrum für Psychiatrie

Empfingen
Albert Hellstern

Endingen
Axel Mayer

Erdmannhausen
Wiltrud Oehler

Esslingen
Familie Roemer

Ettenheim
Robert Krais

Fellbach
Schwäbischer Turnerbund

Freiburg/Breisgau
Augustinermuseum
Erzbischöfliches Ordinariat
Erika Hemmer
Familie Huggle
Institut für Grenzgebiete der Psychologie u. Psychohygiene
Sibylle Huerta Krefft
Familie Menrath
Christoph Mirowsky und
Samnuk Jaisawang
Museum für Neue Kunst
Schwarzwaldverein e. V.
Staatsarchiv
Stadtarchiv
Universitätsbibliothek

Freudental
PKC – Ehemalige Synagoge

Friedrichshafen
Werner Kunze
MTU Friedrichshafen GmbH
Familie Spätling
Zeppelin-Museum

Friedrichsruh
Bismarck-Museum

Geislingen/Steige
WMF Aktiengesellschaft

Gengenbach
Bruno Schuler

Gerlingen
Familie Klug

Giengen/Brenz
Margarete Steiff GmbH

Glatten
Hans Weisser

Glottertal
Rolf-Fritz Schill

Göppingen
Märklin GmbH

Gomadingen
Arbeitskreis "Gedenkstätte Grafeneck" e. V.

Großbettlingen
Bruno Ringger

Gutach/Breisgau
Barbara Klausmann

Haigerloch
Hans Beck

Haslach/Kinzigtal.
Hansjakobarchiv

Heidelberg
Dokumentations- und Kulturzentrum Deutscher Sinti und Roma
Käte Gadamer-Lekebusch
Psychiatrische Klinik
Stadtarchiv
Universitätsarchiv
Universitätsbibliothek
Andreas Weber-Schäfer

Heidenheim
Heidenheimer Sportbund
Familie Hurler
J. M. Voith AG

Heilbronn
Lore Hettenbach
Stadtarchiv

Heroldstatt
Familie Frenzel

Heuweiler
Familie Schwörer

Hildrizhausen
Maja Hack

Hülben
Familie Schwenkel

Jefferson City, Missouri, USA
Missouri State Museum

Jerusalem, Israel
Central Archives for the History of the Jewish People

Karlsdorf-Neuthard
Martin und Helmut
Baumgärtner

Karlsruhe
Badisches Landesmuseum
Bundesverfassungsgericht
Generallandesarchiv
Justizvollzugsanstalt
Lessing-Gymnasium
Eckhart Pilick
Staatliche Kunsthalle
Universität Karlsruhe,
Südwestdeutsches Archiv für Architektur und Ingenieurbau
Universität Karlsruhe,
Fakultät für Informatik

Kehl
Hanauer Museum

Kernen im Remstal
Berthold Morlock

Kirchzarten
Familie Kagel

Koblenz
Bundesamt für Wehrtechnik und Beschaffung

Königsbronn
Elisabeth Müller

Königseggwald
Familie Härle

Konstanz
Prof. Dr. Hansgert Peisert
Marjam Schirasi
Ali Schirasi
Staatliches Vermögens- und Hochbauamt
Städtische Wessenberg-Galerie
Klaus Thomas
Universität Konstanz
Universitätsarchiv
Universitätsbibliothek

Korb-Kleinheppach
Ute Palm

Korntal
Nadja Seiz

Kornwestheim
Verein für Geschichte und Heimatpflege e. V.

Kraichtal
Traugott Schlecht

Kreuztal-Krombach
Nikolaus Kämpfe

Kusterdingen
Karl Walter

Langenau
Heimatmuseum

Langenburg
Café Bauer

Lauterbach
Gemeindeverwaltung

Larchmont, New York, USA
Henry Froehlich

Leimen
Elfriede Winterer

Leinfelden-Echterdingen
Familie Haigis

Leonberg
Dr. Reiner Fricke
Rita-Maria Gann
Familie Ikrat
Bärbel Krafft

Leutenbach
Tanja und Sandra Schnell

Lörrach
KBC Manufaktur Koechlin, Baumgartner & Cie. GmbH
Museum am Burghof
Familie Porsche

Los Angeles, Kalifornien, USA
Survivors of the Shoah
Visual History Foundation's Archive

Ludwigsburg
Deutsch-Französisches Institut
Familie Engelhardt
Familie Gelchsheimer
Leuchtkäfer – Naturkost und Naturwaren
Staatsarchiv
Stadtarchiv
Städtisches Museum
Strafvollzugsmuseum
Tiefbau- und Grünflächenamt
Ruprecht Veigel
Gudrun Vogt

Ludwigshafen
Ernst-Bloch-Zentrum
Freireligiöse
Landesgemeinde Pfalz

Mainz
Stadtbibliothek

Mannheim
Familie Althausen
Jüdische Gemeinde
Karl Schmucker + Partner
Planungsgesellschaft mbH
Landesmuseum für Technik und Arbeit
Maria Remenyi
Stadtarchiv

Marbach a. N.
Schiller-Nationalmuseum/
Deutsches Literaturarchiv

Markgröningen
Otmar Schelling

Maulbronn
Institut für Sportgeschichte
Baden-Württemberg

Montbéliard
Stadt Montbéliard

Mühlacker
Dagmar Klingel

Müllheim
Stab der Deutsch-
Französischen Brigade

München
Siemens-Archiv

Munderkingen
Stadtarchiv

Mutlangen
Friedenswerkstatt
Mutlangen e. V.

Neuhausen a. d. Fildern
Familie Nagel

Neuffen
Hede Lempp

New Ulm, Minnesota, USA
Richard P. Runck

Niederstetten
Johannes Prinz zu
Hohenlohe-Jagstberg

Obersulm
Gemeinde Obersulm

Obrigheim
Kernkraftwerk Obrigheim GmbH

Öhringen
TSG Öhringen

Offenburg
Stadtarchiv

Ostfildern-Scharnhausen
Hahnsche Gemeinschaft

Paris, Frankreich
Musée de l'Armée

Pfedelbach
Familie Demuth

Pfrondorf
Otto und Wilhelm Künstle

Pfullingen
Familie Köninger

Ratzenried
Heimatverein Ratzenried e. V.

Reichenau
Gert Zang

Reutlingen
Heimatmuseum
Ursula Heinzl
Liselotte Müller
Maria Schmid

Rottenburg a. N.
Bischöfliches Ordinariat Rottenburg-Stuttgart

Sachsenheim
Familie Bayer
Dr. Albrecht Ernst
Brigitte Mraas

Salach
Heinz Epting

Salzburg, Österreich
Prof. Dr. Georg Zundel

Saranac Lake, New York, USA
Lilo Levine

Schenefeld
Dr. Georg Zimmerer

Schenkenzell-Kaltbrunn
Konrad Hauer

Schloß Horn
Familie v. Waechter-Spittler

Schluchsee
Friedemann Burr

Schnaitheim
Robert Hasenmaier

Schömberg
Eckerwald Initiative

Schorndorf
Gerd Adelmann und Jürgen Jung

Schrozberg-Leuzendorf
Familie Unbehauen

Schramberg
Foto Kasenbacher
Stadtmuseum

Schwanau
Evangelisches Diakonissenhaus Nonnenweier

Schwäbisch Hall
Evangelisches Diakoniewerk

Schwieberdingen
Robert Bosch GmbH

Seehausen
Bert Heinrich

Shavei Zion, Israel
Amos Fröhlich

Sigmaringen
Fürstlich-Hohenzollersche Hofkammer
Staatsarchiv
Turnerbund 1848 e. V.
Verwaltungsgericht

Singen
Nestle Deutschland AG, Maggi-Werk Singen
Singener Museumsverein e. V.

Sinsheim
Auto & Technik Museum Sinsheim e. V.

Soest
Schwester Liesel Scholz

Staufen
Dr. Frank Baum

Stegen-Wittental
Dr. Hermann Heidegger

Stuttgart
Archiv der Universität Hohenheim
Archiv Behnisch & Partner
Siegfried Bassler
Familie Baur
Uwe Brandt
Dr. Anneliese Braun
Petra Bulla
C. & E. Fein GmbH & Co. KG
DaimlerChrysler AG
DaimlerChrysler Classic Archiv
Deutsche Bibelgesellschaft
Deutsches Landwirtschaftsmuseum
Ernst Klett Verlag, Archiv
Forum Künstlerinnen
Hans Gasparitsch †
Familie Gehrung
Riad Ghalaini
Boris und Torsten Hasler
Familie Hennig
Bernhard Klar
Susanne Martin und Frauke Ehlers
Landesamt für Verfassungsschutz Baden-Württemberg
Liederkranz
Hans-Peter de Longeville
Hauptstaatsarchiv
Hölderlin-Gymnasium
Mercedes-Benz-Museum
MTV Stuttgart
Marco Neuberth
Beatrice Orasch
Inge Pönitz
Rent a Butler, Veranstaltungsmanagement
Staatliche Schlösser und Gärten Baden-Württemberg
Staatsgalerie
Staatsministerium Baden-Württemberg
Stadtarchiv
Clemens Staub
Elke Steinwand
Bernd Stöffler
Familie Storm
Südwestrundfunk
SV Rot
Wirtschaftsarchiv Baden-Württemberg
Württembergische Landesbibliothek
Württembergische Staatstheater
Württembergisches Landesmuseum

Sulzfeld
TV Sulzfeld

Talheim
Familie Halmosi

Trochtelfingen
Ilse Hotz

Trossingen
Deutsches Harmonikamuseum
Heimatmuseum
Volker Neipp
Stadtarchiv
Trägerverein Deutsches Harmonikamuseum e. V.

Tübingen
BAF e. V.
Evangelisches Stift
Dr. Rolf Hein Nachfolger KG
Institut für donauschwäbische Geschichte und Landeskunde
Max-Planck-Institut für Entwicklungsbiologie
Prof. Dr. Christiane Nüsslein-Volhard
Stadtarchiv
Stadtmuseum
Universitätsarchiv

Tuttlingen
Aesculap AG + Co. KG
Kreisarchiv

Überlingen
Fotoarchiv Lauterwasser
Familie Seubert

Ulm
Karlheinz Becker
Prof. Dr. Hans-Jörg Fecht
Merckle GmbH
Dr. Uwe Schmidt
Stadtarchiv
Studio Albert Pfeiffer
Ulmer Museum

Unterensingen
Peter Schönhaar

Villingen-Schwenningen
Familie Benzing
Familie Bohland
Edwin Mieg oHG
Franziskaner Museum
Schwenninger Heimatmuseum
Siemens VDO Automotive AG
Stadtarchiv

Vöhrenbach
Familie Hummel

Waldachtal
Arthur Fischer GmbH & Co. KG

Walldorf-Wiesloch
SAP Deutschland AG und Co. KG

Walldürn
Familie Schwarz

Washington D.C., USA
National Archives

Weil am Rhein
Familie Fritz

Weingarten
Pfarrei St. Martin

Weinsberg
Rathaus
Württembergischer Weinbauernverband

Weisweil
Lore Haag

Wiesbaden
Bundeskriminalamt
Familienarchiv Dietrich-Eisele
Dr. Claus Steiner und Britta Steiner-Rinneberg

Winnenden
Inge Fröstl und Gerlinde Hielen

Winterthur, Schweiz
Anuti Corti-Bonzo

Wolfach
Stadt Wolfach

Wolfschlugen
Harald Bahmüller

Wüstenrot
Bauspar-Museum im Georg-Kropp-Haus

Wunsiedel
Fichtelgebirgsmuseum

Zürich, Schweiz
Hans Vollmoeller Stiftung
Christoph Maier
Schweizerisches Landesmuseum
Familie Viertel

sowie zahlreichen weiteren privaten Leihgebern.

Dank

Für besonderen Rat, Hilfestellung und Unterstützung danken wir

Aalen
Heidrun Heckmann
Antonie Mettmann

Adelsheim-Sennfeld
Reinhart Lochmann

Ammerbruch-Entringen
Renate Föll

Backnang
Dr. Bernhard Trefz

Bad Liebenzell
Rüdiger Daub
Schwester Ilse Szaukellis

Bad Rippoldsau
Karl-Heinz Schwab

Bad Wimpfen
Pater Paulus Schmitt O.S.B.

Baden-Baden
Kerstin Binz
Dr. Manfred Hattendorf
Imke Schacht

Balingen
Dr. Andreas Zekorn

Basel, Schweiz
Paul Jenkins

Berlin
Thomas Gerwin
Dr. Elke Hahn
Digne M. Marcovicz
Ursula Schäfer-Simbolon
Dr. Rüdiger von Treskow

Beuron
Erzabt Hieronymus Nitz O.S.B.

Biberach a. d. Riß
Ursula Maerker

Bietigheim
Eckardt Schmid

Blaustein-Herrlingen
Joana Trucksäß

Böblingen
Alexander Theurer
Lars Zeppenfeld

Bonn
Heinz Dieter Küpper

Bonndorf
Regina Franke
Friedbert Zapf

Braunschweig
Prof. Dr. Wolfgang Hochbruck
Dr. Angela Klein

Breitnau
Bernhard Schwär

Bruchsal
Thomas Moos

Buchen
Rainer Trunk

Bühl
Bettina Peter
Michael Rumpf

Calmbach
Fritz Barth

Denkendorf
Dr. Michael Doser
Dr. Joachim Hahn

Denver, Colorado, USA
Marion Pfaender-Downs

Ditzingen
Prof. Berthold Leibinger
Heidi-Melanie Maier

Dossenheim
Dr. Uri Kaufmann

Düsseldorf
Heinz Walter Bäumer

Emmendingen
Dr. Gabriel Richter

Eppelheim
Alexandra Stock

Esslingen
Prof. Dr. Christel Köhle-Hezinger
Kerstin Matt

Ettenheim
Bernhard Uttenweiler

Feldberg
Hubertus Knoblauch
Achim Laber

Fellbach
Dr. Ralf Beckmann

Freiburg
Prof. Dr. Helmut Brandl
Dr. Ulrich P. Ecker
Prof. Dr. Irmtraud Götz von Olenhusen
Heinrich Graf
Dr. Kurt Hochstuhl
Prof. Dr. Wolfgang Hug
Dr. Bernd-Mathias Kremer
Rainer Mülbert
Stefan Niethammer
Jürgen Oser
Christian Pfeil
Bernhard Schirmer
PD Dr. Uwe-Eduard Schmidt
Dr. Christoph Schmider
Dr. Helmut Volk
Albrecht Verbeek
Dr. Margret Zimmermann

Freudenstadt
Dr. Renate Adler
Olfert Dorka

Freudental
Ludwig Bez

Friedrichshafen
Jürgen Bleibler
Wolfram Lork
Eva Moser
Dr. Jörg Piller
Barbara Waibel

Gaildorf
Hans König

Gengenbach
Berthold Schaaf

Göppingen
Dr. Karl-Heinz Rueß

Gomadingen
Thomas Stöckle

Hamburg
Ute Wrocklage

Haslach
Inge Jokers
Alois Krafczyk
Heinz Winkler

Hausach
Roland und Anita Dieterle
Helmut Spinner
Dr. Thomas Waldenspuhl

Heidelberg
Günther Berger
Dr. Carsten Dutt
Silvio Peritore
Frank Reuter
Daniel Strauß
Dr. Werner Wolf-Holzäpfel

Heidenheim
Heiner Jestrabek

Heilbronn
Matthäus Jehle
Barbara Kimmerle
Hans Müller

Hilzingen
Erna Stulz

Hohenheim
Dr. Ulrich Fellmeth

Horb-Rexingen
Heinz Högerle

Hornberg
Hertha Wöhrle-Schondelmaier

Jefferson City, Missouri, USA
Molly O'Donnell

Jerusalem, Israel
Denise Rein

Karlsruhe
Dr. Susanne Asche
Prof. Dr. Hans Belting
Dr. Yavuz Dedegil
Dr. Jutta Dresch
Atila Erginos
Dr. Siegmar Holsten
Dr. Gerhard Kabierske
Katrin Köhler
Werner Kolb
Hubertus S. Kuhnert
Dirk Osswald
Dr. Clemens Rehm
Dr. Volker Rödel
Dr. Martin Schulz
Jörg Seyfried
Dr. Udo Wennemuth
Prof. Emil Wachter

Kellenried
Schwester Waltraut

Kippenheim
Uwe Schellinger

Kirchbrombach
Joachim Morath

Kirchzarten
Dr. Rüdiger Buhl
Erwin Lauterwasser

Kniebis
Walter Trefz

Köln
Prof. Dr. Peter Weber-Schäfer

Königsbronn
Joachim Ziller

Konstanz
Gernot Bernhard
Walter Bialoncig
Dr. Michael Borrmann
Harald Bruns
Dr. Heinz Faulstich
Dr. Juliane Kümmell-Hartfelder
Paul Laskowski
Dr. Arnulf Moser
Dr. Barbara Stark
Friederike von Wolff
Bernhard Vogel

Korntal
Pfarrer Michael Wanner
Horst Witteck

Lahr
Robert Krais

Langenau
Ernst Junginger

Lauterbach
Manfred Schlayer

Leinfelden-Echterdingen
Margarete Constanze Roemer

Leonberg
Karl-Heinz Fischötter

Lörrach
Gerhard Moehring
Markus Moehring

London, Großbritannien
Raya McGeorge

Ludwigsburg
Prof. Erhard Anthes
Dorothea Bader
Hannelore Braun
Dr. Siegfried Däschler-Seiler
Diethard Erbslöh
Ursula Gelchsheimer
Andrea Kittel
Adam Kränzler
Wolfgang Läpple
Hellmuth Leuze
Karl Moersch
Christine Süß
Dr. Erich Viehöfer
Rainer Weiß
Bernd Wenger

Ludwigshafen
Renate Bauer

Luxemburg
Ernest Gillen, Howald

Mannheim
Dr. Grit Arnscheidt
Michael Caroli
Dr. Anja Gillen
Dr. Thomas Herzig
Dr. Andrea Hoffend
David Kessler

Marbach
Dr. Ulrich von Bülow
Dr. Michael Davidis
Albrecht Gühring
Dr. Jochen Meyer
Dr. Helmuth Mojem

Meinerzhagen
Pfarrer Peter Winterhoff

Mengen
Dr. Christof Rieber

Meßkirch
Dr. Armin Heim

Metzingen
Irmgard Zecher

Mosbach
Dieter Ossyra

Mühlacker
Dr. Roland Peter

Müllheim
Jan Merk
Dr. Oswald Schoch

München
Dr. Karl-Ludwig Ay
Gerald von Foris
Prof. Dr. Jörg Jantzen
Dr. Paul Ziche

Münsingen-Bremelau
Joseph Schmid

Münster
Dr. Annette R. Hofmann

Neufra
Matthias Kopp

Nizza, Frankreich
Prof. Dr. Guy Ballangé

Nürtingen
Dr. Joachim Trautwein

Oberkochen
Dr. Dieter Brocksch

Oberndorf a. N.
Walter Schmid

Obersulm-Affaltrach
Martin Ritter

Öhringen
Gerhard Spengler

Offenburg
Dr. Gerlinde Brandenburger-Eisele
Dr. Wolfgang M. Gall
Thomas Sommer
Jürgen Stude

Ostfildern
Elfriede Feucht
Inge Puppatti
Gottfried Volz
Marianne Wachter

Paris, Frankreich
Eric Celan

Pfaffenrot
Klaus Holz

Pforzheim
Hossein Fatimi
Antje Möller

Plochingen
Beatrice Keck-Roemer

Princeton, New Jersey, USA
Peter M. Grosz, Princeton

Radolfzell
Guido Moriell

Rastatt
Dr. Joachim Niemeyer

Reichenau
Dr. Gert Zang

Reutlingen
Roland Brühl
Dr. Martina Schröder

Rottenburg
Lorenz Mogel
Dr. Cornelia Rauh-Kühne
Dr. Wolfgang Rödl
Wolfgang Urban

Rottweil
Wilfried Hecht

Ruhestein
Dr. Wolfgang Schlund

Sachsenheim
Dr. Albrecht Ernst

Saulgau
Georg Metzler

Schömberg
Immo Opfermann

Schramberg
Karin Becker
Gisela Lixfeld

Schwäbisch Hall
Dr. Heike Krause

Schwarzach
Dr. Hans-Werner Scheuing

Shingle Springs, Kalifornien, USA
Janet Nixon,

Sigmaringen
Dr. Franz-Christian Mattes
Jürgen Schäfer
Dr. Volker Trugenberger

Simmersfeld
Christine Maisenbacher

Sindelfingen-Maichingen
Christoph Messner

Speyer
Dr. Adolf Leisen

St. Louis, Missouri, USA
Hedy Epstein

Stuttgart
Reid Anderson
Dr. Monika Balzert
Werner Baumgarten
Dr. Rolf Becker
Ernst W. Bergner
Dr. Günther Bradler
Rolf Bühl
Dr. Christofer Conrad
Vera Dendler
Heiner Dörner
Ulrich Feldhahn
Carola Franke-Höltzermann
Jürgen Genuneit
Christine Glauning
Prof. Erwin Heinle †
Rudolf Henning
Prof. Dr. Helmut Hölder
Klaus Kluge
Dr. Robert Kretzschmar
Wolfgang Kuch
Dr. Barbara Lichtentäler
Hans-Eckard Löffler
Gotthilf Lutz
Dr. Wolfgang Mährle
Uwe Matzat
Dr. Heribert Landolin Müller
Thomas Müller
Pfarrer Friedrich Murthum
Pfarrer Joachim Pfützner
Dragana Pletikapa
Dr. Frank Raberg
Wolfgang Rabus
Mascha Riepl-Schmidt
Hans-Ulrich Rollmann
Dr. Peter Rückert
Prof. Dr. Ulf Scharlau
Joachim Siener
Stephan Spering
Gerda Strunk
Marie-José Süss
Thomas Tennler
Dr. Jürgen Treffeisen
Dr. Anke Trube
Reiner Ziegler
Dr. Stefanie Woite-Wehle
Ulrike Zich

Titisee-Neustadt
Kay Bochmann-Riess
Karl Willmann

Triberg
Norbert Keßler
Klaus Nagel
Werner Oppelt

Trossingen
Martin Häffner

Tübingen
Irmela Bauer
Dr. Ralf Dahm
Dr. Frowald G. Hüttenmeister
Tanja Niggel
Dr. Heinz Schwarz
Ute Ströbele
Antje Zacharias

Tuttlingen
Dr. Ulrich Fink

Überlingen
Alexander Lauterwasser

Ulm
Wolfgang Adler
Fritz Glauninger
Dr. Ludwig Jörissen
Dr. Alexander Kabza
Jörg Martin
Dr. Uwe Schmidt
Ulrich Seemüller
Klaus Steinhart

Vienna, Missouri, USA
John Viessmann

Villingen-Schwenningen
Wolf Hockenjos

Waiblingen
Michael Cyriacus
Renate Zimmermann

Wannweil
Botho Walldorf

Washington D.C., USA
Dr. Kurt Maier

Weil am Rhein
Christel Hunkler

Weingarten
Pater Nikolaus Dorner O.S.B.
Pater Martin Rieger O.S.B

Weinsberg
Dr. Franz Andritsch

Winnenden
Winfried Mönch
Siegfried Steiger

Wolfach
Eugen Dieterle
Otto Schrempp

Wunsiedel
Dr. Karl-Heinz Plitek

Zürich, Schweiz
Dr. Matthias Senn

Des weiteren danken wir den Firmen Carl Zeiss, Oberkochen, und Setra Omnibusse, Ulm, sowie der Stadt Haslach im Kinzigtal.

Für vielfältige Unterstützung zu besonderem Dank verpflichtet sind wir dem Südwestrundfunk und seinem Intendanten Prof. Peter Voß.

Ausstellung

Konzeption und Projektleitung
Paula Lutum-Lenger

Assistenz der Projektleitung
Joachim Baur

Wissenschaftliche Bearbeitung
Stefan Feucht
Bernd Holtwick
Christina Klausmann
Marion Mienert
Sabrina Müller
Peter Schaller
Rainer Schimpf
Thomas Schnabel
Elke Steinwand
Immo Wagner-Douglas

Recherche und Mitarbeit
Thomas Denk
Kristina Kirschner
Hermann Köhler
Corinna Rauscher
Liane Schieferstein
Matthias Stenger
Wolf Traxinger

Wissenschaftliche Sammlungen
Paula Lutum-Lenger
Karin Müller
Barbara Ziereis

Mitarbeit
Annemarie Berner
Martin Nowitzki

Konservatorische Betreuung
Nana Just

Objektverwaltung und Leihverkehr
Signe Bauersfeld
Petra Bulla
Wolfram Gühring

Informationssystem mit Bodenkarte „1790"

Konzeption
Albrecht Krause

Technische Koordination
Norbert Welk

Datenbank-Design
Roland Morlock, Bad Cannstatt

Kartendigitalisierung
Dietrich Ebeling, Bonn / Matthias Törner (Geodata GmbH), Westhausen

Recherchen
Harri du Bois
Patrick Henssler, Bamberg („1848/49: Politische Häftlinge in Württemberg")

Für das Informationssystem wurden mit freundlicher Genehmigung der Rechteinhaber Daten importiert aus folgenden Datensystemen:

„Auswanderung aus Südwestdeutschland": Eine Dokumentation des Hauptstaatsarchivs Stuttgart und des Generallandesarchivs Karlsruhe (www.auswanderer.de). Sämtliche Rechte bei der Staatlichen Archivverwaltung Baden-Württemberg

„Informationssystem zur Revolution von 1848/49". Konzipiert und erstellt von Irmtraud Götz v. Olenhusen und MitarbeiterInnen. Copyright by Irmtraud Götz v. Olenhusen, Freiburg i. Br. 1996–2001.

Datenerfassung
Maria Dis
Johannes Eckold
Veronica Hipp
Siegfried Kern
Bertram Pfisterer
Caroline Wirth

Medien
Martin Kühnel

Mitarbeit
Steffen Hartmann
Oliver Neumann
Melanie Scholz
Alexandra Starczewski

Bibliothek
Thomas Kärcher

Öffentlichkeitsarbeit
Paul-Christian Schenck
Wolfram Schneider

Praktikanten
Diotima Bogner
Armin Hanson
Nicole Klinger
Lucie Kuhls
Franziska Lay
Michaela Trott
Valentine Vierne
Matthias Walz

Beiräte

Politischer Beirat
Heiderose Berroth, MdL
Carla Bregenzer, MdL
Gundolf Fleischer, MdL
Klaus Herrmann, MdL
Hans Georg Junginger, MdL
Boris Palmer, MdL
Werner Pfisterer, MdL
Christine Rudolf, MdL
Peter Schneider, MdL
Inge Utzt, MdL
Georg Wacker, MdL
Clemens Winckler, MdL

Fachbeirat
Vorsitz
Michael Sieber, MdL

Prof. Dr. Hermann Bausinger
Dr. Joel J. Cahen
Dr. Kirsten Fast
Prof. Dr. Claus Grimm
Prof. Dr. Volker Himmelein
Prof. Dr. Wolfgang Jäger
Prof. Guido Knopp
Dr. Lieselotte Kugler
Prof. Dr. Christel Köhle-Hezinger
Prof. Dr. Dieter Langewiesche
Prof. Dr. Rudolf Lill
Dr. Bernd Meyer
Karl Moersch
Dr. Hans Ottomeyer
Prof. Dr. Wolfram Pyta
Prof. Dr. Franz Quarthal
Dr. h.c. Siegfried Schiele
Dr. Eugen Schmid
Prof. Dr. Hans-Peter Schwarz, Zürich
Prof. Dr. Hans-Peter Schwarz, Bonn
Prof. Dr. Hermann Schäfer
Prof. Dr. Klaus Schönhoven
Prof. Dr. Wilfried Schöntag
Prof. Dr. Harald Siebenmorgen
Prof. Dr. Lothar Suhling
Prof. Dr. Gerhard Taddey

Gestaltung

Atelier Brückner
Labor für Architekturen
und Szenografie

Künstlerische Leitung
Uwe R. Brückner

Projektleitung
Eberhard Schlag

Projektsteuerung
Shirin Brückner

Ausstellungsarchitektur
Bernd Möller
Stefanie Richter

Mitarbeit
Melanie Brugger
Charlotte Gekeler-Tamschick
Martina Grebenstein
Marina Klepka

Ausstellungsgrafik
Angela Kettler
Birgit Kölz

Mitarbeit
Christoph Goriwoda
Stefan Schwab

Praktikanten
Beate Berthold
Helge Rösch
Manuela Valenti

Lichtplanung
Delux Theatre Lighting
Rolf Derrer, Mik Gruber

Medienplanung
Light & Magic
Paul Tress, Albert Rall
SMR Technik
Dr. Walter Junger

Lauf der Dinge
Anja Luithle

Produktion

Ausstellungsbau
Ambrosius Messebau
Jutta Röllmann
Walfried Müller
Peter Oppelland
Klaus Schmidt-Ocker

Grafikproduktion
Ambrosius Messebau mit
Heinze & Malzacher GmbH
Design GmbH Macholz-Heidergott
Schöpfer GmbH & Co

Lichttechnische Ausstattung
Ambrosius Messebau
Klaus Bücher mit Satis & Fy

Medientechnische Ausstattung
H & G Medientechnik GmbH
Karlheinz Laping

Interaktive Karte
Lagotronics B.V.
Carlo Görtjes, Rob van Herten

Interaktive Medien
jangled nerves GmbH
Thomas Hundt, Oliver Fuchs

Tonproduktion
shiro communication GmbH
Heiner Reiff, Hans Werner Milpetz

Lauf der Dinge
Firma hellblau

Filmproduktion
Ein-Wandererland:
Cornelia Partmann, New York
mfab medienproduktion
Dieter Bratsch

Städtelandschaft:
Gerhard Stahl, Ludwigsburg

Depot in den Köpfen:
die basis GmbH
Silke Harten-Preiss
Regie: Marc Tamschick,
Charlotte Gekeler-Tamschick

Grundriß des Gebäudes

Eingang – Ebene 04

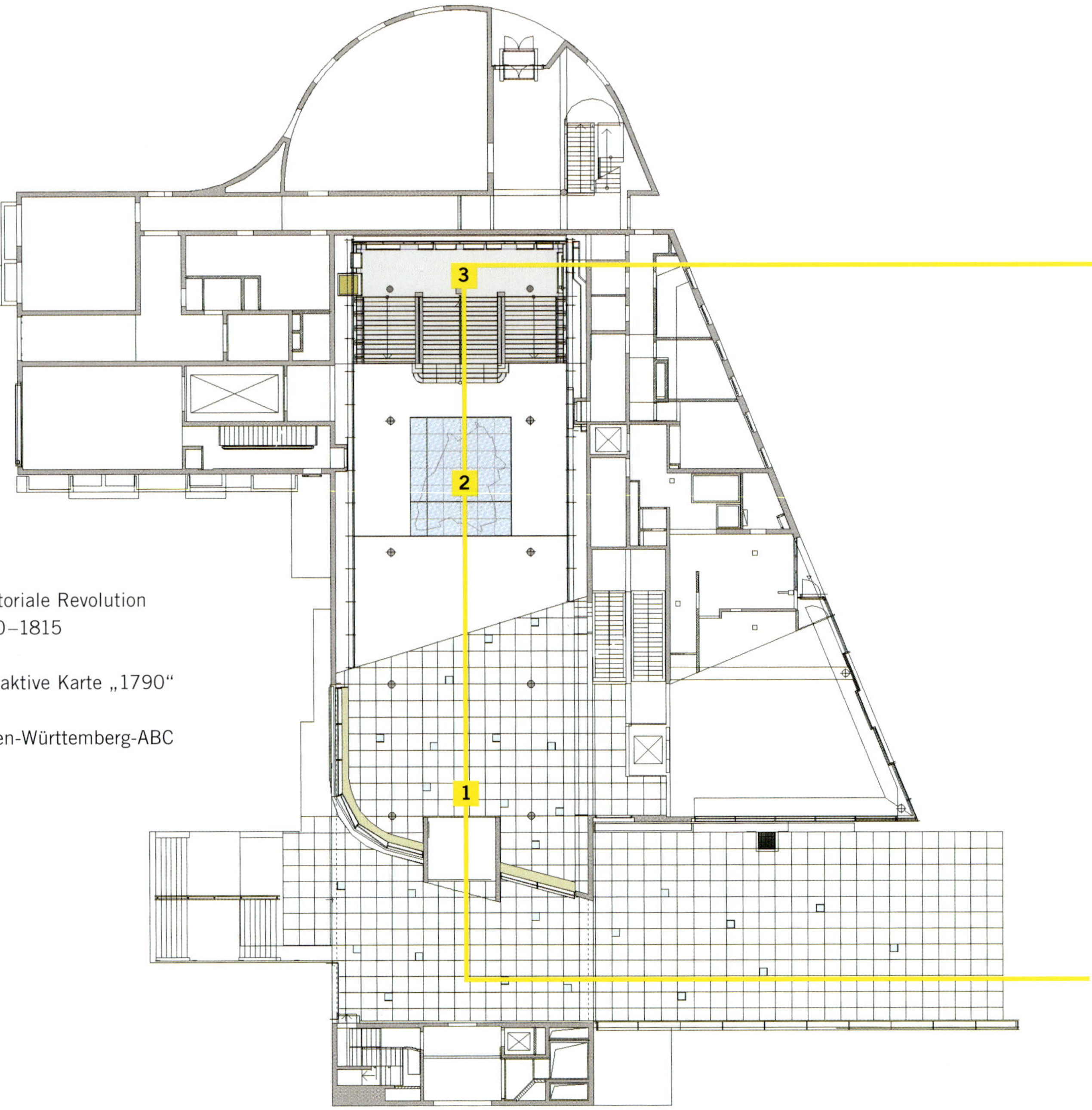

3 Territoriale Revolution 1790–1815

2 Interaktive Karte „1790“

1 Baden-Württemberg-ABC

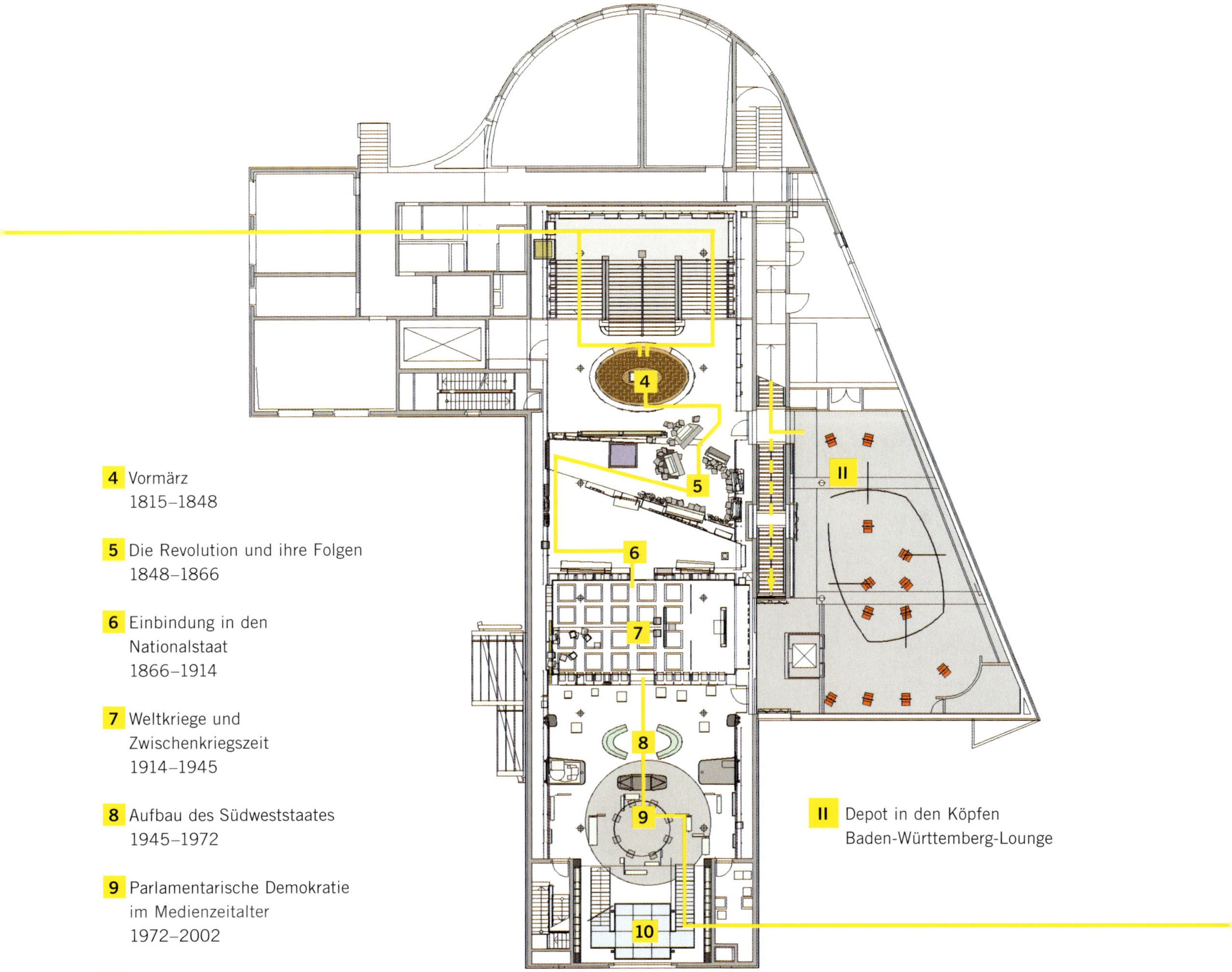

4 Vormärz
1815–1848

5 Die Revolution und ihre Folgen
1848–1866

6 Einbindung in den Nationalstaat
1866–1914

7 Weltkriege und Zwischenkriegszeit
1914–1945

8 Aufbau des Südweststaates
1945–1972

9 Parlamentarische Demokratie im Medienzeitalter
1972–2002

10 Museum der Gegenwart
2002 ff.

II Depot in den Köpfen
Baden-Württemberg-Lounge

Grundriß des Gebäudes

Themenpark – Ebene 06

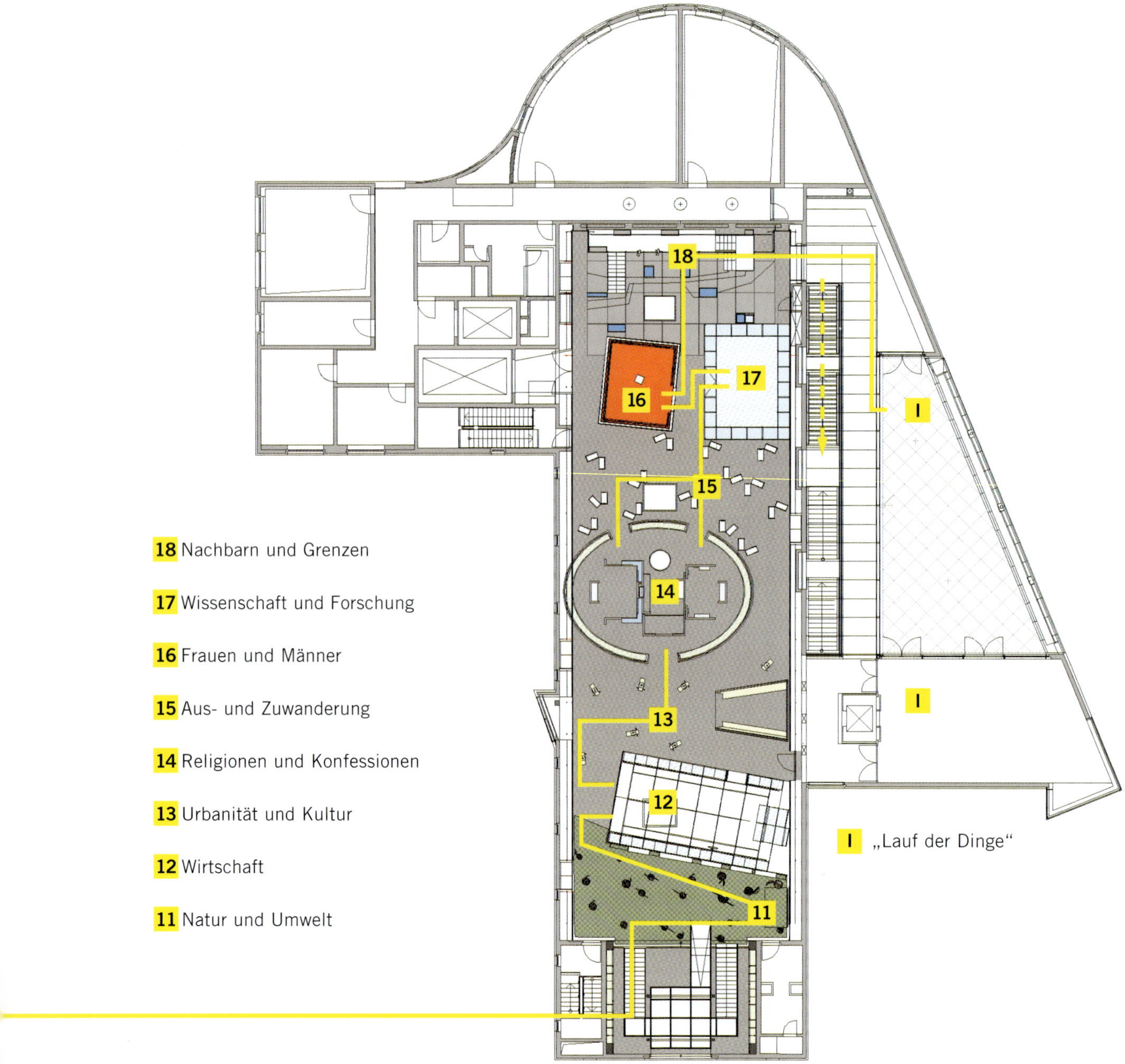

18 Nachbarn und Grenzen

17 Wissenschaft und Forschung

16 Frauen und Männer

15 Aus- und Zuwanderung

14 Religionen und Konfessionen

13 Urbanität und Kultur

12 Wirtschaft

11 Natur und Umwelt

I „Lauf der Dinge“